제4판

민사소송법판례백선

김상수 지음

법우사
BUBWOOSA

제4판 머리말

제3판 증보판이 나온지 1년 반이 지났지만 새로이 제4판을 간행하게 되었다. 이 책은 가능한 민사소송법에 관한 중요한 판례를 최근의 것까지 빠짐없이 소개하고 또한 필요한 설명을 하는 해설서이다.

제4판에서는 2015.7.27.까지 공간된 중요한 판례를 모두 소개하였다. 인용문헌에 있어서도 최신판의 것으로 새로이 인용하였다. 또한 본문에서도 설명을 추가하는 등의 보정을 하였고 세부적인 목차를 새로 추가하여 보다 이해하기 쉽도록 노력하였다. 나아가 민사소송법 등의 관련 법령의 개정부분도 빠짐없이 반영하도록 하였다. 독자들이 이 책을 통해 민사소송법 판례를 보다 쉽게 이해할 수 있게 된다면 다행이 아닐 수 없다.

개정판 출간에는 인용된 법조문의 확인, 인용문헌의 확인, 그 밖의 오탈자 등의 교정에서 서강대학교 법학전문대학원 학생들(5기생[김해주, 방종성, 이민경, 이준호, 차승호], 6기생[권효선, 김지수, 김희진, 박봉규])의 도움을 받았다. 사의를 표하며 장차 법조인으로 대성하길 기원한다.

아울러 어려운 경영환경 속에서도 개정판의 출간을 도와주신 법우사 황영성 사장님께도 사의를 표하는 바이다.

2015년 8월 길일

필자 씀

제3판 증보판 머리말

제3판이 간행된 것은 2012년 2월이고 그로부터 벌써 2년이 경과하였다. 이 책은 주로 민사소송법 판례 중 중요한 것을 가능한 모두 소개하는 점에 의의가 있는데, 지난 2년간 중요한 판례가 적지 않게 나오게 되었고 이를 반영한다는 점에서 증보판의 필요성을 느끼게 되었다.

이 책에서는 3판 간행 후 2013년 12월 31일까지 공간된 중요한 판례를 빠짐없이 추가하였다. 또한 3판 간행 당시 이미 공간되었지만 미처 반영하지 못했던 판례도 가능한 추가하도록 하였다. 그 밖에 인용문헌에 있어서도 최신판으로 인용하였고 구판에서는 인용하지 못했던 문헌도 새로이 인용하게 되었다. 이 책을 통해 최근 판례의 중요성이 한층 높아진 변호사시험 등을 대비함에 있어 민사소송법 판례의 이해 · 정리에 많은 도움이 될 것으로 생각하고 있다.

이 책의 출간에는 법학전문대학원의 민사소송법 수업에서 항상 필자에게 새로운 문제의식을 갖게 하여준 수강생들의 수업태도에 많은 도움을 받았다. 특히 증보판 작업에서 세심한 보조를 하여준 4기생(노흥섭, 문득현, 배한진, 이상현, 황칠상)들에게 감사하고 훌륭한 법조인으로 대성하기를 기원하는 바이다.

어려운 경영환경 속에서도 이 책의 출간을 도와주신 법우사 황영성 사장님께도 사의를 표하는 바이다.

2014년 2월 길일
필자 씀

제3판 머리말

제2판증보판 후 최신 판례를 추가하고 기존에 소개하지 못한 판례를 수록하는 등 전면적인 개정판을 간행하게 되었다. 그간 최신 판례가 다수 나왔고, 독립된 항목으로 다루지 못한 중요한 쟁점에 대해서도 새로이 항목을 추가할 필요가 있어 부득이 3판으로 판을 바꾸기로 하였다.

판례학습의 중요성은 로스쿨의 도입, 그리고 변호사시험의 실시로 인해 더한층 강조되었다고 할 수 있다. 특히 금년 1월에 실시된 변호사시험에서 민사법의 선택형, 사례형, 기록형 각 문제를 보면 민사소송법 판례의 중요성을 실감할 수 있을 것이다.

3판에서는 금년 2월초까지 공간된 민사소송법 판례 중 중요한 것을 모두 수록하고 필요한 설명을 추가하였다. 또한 국제재판관할에 대한 항목<4>에서는 기존의 판례를 바꾸고 새로운 판례를 대상으로 설명하였다. 나아가 최근 중요한 논점이 되고 있는 채권자취소소송과 소송절차의 중단·수계에 관한 새로운 항목을 추가하였다. 그 밖에 기존의 판과 달리 전체적인 분량증가를 억제하면서 독자들이 보다 보기 쉽게 접할 수 있게 글자크기의 조정과 여백의 확대 등 편집면에서 적절한 시도를 하였다. 독자들의 민사소송법 이해에 조금이라도 도움이 된다면 다행이다.

이 책의 출간에는 서강대학교 법학전문대학원 학생들의 많은 도움을 받았다. 특히 교정면에서 도움을 준 2기생(김동명, 김수빈, 배성문, 송보라, 엄승찬, 장동원, 정근혁, 정성영, 정태우, 한태일, 황현일)들에게 감사하고 싶다.

끝으로 불황기의 출판경영 속에서도 이 책의 출간을 위해 애써주신 법우사 황영성 사장님께도 감사드린다.

2012년 2월 길일
필자 씀

제 2 판 증보판 머리말

제2판 간행 후 민사소송절차에 관한 중요한 판례가 변함없이 계속 나오고 있다. 새로 나온 판례 중에는 기존의 판례를 그대로 따른 것뿐만 아니라 새로운 문제에 관해 대법원이 첫 판단을 내린 판례도 있다. 새로 나온 판례 중 중요한 판례를 보충하고 내용의 서술도 필요에 따라 추가하고자 증보판을 발간하게 되었다. 판례는 제2판 간행 후 금년 6월말까지 공개된 판례를 대상으로 하였다. 제2판이 간행되고 그다지 많은 시일이 지나지는 않았지만 새로운 판례의 반영이 필요불가피하다는 점에서 증보판이라는 선택을 하게 되었음을 양해하여 주기 바란다.

이 책의 출간에는 법학전문대학원의 민사소송법 수업에서 항상 필자에게 새로운 문제의식을 갖게 하여준 수강생들의 수업태도에 많은 도움을 받았다. 특히 교정작업에 있어서는 1기생 이정훈군의 명석하고 치밀한 보조에 많은 도움을 받았음을 부기한다.
어려운 경영환경 속에서도 이 책의 출간을 도와주신 법우사 황영성 사장님께도 사의를 표하는 바이다.

2010년 7월 길일
필자 씀

제 2 판 머리말

초판을 발행하고 1년 반이 지난 시점임에도 2판 개정판을 간행하게 되어 매우 송구할 따름이다.

2판에서는, 표현의 수정 등 기본적인 사항 이외에 초판에서는 인용하지 않았던 학설을 주된 교과서 중심으로 가능한 모두 인용하여 초판의 미비점을 보완하였다. 또한 초판 이후 나온 판례 중 기본이론에 관계된 중요한 것을 새로운 항목으로 대체하였다(87항목과 94항목). 주된 판례가 아니라도 최근까지의 판례(판례공보 2008년 12월 15일호까지를 대상으로 하였다)를 본문에 반영하였다. 그 밖에도 초판에서는 각 항목이 가능한 2페이지 이내가 되도록 시도하였지만, 오히려 그것이 읽기 어려운 포맷이 된 것이 아닌가 하여, 2판에서는 읽기 쉬운 형태로 포맷을 바꾸어 보았다.

이 책은 민사소송법의 중요한 판례를 골라 해설하는 것으로, 학부에서의 민사소송법 수업에서 또는 실무에서만이 아니라, 앞으로 법학전문대학원에서의 판례교육에 있어서도 중요한 교재가 될 수 있는 것이 아닐까 생각한다. 특히 새로운 쌍방향 수업형태에서 토론의 좋은 안내역으로서 이 책이 기능할 수 있다면 다행이 아닐 수 없다.

2판의 출판에는 출판사정이 극도로 어려운 와중에서 법우사 황영성 사장님의 도움을 받았다. 이에 감사의 뜻을 표하는 바이다. 또한 2판의 개정작업은 필자의 2008학년도 2학기 '민사소송법연습' 수강생(김규연, 김성현, 김조현, 김종화, 김진아, 김창진, 김혜진, 박세한, 박종권, 변지영, 손호준, 이제원, 이준기, 이한종)들의 협력에 많은 도움을 받았다. 그들 모두에게도 이에 감사하는 바이다.

이 책의 간행에는 "서강대학교 2008년도 법학전문대학원 교재개발지원"을 받았음을 부기한다.

2009년 2월 길일
저자 씀

제1판 머리말

이 책은 민사소송법의 중요한 판례를 골라 해설하는 것으로 '판례백선'이라는 명칭을 사용하였다. 가까운 일본의 경우에는 거의 모든 해당 법분야의 교수들이 참가하여 만들어진 각종 판례백선이 나와 있고, 법을 배우는 학생뿐만 아니라 학자, 실무가들에게 호평을 받고 있다. 이 책은 미력하지만 그와 같은 목적을 염두에 두고 집필된 것이다.

이 책은 원래 필자의 '신민사소송법판례연습'(법우사, 2002)을 이어받는 것이다. 판례를 백선이라는 말에 어울리게 100개 이상 정리하여 나름대로 해설을 해보았다. 가능한 하나의 판례를 해설하는 내용이 2페이지가 되도록 노력하였지만, 많은 항목에서 그 양이 제각각이 되었다. 그것은 어디까지나 필자의 일천한 능력에 달려 있다고 말할 수밖에 없다. 일단은 이 책을 펼쳐보았을 때 판례와 그 해설이 한눈에 들어오도록 조정하였는데, 그 미비점은 앞으로 새로운 판례가 나오고 그 해설을 추가해 가면서 보완해 나가도록 하겠다.

가능한 판례를 중심으로 하고 학설의 입장도 반영하려고 하였지만 부족한 부분이 적지 않다. 그럼에도 현재 우리의 법학에서 부족하다고 할 수 있는 판례를 중심으로 한 새로운 타입의 해설서로서, 학생뿐만 아니라 실무에 있어서 민사소송법의 판례의 이해에 도움을 줄 수 있는 것이 된다면 다행이 아닐 수 없다.

아울러 이 책의 출판에는 법우사 황영성 사장님의 도움을 받았다. 여기에 감사의 뜻을 표하는 바이다.

2007년 8월 길일
저자 씀

법률약어

민사소송법 ·· 법
민사소송규칙 ·· 규칙
민사집행법 ··· 민집
채무자회생 및 파산에 관한 법률 ···························· 채무자회생

인용문헌 약어

강 ·········· 강현중, 민사소송법[제6판](박영사 2004)
김 ·········· 김용진, 민사소송법[제5판](신영사 2008)
김=강 ····· 김홍규=강태원, 민사소송법[제3판](삼영사 2014)
김홍 ········ 김홍엽, 민사소송법[제5판](박영사 2014)
송=박 ····· 송상현=박익환, 민사소송법[신정7판](박영사 2014)
이 ·········· 이시윤, 신민사소송법[제9판](박영사 2015)
전 ·········· 전병서, 민사소송법강의[제4판보정](법문사 2003)
정=유 ····· 정동윤=유병현, 민사소송법[제4판](법문사 2014)
정영 ········ 정영환, 신민사소송법(세창출판사 2009)
호 ·········· 호문혁, 민사소송법[제12판](법문사 2014)
김상수 ···· 金祥洙, 日米·比較民事訴訟法 – 当事者行為論をめぐって –(商事法務研究會 1995)

차 례

제7장 증 거 · 215

제1장

총 론

01 소송과 비송

[대결(전) 1994.5.13, 92스21]

사 실

X와 Y는 성격차이로 합의이혼을 하게 되었다. X와 Y의 자인 A는 이혼 후 X가 양육하여 왔다. 그 후 X와 Y사이에는 A의 양육에 관한 분쟁이 발생하여, X는 Y를 상대로 A의 양육비를 청구하기로 마음먹었다. A의 양육비는 합의이혼 후 이 청구까지의 과거의 양육비와 그 이후의 장래의 양육비로 나누어진다. 후자에 관해서는 민법 제837조, 가사소송법 제2조1항2호(나)목마류3)호에 의해 비송사건으로 처리하도록 되어 있다. 그러나 전자(과거의 양육비청구)에 관해서는 명확한 규정이 없다. X가 이러한 2개의 청구를 비송으로 제기한다면 법원은 모두 비송으로 처리하여야 하는지 문제되었다.

판결요지

다수의견

"한 쪽의 양육자가 양육비를 청구하기 이전의 과거의 양육비 모두를 상대방에게 부담시키게 되면 상대방은 예상하지 못하였던 양육비를 일시에 부담하게 되어 지나치고 가혹하며 신의성실의 원칙이나 형평의 원칙에 어긋날 수도 있으므로, 이와 같은 경우에는 반드시 이행청구 이후의 양육비와 동일한 기준에서 정할 필요는 없고, 부모 중 한 쪽이 자녀를 양육하게 된 경위와 그에 소요된 비용의 액수, 그 상대방이 부양의무를 인식한 것인지 여부와 그 시기, 그것이 양육에 소요된 통상의 생활비인지 아니면 이례적이고 불가피하게 소요된 다액의 특별한 비용(치료비 등)인지 여부와 당사자들의 재산 상황이나 경제적 능력과 부담의 형평성 등 여러 사정을 고려하여 적절하다고 인정되는 분담의 범위를 정할 수 있다."

반대의견

"양육에 관한 법원의 심판절차는 거의 예외 없이 상당한 시일을 필요로 하므로 양육에 관한 법원의 심판이 고지되기 전의 것이라도 양육에 관한 협의의 요청이 있었던 때부터 또는 심판청구서의 부본이 상대방에게 송달된 때부터 그 후의 것은 이를 상대방에게 부담하게 하여도 좋을 것이지만, 협의의 요청이나 심판청구가 있기 전의 기간에 지출한 양육비에 대하여는 이를 법원의 심판으로서 상대방에게 그 부담을 명할 수는 없다. 왜냐하면 민법 제837조제1항, 제2항, 가사소송법 제2조 제1항 (나)목 (2)마류 제3호(현행법 같은 항 2호(나)목마류3)호), 같은 법 제3편(가사비송) 의 여러 규정을 종합하면, 이혼한 당사자의 아이의 양육에 관하여 가정법원이 비송사건으로서 행하는 심판은 어디까지나 아이의 현재와 장래의 양육에 관한 사항을 정하거나 이미 정하여진 사항을 변경하는 절차이지, 지나간 과거에 마땅히 이행되었어야 할 부양에 관한 사항을 다시 정하거나 이미 지출된 비용의 분담에 관한 사항을 결정하는 절차가 아니기 때문이다."

보충의견

"가사소송법은 제2조 제1항 (나)목 (2)마류 제3호(현행법 같은 항 2호(나)목마류3)호)에서 민법 제837조의 규정에 의한 자의 양육에 관한 처분을 가사비송사건으로 규정하면서 그 처분의 대상이 되는 양육에 관한 사항을 장래의 것만으로 한정하고 있지 아니하고, 민법이 이혼한 부부의 일방만이 자를 양육하여 온 경우에 다른 일방과 사이에 과거의 양육비를 분담하는 비율을 정하는 데 관하여 달리 규정하고 있지도 아니 하므로, 이혼한 부부 각자가 분담하여야 할 과거의 양육비의 비율이나 금액을 장래에 대한 것과 함께 정하는 것도 민법 제837조 제2항에 규정된 자의 양육에 관한 처분에 해당하는 것으로 보아, 가정법원이 자의 연령 및 부모의 재산상황 등 기타 사정을 참작하여 심판으로 정하여야 할 것이지, 지방법원이 민사소송절차에 따라 판정할 것은 아니라고 해석함이 상당하다."

해 설

1. 이 판결의 의의

이 판결에서의 문제점은 과거의 양육비 청구를 소송으로 처리해야 하는지 아니면 비송으로 처리해야 하는지에 있다. 이에 대해 다수의견과 보충의견은 비송으로, 반대의견은 소송으로 처리해야 한다고 판단하였다. 소송과 비송의 관계가 문제되는 이유는 모든 민사분쟁을 소송으로만 처리하지 않고 비송이라는 특별절차를 만들어 놓고 있기 때문이다. 또한 소송 이외에 비송이라는 특별한 절차가 만들어진 이유는, 상식적으로 생각한다면 소송이라는 절차를 통해서는 적절히 해결할 수 없는 민사분쟁이 존재하고 있기 때문이다.

2. 소송과 비송의 특징

소송의 절차상의 주된 특징은 당사자의 자기책임을 기조로 하는 변론주의로 대표되는 것들이다. 대립하는 당사자가 존재한다는 분쟁의 쟁송성(爭訟性), 요건사실의 존부의 확정, 변론주의 등이 그것이다. 이에 비해 비송의 특징은 법원이 후견적으로 개입하여 분쟁을 신속히 해결한다는 목적에서, 그 절차의 특징이 소송절차와 정반대의 성격을 갖는다.

3. 소송과 비송의 구별기준

(1) 판례

사회·경제·문화의 발전에 따라 모든 비송사건을 실정법으로 규정한다는 것은 불가능하다. 이 때 이 판결에서와 같이 비송사건으로 규정되지 않은 특정 사건은 과연 어떻게 처리해야 하는지, 모두 소송으로 처리해야 하는지 문제된다. 다수의견은 과거의 양육비청구는 비송이 된다는 입장이다.

이러한 입장은 대결 1984.10.5, 84마카42에서 "정리절차의 개시신청에 대한 결정을 함에 있어서 법원은 개시결정이 다수 이해관계인의 이익을 조정하고 기업을 정리 재건하기 위한 것이기 때문에 정리의 가망, 신청의 성실성 등 회사정리법 제38조 각호 소정의 사유를 판단하지 않으면 안되고, 그 판단을 위해서 법원의 합목적적 재량을 필요로 하고, 또 경제 사정을 감안하여 유효 적절한 조치를 강구하지 않으면 안되므로, 절차의 간이 신속성이 요구된다."라는 이유로 회사정리절차의 개시결정절차를 비송사건이라고 판단하고 있는 점에도 근거하고 있다고 생각된다.

즉 비송사건 해당성에 관한 판례의 논거는, 다수의 이익을 위해 법원의 합목적적 재량에 의한 신속한 처리가 요구된다는 점으로 요약할 수 있다. 아울러 이 판결에 따라 성년의 자에 대한 과거의 부양료의 구상청구를 가사비송사건으로 청구할 수 있다고 한 판례(대결 1994.6.2, 93스11)가 있다.

이에 비해 반대의견은 권리의 존부를 판단해야 하므로 준용할 수 없다는 주장이고, 보충의견의 논리는 민법 제837조에서 말하는 양육에 관한 사항에 과거의 것도 포함된다는 점이다.[1)]

그 밖에 투병 중인 아들의 병원비 등을 부담한 어머니가 아들의 배우자인 며느리를 상대로 부양료에 대한 구상청구를 한 사안에서, 부부간의 부양의무를 이행하지 않은

1) 이 판례의 평석(김주수, 과거의 부양료상환청구, 판례월보303호15면)은 부양의무에 관한 가장 적합한 판단기관인 가정법원에서 통일적으로 사건처리를 해야 한다는 이유에서 보충의견에 찬성한다.

부부의 일방에 대하여 상대방의 친족이 구하는 부양료의 상환청구는 가사소송법 제2조 제1항 제2호 나. 마류사건의 어디에도 해당하지 아니하여 이를 가사비송사건으로 가정법원의 전속관할에 속하는 것이라고 할 수는 없고, 이는 민사소송사건에 해당한다(대판 2012.12.27, 2011다96932).

(2) 학설

한편 학설에는, 먼저 소송사건은 법규를 적용하여 분쟁을 해결한다는 사법작용이지만, 비송사건은 국가가 사인간의 생활관계에 개입하여 명령처분을 한다는 민사행정이라는 본질적 차이가 있다는 점에서, 구별의 기준을 원칙적으로 국가작용의 성질에서 찾는 입장이 있다.[2] 이에 비해 명확히 구별한다는 것을 포기하고 실정법의 형식적 구분에 따라, 비송사건절차법의 적용 또는 준용가능성에 의해 구별한다고 주장하는 입장이 있다.[3] 그러나 어느 설에 의하건 실정법에 비송사건으로 규정되어 있는 사건을 소송사건으로 구분하지는 않는다. 결국 판례나 학설 간에 구체적인 차이는 없다고 생각한다. 오히려 문제는 구체적 사건의 처리에 있어서, 소송 또는 비송으로 해결해야 하는 기준, 즉 비송의 한계는 어디에서 찾아야 하는지에 있다.

4. 비송화의 한계

(1) 비송사건의 의의와 과거의 양육비청구사건

비송절차의 특징에서 본다면, 비송사건이란 사인간의 계속적 생활관계의 유지 · 진행에 적합한 법원의 재량적 판단이 신속히 요구되는 사건이라고 말할 수 있다. 이 판결에서는 X가 청구한 과거의 양육비청구는 권리의 존부에 관한 사건임을 부정할 수 없다고 생각한다. 민법의 해석은 둘째 치고라도 손해배상적인 의미가 있음을 부정할 수 없기 때문이다. 달리 말하면 X로서는 미리 청구하는 것도 가능했으므로(아니면 합의이혼 시 당사자 간에 양육에 관한 합의도 가능했을 것이다) 원상회복을 요구하는 입장으로 보아야 하기 때문이다. 이 점에서는 반대의견이 타당하다.

그러나 반대의견에 따르더라도 과거의 양육비의 구체적인 금액에 관해서는, 과거의 양육비이건 장래의 양육비이건 소송으로 처리하는 것이 적합하다고는 할 수 없다. 양육비의 금액을 정하는 것은 법원의 합목적적인 재량이 필요함을 부인할 수 없기 때문이다. 반대로 과거의 양육비의 구체적인 금액도 소송이라고 한다면, 장래의 양육비청구도 비송이 아닌 소송사건이 된다고 보아야 하기 때문이다. 그렇다면 하나의 분쟁인 과거의 양육비청구를, 그 권리의 존부는 소송으로, 그 구체적인 금액은 비송으로 나누

---

2) 이, 14면; 전, 25면; 정영, 20면.

3) 강, 36면; 김, 52면; 김=강, 55면; 김홍, 11면; 정=유, 14면. 이와 유사한 입장으로 호, 61면.

어 처리한다는 문제가 발생한다.

(2) 사건에 따른 양절차의 혼합

특정 사건을 소송 또는 비송 중 어느 쪽으로 처리하는지는, 결국 그 사건을 어느 방법으로 처리하는 것이 당사자나 법원에게 가장 적합한가를 토대로 해결할 수밖에 없을 것이다. 이 때 중요한 것은 소송과 비송이라는 2분법적인 틀에 구애받을 필요는 없다는 점이다. 왜냐하면 어차피 명확하게 구분할 수 없는 경우가 있다면, 그 처리 형태도 소송과 비송의 어느 한쪽으로 명확히 대처할 수 없다는 논리가 되기 때문이다. 따라서 양자의 중간적인 형태의 처리방법도 고안할 수 있다. 즉 변형된 제3의 절차도 생각할 수 있다.

과거의 양육비청구도 실질적으로 양육비에 관한 것이므로, 과거의 것과 장래의 것을 전체로서 하나의 절차에서 해결하는 것이 타당함은 당연하다. 그렇다면 비송절차 내에서 과거의 양육비를 청구할 권리가 X에게 인정되는가의 여부에 한해서만은, 소송적인 면을 도입하여 해결한다는 방법을 생각할 수 있다. 요컨대 법원이 당해 권리의 존부에 한해서만은 당사자에게 변론을 요구하여, 그에 따라 권리의 존부를 명확히 한 다음, 그 금액을 비송으로 정한다는 절차를 이용하는 것이다. 이러한 예는 혼인무효의 소와 그에 따른 손해배상청구의 소를 병합하여 심리하는 경우, 손해배상의 금액 등 민사소송사건 특유의 쟁점에 대해서는 변론주의가 적용된다는 점에서 찾을 수 있다.

(3) 지방법원과 가정법원간의 이송

아울러 이 판결과 관련된 부수적인 문제로서 가정법원과 지방법원간의 관할 배분의 문제가 있다. 장래의 양육비 청구는 당연히 가정법원이 처리해야 하고, 과거의 양육비도 가정법원에서 위와 같은 절차적 배려를 통해 해결하는 것이 타당한데, X가 만일 지방법원에 제소하였다면 당해 지방법원은 법34조1항에 의해 가정법원으로 이송하여야 한다(대결 1980.11.25, 80마445).

02 소송상의 신의칙

[대판 1981.7.7, 80다2064]

사 실

X는 A와 공동으로 부동산 甲을 구입하였고, 다시 甲을 B에게 명의신탁 하였다. 이때 B에게 명의신탁을 하게 된 것은, A의 언니인 Y가 B가 자신의 남편에게 다액의 채무가 있다는 것을 알고, 이 채권을 확보할 목적으로 A에게 B를 소개하여 명의신탁절차를 적극적으로 주선했기 때문이다. 명의신탁이 성립하자 Y는 B를 상대로 남편의 채권이 자신의 채권인 양 대여금청구소송을 제기하여 승소판결(B의 결석으로 자백간주로 판결됨)을 받았다. 이를 바탕으로 Y가 甲에 대하여 강제집행을 실시하는 것은 허용되는지 문제되었다.

판결요지

"채권자가 채권을 확보하기 위하여 제3자의 부동산을 채무자에게 명의신탁 하도록 한 다음 동 부동산에 대하여 강제집행을 하는 따위의 행위는 신의칙에 비추어 허용할 수 없다 할 것인바, 원심이 같은 견해에서 Y의 甲에 대한 강제집행은 신의칙에 반하고 권리남용이나 반사회적 행위에 해당되어 허용할 수 없다고 판시한 조치는 수긍이 가고 소론 법리오해의 위법이 있다 할 수 없다."

해 설

1. 이 판결의 의의

이 판결은 강제집행에 관한 사건이지만, 소송상의 신의칙이 적용되어 당사자의 권리행사가 제약된다고 판시한 것이다. 즉 Y가 소송상의 권리를 행사했다고 할 수 있는 강제집행의 요구를 신의칙을 통해 부정한 판례이다. 이 사건에서 Y의 이득을 통해 손해를 볼 수 있는 입장에 있는 것은 X이다. A는 Y와 자매간이고 공모의 가능성이 높다. B 또한 자신이 甲의 실질적인 소유자도 아니고, 강제집행이 종료하면 자신의 채무가 소멸하게 된다. A와 B는 Y의 B에 대한 소송과 강제집행절차에서 특별한 자신의 권리를 주장할 필요 없이 소극적으로 일관하게 될 것이다(B의 결석을 통해서 이를 쉽게 이해할 수 있다).

2. 신의칙의 필요성

(1) 신의칙이 없는 경우와의 비교

X는 위와 같은 사례에서 자신의 권리를 보호할 방법이 있을까? 만약 신의칙이 없다면, 강제집행의 문제가 되지만 甲의 소유자는 자신이라는 점을 내세워 甲이 집행재산이 될 수 없음을 다툴 수밖에 없다(X는 甲의 소유권을 확보하는 것이 중요하지 B 등에게 대가에 상당하는 손해배상을 청구하는 것은 차선책이다). 물론 이것으로도 사실관계상 결과적으로 X는 자신의 권리를 보호할 수 있겠지만 어려운 법이론을 동원해야 한다. 이 경우 이 판결에서와 같이 단순 명확하게 신의칙을 동원한다면 쉽게 자신의 권리를 보호받을 수 있게 된다.

이 판결이 중요시 한 점은 Y의 행위, 즉 채권을 확보하기 위하여 X의 부동산을 B에게 명의신탁 하도록 한 다음 甲에 대하여 강제집행을 요구하는 따위의 행위이다. 이러한 Y의 행위가 소송상 효력을 발휘할 수 없음을 강조한 것이다. 왜 Y의 행위는 인정되지 않는가? 이에 대해 이 판결은 특별한 설명이 없지만, 기망을 통해(Y는 B에 대한 명의신탁은 적절한 것이라고 X에게도 권유한 것이므로) 타인(X)의 손해를 초래시켜 그만큼 이득을 얻으려는 행위이므로, 이런 것을 인정하면 불법이 조장된다는 점을 고려했을 것으로 추측된다.

(2) 신의칙과 권리남용

신의성실의 원칙을 의미하는 신의칙은 민법 특히 채권법에서 발달한 일반조항으로, 민사소송의 영역에서도 적용되어 민사소송법에 규정을 두기에 이르렀다(법1조). 당사자는 신의칙에 따라 소송을 수행해야 함과 동시에, 그에 위반한 소송수행은 당사자가 의도한 본래의 효력을 갖지 못한다. 특히 민사소송법의 규정에는 신의칙을 그대로 반영한 것이 있다. 즉 법149조의 '실기한 공격·방어방법의 각하' 나 법349조의 '당사자의 문서부제출의 효과' 등이다. 이러한 점에서 신의칙은 명문의 규정이 있는 경우에는 그 필요성을 뒷받침하는 도구(설명적 개념)로서, 그리고 명문의 규정이 없는 경우에는 직접 적용되는 것(실천적 개념)으로 보충적인 의미를 갖는다고 말할 수 있다. 신의칙이 적용되는 발현형태는 다음에서 보듯이 학설상 4가지로 나누는 것이 일반적이다.

아울러 권리남용과 협의의 신의칙은 그와 구별되지만 보통 광의의 신의칙으로 권리남용을 포함하여 사용된다. 판례에서도 이 판결에서 보듯이 보통 신의칙과 권리남용이 동시에 사용된다.

3. 신의칙의 발현형태

한편 신의칙이 적용되는 발현형태를 학설상 다음과 같은 4가지로 나누는 것이 일반적이다.[4)]

(1) 소송형태의 부당형성의 배제

소송형태의 부당형성의 배제란 소송당사자 중의 일방이 자신에게 유리한 소송형태를 만들기 위하여 공시최고 또는 관할을 부당하게 이용한 경우, 이는 신의칙에 어긋나므로 그러한 부당행위는 허용되지 않는다는 형태를 말한다. 이 판결의 사례는 소송형태의 부당형성에 해당된다고 할 수 있다.

그 밖에도 병합청구의 재판적을 발생시킨다는 목적만을 위하여 본래 소송을 할 생각이 없는 청구를 병합하는 경우 등이 그 예이다. 즉 민사소송의 일방 당사자가 다른 청구에 관하여 관할만을 발생시킬 목적으로 본래 제소할 의사 없는 청구를 병합한 것이 명백한 경우에는 관할선택권의 남용으로서 신의칙에 위배되어 허용될 수 없으므로, 그와 같은 경우에는 관련재판적에 관한 법 25조의 규정을 적용할 수 없다(대결 2011.9.29, 2011마62).

(2) 금반언

금반언이란 소송경과 중에 일정한 주장을 하거나 태도를 취해, 그에 따라 상대방이 일정한 신뢰를 했음에도 그러한 주장이나 태도와 모순되는 거동은 상대방의 신뢰를 부당히 저버리는 자기모순행위이므로 신의칙상 허용되지 않는다는 형태이다(판례에 신의칙이 적용된 사례를 보면 금반언과 다음에서 보는 소송상의 권능의 남용이 대부분이다).

금반언에 해당한다고 볼 수 있는 사례로는 다음과 같은 것이 있다. "자신의 친딸로 하여금 그 소유의 대지상에 건물을 신축하도록 승낙한 자가 위 건물이 친딸의 채권자에 의한 강제경매신청에 따라 경락되자 경락인에 대하여 그 철거를 구하는 행위"(대판 1991.6.11, 91다9299), "부적법한 당사자추가신청이 법원에 의해 받아들여져 제1심 첫 변론기일부터 새로운 원고와 피고 사이에 변론이 진행되어 판결이 선고된 후 당사자추가신청의 적법 여부를 문제삼는 것"(대판 1998.1.23, 96다41496), "근저당권자가 담보로 제공된 건물에 대한 담보가치를 조사할 당시 대항력을 갖춘 임차인이, 그 사실을

4) 김=강, 42면 이하는, 법원과 당사자간의 관계와 당사자 상호간의 관계로 양분하여 다시 그것을 세분하는 입장을 취하고 있다.

부인하고 임차보증금에 대한 권리주장을 않겠다는 내용의 확인서를 작성해 준 경우, 그 후 그 건물에 대한 경매절차에 참가하여 배당요구를 하는 것"(대판 1997.6.27, 97다12211. 유사예로 대판 1993.12.24, 93다42603), "항소심이 추완항소를 받아들여 심리결과 본안판단에서 그 항소가 이유 없다고 기각하자, 추완항소를 신청했던 당사자 자신이 상고이유에서 그 부적법을 스스로 주장하는 것"(대판 1995.1.24, 93다25875), 기타 "무효인 공정증서상 집행채무자로 표시된 자가 그 공정증서를 채무명의로 한 경매절차가 진행되는 동안 이를 방치하고, 오히려 변제를 주장하여 경락허가결정에 대한 항고절차를 취하고 경락대금까지 배당받은 후 경락인에 대하여 공정증서의 무효를 이유로 이에 기한 강제경매도 무효라고 주장하는 것"(대판 1992.7.28, 92다7726) 등은 금반언에 해당한다.

(3) 권능의 실효

권능의 실효는 당사자 일방이 권리가 있음에도 불구하고 장기간 상대 당사자에게 그 권리를 행사하지 않아 상대방이 권리의 불행사를 신뢰한다는 기대권이 생긴 후에 권리를 행사하여 상대방에게 청구하는 것은 신의칙에 반하여 허용되지 않는다는 원칙이다. 이러한 형태로는 판결이유 중의 판단의 구속력으로서 신의칙이 적용되는 경우가 있다.

판례는 이에 대하여 명확히 인정하고 있지 않지만, 이전등기말소청구소송에서 패소한 자가 다시 진정명의회복을 원인으로 한 이전등기청구소송을 제기한 경우의 기판력의 객관적 범위에 관하여, 대판(전) 2001.9.20, 99다37894(후술 항목<69>)의 별개의견은 기판력이 미치지는 않지만 신의칙에 의해 후소가 허용되지 않는다는 해석을 취하였다. 판결이유 중의 판단에 관하여 일정한 범위에서 신의칙에 의한 후소의 금지를 주장하는 논리로서 주목된다.

(4) 소송상의 권능의 남용

소송상의 권능의 남용이란, 당사자가 정당한 이유 없이 재판의 지연을 목적으로 기피권을 남용하거나 소권을 남용하는 등의 권리의 남용은 신의칙상 허용되지 않는다는 형태이다. 소송상의 권능의 남용으로는 소권의 남용이 주요 대상이고 다음과 같은 예를 들 수 있다.

"채권자는 스스로 공동불법행위자임에도 불구하고 무효인 약정을 바탕으로 하고 또 스스로 불법행위를 자행한 자로서 약정에 의한 또는 부당이득에 의한 금원의 지급을 구하거나 소송사기에 의하여 채무자가 소송수탁자에 대하여 갖는 손해배상채권의 양도를 내세워서 손해의 배상을 구하는 것"(대판 1983.5.24, 82다카1919), "노동조합가입을 이유로 해임된 교사가 해고무효확인의 전소를 제기하였다가 취하한 후 정부의 구제방침에 따라 그 조합을 탈퇴하고 교사로 신규임용된 경우, 그 후 다시 제기한 해고무효확인의 후소"(대판 1996.10.15, 96다12290), 기타 "근로자가 해고된 후 회사가 지급한 퇴직금을 아무런 이의를 유보하지 아니하고 수령하였고, 위 해고가 부당하다는 이유로 지방노동위원회에 부당해고구제신청을 하여 같은 해 기각되었으나 이에 대하여 불복을 제기하지 아니하여 위 결정이 확정되기까지 하였다면, 특별한 사정이 없는 한 그로부터 1년 7개월 가량 경과한 후에 제기한 해고무효확인청구"(대판 1995.3.10, 94다33552. 유사한 예로 대판 1993.12.28, 92다34858 등 다수) 등은 소송상의 권능의 남용에 해당한다.

(5) 발현형태의 구분의 필요성

이 판결의 사안은 굳이 신의칙의 적용형태로 분류하여 본다면 소송형태의 부당형성의 배제에 해당한다. 그러나 분류는 그다지 중요하지 않다. 결론은 신의칙을 적용하여 당사자의 행위를 봉쇄했다는 점에 있기 때문이다. 신의칙은 결국 소송상 당사자의 행위(작위 또는 부작위)가 선행되고 이에 따라 상대방은 그러한 행위를 신뢰하게 되며, 그럼에도 불구하고 상대방의 정당한 신뢰를 저버리고 상대방의 손해를 야기하여 자신의 이득을 얻으려는 행위를 금지시키는데 의의가 있음을 이해할 수 있다.

신의칙을 통해 단순 명쾌하게 처리할 수 있다면 신의칙을 직접적으로 적용하면 된다. 신의칙을 동원하지 않고 기존의 법규를 통해 같은 원리를 도출할 수 있다면 신의칙을 직접 적용할 필요는 없고, 신의칙은 근거를 지탱하는 하나의 논거로서 작용한다. 결국 신의칙이 문제될 때, 그러한 문제는 신의칙의 어떤 유형이냐가 아니라 왜 신의칙을 적용했느냐, 신의칙을 적용하지 않는다면 어떻게 되느냐라는 점이 중요하다.

03 외국국가에 대한 민사재판권

[대판(전) 1998.12.17, 97다39216]

사 실

한국인 X는 한국에 있는 미합중국 Y 산하의 비세출자금기관인 '육군 및 공군 교역처'(The United States Army and Air Force Exchange Service)에 고용되어 미군 2사단 소재 캠프 케이시(Camp Cacey)에서 근무하였다. X는 Y가 정당한 이유 없이 자신을 해고하였다고 주장하면서, Y를 상대로 하여 위 해고의 무효확인과 위 해고된 날로부터 자신을 복직시킬 때까지의 임금의 지급을 구하는 소를 한국의 법원에 제기하였다. 이 경우 Y에 대해 한국의 민사재판권이 미치는지 문제되었다.

판결요지

"국제관습법에 의하면 국가의 주권적 행위는 다른 국가의 재판권으로부터 면제되는 것이 원칙이라 할 것이나, 국가의 사법적(私法的) 행위까지 다른 국가의 재판권으로부터 면제된다는 것이 오늘날의 국제법이나 국제관례라고 할 수 없다. 따라서 우리나라의 영토 내에서 행하여진 외국의 사법적 행위가 주권적 활동에 속하는 것이거나 이와 밀접한 관련이 있어서 이에 대한 재판권의 행사가 외국의 주권적 활동에 대한 부당한 간섭이 될 우려가 있다는 등의 특별한 사정이 없는 한, 외국의 사법적 행위에 대하여는 당해 국가를 피고로 하여 우리 나라의 법원이 재판권을 행사할 수 있다고 할 것이다."

해 설

1. 이 판결의 의의

이 판결에서 문제된 외국국가에 대해 우리나라의 민사재판권이 미치는지에 관해서는 국제법에 의한 제약이 해결의 기준이 된다(외국국가 이외에도 민사재판의 인적 한계가 문제되는 것은 그러한 제약이 적용되는 외교관, 국제기관이나 그 직원 등이다). 이에 대해 이 판결은 우리 법원이 미국이라는 외국국가에 대하여 민사재판권을 갖는다는 판단을 내린 것이다. 즉 이하에서 보듯이 절대면제주의(이를 취하는 학설은 없다)에서 제한면제주의(통설)로 판례를 변경하게 되었다.

2. 절대면제주의와 제한면제주의

원래 외국국가에 대해 자국의 주권을 면제한 것은 외국국가에 대한 외교적인 배려에서 비롯된 것이라고 할 수 있다. 즉 주권의 면제라는 국제법에 의한 제약이 필요한 이유는 국제관행상 대외관계에 대한 배려가 요구되기 때문이다. 이러한 점에서 본다면 외국국가에 대한 민사재판권의 문제는 현재의 국제관행 내지는 국제법의 문제이지 과거의 재판례는 이에 해당하지 않는 것이 될 것이다.

외국국가에 대해서는 19세기에 재판권면제(주권면제)가 인정되었고, 특별한 예외(이하의 이 판결에 의해 변경되기 전의 판결에서 보듯이 면제특권의 포기, 조약의 다른 규정 그리고 법정지소재지의 부동산에 관한 소송)를 제외하고는 재판권이 면제된다는 점에서 절대면제주의라고 불린다. 그러나 20세기에 들어와 국가가 사적 거래의 일방당사자가 되는 경우가 증가하여, 국가의 사법(私法)적 행위에 대해서는 재판권면제를 인정하지 않는 제한면제주의로 이행되고, 현재는 이러한 제한면제주의가 이 판결에서도 보듯이 국제적 관습이라고 말할 수 있다.

3. 판례의 입장

이 판결은 기존의 판례(대결 1975.5.23, 74마281)를 변경한 중요한 판단이다. 변경대상판결에서는 "본래 국가는 국제관례상 외국의 재판권에 복종하지 않게 되어 있으므로 특히 조약에 의하여 예외로 된 경우나 스스로 외교상의 특권을 포기하는 경우를 제외하고는 외국국가를 피고로 하여 우리나라가 재판권을 행사할 수는 없는 것이라 할 것이다."라고 판시하고 있었다. 이러한 입장은 외국국가는 원칙적으로 우리나라의 민사재판권에 포함되지 않는다는 절대면제주의에 선 입장이라 할 수 있다.

이에 비해 이 판결은 절대면제주의에서 제한면제주의(통설)로 판례의 입장을 변경한 것인데, 국가간의 경계가 애매해지고 국가의 활동이 다양해짐에 따라 외국국가가 자국내에서 민사적 또는 상업적인 활동을 하는 예가 늘어나고 있는 점을 감안한다면 타당한 판단이라고 말할 수 있다. 외국국가가 민사적 또는 상업적 활동을 하는 경우에는, 그 행위의 특성상 외국국가도 사적인 지위에서 한 것이므로, 절대면제주의가 아닌 그러한 한도에서 주권면제가 인정되지 않는다는 이 판결의 견해는 매우 바람직하다고 생각한다.

단, 채권 압류 및 추심명령에 관한 재판권에 대하여는 별도의 고려가 필요하다. 예를 들어 대한민국에 거주하면서 주한미군사령부에서 근무하는 甲의 채권자 乙이 우리나라 법원에서 제3채무자를 미합중국으로 하여 甲이 미합중국에 대하여 가지는 퇴직금과 임금 등에 대하여 채권압류 및 추심명령을 받은 후 추심금의 지급을 구한 최근의 사례에서, 판례(대판 2011.12.13, 2009다16766)는 다음과 같은 이유로 미합중국이라는 외국국가를 상대로 하는 소송에 대한 우리나라의 재판권을 인정하지 않았다.

먼저 채권압류 및 추심명령이라는 재판의 성격에 대해, "채권압류 및 추심명령은 집행법원이 일방적으로 제3채무자에게 채무자에 대한 채무의 지급금지를 명령하고 피압류채권의 추심권능을 집행채권자에게 부여하는 것으로서 이에 따라 제3채무자는 집행채무자에게 채무를 지급하더라도 집행채권자에게 대항할 수 없어 여전히 추심명령을 받은 집행채권자에게 채무를 지급하여야 할 의무를 부담하게 된다. 이와 같이 채권압류 및 추심명령은 제3채무자 소유의 재산에 대한 집행이 아니고, 제3채무자는 집행당사자가 아님에도 채권압류 및 추심명령이 있으면 지급금지명령, 추심명령 등 집행법원 강제력 행사의 직접적인 상대방이 되어 이에 복종하게 된다. 이와 같은 점을 고려하면 제3채무자를 외국으로 하는 채권압류 및 추심명령에 대한 재판권 행사는 외국을 피고로 하는 판결절차의 재판권 행사보다 더욱 신중히 행사될 것이 요구된다. 더구나 채권압류 및 추심명령이 제3채무자에 대한 집행권원이 아니라 집행채권자의 채무자에 대한 집행권원만으로 일방적으로 발령되는 것인 점을 고려하면 더욱 그러하다."

그러하기 때문에 "피압류채권이 외국의 사법적 행위를 원인으로 하여 발생한 것이고 그 사법적 행위에 대하여 해당 국가를 피고로 하여 우리나라 법원이 재판권을 행사할 수 있다고 하더라도, 피압류채권의 당사자가 아닌 집행채권자가 해당 국가를 제3채무자로 한 압류 및 추심명령을 신청하는 경우, 우리나라 법원은, 해당 국가가 국제협약, 중재합의, 서면계약, 법정에서 진술 등의 방법으로 사법적 행위로 부담하는 국가의 채무에 대하여 압류 기타 우리나라 법원에 의하여 명하여지는 강제집행의 대상이 될 수 있다는 점에 대하여 명시적으로 동의하였거나, 우리나라 내에 그 채무의 지급을 위한 재산을 따로 할당해 두는 등 우리나라 법원의 압류 등 강제조치에 대하여 재판권 면제 주장을 포기한 것으로 볼 수 있는 경우 등에 한하여 해당 국가를 제3채무자로 하는 채권압류 및 추심명령을 발령할 재판권을 가진다고 볼 것이다." 나아가 "이와 같이 우리나라 법원이 외국을 제3채무자로 하는 추심명령에 대하여 재판권을 행사할 수 있는 경우에는 그 추심명령에 기하여 외국을 피고로 하는 추심금 소송에 대하여도 역시 재판권을 행사할 수 있다고 할 것이고, 반면 추심명령에 대한 재판권이 인정되지 않는 경우에는 추심금 소송에 대한 재판권 역시 인정되지 않는다고 보아야 한다."

4. 외국국가의 사법적 행위의 범위

(1) 범위설정의 필요성

단, 이 판결에서는 X와 Y의 산하 기관인 '육군 및 공군 교역처'가 체결한 고용계약이 문제됐는데, 우리 재판권에 속하는 외국국가의 사법행위에 해당되는지(판결요지에서 말하는 특별한 사정의 존부)에 관해서는 언급되어 있지 않다. 앞으로 재판례를 통해 외국국가의 사법행위에 관한 그 구체적인 기준설정이 주목된다. 2004년 12월에 채택된 “국가 및 그 재산의 재판권으로부터의 면제에 관한 국제연합조약”(UN국가면제조약)에서는 상업적 행위(10조), 고용계약(11조), 인신의 손해와 재산의 손해(12조), 재산권(13조), 지적재산권(14조), 기업체의 구성원으로서의 지위(15조), 국유선박(16조), 중재합의가 있는 경우(17조)에 관하여 재판권면제가 인정되지 않는다고 하고 있다. 그 밖에 국가의 재판권면제에 관한 입법이 발달된 미국과 영국에서는 다음과 같은 기준을 제시하고 있다(일본도 2009년에 ‘외국 등에 관한 일본의 민사재판권에 관한 법률’을 제정하여 위 조약을 받아들였다).

(2) 미국의 입법예

미국의 경우, 외국주권면제법1063조(d)에서, “상업활동’이란 계속적인 상업행위 및 단발적인 상업거래의 양쪽을 포함한다. 그 행위의 전체의 성질, 또는 그 특정의 거래나 행위의 성질에 비추어 결정한다.”고 규정하고 있다. 그 다음으로 동법1605조(a)(2)에서는 외국이 미국의 연방 또는 주의 재판권의 면제를 받지 못하는 경우로서, “소송이 당해 외국이 미국에서 한 상업활동, 당해 외국이 다른 나라에서 한 상업활동에 관련하여 미국 내에서 한 행위, 또는 당해 외국이 다른 나라에서 한 상업활동과 관련하여 미국의 영역 외에서 한 행위이고 미국에서 직접 효과를 발생시키는 행위, 이상의 어느 것인가에 기한 것일 때”를 예로 들고 있다.

(3) 영국의 입법예

한편 영국의 국가면제법은 동3조(1)에서 “(a)국가가 체결한 상거래 또는 (b)계약(상거래계약인가의 여부를 묻지 않는다)에 기해 영국 내에서 전부 또는 일부가 이행되어야 하는 국가의 의무”에 관한 소송절차로부터의 면제는 인정하지 않는다고 규정한다. 그리고 동조(3)에서는 ‘상거래’에 관해 “(a)물건 또는 역무를 공급하는 계약, (b)융자 및 보증을 주기 위한 대출 또는 기타의 거래, 또는 그러한 거래에 관하거나 기타의 금전채무로부터의 면책, (c)국가가 주권의 행사로서가 아니고 체결하거나 종사하는 다른 거래 또는 활동(상업적, 산업적, 금융적, 전문적, 기타 유사한 성질을 갖는 것” 중의 하나를 말한다고 규정하고 있다(기타 고용계약(동4조), 인적 물적 손해(동5조), 특허권이나 상표권 등(동6조), 단체나 법인의 구성원으로서의 지위(동8조)를 규정하고 있다).

04 국제재판관할권

[대판 2005.1.27, 2002다59788]

사 실

X는 대한민국 내에 주소를 두고 웹디자이너로서 영업을 영위하고 있다. X가 등록한 도메인 이름(미국의 도메인 이름 등록기관에 등록·보유하고 있는 도메인 이름)에 대해 미국의 국가중재위원회는, "X의 웹사이트가 Y의 표장과 출처, 후원, 제휴, 보증 관계에 있는 것으로 혼동을 초래함으로써 의도적으로 인터넷 사용자를 유인하여 경제적 이득을 얻으려 한 경우로서 이 사건 도메인 이름에 대한 X의 악의적인 등록·사용이 추정되는데, X가 위 추정을 번복하지 못하였다는 이유로 X에 대하여 이 사건 도메인 이름을 Y에게 이전하라"는 내용의 판정을 내렸다. 이 사건 판정에 따라 이 사건 도메인 이름은 Y에게 이전되었다. 이에 대해 X는, 서울 중앙지방법원에 이 사건 이전 판정에 불복하여 Y를 상대로 이 사건 도메인 이름을 X에게 다시 이전하라고 청구하고, 또한 선택적으로 X가 여전히 이 사건 도메인 이름의 보유자임을 전제로 하여 Y에게 상표권에 기한 침해금지청구권이 존재하지 아니한다는 확인을 구하는 소를 제기하였다. 우리 법원은 이러한 사건에 대해 관할권을 갖는지 문제되었다.

판결요지

"국제재판관할의 문제는 섭외적인 요소를 갖는 분쟁의 해결에 관하여 국가를 단위로 어느 나라 법원이 재판권을 갖느냐를 결정하는 문제인데, 이에 관하여는 현행 국제사법(2001. 4. 7. 법률 제6465호로 전문 개정된 것) 제2조가 일반원칙을 선언하고 있으나 그 부칙 제3조는 동법 시행 당시 법원에 계속중인 사건에 관하여는 동법의 국제재판관할에 관한 규정을 적용하지 아니한다고 규정하고, 따라서 위 법 시행 이전에 제소되었음이 기록상 분명한 이 사건에는 국제재판관할에 관한 일반조항인 동법 제2조가 적용되지 아니한다 할 것이고, 그 밖에는 국제재판관할을 직접 규정하는 법규가 없고 또한 국제재판관할에 관한 조약이나 일반적으로 승인된 명확한 국제법상의 원칙이 아직 확립되어 있지 않은 상태이므로, 결국 이 사건에서 대한민국 법원에 국제재판관할이 존재하는지 여부의 문제는 국제재판관할의 배분에 관한 기본이념에 비추어 판단하여야 할 것이다.

국제재판관할을 결정함에 있어서는 당사자 간의 공평, 재판의 적정, 신속 및 경제를 기한다는 기본이념에 따라야 할 것이고, 구체적으로는 소송당사자들의 공평, 편의 그리고 예측가능성과 같은 개인적인 이익뿐만 아니라 재판의 적정, 신속, 효율 및 판결의 실효성 등과 같은 법원 내지 국가의 이익도 함께 고려하여야 할 것이며, 이러한 다양한 이익 중 어떠한 이익을 보호할 필요가 있을지 여부는 개별 사건에서 법정지와 당사자와의 실질적 관련성 및 법정지와 분쟁이 된 사안과의 실질적 관련성을 객관적인 기준으로 삼아 합리적으로 판단하여야 할 것이다. 국제사법 제2조가 제1항에서 "법원은 당사자 또는 분쟁이 된 사안이 대한민국과 실질적 관련이 있는 경우에 국제재판관할권을 가진다. 이 경우 법원은 실질적 관련의 유무를 판단함에 있어 국제재판관할 배분의 이념에 부합하는 합리적인 원칙에 따라야 한다."고 규정하고, 이어 제2항에서 "법원은 국내법의 관할 규정을 참작하여 국제재판관할권의 유무를 판단하되, 제1항의 규정의 취지에 비추어 국제재판관할의 특수성을 충분히 고려하여야 한다."고 규정하고 있는 바, 이 조항의 내용 역시 위와 같은 일반원칙을 표현한 것으로 볼 수 있다."

해 설

1. 이 판결의 의의

이 판결의 사안은 국제적 또는 섭외적 사건에 대하여 관할권이 있는지에 관한 것이고, 국제사법2조의 입법취지도 감안하여 합리적으로 판단하고 있다. 보통 국제재판관할권이란 하나의 사건에 대해 우리의 법원만이 아니라 외국의 법원도 당해 사건에 대해 관할권이 있는 경우, 우리의 법원이 갖는 관할권을 의미한다. 원래 국제재판관할권에 관해서는 국제사법2조가 도입되기 전에 국제적으로 확립된 기준은 없고, 보통 해석적으로 다음과 같은 입장이 주장되고 있었다.

2. 국제재판관할권의 판단기준

(1) 역추지설

역추지설이란 사실상 국제관할과 국내관할을 구분하지 않는 입장으로, 특정 사건에 대해 국내의 법규에 따라 관할권이 발생한다면 그에 대해 국내법원이 관할권을 갖는다고 주장한다. 특히 국내법원의 당해 국제사건에 대한 토지관할의 유무를 판단함으로써 역으로 국제관할을 추지해 나간다는 입장에서 역추지설로 불린다.

(2) 관할배분설

국제적 기준에서 토지관할의 분배의 문제를 고찰해야 한다는 점에서, 관할배분설(또는 조리설이라고도 한다)은 법원의 이익, 당사자의 이익 등을 고려하여 당해 국제사건에 대한 국내법원의 관할권의 유무를 판단해야 한다고 주장한다.[5)]

(3) 수정역추지설

역추지설에 기초하면서 관할배분설에 의한 고려를 한다는 것을 수정역추지설[6)](‘특단의 사정설’이라고도 한다)이라 부르는 경우가 있다. 단, 후술하는 바와 같이 역추지설이나 관할배분설의 경계자체가 애매해지고 있고, 수정역추지설은 관할배분설에 의하는 것과 차이가 없으므로 특별히 수정역추지설이라는 개념을 만들 필요는 없을 것이다.

3. 판례의 입장

(1) 역추지설적인 입장

이 입장을 취한 선례적인 판례라 할 수 있는 대판 1972.4.20, 72다248에서는 다음과 같은 사례가 문제되었다. 즉 한국인 X는 일본회사 Y와 한국회사간의 차관협정을 중개하였다. 그 후 X는 중개료의 지급을 Y에게 청구하는 소를 한국의 법원에 제기하였고, Y는 자신의 서울지사가 이 사건 차관협정 체결 이후에 설치되었다거나 또는 이 협정이 대한민국 이외의 지역에서 체결되었다고 하여 한국법원에 관할권이 없다고 다투었던 사례이다. 이에 대해 대법원은 “이 사건 차관협정과 여기에 따르는 보수금 약정이 일본 국내에서 체결되었다 할지라도 이것으로 말미암아 발생된 보수금지급 채무의 이행지는 다른 사정이 없는 한 채권자인 원고의 영업소소재지인 서울특별시라 할 것이요, 따라서 이 이행지 관할 법원에 이 사건에 대한 재판 관할권이 있다고 보는 것이 상당하다”고 판시하였다. 국내의 법을 기준으로 판단하고 있는데, 한국의 법을 기본으로 하여 적용법을 판단하면 이행지로서 서울이라는 토지를 관할하는 법원에 관할권이 발생한다는 태도이고, 역추지설을 취하는 판례라고 할 수 있다.

또한 대판 1988.10.25, 87다카1728에서는 모두 국외에 소재하는 외국회사인 X와 Y의 사이에, X는 물품대금의 지급을 청구하면서 Y의 선박이 한국에 있다는 점을 이유로 한국의 법원에 제소하여 그 관할권이 문제되었다. 여기서 대법원은 한국의 법원은 관할권이 존재하지 않음을 다음과 같이 판시하고 있다. “대한민국에 주소가 없는 자

5) 강, 813면; 정=유, 109면; 정영, 139면.

6) 이, 60면. 김, 42면과 전, 63면도 이와 유사하다. 그 밖에 송=박, 61면은 국제사법2조를 수정역추지설의 입장이라고 언급한다.

또는 주소를 알 수 없는 자에 대한 재산권에 관한 소는 청구의 목적 또는 담보의 목적이나 압류할 수 있는 재산이 대한민국 내에 있을 때에는 그가 외국인이라 할지라도 그 재산소재지의 법원에 제기할 수가 있는 것인 바…X가 이 사건 소를 제기할 당시(1985.1.25.)에는 위 선박이나 선박에 갈음한 금액이 국내에 Y의 소유로 소재하였다고 할 수 없다는 이유로 재판관할권을 부정하였는 바 원심의 이와 같은 판단은 정당하다." 이 반대해석은 특정 재산이 국내에 있다면 관할권이 발생한다는 것이다. 따라서 역추지설을 채택하고 있음을 알 수 있다.

(2) 관할배분설을 감안한 입장

단, 대판 1992.7.28, 91다41897에서는, 먼저 관할배분설적인 입장을 다음과 같이 표명한다. "섭외사건에 관하여 국내의 재판관할을 인정할지의 여부는 국제재판관할에 관하여 조약이나 일반적으로 승인된 국제법상의 원칙이 아직 확립되어 있지 않고 이에 관한 우리나라의 성문법규도 없는 이상 결국 당사자 간의 공평, 재판의 적정, 신속을 기한다는 기본이념에 따라 조리에 의하여 이를 결정함이 상당하다 할 것이고" 라고 판시한다.

그러나 다른 한편 "이 경우 우리나라의 민사소송법의 토지관할에 관한 규정 또한 위 기본이념에 따라 제정된 것이므로 위 규정에 의한 재판적이 국내에 있을 때에는 섭외사건에 관한 소송에 관하여도 우리나라에 재판관할권이 있다고 인정함이 상당하다고 할 것이다. 같은 취지에서 원심이 미합중국 하와이주의 법률에 의하여 설립된 외국법인인 피고회사의 사무소가 서울에 있고 여기서 근무하던 외국인인 원고들이 피고회사로부터 부당해고 되었음을 이유로 손해배상을 청구하는 이 사건 소송은 민사소송법 제10조 소정의 재판적이 인정되므로 국내에 재판관할권이 있다."라고 판시하고 있다. 이 판례에 의한다면 국내의 토지관할에 관한 규정도 법원이나 당사자의 이익을 고려한 것이므로, 이를 토대로 판단하는 것은 달리 말해 관할배분설적인 입장을 반영한 것이라고도 평가할 수 있다.

(3) 수정역추지설적인 입장

마지막으로 외국법인이 대한민국 내에 사무소, 영업소 또는 업무담당자의 주소를 갖고 있지만, 당해 법인을 당사자로 한 소송이 그 법인의 대한민국 지점의 영업에 관한 것이 아닌 분쟁에 대하여도 우리 법원의 관할권을 인정할 수 있는지에 관해, 대판 2000.6.9, 98다35037에서는, "우리 민사소송법 제4조는…제2항에서 제1항의 규정은 외국법인 등의 보통재판적에 관하여 대한민국에 있는 사무소, 영업소 또는 업무담당자의 주소에 적용됨을 정하고 있는바, 위 민사소송법의 규정에 의하면 외국법인 등이 대한민국 내에 사무소, 영업소 또는 업무담당자의 주소를 가지고 있는 경우에는 그 사무소 등에 보통재판적이 인정된다고 할 것이므로, 증거수집의 용이성이나 소송수행의 부담 정도 등 구체적인 제반 사정을 고려하여 그 응소를 강제하는 것이 앞서 본 민사소송의 이념에 비추어 보아 심히 부당한 결과에 이르게 되는 특별한 사정이 없는 한, 원칙적으로 그 분쟁이 외국법인의 대한민국 지점의 영업에 관한 것이 아니라 하더라도 우리 법원의 관할권을 인정하는 것이 조리에 맞는다 할 것이다." 라고 판시하고 있다.[7] 국제재판관할에 관해 기존의 입장을 명확히 하면서, 국내에 지점을 둔 외국법인에 대한 일반적인 관할권을 인정한 것이고, 국제화시대에 적합한 타당한 판례이다.

4. 국제재판관할의 결정방법

위와 같이 판례 중에는 관할배분설적 입장을 취하고 있는 것도 찾을 수 있다. 그러나 역추지설의 입장에서도 전혀 예외를 인정하지 않는 입장이 아니고 조리를 통한 합리적인 결론을 도출하려고 하는 이상, 판례의 견해를 역추지설이냐 관할배분설이냐로 명확하게 구분하는 것은 타당하지 않다.

관할배분설적인 입장에서 제조물책임소송의 국제재판관할을 판단한 판례(대판 1995.11.21, 93다39607)의 평석[8]에서도, "국제재판관할권의 인정기준으로서 원칙적으로 조리설에 입각하고 있으나, 그 구체적 적용의 면에서 역추지설과의 조화 위에 신축적으로 운용할 수 있음을 보여 주고 있으며, 제조물책임이 일종의 불법행위책임이지만 그 특수성을 고려하여, 우리나라 민사소송법상 토지관할규정에 따른 불법행위지로서의 손해발생지에 관할이 있는지의 판단에 있어서 특별한 사정의 존재의 발견을 위한 조리의 기능을 보다 강조하고 있다."고 설명하고 있다.

위와 같은 상황에서 국제사법2조가 도입되고, 국제재판관할의 유무를 결정하는 기준으로 '실질적 관련성'이 적용되게 되었다. 그런데 실질적 관련성의 유무를 판단함에 있어서 사용되는 구체적인 고려요소는 이미 판례에서 논의되어진 것임을 알 수 있다. 즉 실질적 관련성의 유무는 당사자 간의 공평, 재판의 적정, 신속을 기한다는 기본이념에 따라 조리에 의하여 결정된다는 점이다. 이 판결도 이러한 점을 고려하여 합리적으로 당해 사건에 관할권을 갖는 것은 어느 나라 법원인지의 여부를 판단하고 있고, 이것이 국제사법 제2조의 입장이기도 하다.

그 밖에 이 판결을 따르고 있는 대판 2010.7.15, 2010다18355에서도, 먼저 "법원이 국제재판관할권의 유무를 판단함에 있어서 당사자 간의 공평, 재판의 적정, 신속 및

7) 평석으로 석광현, 신용장 개설은행인 외국은행을 상대로 한 소송과 국제재판관할, 변호사 : 법률실무연구31집(2001)323면 이하.

8) 김홍엽, 국제간 제조물책임소송과 외국법원의 국제재판관할권 인정기준, 인권과정의237호 131면.

경제를 기한다는 기본이념에 따라 국제재판관할을 결정하여야 하고, 구체적으로는 소송당사자들의 공평, 편의 그리고 예측가능성과 같은 개인적인 이익뿐만 아니라 재판의 적정, 신속, 효율 및 판결의 실효성 등과 같은 법원 내지 국가의 이익도 함께 고려하여야 하며, 이러한 다양한 이익 중 어떠한 이익을 보호할 필요가 있을지 여부는 개별 사건에서 법정지와 당사자의 실질적 관련성 및 법정지와 분쟁이 된 사안과의 실질적 관련성을 객관적인 기준으로 삼아 합리적으로 판단하여야 한다"고 한 다음, 2002년 김해공항 인근에서 발생한 중국 항공기 추락사고로 사망한 중국인 승무원의 유가족이 중국 항공사를 상대로 대한민국 법원에 손해배상청구소송을 제기한 사안에서, 민사소송법상 토지관할권, 소송당사자들의 개인적인 이익, 법원의 이익, 다른 피해유가족들과의 형평성 등에 비추어 위 소송은 대한민국과 실질적 관련이 있다고 보기에 충분하므로 국제재판관할권을 인정할 수 있다고 하였다.

5. 이혼소송의 경우

이혼소송에 관한 대판 1988.4.12, 85므71에서는, "우리나라의 법률이나 조약 등에는 섭외이혼사건의 국제재판관할에 관한 규정을 찾아 볼 수 없으므로 섭외이혼사건에 있어서 위 규정에 의한 외국법원의 재판관할권의 유무는 섭외이혼사건의 적정, 공평과 능률적인 해결을 위한 관점과 외국판결 승인제도의 취지 등에 의하여 합리적으로 결정되어야 할 것인 바, 섭외이혼사건에 있어서 이혼판결을 한 외국법원에 재판관할권이 있다고 하기 위하여는 그 이혼청구의 상대방이 행방불명 기타 이에 준하는 사정이 있거나 상대방이 적극적으로 응소하여 그 이익이 부당하게 침해될 우려가 없다고 보여지는 예외적인 경우를 제외하고는 상대방의 주소가 그 나라에 있을 것을 요건으로 한다고 하는 이른 바, 피고주소지주의에 따름이 상당하다고 보아야 할 것이다." 라고 판시하고 있다.[9)]

섭외이혼사건에 관한 위와 같은 판례의 태도는 당해 사건을 둘러싼 제요소를 고려하여 관할권의 유무를 판단해야 한다는 이론이고 물론 타당하다. 단, 그와 같은 고려요소를 적용한 결과 항상 피고의 주소지를 관할하는 법원에만 관할권이 발생한다고는 할 수 없을 것이다. 따라서 일률적으로 피고주소주의를 강조한 점에 대해서는 약간의 재고가 필요하다고 생각한다.

---

9) 이 판례의 해설로 박인호, 대법원판례해설제9호206면에서도, "당사자간의 중복소송과 파행혼을 방지하여 섭외적 생활관계의 원활과 안정의 확보라는 이혼판결승인제도의 목적과 섭외신분관계사건에 대한 국가의 후견적 기능을 고려하여 사건을 적정 공평하고 능률적으로 해결할 수 있다고 판단되는 기준에 따라 결정되어야 한다"라고 설명하고 있다(그 밖에 대판 1975.7.22, 74므22 참조).

제 2 장

법원과 관할

05 제척사유로서의 전심관여

[대판 1962.7.12, 62다225]

사 실

A판사는 제1심에서 변론과 증거조사에 관여하였지만, 당해 판결에 관해서는 A판사가 아닌 다른 판사에 의해 재판의 평의와 재판서의 작성이 이루어졌다. 그 후 당사자가 이 제1심판결에 대해 항소를 제기하자, A판사가 항소심 사건을 다루게 된 법관의 한 명으로 정해졌다. 이 경우 A판사에게는 법41조5호가 규정하는 제척사유가 있는지 문제되었다.

판결요지

"민사소송법 제37조(법41조) 제5호가 법관이 직무집행에서 제척되는 사유중의 하나로서 규정한 이른바 「법관이 사건에 관하여 불복신청이 된 전심재판에 관여한 때」라 함은 그 재판의 내용결정인 평의 및 재판서의 작성에 관여하는 것을 말하는 것이고 다만 그 기본 되는 변론에 관여하고 혹은 성립된 판결의 선고에만 관여한 경우에는 이에 해당하지 아니한다 할 것인 바 본건에 있어서 논지가 말하는 A는 제1심 변론에만 관여하였고 불복신청이 된 제1심재판의 평의와 재판서의 작성에는 관여하지 아니한 것이 기록에 의하여 분명하니 A가 원심판결에 관여하였다 하여도 아무런 위법이 될 바 없다."

해 설

1. 이 판결의 의의

이 판결은 제척사유로서 재판에 관여했다는 의미에 관하여, 실질적으로 재판의 결론에 관여했다는 것을 뜻하므로 보통 평결과 재판서의 작성에 관여한 것을 말한다고 판시한 것이다. 재판의 공정을 위하여 사건의 당사자나 사건의 내용에 특별한 관계를 갖고 있는 법관이라면, 적정하고 공평한 재판을 기대할 수 없고 결국 재판을 하는 것을 방지하여야 한다. 이를 위해서 구체적인 사건에 따라 법관의 관여(직무집행)를 배제하기 위한 제도를 만들고 있는데, 그 중에 하나가 이 판결에서 문제된 제척이다.

2. 제척사유

제척은 그 사유가 있는 법관이 당연히 직무집행에서 배제되는 것인데, 당사자의 신청에 의해 배제되는 기피나, 법관 스스로 직무집행에서 탈퇴하는 회피와 차이가 있다(제척・기피・회피는 법관이 아닌 법원사무관 등의 법원직원에게도 준용된다[법50조]). 제척사유에 관해서는 법41조 각호가 규정하고 있다. 제척사유는 직무집행의 배제라는 제척의 성격과 기피사유와의 관계에서 볼 때 한정열거적인 것이다.

제척사유 중, 법41조1호 내지 3호는 법관이 사건 당사자와 관계가 있는 경우에 해당하는 사유이다. 이때의 당사자란 직접 재판의 영향(효력)을 받는 소송담당의 경우의 이익귀속주체와 보조참가인을 포함하지만, 대리인은 포함되지 않는다(법41조4호 참조). 물론 자연인을 염두로 한 것이지만, 법인의 경우에도 유추적용할 수 있다.

3. 제척사유로서의 전심관여

(1) 의의

이에 반해 법41조4호와 5호는 법관이 사건의 심리에 관계를 갖고 있는 경우이다. 이 경우에 문제되는 것은 이 판결에서와 같이 같은 조 5호에서 말하는 전심이란 무엇을 가리키는가이다. 전심에 관여한 법관을 배제하는 이유는, 동일한 법관에게 불복신청을 판단케 하는 것으로 심급제도를 무의미하게 한다는 점에 있다. 단, 다른 법원으로부터 촉탁을 받고 전심에 관여한 경우에는 제척사유가 되지 않는다(법41조5호단서).

(2) 전심의 해당성

여기서 말하는 전심이란 일반적으로 말한다면 직접・간접의 하급심을 말하고(상고심에서 보았을 때 항소심은 직접적인 하급심이고, 제1심은 간접적인 하급심이다), 중간판결("법관의 제척원인이 되는 전심관여라 함은 최종변론과 판결의 합의에 관여하거나 종국판결과 더불어 상급심의 판단을 받는 중간적인 재판에 관여함을 말하는 것이다"[대판 1997.6.13, 96다56115])이나, 불복할 수 있는 종국판결전의 재판을 포함한다("부동산경락허가결정에 대한 항고의 대상인 당해 결정"은 전심재판에 해당한다[대결 1972.5.10, 72마387]).

재심소송과 그 대상이 된 확정판결의 경우에는, 판례(대결 1978.7.6, 78마147)는 전심에 해당하지 않는다고 하지만, 재심은 불복신청수단으로서 상소와 실질적으로 동일한 점에서 본다면 전심이라 해석해야 한다. 특히 재심에도 불이익변경금지원칙을 적용한 대판 2003.7.22, 2001다76298이 참고가 된다.

법41조5호의 제척사유는 전심과 상급심의 관계(직접 · 간접의 하급심)의 경우의 문제이므로, 2개의 절차가 동일한 소송절차에 해당하지 않는 전심의 재판은 제외된다. 예를 들면 각각 청구이의소송과 그 대상이 된 집행권원에 해당하는 재판, 본안소송과 그에 앞선 보전절차에서의 재판, 조정절차와 그것이 성공하지 못해 제기된 경우의 소 등이다. 파기환송 · 이송(법436조1항)에 의해 다시 심리하게 되는 경우에도 원판결이 동일심급의 판단이므로 전심관여에 해당하지 않지만, 예외적으로 선입견을 갖은 원판결관여의 법관을 배제하고 있다(법436조3항).

(3) 전심관여의 의의

이 판결에서 재판에 관여하였다는 의미를 실질적으로 재판을 하였다고 할 수 있는 평결과 재판서의 작성에 관여한 것을 말한다고 해석한 것은 학설에서도 이론이 없고 타당한 해석이다(그 밖에, 대판 1971.2.23, 70다2938; 대판 1994.8.12, 92다23537; 대판 1997.6.13, 96다56115). 따라서 기피신청사건의 재판에 관여한 경우(대결 1991.12.27, 91마631), 판결의 선고만 관여한 경우, 변론준비절차나 증거조사만을 한 경우, 평결에 관여하지 않는 법원사무관의 경우에는 문제되지 않고, 이 판결의 사안의 경우 A판사에게는 법41조5호의 제척사유가 없다. 단, 제척사유가 없더라도 기피사유가 될, 또는 A판사가 스스로 회피할 여지가 있다.

4. 제척의 효과와 재판

아울러 제척사유가 있는 법관은 당해 사건에서 당연히 배제된다(단, 전술하였듯이 수탁판사로서 직무집행을 하는 것은 가능하다[법41조5호]). 당사자의 주장을 필요로 하지 않고, 당사자나 법관의 지 · 부지를 묻지 않으며, 이의권의 상실도 문제되지 않는다.

제척사유를 간과하고 법관이 당해 사건에 관여하면 신청이나 직권에 의해 제척의 재판을 한다. 제척신청을 각하하는 결정에 대해서는 즉시항고를 할 수 있지만(법47조2항), 제척신청을 인용하는 결정에 대해서는 당사자에 의한 특정 법관의 선택을 방지하기 위해 불복할 수 없게 되어 있다(법47조1항). 제척신청이 각하되면 그 재판이 확정되기 전이라도 직무집행이 가능하다(법48조단서). 제척사유가 있는 법관이 한 소송행위는 무효이고, 그 판결은 상고이유(법424조1항2호) · 재심사유(법451조1항2호)에 해당한다.

06 기피신청의 간이각하

[대결 1981.2.26, 81마14]

사 실

당사자가 정당한 기피사유도 없이 2차에 걸쳐 재판장에 대한 기피신청을 하고, 또 새로 바뀐 재판부에 대하여도 2차 변론기일에 이르러(1차 변론기일은 연기) 그 재판부 전체에 대하여 기피신청을 한 경우, 법원은 이러한 기피신청을 어떻게 처리해야 하는지 문제되었다.

판결요지

"본건 기피신청은 오직 소송의 지연 내지 재판의 저해를 목적으로 하고 있음이 분명하므로 이는 기피제도의 근본 취지에 반하여 동 제도를 남용하는 것이 분명하여 동 제도의 정상적인 절차에 따라서 처리해야 할 가치조차 없다 할 것이어서 이러한 경우에는 기피제도의 정상적인 절차를 밟을 필요 없이 당해 법관이 스스로 이를 각하하는 것도 소송제도의 적정한 운영을 위하여 필요하다고 해석함이 상당하다 할 것인 바, 이와 같은 취지 아래에서 위 1심의 결정이 정당하다 하여 이를 그대로 유지한 위 원결정 또한 정당하고, 거기에 소론과 같이 기피신청에 관한 법리를 오해한 위법이 없으므로 논지는 이유 없다."

해 설

1. 이 판결의 의의

이 판결은 기피신청에 대한 처리방법에 관하여 간이각하할 수 있음을 판시한 것이다. 당사자가 기피를 신청하면 원래 그 신청에 대한 재판(결정)이 내려지기까지 절차가 정지되게 되어 있었다. 때문에 그러한 절차의 정지를 기화로 하여 소송절차를 지연시킬 목적으로 기피권이 남용되는 사례가 많았다. 이러한 기피신청에 대해 실무적 차원에서 채택된 대책이 바로 이 판결에서도 말하는 기피를 신청당한 법관이 바로 그러한 기피신청을 각하하는 것이다(원래 간이각하를 처음으로 명확히 한 것은 대결 1979.5.31, 79마93이다. 단, 이 결정은 이 판결에 인용되어 있지만 법고을에서는 찾을 수 없다).

2. 기피제도의 의의

기피는 제척, 회피와 함께 적정하고 공평한 재판과 재판의 독립을 목적으로 규정된 제도이다. 기피란 법관에게 재판의 공정을 기대하기 어려운 사정(법43조1항)이 있는 때(보통 "당사자가 불공평한 재판이 될지도 모른다고 추측할 만한 주관적인 사정이 있는 때를 말하는 것이 아니고, 통상인의 판단으로서 법관과 사건과의 관계로 보아 불공정한 재판을 할 것이라는 의혹을 갖는 것이 합리적이라고 인정될 만한 객관적인 사정이 있는 때를 말한다"[대결 1992.12.30, 92마783]), 당사자의 서면 또는 구술에 의한 신청에 의해 당해 사건을 담당할 수 없게 되는 경우를 말한다. 기피를 인용하는 재판은 제척과는 달리 소급효가 없다.

지금까지 실제로 기피신청이 받아들여진 사례는 찾기 힘들고, 이 판결에서와 같이 기피신청이 인정되지 않는 경우가 대부분이다. 예를 들면 법관이 다른 당사자 사이의 동일한 내용의 다른 사건에서 당사자에게 불리한 법률적 의견을 표시하였다는 사정(대판 1993.6.22, 93재누97), 소송당사자 일방이 재판장의 변경에 따라 소송대리인을 교체하였다는 사정(대결 1992.12.30, 92마783), 원심재판장이 본건 소유권이전등기 말소청구소송과 동일 내용의 다른 사건에 관하여 그 사건의 피고들에게 패소판결을 하였다는 사정(대판 1984.5.15, 83다카2009), 소송의 이송신청에 대한 가부의 판단 없이 소송을 진행한 사정(대결 1982.11.5, 82마637)은 기피사유가 되지 않는다.

3. 기피신청의 간이각하

(1) 간이각하의 취지

간이각하를 인정한 판례의 태도가 결국 후에 법45조에 명문으로 규정되게 되었다. 간이각하를 채택함이 없이 또한 법44조 본문과는 다른 절차로서, 기피가 신청되어도 단순히 소송절차를 정지하지 않는다고 하는 것도 같은 방법이 될 수 있지만, 민사소송법은 판례에 따라 간이각하를 채택하였다. 이와 같이 기피권의 남용을 막는 대책이 인정되는 근거는 소송상의 권능의 남용금지라는 신의칙에서 찾을 수 있다.

(2) 간이각하의 요건

간이각하를 하려면 이 판결이나 법45조1항과 같이 신청방식을 준수하지 않은 경우 이외에, "오직 소송의 지연 내지 재판의 저해를 목적으로 하고 있음이 분명한 경우"이다. 결국 소송지연을 목적으로 한 경우라고 할 수 있는데, 그 구체적인 예로서는 이 판결의 사안과 같은 경우(특별한 기피사유 없이 기피신청을 반복), 그 밖에 "이미 한 기피신청과 같은 내용으로 다시 한 기피신청"(대결 1991.6.14, 90두21)이 이러한 예에 해당한다.

또한 "직근 상급법원이 없는 대법원에 계속중인 사건에 관하여 대법원판사 전원에 대한 기피(대결 1966.3.15, 64주1)" 또는 "대법원이 그 제척 또는 기피신청에 대하여 재판할 법원조직법 제7조 제1항 본문으로 정한 합의체를 구성할 수 없는 수의 대법원 판사를 동시에 제소 또는 기피하는 것과 같은 신청"(대결 1966.6.2, 64주2)의 경우에도 그 자체가 소송지연을 목적으로 함이 명백하다고 할 수 있으므로 간이각하를 할 수 있는 기피신청이라 해석할 수 있다.

(3) 간이각하의 효력

간이각하의 경우에도 그 재판에 대한 즉시항고가 인정되지만, 이 경우의 즉시항고에는 집행정지효(즉시항고의 대상이 된 재판의 효력발생을 저지하는 효력으로 이 경우에는 소송절차[본안절차]가 진행되는 것을 정지시킨다는 효력)가 없으므로(법47조3항), 보통의 기피신청의 각하와는 달리 소송절차가 정지되지 않는다는 점에 차이가 있다(보통의 기피신청의 경우에는 그 재판이 확정될 때까지 절차가 정지되고[법48조] 당해 재판에 대해 즉시항고[10]를 하면 집행정지효가 있다). 따라서 기피신청이 있어도 간이각하를 할 수 있다면 소송절차는 정지되지 않고, 이 점이 간이각하를 인정한 중요한 이유이다.

4. 기피신청과 집행정지효

(1) 기피신청과 소송절차의 정지

한편 기피신청이 각하된 때에는 소송절차가 정지되지 않는다는 법48조단서에는 약간의 문제점이 있다. 즉 원래 기피신청에 대한 간이각하가 아닌 통상의 각하의 경우에는 즉시항고에 의해 집행정지의 효력이 있고(법47조3항의 반대해석) 소송절차가 정지된다(따라서 기피신청에 대한 각하결정 전에 이루어진 변론기일의 진행은 절차상 흠결이 있고, 특별한 사정이 없는 한 그 후 당해 기피신청을 각하하는 결정이 확정되었다는 사정만으로 절차 위반의 흠결이 치유되지 않고[대판 2010.2.11, 2009다78467, 78474], 기피신청을 한 당사자는 상소 · 재심에 의해 당해 판결의 취소를 구할 수 있다

10) 아울러 지방법원 항소부 소속 법관에 대한 기피신청이 제기되어 법45조1항의 각하결정 또는 소속 법원 합의부의 기각결정이 있은 경우, 이는 항소법원의 결정과 같은 것으로 보아야 하므로 위와 같은 결정에 대하여는 대법원에 재항고하는 방법으로 다투어야 한다(대결 2008.5.2, 2008마427).

[법424조2항, 법451조1항1호]). 단, 기피신청이 각하된 때 또는 종국판결을 선고하거나 긴급행위(예를 들면 증거보전, 집행정지명령, 보전명령 등)의 경우에는 위와 같은 제한이 없다(법48조 단서).

(2) 집행정지효의 필요성

그러나 '기피신청이 각하된 때'라는 부분은 간이각하를 대상으로 하는 것으로서 굳이 규정할 필요는 없는 부분이다. 원래 기피신청에 대해 간이각하라면 그 성질상 신청을 받은 법관이 바로 재판하는 것이므로 신청부터 각하재판까지 소송절차의 정지는 문제되지 않는다. 또한 간이각하의 취지를 살린다면 간이각하재판에 대한 즉시항고에 집행정지효를 부여하지 않는 것이 타당하고 그와 같이 규정되어 있다(법47조3항). 반대로 기피신청에 대해 간이각하를 하지 않는다면 그 재판은 기피신청을 받은 법관의 소속법원 합의부 또는 상급법원이 하므로 소송절차의 정지 여부가 문제되고, 간이각하가 아니라는 점에서 소송절차의 정지가 의미를 갖는다. 또한 간이각하가 아닌 기각결정 또는 각하결정에 대해 즉시항고를 제기한다면 소송절차의 정지효에서 보았듯이 집행정지효가 발생한다고 해석하여야 한다(법447조 및 47조3항의 반대해석). 통상의 각하결정에 대한 즉시항고에 집행정지효를 부여하지 않는 해석도 물론 가능하지만, 간이각하가 아니라는 점에서는 집행정지효를 부여하는 해석이 타당하다. 그렇다면 법48단서에서 '기피신청이 각하된 때'라는 부분은 간이각하를 가리키는 것으로 해석하여야 하고 간이각하의 경우에는 그러한 취지가 이미 규정되어 있으므로, 굳이 규정할 필요는 없을 것이다.

(3) 집행정지효 위반과 하자의 치유

아울러 법48조단서에서 말하는 긴급행위 이외의 경우, 항상 본안절차를 정지하여야 하는지 아니면 추후에 있을 기피신청기각 또는 각하결정이 확정된 경우에는 치유되는지의 문제점이 있다. 기피신청이 이유 있다고 받아들여지면 물론 관여해서는 안 될 법관이 한 행위이므로, 그러한 행위가 위법하고 치유될 수 없음은 당연하다. 문제는 반대의 경우 하자의 치유가능성이다. 판례는 특별한 이유 없이 "원심의 원판결 선고가 민사소송법 제44조단서의 경우에 해당하지 아니하여 위법한 것이라 하더라도 기피신청을 당한 법관이 그 기피신청에 대한 재판이 확정되기 전에 한 판결은 그 후 그 기피신청이 이유 없는 것으로서 배척되고 그 결정이 확정되는 때에는 유효한 것으로 된다"고 해석하고 있다(대판 1978.10.31, 78다1242).

생각건대 기피남용에 대한 대책은 절차의 신속을 꾀하기 위한 것이다. 따라서 재판의 공정보다도 절차의 신속을 위해 종국판결을 하였다면 당연히 기피신청이 이유 없다는 재판의 확정에 의해 하자가 치유된다고 보아야 하므로, 결론적으로 판례의 입장이 타당하다. 나아가 법원이 기피신청을 받았음에도 소송절차를 정지하지 아니하고 변론을 종결하여 판결선고기일을 지정하였다면, 기피를 신청한 당사자에게는 어떠한 불복방법이 인정되는지에 관해서는 다음의 판례가 참고가 된다.

즉 대결 2000.4.15, 2000그20에서는, "특별항고인의 주장과 같이 법원이 기피신청을 받았음에도 소송절차를 정지하지 아니하고 변론을 종결하여 판결 선고기일을 지정하였다고 하더라도 종국판결에 대한 불복절차에 의하여 그 당부를 다툴 수 있을 뿐 이에 대하여 별도로 항고로써 불복을 할 수 없다"고 판시되고 있다. 별도로 항고를 하는 것은 인정되지 않고, 당해 판결에 대한 상소로써 다툴 수 있다고 한 입장이다. 기피신청에 대해 재판을 하지 않는다면 이것은 재판의 거부로서 문제가 있겠지만, 이 판결에서와 같이 기피신청 후 바로 심리를 종결할 것으로 예상되는 경우라면, 항고의 대상인 재판이 없으므로 그러한 결론이 될 수밖에 없을 것이다.

(4) 기피신청에 대한 기각과 각하의 차이

참고로 기피신청 등 소가 아닌 당사자의 신청을 받아들이지 않는 재판(결정)에 관하여 법은 기각결정이라고 하거나(법39조, 법68조5항, 법243조1항 등), 각하라고 하거나(법149조1항, 법230조1항 등), 명확히 표시하지 않거나(법47조2항, 법73조2항, 법348조 등) 또는 각하와 기각을 같이 규정하는 경우(민집281조2항)가 있다. 판례는 결정에 실체적 확정력이 없기 때문에 각하와 기각을 엄격히 구별할 이유가 없다고 한다(대결 1960.7.21, 4293민항137). 우리의 모법인 일본에서는 신청각하로 통일되어 있는데, 우리는 1960년 민사소송법 도입 시 규정에 따라 기각이라는 용어를 사용하게 되었다. 신청에 대한 각하결정이나 기각결정에는 실질적으로 차이가 없다고 말할 수 있다.

07 소송목적의 값의 산정방법

[대결 1969.12.30, 65마198]

사 실

X는 Y가 대지 甲의 사용을 방해한다는 이유에서 Y를 상대로 그 방해행위의 금지를 요구하는 소를 제기하였다. 이 때 X는 자신의 청구에 관한 소송목적의 값(이하 '소가'라 약칭한다)이 법23조2항의 가액을 산정할 수 없는 때에 해당하는 것이므로, 민사소송인지법에 따라 그에 상당한 인지만을 첨부하였다. 이러한 소가의 산정은 정당한지 문제되었다.

판결요지

"작위나 부작위 명령을 구하는 소송에 있어서의 소가는 작위나 부작위 자체의 소가가 아니고 그 작위나 부작위의 명령을 받음으로써, 원고가 받는 이익을 표준으로 하여 소가를 산정하여야 할 것이라고 풀이 됨으로 본건에 있어서의 소가는 X가 구하는 Y에 대한 부작위 명령이 있을 때에 X가 甲에 관하여 얻는 이익 즉 X의 甲에 관한 점유 사용권의 가액이 민사소송법 제23조(법26조)의 이른바, 위 소송목적물의 가액이 된다고 할 것이고 한편 대지에 관한 점유 사용권의 가액은 결국 그 대지의 임대가격이었다고 할 것이다."

해 설

1. 이 판결의 의의

소가의 산정에 관해서는 그 가액의 산정을 둘러싸고 이 판결에서와 같은 문제가 발생한다. 이 판결의 쟁점은 과연 소가를 산정할 수 없는 경우에 해당하는지의 문제인데, 소가를 산정해야 하고, 그 가액에 관하여 대지에 관한 점유 사용권의 가액은 그 대지의 임대가격이라고 판단한 판결이다.

2. 소가의 의의

소가란 원고가 제소를 통해 얻으려는 이익을 금전으로 환산한 가액을 말한다. 따라서 소가는 원고가 소로 주장하는 이익을 기준으로 산정된다(법26조1항). 이때의 이익이란 소제기시를 기준으로 소송물에 대해 전부승소판결을 얻었을 때 직접적으로 받게 되는 객관적 이익을 말한다. 가액을 산정할 수 없을 때에는 민사소송등인지법에 의한다(법26조2항).

소가란 사물관할의 기준이 된다는 점에서, 또한 소장에 첨부할 인지액의 기준이 된다는 점에서 중요한 의의를 갖는다. 소가의 산정의 구체적 기준에 관해서는 민사소송등인지규칙에 정해져 있다. 소가산정에 대한 이의는, 만일 소가에 따른 관할의 문제라면 이송의 재판에 대한 불복신청(법39조)에 의해, 금액에 관한 문제라면 소장각하에 대한 불복신청(법254조3항)에 의한다.

3. 소가의 산정방법

소가를 산정할 수 없는 경우에 관해서는, 보통 비재산상의 청구(가사관계에 관한 청구권, 인격권, 회사소송 등에서의 결의의 효력에 관한 청구)라면 물론 불가능하다는 것이 명백하다. 그러나 이 판결에서와 같이 재산상의 청구이면서도 가액산정이 불가능한 경우가 있을 수 있는지 문제된다.

법26조2항은 단순히 "가액을 산정할 수 없는 때" 라고만 규정한다. 이 조문의 해석에 관해서는, 특히 소가의 산정이 곤란한 경우라도 가능한 한 소가를 산정해야 하는 것으로 이해하는 것이 타당하다. 재산상의 청구라는 점을 부정할 수 없으므로, 법원은 모든 사정을 고려하여 재량으로 소가를 산정해야 하기 때문이다. 따라서 소가를 산정해야 하고, 그 가액에 대해 대지에 관한 점유 사용권의 가액은 결국 그 대지의 임대가격이라 한 이 판결은 타당하다.

4. 청구의 병합시의 소가의 산정방법

(1) 소가의 합산

아울러 소가의 산정 시 문제가 되는 것으로 청구병합의 경우가 있다. 청구의 병합시의 소가 산정에 관해서는 기본적으로 병합된 청구의 소가를 합산한다(법27조1항). 원고가 제기한 청구의 병합에 한하고, 피고에 의한 병합(반소나 중간확인의 소)이나 법원에 의한 변론의 병합의 경우에는 합산하지 않는다.

예를 들어 대결 1966.6.18, 66마323에서는 "민사소송법 제30조(법33조)의 규정에 의하여 법원의 관할은 제소한 때를 표준으로 하여 정하는 것이므로 이미 제소된 단독판사가 심리하여야 할 사무관할에 속한 수개의 사건을 법원이 병합심리를 한다 하여도 이미 결정된 사물관할에 변동이 생기는 것이 아니다"고 판시하였다.

또한 청구의 병합에는 소의 객관적 병합 이외에 주관적 병합을 포함한다. 전부승소에 따라 원고는 합산된 이익을 얻게 되기 때문이다.

(2) 합산하지 않는 경우

그러나 청구가 병합되더라도 결과적으로 얻을 수 있는 이익이 공통된 경우, 예를 들면 인도청구와 대상청구의 병합, 보증인과 주채무자 또는 복수의 연대채무자의 병합의 경우에는 합산되지 않는다. 또한 소송의 부대목적이 되는 청구, 과실, 손해배상("민사소송법 제24조(법27조) 제2항에 의하여 소송의 목적의 가액에 산입하지 아니하는 소송의 부대목적이 되는 손해배상이라 함은 주된 청구의 이행을 지연하였기 때문에 생기는 지연배상을 의미한다"[대결 1992.1.7, 91마692]), 위약금 또는 비용의 청구는 알기 쉬운 소가의 산정을 위해 산입되지 않는다(법27조2항).

08 관할합의의 효력

[대결 1994.5.26, 94마536]

사 실

A는 자신이 소유하고 있던 부동산 甲에 관하여 자신을 채무자로 하고 B회사를 채권자로 하는 근저당권설정계약을 체결한 후, X 명의로 같은 해 매매를 원인으로 한 소유권이전등기를 경료하였다. 그런데 위 근저당권설정계약에는 A와 B 사이에서 위 근저당권에 관련된 소송이 발생하면 그 제소법원을 B의 주소지 관할법원으로 하기로 하는 취지의 합의가 체결되어 있었다. 이 때 X에게도 위 관할합의의 효력이 미치는지 문제되었다.

판결요지

"관할의 합의의 효력은 부동산에 관한 물권의 특정승계인에게는 미치지 않는다고 새겨야 할 것인 바, X가 A의 위 근저당권의 채무자 겸 근저당권설정자로서의 지위를 인수하였음을 알 수 있는 자료가 없는 이 사건에 있어서, X는 이 사건 부동산에 관하여 위 근저당권 부담부의 소유권을 취득한 특정승계인에 불과할 뿐이므로(근저당권 부담부의 부동산의 취득자가 그 근저당권의 채무자 또는 근저당권설정자의 지위를 당연히 승계한다고 볼 수는 없다), A와 B 사이에 이루어진 위 관할합의의 효력은 X에게 미치지 않는다고 할 것이다."

해 설

1. 이 판결의 의의

이 판결은 X가 근저당권이 부착된 소유권을 취득하였음에 불과하고 채무자의 지위를 취득하였다고 할 수 없으므로(단순히 물상보증인에 불과), 그러한 관할합의의 의무를 승계하였다고는 볼 수 없다고 판시하고 있다. 즉 특정승계인이 승계한 권리의무관계가 어떠한 것이냐에 따라서 승계인에게 관할합의의 효력이 미치는지를 판단한 것이다.

2. 관할합의의 의의와 요건

(1) 의의

관할의 합의란 당사자 간의 합의에 의해, 제1심에 한해 전속관할이 아닌 임의관할의 경우, 특정한 법원에 관할권을 발생시키는 것을 말한다(법29조). 당사자 간의 합의로 관할을 정하는 것이므로, 당사자가 합의할 수 있는 사항이어야 하고, 따라서 전속관할(직분관할과 전속관할이라는 규정이 있는 경우의 사물관할)이 아닌 임의관할의 경우에 인정된다. 즉 특정법원에 전속관할이 있는 경우에는 이 관할을 다른 법원으로 옮긴다는 관할의 합의가 불가능하다. 반대로 특정법원이 갖고 있는 임의관할을 다른 법원으로 옮긴다는 합의를 말한다. 보통 관할의 합의가 이루어지는 예는 토지관할로서의 법정관할을 합의에 의해 변경하는 경우이다. 당사자가 합의할 수 있는 사항이라는 점에서 보듯이 법원의 이익이라는 공익적 요구보다는 당사자 간의 편의를 도모한다는 목적이 실려 있는 제도이다.

(2) 요건

관할의 합의는 위와 같이 법정관할의 변경을 초래한다는 점에서 소송법상의 효과의 발생을 주요 목적으로 하는 소송행위라 할 수 있다. 관할의 합의는 전술하였듯이 제1심 관할에 한해 할 수 있다는 요건 이외에, 일정한 법률관계에 관한 합의이어야 하는 점, 서면으로 하여야 하는 점(법29조2항), 그리고 관할법원을 특정해야 한다는 요건을 갖추어야 한다.

3. 관할합의의 효력

(1) 특정승계인에 대한 효력

이 판결에서 문제된 것은 관할합의의 대상이 된 권리의무관계를 특정적으로 승계하는 경우, 그 특정승계인에게도 당해 관할합의의 효력이 미치는가이다. 이에 대하여는 포괄적으로 권리의무를 승계하는 경우(상속이나 합병 기타 파산관재인 등)라면, 당사자의 권리의무를 포괄적으로 승계한 이상, 당사자와의 동일성을 인정할 수 있으므로 당연히 관할합의의 효력도 승계인에게 미치고, 그에 따른 의무를 승계하는 것도 당연하다고 할 수 있다. 한편 제3자라면 당연히 합의의 효력은 미치지 않는다(대판 1988.10.25, 87다카1728은 특별한 이유가 설시되지 않았지만 합의의 당사자가 아닌 제3자에게는 합의의 효력이 미치지 않는다고 판단하였다).

(2) 채권을 승계한 경우

만일 승계인이 취득한 권리의무관계가 채권이라면 그러한 권리의무의 내용에 대해서는 당사자 간에 자유로이 정할 수 있다. 따라서 승계인도 관할합의라는 의무가 부착된 권리의무를 승계한 것으로 볼 수 있으므로, 결국 관할합의의 효력이 미친다(민법 451조 참조). 달리 말해 승계인은 관할의 합의가 부착된 유효한 채권을 승계한 이상, 그 권리의무를 감수해야 한다. 지명채권의 특정승계인도 여기에 해당한다(대결 2006. 3.2, 2005마902).

(3) 물권을 승계한 경우

이에 반해 물권이라면 어떻게 될까. 물권의 내용은 법으로 정형화되어 있고, 그 권리의무의 내용을 당사자가 자유롭게 변경할 수 없다. 물권이라는 절대권에서 본다면 관할합의라는 의무가 부착된 물권을 당사자 간에 자유로이 정하는 것은 불가능하기 때문이다(민법185조 참조).

따라서 이 판결에서와 같이 근저당권 부담부의 소유권을 취득한 것은 물권을 취득한 것이므로, 승계인인 X는 정형화된 내용의 물권을 취득한 것이고 따라서 관할합의의 효력이 미치지 않게 되는 것은 당연하다. 더 나아가 설사 채권이라도 그 권리의 내용이 정형화되어 있다면 동일하게 해석하여야 할 것이다. 그 예로는 어음채권이 있다. 어음의 경우 피배서인은 수취인의 특정승계인이 아니고 발행인과 수취인 간의 관할합의의 효력은 당연히 피배서인에게 미치지 않는다. 또한 어음채권의 권리의 내용은 정형화되어 있고 그 내용을 당사자가 자유롭게 정할 수도 없다. 결과적으로 물권의 경우와 동일게 되는 것이다.

4. 관할합의의 해석

(1) 전속적 합의와 부가적 합의

아울러 관할의 합의의 해석으로 당사자가 명확히 합의하지 않은 경우 그것을 전속적 합의로 볼 것인지 아니면 부가적 합의로 볼 것인지의 문제가 있다.[11] 이러한 논쟁은 약관 등을 통한 관할합의의 효력을 어떤 식으로 처리하느냐에 관련되어 문제되었다. 즉 거래약관에는 A지방법원이 제1심 관할법원으로 되어 있었지만, 특히 소비자의 이익을 위해 B지방법원으로 이송하는 것이 타당한 경우, 당해 관할의 합의를 부가적인 것으로 본다면 관할의 합의가 있어도 A법원에서 B법원으로 쉽게 이송할 수 있게 된다. 따라서 부가적으로 보려는 견해는, 가능한 한 관할합의의 효력을 유효한 것으로 보면서 당사자 간의 이익고량을 통해 이송을 인정하려는 입장이다. 반대로 전속적으로 보려는 견해는,

11) 통설로 법정관할을 지정하지 않은 것으로 보는 경우, 부가적 합의로 보는 것에 강, 101면; 송=박, 103면; 이, 111면; 정영, 175면. 김, 584면과 호, 188면도 결론적으로 같다. 이에 대해 전속적 합의로 보아야 한다는 것은 김=강, 168면; 전, 88면; 정=유, 137면.

특별한 사정이 없는 한 관할의 합의를 했다는 당사자의 의사를 고려한다면 전속적인 관할합의를 한 것으로 보아야 하고 당사자 간의 불평등에 관한 문제는 관할합의 자체를 무효로 함으로써 해결하려는 입장이다.

모든 관할합의를 포함하여 포괄적으로 고찰해 본다면, 특별한 사정이 없는 한 관할합의는 전속적으로 한 것이라고 해석하는 것이 타당하다. 당사자가 일부러 관할의 합의를 했다면 당사자 간의 별단의 합의가 없는 한, 어느 특정의 관할을 정한 것으로 보는 것이 타당하기 때문이다. 이에 비해 당사자 간의 불평등 등의 문제가 있는 거래약관에 의한 관할합의의 경우에는 이미 약관의 규제에 관한 법률에 의해 대부분 무효가 되므로 크게 문제되지 않는다. 또한 정당한 관할합의를 보호하면서(전속적인 합의라면 다른 법원으로의 이송을 인정하지 않음), 다른 한편으론 부당한 관할합의에 대해 당사자의 이익만으로 이송을 한다는 것은 이송제도의 목적과 어울리지 않고, 그 자체를 무효로 하는 것이 명확하고 간명한 처리가 된다고 생각한다.

(2) 약관에 의한 관할합의의 효력

아울러 사업자와 고객 사이에서 사업자의 영업소를 관할하는 지방법원으로 전속적 관할합의를 하는 내용의 약관조항이 고객에 대하여 부당하게 불리하다는 이유로 무효라고 보기 위해서는 그 약관조항이 고객에게 다소 불이익하다는 점만으로는 부족하고, 사업자가 그 거래상의 지위를 남용하여 이러한 약관조항을 작성·사용함으로써 건전한 거래질서를 훼손하는 등 고객에게 부당하게 불이익을 주었다는 점이 인정되어야 한다. 그리고 전속적 관할합의 약관조항이 고객에게 부당한 불이익을 주는 행위인지 여부는, 그 약관조항에 의하여 고객에게 생길 수 있는 불이익의 내용과 불이익 발생의 개연성, 당사자들 사이의 거래과정에 미치는 영향, 관계 법령의 규정 등 제반 사정을 종합하여 판단하여야 한다(대결 2008.12.16, 2007마1328). 이 판례는 이를 바탕으로 다음과 같은 경우에 관할합의조항이 무효가 되지 않는다고 판단하였다.

“재항고인이 상대방의 변호사 사무실에 직접 찾아가서 이 사건 위임계약을 체결한 점, 이 사건 위임계약의 성격상 변호사 사무실 소재지는 상대방이 재항고인의 형사피의사건 변론준비를 위한 업무를 수행한다는 장소로서 그 계약이행지에 포함될 수 있는 점, 대구지방법원은 상대방의 영업소 소재지 관할법원으로서, 이 사건 위임계약의 체결 당시 재항고인 주소지의 인근 대도시 관할법원에 해당하는 점, 전속적 관할합의의 경우 법률이 규정한 전속관할과 달리 임의관할의 성격을 가지기 때문에, 법원은 공익상의 필요에 의하여 사건을 다른 관할 법원에 이송할 수 있는 점 등 이 사건에 나타난 제반 사정을 앞에서 본 법리에 비추어 살펴보면, 대구지방법원에 관하여 전속적 합의관할을 하는 내용의 이 사건 관할합의조항이 건전한 거래질서를 훼손하는 것으로서 재항고인에게 부당하게 불이익을 주는 약관조항에 해당한다고 보기는 어렵다."

반대로 다음의 예에서 보듯이 약관에 의한 관할합의조항이 무효라고 판단한 판례도 있다. 즉 대결 2009.11.13, 2009마1482의 예이다. "재항고인은 계약 당시부터 이 사건 소제기에 이르기까지 부산에서 거주하고 있고, 이 사건 분양계약목적물인 아파트의 소재지는 사천시인 점, 상대방은 서울 영등포구 여의도동 (이하 지번 생략)을 본점소재지로 하고, 서울, 부산, 대구, 광주, 대전 등에 지점, 관리센터 등을 두고 있는 점, 위 주택분양보증계약이 체결될 당시 이를 관할하던 상대방의 영업점은 부산지점이었는데, 위 아파트의 분양자인 소외 주식회사에 대해 회생절차가 개시되어 위 약관의 규정에 따른 보증사고가 발생함에 따라 대구 수성구에 있는 상대방의 영남관리센터로 관련 업무가 이관되었다는 이유로 상대방이 그 소재지 법원인 대구지방법원에 이송신청을 하였던 점 등을 위 법리에 비추어 보면, 원심의 판단처럼 상대방의 내부적인 업무조정에 따라 위 약관조항에 의한 전속적 합의관할이 변경된다고 볼 경우에는 당사자 중 일방이 지정하는 법원에 관할권을 인정한다는 관할합의조항과 다를 바 없는 결과를 초래하게 되고, 사업자가 그 거래상의 지위를 남용하여 사업자의 영업소를 관할하는 지방법원을 전속적 관할로 하는 약관조항을 작성하여 고객과 계약을 체결함으로써 건전한 거래질서를 훼손하는 등 고객에게 부당하게 불이익을 주는 것으로서 무효인 약관조항이라고 볼 수밖에 없을 것이므로, 다른 특별한 사정이 없는 한 위 약관조항에서 말하는 '상대방의 관할 영업점 소재지 법원'은 위 주택분양보증계약이 체결될 당시 이를 관할하던 상대방의 영업점 소재지 법원을 의미하는 것으로 봄이 상당하다. 따라서 위 약관조항에 근거하여 대구지방법원을 이 사건 소송의 관할법원으로 볼 수는 없다."

09 국제재판관할의 합의

[대판 1997.9.9, 96다20093]

사 실

우리나라 법인 X와 Y는 우리나라에 주된 사무소를 두고 있다. X로부터 특정 물품의 운송의 의뢰를 받은 Y는, 같은 물품을 자신의 대리점을 통해 텍사스의 보세창고업자에게 보관시켰으나, 같은 보세창고업자가 복합운송증권을 소지하지 않은 제3자에게 인도하여 줌으로써 운송물이 멸실되었다. 이에 당해 복합증권 상의 송하인(送荷人) X는, 같은 운송증권의 소지인으로서 운송인인 Y에게 불법행위로 인한 손해배상을 청구하는 소를 우리나라의 법원에 제기하였다. 그런데 당해 복합운송증권의 이면약관 제24조는, "이 증권에 기한 소는 모두 미합중국 뉴욕시법원에 제기하여야 한다. 다만, 운송인은 위와 다른 법원에 소를 제기할 수 있다."라고 규정하고 있다. Y가 이러한 소는 재판관할권이 없는 법원에 제기되어 부적법하다고 주장할 수 있는지 문제되었다.

판결요지

"대한민국 법원의 관할을 배제하고 외국의 법원을 관할법원으로 하는 전속적인 국제관할의 합의가 유효하기 위하여는, 당해 사건이 대한민국 법원의 전속관할에 속하지 아니하고, 지정된 외국법원이 그 외국법상 당해 사건에 대하여 관할권을 가져야 하는 외에, 당해 사건이 그 외국법원에 대하여 합리적인 관련성을 가질 것이 요구된다고 할 것이고, 한편 전속적인 관할 합의가 현저하게 불합리하고 불공정한 경우에는 그 관할 합의는 공서양속에 반하는 법률행위에 해당하는 점에서도 무효라 할 것이다.

이 사건이 미합중국 뉴욕주 법원과 관련성을 갖는다고 볼만한 점은, Y가 뉴욕주에도 영업소(지점)를 가지고 있다는 점과 Y를 위하여 운송물 인도 업무를 담당하였다가 운송물을 멸실시킨 보세창고업자가 미국인이고 그 운송물이 멸실된 곳이 미합중국의 텍사스주라는 것 정도라 할 것인데, 한편 X와 Y는 모두 대한민국에 주된 사무소를 두고 대표자 및 사원들이 한국인들로 구성된 대한민국의 법인인데다가, 운송물의 목적지는 텍사스주로서 뉴욕주와는 전혀 관련이 없고, 운송물이 멸실된 경위에 관하여 X · Y

사이에 전혀 다툼이 없어서 이 사건의 심리에 필요한 중요한 증거방법은 모두 대한민국 내에 있는 한국인 증인들이거나 문서들이며, 운송인의 책임 범위나 면책 요건에 관한 미합중국의 법이 대한민국의 법보다 운송인인 Y에게 더 유리하다고 볼 만한 자료도 없고, 그 밖에 이 사건 소송물의 가액이 극히 소액인 점 등에 비추어 보면, 뉴욕주법원에서 소송을 수행하는 것이 Y에게도 여러 가지로 불편할 뿐이므로, 이 사건 전속적 관할 합의는 사건이 그 지정된 외국법원에 대하여 합리적인 관련성을 결여함으로써 전속적 관할 합의가 유효 요건을 구비하지 못하여 무효라고 할 것이다."

해 설

1. 이 판결의 의의

국제재판관할의 합의는 보통 우리의 법원이 아닌 외국의 법원을 관할법원으로 한다는 당사자 간의 합의이다. 국제거래 시 많이 이용되고, 관할합의와 유사한 중재합의가 폭넓게 인정되고 있는 점에서 그 효력을 부정할 아무런 장해가 없다. 그런데 국내관할 합의와는 동일하다고 할 수 없고, 구체적으로 어떠한 경우에 국제재판관할의 합의로서 효력이 인정되는지 문제된다. 이에 대하여 이 판결은 판결요지에서 보는 바와 같은 일정한 유효요건을 제시하였다는 점에서 의의가 있다.

2. 국제관할합의의 유효요건

이 판결은 국제관할합의의 유효요건으로서 다음과 같은 점을 제시하고 있다. 첫째는 당해 사건이 대한민국 법원의 전속관할에 속하지 않아야 한다는 점이다. 이 요건은 국내합의관할의 연장선에서 보았을 때 충분히 이해할 수 있는 부분이다. 둘째는 지정된 외국법원이 그 외국법상 당해 사건에 대하여 관할권을 가져야 한다는 점이다. 셋째는 당해 사건이 그 외국법원에 대하여 합리적인 관련성을 가져야 한다는 점이다. 당해 합의가 현저하게 불합리하고 불공정해서는 안 된다는 점은 이 합리적 관련성의 하나의 구체적인 예에 해당한다. 학설도 이러한 판례의 입장에 따르는 것이 통설이다.

국제적인 관할의 합의라는 점에서 국내관할의 경우와는 차이가 있음을 부정할 수 없다. 외국의 전속적 관할을 합의하는 경우이므로, 당해 외국의 법원이 자국의 법률에 따라 관할을 인정할 필요가 있고, 또한 합의의 효력의 부당성을 판단하기 위한 고려요소로서 법정지와 사건과의 합리적인 관계의 존재가 요구되는 것이다.

3. 합리적 관련성이라는 요건

(1) 필요성

합리적 관련성이란 어떻게 보면 매우 막연하다고도 할 수 있다. 그러나 국제거래에서의 합의형성과정의 형해화를 방지하기 위해서도, 또한 국제적 규모에서의 재판거절을 실질적으로 발생시키는 사태를 방지하기 위해서도, 무엇인가의 제한이 필요하다. 따라서 이 경우의 기준을 합리적 관련성이라는 요건을 통해 구체적 사건의 내용에 따라 규율한다는 이 판결의 입장은 타당하다고 생각한다.12)

합리적 관련성에 관해 이 판결은 사건의 발생지, 당사자의 주된 사무소의 소재, 증거의 소재, 법정지법의 내용, 소가를 기준으로 합리적 관련성이 없다고 판단하였다. 이러한 판단은 구체적인 비교형량으로 매우 타당하다. 이 점을 좀 더 자세히 살펴본다면 다음과 같다.13)

(2) 소송의 이송과의 관계에서 본 합리적 관련성의 판단

국내합의관할과 국제합의관할의 중요한 차이의 하나로 후자의 경우 소송의 이송이 불가능하다는 점을 생각할 수 있다. 송달이나 증거조사의 촉탁의 경우와는 달리 사건의 모든 해결을 외국에 맡기는 것이고, 제도의 차이가 존재하기 때문이다. 그러나 국제관할합의의 경우 소송의 이송의 가능성이라는 고려요소가 전적으로 배제된다는 것을 의미하지 않는다. 국제관할합의에 의해 제기된 소에 대해 외국법원에 이송하여 심리하는 것이 타당하다면 결국 합의된 법정지와 사건과의 합리적 관련성은 없다고 말할 수 있다.

예를 들면 우리나라의 법원을 관할로 하는 합의에 의해 우리 법원에 소가 제기되어도, 우리의 민사소송법에 의해 당해 소송을 외국의 법원에 이송하여 심리해야 한다면 사건과 우리 법원과의 합리적 관련성은 없을 것이다. 반대로 외국의 법원을 관할로 하는 합의가 있음에도 우리 법원에 소가 제기된 경우, 이를 합의된 외국의 법원으로 이송해야 한다면 그러한 합의는 유효이고, 그 역이라면 무효라고 할 수 있을 것이다.

결국 합리적 관련성은 소송의 이송의 가능성에 의해 판단하는 것이 적합하고, 또한 그 적용법에 관해서는 우리의 국제민사소송법상의 관점에서 판단해야 한다. 이 때 법 35조의 유추적용 등의 유연한 이익고량이 필요할 것이다. 이 판결의 이익고량도 결과적으로 이러한 관점에서 이루어진 것이라고 말할 수 있다.

12) 사건관련성이 없어도 합의의 효력을 인정하여야 한다는 견해로 김, 591면.

13) 이하 김상수, 355면 이하 참조.

(3) 합리적 관련성이 인정된 예

국제관할합의가 유효하다고 판단된 사례로서, 대판 2011.4.28, 2009다19093에서는 "갑이 을에게서, 을이 특허권자 또는 출원인으로 된 일본국 내 특허권 또는 특허출원과 그 특허발명들에 대응하는 일본국 외에서의 특허출원 및 등록된 특허권 일체와 관련한 모든 권리를 무상양도받기로 하는 계약을 체결하면서, 위 양도계약과 관련한 분쟁이 발생할 경우 관할법원을 대한민국 법원으로 하기로 약정한 사안에서, 위 양도계약에 기하여 특허권의 이전등록 또는 특허출원인 명의변경을 구하는 소는 주된 분쟁 및 심리의 대상이 위 양도계약의 해석 및 효력의 유무일 뿐 위 특허권의 성립, 유·무효 또는 취소를 구하는 것과 무관하므로 위 특허권의 등록국이나 출원국인 일본국 등 법원의 전속관할에 속한다고 볼 수 없고, 또한 대한민국법상 당사자 사이에 전속적 국제관할합의를 하는 것이 인정되고 당해 사건이 대한민국 법원과 합리적 관련성도 있으며, 달리 위 전속적 국제관할합의가 현저하게 불합리하거나 불공정하여 공서양속에 반한다고 볼 수 없으므로, 위 전속적 국제관할합의가 유효하다"고 판단하였다.

(4) 합리적 관련성이 부정된 예

반대로 대판 2004.3.25, 2001다53349에서는, 한국의 신용장개설은행인 원고와 일본에 본점을 둔 운송업자인 피고 간에는 원고와 피고 사이의 분쟁은 일본국 도쿄지방재판소에서 처리한다는 국제적 관할의 합의가 있었는데, 이 합의의 효력이 문제되었다. 여기서는 이 판결의 취지에 따라 합리적 관련성의 유무를 판단하여(당사자나 증인은 대개 한국인인 점, 운송의 목적지는 대한민국 울산항인 점, 사건의 심리에 필요한 중요한 증거방법이 모두 대한민국 내에 있는 점, 운송인의 책임 범위나 면책 요건에 관한 일본국의 법이 대한민국의 법보다 운송인인 피고에게 더 유리하다고 볼 만한 자료도 없는 점, 반대로 일본의 도쿄지방재판소와 관련성을 갖는다고 볼 만 한 점은 사건 화물의 수출자[홍콩에 있는 한화 주식회사]가 일본에 본점을 둔 운송업자인 피고라는 점을 고려하여), 합리적 관련성을 가진 법원은 일본의 법원이 아닌 한국의 법원이라고 판단되어, 국제적 관할합의의 효력이 부정되었다.

10 이송결정의 기속력

[대결 1995.5.15, 94마1059, 1060]

사 실

X는 항고장이 각하된 것에 불복하여 A지방법원을 항고법원으로 표시한 즉시항고를 제기하였다. 이에 대해 항고법원인 A지방법원은 위 즉시항고가 항고법원의 관할에 속하지 아니한다는 이유로 사건을 대법원으로 이송하였다. 이러한 이송결정은 대법원을 구속하는지 문제되었다.

판결요지

"민사소송법 제34조(법38조) 제1항, 제2항의 규정에 의하면 이송결정은 이송을 받은 법원을 기속하여 이송을 받은 법원은 다시 사건을 다른 법원에 이송하지 못하도록 되어 있다. 이와 같은 이송결정의 기속력은 당사자에게 이송결정에 대한 불복방법으로 즉시항고가 마련되어 있는 점이나 이송의 반복에 의한 소송지연을 피하여야 할 공익적 요청은 전속관할을 위배하여 이송한 경우라고 하여도 예외일 수 없는 점에 비추어 볼 때 당사자가 이송결정에 대하여 즉시항고를 하지 아니하여 확정된 이상 원칙적으로 전속관할의 규정을 위배하여 이송한 경우에도 미친다고 할 것이다.

그러나 심급관할을 위배하여 이송한 경우에도 이송결정의 기속력이 이송받은 상급심 법원에도 미친다고 한다면 당사자의 심급의 이익을 박탈하여 부당할 뿐만 아니라, 이송을 받은 법원이 법률심인 대법원인 경우에는 직권조사사항을 제외하고는 새로운 소송자료의 수집과 사실확정이 불가능한 관계로 당사자의 사실에 관한 주장, 입증의 기회가 박탈되는 불합리가 생긴다고 할 것이므로 심급관할을 위배한 이송결정의 기속력이 이송받은 상급심 법원에는 미치지 않는다고 보아야 할 것이다. 한편 심급관할을 위배한 이송결정의 기속력이 이송받은 하급심 법원에는 미치지 않는다고 한다면 사건이 하급심과 상급심 법원간에 반복하여 전전 이송되는 불합리한 결과를 초래하게 될 가능성이 있어 이송결정의 기속력을 인정한 취지에 반하는 것일 뿐더러 민사소송의 심급의 구조상 상급심의 이송결정은 특별한 사정이 없는 한 하급심을 구속하게 되는 바, 이와 같은 법리에도 반하게 되므로 심급관할을 위배한 이송결정의 기속력은 이송받은 하급심 법원에는 미친다고 보아야 할 것이다. 결국 심급관할을 위배한 이송결정의 기속력은 이송받은 같은 심급의 법원과 하급심 법원에만 미치고, 상급심 법원에는 미치지 않는다고 해석함이 타당하다고 할 것이다."

해 설

1. 이 판결의 의의

이 판결에서의 문제점은 이송결정의 기속력이 대법원에도 미치는지에 관한 것이고, 지방법원이 대법원에 사건을 이송하였기 때문에 특히 문제되었다. 이송결정의 기속력을 그대로 인정한다면, 당연히 대법원이 다시 다른 법원으로 전송하지 않고 그대로 심판해야 한다는 결론이 된다. 이 점은 최상급심이며 법률심인 대법원의 성격에서 본다면 타당하다고는 할 수 없다. 이러한 점에서 이 판결은 기속력은 인정되지만, 상급심의 경우에는 기속력이 미치지 않는다는 논리를 전개하고 있다.

2. 이송결정의 효과

(1) 이송결정의 의의

소송의 이송이란 일단 계속된 소를 직권이나 당사자의 신청에 따라 수소법원의 재판에 의해 다른 법원으로 이동시키는 것을 말한다(법34조, 35조, 36조). 이송을 하는 이유는 소를 각하하기보다는 관할권이 있는 법원에서, 또는 그 밖의 적절한 법원에서 소를 처리하게 하는 것이 소송경제나 소송촉진 등에 이바지하고, 법원이나 당사자에게 있어서도 불이익이 되지 않기 때문이다. 특히 당사자는 재소에 따른 수수료나 소송비용을 면할 수 있고, 기간의 준수나 시효중단의 이익을 그대로 유지할 수 있다. 또한 법원의 입장에서도 소액사건, 지방법원단독사건 그리고 지방법원합의사건 간의 사물관할의 탄력화를 위해서도 필요하다.

(2) 이송결정의 기속력

이송을 받은 법원이 그 사건을 자신이 처리하는 것이 적합하지 않다고 다시 당해 사건을 이송한다면, 계속 이송이 반복될 염려가 있고 소송의 촉진을 위해 이송을 한다는 제도의 취지와 모순될 수 있다. 이러한 이유에서 민사소송법은 이송결정이 일정한 기속력을 갖는다고 규정하여 이송을 받은 법원은 다른 법원에 전송할 수 없다고 정하고 있다(법38조2항).

이러한 기속력은 다음과 같은 경우로 이어진다. 즉 일단 이송이 결정되면 그것이 설사 전속관할에 위반된 이송이라고 하여도, 이송받은 법원은 당사자가 원하는 신속한 소송의 진행을 위해 그러한 기속력을 받고, 따라서 이송받은 법원이 그에 대해 재판을 해야 한다(통설).[14] 이와 같이 해석한다면 전속관할위반에 따른 원판결의 취소를 규정하는 조문(법411조, 424조1항3호)은 제한적으로 해석하게 된다. 그러나 이송결정 확정 후에 새로운 사유에 의해 재이송하는 것은 가능하다.

3. 기속력의 내용

(1) 상급심에 대한 기속력

먼저 이 판결은 전속관할위반의 이송의 경우에도 기속력이 있음을 명확히 하고 있다. 이것은 기존의 다수의 학설의 입장을 반영한 것이고, 또한 사실적인 측면으로서 우리나라는 동일한 소송법규에 의해 재판이 진행되는 점, 동일한 임용요건과 근무지를 대상으로 하는 법관에 의해 재판이 진행된다는 점을 고려한 것으로 타당하다.[15]

한편 기속력을 인정한다 하더라도 상급심의 경우에는 그러하지 않다고 한다. 그 이유는 당사자의 심급의 이익(3심제의 보장)과 대법원이라는 관계에서 비롯되는 당사자의 절차권의 보장이 충분하지 않다는 점이다. 이러한 견해는 결론적으로는 타당하다고 생각한다.

(2) 하급심에 대한 기속력

단, 이 판결은 심급위반의 이송결정의 기속력이 상급심에는 미치지 않지만 하급심에는 미친다는 해석을 하고 있다. 이러한 해석에는 다음과 같은 문제제기가 있다.[16] 이 문제제기는 하급심에게도 기속력이 없다고 해야 한다는 주장이다. 하급심에게도 기속력이 없어야 하는 이유로는, 3심제의 보장뿐만 아니라 4심제를 강요해서는 안 된다는 것과, 유사한 이유로 1심의 재판에 대해 불복하여 2심법원에 제기된 사건을 2심법원이 1심법원으로 이송한 경우 1심법원에 기속력이 있다면 1심법원은 그것을 어떻게 처리해야 하는지 문제된다는 점을 든다. 또한 판결요지에서 말하는 하급심에 기속력이 없으면 재차 이송이 반복될 염려가 있다는 점에 대해서는, 그러한 현상이 발생할 가능성이 희박하다고 주장한다.

그러나 위와 같은 문제제기에서 언급된 2가지 현상, 즉 4심제가 강요될 염려가 있다는 점(상급심이 잘못하여 하급심으로 이송하는 경우)이나 상급심으로부터 이송을 받

---

14) 강, 111면; 김, 608면; 김=강, 179면; 김홍, 100면; 이, 124면; 정=유, 155면; 정영, 92면. 반대로 기속력이 없다는 견해로 송=박, 115면; 호, 205면.

15) 조관행, 이 판결평석, 민사재판의 제문제(이시윤박사화갑기념)(하)81면.

16) 조관행, 전게84면 이하.

은 하급심이 다시 이송을 반복한다는 현상은 모두 발생할 가능성이 희박한 것이 아닌가 생각된다. 그렇다면 위와 같은 문제제기에서 말하는 문제점은 그리 심각한 것이라고는 말할 수 없을 것이다.

따라서 일반적인 원칙, 즉 상급심의 판단은 하급심을 구속한다는 것을 존중할 필요가 있는 것이 아닌가 생각된다. 물론 그와 같이 해석한다고 하더라도 위 문제제기에서 주장하는 것과 같은 상급심이 잘못하여 하급심으로 이송결정을 하는 일을 배제할 수 없다. 그렇다고 하더라도 이러한 사태가 발생한다면(실제적인 가능성은 희박하겠지만) 심급제도가 존재하는 이상, 즉 상급심의 판단에 하급심이 따를 수밖에 없는 이상, 어쩔 수 없는 일이 아닐까 생각한다.

제3장

당사자와 대리인

11 당사자의 확정과 표시의 정정

[대판 1986.9.23, 85누953]

사 실

소장의 원고 표시란에 원고는 <주식회사 A백화점>, 주소는 <전주시 중앙동 2가 26의 1 대표이사 B>로 기재되었고, 첨부서류로서 제출된 회사등기부등본의 기재에도 회사 본점소재지와 대표이사가 위와 같이 등기되어 있었다. 이 경우 원고의 표시를 <주식회사 A백화점 대표자 B>에서 개인 <B>로 정정하는 것은 인정되는지 문제되었다.

판결요지

"당사자는 소장에 기재한 표시만에 의할 것이고 청구의 내용과 원인사실을 종합하여 확정하여야 하는 것이며 당사자 선정에 착오를 일으켰다 하여 당사자 정정신청을 하는 경우에도 실질적으로 당사자가 변경되는 것은 허용할 수 없다 할 것이다."

해 설

1. 이 판결의 의의

소송의 진행에 있어서는 누가 당사자(원고, 피고 또는 참가인)인지를 확정할 필요가 있다. 소송을 수행하는 주체는 당사자이고 또한 당사자에게 판결의 효력이 미치기 때문이다. 당사자는 일단 원고나 피고로서 소장에 반드시 기재되어야 하는데, 원고나 피고로 기재된 자가 반드시 당사자라고는 할 수 없는 경우에 당사자의 확정의 문제가 의의를 갖는다. 이 판결은 당사자의 확정을 위해서는 소장만을 보아야 한다는 표시설에 따르고 있다.

2. 당사자의 확정에 관한 판례와 학설

(1) 표시설

당사자의 확정에 관하여는 먼저 표시설이라는 입장이 있다. 즉 소장에 표시된 것을 기준으로 당사자를 확정하자는 이론이다. 여기서 표시된 것이 당사자란의 표시만을 의미한다는 것이 형식적 표시설이고, 청구의 취지나 원인의 기재도 고려한다는 것이 실질적 표시설[17]로서 통설이다. 판례는 이 판결에서 보듯이 실질적 표시설임을 쉽게 알 수 있다.

(2) 표시설의 타당성

표시설 이외에도 원고의 의사에 의해 당사자를 확정한다는 의사설, 당사자로 행동하는 자를 당사자로 한다는 행동설, 그 밖에 규범분류설이나 분쟁주체특정책임설이 주장되고 있다. 당사자확정을 위한 위와 같은 의견의 대립은 그다지 치열하게 논쟁되는 부분은 아니다. 통설도 판례와 같이 실질적 표시설을 취하고 있고, 실질적 표시설 자체가 매우 타당하기 때문이기도 하다(이하 실질적 표시설을 단순히 표시설이라 한다). 특히 소송개시시, 법원이 소장의 당사자 기재란에 따라 소송을 개시할 수밖에 없다는 점은 표시설의 타당성을 보여주는 중요한 근거이다. 결국 당사자의 확정에 있어 무슨 설에 의하면 당사자는 누구라는 식으로 명확하게 단정하는 것은 불가능하고, 또한 그렇게 할 실익도 찾을 수 없으며, 표시설을 원칙으로 하면서 개별적인 문제의 발생 시 그것을 어떻게 해결해야 하는지, 특히 판결의 효력이 미치는지를 논의하는 것이 바람직하다고 생각한다.

3. 당사자의 표시의 정정

(1) 의의

당사자의 동일성을 변경함이 없이 당사자를 변경하는 것을 당사자의 표시의 정정이라 한다(이에 비해 동일성이 변경되면 임의적 당사자변경이 된다. 항목<98> 참조). 당사자의 표시의 정정을 위해서는 당사자를 확정해야 한다. 확정하지 않으면 표시의 정정이 되는지, 아니면 임의적 당사자변경이 되는지 정할 수 없기 때문이다. 당사자의 표시의 정정에 관하여는 이 판결에서 보는 바와 같이 표시설에 따라 확정된 당사자의 동일성이 변경되면 표시의 정정이 인정되지 않는다. 민사소송법은 소장 그 자체에 의해 당사자가 특정되어야 함을 요구하고 있기 때문이기도 하다(법249조1항).

---

17) 강, 118면; 김, 750면; 김=강, 188면; 이, 133면; 정=유, 166면; 정영, 210면; 전, 124면. 호, 218면도 이와 유사하다.

(2) 인정되는 예

대판 1996.10.11, 96다3852에서도 "당사자는 소장에 기재된 표시 및 청구의 내용과 원인사실을 합리적으로 해석하여 확정하여야 하고, 확정된 당사자와의 동일성이 인정되는 범위 내에서라면 항소심에서도 당사자의 표시정정을 허용하여야 한다."고 판시하고 있다.

또한 원고가 피고의 사망 사실을 모르고 사망자를 피고로 표시하여 소를 제기한 경우에, 청구의 내용과 원인사실, 당해 소송을 통하여 분쟁을 실질적으로 해결하려는 원고의 소제기 목적 내지는 사망 사실을 안 이후의 원고의 피고 표시 정정신청 등 여러 사정을 종합하여 볼 때에, 실질적인 피고는 당사자능력이 없어 소송당사자가 될 수 없는 사망자가 아니라 처음부터 사망자의 상속자이고 다만 그 표시에 잘못이 있는 것에 지나지 않는다고 인정된다면, 사망자의 상속인으로 피고의 표시를 정정할 수 있다(대결 2006.7.4, 2005마425 등). 마찬가지로 채무자 갑의 을 은행에 대한 채무를 대위변제한 보증인 병이 채무자 갑의 사망사실을 알면서도 그를 피고로 기재하여 소를 제기한 경우, 갑의 상속인으로의 당사자표시정정은 허용되는지에 대해 대판 2011.3.10, 2010다99040는 "채무자 갑의 상속인이 실질적인 피고이고 다만 소장의 표시에 잘못이 있었던 것에 불과하므로, 보증인 병은 채무자 갑의 상속인으로 피고의 표시를 정정할 수 있고, 따라서 당초 소장을 제출한 때에 소멸시효중단의 효력이 생긴다."고 판단하였다.

(3) 상고심에서의 표시의 정정

당사자의 표시의 정정을 상고심에서도 할 수 있는지에 대해서는 약간의 논란이 있을 수 있다. 그러나 표시의 정정은 소송절차에 아무런 영향도 없는 것이므로 소송계속 중 언제라도 가능하고 따라서 원칙적으로는 상고심에서도 가능하다고 해석해야 한다. 단, 상고심에 이르러 표시의 정정을 할 필요가 있는 예는 매우 드물 것이다. 판례는 "당사자표시를 정정하는 것은 당사자를 변경하는 것이 아니므로 항소심에서 그러한 정정이 있었다 한들 당사자에게 심급의 이익을 박탈하는 현상이 일어난다고는 말할 수 없고, 따라서 상대편의 동의가 있어야 표시정정이 가능한 것이라고 말할 수도 없다."고 한 것(대판 1978.8.22, 78다1205)이나 "확정된 당사자와의 동일성이 인정되는 범위 내에서라면 항소심에서도 당사자의 표시정정을 허용하여야 할 것이다."고 한 것(대판 1996.10.11, 96다3852)을 보면 항소심에서도 표시의 정정이 가능하다는 점을 강조하고 있는데, 반대로 상고심에서는 불가능하다고 한 것이 아니므로 인정하는 것이라고 말할 수 있다. 실제로는 상고심판결이 내려졌을 때 집행이 불가능하게 되는 경우에 상고심에서도 표시의 정정을 인정하고 있고, 반대로 집행가능성에 아무런 영향이 없다면 굳이 표시정정까지 할 필요는 없는 것이라고 보인다.

더 나아가 다음과 같은 특수한 경우에도 상고심에서 표시의 정정이 불가능해질 수 있다. 즉 "민사소송에서 소송당사자의 존재나 당사자능력은 소송요건에 해당하고, 이미 사망한 자를 상대로 한 소의 제기는 소송요건을 갖추지 않은 것으로서 부적법하며, 상고심에 이르러서는 당사자표시정정의 방법으로 그 흠결을 보정할 수 없다."(대판 2012.6.14, 2010다105310)는 경우이다.

(4) 표시의 정정과 시효중단효

표시의 정정이 인정되면, 임의적 당사자변경과는 달리 시효중단효를 그대로 유지할 수 있다. 그런데 표시의 정정이 인정됨에도 형식적으로 임의적 당사자변경신청을 한 경우, 시효중단효는 소멸되는지 문제된다. 이에 관하여 판례(대판 2009.10.15, 2009다49964)는 "상속개시 이후 상속의 포기를 통한 상속채무의 순차적 승계 및 그에 따른 상속채무자 확정의 곤란성 등 상속제도의 특성에 비추어 위의 법리는 채권자가 채무자의 사망 이후 그 1순위 상속인의 상속포기 사실을 알지 못하고 1순위 상속인을 상대로 소를 제기한 경우에도 채권자가 의도한 실질적 피고의 동일성에 관한 위 전제요건이 충족되는 한 마찬가지로 적용이 된다."고 하여 표시의 정정으로서 인정될 수 있음을 판시하고 있다. 같은 판례에서는 "원고가 의도한 이 사건 소의 실질적인 피고는 상속포기의 소급효로 말미암아 처음부터 상속채무에 관한 법률관계의 당사자가 될 수 없는 1순위 상속인이 아니라 적법한 상속채무자인 2순위 상속인인 피고들이라 할 것인데 다만 그 표시에 잘못이 있는 것에 지나지 아니하여 피고표시정정의 대상이 된다 할 것이고, 이와 같이 변경 전후 당사자의 동일성이 인정됨을 전제로 진정한 당사자를 확정하는 표시정정의 대상으로서의 성질을 지니는 이상 비록 소송에서 피고의 표시를 바꾸면서 피고경정의 방법을 취하였다 해도 피고표시정정으로서의 법적 성질 및 효과는 잃지 않는다고 보아야 할 것이다."고 하여 시효중단효가 지속된다는 점을 명확히 하였다.

(5) 표시의 정정 없이 내려진 판결의 효력

한편 당사자표시의 정정을 할 수 있음에도 하지 않고 내려진 판결의 효력에 대해서는 다음의 판례가 참고가 된다. 즉 임야의 소유자인 갑이 매도증서에 자신의 성명을 을로 잘못 기재함에 따라 임야에 관한 등기부 및 구 토지대장에도 소유명의자가 을로 잘못 기재된 사안에서, 위 등기부상 소유명의자인 을을 상대로 진정명의회복을 원인으로 한 소유권이전등기절차의 이행을 구하는 소송을 제기하여 공시송달에 의하여 받은 승소확정판결의 효력은 갑에게도 미치는지에 대해, 대판 2011.1.27, 2008다27615에서는, "비록 소장의 당사자 표시가 착오로 잘못 기재되었음에도 소송 계속 중 당사자

표시정정이 이루어지지 않아 잘못 기재된 당사자를 표시한 본안판결이 선고 · 확정된 경우라 하더라도 그 확정판결을 당연무효라고 볼 수 없을 뿐더러, 그 확정판결의 효력은 잘못 기재된 당사자와 동일성이 인정되는 범위 내에서 위와 같이 적법하게 확정된 당사자에 대하여 미친다고 보아야 하므로" 동일한 당사자로 인정되는 갑에게도 그 효력이 미친다고 판시하였다.

(6) 부적법한 표시의 정정의 효력

단, 제1심법원이 제1차 변론준비기일에서 이 판결의 사안에서와 같은 부적법한 당사자표시정정신청을 받아들이고 피고도 이에 명시적으로 동의하여, 제1심 제1차 변론기일부터 정정된 원고인 회사와 피고 사이에 본안에 관한 변론이 진행된 다음 제1심 및 원심에서 본안판결이 선고되었다면, 당사자표시정정신청이 부적법하다고 하여 그 후에 진행된 변론과 그에 터잡은 판결을 모두 부적법하거나 무효라고 하는 것은 소송절차의 안정을 해칠 뿐만 아니라, 그 후에 새삼스럽게 이를 문제삼는 것은 소송경제나 신의칙 등에 비추어 허용될 수 없다(대판 1998.1.23, 96다41496, 대판 2008.6.12, 2008다11276).

4. 임의적 당사자변경과의 관계가 문제되는 예

당사자를 A법인대표자 B로 표시하였다가 개인 B로 표시를 정정하는 것은 당사자가 법인에서 개인으로 변경되는 경우이므로(대판 1957.5.25, 4289민상612, 613; 대판 1996.3.22, 94다61243과 대판 1998.1.23, 96다41496도 동일한 예이다), 당사자를 종중이라는 성격의 문중에서 종중유사의 단체로 변경하는 경우 당사자가 그 성격을 달리하는 별개의 인격체이므로(대판 1994.5.10, 93다10866. 공동선조를 달리 하는 종중으로의 변경도 같다[대판 1994.10.11, 94다19792]). 당사자의 표시의 정정에 해당하지 않는다. 반대로 당사자를 <학성 이씨 월진파 종중>에서 <학성 이씨 월진파 시진공 종중>이라고 정정하는 것은 당사자의 인격에 변함이 없이 그 명칭을 정확히 정정하는 것으로 당사자의 표시의 정정에 해당한다(대판 1967.11.28, 67다1737).

12 성명모용소송

[대판 1964.3.31, 63다656]

사 실

X와 Y는 소송상 화해를 하여 화해조서가 작성되었다. 그런데 X는 당해 소송상 화해는 물론 그 소를 제기하지도 않았고, A가 X를 참칭하여 그 성명을 모용하고 사실상 당사자로서 소송상 화해를 한 것으로 판명되었다. 이에 X는 재심의 소를 제기할 수 있는지 문제되었다.

판결요지

"원래 피고의 지위는 원고의 소에 의하여 특정되는 것으로서 그 지위의 취득에는 피고의 태도는 아무런 관계가 없는 것임으로 그 후 제3자가 피고라고 잠칭한다 하여도 이로 인하여 원고의 소가 이 사람에 대하여 그 방향이 변경되는 것은 아니며 당해소송의 피고는 어디까지나 원고에 의하여 지명된 그 사람이고 피고의 성명을 함부로 사용하는 모용자는 소송에 관계없는 소외인임으로 법원은 심리 중에 이를 발견하였을 때에는 그 소송관여를 배척할 것이며 만일 이것을 간과하여 판결을 하였을 때에는 그 지명인은 당연히 피고 그 사람이고 따라서 판결의 효력도 피모용자인 지명된 피고에게 대하여 발생하는 것이요, 오직 피고는 상소로써 그 취소를 요구할 수 있고 또 판결이 확정된 후에는 재심의 소로써 불복을 신청할 수 있는 동시에 이를 할 필요가 있는 것이며 이 상소 또는 재심의 사유는 피고가 소송수행상 적법하게 대리되지 아니한 것 다시 말하면 적법하게 소송관여의 기회가 부여되지 아니한 것이 될 것으로서 재심의 경우에는 민사소송법 제422조(법451조) 제1항 제3호에서 이른바 소송대리권의 흠결을 사유로 하여 피고는 재심의 소를 제기할 수 있다."

해 설

1. 이 판결의 의의

이 판결은 성명모용소송의 경우 판결이 내려진 후의 당사자의 구제방법을 다룬 판례이다. 그 구제방법으로서 재심의 소를 인정한 점에 의의가 있다.

2. 성명모용소송의 의의

타인의 성명을 모용(본인 모르게 사용)하여 원고 또는 피고가 되는 성명모용소송의 경우에도 당사자의 확정이 문제된다. 특히 판결이 내려진 후의 처리방법이 문제된다.

3. 성명모용소송의 처리

(1) 판결 전의 경우

당사자의 확정이 문제되는 성명모용소송의 경우, 소송의 도중에 모용사실이 발견되었을 때 원고의 경우라면 소를 각하하고, 피고의 경우라면 피모용자에게 소송을 수행시켜야 한다. 이 점도 이 판결에서 명확히 판시되어 있다.

(2) 판결 후의 경우

그러한 사실이 발견되지 않고 판결이 내려지면 이 판결에서 보듯이 그 효력이 문제된다. 이 때 이 판결에서 말하는 표시설에 따르면 소장에 표시된 당사자에게 판결의 효력이 미치게 되고, 불복이 있으면 상소나 재심을 통해 구제를 받아야 한다. 반대로 의사설(단, 피고모용의 경우에는 표시설과 같다)이나 행동설에 의하면 표시된 자에게 판결의 효력이 미치지 않고, 상소나 재심에 관계없이 판결의 무효를 주장할 수 있다는 결론이 된다. 이 점에서 보통 표시설과 다른 설의 차이점이 부각되기도 한다.

그러나 이미 피모용자 명의의 판결이 존재하고 있는 이상 그것을 명확하게 무효화할 필요가 있다고 해석해야 한다. 피모용자가 언제나 무효를 주장할 수 있다는 것은 너무나도 법적 안정성을 해치게 되기 때문이다. 이 점에서 이 판결의 해석은 타당하다.

또한 대판 1964.11.17, 64다328에서 "만일 피고 아닌 제3자가 피고를 잠칭하여 소송을 진행하여 판결이 선고되었다고 하면 피고는 그 소송에 있어서 적법히 대리되지 않는 타인에 의하여 소송절차가 진행되므로 말미암아 결국 소송관여의 기회를 얻지 못하였다고 할 것이며 이는 피고 아닌 자가 피고를 잠칭하여 소송행위를 하였거나 소송대리권이 없는 자가 피고의 소송대리인으로서 소송행위를 하였거나 그간에 아무런 차이가 없는 것이며 이러한 경우에 법원이 피고 아닌 자가 피고를 모용하여 소송을 진행한 사실을 알지 못하고 판결을 선고하였다고 하면 피모용자는 상소 또는 재심의 소를 제기하여 그 판결의 취소를 구할 수 있다고 할 것이다."라고 판시하고 있다. 이미 여기서도 판례가 표시설의 입장임을 알 수 있다.

4. 재심사유 해당성

아울러 구제방법으로서 재심의 소를 제기할 때 재심사유가 되는 것은 법451조1항3호의 대리권의 흠결이다. 이 판결이 설시하듯이 성명모용의 경우에는 "소송수행상 적법하게 대리되지 아니한 것 다시 말하면 적법하게 소송관여의 기회가 부여되지 아니한 것"에 해당하므로, 재심사유에 관한 이 판결의 판단 또한 타당하다.

13 사망한 자를 당사자로 한 소송

[대판(전) 1995.5.23, 94다28444]

사 실

종중 X는 Y1, Y2, Y3을 상대로 소유권이전등기를 구하는 소를 제기하였지만, 청구기각의 판결을 받았다. X가 항소를 제기한 후, Y1이 아직 항소심 소송대리인을 선임하지 아니한 상태에서 사망하였는데, Y1의 상속인들인 Y2, Y3은 그 소송수계절차를 거치지 않고 Y1이 생존하고 있는 것처럼 자신들 및 Y1 명의로 변호사를 소송대리인으로 선임하여, 그 변호사에 의하여 소송절차가 진행된 결과, 원심법원은 Y1이 사망한 사실을 모른 채 변론을 종결한 후 X승소의 판결을 내렸다. 이에 Y2, Y3은 Y1도 상고인의 한사람으로 표시하여 자신들과 Y1 패소부분 전부에 관하여 불복한다는 취지의 상고장을 제출한 후, 그 다음에 비로소 Y1이 사망하였다고 하면서 상고심에서 소송수계신청을 함과 동시에 원심판결의 위와 같은 절차상의 하자에 관하여는 상고이유로 삼지 아니하고 본안에 관하여만 다투는 내용의 상고이유서를 제출하였다. 이 때 Y1에 대한 원심판결과 그 패소부분에 대한 상고는 유효한지 문제되었다.

판결요지

"당사자가 사망하여 실재하지 아니한 자를 당사자로 하여 소가 제기된 경우는 당초부터 원고와 피고의 대립당사자 구조를 요구하는 민사소송법상의 기본원칙이 무시된 것이므로, 그와 같은 상태 하에서의 판결은 당연무효라고 할 것이지만 일응 대립당사자 구조를 갖추고 적법히 소가 제기되었다가 소송도중 어느 일방의 당사자가 사망함으로 인해서 그 당사자로서의 자격을 상실하게 된 때에는 그 대립당사자 구조가 없어져 버린 것이 아니고, 그 때부터 그 소송은 그의 지위를 당연히 이어 받게 되는 상속인들과의 관계에서 대립당사자 구조를 형성하여 존재하게 되는 것이고, 다만 상속인들이 그 소송을 이어 받는 외형상의 절차인 소송수계절차를 밟을 때까지는 실제상 그 소송을 진행할 수 없는 장애사유가 발생하였기 때문에 적법한 수계인이 수계절차를 밟아 소송에 관여할 수 있게 될 때까지 소송절차는 중단되도록 법이 규정하고 있을 뿐인 바, 이와 같은 중단사유를 간과하고 변론이 종결되어 판결이 선고된 경우에는 그 판결은 소송에 관여할 수 있는 적법한 수계인의 권한을 배제한 결과가 되는 절차상 위법은 있지만 그 판결이 당연무효라 할 수는 없고, 다만 그 판결은 대리인에 의하여 적법하게 대리되지 않았던 경우와 마찬가지로 보아 대리권흠결을 이유로 상소(민사소송법 제394조(법424조) 제1항 제4호) 또는 재심(민사소송법 제422조(법451조) 제1항 제3호)에 의하여 그 취소를 구할 수 있을 뿐이다.

따라서 이와 같은 판결이 선고된 후 그 상속인들이 수계신청을 하여 판결을 송달받아 상고하거나 또는 다음에 설시하는 이 사건의 경우와 같이 적법한 상속인들이 사실상 송달을 받아 상고장을 제출하고, 상고심에서 수계절차를 밟은 경우에도 그 수계와 상고는 적법한 것이라고 보아야 하고, 그 상고를 판결이 없는 상태에서 이루어진 상고로 보아 부적법한 것이라고 각하해야 할 것은 아니다.

또 민사소송법 제394조(법424조) 제2항을 유추하여 볼 때 당사자가 판결 후 명시적 또는 묵시적으로 원심의 절차를 적법한 것으로 추인하면 그 상소사유 또는 재심사유는 소멸한다고 보아야 할 것이다.

X와 Y1 사이의 이 사건 소송은 원심에 계속 중이던 때 동인의 사망으로 중단되었다고 할 것이므로, 원심에서 그 상속인들인 Y2, Y3에 의하여 소송수계 등의 절차가 이루어지지 아니한 상태에서 변론이 종결되어 선고된 Y1에 관한 원심판결에는 소송대리권이 없는 변호사가 그 소송행위를 대리한 소송절차상의 위법이 있다고 할 것이나, Y2, Y3은 Y1의 상속인들로서 원심에서 소송수계 등의 절차를 밟지 아니한 채 사망한 Y1 명의로 소송대리인을 선임하여 그 소송행위를 대리하게 하고 패소하자, 다시 동인 명의로 그 패소부분에 관하여 상고까지 하였을 뿐만 아니라 당심에서 소송수계를 신청하고, 상고이유서를 제출하면서 원심판결의 위와 같은 절차상의 하자에 관하여는 상고이유로 삼지 아니하고 그 본안에 관하여만 다투고 있는 이상 원심에 있어서의 위 변호사의 소송행위를 추인한 것으로 봄이 상당하므로, 민사소송법 제394조(법424조) 제2항, 제88조(법97조), 제56조(법60조)에 의하여 원심에서의 위 변호사의 소송행위는 모두 행위시에 소급하여 적법하게 되었다 할 것이며, 따라서 Y1에 관한 원심판결의 위와 같은 위법사유는 소멸하였다고 할 것이다. 그러므로 결국 Y1의 패소부분에 관한 상고는 적법하다고 본다.”

해 설

1. 이 판결의 의의

이 판결에서는 소송계속 중에 사망한 당사자에 대해 소송수계절차 없이 내려진 판결의 효력이 문제된 것이다. 당사자가 사망하면 소송절차는 중단되고 그 상속인의 수계에 의해 절차가 속행하게 되어 있다(법233조). 그러나 이러한 절차를 거치지 않았다면 일단 절차상의 위법이 있다고 할 수 있고, 따라서 그와 같이 내려진 판결의 효력이 문제된 것이다. 이 판결은 소송계속후의 사실심 변론종결 전의 당사자 사망시, 상속인의 소송 수행의 유무에 따라 상소나 재심을 통해 그 효력을 다툴 수 있으나, 당연무효는 아니라고 판단하고 있다.

2. 판례의 입장

이 판결에 의해 파기된 당시까지의 판례는 당사자의 사망을 간과하고 내려진 판결은 당연무효라고 해석하였다. 즉 소송절차 중단 중에 변론이 종결되어 선고된 종국판결은 사망 등의 사유로 이미 존재하지 아니한 자를 당사자로 하여 한 판결로서 당연무효이고 상고의 대상이 될 수 없으므로, 그에 관한 상고는 부적법하다는 취지로 판시하고 있었던 것이다(대판 1982.12.28, 81사8; 대판 1992.6.12, 92다10661; 대판 1992.6.12, 92다13394 등).

이 판결에서는 당연무효가 아니라고 판단한 것인데, 상속인이 원래부터 소송에 개입했다는 점에서 본다면 위와 같은 이 판결의 태도는 타당하다고 말할 수 있다. 보통 수계에 관계없이 상속인의 소송행위는 추인의 의미를 갖는 것으로서 유효한 것으로 다룰 수 있기 때문이다. 또한 신의칙상 실질적으로 소송을 수행한 상속인에게 소송수행의 결과책임을 물을 필요가 있다. 이러한 점에서도 이 판결의 결론은 타당하다.

3. 소송계속 전의 사망의 경우의 처리

(1) 판결 전의 경우

그러나 보다 문제가 되는 것은 이미 사망한 당사자를 상대로 소가 제기되고, 사망사실이 간과된 채 판결이 내려지는 경우이다. 만일 사실심 변론종결 후에 사망하였다면 포괄승계인인 상속인, 기타 사망자의 권리의무의 승계인에게 그러한 판결의 효력이 미치게 된다(법218조1항). 사망한 당사자는 당사자능력이 없다. 따라서 당연히 그러한 자가 당사자인 소송은, 아직 판결 전이라면 당사자표시의 정정을 하거나, 상속인에게 표시의 정정을 의미하는 소송의 수계를 시켜야 한다. 판례도 대판 1983.12.27, 82다

146에서 "재심원고가 재심대상판결 확정 후에 이미 사망한 당사자를 그 사망사실을 모르고 재심피고로 표시하여 재심의 소를 제기하였을 경우에 사실상의 재심피고는 사망자의 상속인이고 다만 그 표시를 그릇한 것에 불과하다고 해석함이 타당하므로 사자를 재심피고로 하였다가 그 후 그 상속인들로 당사자 표시를 정정하는 소송수계신청은 적법하다."고 판시하고 있다.

(2) 판결 후의 경우

당사자가 이미 소송계속 전에 사망하였는데 소장이 타인에게 송달되어 외관상 소송계속이 발생하는 경우에도, 항목<11>에서 본 표시설을 관철하여 소송계속이 발생할 가능성이 없다는 점에서 판결은 무효가 된다. 즉 이혼소송의 경우에서와 같이 일신전속적인 권리이고 상속을 생각할 수 없는 경우라면 당사자의 사망을 간과하고 내려진 이혼판결은 당연무효가 된다.

이러한 점에 관한 대판 1982.10.12, 81므53에서는 이혼소송계속 후 판결 전 사망한 경우에 대해, "재판상 이혼 청구권은 부부의 일신 전속의 권리이므로 이혼소송 계속 중, 배우자의 일방이 사망한 경우에는 상속인이 그 소송절차를 수계할 수 없음은 물론이고, 또 그러한 경우에 검사가 이를 수계할 수 있는 특별한 규정도 없으므로 이 사건 소송은 청구인의 사망과 동시에 당연히 종료하였다고 해석함이 상당할 것이다…위 청구인 사망 사실을 간과한 채 이 사건 항소가 불변기간인 항소기간 도과 후에 제기된 부적법한 것이라 하여 항소를 각하한 원심판결은 당연무효하다 할 것이다. 그러나 한편 민사소송은 두 당사자의 대립을 그 본질적 형태로 하는 것이므로 사망한 자를 상대로 상고를 제기할 수는 없고, 피청구인이 이미 사망한 청구인을 상대방으로 하여 한 이 사건 상고는 결국 부적법하고 그 흠결이 보정될 수 없는 것이라 할 것이다."라고 판시하고 있다. 또한 상속인이 전혀 소송에 관여하지 않았다면 동일하게 해석해야 한다. 사실관계가 명확하지 않지만 이러한 판례로 대판 1994.1.11, 93누9606; 대판 2000.10.27, 2000다33775 등이 있다.

또한 "사망자를 피고로 하는 소제기는 원고와 피고의 대립당사자 구조를 요구하는 민사소송법상의 기본원칙이 무시된 부적법한 것으로서 실질적 소송관계가 이루어질 수 없으므로, 그와 같은 상태에서 제1심판결이 선고되었다 할지라도 판결은 당연무효이며, 판결에 대한 사망자인 피고의 상속인들에 의한 항소나 소송수계신청은 부적법하다. 이러한 법리는 소제기 후 소장부본이 송달되기 전에 피고가 사망한 경우에도 마찬가지로 적용된다."고 해석된다(대판 2015.1.29, 2014다34041).

그러나 항목<11>에서 보았듯이, 표시설에 의한다 하더라도 청구취지와 청구원인을 합리적으로 고려하여 상속인을 당사자로 볼 수 있고, 이러한 처리가 가능하다면 표시설을 기조로 다음과 같은 처리가 가능할 것이다.

먼저 사자에서 상속인으로 표시를 정정하는 것이다. 다음은 상속인의 소송행위를 수계에 관계없이 유효로 하는 것이다. 이 점은 이 판결요지에서 설시되어 있는 점이기도 하다. 이 판결의 반대해석은 상속인이 사망자가 당사자인 소송에 전혀 관여하지 않았고 그러한 소송의 계속 자체도 몰랐으며 그 소송에 관여할 기회가 없었다는 점을 근거로 하고 있으므로, 그러한 것이 아닌 이상은 상속인이 한 소송행위도 소송수계에 관계없이 유효로 된다. 마지막으로는 표시의 정정을 해야 함에도 그렇게 하지 않은 것으로 보아 판결의 경정(법211조)을 인정하는 것도 하나의 방법이 될 것이다.

아울러 표시설에 의해 당사자의 표시의 정정이 불가능한 경우라도(즉 소장의 기재에 의해 당사자의 동일성을 인정할 수 없는 경우), 이 판결의 취지를 살려, 소송계속전의 당사자 사망의 경우에도, 상속인이 적절히 소송을 수행하였다면 소송계속후의 사망과 실질적으로 동일한 것으로 보아 묵시의 수계가 있었다고 인정하고, 따라서 판결의 효력을 인정하는 것이 타당하다(그 밖에 당사자의 사망과 소송절차의 중단·수계에 대하여는 후술 항목<43-2> 참조).

14 소송에서의 법인격부인의 법리

[대판 1995.5.12, 93다44531]

사 실

X는 A회사를 상대로 소를 제기하여 승소판결을 받고 이 판결은 확정되었다. 그런데 A와 소외 주식회사 Y는 기업의 형태, 내용이 실질적으로 동일하고, Y는 A의 채무를 면탈할 목적으로 설립된 것으로서 A가 X에 대하여 Y와는 별개의 법인격을 가지는 회사라고 주장을 하는 것이 신의성실의 원칙에 반하거나 법인격을 남용하는 것으로 인정되는 경우, X와 A 간의 판결의 효력은 Y에게도 미치는지 문제되었다.

판결요지

"권리관계의 공권적인 확정 및 그 신속, 확실한 실현을 도모하기 위하여 절차의 명확 안정을 중시하는 소송절차 및 강제집행절차에 있어서는 그 절차의 성격상 A에 대한 판결의 기판력 및 집행력의 범위를 Y에까지 확장하는 것은 허용되지 아니한다고 할 것이다."

해 설

1. 이 판결의 의의

실체법상의 법인격부인의 법리가 소송상으로도 적용될 수 있는지 문제된 사건이다. 이에 대하여 이 판결은 단지 "절차의 명확 · 안정을 중시" 해야 하기 때문에 법인격부인의 법리가 판결의 효력에는 적용되지 않는다는 해석이다.

2. 소송상의 법인격부인의 법리의 의의

법인격부인의 법리란 법인이 형식적으로는 별개의 인격체라고 하더라도, 그 법인격이 남용 내지 형해화된 경우에 그 배후에 있는 실체를 법인격으로 보는 실체법상으로 인정된 법리를 말한다. 이 판결에서와 같이 Y의 실체를 A로 보고 Y의 법인격을 부인한다는 이론을 말한다. 이러한 실체법의 논리에 의하면 실체법상 Y의 법인격이 부인된다는 점에 대해서는 이를 긍정할 수 있을 것이다. 그러나 법인격부인의 법리가 소송상으로도 적용될 수 있는지 문제되는데, 이 판결에서와 같이 판결의 효력의 문제 이외에도, 만일 X와 Y 간의 소송에서 당사자를 Y에서 A로 표시의 정정이 가능한지의 문제를 포함한다.

3. 법인격부인의 법리와 판결효

(1) 판결효의 확장가능성

이 판결은 판결효의 범위(즉 판결효가 Y에게도 미치는지의 주관적 범위)에 관해 법인격부인의 법리를 적용하는 것이 왜 절차의 명확과 안정에 반하는지 그 이유의 설명이 없다. 이에 관하여는 다음에서 보듯이, 당사자의 동일성의 구체적인 내용을 법인격부인의 법리에 의해 판단하고, 실체법상으로 동일한 당사자라면 표시의 정정이 가능하며, 그렇다면 변론종결후의 승계인의 경우와 같이 판결효도 미친다고 해석하는 것이 타당하다고 생각한다.

즉 법인격이 형해화되어 형식적으로는 별개의 인격으로 되어 있는 제3자를 당사자와 동일시할 수 있는 경우에는 기판력이 확장되지만, 법인설립이 법률의 적용을 회피하려는 목적을 갖는 남용의 경우에는 인격의 독립성이 인정되어 기판력의 확장은 부정되는 대신, 신의칙에 의해 특정 주장이 제한된다고 해석할 필요가 있다. 이 판결에서와 같은 경우, Y와 A 사이의 동일성, 특히 Y의 법인격으로서의 독립성을 인정할 수 있는가 문제되는데, Y는 A의 채무를 면탈할 목적으로 설립된 법인으로, 법인격을 남용한 것임을 인정할 수 있다. 그러나 이러한 경우에는 A가 Y와의 사이에 각각의 법인격에 따른 구별이 없는 형해화된 존재라고까지는 볼 수 없을 것이다.

결국 탈법을 위한 법인격의 남용사례라고 평가할 수 있다. 그렇다면 형식적으로 두 개의 법인이 존재하고 각 법인을 둘러싼 법률관계(예를 들면 주주나 기타 출자자와의 관계)가 항상 동일하다고는 할 수 없으므로, 당사자가 동일하다고 평가해 버리는 것은 곤란하다. 따라서 판결효의 확장 나아가 당사자의 표시의 정정은 인정되지 않는다. 단, A가 X에 대하여 Y와는 별개의 법인격을 가지는 회사라고 주장하는 것은 신의칙에 반하므로, Y에게는 그러한 한도 내에서 신의칙에 의해 후소에서 특별한 주장을 할 수 없는 효과가 동반된다.

(2) 판결효가 확장되는 경우

한편 이 판결의 사안과는 달리 개인과 회사 간의 관계에서 개인이 회사의 배후자로 존재하고 회사의 의사결정이 주주총회 등이 열리지 않고 개인에 의해 결정되며, 재산관계도 동일하여 회사의 법인격이 형해화되어 있다고 볼 수 있는 경우가 있다. 이 경우에는 회사에 대한 판결의 효력이 법인격부인의 법리에 의해 배후자인 개인에게 미친다고 해석해야 한다.

결국 이 판결은 위와 같은 한도에서 그 결론의 타당성이 인정되며, 어느 경우에나 법인격부인의 법리의 적용을 부정하여 판결효의 확장 내지는 당사자의 표시의 정정을 부정하는 것이 판례의 태도라고 해석하는 것은 타당하지 않다고 생각한다. 이 판결에서와 같은 사안의 경우, 학설은 다수설[18]이 승계집행문을 통해 집행할 수 있다는 견해이고, 소수설로 소송승계로 처리해야 한다는 입장,[19] 임의적 당사자변경으로 처리하여야 한다는 입장,[20] 판결효가 확장되지 않고 공동소송으로 처리하여야 한다는 입장[21]이 있다.

4. 법인격부인에 의한 당사자의 표시의 정정

아울러 법인격이 부인되는 경우 당사자의 동일성을 인정하여 표시의 정정이 가능한지에 관한 점을 다룬 판례는 보이지 않는다. 이 판결을 기초로 추측해 본다면, 판례의 입장은 부정적이라고도 생각할 수 있다. 판결요지는 법인격부인이라는 실체법상의 법리가 소송상으로는 적용되지 않는다는 입장이라고 말할 수 있기 때문이다. 이러한 태도는 기본적으로 소송행위에는 실체법상의 규정이나 그 밖의 원칙이 적용되지 않는다는 이론에 근거하고 있다고 생각한다. 표현법리를 인정하지 않는 점, 소송행위에 의사의 하자에 관한 규정의 적용을 인정하지 않는 점에서 이를 엿볼 수 있다. 그러나 적어도 신의칙을 인정하는 판례의 태도에서 본다면 모순에 빠진 대처라고 할 수 있다.

일단 법인격부인과 당사자의 표시의 정정이라는 점에 대해서 본다면, 법인격부인의 법리에 의해 당사자의 동일성이 인정되는 경우를 부인할 수 없을 것이다. 동일성이 인정된다면 표시설의 입장에 의해 당사자의 표시의 정정을 인정해야 한다. 법인격의 유무 기타 법인의 존재에 관해서는 실체법상의 판단기준을 소송상 무시할 수 없고, 실체법에 의해 당사자의 동일성이 인정되는 한 표시의 정정을 허용하여야 하기 때문이다. 따라서 이 판결과 같은 판례가 존재한다 하더라도, 법인격부인의 법리에 의해 동일성이 인정되어 당사자의 표시의 정정을 할 수 있는 가능성도 인정하여야 할 것이다.

18) 강, 125면; 김=강, 192면; 이, 137면; 전, 135면.
19) 정=유, 175; 정영, 218면.
20) 송=박, 124면.
21) 김, 759면.

15 비법인단체의 당사자능력

[대판 1991.11.26, 91다30675]

사 실

특정 회파 소속 X교회는 같은 회파 Y교회와 합병하여 A교회로 되면서 소멸하였고 그 후, A는 그 명칭을 Y교회로 바꾸었다. 그러나 X는 위와 같은 합병의 무효를 이유로 원래는 X 소유였던 부동산에 관하여 소유권의 확인 등을 구하는 소를 제기하였고, 이에 대해 Y는 X가 당사자능력이 없다고 다투었다. X가 어떠한 요건을 갖추었을 때 당사자능력이 인정되는지 문제되었다.

판결요지

"민사소송법 제48조(법52조)가 비법인의 당사자능력을 인정하는 것은 법인이 아닌 사단이나 재단이라도 사단 또는 재단으로서의 실체를 갖추고 그 대표자 또는 관리인을 통하여 사회적 활동이나 거래를 하는 경우에는, 그로 인하여 발생하는 분쟁은 그 단체의 이름으로 당사자가 되어 소송을 통하여 해결하게 하고자 함에 있다 할 것이다. 그러므로 여기에서 말하는 사단이라 함은 일정한 목적을 위하여 조직된 다수인의 결합체로서 대외적으로 사단을 대표할 기관에 관한 정함이 있는 단체를 말한다고 할 것이고, 당사자능력이 있는지 여부는 사실심의 변론종결일을 기준으로 하여 판단되어야 할 성질의 것이므로, X교회가 다수의 교인들에 의하여 조직되고, 일정한 종교활동을 하고 있으며 그 대표자가 정하여져 있다면 민사소송법 제48조 소정의 비법인사단으로서 당사자능력이 있다고 보는 것이 옳을 것이고, X교회가 본래의 X교회와 같은 단체인 것인지, 본래의 X교회가 합병으로 소멸된 것인지, X교회의 구성원이 Y교회에서 이탈한 것인지 여부나 그 동기는 본안의 당부를 판단함에 있어 문제가 될 수는 있어도 이것이 X교회의 당사자능력을 좌우할 사유가 된다고 할 수는 없고, X교회의 구성원이 소수라고 하여도 단체로서의 실체를 부정할 정도라고 할 수는 없다."

해 설

1. 이 판결의 의의

이 판결은 비법인단체의 당사자능력의 유무를 판단하기 위한 구체적 기준을 제시함으로써 그에 관한 선례로 기능하고 있는 판례이다. 법52조의 해석으로 당사자능력이 인정되려면, 비법인단체(일반적으로 법인이 아닌 사단)는 일정한 요건을 갖추어야 하는데, 그 요건은 일정한 목적을 위하여 조직된 다수인의 결합체로서 대외적으로 사단을 대표할 기관에 관한 정함이 있는 단체이어야 하는 점이 판시되어 있다. 이 판결에서 말하는 요건에 관해서는 이를 따르는 판례에 의해 그 내용이 구체화되어 있다.

2. 비법인단체의 당사자능력

(1) 당사자능력의 의의

당사자능력은 소송상의 청구의 주체 또는 객체가 될 수 있고, 판결의 이익귀속주체가 될 수 있는 자격을 말한다. 민법상의 권리능력과 대응되는 소송법상의 개념이다. 당사자능력은 개개의 사건의 내용에 관계없이 추상적으로 정해지는데, 당사자능력의 유무가 문제되는 일반적인 경우인 비법인단체의 경우에는 그 사건의 내용도 고려할 필요가 적지 않다. 권리능력이 인정되는 자는 당연히 당사자능력을 가지므로 자연인과 법인은 당사자능력자이다. 태아도 권리능력이 인정되는 한도에서 당사자능력이 있고, 국가는 물론 외국과 외국법인, 지방공공단체도 당사자능력자이며, 개개의 행정관청은 민사소송이 아닌 행정소송에서 당사자능력을 갖는다.

(2) 법52조의 취지

한편 법52조는 권리능력이 없는 비법인단체에게도 당사자능력이 인정될 수 있음을 규정하고 있다. 비법인단체에게도 당사자능력이 인정될 수 있는 이유는, 단체가 스스로 사회·경제적 활동을 하는 이상 그를 둘러싼 분쟁의 처리는 직접 단체에게 맡기는 것이 합리적이기 때문이다. 반대로 비법인단체에게 당사자능력이 인정되지 않으면 그 구성원 전원이 당사자가 되어야 한다.

아울러 비법인단체에게 당사자능력이 인정되면, 한편으로 권리능력이 없으므로 이행소송시의 당사자적격이 문제된다. 이를 해결하기 위해서는 당사자능력이 인정되는 비법인단체에게는 권리능력을 인정하거나, 아니면 비법인단체의 대표자를 그 구성원에 대한 소송담당자로 보아야 한다.

3. 당사자능력을 갖는 비법인단체의 요건

(1) 요건

법52조의 해석으로 당사자능력이 인정되려면, 비법인단체(일반적으로 법인이 아닌 사단)는 일정한 요건을 갖추어야 한다. 당해 단체(그 구성원의 수는 이 판결에서 보듯이 소수라도 상관없다)가, ①고유의 목적을 가지고 사단적 성격을 가지는 규약을 만들어 이에 근거하여 의사결정기관 및 집행기관인 대표자를 두는 등의 조직을 갖추고 있고, ②기관의 의결이나 업무집행방법이 다수결의 원칙에 의하여 행해지며, 구성원의 가입, 탈퇴 등으로 인한 변경에 관계없이 단체 그 자체가 존속되고, 그리고 ③그 조직에 의하여 대표의 방법, 총회나 이사회 등의 운영, 자본의 구성, 재산의 관리 기타 단체로서의 주요사항이 확정되어 있는 경우, 비법인사단으로서의 실체를 가진다(대판 1992.7.10, 92다2431. 기타 대판 1997.12.9, 97다18547 등 다수. 학설도 판례에 따르고 있다).

(2) 당사자능력이 인정되는 예

일반적으로 당사자능력이 인정되는 비법인단체로는, 동민회(대판 1991.5.28, 91다7750)나 자연부락(대판 1980.3.25, 80다156 등), 종교단체(대판 1962.7.12, 62다133 등. 단, 천주교회는 그렇지 않다는 것에 대판 1966.9.20, 63다30), 종중(대판 1991.11.26, 91다31661 등), 노동조합(대판 1977.1.25, 76다2194), 주택조합(대판 1996.3.8, 94누12487 등), 행정구역과 동일한 명칭을 사용하면서 일정한 재산을 공부상 그 이름으로 소유하여 온 동(洞)(대판 2004.1.29, 2001다1775) 등이 있다. 단, 비법인사단이 사원총회 결의 없이 총유재산에 관한 소를 제기하면 그 소는 적법한지에 대해 대판 2011.7.28, 2010다97044는 "정관에 다른 정함이 있다는 등의 특별한 사정이 없는 한 사원총회 결의를 거쳐야 하는 것이므로, 비법인사단이 이러한 사원총회 결의 없이 그 명의로 제기한 소송은 소송요건이 흠결된 것으로서 부적법하다."고 하였다.

아울러 법인이 아닌 재단의 경우에도 이러한 요건에 준해 당사자능력의 유무를 판단하고, 유치원(대판 1969.3.4, 68다2387), 설립중의 재단 등의 경우 당사자능력이 인정된다. 또한 비법인단체의 당사자능력의 유무를 판단할 때에는 위와 같은 요건의 유무가 중요하고, 그 단체의 명칭에 구애되어서는 안 된다.

(3) 당사자능력이 부정되는 예

한편 비법인단체의 당사자능력이 부정된 예로서 다음의 사례가 있다. 즉 대판 1999.4.23, 99다4504에서는 다음과 같은 단체의 당사자능력이 문제되었다. 즉 A회사가 부도가 나자, 그 채권자 100명은 구성원 중 10인을 대표자로 선임하여 A채권단을 구성하고, 이 대표자들에게 채권회수를 위한 일체의 권한을 위임하였다. 대표자들은 채권회수를 위해 A의 채무자인 Y를 상대로 제소할 필요성이 발생하여, 다음과 같이 비법인단체(X)를 조직하였다. 채권자 전원에게 개별적인 통지를 하지 않았지만, 일간 신문에 A채권단 소집공고를 1회 게재하는 방식으로 총회를 소집하고, 이렇게 개최된 총회에서 구성원 중 50인이 의결권을 위임한 가운데 정관을 채택한 다음, 회장 등 임원을 선임하였다. 그 후, X가 Y를 상대로 제소하자 Y는 X에게는 당사자능력이 없다고 다툰 경우이다.

이에 대해서는 앞서 본 판례의 입장에 따라 법인이 아닌 사단인 X는 일간신문에 1회 공고하여 개최된 총회에 의해 설립된 것이므로 구성원의 의견이 반영되었다고 볼 수 없고, X의 조직행위는 구성원의 개인성과는 별개로 권리 · 의무의 주체가 될 수 있는 독자적 존재로서의 사단을 성립시켜 그 구성원으로 되는 것을 목적으로 하는 채권자 100인의 의사 합치에 기한 것이라고 해석할 수 없다는 점에서 그 당사자능력이 부정되었다.

또한 1949.7.4. 법률 제32호로 지방자치법이 제정되면서 읍·면은 지방자치단체로서 법인격을 가지고 있었지만 1961.9.1. 법률 제707호로 지방자치에 관한 임시조치법이 제정됨에 따라 군에 편입되어 독립적인 법인격을 갖는 지방자치단체로서의 지위를 상실함과 아울러 읍·면의 일체의 재산은 소속군에 귀속되었으므로, 그 이후부터는 읍·면은 지방자치단체의 하부 행정구역에 불과하여 민사소송에 있어 당사자능력을 인정할 수 없다(대판 2002.3.29, 2001다83258).

16 미성년노동자의 소송능력

[대판 1981.8.25, 80다3149]

사 실

Y회사와 고용계약을 맺고 근로를 한 미성년자 X는 Y가 고용기간 동안의 보수를 지급하지 않자 Y를 상대로 임금의 지급을 구하는 소를 제기하였다. 그런데 미성년자 X에게는 원칙적으로 민사소송법상 소송능력이 인정되지 않으므로, X가 스스로 한 이러한 소의 제기는 부적법한 것인지 문제되었다.

판결요지

"미성년자는 원칙적으로 법정대리인에 의하여서만 소송행위를 할 수 있음은 논지가 지적하는 바와 같으나 <u>미성년자 자신의 노무제공에 따른 임금의 청구는 근로기준법 제54조(근로기준법68조)의 규정에 의하여 미성년자가 독자적으로 할 수 있는 것이다.</u>"

해 설

1. 이 판결의 의의

이 판결에서는 미성년노동자가 사용자에게 자신의 보수를 청구하는 소를 스스로 제기하는 경우에는, 당해 보수청구권의 행사에 관한 포괄적인 행위능력이 인정되는 것이므로 소송능력이 부여되는 것이라고 판단한 것이다.

2. 소송능력과 행위능력의 차이

(1) 차이의 내용

원래 소송능력은 원칙적으로 실체법의 행위능력이 기준이 된다. 즉 실체법상의 행위능력자는 원칙적으로 소송법상으로도 소송능력자이다(법51조). 단, 미성년자의 경우에는 양자의 능력에 중요한 차이가 있다. 민법상으로는 법정대리인의 동의를 얻으면 미성년자도 그 동의의 한도에서 스스로 법률행위를 할 수 있는 능력자가 된다(민법5

조). 이에 비해 소송법상으로는 법정대리인의 동의를 얻어 그 동의의 한도 내에서 스스로 소송행위를 하는 것은 불가능하고, 법정대리인이 대신 소송행위를 하여야 한다(법55조). 미성년노동자의 경우에도 이러한 원칙이 적용되는지 문제된 것이고, 이 판결은 법정대리인의 동의 없이 스스로 제소할 수 있다고 판단한 것이다.

(2) 차이의 필요성

위에서 보았듯이 원칙적으로 실체법상의 행위능력이 소송법상의 소송능력의 기준이 되는데, 이는 일반적으로 실체법상의 권리와 의무를 둘러싸고 발생하는 것이 소송이므로, 소송법상의 능력의 기준도 원칙적으로 실체법상의 그것과 보조를 맞추는 것이 바람직하기 때문이다. 그러나 소송 자체를 포함한 소송행위는 일반적인 거래행위보다 복잡하고 법적 지식을 요구하는 것이 대부분이다. 따라서 소송법상으로는 단순히 법정대리인의 동의를 얻었다는 행위능력만으로는 부족하고, 미성년자라도 포괄적인 행위능력을 갖추어야 한다고 이해할 수 있다. 단, 실체법상으로는 반드시 행위무능력자라고 할 수 없는 경우, 즉 제한능력자가 될 만한 의사무능력이지만 아직 그 선고를 받지 않은 경우에도, 소송무능력자로 취급해야 한다. 판례도 대결 1984.5.30, 84스12에서 의사무능력자에게 법정대리인이 선임되어야 한다고 하여 의사무능력자를 법정대리인이 필요한 소송무능력자로 해석하고 있다.

3. 포괄적인 행위능력을 갖는 미성년자의 소송능력

(1) 임금청구 및 노동계약을 둘러싼 분쟁에서의 미성년자

이 판결에서와 같이 미성년노동자가 사용자에게 자신의 보수를 청구하는 경우에는, 당해 보수청구권의 행사에 관한 포괄적인 행위능력이 인정되는 것이므로 소송능력이 부여되는 것은 당연하다고도 말할 수 있다. 한편 이 판결은 노무제공에 따른 임금의 청구에 관해서는 미성년노동자도 소송능력이 인정된다는 입장이다.

그러나 다른 한편 이러한 입장이 임금청구에 한정한 것이라고는 할 수 없을 것이다. 이 판결의 사안은 임금을 청구한 사례이고 이에 대해 소송능력이 있다고 판단했을 뿐이기 때문이다. 또한 이 판결은 왜 그러한 경우 소송능력이 주어지는지에 관해서는 특별한 이유를 언급하고 있지 않다.

생각건대 노무를 제공하고 그에 따라 임금을 청구할 수 있는 것은 근로기준법에 의해 당해 미성년노동자에게 그에 관한 포괄적인 행위능력이 인정되었기 때문이다. 그렇다면 한 걸음 더 나아가 포괄적인 행위능력이 인정되는 경우로서, 미성년자에게 독자적인 계약체결권이 인정된 노동계약을 둘러싸고 발생한 소송에서도 소송능력을 갖는다고 풀이해야 한다고 생각한다. 즉 당해 노동계약을 근거로 발생하는 권리와 의무를 둘러싼 소송에서는 미성년자라도 소송능력을 갖는다는 의미이고, 이러한 결론은 미성년노동자가 독자적으로 할 수 있는지의 여부를 기준으로 한 것으로 이 판결을 통해서도 근거를 찾을 수 있다.22)

(2) 그 밖에 포괄적인 행위능력을 갖는 경우

위와 같이 해석한다면 미성년자가 포괄적으로 행위능력을 취득하게 되면 포괄적인 행위능력이 인정되는 한도에서 소송능력도 인정된다. 그 첫 번째 예는 미성년자가 혼인하는 경우이다(민법826조의2). 다음은 미성년자가 독립하여 영업을 할 수 있는 경우(민법8조)나 회사의 무한 책임사원인 경우(상법7조)이다. 그 밖에 미성년자나 제한능력자가 신분행위를 대상으로 한 가사소송에서 의사능력이 있는 경우를 예로 들 수 있다.

4. 소송무능력자가 한 소송행위의 효력과 추인

(1) 추인의 의의

소송무능력자가 한 소송행위는 추인되지 않는 한 무효이다. 소송능력은 소송행위를 하거나 그 상대방이 되기 위한 유효요건이고 절차의 안정을 위해 취소가 아닌 무효로 처리된다. 소송무능력자가 한 소송행위를 추인할 수 있는 것은 법정대리인이나 후에 능력을 회복한 당사자이다(법60조). 추인은 상소심이나 재심절차에서도 가능하다. 예를 들어 적법한 대표자 자격이 없는 비법인 사단의 대표자가 사실심에서 한 소송행위를 상고심에서 적법한 대표자가 추인할 수 있고, 그 소송행위는 행위시에 소급하여 효력을 갖는다(대판 2010.12.9, 2010다77583; 대판 2012.4.13, 2011다70169).

(2) 추인의 방식

추인의 방식은 특별한 규정이 없으므로 구술로 또는 묵시로도 가능하다. 후자의 경우, 1심에서 이루어진 무효인 소송행위를 항소심에서 1심 변론결과를 진술하는 등 변론을 하였다면 1심에서의 소송행위는 묵시적으로 추인된 것이라고 보아야 한다(대판 1988.10.25, 87다카1382. "피고종중의 정당한 대표자가 위 이병일이라면 제1심에서의 위 5인의 소송대리인에 의한 소송행위는 피고종중을 대표할 권한없는 자로부터 소송위임을 받은 소송대리인에 의하여 이루어진 것으로서 그 효력이 없다 할 것이나 원심에 이르러 피고종중의 정당한 대표자인 위 이병일로부터 소송위임을 받은 소송대리인이 제1심 변론결과를 진술하는 등 변론을 함으로써 제1심에서의 소송행위는 묵시적으로 추인된 것이라고 보아야 할 것이다.").

---

22) 단, 임금청구에 한해서만 소송능력을 인정하려는 견해로 김=강, 212면; 송=박, 145면; 정영, 231면.

(3) 추인의 대상

추인은 절차의 안정을 위해 소송행위의 전체를 일괄해서 하여야 하는 것이고, 그 중에서 일부의 소송행위만을 허용하는 것은 소송의 혼란을 일으키게 할 염려가 있으므로 원칙적으로 이를 허용할 수 없다(대판 1973.7.24, 69다60, 대판 2008.8.21, 2007다79480). 단, 소송의 혼란을 일으킬 염려가 없고 소송경제상으로도 적절하다면 그러한 행위만을 제외하여 추인하는 것도 가능하다. 이 점은 같은 판례에서 판시된 것으로, 일련의 소송행위 중에서 소취하행위만을 제외하고 전부 추인한 바, 그러한 경우에는 소취하행위만을 다른 소송행위에서 분리하여도 독립의 의미를 가지고 있어서 이것만을 제외하고 추인하더라도 소송의 혼란을 일으킬 염려가 없고 소송경제상으로도 적절하므로, 소취하행위만을 제외한 추인은 유효하다고 해석된다(대판 1973.7.24, 69다60).

(4) 추인을 할 수 있는 권한

아울러 소송행위의 추인이란 다음과 같은 의미를 갖는다. 원고 조합의 소송대리인에 대한 소송위임행위가 도시정비법 제24조 제3항 제5호에서 정한 '예산으로 정한 사항 이외에 조합원의 부담이 될 계약'에 해당하여 총회의 결의를 필요로 하고 그럼에도 불구하고 원고 조합이 이를 거치지 않아 위 소송위임행위와 그에 따른 소송대리인의 이 사건 소송행위가 모두 무효라고 하더라도, 원고 조합이 그 대표자인 조합장을 통하여 직접 이 사건 소를 제기하는 등의 소송행위를 하는 데에 그와 같은 제한이 없다면 원고의 조합장이 소송대리인의 소송행위를 추인함에도 총회의 결의는 필요하지 않다고 보아야 한다. 왜냐하면 소송행위의 추인은 타인을 대표하거나 대리하여 어떠한 소송행위를 할 권한이 없는 자가 한 무효의 소송행위를 본래의 당사자나 그 법정대리인이 소급하여 유효하게 만드는 것으로서, 그러한 추인의 권한은 당사자나 그 법정대리인이 본래의 소송행위를 할 수 있는 고유의 권한이 다른 형식으로 표현된 것에 지나지 않고 그로부터 독립하여 별개의 내용이나 범위를 갖는 추인의 권한이 따로 존재하는 것은 아니기 때문이다(대판 2012.3.15, 2011다95779).

5. 소송무능력을 간과하고 내려진 판결의 효력

아울러 소송능력과 관련된 부수적인 논점으로서 소송무능력을 간과하고 내려진 판결의 효력에 관한 문제가 있다. 이에 대해서는 소송무능력자가 패소한 경우와 승소한 경우로 나누어서 생각하는 것이 이해하기 쉽다. 학설은 일률적으로 항소나 재심을 통해 판결의 효력을 다툴 수 있다는 입장이 일반적이지만, 이하와 같이 소송무능력자 승소시에는 다툴 수 없다는 견해도 있다.[23)]

(1) 소송무능력자가 패소한 경우

먼저 소송무능력자가 패소한 경우의 처리에 관해서이다. 이 경우에는 무능력자가 한 행위는 보정되지 않고 추인되지 않으면 무효가 되기 때문에, 원칙적으로 무능력자가 받은 판결도 효력을 갖지 않는다고 해석해야 한다. 그러나 그 처리에 관해서는 소송경제나 상대방의 이익에 비추어, 당연무효라고 하기보다는 상소 또는 재심에 의해 취소시키는 것이 타당하다고 생각한다. 법정대리인의 추인의 가능성이 남아 있기 때문이기도 하다. 한편 상대방도 그 효력을 명확히 할 필요가 있으므로, 상소나 재심을 제기할 수 있다고 보아야 한다.

(2) 소송무능력자가 승소한 경우

다른 한편 소송무능력자가 승소한 경우에는 능력의 흠결을 이유로 당해 판결의 무효를 주장하는 것은 불가능하다고 해석해야 한다. 무능력제도는 무능력자를 보호하고 적절한 판결을 받도록 하기 위해 존재하는 것이므로, 승소판결을 받아도 기판력의 쌍면성 때문에 불이익을 받는 일이 있는 것은 무능력자의 경우에도 같고, 특히 그 경우까지 무능력자를 보호할 이익은 희박하다(승소판결의 불이익을 무능력이라는 점에서 면할 수 없다)고 생각되기 때문이다. 따라서 설사 승소판결의 금액에 불복이 있더라도, 능력흠결 이외의 이유에 기한 상소에 의할 수밖에 없다. 마찬가지로 상대방의 경우에도 능력흠결을 이유로 상소 또는 재심을 제기하여 당해 판결의 효력을 다툴 수 없다.

(3) 무능력자의 사술

아울러 무능력자가 사술(詐術)을 써서 능력자라고 믿게 한 경우에는, 능력의 흠결이라는 이유로 그 행위의 무효를 주장하는 것은 신의칙상 허용되지 않는다고 해석해야 한다. 사술을 쓴 미성년자보다 그것을 믿은 상대방의 이익과 절차의 안정 및 소송경제를 보호하는 것이 신의칙에 합치하기 때문이다. 이 경우 신의칙에 의하는 것도 가능하지만, 직접 민법17조의 규정을 유추적용하여 무효의 주장을 막는 것이 보다 간명하고 타당하다고 생각한다.

---

23) 김상수, 256면 참조. 사견과 같은 입장으로 강, 161면; 김, 772면; 이, 163면; 전, 174면; 정=유, 194면; 정영, 234면.

17 특별대리인

[대결 1987.11.23, 87스18]

사 실

X는 Y를 상대로 이혼을 청구하는 소를 제기하였다. 그런데 금치산자인 X는 의사능력이 전무하고 기동조차 불가능한 식물인간 상태에 있었고, X의 부(父)인 A는 자신이 지병으로 사실상 법정대리권을 행사할 수 없다는 이유에서, X의 형인 B를 X의 특별대리인으로 선임해줄 것을 법원에 신청하였다. 이 경우 법원은 B를 특별대리인으로 선임할 수 있는지 문제되었다.

판결요지

"인사소송법(현가사소송법) 제29조에 무능력자는 법정대리인의 동의를 얻어 소송행위를 할 수 있고 법정대리인이 소외 상대방인 경우에는 친족회의 동의를 얻어 소송행위를 할 수 있도록 규정하고 있으나, 이와 같이 법정대리인 또는 친족회의 동의를 얻어 소송행위를 할 수 있는 자는 적어도 의사능력은 있어야 하므로 이 사건과 같이 의사능력이 없는 금치산자는 법정대리인이나 친족회의 동의를 얻어서도 스스로 소송행위를 할 수 없는 것이고 따라서 법정대리인이 대리하지 않는 한 소송을 할 수 없는 경우에는 법정대리인의 대리를 인정하여야 할 것이며 그 경우 법정대리인이 없거나 대리권을 행사할 수 없는 때에는 당사자는 민사소송법 제58조(법62조)의 규정에 의하여 특별대리인을 신청할 수 있다고 할 것이다"

해 설

1. 이 판결의 의의

법률의 규정에 의해 소송대리권이 수여되는 소송상의 법정대리인 중에는 실체법상의 소송대리인과 소송법상의 특별대리인이 있다. 이 판결은 후자에 관하여 그 선임요건을 구체적으로 판단하였다는 점에서 의의가 있다.

2. 소송상의 법정대리인

소송상의 법정대리인은 실체법상의 법정대리인과 소송법상의 특별대리인이 있다. 전자에 관해서는 민법의 규정에 의하고(법51조), 이에 해당하는 것은 친권자, 후견인, 민법상의 특별대리인(재산관리인, 특별대리인) 등과, 개개의 소송행위의 특별대리인(재소자에 대한 송달의 수령대리인)이 있다. 이 때 민법이 요구하는 특별한 관계는 일단 가족관계등록부의 기재에 의한다. 후자는 법62조가 규정하는 요건을 갖춘 경우에, 법원이 당해 당사자를 위해 선임하는 특별대리인을 말한다. 소송법상의 특별대리인은 판결절차 이외에도 증거보전절차(법378조), 강제집행절차(민집52조2항)에서 이용할 수 있다.

이러한 소송법상의 특별대리인이 인정되는 이유는, 특별대리인을 선임해야 하는 경우에는 민법에 의해 실체법상의 특별대리인이 선임되게 되어 있지만(민법921조 등), 그 지연에 따른 당사자의 불이익을 회피하기 위해서이다. 법인의 경우에도 대표자 또는 관리인이 없거나 대표권을 행사할 수 없으면 특별대리인의 선임이 인정된다(법64조). 따라서 달리 대표자가 있다면, 예를 들어 '도시 및 주거환경정비법'에 따른 조합의 이사가 자기를 위하여 조합을 상대로 소를 제기하는 경우, 그 소송에 관하여는 감사가 조합을 대표하므로(같은 법 제22조 제4항), 조합에 감사가 있는 때에는 조합장이 없거나 조합장이 대표권을 행사할 수 없는 사정이 있더라도 조합은 특별한 사정이 없는 한 '법인의 대표자가 없거나 대표자가 대표권을 행사할 수 없는 경우'에 해당하지 아니하여 특별대리인을 선임할 수 없고, 수소법원이 이를 간과하고 특별대리인을 선임하였더라도 특별대리인은 이사가 제기한 소에 관하여 조합을 대표할 권한이 없다(대판 2015.4.9, 2013다89372).

3. 소송법상의 특별대리인의 선임요건

이 판결에서 다루어진 부분으로서, 소송법상의 특별대리인의 선임요건에 관해서는 다음과 같이 정리할 수 있다.

첫째, 수소법원에 대해 무능력자의 상대방당사자가 특별대리인을 신청할 수 있을 뿐만 아니라(법62조1항), 무능력자의 친족, 이해관계인 또는 검사도 신청할 수 있다(법62조2항). 따라서 이 판결의 경우 X의 부인 A가 특별대리인을 신청하는 것에는 문제가 없다(단, 무능력자 본인은 무능력인 이상 신청할 수 없다).

둘째, 특별대리인의 선임을 요구하는 신청자는 지연으로 인해 손해를 받을 염려가 있음을 소명해야 한다. 이 판결에서는 이 점이 나와 있지 않지만, 보통 제소에 따른 시효중단의 필요성이나 증거의 멸실을 방지할 필요성을 생각할 수 있다(긴박한 사정[손해를 받을 염려]에 관한 아무런 소명이 없다는 예로서 대결 1967.3.28, 67마155가 있다).

셋째, 무능력자에게 법정대리인이 없거나, 법정대리인이 대리권을 행사할 수 없는 것임을 요한다. 전자의 경우로는 친권자나 후견자가 없는 경우가 있다. 또한 회사의 경우, "주권이 발행된 바 없는 주식회사의 주식을 양수한 사람들은 유효한 주주가 될 수 없으나 그들이 주주총회를 개최하여 회사의 대표이사를 선임하였다 하더라도 그는 적법한 대표자의 자격이 없다…새로이 선임된 대표이사가 주식회사의 적법한 대표자의 자격이 없으니 당초의 대표이사가 상법386조 389조 3항에 의하여 적법한 대표이사가 새로 선임되어 취임할 때까지 회사의 대표이사의 권리의무를 지므로 당해회사는 민사소송법 58조(법62조) 60조(법64조)에 의한 "대표자가 없거나 대표자가 대표권을 행사할 수 없는 경우"에 해당하지 않아 특별대리인을 선임할 수 없다(대판 1974.12.10, 74다428).

후자의 예로는 법률상의 장애만이 아닌 사실상 대리권행사에 장애가 있는 경우가 있다. 이 판결에서는 A가 법정대리권을 행사할 수 없는 경우라고 해석할 수 있다. 또한 "소외 망 무와 그의 처인 정과의 사이에 출생한 갑 을이 호적상 위 무와 그의 처인 경 사이의 혼인중의 출생자로 기재되어 있고, 위 경과 그 아들인 병이 모의하여 위 무의 사망 후에 사건 본인인 미성년자 갑, 을의 상속분을 분할하여 주지 아니함으로써 법정대리인 경과 아들인 이 사건 본인 갑, 을들 사이의 이해관계가 실질상 상반되는 경우에 갑, 을의 생모인 정의 신청에 의하여 본조에 따라 위 정을 갑, 을의 특별대리인으로 선임한 것은 적법하다."는 판례(대결 1965.9.28, 65스5)가 있다.

넷째, 보통 소송무능력자가 당사자가 되는 경우에 이용할 수 있지만, 미성년자는 아니고 의사무능력이면서 아직 제한능력자라는 선고를 받지 않은 경우에도 특별대리인을 선임할 수 있다(통설).

다섯째, 인지소송이나 이혼소송 등의 신분상의 법률행위를 둘러싼 소송의 경우에도 특별대리인을 선임할 수 있는지 문제된다. 이것이 이 판결에서의 주된 문제점이기도 하다.

원래 신분상의 법률행위는 일신전속적이고 본인의 의사결정을 존중하여 대리에 친하지 않은 것으로 해석되며, 이러한 원칙에 입각한다면 이 판결의 사안에서와 같은 경우에는 특별대리인을 선임할 수 없다는 결론이 된다. 이에 비해 이 판결에서는 특별대리인의 선임을 인정하고 있다. 법정대리인에 의한 대리가 필요함에도 대리가 가능한 법정대리인이 없거나 대리권을 행할 수 없는 때에는 어차피 특별대리에 의해 소송을 수행할 수밖에 없으므로, 이 판결의 해석은 타당하다. 따라서 이혼소송의 경우에도 특별대리인을 이용할 수 있다.

원래 이 판결과 같은 해석은 이미 대결 1984.5.30, 84스12에 나와 있었다(단, 사안이 명확하지 않은 관계로 이 판결을 다루었다). 여기서는 “일반적으로 신분상의 법률행위는 본인의 의사결정을 존중하여 대리를 허용하지 않음은 소론과 같으나, 인지청구의 소와 같은 인사소송에 있어서 상대방이 의사무능력자이기 때문에 법정대리인이 대리하지 않는 한 소송을 할 수 없는 경우에는 법정대리인의 대리를 인정하여야 할 것이며, 이와 같이 법정대리인의 대리가 가능한 경우에 법정대리인이 없거나 대리권을 행할 수 없는 때에는 당사자는 민사소송법 제58조(법62조)의 규정에 의하여 특별대리인을 신청할 수 있음은 당연하다.”고 판시되었다. 그 논리는 이 판결과 같음을 알 수 있다.

여섯째, 특별대리인을 누구로 할 것인지는 법원의 재량에 맡겨져 있다. 따라서 선임신청각하결정에 대해서는 항고를 통한 불복신청이 가능하지만(법439조), 선임결정에 대해서는 불복신청이 불가능하다(대결 1963.5.2, 63마4). 이 판결에서 법원은 B를 특별대리인으로 인정할 수도 있고, 인정하지 않을 수도 있다. 또한 선임된 자가 반드시 특별대리인이 되어야 할 의무는 없지만, 변호사라면 정당한 이유 없이 이를 거부할 수 없다(변호사법23조). 나아가 법원은 선임한 특별대리인을 직권으로 언제든지 개임할 수 있다(법62조3항). 개임이란 기존의 특별대리인을 해임하고 새로이 대리인을 선임하는 것을 말한다.

4. 특별대리인의 지위와 권한

(1) 의의

특별대리인은 본인이 아니지만 본인에 준한다. 즉 소장에 표시되고, 송달의 대상이 되며, 특별대리인을 심문하면 당사자심문이 된다. 특별대리인은 법정대리인과 동일한 권한을 갖는다(대판 1965.4.27, 65다338 등). 또한 “법인의 대표자로 선임된 특별대리인은 그 선임된 소송에 관하여는 본인인 법인을 위하여 이익이 되는 소송행위를 할 수 있는 이른바 법정대리인의 지위에 있으므로 재심대상소송에서 흠결된 대표이사의 대리권을 추인할 수도 있다”(대판 1969.7.22, 69다507).

(2) 대리권의 범위

특별대리인의 대리권의 범위는 원칙적으로 민법 등의 규정에 의하지만, 소송행위를 하려면 후견인과 동일한 수권이 있어야 한다(법62조4항). 단, “민사소송법 제58조(법62조)에 따라 선임된 특별대리인은 그 선임결정에 따라서 상대방이 제기한 소송에 응소할 수 있을 뿐만 아니라 스스로 소송을 제기하고 이를 수행할 수 있고 그와 같은 소송행위를 함에는 동조 제4항의 특별수권을 필요로 하는 것이 아니다”(대판 1983.2.8, 82므34).

(3) 본인이 능력을 회복한 경우

그 밖에 법인 대표자의 자격이나 대표권에 흠이 있어 수소법원에 의하여 특별대리인이 선임된 후 소송절차가 진행되던 중에 그 흠이 보완된 경우, 특별대리인에 대한 수소법원의 해임결정이 있기 전이라도 그 대표자가 법인을 위하여 소송행위를 할 수 있는지에 대해, 대판 2011.1.27, 2008다85758은, "특별대리인은 법인의 대표자가 대표권을 행사할 수 없는 흠을 보충하기 위하여 마련된 제도이므로, 이러한 제도의 취지에 비추어 보면 특별대리인이 선임된 후 소송절차가 진행되던 중에 법인의 대표자 자격이나 대표권에 있던 흠이 보완되었다면 특별대리인에 대한 수소법원의 해임결정이 있기 전이라 하더라도 그 대표자는 법인을 위하여 유효하게 소송행위를 할 수 있다."고 판시하였다.

18 표현대리에 의한 소송행위의 효력

[대판 1983.2.8, 81다카621]

사 실

X는 Y의 처인 A에게 약속어음금 지급에 관한 공정증서 작성의 대리인으로 위임한다는 내용의 위임장에, A는 X의 이름을 기재하고 그 밑에 X의 인감을 압날하여 X 명의의 위임장 1매를 위조하였다. 그 다음, 이 위임장을 인감증명서와 함께 Y에게 교부하였다. 그 후 Y와 A는 공증인사무소에서 위 약속어음금의 지급을 연체하는 즉시 강제집행을 하기로 하는 내용의 공정증서를 작성하였다. 이에 대해 X는 Y를 상대로 당해 공정증서는 적법한 대리권에 기한 것이 아니므로 무효라고 주장하여 채무부존재확인을 구하고, 이에 대해 Y는 A에게 대리권이 있다고 믿었으므로 표현대리에 의해 유효라고 주장할 때, 위 공정증서는 유효한지 문제되었다.

판결요지

"Y가 A에게 대리권이 있다고 믿었다는 점을 들어 표현대리 주장을 한데 대하여 원심이 판단을 하지 아니한 잘못은 인정되나, 이행지체가 있으면 즉시 강제집행을 하여도 이의가 없다는 강제집행 수락의사표시는 소송행위라 할 것이고 이러한 소송행위에는 민법상의 표현대리규정을 적용 또는 유추적용될 수가 없는 것이므로 비록 원심이 위 표현대리 주장에 대한 판단을 하지 아니하였다 하여 판결에 영향을 미쳤다고는 할 수 없는 것이니 논지는 이유 없다."

해 설

1. 이 판결의 의의

표현대리인이 한 소송행위의 효력이 문제된 것인데, 이 판결은 실체법상의 표현법리가 소송행위에 적용할 수 없음(따라서 표현대리인이 한 소송행위는 무효)을 명확히 판단한 것이다.

2. 판례의 입장

이 판결의 입장은 그 후의 대판 1984.6.26, 82다카1758; 대판 1994.2.22, 93다42047에서도 확고하게 유지되고 있다. 이 판결을 포함하여 판례는 그 명확한 이유를 제시하고 있지 않지만, 추측컨대 소송행위에는 일반적으로 실체법상의 법률행위에 관한 규정이 적용 또는 준용되지 않는다는 원칙에 충실한 것이기 때문이라고 생각한다. 이 판결의 결론에 찬성하는 해설[24]에서는 "보다 채무자의 보호라는 입장에서 보는 것이 상당하지 아니할까라고 생각되고", "논리상으로도 집행수락의 의사표시가 공증인에 대한 소송행위라고 하는 한 실체법상의 효력 유무에 채무명의로서의 효력이 좌우된다고도 할 수 없을 것이다."라고 언급하고 있다.

3. 소송행위와 표현법리의 적용가능성

(1) 소송행위와 사법법규

소송행위에 민법 등의 사법법규를 적용할 수 있는지의 문제에 대해, 판례는 이 판결에서도 보듯이 부정적이다. 그러나 기본적으로 소송행위라고 일률적으로 법률행위에 관한 규정이 적용되지 않는다는 해석은 타당하지 않다. 표현대리에 관한 규정을 소송행위에도 적용해야 하는지 구체적으로 타당한 논거를 제시할 필요가 있다. 아울러 집행수락행위가 소송행위에 해당하는지 문제될 수 있지만, 당사자가 원하는 효과가 집행이라는 소송상의 효과를 주된 대상으로 하는 것이므로 일단 소송행위라고 봄에 문제없을 것이다.

소송행위에 대한 표현법리의 적용가능성은 이 판결의 사안에서와 같은 집행수락공정증서에 국한되는 것이 아니라, 표현대표이사에 의한 소송행위의 경우에도 문제된다. 단, 이에 관해서는 아직 판례가 없다. 이하의 논의에서는 표현대표이사의 문제도 포함해서 다루기로 하겠다.

(2) 부정설

판례의 입장이기도 한 표현법리를 적용할 수 없다는 부정설[25]의 논거는 다음과 같이 요약할 수 있다. ①실체법상의 표현법리는 거래의 상대방을 보호하고 거래의 안전을 위한 이론이므로 소송행위에는 준용되지 않는다. ②소송행위는 소송절차를 형성하는 것이므로 그 효력은 일의적으로 명백해야 하고 선의·악의에 의해 좌우되지 않는다. ③법정대리권의 존재는 직권조사사항이다. ④법정대리권의 흠결을 간과한 경우에는 절대적인 상고이유인 동시에 재심사유가 된다. ⑤표현법리가 준용되면 절차의 획

24) 김대환, 대법원판례해설제2호72면.

25) 김, 797면; 송=박, 154면; 호, 291면.

일성과 안정성이 저해된다. ⑥상법14조1항단서는 표현지배인의 소송행위를 배제하고 있다. ⑦법인이 진실한 대표자에 의해 재판을 받는 것이 적정절차에 해당한다. 그 밖에 등기를 고치지 않는 등 법인에게 직무태만이 있는 경우에는 표현법리의 적용을 긍정해도 좋다는 절충설[26]이 있다.

(3) 긍정설

이에 비해 표현법리를 적용 또는 준용해야 한다는 긍정설[27]은 소수설이다. 표현법리를 적용해야 하는 논거는 다음과 같이 정리할 수 있다. ①소송법규와 실체법규의 이질성을 단순히 강조하는 것은 정당하지 않다. ②소송법에서는 표시주의와 외관주의가 채용되어 반드시 실체적 진실이 관철되는 것은 아니다. ③등기의무를 태만히 한 법인과 등기부를 믿은 상대방과를 비교하면 후자를 보호하는 것이 공평하다. ④부정설에 의하면 추인이 없는 한 소송지연과 절차의 불안정을 초래하므로 선의의 경우에는 표현법리를 인정하는 것이 절차의 안정에 도움이 된다. ⑤소송행위의 요건의 존부가 실체법에 의하는 경우(법51조, 64조)에는 민법의 규정을 유추적용할 여지가 있다. ⑥상법14조1항의 단서도 등기를 한 표현지배인의 경우에는 별도로 해석하는 것이 적당하다. ⑦집행수락행위는 거래의 일환으로 이루어지므로 채권자와 채무자간의 이해조정을 도모하는 표현법리를 유추적용하는 것이 타당하다. ⑧소송행위로서 무효라 하여도 사법행위로서는 유효하므로 새로운 집행권원(채무명의)이 성립하여 소송의 중복을 초래한다.[28] ⑨공정증서는 소정의 절차에 따라 작성되는 것이므로 가급적 그 효력을 유지해야 한다. 그 밖에 항목<20>에서 보듯이 대리권소멸통지를 하지 아니한 대표자가 한 행위의 효력을 인정하는 판례의 태도도 표현법리 긍정설의 논거가 될 수 있다.

4. 부정설과 긍정설의 비교

(1) 부정설의 문제점

(a) 준별론

위와 같은 부정설의 논거 중 가장 중요한 것은, 표현법리는 거래 등과 같은 실체법상의 법률행위를 규제하는 이론이므로 소송행위에는 적용 또는 준용되지 않는다는 점, 그리고 진실의 발견 즉 진실의 대표자에 의해 소송이 수행되어야 한다는 점이다. 그러

26) 김=강, 223면; 이, 192면; 정=유, 230면; 정영, 274면.

27) 강, 171면.

28) 이 점에 관하여는 전게 이 판결의 해설(73면)에서도 "판례의 입장에 따르면 실체 관계에 표현대리가 적용되고 또 그 성립이 인정되는 경우에도 그러한 공정증서의 채무명의로서의 효력은 부정되는 결과 채권자는 채무명의를 얻기 위하여 이행판결을 다시 받아야 하는 소송상의 번거로움이 남게 되는 약점은 있다"고 언급하고 있다.

나 여러 행위를 포함하는 소송행위에 대해 일률적으로 표현법리는 적용되지 않는다는 해석은 타당하지 않다. 부정설은 소위 말하는 소송법과 실체법의 준별론 자체를 강조하는 것에 불과하고, 부정설이 소송법에 규정이 없는 표현법리가 소송행위에 대해서는 적용 내지는 준용되지 않는 법리라고 해석하기 위해서는, 단순한 준별론이 아닌 그것을 근거 짓는 적절한 절차법상의 논거가 필요하다고 평가할 수 있다.

(b) 실체적 진실

또한 부정설이 말하는 진실의 발견이라는 점에 대해서는 긍정설이 말하는 바와 같이 반드시 진실이 소송상 관철되지 않는다는 점을 강조하고 싶다. 예를 들어 신의칙의 예에서 보듯이 진실이 아닌 소송행위가 악의에 의해 이루어진 경우 추후에 항상 그 무효를 주장할 수 있는 것은 아니기 때문이다.

(c) 착오 및 신의칙과의 관계

부정설에 의하면, 한편에서는 표현대리인 또는 표현대표자에 의한 소송대리행위의 경우에는 표현법리의 적용을 부정하여 진실로의 복귀(당해 대리행위의 무효)를 인정하고, 다른 한편 착오에 의한 소송행위의 경우에는 착오의 적용을 부정하여 진실로의 복귀를 인정하지 않는 것이 되어, 논리적으로 일관되지 않는다는 문제점이 있다. 또 하나 추가하자면 표현법리는 권리외관법리로서 그것이 인정되는 이유로서 신의칙상의 금반언이라는 요소가 크게 작용하고 있다. 판례가 신의칙을 인정하면서 그와 유사한 원칙인 표현법리를 인정하지 않는 것도, 논리적으로 일관되지 않는다고 평가할 수 있다(또한 항목<20>에서의 논의 참조).

(2) 긍정설에 의한 상대적 고려

소송행위의 다양성이라는 점에서 본다면 각 소송행위에 따라 그 규제의 정도에 차이가 발생하게 된다. 이러한 점에서 본다면, 실체법상의 표현법리의 유추적용에 대해 그것을 일률적으로 부정하는 것도 또한 일률적으로 긍정하는 것도 타당하지 않다. 표현법리의 적용에 대해, 실체법상으로는 거래의 안전이 우선적으로 고려되고 본인에 대해 표현대표자 또는 표현대리인에 의한 법률행위의 무효의 주장이 금지된다. 다른 한편 소송법상으로는 거래의 안전이 우선적으로 고려되는 것은 아니지만, 일정한 경우에는 대표자 또는 대리인이 한 소송행위에 대한 본인의 책임을 물을 수 있는 가능성을 부정할 수 없을 것이다. 이 경우, 즉 대표자 또는 대리인의 선임 및 감독에 대해 본인의 책임을 물을 수 있는 경우에는 본인에 대해 표현대표자 또는 표현대리인에 의한 소송행위의 무효의 주장을 허용해서는 안 된다.

결국 본인의 이익과 상대방의 이익의 비교형량(본인의 책임의 정도)에 기해 어느 이익을 보호해야 하는지의 문제로서 대처해야 한다. 특히 본인의 책임에 대해서는 그 내용의 확정이 문제되지만, 그 책임을 추궁하기 위해서는 상대방의 신뢰를 초래하여 그 자에게 일정한 이익을 발생시키는 것이 필요하다는 점을 고려한다면, 신의칙상의 책임이라고 해석할 수 있다. 이와 같이 표현대표자 또는 표현대리인이 행한 소송행위에 대해 표현법리를 적용해야 하는가의 여부에 관해서는, 소송상의 신의칙이라는 절차상의 고려요소도 참고로 하면서 판단해야 할 문제라고 생각한다.

19 소송대리권의 범위

[대판 1965.7.13, 65다1013]

사 실

X는 변호사 A를 소송대리인으로 선임하여 소를 제기하였지만, 제1심에서 패소하였다. X가 항소를 제기하려고 할 때, A는 당연히 항소심에서도 소송대리인이 되는지, 또한 X는 A가 아닌 다른 변호사를 새로이 선임하여야 하는지 문제되었다.

판결요지

"변호사에 대한 소송위임이란 소송의 당사자가 변호사에 대하여 그 소송의 수행에 관한 대리권을 수여하는 단독행위를 이르는 것이나 그 대리권 수여의 기본에는 본인과 변호사간의 신임관계에 의한 위임계약이 있는 것이 보통이고 그 위임 계약에 의하여 변호사의 본인에 대한 성실의 의무나 비용 또는 보수 청구권이 발생되는 것인 만큼 민사소송법상 변호사에 대한 소송대리권의 수여에 관한 소송위임을 심급마다 따로 하여야 할 것으로 되어 있다 하여 그 소송사건에 관한 본인과 변호사간의 위임계약자도 심급마다 따로히 체결되어야 한다거나 또는 따로히 체결되었을 것이라고 추정할 성질의 것이라고 할 수는 없을 것이다."

해 설

1. 이 판결의 의의

이 판결에서 문제되는 것은 항소의 제기가 특별수권사항에 해당하는지에 관한 점인데, 이 판결은 법90조를 근거로 심급대리의 원칙에 의하여 특별수권사항에 해당함을 판시하고 있다. 이와 같이 심급대리의 원칙을 명확히 한 다음, 항소의 제기를 위해서는 새로이 X와 A가 소송위임계약을 체결해야 한다고 해석한 것이다.

2. 소송대리권의 범위와 특별수권사항

(1) 소송대리권의 일반적 범위

소송위임에 의한 소송대리인의 자격은 원칙적으로 변호사에 국한된다(변호사대리의 원칙. 법87조). 소송위임이란 대리권을 수여하는 소송행위로서, 당사자본인은 소송능력을 가져야 하고, 대리권수여의 의사표시가 소송대리인이 될 상대방에게 도달했을 때에 대리권이 발생한다.

법은 소송대리인의 소송대리권의 범위에 관해, 원칙적으로 개별적 소송행위에 국한되지 않는 포괄적 범위(승소판결을 얻기 위해 소송수행에 필요한 일체의 소송행위를 할 수 있는 권한)의 대리권이 인정됨을 규정하고 있다(법91조. 단, 같은 조 단서에 의해 변호사가 아닌 소송대리인의 경우에는 제한이 가능하다). 이러한 규정의 태도는 소송절차의 신속하고 원활한 진행을 위한다는 점에 목적이 있고, 변호사라는 법률전문가의 윤리라는 점을 기초로 한다.

여기에 포함되는 것으로는, 소송행위 그리고 소송행위를 전제로 한 실체법상의 권리행사로 구분할 수 있다(법90조). 전자에는, 소의 제기, 소의 변경, 피고가 제기한 반소에 대한 응소, 제3자에 의한 소송참가에 대한 응소, 공격방어방법의 제출, 강제집행 등의 소송행위, 그리고 기타 가압류 · 가처분 등의 부수적인 소송행위가 소송대리권의 범위에 포함된다. 나아가 "판결에 대한 경정결정신청은 그 심급의 소송대리인의 대리권 범위에 속한다고 할 것이므로 이에 대하여 따로히 다시 대리권을 수여할 필요가 없다"(대결 1964.7.30, 64마505).

후자에는, 변제의 수령이라는 사실행위 이외에, 시효의 원용, 상계 · 해제 · 취소 등의 형성권을 행사할 권한이 포함된다. 사법상의 화해계약에 관해서는 특별한 수권이 필요하다는 견해가 있고, 사법상의 화해계약은 특별한 사정이 없는 한 소의 취하를 동반하므로 특별수권사항으로 해석하는 것이 타당하다.

(2) 특별수권사항

한편 법은 당연히 소송대리권의 범위에 포함되지 않는 특별수권사항을 규정하고 있다(법90조2항). 특별한 사항에 대해서는 그 사항의 중요성에 비추어 본인의 의사를 재확인할 필요가 있기 때문이다. 그러나 실무에서는 처음부터 특별수권사항도 정형적으로 소송위임장에 기재(인쇄)하고 있는 것이 관행이다(단, 이 판결에서도 보듯이 심급대리의 관계상, 상소의 제기는 제외되는 것이 보통이다).

특별수권사항으로는 첫째로 별개의 청구를 주장하는 행위로서 반소의 제기가 이에 해당한다. 단, 원고의 재반소는 대리권의 범위에 속한다. 둘째로 소송자체를 처분하는 행위로서 소의 취하(상소의 취하를 포함), 청구의 포기 · 인낙, 화해 또는 소송탈퇴가 있다. 여기서 소의 취하에 대한 동의에 관해서는, "변호사를 소송대리인으로 선임할 때 재판상 및 재판외의 화해, 소의 취하, 청구의 포기 및 인낙 등 특별수권사항까지 포함된 일체의 소송행위를 할 수 있는 대리권을 부여한 사실(이 있는 경우)…소취하에 대한 소송대리인의 동의는 민사소송법 제82조(법90조) 제2항 소정의 특별수권사항이 아닐 뿐만 아니라 위 소송대리인의 위와 같은 소송대리권 속에는 상대방의 소취하에 대한 동의권도 포함되어 있다고 봄이 상당하다"(대판 1984.3.13, 82므40). 셋째로 심급대리의 원칙으로 상소의 제기가 있고 이에 관하여는 이하에서 상술한다. 넷째로 복대리인의 선임으로서, 복대리인은 본인을 위한 별도의 대리인이 되므로 본인의 의사를 확인할 필요가 있다.

3. 심급대리의 원칙

(1) 의의

이 판결에서는 법90조를 근거로 심급대리의 원칙을 취하고 있는데, 그 논거로는 소송의 승패는 당해 심급으로서 일단 판가름 난다는 점, 당사자의 의사(계속 다툴지의 여부)를 확인할 필요가 있다는 점을 들고 있다. 이 판결(원래 심급대리의 원칙을 명확히 한 것은 이하에서 보는 대판 1963.1.31, 62다792에서였다. 기타 이에 따르는 판례로 대판 1994.3.8, 93다52105)은 심급대리의 원칙을 명확히 하여, 항소의 제기를 위해서는 새로이 X와 A가 소송위임계약을 체결해야 한다고 해석한다(물론, 반드시 다른 변호사와 소송위임을 할 필요는 없다).

단, 항소의 제기에 관하여 특별수권을 받지 아니한 1심 소송대리인이 제기한 항소는 무권대리인에 의해 제기된 것으로서 위법하다 할 것이나, 그 당사자의 적법한 소송대리인이 항소심에서 본안에 대하여 변론하였다면, 이로써 그 항소제기 행위를 추인하였다고 할 것이므로 그 항소는 당사자가 적법하게 제기한 것으로 된다(대판 1962.10.11, 62다439; 대판 1995.7.28, 95다18406; 대판 2007.2.8, 2006다67893).[29]

(2) 상소의 응소의 경우

한편 상소의 제기가 아닌 상소의 응소에 관해서는 약간의 다툼이 있다. 판례는 당해 심급판결의 송달을 받음으로써 소송대리권이 소멸한다는 해석이므로(대판 1995.12.26, 95다24609), 상소의 응소의 경우에도 특별수권사항에 포함된다는 해석으로 풀이할 수 있다(통설도 같다). 이에 반해 법이 상소의 제기라고만 하고 있으므로 상소의 응소의

29) 아울러 무권대리인이 행한 소송행위의 추인은, 특별한 사정이 없는 한, 소송행위의 전체를 대상으로 하여야 하는 것이고 그 중 일부의 소송행위만을 추인하는 것은 허용되지 아니하므로, 상고제기행위만의 추인을 한 경우 그것을 허용할 만한 특별한 사정이 있다고 보기 어렵고 일부 추인에 불과하다(대판 2008.8.21, 2007다79480).

경우에는 통상의 소송대리권에 포함된 것이라고 해석할 여지가 없지 않다.[30] 그러나 새로운 심급에서의 방어이고, 부대항소와의 관계에서 상급심에서의 대리권을 수여함으로써 그에 따라 부대항소에 관한 권한을 수여한 것으로 보는 것이 타당하므로 상소의 응소의 경우에도 특별수권이 필요하다고 생각한다.

(3) 재심의 경우

또한 재심의 소의 절차에 있어서의 변론은 재심 전 절차의 속행이기는 하나, 재심의 소는 신소의 제기라는 형식을 취하고 재심 전의 소송과는 일응 분리되어 있는 것이므로(심급이 다르므로), 사전 또는 사후의 특별수권이 없는 이상 재심 전의 소송의 소송대리인이 당연히 재심소송의 소송대리인이 되는 것은 아니고, 새로이 소송위임을 받아야 한다(대결 1991.3.27, 90마970).

(4) 파기환송의 경우

아울러 파기환송을 받은 원심에서는 환송 전에 소송대리권을 가졌던 소송대리인의 대리권이 동일한 심급이 되었다는 점에서 부활한다(대판 1963.1.31, 62다792; 대판 1985.5.28, 84후102). 그러나 파기환송된 사건이 다시 상고된 경우에는, 새로운 상고심은 환송 전의 상고심과는 별개의 심급이 되므로, 특별수권사항으로서 새로운 소송위임이 필요하다(대결 1996.4.4, 96마148).

30) 이, 182면은 이러한 해석의 여지를 지적하지만, 물론 특별수권이 필요하다고 언급한다.

20 법정대리권 소멸후의 대리행위의 효과

[대판(전) 1998.2.19, 95다52710]

사 실

원고 법인의 대표자가 소송을 수행하고 있는 도중에 당해 대표자는 대표권을 상실하였다. 그런데 그 대표권의 소멸사실을 통지하기 전에 당해 대표자가 소취하를 하게 된 경우, 이러한 소취하는 유효한지 문제되었다.

판결요지

"민사소송법 제60조, 제59조 제1항(법63조, 64조)은 법인(법인 아닌 사단도 포함, 이하 같다) 대표자의 대표권이 소멸한 경우에도 이를 상대방에게 통지하지 아니하면 그 효력이 없다고 규정하고 있는바, 그 취지는 법인 대표자의 대표권이 소멸하였다고 하더라도 당사자가 그 대표권의 소멸 사실을 알았는지의 여부, 모른 데에 과실이 있었는지의 여부를 불문하고 그 사실의 통지 유무에 의하여 대표권의 소멸 여부를 획일적으로 처리함으로써 소송절차의 안정과 명확을 기하기 위함에 있다고 할 것이다.

따라서 법인 대표자의 대표권이 소멸된 경우에도 그 통지가 있을 때까지는 다른 특별한 사정이 없는 한 소송절차상으로는 그 대표권이 소멸되지 아니한 것으로 보아야 하므로, 대표권 소멸 사실의 통지가 없는 상태에서 구 대표자가 한 소취하는 유효하고, 상대방이 그 대표권 소멸 사실을 알고 있었다고 하여 이를 달리 볼 것은 아니라고 할 것이다(대법원 1967.11.28. 선고 66누174 판결, 1968.12.17. 선고 68다1629 판결, 1970.9.29. 선고 70다1593 판결, 1979.12.11. 선고 76다1829 판결, 1995.2.28. 선고 94다49311 판결 각 참조).

위 견해와 달리 민사소송법 제60조, 제59조의 규정은 상대방이 한 소송행위에 대하여만 적용되고, 이미 대표권이 상실된 사람의 법원에 대한 단독행위인 소취하에 대하여는 적용되지 아니하므로, 소취하서를 법원에 제출하기 전에 소취하서를 작성한 사람이 그 대표권을 상실한 이상 그 소취하는 효력이 없다고 판시한 바가 있는 대법원 1967.7.4. 선고 67다791 판결의 견해는 이를 폐기하기로 한다."

해 설

1. 이 판결의 의의

이 판결은 대표권의 소멸사실에 대한 지 · 부지, 과실의 유무를 불문하고, 소송절차의 안정과 명확을 기하기 위하여 대표권이 소멸된 경우에도 그 통지가 있을 때까지는 다른 특별한 사정이 없는 한, 대표권 소멸사실의 통지가 없는 상태에서 구 대표자가 한 소취하는 유효하다고 해석한 것이다. 판결요지에서 보듯이 이 판결이 내려지기 전까지는 다수의 판례가 유효하다고 해석하고 있지만, 소수의 판례가 그 효력이 없다고 해석하고 있었던 관계로, 이 판결은 전원합의체 판결로써 당시까지의 판례의 불통일을 바로 잡은 것이다.

2. 법인의 대표자의 대표권과 그 소멸

(1) 대표권의 소멸원인

원래 법인의 대표자는 법정대리인으로 취급되고(법64조), 그 대리권은 재판상 또는 재판외의 모든 행위에 미친다(상법389조3항, 209조 참조). 한편 법정대리권의 소멸은 각각의 법률에 의한다. 즉 민법상의 법정대리권의 소멸이나 발생원인의 소멸 등이다. 그런데 법63조는 본인 또는 대리인이 상대방에게 통지해야 소멸의 효력이 발생한다는 특칙을 규정하고 있다. 대리권의 소멸을 쉽게 알 수 없다는 점에서 절차의 안정을 도모하기 위한 조치이다. 단, 법정대리인의 사망 등의 경우에는 소멸의 통지가 불가능하므로 소멸한 그 시점에 대리권이 소멸된다(통설).

(2) 대표권의 소멸과 통지

소멸을 통지하지 않아도 법원이 소멸사실을 알면, 법정대리인은 특별수권을 요하는 소송행위(법56조2항)를 할 수 없다(법63조1항 단서). 그러나 소멸의 통지가 없는 한 상대방이 소멸사실을 안다 하더라도 소송절차는 중단되지 않는다. 이와 같이 소멸사실의 통지가 필요하다는 점에서, 만일 법인의 대표자가 대표권을 상실하더라도, 그 대표권의 소멸통지가 도달하기 전까지 이루어진 소송행위는 유효한 것으로 다루어진다(법63조1항 본문). 이 점을 명확히 한 것이 이 판결이다.

그런데 위와 같이 대표권 없는 대표자에 의한 소송행위(항소의 취하)를 유효하다고 해석하면, 당해 대표자와 상대방과의 공모에 의하여 회사에게는 불측의 손해가 발생할 여지가 있다. 이러한 점을 고려하여 현행 민사소송법에서는 구법과는 달리 63조1항 단서를 추가하여, 법원에 법정대리권의 소멸사실이 알려진 뒤에는 법56조2항의 행위(주로 소송종료행위)를 할 수 없다는 규정을 신설한 것이다.[31] 아울러 이 규정은 소송대리인에게도 준용된다(법97조. 그 밖에 대리권증명을 위한 서면의 제출, 소송능력 등의 흠에 관한 조사 및 추인에 대해서도 마찬가지이다).

3. 소멸사실의 발생과 그 통지

위 신법의 해석과 관련하여 이 판결을 따르는 대판 2007.5.10, 2007다7256에서 대표이사가 사임한 것은 2005.9.21.이고 항소취하는 2005.9.23.에 하였지만, 원심법원에 대표권의 소멸사실이 알려진 날은 항소취하에 대한 이의신청서가 접수된 2005.9. 30.인 경우가 문제되었는데, 이 판결의 해석에 따라 당해 항소취하는 적법 · 유효하다고 판시하였다. 소멸사실이 법원에 알려지기 전에 항소취하가 이루어진 점이 이유가 된 것이고, 특히 신 대표자가 항소취하에 이의를 제기하였다고 하여 달리 볼 것은 아니라고 해석하고 있다. 결국 위 판례는 위와 같은 신법의 규정을 처음으로 적용하여 대표권의 소멸사실이 법원에 알려지기 전에 같은 조문에서 규정한 항소의 취하를 한 것이므로, 그 취하는 유효하다고 판단한 점에 의의가 있다.

한편 위와 같은 판례의 해석, 즉 대리권 소멸통지가 있기 전에는 그 때까지 행하여진 소송행위는 유효하다는 해석은 외관을 중시한다는 법리이다. 이것은 반면으로 판례가 그 유추적용가능성을 부정하는 소송행위에 대한 표현법리의 적용에 중요한 근거로 작용한다. 대표권이 소멸된 대표이사가 한 소송행위를 외관법리에 의하여 유효하다고 해석한 것이 되기 때문이다. 앞으로 법인의 대표자의 소송행위에 표현법리의 유추적용가능성(항목 <18>)을 판례가 인정하는 것이 아닐까 기대해 본다.

31) 송=박, 159면; 이, 173면; 정=유, 215면.

21 변호사법에 위반하는 대리행위의 효과

[대판(전) 1975.5.13, 72다1183]

사 실

A합동법률사무소 소속인 변호사 B는 이 사건에서 문제된 공정증서에 서명날인하였고, 같은 합동법률사무소 소속의 변호사 C는 당해 공정증서에 기한 집행문의 부여에 관여하였다. 한편 당해 공정증서에서 채무자로 되어 집행을 당하게 된 X는 당해 공정증서의 집행력을 배제하기 위하여 청구이의의 소를 제기하였다. 이 소송의 1심에서 피고의 소송대리인이 된 것은 B였고, 2심에서의 피고의 소송대리인은 C였다. 한편 변호사법 제31조3호에서는 공정증서의 작성에 관여한 변호사는 그에 관한 소송에서 대리인이 될 수 없다고 규정하고 있다. 이에 B와 C가 한 대리행위는 유효한지 문제되었다(전원합의체로서 논점이 된 것으로는 구 간이절차에 의한 민사분쟁사건처리특례법 4조에 의하여 합동법률사무소가 작성한 어음의 발행에 관한 집행수락약관부 공정증서를 작성한 경우에 어음발행인의 책임의 유무에 관한 것도 있다).

판결요지

"변호사 B와 변호사 C는 다 같이 A합동법률사무소의 구성원으로서 B는 본건 어음의 발행 및 배서에 관한 각 공정증서에 서명날인까지 한 사람이고 C는 본건 공정증서에 집행문을 부여하는 데에도 관여한 사람임에도 불구하고 위 집행력 있는 정본의 집행력을 배제하기 위하여 제소한 본건 소송에 있어서 B는 피고의 1심 소송대리인으로서, C는 원심의 피고소송대리인으로서 각 소송을 수행하였음을 알 수 있으니 위 변호사들이 본건 소송사건에서 소송대리인으로 1심 또는 원심에서 소송을 수행한 행위는 변호사법 제16조 제2호(현행 변호사법 제31조3호)에 위배되는 것이라 할 것이다. 그러나 변호사가 변호사법 제16조 제2호(현행 변호사법 제31조3호)의 규정에 위배되는 소송행위를 하였다고 하더라도 당사자가 그에 대하여 아무런 이의를 제기하지 아니하면 그 소송행위는 소송법상 완전한 효력이 생긴다고 할 것인 바, 원고가 원심변론종결시까지 이에 대하여 아무런 이의를 제기하지 아니하고 상고이유에서 비로소 이를 주장함이 기록상 명백하니 논지는 이유 없는 것이라 할 것이다."

해 설

1. 이 판결의 의의

소송대리인은 변호사이어야 한다(법87조. 변호사대리의 원칙). 변호사는 특수한 지위를 갖고 있는 관계로 변호사법의 규율을 받게 되는데, 이 판결에서와 같이 변호사법 위반이라는 점이 소송상의 대리행위의 효력에 어떠한 영향을 미치는지 문제되는 경우가 있다. 이 판결은 그 판결요지에서 보듯이 변호사법에 위반하는 변호사의 대리행위의 효과에 관해 아래의 학설에서 말하는 이의설을 취하고 있다. 즉 그 행위의 효과를 당사자의 이의에 맡긴다는 태도이다.

2. 판례의 입장

판례는 원래 변호사법에 위반하는 대리행위의 효력에 관하여, 추인설을 취한 판례(대판 1962.4.25, 4294민상676에서는 무권대리행위로서 추인하면 효력이 있다는 추인설을 취하였다)와 이의설을 취한 판례(대판 1964.4.28, 63다635; 대판 1969.12.30, 69다1899)가 양립하고 있었는데, 이 전원합의체판결에 의해 이의설이 판례의 입장이 되었다.

이 판결의 입장은 현재까지 판례로서 그대로 유지되고 있다. 대판 1990.11.23, 90다4037, 4044에서 "제1심에서 피고를 대리하여 소송행위를 하였던 변호사가 항소심에서 원고소송복대리인으로 출석하여 변론을 한 경우라도 당사자가 그에 대하여 아무런 이의를 제기하지 아니하면 그 소송행위는 소송법상 완전한 효력이 생긴다."고 판시하고 있는 점에서도 알 수 있다(그 밖에 대판 1995.7.28, 94다44903).

3. 학설의 입장

변호사법에 위반하는 대리행위의 효력에 관한 학설로는 다음과 같은 입장이 있다. 먼저 변호사법의 강행법규로서의 특징을 강조하여 항상 무효라고 주장하는 절대무효설이 있다. 다음으로 정반대로 항상 유효라고 하는 유효설이 있고, 무권대리이지만 추인에 의해 유효가 된다는 추인설[32]이 있다. 마지막으로 이의설[33]로서 상대방이 이의를 하지 않고 소송절차를 진행하면 유효이지만, 일정 시기까지 상대방이 이의를 주장하면 무효가 된다는 입장이다(그 밖에 이의설에 의하면서 쌍방대리의 경우에만 추인설이 타당하다는 견해[34]도 있다).

---

32) 김, 171면.

33) 김홍, 209면; 이, 191면; 정=유, 232면; 정영, 277면.

4. 이의설의 타당성

이 판결에서와 같이 소송대리인인 변호사가 변호사법31조에 위반하여 한 특정 대리행위의 효과에 관해서는, 당해 조문의 위반에 의해 상대방이 불이익을 받는 것이 보통이다. 상대방이란 이 판결의 사안에서의 원고이고, 금지되는 대리행위의 의뢰자가 아닌 상대방을 말한다. 변호사법 제31조1호와 2호의 경우에는 2차 수임의 상대방인 1차 수임의 의뢰인이, 동3호의 경우에는 의뢰인의 상대방이 각각 이의를 제기할 수 있는 상대방이 된다. 따라서 상대방의 이익의 보호를 중시해야 하고, 이러한 점에서 본다면 판례와 통설의 견해인 이의설에 의해 처리하는 것이 타당하다.[35] 특히 쌍방대리의 경우에만 추인설이 타당하다는 견해도 의뢰자가 아닌 위와 같은 상대방의 이익보호를 주안으로 하여야 한다는 점에서 타당하지 않다. 아울러 이의의 주장은 그러한 위반사실을 알지 못했다는 내용의 입증에 의해, 또한 그러한 사실을 알고 바로 해야 한다고 생각한다. 이 판결에서도 보듯이 이의 주장은 사실심 변론종결시까지 할 수 있고 상고심에서는 할 수 없다.

5. 비변행위의 처리

그 밖에 변호사법위반 중에서도 특정한 행위가 변호사법에 위반되는 것이 아닌 변호사가 아닌 자가 소송대리를 하는 비변행위의 효력의 문제가 있다. 단, 민사소송법에서 변호사대리원칙 이외에도 제도적인 규제를 해야 할 정도로 다발하는 것이라고는 할 수 없다. 비변행위의 효력에 관해서는, 강행법규에 위반하는 행위이므로 원칙적으로 무효로 해야 하지만 다음과 같은 예외를 인정할 필요가 있다. 즉 본인이 비변호사인 것을 모르고 있었다면 그 효과는 원칙적으로 없고 예외적으로 추인을 인정해야 한다. 반대로 본인이 비변행위임을 알고 있었다면 그 무효를 주장하는 것은 신의칙에 반하고 추인한 것이 된다. 한편 상대방의 경우에는 그 자의 대리인이 문제가 된 것은 아니므로, 대리행위가 당해 법규에 위반하는지의 여부에 대해 직접적인 관련을 갖지 않는다. 따라서 자신의 권리가 비변행위에 의해 부당히 침해되었다는 입증이 없는 한 비변행위라는 이유만으로는 무효를 주장할 수 없다.

아울러 이와 유사한 것으로 자격정지 중인 변호사 또는 변호사등록이 취소된 자의 대리행위의 효력이 문제된다. 판례(대판 1989.1.17, 87누1045)는 변호사등록취소의 경우에 간접적으로 변호사 등록이 취소된 자에 대한 소송행위(송달)는 아무런 효력이 없고, 한번 변호사 등록이 취소된 이상 그 후 변호사 등록을 다시 하여도 종전의 소송대

---

34) 호, 289면.

35) 김상수, 275면.

리인 지위가 당연히 회복되는 것은 아니라고 판시하였다. 이 판례의 해설[36]은 위와 같이 말하고, 판례가 어느 입장인지 명확히 밝힌 것은 아니지만, "무효설, 유효설은 어느 것이나 일면의 진리밖에 없는 것이어서 찬성하기 어렵고, 추인설이야말로 양자의 견해를 잘 조화하고 있는 것이어서 옳다고 생각된다"고 해설하고 있다. 이에 관하여도 추인설을 기본으로 하는 위에서 본 비변호사의 대리행위의 경우와 동일한 견지에서 해석할 수 있을 것이다.

36) 김문수, 대법원판례해설 제11호362면 이하.

제 4 장

소와 소의 이익

22 경계확정소송

[대판 1993.11.23, 93다41792, 41808]

사 실

X는 Y를 상대로 토지의 경계확정을 구하는 소를 제기하였다. 이 소송의 제1심에서 감정인 A의 감정결과에 의하여 인정되는 경계와 Y가 주장하는 경계에는 차이가 발생했는데, 원심은 A의 감정결과 만에 의하여 경계를 확정하였다. 이 경우 원심판결에는 심리를 제대로 하지 아니한 채 채증법칙을 위반하여 사실을 오인한 위법이 있는지 문제되었다.

판결요지

"법원은 당사자 쌍방이 주장하는 경계선에 기속되지 아니하고 스스로 진실하다고 인정하는 바에 따라 경계를 확정하여야 하는 것으로서, 관계증거를 기록과 대조하여 검토하여 보면 원심이 A의 감정결과 등에 의하여…토지의 경계를 위와 같이 확정한 것은 정당한 것이다."

해 설

1. 이 판결의 의의

경계확정소송은 형식적 형성의 소로서 특별한 심리원칙이 적용된다. 이 판결은 형식적 형성소송으로서의 원칙, 즉 당사자쌍방이 제각기 특정 경계선을 주장한다 하여도 법원은 그것에 구속되지 않는다는 것을 명확히 한 점에 의의가 있다.

2. 형식적 형성소송의 의의

(1) 의의

형성소송이라면 법률관계를 형성하기 위한 구체적 기준(형성요건)이 법률에 규정되어 있다. 그러나 보통의 형성소송에서처럼 법률관계의 형성을 위해 소의 제기와 그에 따른 판결이 필요함에도 불구하고, 법률에 형성요건에 관한 규정이 없는 경우(소송물인 형성원인 또는 형성권의 부존재)에는, 법원이 재량적으로 판단할 수밖에 없다. 즉 소의 제기라는 신청은 있지만 소송상의 청구 또는 소송물을 관념할 수 없는 경우이다.

이러한 형태의 소송을 형식은 (형성)소송이면서, 실질은 권리관계의 확정을 목적으로 하지 않고 법원의 재량에 맡겨져 있는 비송이라는 점에서, 형식적 형성소송이라 부른다. 정책적으로 형성을 해야 하는 법률관계의 중요성 때문에 소송절차로 된 것이다.

(2) 형식적 형성소송에 해당하는 예

형식적 형성소송에 해당하는 예로는 보통 경계확정소송, 공유물분할의 소(민법269조) 그리고 부(父)를 정하는 소(민법845조)가 있다. 단, 경계확정소송에 관해서는 형식적 형성소송이 아니라는 견해도 생각할 수 있다. 즉 경계확정소송은 소유권의 범위를 정하려는 사인간의 다툼으로 소유권확인의 소라는 견해, 소유권의 범위확인을 포함하는 특수한 형태의 소라는 견해가 그것이다. 그러나 공법상의 토지의 경계는 소유권의 범위와는 별개의 기준에 의해야 하는 법률관계이고, 따라서 독자적으로 확정할 필요가 있기 때문에 형식적 형성소송이라 해석하는 것이 타당하다.

3. 경계확정소송의 의의

(1) 제소가능성

경계확정소송이란 인접한 토지의 경계가 사실상 불분명하여 다툼이 있는 경우에 재판에 의하여 그 경계를 확정하여 줄 것을 구하는 소이다. 이 판결에서는 이 점을, "토지경계확정의 소는 인접한 토지의 경계가 사실상 불분명하여 다툼이 있는 경우에 재판에 의하여 그 경계를 확정하여 줄 것을 구하는 소송으로서, 토지소유권의 범위의 확인을 목적으로 하는 소와는 달리, 인접한 토지의 경계가 불분명하여 그 소유자들 사이에 다툼이 있다는 것만으로 권리보호의 필요가 인정된다"고 판시하고 있다. 따라서 토지소유권의 범위의 확인을 목적으로 하는 소와는 달리, 인접한 토지의 경계가 불분명하여 그 소유자들 사이에 다툼이 있다는 것만으로 권리보호의 필요가 인정된다.

또한 사적자치의 영역에 속하는 건물소유권의 범위를 확정하기 위하여는 소유권확인소송에 의하여야 할 것이고, 공법상 경계를 확정하는 경계확정소송에 의할 수는 없다. 대판 1997.7.8, 96다36517에서는 이 점을 다음과 같이 설명하고 있다.

즉 토지의 경계는 "공적으로 설정 인증된 것이고, 단순히 사적관계에 있어서의 소유권의 한계선과는 그 본질을 달리하는 것으로서 경계확정소송의 대상이 되는 경계란 공적으로 설정 인증된 지번과 지번과의 경계선을 가리키는 것이고, 사적인 소유권의 경계선을 가리키는 것은 아니"고, 건물은 "일정한 면적, 공간의 이용을 위하여 지상, 지하에

건설된 구조물을 말하는 것으로서, 건물의 개수는 토지와 달리 공부상의 등록에 의하여 결정되는 것이 아니라 사회통념 또는 거래관념에 따라 물리적 구조, 거래 또는 이용의 목적물로서 관찰한 건물의 상태 등 객관적 사정과 건축한 자 또는 소유자의 의사 등 주관적 사정을 참작하여 결정되는 것이고, 그 경계 또한 사회통념상 독립한 건물로 인정되는 건물 사이의 현실의 경계에 의하여 특정되는 것이므로, 이러한 의미에서 건물의 경계는 공적으로 설정 인증된 것이 아니고 단순히 사적관계에 있어서의 소유권의 한계선에 불과함을 알 수 있고, 따라서 사적자치의 영역에 속하는 건물 소유권의 범위를 확정하기 위하여는 소유권확인소송에 의하여야 할 것이고, 공법상 경계를 확정하는 경계확정소송에 의할 수는 없다"는 점이다.

(2) 소송의 목적

법원은 판결로써 1필의 토지와 1필의 토지의 경계(지번의 경계)를 구체적으로 정한다. 이에 따라 토지의 경계가 확정되는데, 이로써 소유권의 범위도 사실상 확정되지만, 전술하였듯이 소유권 범위의 확인이 목적이 되는 것은 아니다. 따라서 직접적으로 토지 경계의 확정과 관련이 없는 사항으로서 취득시효의 항변의 성부는 문제되지 않는다. 토지경계확정의 소는 인접하는 토지의 경계확정을 구하는 소이고 그 토지에 관한 소유권의 범위나 실체상 권리의 확인을 목적으로 하는 것이 아니기 때문이다(대판 1993.10.8, 92다44503). 또한 경계확정소송의 당사자적격은 취득시효의 성부와는 분리하여 결정할 수 있다. 즉 인접토지의 소유관계가 인정되는 한 당사자적격을 갖는다.

(3) 토지소유권과의 관계

그러나 원고가 경계확정에 따른 소유권의 확인을 구하는 청구를 병합하면 소유권의 확인도 동시에 다루어지고, 그에 대한 판결에 의해 소유권의 범위에 관해 기판력이 발생한다. 즉 단순히 인접된 토지의 경계를 형성하여 달라는 것만이 아니고, 소유권에 기하여 인접지간의 경계의 확정을 형성하여 달라고 함과 동시에 그 경계선 내의 토지 소유권의 범위를 확정하여 달라는 소를 제기하면, 그 확정판결의 기판력은 소유권의 범위에까지 미치고, 피고라면 반소를 통해 소유권의 확인을 청구할 수 있다("원, 피고 간의 확정판결의 내용에 의하면 피고의 반소청구는 피고가 단순히 상린된 토지의 경계를 형성하여 달라는 것이 아니고 피고의 소유권에 기하여 상린지간의 경계의 확정을 형성하여 달라고 함과 동시에 그 경계선내의 토지소유권의 범위를 확정하여 달라는 소송으로서 그 확정판결은 피고의 소유권의 범위에 관하여 기판력이 있다"[대판 1970.6.30, 70다579]).

4. 경계확정소송의 특징

(1) 원고는 청구의 취지로서 단순히 인접 토지의 경계를 정하는 판결을 구하면 충분하다. 특정의 경계선을 제시할 필요도 없다. 따라서 이 판결에서도 언급하고 있듯이 당사자쌍방이 제각기 특정 경계선을 주장한다 하여도 법원은 그것에 구속되지 않는다(그 밖에 대판 1996.4.23, 95다54761 등). 전술하였듯이 소송물인 권리관계가 존재하지 않기 때문에 처분권주의와, 이하에서 보는 바와 같이 변론주의도 적용되지 않는다. 이 판결은 이러한 경계확정소송의 특징을 확인한 것으로 타당하다.

(2) 전술하였듯이 토지의 경계는 공법적 성격을 갖고 당사자의 합의에 의해 변동하는 것이 아니므로, 그러한 합의만으로 경계를 확정할 수 없다. 따라서 당사자의 자백, 소송상의 화해, 청구의 포기 · 인낙은 인정되지 않는다.

(3) 법률관계를 기초 짓는 요건사실이 존재하지 않고, 그에 관한 진의불명이 있을 수 없기 때문에, 법원은 토지의 경계선이 불명이라 하여 청구기각판결을 내릴 수 없다. 법원은 구체적인 사안에 따라 상식적으로 보아 가장 타당한 경계선을 합리적으로 판단하여 경계를 확정해야 한다. 일반적으로는 지적공부에 등록된 각 필지에 있어 그 토지의 소재, 지번, 지목, 지적, 경계는 이 등록으로 특정되므로, 인접한 토지 사이의 경계의 확정을 구하는 소송에서의 경계를 확정함에 있어서도 지적도가 기술적 착오로 잘못 작성되었다는 등의 특별한 사정이 없는 한 지적도상의 경계에 의한다(대판 1969. 5.27, 69다140).

(4) 제1심판결에 의해 확정된 경계에 대해 항소가 제기되면, 항소심은 불이익변경금지의 원칙(법415조)을 적용받지 않게 되어, 독자적으로 제1심판결에서보다 항소인에게 불리한 새로운 경계를 확정할 수도 있다(단, 판결의 결과가 유리 · 불리한 한도에서 예외적으로 불이익변경금지의 원칙이 적용될 수 있다는 주장[37]도 있다).

37) 강, 750면.

22-2 채권자취소소송의 특징

[대판 2001.6.12, 99다20612]

사 실

채권자 X에게 다액의 채무를 갖고 있는 채무자 A는 자신의 유일한 재산인 이 사건 부동산에 근저당권을 설정하였다. 근저당권 설정 후에 A는 Y 앞으로 이 사건 부동산에 대해 증여를 원인으로 한 소유권이전등기를 하였고, 근저당권도 말소되었다. 이에 X는 Y를 피고로 하여 위 증여가 사해행위에 해당한다고 하여, 위 증여계약 전부를 취소하고, Y 앞으로 경료된 소유권이전등기의 말소등기절차의 이행을 구하는 채권자취소소송을 제기하였다. 이에 대해 원심은 위 증여계약 전부를 취소하고 Y 앞으로 경료된 소유권이전등기의 말소등기절차를 명하는 판결을 내렸는데, 이러한 원심 판단의 당부가 문제되었다.

판결요지

"저당권이 설정되어 있는 부동산이 사해행위로 이전된 경우에 그 사해행위는 부동산의 가액에서 저당권의 피담보채권액을 공제한 잔액의 범위 내에서만 성립한다고 보아야 하므로, 사해행위 후 변제 등에 의하여 저당권설정등기가 말소된 경우 그 부동산의 가액에서 저당권의 피담보채무액을 공제한 잔액의 한도에서 사해행위를 취소하고 그 가액의 배상을 구할 수 있을 뿐이고(대법원 1999.9.7. 선고 98다41490 판결), 특별한 사정이 없는 한 변제자가 누구인지에 따라 그 방법을 달리한다고 볼 수는 없는 것이며, <u>원고가 사해행위인 계약 전부의 취소와 부동산 자체의 반환을 구하는 청구취지 속에는 위와 같이 일부취소를 하여야 할 경우 그 일부취소와 가액배상을 구하는 취지도 포함되어 있다고 보아, 청구취지의 변경이 없더라도 바로 가액반환을 명할 수 있다.</u>"

해 설

1. 이 판결의 의의

채권자취소권의 법적 성질에 대해서는 여러 학설이 있다. 그러한 논리적 귀결에 따라 채권자취소소송의 절차도 달라질 수 있는데, 판례는 그러한 법적 성질론에 대한 명확한 입장을 표하기보다는 각각의 사건의 대응하여 적절하고 타당한 판단을 하고 있다고 말할 수 있다. 이 판결에서도 당사자의 의도를 반영하여 청구취지의 변경이 없어도 청구취지의 탄력적인 해석을 할 수 있다고 판단한 것이다. 채권자취소권에 대해서는 실체법적으로도 여러 가지 논의가 있지만, 이하에서는 채권자취소소송의 절차적 특징에 대한 판례의 해석을 살펴보기로 하겠다.

2. 소송요건

(1) 피고적격

채권자취소권은 채권자의 공동담보인 채무자의 책임재산의 감소를 방지하기 위한 것이므로 특정물에 대한 소유권이전등기청구권을 보전하기 위하여는 채권자취소권을 행사할 수 없고, 또 채권자취소의 소에 있어 상대방은 채무자가 아니라 그 수익자나 전득자가 되어야 한다(대판 1988.2.23, 87다카1586). 이러한 채권자취소권은 소로써 행사할 수 있고(민법406조1항), 항변으로는 행사할 수 없다(대판 1978.6.13, 78다404). 단, 제소에 해당하는 반소로는 행사할 수 있다.

(2) 제척기간

채권자취소의 소는 채권자가 취소원인을 안 때로부터 1년 이내에 제기하여야 한다(민법406조2항). 이러한 채권자취소권의 행사기간은 제소기간이므로 법원은 그 기간의 준수 여부에 관하여 직권으로 조사하여 그 기간이 도과된 후에 제기된 채권자취소의 소는 부적법한 것으로 각하하여야 한다. 따라서 그 기간 준수 여부에 대하여 의심이 있는 경우에는 법원이 필요한 정도에 따라 직권으로 증거조사를 할 수 있으나, 법원에 현출된 모든 소송자료를 통하여 살펴보았을 때 그 기간이 도과되었다고 의심할 만한 사정이 발견되지 않는 경우까지 법원이 직권으로 추가적인 증거조사를 하여 기간 준수 여부를 확인하여야 할 의무는 없다(대판 2001.2.27, 2000다44348).

또한 채권자취소권의 행사에 있어서 제척기간의 기산점인 채권자가 '취소원인을 안 날'이라 함은 채무자가 채권자를 해함을 알면서 사해행위를 하였다는 사실을 알게 된 날을 의미하는데, 이는 단순히 채무자가 재산의 처분행위를 한 사실을 아는 것만으로는 부족하고, 구체적인 사해행위의 존재를 알고 나아가 채무자에게 사해의 의사가 있었다는 사실까지 알 것을 요하며, 이때 그 제척기간의 도과에 관한 입증책임은 채권자취소소송의 상대방에게 있다(대판 2000.9.29, 2000다3262; 대판 2009.3.26, 2007다63102; 대판 2011.1.13, 2010다71684 등).

그 밖에 소송 도중에 청구취지를 변경하여도 일정한 경우 동일한 청구를 한 것으로 볼 수 있다면 제척기간을 준수한 것으로 해석된다. 예를 들어 공동저당권이 설정된 수개의 부동산에 관한 일괄 매매행위가 사해행위에 해당함을 이유로 그 매매계약의 전부 취소 및 그 원상회복으로서 각 소유권이전등기의 말소를 구하다가, 사해행위 이후 저당권이 소멸된 사정을 감안하여 법률상 이러한 경우 원상회복이 허용되는 범위 내의 가액배상을 구하는 것으로 청구취지를 변경하면서 그에 맞추어 사해행위취소의 청구취지를 변경한 데에 불과한 경우가 있다. 이러한 경우에는 "하나의 매매계약으로서의 당해 사해행위의 취소를 구하는 소 제기의 효과는 그대로 유지되고 있다고 봄이 상당하다 할 것이므로 비록 취소소송의 제척기간이 경과한 후에 당초의 청구취지변경이 잘못 되었음을 이유로 다시 위 매매계약의 전부취소 및 소유권이전등기의 말소를 구하는 것으로 청구취지를 변경한다 해도 최초 소 제기시에 발생한 제척기간 준수의 효과에는 영향이 없다"(대판 2005.5.27, 2004다67806).

3. 소의 이익

어느 한 채권자가 동일한 사해행위에 관하여 채권자취소 및 원상회복청구를 하고 승소판결을 받아 그 판결이 확정되었다는 것만으로 그 후에 제기된 다른 채권자의 동일한 청구가 권리보호의 이익이 없어지게 되는 것은 아니다. 그러나 그에 기하여 재산이나 가액의 회복을 마친 경우에 비로소 다른 채권자의 채권자취소 및 원상회복청구는 그와 중첩되는 범위 내에서 권리보호의 이익이 없게 된다(대판 2003.7.11, 2003다19558).

또한 다음과 같은 경우에 채권자취소소송의 소의 이익의 유무가 문제된다. 예를 들어 사해행위 후 그 목적물에 관하여 제3자가 저당권이나 지상권 등의 권리를 취득한 경우에는, 수익자가 목적물을 저당권 등의 제한이 없는 상태로 회복하여 이전하여 줄 수 있다는 등의 특별한 사정이 없는 한 채권자는 수익자를 상대로 원물반환 대신 그 가액 상당의 배상을 구할 수 있다. 그러나 그렇다고 하여도 채권자가 스스로 위험이나 불이익을 감수하면서 원물반환을 구하는 것은 허용되고, 채권자는 원상회복 방법으로 가액배상 대신 수익자를 상대로 채무자 앞으로 직접 소유권이전등기절차를 이행할 것을 구할 수도 있다. 이 경우 원상회복청구권은 사실심 변론종결 당시의 채권자의 선택에 따라 원물반환과 가액배상 중 어느 하나로 확정되며, 채권자가 일단 사해행위 취소 및 원상회복으로서 원물반환 청구를 하여 승소판결이 확정되었다면, "그 후 어떠한 사유로 원물반환의 목적을 달성할 수 없게 되었다고 하더라도 다시 원상회복청구권을 행사하여 가액배상을 청구할 수는 없으므로 그 청구는 권리보호의 이익이 없어 허용되지 않는다"(대판 2006.12.7, 2004다54978). 나아가 채권자취소소송이 중복되어 제기된 경우의 중복제소금지에 대해서는 후술 <32>항목 참조.

4. 주장과 입증

(1) 수익자에 의한 소멸시효의 주장

사해행위취소소송의 상대방이 된 사해행위의 수익자는 사해행위가 취소되면 사해행위에 의하여 얻은 이익을 상실하게 되나, 사해행위취소권을 행사하는 채권자의 채권이 소멸되면 그와 같은 이익의 상실을 면할 수 있는 지위에 있다. 따라서 그 채권의 소멸에 의하여 직접 이익을 받는 자에 해당하므로 채권자의 채권이 소멸시효되었음을 주장할 수 있다(대판 2007.11.29, 2007다54849).

(2) 수익자의 상계의 항변

채권자취소권은 채권의 공동담보인 채무자의 책임재산을 보전하기 위하여 채무자와 수익자 사이의 사해행위를 취소하고 채무자의 일반재산으로부터 일탈된 재산을 모든 채권자를 위하여 수익자 또는 전득자로부터 환원시키는 제도이다. 따라서 수익자인 채권자로 하여금 안분액의 반환을 거절하도록 하는 것은 자신의 채권에 대하여 변제를 받은 수익자를 보호하고 다른 채권자의 이익을 무시하는 결과가 되어 제도의 취지에 반하게 되므로, 수익자가 채무자의 채권자인 경우 수익자가 가액배상을 할 때에 수익자 자신도 사해행위취소의 효력을 받는 채권자 중의 1인이라는 이유로 취소채권자에 대하여 총 채권액 중 자기의 채권에 대한 안분액의 분배를 청구하거나, 수익자가 취소채권자의 원상회복에 대하여 총 채권액 중 자기의 채권에 해당하는 안분액의 배당요구권으로써 원상회복청구와의 상계를 주장하여 그 안분액의 지급을 거절할 수 없다(대판 2001.2.27, 2000다44348).

(3) 수익자의 악의의 입증

사해행위취소에 있어서 수익자가 악의라는 점에 대하여는, 항변으로서 그 수익자 자신에게 선의임을 입증할 책임이 있다(대판 1991.2.12, 90다16276).

(4) 자력회복에 관한 입증

처분행위 당시에는 채권자를 해하는 것이었다고 하더라도 그 후 채무자가 자력을 회복하여 사해행위취소권을 행사하는 사실심의 변론종결시에는 채권자를 해하지 않게 된 경우에는, 책임재산 보전의 필요성이 없어지게 되어 채권자취소권이 소멸하는 것으로 보아야 할 것이나, 그러한 사정변경이 있다는 사실은 채권자취소소송의 상대방이 입증하여야 한다(대판 2007.11.29, 2007다54849).

(5) 재산분할과 사해행위의 입증

이미 채무초과 상태에 있는 채무자가 이혼을 함에 있어 자신의 배우자에게 재산분할로 일정한 재산을 양도함으로써 결과적으로 일반 채권자에 대한 공동담보를 감소시키는 결과로 되어도, 위 재산분할이 민법 제839조의2 제2항 규정의 취지에 따른 상당한 정도를 벗어나는 과대한 것이라고 인정할 만한 특별한 사정이 없는 한 사해행위로서 채권자에 의한 취소의 대상으로 되는 것은 아니다(대판 2000.7.28, 2000다14101). 다만 "위와 같은 상당한 정도를 벗어나는 초과부분에 관한 한 적법한 재산분할이라고 할 수 없기 때문에 그 취소의 대상으로 될 수 있다고 할 것인바, 위와 같이 상당한 정도를 벗어나는 과대한 재산분할이라고 볼 만한 특별한 사정이 있다는 점에 관한 입증책임은 채권자에게 있다"(대판 2000.7.28, 2000다14101).

5. 판결

(1) 판단의 기준시

채무자의 재산처분행위가 사해행위가 되는지의 여부는 처분행위 당시를 기준으로 판단하여야 한다(대판 2002.11.8, 2002다41589; 대판 2011.1.13, 2010다71684 등). 또한 금전의 지급을 사해행위로서 취소하여 원상회복으로 금전의 지급을 구하는 경우 원금 외에 지연배상금의 지급도 구할 수 있고, 이 경우 지연배상금의 기산점은 상대방이 실제로 금전을 지급받은 때이다(대판 2006.10.26, 2005다76753).

(2) 청구취지와 판단방법

이 판결에서 보듯이 원고가 청구취지로 사해행위의 전부취소와 원상복귀를 구하는 청구를 하여도 사해행위의 일부취소를 하여야 하는 경우, 법원은 청구취지의 변경 없이 그 일부취소와 가액배상을 명할 수 있다. 이하에서 보듯이 가액배상도 가능하므로 원고의 의사를 실질적으로 해석하는 것이 타당하기 때문이다.

또한 청구취지와의 관계에서, 채권자가 사해행위의 취소를 청구하면서 그 보전하고자 하는 채권을 추가하거나 교환하는 것은, 그 사해행위취소권을 이유 있게 하는 공격방법에 관한 주장을 변경하는 것일 뿐이지 소송물 또는 청구 자체를 변경하는 것이 아니므로 소의 변경이라 할 수 없다(대판 2003.5.27, 2001다13532). 그 밖에 후게 <81>의 4 참조

(3) 가액배상

(a) 가능성

사해행위의 취소에 따른 원상회복은 원칙적으로 그 목적물 자체의 반환에 의하여야 한다. 그러나 그것이 불가능하거나 현저히 곤란한 경우, 예를 들어 예외적으로 사해행위가 채권자에 의하여 취소되기 전에 이미 수익자 또는 전득자가 배당금을 지급받았거나 변제 등의 방법으로 피압류채권이 소멸된 경우에는, 채권자는 원상회복방법으로 수익자 또는 전득자를 상대로 배당 또는 변제로 수령한 금전의 지급을 가액배상의 방법으로 청구할 수 있다(대판 1998.5.15, 97다58316; 대판 2002.10.25, 2002다42711). 이 경우 가액배상액을 산정함에 있어 그 가액은 수익자가 전득자로부터 실제로 수수한 대가와는 상관없이 사실심 변론종결시를 기준으로 객관적으로 평가하여야 한다(대판 2006.9.28, 2004다35465). 원물반환이 불가능하거나 현저히 곤란한 경우라 함은 원물반환이 단순히 절대적, 물리적으로 불능인 경우가 아니라 사회생활상의 경험법칙 또는 거래상의 관념에 비추어 채권자가 수익자나 전득자로부터 이행의 실현을 기대할 수 없는 경우를 말한다(대판 1998.5.15, 97다58316). 또한 가액배상에 있어서 상대방인 수익자 등의 고의나 과실을 요하는 것은 아니다(대판 1998.5.15, 97다58316).

채무자와 수익자 사이에 이루어진 사해행위인 매매예약에 기하여 수익자 앞으로 소유권이전청구권가등기가 이루어지고 전득자 앞으로 그 가등기 이전의 부기등기 및 그 가등기에 기한 본등기가 이루어졌는데, 채권자가 수익자를 상대로 사해행위인 매매예약의 취소와 그에 따른 원상회복으로서 가액배상을 구한 경우에, 수익자는 가등기가 전득자에게 이전됨에 따라 원물반환의무인 가등기말소의무의 이행이 불가능하게 되었더라도 가등기 및 본등기에 의하여 발생된 공동담보 부족에 관하여 가액배상의무를 진다. 왜냐하면 "위 부기등기는 사해행위인 매매예약에 기초한 수익자의 권리의 이전을 나타내는 것으로서 위 부기등기에 의하여 수익자로서의 지위가 소멸하지는 아니하며, 채권자는 수익자를 상대로 그 사해행위인 매매예약의 취소를 청구할 수 있다. 그리고 설령 부기등기의 결과 위 가등기 및 본등기에 대한 말소청구소송에서 수익자의 피고적격이 부정되는 등의 사유로 인하여 수익자의 원물반환의무인 가등기말소의무의 이행이 불가능하게 된다 하더라도 달리 볼 수 없으며, 특별한 사정이 없는 한 수익자는 위 가등기 및 본등기에 의하여 발생된 채권자들의 공동담보 부족에 관하여 원상회복의무로서 가액을 배상할 의무를 진다 할 것이다."(대판(전) 2015.5.21, 2012다952)

(b) 구체적인 가액배상의 방법

어느 부동산에 관한 법률행위가 사해행위에 해당하는 경우에는 원칙적으로 그 사해행위를 취소하고 소유권이전등기의 말소 등 부동산 자체의 회복을 명하여야 하는 것이나, 저당권이 설정되어 있는 부동산에 관하여 사해행위가 이루어진 경우에 그 사해행위는 부동산의 가액에서 저당권의 피담보채권액을 공제한 잔액의 범위 내에서만 성립한다. 따라서 사해행위 후 변제 등에 의하여 저당권설정등기가 말소된 경우, 사해행위를 취소하여 그 부동산 자체의 회복을 명하는 것은 당초 일반 채권자들의 공동담보로 되어 있지 아니하던 부분까지 회복시키는 것이 되어 공평에 반하는 결과가 되므로, 그 부동산의 가액에서 저당권의 피담보채권액을 공제한 잔액의 한도에서 사해행위를 취소하고 그 가액의 배상을 명할 수 있을 뿐이다(대판 1996.10.29, 96다23207). 예를 들어 사해행위의 목적인 부동산에 수 개의 저당권이 설정되어 있다가 사해행위 후 그 중 일부의 저당권만이 말소된 경우, 사해행위의 취소에 따른 원상회복은 가액배상의 방법에 의할 수밖에 없고, 그 경우 배상하여야 할 가액은 그 부동산의 가액에서 말소된 저당권의 피담보채권액과 말소되지 아니한 저당권의 피담보채권액을 모두 공제하여 산정하여야 한다(대판 1998.2.13, 97다6711).

또한 공동저당권이 설정된 수 개의 부동산 전부의 매매계약이 사해행위에 해당하는 경우 그 사해행위 이후에 변제 등에 의하여 공동저당권이 소멸한 때에는, 그 부동산의 가액으로부터 저당권의 피담보채권액을 공제한 잔액의 한도 내에서 매매계약을 일부 취소하고 그 가격에 의한 배상을 명하여야 하고 일부 부동산 자체의 회복을 인정할 수는 없다(대판 2005.5.27, 2004다67806). 이 때 "사해행위의 목적 부동산 전부가 하나의 계약으로 동일인에게 일괄 양도된 경우에는 사해행위로 되는 매매계약이 공동저당 부동산의 일부를 목적으로 할 때처럼 그 부동산 가액에서 공제하여야 할 피담보채권액의 산정이 문제되지 아니하므로, 특별한 사정이 없는 한 그 취소에 따른 배상액의 산정은 목적 부동산 전체의 가액에서 공동저당권의 피담보채권 총액을 공제하는 방식으로 함이 그 취소 채권자의 의사에도 부합하는 상당한 방법이라 할 것이고, 한편 사해행위로 인하여 일탈한 재산의 범위는 사해행위 당시 이미 정하여지는 이상 위의 경우에 있어서 그 저당권의 피담보채무의 변제 및 저당권 말소의 원인과 그 자금의 제공자가 누구인지 혹은 그 이익이 잔존하는지 여부는 상관이 없다 할 것이므로, 그 공동저당권 말소의 원인이 하나의 사해행위로서 동일인에게 일괄 양도된 부동산 중 일부에 대한 공동저당권의 실행에 따른 것이라 하여 달리 볼 것도 아니다"(대판 2005.5.27, 2004다67806).

나아가 청구가 병합된 경우의 가액배상은 다음과 같은 방법에 의한다. 예를 들어 채권자취소권의 요건을 갖춘 각 채권자는 고유의 권리로서 채무자의 재산처분 행위를 취소하고 그 원상회복을 구할 수 있으므로, 여러 명의 채권자가 사해행위취소 및 원상회복청구의 소를 제기하여 여러 개의 소송이 계속 중인 경우이다. 이 경우에는 각 소송에서 채권자의 청구에 따라 사해행위의 취소 및 원상회복을 명하는 판결을 선고하여야 하고, 수익자 또는 전득자가 가액배상을 하여야 할 경우에도 수익자 등이 반환하여야 할 가액을 채권자의 채권액에 비례하여 채권자별로 안분한 범위 내에서 반환을 명할 것이 아니라, 수익자 등이 반환하여야 할 가액 범위 내에서 각 채권자의 피보전채권액 전액의 반환을 명하여야 한다(대판 2005.11.25, 2005다51457). 그리고 이와 같은 법리는 여러 명의 채권자들이 제기한 각 사해행위취소 및 원상회복청구의 소가 법141조에 의하여 병합되어 하나의 소송절차에서 심판을 받는 경우라고 하더라도 마찬가지이다(대판 2008.6.12, 2008다8690, 8706).

(4) 판결효의 범위

사해행위의 취소와 원상회복을 명하는 판결은 원고와 피고인 채권자와 수익자(전득자) 사이에서만 효력이 있다(대판 1988.2.23, 87다카1989. 상대적 효력). 채무자가 다수의 채권자들 중 1인(수익자)에게 담보를 제공하거나 대물변제를 한 것이 다른 채권자들에 대한 사해행위가 되어 채권자들 중 1인의 사해행위 취소소송 제기에 의하여 그 취소와 원상회복이 확정된 경우에, 사해행위의 상대방인 수익자는 그의 채권이 사해행위 당시에 그대로 존재하고 있었거나 또는 사해행위가 취소되면서 그의 채권이 부활하게 되는 결과 본래의 채권자로서의 지위를 회복하게 되는 것이다. 따라서 다른 채권자들과 함께 민법407조에 의하여 그 취소 및 원상회복의 효력을 받게 되는 채권자에 포함된다고 할 것이고, 취소소송을 제기한 채권자 등이 원상회복된 채무자의 재산에 대한 강제집행을 신청하여 그 절차가 개시되면 수익자인 채권자도 그 집행권원을 갖추어 강제집행절차에서 배당을 요구할 권리가 있다(대판 1962.2.15, 4294민상378; 대판 2003.6.27, 2003다15907).

또한 상대적 효력으로 인해, 채권자취소권이 행사되어도 채무자가 수익자나 전득자에 대하여 어떠한 권리를 취득하는 것은 아니므로, 수익자가 채무자에게 가액배상금 명목으로 금원을 지급하였다는 점을 들어 채권자취소권을 행사하는 채권자에 대하여 가액배상에서의 공제를 주장할 수는 없다(대판 2001.6.1, 99다63183).

6. 배당방법

나아가 집행절차 등에서의 배당은 다음과 같이 처리되고 참고로 간단히 설명해 두기로 한다. 근저당권설정계약을 사해행위로서 취소하는 경우, 경매절차가 진행되어 타인이 소유권을 취득하고 근저당권설정등기가 말소되었다면 원물반환이 불가능하므로 가액배상의 방법으로 원상회복을 명하게 되는데, 이미 배당이 종료되어 수익자가 배당금을 수령하였다면 수익자로 하여금 배당금을 반환하도록 명하여야 한다(대판

2001.2.27, 2000다44348). 배당표가 확정되었으나 채권자의 배당금지급금지 가처분으로 인하여 수익자가 배당금을 현실적으로 지급받지 못한 경우에는 배당금지급채권의 양도와 그 채권양도의 통지를 명하고(대판 1997.10.10, 97다8687), 채권자가 배당기일에 출석하여 수익자의 배당 부분에 대하여 이의를 하였다면 그 채권자는 사해행위취소의 소와 병합하여 원상회복으로서 배당이의의 소를 제기할 수 있다(대판 2004.1.27, 2003다6200).

다만, 이 경우 법원으로서는 배당이의의 소를 제기한 당해 채권자 이외의 다른 채권자의 존재를 고려할 필요 없이 그 채권자의 채권이 만족을 받지 못한 한도에서만 근저당권설정계약을 취소하고 그 한도에서만 수익자의 배당액을 삭제하여 당해 채권자의 배당액으로 경정하여야 한다(대판 2001.2.9, 2000다41844).

23 종교분쟁과 법률상의 쟁송

[대판 1978.12.26, 78다1118]

사 실

A교회 소속 목사인 X는, A의 상급 장로회 총회인 Y로부터, A교회의 위임해제 및 6개월간 목사직 정직을 명하는 재판(권징)을 받았다. 이에 X는 Y를 상대로 Y의 그러한 재판의 무효를 확인하는 소를 제기한 경우, 이러한 소는 법률상의 쟁송에 해당하는지 문제되었다.

판결요지

"Y의 재판국을 위시하여 Y나 그 산하의 각급 재판기관에서 하는 권징의 목적은 '진리를 보호하며 그리스도의 권병과 존영을 견고하게 하며 악행을 제거하고 교회를 정결하게 하며 덕을 세우고 범죄한 자의 신령적 유익을 도모하는데 있음이 분명한 바, 이를 풀이하면 일반적으로 Y와 같은 종교단체가 그 교리를 확립하고 단체 및 신앙상의 질서를 유지하기 위하여 교인으로서 비위가 있는 자에게 종교적인 방법으로 징계제재하는 종교단체 내부의 규제에 지나지 아니하고 그것이 교인개인의 특정한 권리·의무에 관계되는 법률관계를 규율하는 것이 아님이 명백하며 본건에서의 무효를 구하는 결의(재판) 역시 직접으로 X에게 법률상의 권리침해가 있다 할 수 없으니 이런 결의(재판)의 무효확인을 구하는 것은 소위 법률상의 쟁송사항에 관한 것이라 할 수 없다 할 것이므로 X의 본건 출소는 부적법하여 각하를 면할 수 없다."

해 설

1. 이 판결의 의의

법률상의 쟁송의 해당성과 관련된 문제로서 종교분쟁이 있다. 이 판결은 순수한 종교분쟁은 법률상의 쟁송이 아님을 명확히 하고 있는 점에 의의가 있다.

2. 권리보호의 자격과 이익

본안판결을 받을 수 있는 소송요건으로서 소의 이익이 있다. 여기에는 먼저 권리보호의 자격이란 기준이 있고, 이것은 청구의 내용이 본안판결을 받을 수 있는지에 관한 것으로, 구체적인 사건의 내용에 관계없이 추상적으로 정해진다. 이를 토대로 사건의 구체적인 사정에 따라 본안판결의 적부의 기준이 되는 것을 권리보호의 이익이라 한다. 협의의 소의 이익은 보통 후자만을 가리킨다. 전자에 관해서는 법원조직법2조1항에서 말하는 '법률상의 쟁송'을 가리키고, 법원의 심판권의 한계의 문제로서 다루어진다.

법률상의 쟁송의 유무에 관해서는 보통 다음의 2가지 기준에서 판단되는 것이 보통이다. 즉 첫째는 소송물이 법적 판단, 즉 법령의 적용에 적합한 것이어야 한다는 기준이다. 둘째는 소송물이 구체적인 권리의무나 법률관계에 관련된 것이어야 한다.

3. 종교분쟁과 법률상의 쟁송

(1) 원칙

이 판결에서 보듯이 종교분쟁, 즉 특정 종교가 어떠한 성격의 종교인지, 특정 교회나 사찰이 어느 종파에 속하는지의 확인청구 등은 법률상의 쟁송에 해당하지 아니한다(그 밖의 판례로 대판 1980.1.29, 79다1124; 대판 1984.7.10, 83다325; 대판 1984.7.24, 83다카2065). 판례의 입장은, 내부의 규율에 관한 것인 이상은 직접 법적 권리의무에 관계되는 것이 아니므로 법률상의 쟁송이 되지 않는다는 것이다. 이러한 입장은 그 내부적 자율성을 존중해야 한다는 취지로, 종교단체만이 아닌 정당, 대학과 같은 부분사회의 경우에도 마찬가지이다. 그 밖에 갑 교회의 교인 을 등과 담임목사를 비롯한 다른 교인들 사이에 장로 선출을 둘러싼 분쟁 및 담임목사에 대한 이단 고발 등으로 갈등이 심화되어 갑 교회가 정기당회에서 교단 임시헌법에 근거하여 을 등을 교적에서 제적하는 결의를 한 사안에서, 위 제적결의 및 효력 등에 관한 사항은 사법심사의 대상이 아니라고 한 사례로서 대판 2011.10.27, 2009다32386이 있다.

이러한 판례의 해석은 원칙에 충실한 해석이다. 즉, 종교분쟁에서는 헌법상 종교의 자유가 부여되어 있다는 점이 가장 중요한 판단기준이 된다(헌법20조). 종교분쟁을 해결할 때 만일 당해 종교단체의 종교교리의 당부 내지는 적부를 법원이 국가의 공권력으로 판단한다면, 이것은 종교의 자유를 침해하는 것이 되기 때문이다. 따라서 순수하게 종교단체의 교리를 둘러싼 분쟁이라면 당해 단체의 자율에 맡겨야 할 문제이고 국가가 개입할 여지가 없으므로, 법률상의 쟁송이 될 수 없다.

(2) 예외

그러나 종교단체의 처분이 현저히 불공정하거나 내부의 절차규정을 위반한 경우라면, 국가법이 개입하여야 한다. 즉 종교단체의 처분의 내용이 공서양속 또는 공공복리에 위반하는 경우라면, 종교교리에 관한 것이라도 국가법질서에서 이를 승인할 수는 없기 때문이다.

4. 종교교리와 구체적인 권리의무가 관련된 경우 - 종교단체 자율권의 존중 -

한편 종교상의 지위와 당해 종교법인의 세속적 지위를 겸유하는 경우에, 그러한 자를 종교단체가 해임하면 해임된 자가 그에 대해 무효확인의 소를 제기할 수 있는가의 문제가 있다. 이러한 경우에는 위에서 본 두 번째 요건은 갖추었다고 할 수 있다. 즉 소송물은 법률상의 지위에 관한 것이고, 종교상의 지위는 그 전제문제이며 기판력으로 확정되는 것이 아니므로 권리보호의 자격이 있다.

그러나 두 개의 지위가 불가분의 일치가 되어 세속적인 권리의 당부를 판단하기 위해서는 종교교리를 판단해야만 하는 경우라면, 종교단체의 교리를 존중하는 판단을 한다는 전제하에서 법률상의 쟁송에 해당된다.

예를 들면 다음과 같은 사례가 있다(대판 1992.5.22, 91다41026). 즉 "종단으로부터 치탈도첩 또는 승적의 제적이라는 징계를 받았으므로 사찰을 점유 · 관리할 권원을 상실하였다 하여 그 명도를 청구한 경우에는, 구체적인 권리 또는 법률관계를 둘러싼 분쟁이 존재하고, 또한 그 청구의 당부를 판단하기에 앞서 위 징계의 당부를 판단할 필요가 있으므로, 법원으로서는 그 판단의 내용이 종교 교리의 해석에 미치지 아니하는 한 위 징계의 당부를 판단하여야 할 것이고, 이 경우 그 종교단체 소정의 징계절차를 전혀 밟지 아니하였다거나 징계사유가 전혀 존재하지 아니한다는 등 이를 무효라고 할 특별한 사정이 없으면 그 징계는 여전히 효력을 지속한다"는 경우이다.

5. 종교교리와 관련이 없는 분쟁의 경우

그러나 종교분쟁이라도 종교의 교리와는 관계없는 경우라면, 당연히 법률상의 쟁송에 해당되어 국가의 법원이 개입할 수 있다. 예를 들면 특정교회건물의 소유권분쟁에 있어, "대한예수교장로회의 헌법에는 원고소속의 지교회에 속한 부동산은 노회의 소유로 하고 토지나 가옥에 관하여 분쟁이 생기면 노회가 이를 처단할 권한이 있음을 규정하고 있으나 물권인 부동산소유권의 귀속등 국가의 강행법규를 적용하여야 할 법률적 분쟁에 있어서는 이와 저촉되는 교회헌법의 규정이 적용될 여지가 없는 것인 바, 이 사건 부동산은 분열전의 중동교회전체교인들의 총유이므로 그 총의에 따라 경료된 것이 아닌 원고명의의 소유권보존등기는 위 헌법규정에 관계없이 무효이어서 그 소유를 인정할 수 없다."라고 해석된다(대판 1991.12.13, 91다29446).

24 장래이행의 소와 소의 이익

[대판(전) 1975.4.22, 74다1184]

사 실

X는 Y가 자신의 소유인 토지 甲을 불법점거하고 있다고 주장하며 다음과 같은 청구를 구하는 소를 제기하였다. 즉 甲의 불법점거에 따른 그 임대료 상당의 부당이득금으로 먼저 사실심종료 당시까지 이미 발생한 부분과, 다음으로 Y가 X에게 甲의 인도를 완료할 때까지의 부분을 청구하였다. 후자는 장래에 발생할 부당이득 상당금액에 해당하는데, 이를 장래이행의 소로서 제기할 수 있는지 문제되었다.

판결요지

"원래 장래의 이행을 청구하는 소는 미리 그 청구할 필요가 있는 경우에 한하여 제기할 수 있다고 우리 민사소송법 229조(법251조)가 규정하고 있는데 그 입법 취지는 가령 현재(즉 사실심의 변론종결당시에)조건부 또는 기한부 권리관계 등이 존재하고 단지 그 이행기가 도래않고 있는데 불과한 때에 만일 그 채무의 이행기가 도래하였다 하여도 채무자가 그 채무를 자진하여 이행하지 않을 것이 명백히 예상되는 경우에도 채권자는 속수무책격으로 아무 대책도 강구 못하고 그 이행기가 도래하였을 때까지 기다렸다가 비로소 그 이행기가 도래한 부분에 한하여 현재의 급부의 소만을 제기하여야 한다면 채권자의 보호가 충분치 못하므로(특히 원금과 그 지급완료시까지의 이식, 손해금의 지급청구 및 월부금의 지급 본건과 같은 부동산명도완료시까지의 임료 또는 손해금 등 계속적으로 발생하는 채무의 경우를 상기하여 보면) 그 이행기 도래전에 미리 장래에 이행할 채무의 이행기에 있어서의 이행을 청구하는 확정판결을 얻어서 두었다가 그 이행기가 도래하면 즉시 강제집행을 할 수 있게 하기 위하여 이행기에 즉시 이행을 기대할 수 없다고 인정할 때에는 언제나 소위 위 규정에 의한 장래의 이행의 소를 청구할 수 있는 방도를 법제적으로 규정하여 두자는 데 있다. 그러므로 이 규정은 이와 같은 의미의 필요성이 인정되는 한 모든 장래의 이행청구권에 널리 이용할 수 있도록 특별한 제한을 두고 있지 않은 것이다…우리의 누차의 판례에 의하면 본건과 같은 경우에 Y의 불법행위에 의한 손해배상채무와 악의의 점유에 의한 부당이득을 원인으로 한 임료상당의 부당이득금을 지급할 채무는 서로 경합하여 발생한다고 판결하여 왔고 전자에 있어서는 그 명도 시까지 임대료 상당의 손해를 지급하라고 판결하여 왔다…유독 부당이득 상당금의 지급채무에 있어서만 그 성질상 장래 발생할 채무의 지급을 명하여서는 안된다고 할 아무 합리적 이유도 없다고 할 것이다(민법 741조, 747조, 748조가 "얻은 이익" "받은 목적물"은 "반환한다"라고 규정한 점에 현혹되어서 위 민사소송법 229조(법251조)의 입법취지를 몰각하는 반대해석을 하여서는 안 될 것이다). 그러므로 이 점에 있어서 전시 본원판결은 이를 유지할 아무 근거가 없으므로 이 판결로서 폐기하기로 한다."

해 설

1. 이 판결의 의의

이 판결에서는 장래의 부당이득청구를 할 소의 이익이 있는지 문제된 것인데, 이전까지의 판례에서는 "부당이득의 성질상 장래에 발생할 임대료 상당의 손해를 미리 청구할 수 없다"(대판 1960.10.6, 4298민상260)고 해석하고 있었지만, 이 판결에서 이를 변경하여 장래이행의 소의 이익을 인정하게 되었다.

2. 장래이행의 소의 의의

장래이행의 소란 당해 이행청구권의 이행기가 도래하지 않았지만, 미리 청구를 할 필요가 있는 경우에 인정되는 이행소송이다(법251조). 변론종결 시에는 당해 청구권의 이행기가 도래하지 않았음에도, 특별한 이익이 있음을 전제로 그 소의 이익이 인정되는 경우를 말한다.

장래이행의 소의 목적은 이행기에 이르러 채무자가 임의이행을 거절하는 것을 대비하기 위한 것이다. 판결주문에는 반드시 이행기가 명시되고, 따라서 강제집행은 이행기도래에 의해 가능해진다. 전술하였듯이 장래이행의 소가 인정되려면 특별한 이익이라는 장래이행의 소의 이익이 필요하다. 이에 관해서는 다음과 같이 두 가지 유형으로 구분하여 설명하는 것이 보통이다.

3. 장래이행의 소와 소의 이익

(1) 장래의 이행을 합리적으로 기대할 수 없는 경우

피고인 채무자가 현재 이행기가 도래한 채무의 이행을 다투고 있다면, 장래 이행기가 도래하는 또는 조건이 성취되는 채무의 경우에도 그 이행을 거절할 것이 합리적으로 예상되므로 장래이행의 소가 인정된다. 예를 들면 채무자가 이행기가 도래한 원본채권과 그 이자채권을 다투고 있는 경우에 채권자가 변론종결 후에 발생할 이자의 지급을 구하는 경우가 이에 해당한다.

또한 토지나 가옥의 인도청구의 경우에 채무자가 인도의무를 다투고, 이에 대해 채권자가 변론종결 후 인도시까지의 임료상당액의 손해액의 지급을 구하는 경우에도, 기본적 권리관계의 다툼에 의해 파생적 급부에 대한 장래의 이행을 기대할 수 없는 경우라 할 수 있다. 그 밖에 이에 해당하는 경우로 물건의 인도청구와 함께 병합하는 대상청구, 이혼소송에 병합하는 재산분여청구 등의 경우가 있다(단, 대판 1969.12.29, 68다2425는, 공유물분할청구소송의 판결이 확정되기 전에는 분할물의 급부를 청구할 권리나 그 부분에 대한 소유권의 확인을 청구할 권리가 없다고 하고 있다. 학설에는 이에 반대하는 주장[38]이 있다).

판례에 나타난 사례로는 "주식의 소유자가 양도절차를 거부하는 경우에는 그 주식발행회사도 명의개서를 거부할 염려가 있다는 이유로 회사에 대한 장래의 명의개서를 청구할 필요가 있다"고 인정된 예(대판 1972.2.22, 71다2319), 양육자지정청구를 하면서 양육자로 지정되는 경우 지급받을 양육비의 액수와 그 채무명의를 미리 확정하여 둘 필요가 있는 경우에는 양육자지정청구와 함께 장래의 이행을 청구하는 소로써 양육비지급청구를 동시에 할 수 있다는 예(대판 1988.5.10, 88므92, 108)가 있다. 소의 이익에 관해 명시되어 있지는 않지만, "토지개량사업의 시행지역 내에 있는 토지에 관하여 장래의 소유권이전등기절차 이행의 청구가 있는 경우에는 토지구획정리사업에 의한 등기를 한 후가 아니더라도 그 등기절차이행을 명할 수 있다 할 것이다."고 한 대판 1968.2.6, 67다1701도 이러한 예에 해당한다. 그 밖에 이행보증보험계약에 있어서 구상금채권의 발생의 기초가 되는 법률상·사실상 관계가 변론종결 당시까지 존재하고 있고, 그러한 상태가 앞으로도 계속될 것으로 예상되며, 구상금채권의 존부에 대하여 다툼이 있어 보험자가 피보험자에게 보험금을 지급하더라도 보험계약자와 구상금채무의 연대보증인들의 채무이행을 기대할 수 없음이 명백한 경우에는, 장래 이행보증보험금지급을 조건으로 미리 구상금지급을 구하는 장래이행의 소가 적법하다(대판 2004. 1.15, 2002다3891).

또한 대판 1981.9.22, 80다2270은, "원고가 양도담보로 제공된 부동산의 피담보채무 전액을 변제하였음을 내세워 피고 명의의 소유권이전등기 등의 말소를 청구하면서 그가 원리금이라고 주장하는 금액을 변제 혹은 변제공탁 하였으나 변제충당 방법과 이자계산 등에 관한 견해차이로 채무 전액을 소멸시키지 못하고 잔존채무가 있음이 밝

38) 강, 319면.

혀진 경우 원고의 위 청구중에는 확정된 잔존채무의 변제를 조건으로 위 각 등기의 말소를 청구하는 취지도 포함되었다고 할 것이고, 이는 장래이행의 소로서 피고가 위 각 등기는 대물변제에 기한 것이지 담보가 아니라고 다투고 있는 경우에는 미리 청구할 이익도 있다."고 판시하고 있다(그 밖에 대판 1992.1.21, 91다35175 등).

한편 이 판결의 사안의 경우에도 위에서 본 장래이행의 소의 유형에 해당한다고 말할 수 있다. 판례는 원래 "부당이득의 성질상 장래에 발생할 임대료 상당의 손해를 미리 청구할 수 없다"(대판 1960.10.6, 4298민상260)고 해석하고 있었다. 그러나 이 판결은 이를 변경하여 장래이행의 소의 이익을 인정하였다. 그 이유는, "그 이행기 도래 전에 미리 장래에 이행할 채무의 이행기에 있어서의 이행을 청구하는 확정판결을 얻어서 두었다가 그 이행기가 도래하면 즉시 강제집행을 할 수 있게 하기 위하여 이행기에 즉시 이행을 기대할 수 없다고 인정할 때에는 언제나 소위 위 규정에 의한 장래의 이행의 소를 청구할 수 있는 방도를 법제적으로 규정하여 두자는 데 있다"라는 점으로 요약할 수 있다(대판 1993.7.27, 92다13332가 이를 따른다). 따라서 이 판결의 경우에도 장래의 이행의 거절을 합리적으로 예상할 수 있으므로, 장래이행의 소가 인정된다는 해석은 타당하다.

반대로 그 요건으로는 채무의 이행기가 장래에 도래하는 것뿐만 아니라, 의무불이행사유가 그때까지 존속한다는 것을 변론종결당시에 확정적으로 예정할 수 있는 것이어야 한다(대판 1987.9.22, 86다카2151). 토지 등의 인도청구에 병합되는 장래 차임 상당액의 손해배상청구의 경우 불법행위가 계속되고 청구권 자체의 발생을 확정적으로 예정할 수 있다는 점이 그러한 예에 해당된다. 이와 달리 교수면직처분을 받은 자가 임금지급청구와 장래이행청구로 장차 지급받게 될 퇴직금에 대하여 중간이자를 공제한 현가로 환산하여 즉시 지급하여 줄 것을 주장하는 경우에는 장래이행의 이익이 인정되지 않는다(대판 1991.6.28, 90다카25277). 원고가 교수임용계약 만료일까지 사이에 복직되지 않으리라고 단정할 자료가 없는 한 퇴직금 산정의 기초가 되는 퇴직일자를 변론종결 당시 확정적으로 예정하는 것이 불가능하기 때문이다.

아울러 공해소송 등에서 장래의 불법행위에 기한 손해배상청구를 하는 경우에도 장래이행의 이익이 있는지에 관해, 우리의 판례는 아직 이에 대해 다룬 것이 없다. 일본의 판례는 그 손해액이나 위법성의 판단요소가 복잡하고 또한 변동이 예상되는 경우에 해당된다는 이유로 소의 이익을 부정한다. 이에 대해 일본의 학설은 일정 기간으로 한정한다고 하면 소의 이익을 인정할 여지가 있다는 견해도 유력하다.

(2) 장래이행기에 즉시 이행되어야 할 성질의 채무의 경우

나아가 장래이행의 소가 인정되는 또 다른 경우로서, 채무의 내용이 이행기에 즉시 이행되어야만 채무의 본지에 따른 것이 되거나, 이행되지 않으면 채권자에게 현저한 손해를 끼치는 경우가 있다. 예를 들면 특정작위의무(특정일시에 공연할 의무)의 이행청구, 민법545조의 정기매매에 기한 이행청구, 그 밖에 생활보호를 위한 부양료 청구 등이 이에 해당한다.

25 확인의 이익 – 타인 간의 법률관계 –

[대판 1994.11.8, 94다23388]

사 실

원고는 피고 한국통신과의 사이에 리스계약을 체결하였고, 이 계약과 동시에 원고가 위 리스계약상의 의무를 이행하지 아니하여 피고 한국통신이 손해를 입을 경우 보험가액금액 한도에서 이를 보상하여 주기로 하는 이행(지급) 보증보험계약을 피고 한국보증보험과 체결하였다. 그 후 원고가 리스계약상의 의무를 이행하지 않자 피고 한국통신은 피고 한국보증보험에 보험금의 지급을 청구하였다. 이에 원고는 피고 한국통신과 피고 한국보증보험 사이의 보험금청구채권 존부에 관한 법률관계의 확인을 구하는 소를 제기한 경우, 확인의 이익이 있는지 문제되었다.

판결요지

"확인의 소는 반드시 원·피고 간의 법률관계에 한하지 아니하고 원·피고의 일방과 제3자 또는 제3자 상호간의 법률관계도 그 대상이 될 수 있는 것이나, 그러한 법률관계의 확인은 그 법률관계에 따라 원고의 권리 또는 법적지위에 현존하는 위험, 불안이 야기되어 이를 제거하기 위하여 위 법률관계를 확인의 대상으로 삼아 원·피고간의 확인판결에 의하여 즉시로 확정할 필요가 있고, 또한 그것이 가장 유효적절한 수단이 되어야 확인의 이익이 있다.

사정이 위와 같다면 원고의 위 청구는 분쟁해결의 가장 유효적절한 방법이라고 볼 수 없으며 가사 원고의 주장과 같이 피고 한국보증보험이 이 사건 이행보증보험계약의 보증인들 소유 재산에 대하여 가압류집행을 하였다 하더라도 달리 볼 것은 아니므로, 원심이 위 청구는 확인의 이익이 있다고 볼 수 없다 하여 부적법하다고 한 조치는 정당하다."

해 설

1. 이 판결의 의의

이 판결은 확인의 대상으로서 제3자 상호 간의 법률관계의 확인도 확인의 소의 대상이 될 수 있는 점, 그리고 그러한 법률관계의 확인의 이익이 인정될 수 있는 기준을 제시하였다는 점에 의의가 있다. 단, 결과적으로 확인의 이익이 인정되지 않았는데, 그 이유는 원고가 피고(한국통신)에게 리스계약에 따른 채무부존재확인을 구하는 것이 가장 유효적절하였기 때문이다.

2. 확인소송과 확인의 이익

(1) 확인소송의 필요성

당사자가 이행소송을 제기하는 이유는 특정 이행청구권의 강제적 실현을 위해서이고, 채무자가 임의로 이행하지 않으면 강제로 당해 청구권을 실현시키려는 것이다(이행력 또는 집행력의 확보). 또한 형성소송도 원칙적으로 법률이 규정한 권리관계를 창설하기 위하여 제기된다(형성력의 확보). 이에 비해 확인소송에서는 당사자가 주장한 권리관계의 확인을 구하고, 이로 인해 그러한 권리관계의 존재 또는 부존재라는 관념적인 효력(기판력)이 발생할 뿐이다. 물론 이행소송, 형성소송에서도 이행청구권의 존부와 형성원인의 존부에 관해 기판력이 발생한다(따라서 이행소송이나 형성소송은 기본적으로 확인소송을 내포하고 있다). 하지만 그 외에도 이행력과 형성력이라는 실제적인 효력이 동반된다는 점에서 확인소송과는 다르다. 따라서 직접적이고 실효적인 권리구제라는 점에서 본다면 당연히 이행소송이나 형성소송이 당사자에게 유리하다. 결국 확인소송은 이행소송이나 형성소송과의 관계에서는 보충적으로, 즉 확인을 구하는 권리관계에 대해 이행소송이나 형성소송을 제기할 수 없거나 그보다 유리한 경우에 인정할 실익이 있다.

(2) 확인소송과 분쟁의 발본적 해결

확인소송은 일정한 권리관계를 현재의 시점(정확히는 사실심 변론종결시)에서 확인만 해 두는 것이므로, 현재 권리관계의 확인판결을 받은 당사자는 현존하는 분쟁 또는 장차 발생할 개연성이 높은 분쟁에서 유리한 지위를 취득한다. 확인판결의 기판력을 통해 후소에서 전소의 판결내용을 주장할 수 있기 때문이다. 따라서 확인소송의 결과에 따라 당사자 간에는 권리관계가 확정된다. 결국 확인소송은 권리관계의 확정을 통해 분쟁의 발본적 해결을 꾀한다는 또는 분쟁의 발생을 예방한다는 기능을 갖는다. 반대로 권리관계의 확정을 통해 분쟁의 발본적 해결을 꾀할 수 없다면 확인소송의 의미는 없다고도 할 수 있다.

(3) 권리보호의 자격과 이익

소송요건의 하나인 소의 이익의 유무는 일반적으로 확인의 대상으로서의 권리보호의 자격과 확인의 이익인 권리보호의 이익이라는 두 가지 관점에서 판단된다. 한편 확인소송의 경우에 소의 주관적 이익으로서 논의되는 당사자적격(소의 주관적 이익)은 확인의 이익(소의 객관적 이익)에 내포되어, 후자가 인정되면 전자도 인정되는 것이 원칙이다. 확인의 소에서의 확인의 이익은, 확인판결을 통해 특정 원고와 피고 사이의 분쟁을 해결할 필요성의 유무를 판단하는 기준 그 자체가 되기 때문이다.

확인의 이익을 위와 같은 두 가지 관점에서 판단해야 하는 이유는, 확인소송에서는 사건의 구체적인 사정에 따라 판단되는 권리보호의 이익(협의의 소의 이익)이외에도, 특별히 사건이 법원의 심판권이 미치는 사건인지의 여부를 판단할 필요가 있기 때문이다. 다시 말해서 확인소송의 경우에는 이하에서도 보는 바와 같이 확인의 대상을 한정할 수 없기 때문에 권리보호의 자격을 제한할 필요성이 있기 때문이다. 이에 비해 이행소송이나 형성소송에서는 실체법상의 이행청구권이나 법률이 규정하는 형성원인이 각각 주장되므로, 보통 권리보호의 자격은 문제가 되지 않는다.

(4) 확인의 대상으로서의 권리관계

확인소송은 원칙적으로 특정 권리관계에 대한 이행소송이나 형성소송을 제기할 수 없는 경우에 인정된다. 그렇다면 실체법상의 이행청구권이나 법률상의 형성원인이라는 제약이 없게 되므로, 확인의 대상이 되는 권리관계는 그 범위를 한정하는 것이 불가능하다. 이 때문에 확인의 대상이 되는 권리관계가 권리보호의 자격이 있는 것인지 판단할 필요가 있다. 이러한 판단은 전술하였듯이 법률상의 쟁송이라는 틀에서 논해지므로, 일반적으로 사실관계가 아닌 권리관계를 확인의 대상으로 한다. 그와 같은 권리관계에는 명확한 법률적 명칭이 있는 관계뿐만 아니라, 친자관계나 부부관계 등에서와 같은 법적 지위 또는 법적 상태인 경우에도 포함된다(사실관계에 대한 확인의 이익에 관하여는 항목<27> 참조).

(5) 현재의 권리관계와 확인의 이익

확인을 구하는 권리관계는 원칙적으로 현재, 즉 변론종결시를 기준으로 한 권리관계이어야 한다. 현재의 권리관계의 확인을 원칙으로 하고 과거의 권리관계를 배제하는 이유는 과거의 권리관계를 확인하게 된다면 확인소송을 인정한 의미가 상실되기 때문이다. 즉, 과거의 권리관계를 확인한다 해도 이미 소멸되어 있다면, 현재 그에 관한 분쟁은 존재할 리가 없기 때문이다. 분쟁이 존재할 리가 없다면 분쟁의 발본적 해결이나 그 예방을 한다는 확인소송의 의의를 찾을 수 없을 것이며, 반대로 소멸되지 않았다면 당연히 과거의 권리관계가 변경되어 온 과정을 고려한 현재의 권리관계에 대해 직접 확인을 구해야 하기 때문이다(과거의 권리관계의 확인의 이익에 대해서는 다음 항목 참조).

3. 제3자 간의 권리관계

확인의 소의 대상으로는 이 판결에서 보듯이 반드시 원, 피고간의 법률관계에 한하지 아니하고 원, 피고의 일방과 제3자 또는 제3자 상호간의 법률관계도 그 대상이 될 수 있다. 이러한 판례의 입장은 대판 1995.5.26, 94다59257; 대판 1995.10.12, 95다26131; 대판 1997.6.10, 96다25449, 25456; 대판 2003.1.10, 2001다1171 등에서 그대로 인정되어 오고 있다. 특히 제3자 상호간의 법률관계의 확인이 인정되기 위한 요건으로서 즉시확정의 이익이 있어야 함은 모든 확인소송에 있어서 마찬가지이고, 또한 가장 유효적절한 수단이 될 수 있다고 판단한 점도 마찬가지이다.

현재 권리관계의 확인의 이익이 인정될 수 있는 요건을 합리적으로 판단한 점에서 이 판결의 타당성이 있다. 아울러 이 판결의 원심에서는, 원고로서는 리스계약이 합의해지 또는 해제되었음을 이유로 위 리스계약에 따른 채무의 부존재확인을 구하는 것이 원고와 피고 한국통신 사이의 현재의 분쟁을 해결하는 가장 유효적절한 방법이었음에도 원고와 피고 사이의 법률관계의 확인을 구했기 때문에 확인의 이익을 부정하였고, 대법원도 같은 판단을 한 것이다.

4. 즉시확정의 이익

(1) 의의

아울러 확인의 이익이 인정되려면 즉시확정의 이익이 있어야 한다. 즉시확정의 이익이란 원고의 청구가 위와 같은 요건이 있음이 인정된 후, 당사자 간의 구체적인 사정에 입각하여 다음과 같은 두 가지 요소로서 확인판결이 필요하고 적절해야 한다는 것을 의미한다.

(2) 확인판결의 필요성

원고의 청구에 대해 확인판결이 필요한 이유가 있어야 한다. 예를 들어 피고가 원고의 법적지위를 부정하거나 그와 모순되는 법적 지위를 주장하는 경우와 같이 피고가 원고의 청구를 다투고 있어야 한다. 판례도 피고가 권리관계를 다투어 원고가 확인의 소를 제기하였고 당해 소송에서 피고가 권리관계를 다툰 바 있다면, 특별한 사정이 없는 한 항소심에 이르러 피고가 권리관계를 다투지 않는다는 사유만으로 확인의 이익이 없다고 할 수 없다고 한다(대판 2009.1.15, 2008다74130). 그러나 피고가 다투지 않다고 하더라도, 시효중단의 필요성이 있거나 가족관계등록부 등의 공적인 기록을 변경할 필요가 있는 경우에는 확인판결의 필요성이 인정된다.

(3) 확인판결의 적절성

확인판결이 적절한 분쟁해결이 되어야 한다는 적절성이다. 이에 대해서는 다음과 같은 3가지 예로 설명할 수 있다.

첫째, 앞서도 지적했지만 이행소송이나 형성소송이 가능하다면 확인판결에는 적절성이 없다. 단, 예외로서 소유권을 원인으로 하는 급부의 소를 제기하는 경우에 있어서도 그 기본 되는 소유권의 유무자체에 관하여 당사자 간에 분쟁이 있어 즉시 확정의 이익이 있는 경우에는 소유권확인의 소도 아울러 제기할 수 있다(대판 1965.1.31, 65다2157; 대판 1971.5.24, 71다519). 동일한 논리로 소송 내에서 다툴 수 있는 절차문제(소송대리인의 대리권의 존부)는 별소로 확인을 구할 이익이 없고 소송 내에서 판단하면 충분하다.

둘째, 장래의 권리관계의 확인은 과거의 권리관계와는 달리 적절성이 없다. 유언자가 생존하는 중에 유언무효확인의 소를 제기하는 경우와 같이 장래의 변경가능성을 배제할 수 없기 때문이다. 단, 유언자가 생존중이라고 하지만 치매 등으로 유언을 수정할 가망이 없는 경우라면 유언무효확인의 소의 이익을 인정할 수 있을 것이다.

마지막으로 적극적 확인의 소와 소극적 확인의 소를 제기할 수 있다면 후자는 적절성이 없다. 예를 들어 특정 토지의 사용권원에 관한 분쟁에서 원고는 피고의 사용권원의 부존재가 아니라 자신의 사용권원의 존재의 확인을 구하여야 한다(단, 소극적 확인의 이익에 관해서는 항목<28> 참조).

26 확인의 이익 – 과거의 법률관계 –

[대판 1978.7.11, 78므7]

사 실

1931.11.18. 소외 A와 혼인한 Y1(男)은, 그 원적지인 평남 순천군 사팔면장에게 혼인신고를 마쳤고 A와의 사이에서 X가 태어났다(단, X는 호적에 미등재). 그 후 Y1은 8.15해방 후 남하하여 1958.1.21. 군정법령 179호에 의한 가호적을 취적하게 되었다. 그러나 Y1은 거짓으로, Y2와 1936.4.5. 혼인한 후 위 원적지 면장에게 혼인신고한 부부인양 허위신고를 하여, 호적의 등재가 이루어졌다. 이에 X는 Y1과 Y2의 혼인이 무효라는 이유에서 혼인무효 확인의 소를 Y1과 Y2를 상대로 제기하였다. 단, 이 사건 소송 도중에 Y1과 Y2는 협의이혼한 후 이를 신고함으로써, Y1과 Y2 사이의 혼인관계는 해소되었다. 그럼에도 X의 위와 같은 확인의 소는 소의 이익이 있는지 문제되었다.

판결요지

"과거의 법률관계의 존부는 독립의 확인의 소의 대상으로 할 수 없고 그 과거의 법률관계의 영향을 받고 있는 현재의 법률상태의 확인을 구해야 하는 것이다. 왜냐하면 과거의 법률관계의 존부의 확정은 단지 현재의 분쟁해결의 전제로 됨에 불과하여 사인간의 현재 현존하는 분쟁을 해결하려는 민사소송의 목적으로 보아 직접적이고 간명한 방법이 되지 않기 때문이다. 그러나 혼인, 입양과 같은 신분관계나 회사의 설립, 주주총회의결의무효, 취소 등과 같은 사단적 관계, 행정처분과 같은 행정관계는 그것을 기본으로 하여 수많은 법률관계가 계속하여 발생하고 그 효과도 널리 일반 제3자에까지 미치게 되어 그로 인한 법률 효과도 복잡다기하게 되어 이것을 단순한 대립당사자간의 법률관계로서 그로부터 파생되는 법률관계가 그다지 번잡하지 않은 예컨대 매매와 같은 경우와 동일하게 취급하는 것은 적절하지 않고 위와 같은 법률관계에 있어서는 그것이 과거의 것이라 해도 현재의 법률상태에 영향을 미치고 있는 한 그것을 기본으로 하여 발생하는 현재의 수많은 법률상태에 대하여 일일이 개별적으로 확인을 구해야 하는 번잡한 수속을 반복하는 것보다는 오히려 현재의 수많은 개개의 분쟁의 근원이 되는 과거의 법률관계 그 자체의 확인을 구하는 편이 직접적이고도 획일적인 해결을 기대할 수 있어 본래의 민사소송의 목적에도 적합하다.

그런데 과거 일정기간 동안의 혼인관계의 존부의 문제라 해도 혼인무효의 효과는 기왕에 소급하는 것이고 그것이 적출자의 추정, 재혼의 금지 등 당사자의 신분법상의 관계 또는 연금관계법에 기한 유족연금의 수급자격, 재산상속권 등 재산법상의 관계에 있어 현재의 법률상태에 직접적인 중대한 영향을 미치는 이상 그 무효확인을 구할 정당한 법률상의 이익이 있다 할 것이다. 혼인당사자 중 일방이 사망하면 그 혼인관계는 해소되고 따라서 기왕의 혼인관계는 과거의 관계로 된다고 볼 수 있는데 이러한 경우에도 검사를 상대방으로 하여 그 과거의 혼인관계의 무효확인을 구할 수 있도록 규정한 인사소송법 제27조 1항 내지 3항(가사소송법24조3항)을 둔 근거도 바로 위와 같은 점에 있다고 생각되는데 다같은 과거의 혼인관계의 무효확인을 구하는 소의 이익문제에 있어서 그 혼인관계가 당사자 일방이 사망함으로써 해소된 경우와 당사자의 협의이혼으로 인하여 해소된 경우와를 구별하여 취급할 합리적 이유를 찾아 볼 수 없다."

해 설

1. 이 판결의 의의

이 판결은 예외적으로 과거의 법률관계(혼인의 무효)의 확인을 구하는 확인소송이 허용되기 위해 필요한 확인의 이익을 명확히 하였다는 점에서 의의가 있다. 현재의 권리관계의 확인의 경우에만 확인의 이익이 있다는 원칙을 고수했다면, 이 사안에서 확인의 이익이 부정되겠지만, 과거의 권리관계라 하더라도 그 확인이 원고의 법적 지위를 안정시키고 현재의 권리관계 자체에 관한 분쟁을 해결하거나 예방시킬 수 있다면, 확인의 이익을 인정할 수 있다고 한 것이다.

2. 과거의 권리관계와 확인의 이익

이 판결에서는 과거의 권리관계에 관한 확인의 이익이 인정되었다. 즉 과거의 권리관계라 하더라도 그 확인이 원고의 법적 지위를 안정시키고 현재의 권리관계 자체에 관한 분쟁을 해결하거나 예방시킬 수 있다면 확인의 이익을 인정할 수 있다는 취지이다.

과거의 권리관계의 확인과 관련하여서는 먼저 주주총회결의부존재확인의 소나 그 무효확인의 소(상법380조) 또는 행정처분무효확인의 소(행정소송법35조)가 인정되고 있음을 상기할 필요가 있다. 이러한 확인의 소가 인정되는 이유는, 그러한 결의나 처분에 기해 여러 가지 권리관계가 파생되고, 이 파생적 권리관계의 확인보다는 그 기초에 해당하는 결의나 처분 그 자체의 존재나 효력을 확인하는 것이 분쟁의 발본적 해결에 이바지하기 때문이다. 또한 이러한 원리를 유추 적용한다면 법률에 규정이 없더라도 그러한 의의가 있다면(예를 들어 유언무효확인의 소, 특정 법인의 이사회의 결의무효확인의 소 등) 확인의 이익이 있음을 인정해야 한다.

3. 판례의 입장

이 판결은 리딩케이스로서 과거의 법률관계의 확인을 구하는 소도 확인의 이익이 있음을 인정한 최초의 판단이고, 그 후의 많은 사례에서 선례로서 인용되고 있다(대판 1995.3.28, 94므1447; 대판 1995.9.29, 94므1553; 대판 1995.11.14, 95므694 등). 이 판결에서 인정된 X가 확인판결을 받을 구체적인 이익은, "이 사건에 있어서 X의 주장대로 Y1과 Y2간의 혼인이 무효라면 우선 X는 부실한 호적을 정정하기 위하여도 그 무효확인판결을 받을 이익이 있을 뿐만 아니라 Y1과 Y2 사이의 소생인 X의 소위 이복형제들은 Y1의 혼인외자로 되어 (민법 제855조 1항) Y1의 적출자인 X는 그들과의 관계에 있어 그 신분이나 재산상속문제에 있어서 당장 중대한 영향을 받게됨이 명백하여 Y1과 Y2의 위 혼인관계의 무효확인을 구하는 X의 이 사건 청구는 법률상 그 확인의 이익이 있다." 는 점이다.

결국 이 판결에서 보듯이, X가 제기한 확인의 소는, Y1과 Y2의 혼인무효확인이 X의 현재의 법적 지위에 영향을 미치고 있고, 그 확인이 현재의 권리관계를 둘러싼 분쟁의 발본적 해결이나 예방을 초래하는 것이므로, 또한 확인판결을 받을 필요성과 적절성이 인정되므로 그 확인의 이익이 있다.

그 밖에 과거의 권리관계에 대한 확인의 이익이 인정된 경우로 다음의 사례가 있다. '2개월 무급정직 및 유동대기, 징계기간 중 회사 출입금지'를 정하는 징계처분의 무효확인을 구하는 소를 제기하고 그 도중에 그 징계기간인 2개월이 경과한 경우에 확인의 이익이 있는지에 대해, 대판 2010.10.14, 2010다36407에서는 "확인의 소는 현재의 권리 또는 법률상 지위에 관한 위험이나 불안을 제거하기 위하여 허용되는 것이지만, 과거의 법률관계라 할지라도 현재의 권리 또는 법률상 지위에 영향을 미치고 있고 현재의 권리 또는 법률상 지위에 대한 위험이나 불안을 제거하기 위하여 그 법률관계에 관한 확인판결을 받는 것이 유효 적절한 수단이라고 인정될 때에는 확인의 이익이 있다. 소속 회사의 취업규칙에 따라 갑이 징계처분으로 인하여 정직기간 동안 임금을 전혀 지급받지 못하는 법률상 불이익을 입게 된 이상 징계처분은 정직기간 동안의 임금 미지급 처분의 실질을 갖는 것이고, 이는 갑의 임금청구권의 존부에 관한 현재의 권리 또는 법률상 지위에 영향을 미치고 있으므로, 갑으로서는 비록 징계처분에서 정한 징계기간이 도과하였다 할지라도 징계처분의 무효 여부에 관한 확인 판결을 받음으로써 가장 유효·적절하게 자신의 현재의 권리 또는 법률상 지위에 대한 위험이나 불안을 제거할 수 있어 확인의 이익이 있다."고 판시하였다.

27 확인의 이익 - 증서의 진정여부를 확인하는 소 -

[대판 1968.6.11, 68다591]

사 실

X는 Y를 상대로, X와 Y 간의 계쟁부동산에 관한 매매계약서가 진정한 것이 아님을 구하는 증서의 진정여부를 확인하는 소(이하, '증서진부확인의 소'라 한다)를 제기하였다. 그런데 당해 증서는 이미 확정판결이 난 다른 소송(전소)에서, Y에 의하여 서증으로 원용되었고 X가 그 성립을 다투었음에도 전소 판결은 당해 증서가 진정히 성립된 것으로 인정되어 이에 의한 매매를 이유로 하여 그 등기절차의 이행청구를 기각하였다. 이 경우 X에게는 이미 전소 확정판결에서 그 진정성립과 그것이 증명하는 법률관계에 관한 판단이 있은 이 사건 매매계약서의 진부확정을 구할 즉시확정의 이익이 있는지 문제되었다.

판결요지

"(별소)사건의 확정판결의 기판력은 그 판결로서 기각된 말소 및 이전의 각 등기청구권의 존부에만 미칠 뿐으로 그 사건에 관한 서증의 성립에 관한 판단에나 그 서증에 의한 법률관계 또는 계쟁부동산의 소유권귀속에 관한 판단에까지 미치는 것이 아니었은 즉 X로서는 위 확정판결이 있었을지라도 그 기판력에 저촉되지 않는 한 자기의 권리 신장을 위하여서는 Y를 상대로 하여 위 각 사항에 관한 그 판결의 판단내용이 배치되는 판단을 전제로 하는 서증의 진부확정이나 그에 의한 법률관계의 존부에 관한 확인도 소구할 수 있는 것이라고 할 것이다."

해 설

1. 이 판결의 의의

이 판결에서는 매매계약서의 진정 성립이라는 사실관계의 확인의 이익이 문제되었다. 확인의 대상은 원칙적으로 권리관계이고 사실관계는 이에 해당되지 않는다. 그러나 이 판결에서 보듯이 사실관계가 절대로 확인의 대상이 될 수 없는 것은 아니고, 일정한 경우에 사실관계의 확인의 이익이 인정되는 구체적인 예로서 참고가 된다.

2. 확인의 대상으로서의 사실관계

(1) 확인의 이익이 인정되는 경우

원래 사실관계의 확인이 인정되지 않는 이유는 사실 자체(예를 들면 동산점유자의 선의 · 무과실)가 아닌 그러한 사실에 바탕을 둔 권리관계(앞의 예에서의 선의취득에 의한 소유권의 존부)를 직접 확인하는 것이 타당하기 때문이다.

그러나 이에 관해서는 민사소송법에 예외적인 규정이 있다. 즉 법250조에서 보는 바와 같은 증서진부확인의 소가 인정된다는 조문이다. 같은 조에서는 "위하여도 제기할 수 있다"는 표현이 사용되고 있다. 따라서 같은 조의 취지는 특별히 증서의 진부라는 사실관계가 확인의 대상으로 인정될 수 있다는 점에 있다.

법 제250조에서 증서의 진정 여부를 확인하는 소를 허용하고 있는 이유는, 법률관계를 증명하는 서면의 진정 여부가 확정되면 당사자가 그 서면의 진정 여부에 관하여 더 이상 다툴 수 없게 되어, 법률관계에 관한 분쟁 그 자체가 해결되거나 적어도 분쟁 자체의 해결에 크게 도움이 된다는 데에 있다. 따라서 증서의 진정 여부를 확인하는 소가 적법하기 위해서는 그 서면에 대한 진정 여부의 확인을 구할 이익이 있어야 한다(대판 2001.12.14, 2001다53714).

(2) 확인의 대상

여기서 확인의 대상이 되는 것은 작성자의 의사에 의해 작성된 문서인지의 여부이고, 기재내용은 그 대상이 되지 않는다. 이러한 취지를 전제로 한다면 같은 조의 해석으로는 증서진부확인의 소가 인정되듯이, 그와 유사한 사실관계에 대해서도 확인의 소를 제기할 수 있다고 풀이할 수 있다.

이 판결에서는 매매계약서의 진정 성립의 확인을 구하는 소가 인정됨을 전제로, 전소에서 당해 서증이 원용된 사실이 있더라도, 그 진정 성립에 기판력이 발생한 것이 아닌 이상, 가능하다는 입장이다. 단, 후술 항목<71>에서 보듯이 판례는 판결이유 중의 판단에 구속력을 인정하지 않으므로, 이러한 해석은 납득할 만하지만, "판결의 판단내용이 배치되는 판단을 전제로 하는 서증의 진부확정"이라는 것은, 판결의 모순저촉을 초래할 우려가 있다고 생각된다.

3. 증서진부확인소송의 대상이 되는 증서

(1) 확인의 이익이 있는 증서

한편 증서진부확인의 소가 인정되는 이유는 어디에 있을까. 이 판결에서와 같은 매매계약서 이외에 유언서, 어음 등의 존재는 하나의 사실관계이지만, 그러한 증서는 권리관계를 직접 발생시키는 처분증서이고, 그 진부(앞서 보았듯이 작성자의 의사에 의해 작성되었는지의 여부)를 확정함으로써 원고의 법적 지위가 안정되며, 권리관계 자체에 관한 분쟁이 해결 또는 예방되기 때문이다. 이 판결에서는 "권리의 신장을 위하여는"이라는 표현을 사용하고 있다. 따라서 특정한 사실관계에 관한 확정이 위와 같은 효력을 발생시킨다면, 처분증서에 한하지 않고 법250조의 유추가능성을 긍정하여 그에 관한 권리보호의 자격을 인정할 수 있다. 그 밖에 증서진부확인의 소도 확인의 소이므로 일반적인 확인의 이익을 갖추어야 함은 두말할 필요가 없다.

(2) 확인의 이익이 없는 증서

그러나 본인심문조서에 대한 증서진부확인의 소의 경우에는 "원고가 부진정 확인을 구하는 이 사건 광주고등법원 72르 12,13호 사건 (이혼 본소, 부동산소유권 이전등기 및 이혼 반소)의 1972.7.12.자 제4차 심리기일에서의 피고 이필형에 대한 본인신문조서는 그 성질상 민사소송법 제228조(법250조)가 규정하고 있는 법률관계를 증명하는 서면에 해당되지 않는다."(대판 1974.7.23, 74다271). 또한 의사의 진단서에 대해 증서진부확인의 소를 제기하는 것도 법률상의 의의(증거로서의 가치)는 매우 높지만, 직접 의사와 환자의 관계에 관한 것이 아니고, 단지 사실보고서이므로 인정되지 않는다.

그 밖에 원고가 피고가 주장하는 표현대리에 의한 임대차계약의 성립에 관한 사안에서 당해 임대차계약서, 이행각서 및 지불각서의 진정 여부를 확인할 이익은 원칙적으로 인정되지만, 만일 피고가 이미 당해 임대차계약의 이행을 구하는 소를 제기하고 그 소에서 증서진부확인의 소의 대상인 당해 임대차계약서 등을 서증으로 제출하였다면, "어느 서면에 의하여 증명되어야 할 법률관계를 둘러싸고 이미 소가 제기되어 있는 경우에는 그 소송에서 분쟁을 해결하면 되므로 그와 별도로 그 서면에 대한 진정 여부를 확인하는 소를 제기하는 것은 특별한 사정이 없는 한 확인의 이익이 있다고 볼 수 없다"(대판 2007.6.14, 2005다29290, 29306).

28 소극적 확인의 이익

[대판 1984.3.27, 83다카2337]

사 실

X는 A를 대리인으로 하여 B로부터 부동산 甲(대지와 건물을 포함)을 단독으로 매수하였다. 그러나 A는 아무런 권한 없이 X, Y1 그리고 Y2의 3인 명의로 甲에 관해, 대지에 대해서는 소유권이전등기를, 건물에 대해서는 가옥대장등재를 각각 마쳤다. 이에 X는 무효인 각 1/3 지분이전등기의 말소를 구하는 동시에, Y1과 Y2에게 甲에 대한 지분권 기타 권리가 없음의 확인을 구한다고 하여, 자신의 소유권의 적극적 확인을 구하지 아니하고 상대방의 소유권의 소극적 확인을 구하는 소를 제기하였다. 이러한 소극적 확인의 소는 확인의 이익이 있는지 문제되었다.

판결요지

"일반적으로 소유권의 귀속에 관하여 다툼이 있는 경우에 적극적으로 자기의 소유권 확인을 구하지 아니하고 소극적으로 상대방 소유권의 부존재확인을 구하는 것은 그 소유권의 귀속에 관한 분쟁을 근본적으로 해결하는 즉시 확정의 방법이 되지 못하므로 확인의 이익이 없는 것이나, 다만 원고에게 내세울 소유권이 없고 피고의 소유권이 부인되면 그로써 원고의 법적 지위에 대한 불안이 제거되어 분쟁이 해결될 수 있는 경우에는 피고의 소유권의 소극적 확인을 구할 이익이 있다고 할 것이다…대지에 대한 Y들의 각 1/3 지분등기는 무효라는 것이므로 그 지분권은 원래의 소유자인 B에게 남아있는 셈이 되어 X로서는 오로지 위 지분권자인 B를 대위하여 Y들 명의의 지분등기가 실체권리관계와 부합하지 않음을 이유로 무효임을 주장할 수 있을 뿐이고 적극적으로 자기의 지분권을 주장할 수 없는 처지이니, 이와 같은 경우에는 Y들의 지분권에 대한 소극적 확인을 구할 이익이 있다고 보아야 할 것이다."

해 설

1. 이 판결의 의의

자신의 소유권 등에 대한 권리의 확인을 구하는 적극적 확인의 소가 아닌 상대방 권리의 부존재 확인을 구하는 것은 원칙적으로 확인의 소가 인정되기 위한 즉시확정의 이익이 없다. 이 점은 이 판결의 전반 부분에서도 명확하게 설시되어 있다. 소극적 확인의 이익은 인정되지 않는 것이 원칙이지만, 앞의 사실관계에 대한 확인의 소에서도 보았듯이 무엇인가 확인의 이익이 있다면 소극적 확인의 소도 인정되는 예외가 있고, 이 판결도 그러한 예외에 해당한다.

2. 소극적 확인의 이익이 인정되는 경우 - 법적 지위의 불안정의 해소

이 판결이 X의 소극적 확인의 이익을 인정한 것은, "X에게 내세울 소유권이 없고 Y들의 소유권이 부인되면 그로써 X의 법적 지위에 대한 불안이 제거되어 분쟁이 해결될 수 있는 경우" 라는 점에 이유가 있다. 즉 확인의 소가 인정되는 대전제인 법적 지위에 대한 불안을 제거하여 분쟁의 발본적 해결(이 점은 이 판결의 "적극적으로 자기의 지분권을 주장할 수 없는 처지" 라는 점에서 찾을 수 있다)이 가능한 경우라는 근거이다.

특히 이 판결의 해설[39]에서도, "지분권부존재의 확인판결이 있게 되면 이를 전제로 제기된 말소등기청구에 대하여도 위 확인판결은 기속력을 가지게 되어 분쟁의 발본적 해결에 도움이 될 것이다. 그리고 건물부분에 대하여는 피고들 명의의 지분등기는 되어 있지 않으나 법리상 소유권이전등기가 경료된 대지부분과 같이 처리되어야 할 것으로 보아 소극적 확인의 이익이 있다는 뜻에서 판시된 것으로 풀이된다."라고 설명하고 있다.

결국 소유권 등 권리에 관한 분쟁이 있고, 상대방의 소유권의 부존재를 확인해 두면 자신의 법적 지위에 관한 안정을 얻는데 충분한 경우라면, 상대방의 권리가 존재하지 않는다는 소극적 확인의 이익이 인정된다. 물론 일반적인 확인의 이익을 갖추어야 하므로, 과거의 특정 시점을 기준으로 한 채무부존재확인청구는 과거의 법률관계의 확인을 구하는 것에 불과하여 확인의 이익이 인정되지 않는다(대판 1996.5.10, 94다35565, 35572).

39) 윤우정, 대법원판례해설 제3호135면 이하.

3. 채무부존재확인소송의 처리

(1) 소극적 확인의 이익의 구비

보통 소극적 확인의 소로서 많이 이용되는 것은 채무부존재확인소송이다. 채무부존재확인소송도 소극적 확인의 이익을 갖추어야만 인정된다. 그 예로서 다음의 사례(대판 1996.3.22, 94다51536)를 들 수 있다. 즉 피보험자가 자신에게는 보험금 청구권이 없지만 그 제3자에게는 보험금청구권이 있으므로 보험자는 그 제3자에게 보험금을 지급하여야 한다고 주장할 때, 보험자가 당해 피보험자를 상대로 보험금채무부존재확인을 구하는 소는 확인의 이익이 있다. "보험자는 계약의 체결 당사자인 피보험자가 위와 같은 계약의 효력을 주장하고 나옴으로써 위 계약에 의하여 발생하게 될 법률상의 지위에 불안과 위험이 현존하는 상태에 있다 할 것이므로 보험자로서는 위 계약의 상대방이자 분쟁의 당사자인 피보험자를 상대로 위 계약이 효력이 없어 보험자에게 그로 인한 채무가 발생하지 아니한다는 확인을 받음으로써 위 계약에 기한 권리의무관계를 명백히 하여 피보험자에 의하여 야기되는 불안과 위험을 제거할 법률상 필요나 이익이 있기" 때문이다.

(2) 급부소송과의 유사성

채무부존재확인소송은 형식적으로는 확인소송이지만, 실질적으로는 급부소송과 유사한 기능을 갖고, 금전채무의 부존재확인의 경우에는 금액의 명시와 처분권주의와의 관계에서 특별한 문제가 발생한다(후자에 관해서는 항목<60> 참조). 금액의 명시에 관해서는 급부소송이나 적극적 확인소송과는 달리, 피고의 방어를 위해 금액의 명시를 해야 하는 이유가 거의 없고, 확인의 대상인 권리관계는 청구권의 발생원인을 기재함으로써 식별이 가능하므로 그 필요가 없다고 해석된다.

판례(대판 1994.1.25, 93다9422 등)도 금액의 상한을 기재하지 않은 채무부존재확인소송을 인정하는 입장이므로, 금액의 명시를 요구하고 있지 않다.[40] 금액의 상한을 항상 요구하는 것은 얼마만큼의 채권이 발생하고 있는지 특정이 곤란한 경우(채권채무관계가 복잡한 경우나 상속채무의 부존재확인의 경우)에 소의 제기를 불가능하게 하고, 채무자의 권리보호의 길을 막게 되기 때문이다. 이 점에서 채무부존재확인의 소는 통상의 소에서처럼 소송물의 특정이 엄격하게 요구되지 않고 청구권의 발생원인을 기재(특정)함으로서 충분하다는 특징을 갖는다.

(3) 채무부존재확인의 소의 심리

보통 주장책임을 지는 당사자는 자신이 주장한 사실의 증명책임도 부담한다. 즉 두

---

40) 금액을 명시할 필요가 없다는 학설로는 강, 347면.

가지 책임의 소재는 원칙적으로 일치한다. 그리고 증명책임의 일반적 원칙에서 볼 때 당사자의 실체법상의 지위에 따른 분배기준에 따르면, 원고가 채권발생의 원인사실의 주장책임과 증명책임을, 피고가 그 반대되는 사실의 주장책임과 증명책임을 지게 된다. 채무부존재확인의 소에서도 이러한 기준을 따른다면, 원고인 채무자가 채권발생의 원인사실의 주장책임을 지고, 그 입증책임에 관하여도 마찬가지로 채무자가 부담한다는 결론이 된다.

그러나 채무부존재확인의 소의 경우에는 채무부존재를 확인한다는 특수성으로 인하여 주장책임의 소재와 증명책임의 소재가 분리된다. 위에서 본 원칙과는 달리 원고인 채무자가 주장책임을 지는 채권발생의 원인사실의 증명책임은 피고인 채권자가 부담하게 되는 것이다.

(4) 판결효의 범위

채무부존재확인소송의 소송물은 채무자인 원고가 주장하는 채무가 존재하지 않는다고 다투는 부분이다. 판례(대판 1983.6.14, 83다카37)는 이것을 "권리 또는 법률관계의 존부확인은 다툼이 있는 범위에 대하여서만 청구하면 되는 것이므로 채무자는 채권자가 주장하는 채무중 일부의 채무가 있음을 인정하고 이를 초과하는 채무는 없다고 다투는 경우 채무자가 인정하는 채무부분에 대하여는 그 존재에 대하여 다툼이 없으므로 이 부분 채무의 존재에 대하여는 확인의 이익이 없다 할 것이고 이를 초과하는 채무의 존부에 대하여서만 다툼이 있으므로 채무자로서는 이 부분에 대하여서만 채무부존재의 확인을 구할 이익이 있다고 할 것이다." 라고 판시하고 있다.

따라서 판결이 내려지면 기판력은 원고가 구한 소멸채무액에 한하여 발생한다. 이러한 점에서 만일 채무자가 피고인 채권자의 채권의 존재를 인정하여도 그 부분에 관하여는 기판력이 발생하지 않는다는 점이 채무부존재확인의 소의 특징이다(이 점에 대해서는 항목<60> 참조).

29 당사자적격 - 회사소송과 피고적격 -

[대판(전) 1982.9.14, 80다2425]

사 실

X는 Y회사에서 이루어진 임원선임의 임시주주총회결의 및 이사회결의의 부존재와 예비적으로 무효확인을 구하는 소를 제기하려고 한다. 이 때 Y와 당해 임원 중 피고적격자는 누구인지 문제되었다.

판결요지

"주주총회결의 취소와 결의무효확인 판결은 대세적 효력이 있으므로 그와 같은 소송의 피고가 될 수 있는 자는 그 성질상 회사로 한정된다고 할 것이다. 또 주주총회결의 부존재확인의 소송은 일응 외형적으로는 존재하는 것같이 보이는 주주총회결의가 그 성립과정에 있어서의 흠결이 중대하고도 명백하기 때문에 그 결의 자체가 존재하는 것으로 볼 수 없을 때에 법률상 유효한 결의로서 존재하지 아니한다는 것의 확인을 소구하는 것으로서, 주주총회결의의 내용이 법령 또는 정관에 위배되어 법률상 유효한 결의로서 존재하지 아니한다는 것의 확인을 소구하는 주주총회결의 무효확인의 소송과는 주주총회결의가 법률상 유효한 결의로서는 존재하지 아니한다는 것의 확정을 구하는 것을 목적으로 한다는 점에서 공통의 성질을 가진다 할 것이므로 주주총회결의부존재확인의 소송에는 그 결의무효확인의 소송에 관한 상법 제380조의 규정이 준용된다 할 것이다. 따라서 그 결의부존재확인 판결의 효력은 제3자에게 미친다고 할 것이고, 그 부존재확인의 소송에 있어서 피고가 될 수 있는 자도 그 무효확인의 소송의 경우와 마찬가지로 회사로 한정된다 할 것이다. 주주총회결의 부존재확인의 소송에 상법 제380조의 규정이 준용되는지 여부에 관하여 이와 상반되는 견해를 표시한 종전의 본원 판례…는 이를 폐기한다.

주식회사의 이사회결의는 회사의 의사결정이고 회사는 그 결의의 효력에 관한 분쟁의 실질적인 주체라 할 것이므로 그 효력을 다투는 사람이 회사를 상대로 하여 그 결의의 무효확인을 소구할 이익은 있다 할 것이나 그 이사회결의에 참여한 이사들은 그 이사회의 구성원에 불과하므로 특별한 사정이 없는 한 이들 이사 개인들을 상대로 하여 그 결의의 무효확인을 소구할 이익은 없다 할 것이다."

해 설

1. 이 판결의 의의

이 판결에서는 임원선임을 한 주주총회결의와 이사회결의의 부존재확인을 구하는 소(형성소송이라는 견해도 있지만, 판례[대판 1992.8.18, 91다39924]는 확인의 소라고 판단한다)의 피고적격이 문제되었다. 이와 같이 판결효가 확장되는 경우에 피고적격이 주로 문제되는 것은, 원고적격에 관해서는 보통 당해 법규에 제소권자에 관한 규정이 있는 관계로 크게 문제되지 않기 때문이다. 이 판결은 주주총회결의 부존재확인의 소의 성격상, 그 결의무효확인의 소와 공통된 것으로 보고, 따라서 부존재확인의 소의 판결은 대세적 효력을 가지며, 따라서 피고를 회사로 해야 한다는 입장이다.

2. 당사자적격의 의의

(1) 당사자적격의 필요성

당사자적격이란 소의 주관적 이익으로서, 특정 청구에 관한 소를 제기하고 수행하며 종국적으로 본안판결을 얻을 수 있는 자격을 말한다. 당사자능력과는 달리 사건에 따라 개별적으로 정해지는 당사자적격은, 소송요건으로 그것을 흠결하는 경우에는 소를 각하하게 된다. 확인소송의 경우에는 항목<25>의 확인의 이익에서도 언급했듯이, 당사자적격이 소의 객관적 이익에 포함되어 원칙적으로 확인의 이익이 있으면 당연히 당사자적격을 갖게 된다. 또한 형성소송의 경우에는 이러한 소송을 인정하는 법규 자체에 의해 당사자적격자가 명정되어 있는 것이 보통이므로 그에 따라 당사자적격자가 정해진다. 한편 이행소송의 경우에도 이행청구권을 주장하는 자가 원고로서의 당사자적격자이고 원고에 의해 의무자로 주장되는 자가 당사자적격을 갖는 피고가 된다. 단, 고유필수적 공동소송의 경우에는 각자 단독으로 소송을 수행할 수 없다는, 그리고 민중소송(행정소송법3조3호 등)의 경우에는 본안판결에 대한 실질적인 이해관계가 없어도 당사자적격자가 될 수 있다는 예외가 있다.

(2) 당사자적격이 문제되는 특수한 경우

위와 같은 예에서 보듯이 원고도 한 명이고 피고도 한 명인 일반적인 소송의 경우에는, 당사자적격은 크게 문제되지 않는다. 이에 비해 다음의 두 가지 경우의 예에서는 당사자적격이 문제된다. 첫 번째는 원래의 당사자적격자를 대신하여 제3자가 당사자가 되는 소송담당의 경우, 어떠한 경우에 그러한 제3자는 당사자적격을 갖는가의 문제이다. 두 번째는 판결효가 제3자에게 확장되는 경우에 당사자적격을 갖는 것은 누구인가라는 문제로서, 이 판결의 사안과 관련된 문제이기도 하다.

3. 회사소송과 당사자적격

(1) 판례의 입장

이 판결이 나오기 전까지는 주주총회결의 부존재확인의 확정판결의 효력은 제3자에게 미치지 않는다는 것이 판례의 입장이었다(이 판결에서 폐기된 판례[대판 1963.2.15, 62마25 등]의 입장). 이 판결은 피고를 회사로 해야 한다는 입장이고, 대세효가 인정되는 이상 가장 이해관계가 있는 회사가 피고가 되어야 한다는 입장이라 해석할 수 있다.

이러한 판례의 입장은 채권자취소소송의 경우, "채권자 취소권에 있어서의 채무자 사해행위의 취소는 절대적인 취소가 아니라 악의의 수익자 또는 악의의 전득자에게 대한 관계에 있어서만 상대적으로 취소하는 것이므로 이 취소권은 악의의 수익자 또는 악의의 전득자에게 대하여서만 있는 것이고, 채무자에게 대하여서는 행사할 수 없다 할 것이고 따라서 채무자를 상대로 취소청구는 할 수 없다"는 점에서 잘 나타나 있다(대판 1967.12.26, 67다1839; 대판 1988.2.23, 87다카1586; 대판 1991.8.13, 91다13717).

(2) 회사의 피고적격

주주총회결의 부존재확인의 소의 피고적격을 갖는 것은 회사에 한한다는 이유를 좀 더 생각해 보자. 먼저 회사가 피고가 아닌 경우에 어떠한 문제가 발생할까 생각해 보면 쉽게 이해할 수 있다. 회사가 피고가 될 수 없다면 제3자가 당사자인 판결의 효력이 회사에게 미치지 않게 되어 분쟁해결에 도움이 되지 않는다(반대로 말한다면 법인에게 피고적격이 있기 때문에 판결의 대세효가 인정된다). 또한 당해 결의라는 결정을 한 의사의 주체는 회사이므로 그 결의의 효력을 다투는 분쟁의 가장 이해관계를 갖는 것은 법인자신이기 때문이다. 따라서 판례가 회사에게 피고적격을 인정하는 것은 타당하다.

(3) 당해 임원의 피고적격

한편 이 판결은 관련 임원들은 피고적격을 갖지 않는다고 판시하였다. 학설에 따라서는 당해 임원들도 회사와 병행하여 피고적격을 부여해야 한다는, 더 나아가 회사와 임원의 필수적 공동소송이라는 견해가 있다(고유필수적 공동소송이라는 견해[41]와 유

41) 강, 138면.

사필수적 공동소송이라는 견해[42]가 있다).[43] 생각건대 회사가 피고가 되었을 때 실질적으로 소송을 수행하게 되는 것은 회사의 임원이라는 점, 그리고 소송의 대상인 결의에 대해서는 임원에게 직접 당사자가 될 만한 이해관계는 아니고, 보조참가가 인정될 정도의 이해관계에 불과하다고 할 것이다. 따라서 임원에게 피고적격을 인정할 필요는 없다.

(4) 이사해임의 소의 경우의 문제

다른 한편 결의부존재확인과 유사한 형태로 이사해임의 소의 경우에 피고적격을 갖는 것은 누구인가의 문제가 있다. 이에 대해 일본의 판례는 당해 이사와 회사는 필수적 공동피고에 해당한다고 해석하고 있다. 그 이유는 회사와 이사의 법률관계를 해소한다는 이사해임의 소의 성격, 그리고 이사의 적절한 회사업무수행의 여부가 문제되는 이상 이사에게도 당사자가 될 기회를 부여해야 하기 때문이다. 이러한 해석은 이사에게도 당사자적격이 있다는 근거로서 타당하다고 생각한다. 단, 항상 고유필수적 공동소송이어야 하는가, 적어도 유사필수적 공동소송으로 족한가는 앞으로의 과제이다.

42) 정=유, 205면.

43) 그 밖에 전, 150면은 단순히 당사자로서의 지위를 부여하여야 한다고 한다.

30 임의적 소송담당

[대판 1984.2.14, 83다카1815]

사 실

A는 64명의 구성원으로 공유수면을 매립 개간하여 농경지를 조성할 목적으로 조직된 계이다. A의 규약에는, 계원의 탈퇴와 신규가입은 이사회의 제청으로 총회의 승인을 얻어야 하고 계원의 자격은 상속할 수 있다는 점, 그리고 A의 대표자Y에게 그 업무집행권·대표권이 있다고 규정되어 있다. A와 토지매매계약을 체결한 X가 Y를 피고로 소를 제기한 경우, Y는 A의 소송담당자로서 당사자적격을 갖는지 문제되었다.

판결요지

"민사소송 중 재산권상의 청구에 관하여는 소송물인 권리 또는 법률관계에 관하여 관리처분권을 갖는 권리주체에게 당사자적격이 있다고 함이 원칙이나 비록 제3자라고 하더라도 법률이 정하는 바에 따라 일정한 권리나 법률관계에 관하여 당사자적격이 부여되는 경우와 본래의 권리주체로부터 그의 의사에 따라 소송수행권을 수여받음으로써 당사자적격을 인정하는 경우도 허용된다고 풀이할 것이다. 물론 이와 같은 임의적 소송신탁은 우리 나라 법제하에서는 그 허용되는 경우라는 것은 극히 제한적이라고 밖에 할 수 없을 것이나 탈법적 방법에 의한 것이 아니고(소송대리를 변호사에 한하게 하고 소송신탁을 금지하는 것을 피하는 따위)이를 인정하는 합리적 필요가 있다고 인정되는 경우가 있을 것이므로 따라서 민법상의 조합에 있어서 조합규약이나 조합결의에 의하여 자기의 이름으로 조합재산을 관리하고 대외적 업무를 집행할 권한을 수여받은 업무집행조합원은 조합재산에 관한 소송에 관하여 조합원으로부터 임의적 소송신탁을 받아 자기의 이름으로 소송을 수행하는 것은 허용된다고 할 것이다."

해 설

1. 이 판결의 의의

원래의 당사자적격자를 대신하여 제3자가 당사자가 되는 소송담당의 경우, 어떠한 경우에 그러한 제3자가 당사자적격을 갖는지 문제된다. 소송담당은 피담당자가 소송의 표면에 나타나지 않고(따라서 소장에 기재되지 않는다), 담당자는 당사자로서 소송을 수행하므로 소송대리가 아니다. 이 판결의 경우 A는 오로지 자신의 권리의 실현을 위해 Y에게 소송을 수행하게 한 것이므로, Y는 A에 대해 소송을 담당하는 입장이 된다. 이 판결은 임의적 소송담당에 관한 리딩케이스로서 조합의 경우(업무집행조합원의 임의적 소송담당)에만 이를 인정하고, 그 요건을 상당히 엄격하게 해석하여 임의적 소송담당을 가능한 허용하지 않으려는 입장이다.

2. 소송담당의 종류와 필요성

(1) 종류

소송담당의 경우 당사자적격이 문제되는 것은 당사자적격자가 따로 존재하고 있음에도 불구하고, 굳이 제3자에게 당사자로서 소송을 수행하게 하고 그 판결의 효력을 원래의 적격자(실질적 이익귀속주체이고 피담당자라고도 한다)와 소송담당자에게 미치게 하는 것(법218조3항)이 타당한지 문제되기 때문이다. 순리적으로 생각한다면 원래의 당사자적격자가 소송을 수행하는 것이 당연하고, 그렇다면 소송담당자는 당사자적격자가 아니라는 해석이 되기 때문이기도 하다.

반대로 당사자적격이 인정된다면 그러한 소송담당은 유효·적법한 것이 된다. 소송담당에는 피담당자의 수권과 관계없이 법규에 특정인이 소송담당을 할 수 있는 규정이 있는 법정소송담당과, 원래의 당사자적격자가 임의로 제3자에게 소송을 담당시키는 임의적 소송담당이라는 두 가지 타입이 있다.

(a) 법정소송담당

법정소송담당은 특정인이 법률에 의해 소송담당자가 될 수 있는 경우로서, 여기에는 먼저 법률에 의해 소송수행권이 부여되는 자가 있는데, 자신의 권리를 보호하기 위해 자신에게 의무를 지고 있는 자나 이에 준하는 자의 권리관계에 대해 소송수행권이 인정되는 제3자의 경우이다. 실체법상 소송수행권(일종의 관리처분권)이 인정되는 경우로는 채권자대위권에 의해 채무자의 권리를 대위행사하는 채권자(민법404조), 입질채권에 대해 소송을 하는 채권질권자(민법353조), 주주대표소송을 하는 주주(상법403조가 인정하는 것이지만 소송담당이 아니라는 견해도 있다)가 있고, 소송법상 인정되는 경우로는 채무자의 채권을 압류한 압류채권자(민집238조)가 있다. 특히 추심채권자가 제3채무자에 대한 이행소송을 제기하고 그 계속 중에 압류 및 추심명령 신청의 취하 등에 따라 추심권능을 상실하게 되면 채무자는 당사자적격을 회복하는지에 대해, 대판 2010.11.25, 2010다64877는 "채권에 대한 압류 및 추심명령이 있으면 제3채무자에 대한 이행의 소는 추심채권자만이 제기할 수 있고 채무자는 피압류채권에 대한 이행소송을 제기할 당사자적격을 상실하나, 채무자의 이행소송 계속 중에 추심채권자가 압류 및 추심명령 신청의 취하 등에 따라 추심권능을 상실하게 되면 채무자는 당사자적격을 회복한다. 이러한 사정은 직권조사사항으로서 당사자가 주장하지 않더라도 법원이 직권으로 조사하여 판단하여야 하고, 사실심 변론종결 이후에 당사자적격 등 소송요건이 흠결되거나 그 흠결이 치유된 경우 상고심에서도 이를 참작하여야 한다."고 판시하였다.

다음으로 포괄적 관리처분권자로서 위의 경우와 유사하지만 제3자에게 인정되는 관리처분권의 내용이나 범위가 다르고 그것이 인정되는 이유에서 첫 번째의 경우와 큰 차이가 있는 경우이다. 타인의 재산에 관해 포괄적인 관리처분권이 인정되는 재산관리인에 해당되는, 파산재단이나 정리회사의 재산에 관한 소송에서의 관재인이나 관리인(채무자회생78조, 359조), 강제관리에서의 관리인(민집166조), 유언집행자(민법1103조) 등이 있다. 단, 유언집행자를 소송담당자로 보느냐 아니면 법정대리인으로 보느냐에 관해서는 다툼이 있다.

판례는 대판 1999.11.26, 97다57733에서, "유언의 집행을 위하여 지정 또는 선임된 유언집행자는 유증의 목적인 재산의 관리 기타 유언의 집행에 필요한 행위를 할 권리의무가 있으므로(민법 제1101조), 유언의 집행에 방해가 되는 유증 목적물에 경료된 상속등기 등의 말소청구소송 또는 유언을 집행하기 위한 유증 목적물에 관한 소유권이전등기 청구소송에 있어서 유언집행자는 이른바 법정소송담당으로서 원고적격을 가진다고 봄이 상당하다고 할 것이다."라고 판시하였다. 학설 간에 다툼이 있는 유언집행자의 소송상의 지위에 관해 민법1101조를 고려하여 법정대리인이 아닌 법정소송담당자라고 한 것이고, 타당한 해석이다. 또한 유증 목적물에 관하여 마쳐진 유언의 집행에 방해가 되는 다른 등기의 말소를 구하는 소송에 있어서 원고적격을 갖는 것은 누구인지에 대해, 대판 2010.10.28, 2009다20840은 "유언집행자는 유증의 목적인 재산의 관리 기타 유언의 집행에 필요한 모든 행위를 할 권리의무가 있으므로, 유언집행자가 이른바 법정소송담당으로서 원고적격을 가진다고 할 것이고, 유언집행자는 유언의 집행에 필요한 범위 내에서는 상속인과 이해상반되는 사항에 관하여도 중립적 입장에서 직무를 수행하여야 하므로, 유언집행자가 있는 경우 그의 유언집행에 필요한 한도에서 상속인의 상속재산에 대한 처분권은 제한되며 그 제한 범위 내에서 상속인은 원고적격이 없다."고 판시하고, 나아가 유언집행자가 사망·결격 기타 사유로 자격을 상실한 때 상속인은 원고적격을 갖는지에 대해서는 "상속인이 있더라도 유언집행자를 선임하여야 하는 것이므로, 유언집행자가 해임된 이후 법원에 의하여 새로운 유언집행자가 선임되지 아니하였다고 하더라도 유언집행에 필요한 한도에서 상속인의 상속재산에 대한 처분권은 여전히 제한되며 그 제한 범위 내에서 상속인의 원고적격 역시 인정될 수 없다."고 하였다.

마지막으로 직무상의 당사자로는, 혼인・친자・입양관계 등의 가사사건에서 당사자가 되는 검사, 해난구조료채무자인 선주나 하주를 위해 그 청구를 받는 선장(상법894조) 등이 있다.

(b) 임의적 소송담당

반대로 임의적 소송담당은 법률이 아닌 당사자의 임의(수권)에 의해 소송담당자가 정해지는 것이다. 당사자가 임의로 제3자로 하여금 소송을 담당하게 하는 것이므로, 수권이 정당한 한 그 후의 절차에서의 피담당자의 절차보장은 애당초 문제가 되지 않는다. 임의적 소송담당에는 당사자가 그러한 수권을 할 수 있다는 명문의 규정이 있는 경우가 있다(당사자의 수권 없이 소송담당자가 될 수 있는 제3자가 법률에 의해 특정되어 있는 경우가 아닌, 법률이 당사자에게 소송담당자를 특정할 수 있도록 말하자면 수권의 가능성을 인정한 경우이다).

예를 들면 선정당사자(법53조), 집합건물의 소유 및 관리에 관한 법률25조1항3호에 의한 관리인, 금융기관부실자산 등의 효율적 처리 및 한국자산관리공사의 설립에 관한 법률4조, 26조에 의한 한국자산관리공사 등이다. 집합건물의 관리인과 한국자산관리공사는 당사자에게 특정인을 소송담당인으로 수권을 할 것인지의 여부만을 묻는 것으로서 사실상 법정소송담당과 그다지 차이가 없다고 할 수 있다. 한편, 집합건물의 소유 및 관리에 관한 법률 25조1항3호의 관리인은 법인의 대표로서 법정대리인인지 임의적 소송담당자인지 논란이 있다. 판례(대판 1987.5.26, 86다카2478)는, "관리단집회의 결의에 의하여 지정받은 구분소유자도 관리단집회의 결의가 있으면 관리인과는 별도로 소송당사자가 되어 위와 같은 소송을 제기할 수 있다고 해석된다"고 판시하고 있다. 관리단이 당사자능력이 인정되는 하나의 비법인단체라면 이러한 처리는 불가능하게 될 것이므로, 결국 관리인이나 그 밖에 관리단집회의 결의에 의해 지정을 받은 구분소유자는 임의적 소송담당자라고 풀이하여야 할 것이다.

어음법18조에 의한 추심위임배서의 피배서인도 법이 허용하는 임의적 소송담당이 된다. 그러나 숨은 추심위임배서의 경우, 판례의 입장은 소송신탁을 금지하는 신탁법을 중시하여 원칙적으로 소송신탁은 허용되지 않는다는 입장이다(대판 1973.2.28, 72다2489. 그 밖에 대판 1969.7.8, 69다362; 대판 1982.3.23, 81다540 등). 즉 이른바 숨은 추심 위임을 위한 어음배서가 소송행위를 하게 하는 것을 그 주된 목적으로 행하여졌을 경우에는, 그러한 어음상의 권리이전행위인 배서는 그 효력을 발생할 수 없다고 한다.

그 이유는 "이른바 숨은 추심위임배서는 어음상의 권리를 신탁적으로 양도한다는 입장에서나 어음상의 자격을 수여하는 것이라는 입장에서나 또는 당사자의 의사에 따라 신탁적 양수로 보거나 자격수여로 본다는 입장에서나 그 어떠한 관점에 서던 간에 신탁법 제7조는 소송행위를 하게 하는 것을 그 주된 목적으로 하여 재산권의 이전 기타 처분을 하는 것을 금하고 이에 반하는 행위를 무효로 하고 있으므로 이와 같은 숨은 추심 위임을 위한 어음배서가 소송행위를 하게 하는 것을 그 주된 목적으로 행하여졌을 경우에는 어음상의 권리이전행위인 배서는 그 효력을 발생할 수 없는 법리이다"라는 점이다. 또한 "약속어음금청구 약속어음의 추심 위임을 위한 배서양도가 소송을 주목적으로 한 것인가의 여부를 정함에 있어서 수탁자가 반드시 직접 소송을 수행함을 요하지 아니하고 소송대리인에게 소송을 위임하는 경우에도 이를 인정할 수 있다"고 하고 있다.

(2) 필요성

위에서 본 소송담당은 모두 법률에 근거규정이 있는 경우이다. 법률에 근거규정을 두면서까지 소송담당을 인정한 것은 그만큼 소송담당을 인정할 필요가 강하기 때문이라고 이해할 수 있다. 또한 그와 같이 소송담당을 인정하는 것이 피담당자는 물론 담당자나 상대방, 법원에 있어서도 충분히 도움이 된다.

결국 소송담당이 인정되는지 여부는 기본적으로 담당자의 소송수행의 합리적인 필요성의 유무에 의해 결정된다. 그렇다면 무엇인가 합리적 필요성이 인정된다면 당사자는 법률에 규정이 없는 경우라도 임의로 담당자를 정하여 그로 하여금 소송을 수행하게 할 수 있다고 보아야 하는지 문제된다. 법률에 규정이 없더라도 자유로이 소송담당을 이용할 수 있다면 변호사대리의 원칙과 소송신탁의 금지원칙이 유명무실화 될 수 있다. 이 점과의 관계에서 임의적 소송담당의 필요성과의 비교를 통하여 결정하여야 할 것이다.

3. 임의적 소송담당의 허용성

(1) 판례의 입장

판례는 이 판결에서와 같이 임의적 소송담당을 가능한 허용하지 않으려는 입장이다. 이 판결을 따르는 대판 1997.11.28, 95다35302에서는, 업무집행조합원이 조합의 재산이 아닌 조합원 개인의 지위에서 다른 일부 조합원들과 더불어 자신이 출자한 지분 상당의 손해배상을 구하는 경우에는 허용되지 않는다고 하고 있다.

이 판결은 조합의 경우에만 임의적 소송담당을 인정하고 있는데 그 논리를 정리한다면, 임의적 소송담당은 그것이 앞서 본 변호사대리의 원칙이나 소송신탁금지를 회피하려는 탈법적인 것이 아니고 합리적 필요성이 인정되는 경우에만 허용된다는 것이다. 또한 조합원 모두가 소송을 제기하거나 아니면 선정당사자제도를 이용함이 없이 임의적 소송담당을 인정하는 입장이다. 단, 조합의 경우, 조합재산에 관한 소송을 업무집행조합원이 임의로 담당하는 것이 어떠한 점에서 합리적 필요성이 있는지에 관해서는 특별히 언급하고 있지 않다.

추측컨대, 조합재산은 각 조합원의 합유라는 점, 각 조합원은 조합재산에 관해 모두 이해관계를 갖고 있다는 점, 수권에 의해 업무집행조합원은 조합재산에 관해 소송수행을 포함하는 포괄적인 권한을 갖고 있다는 점에 이유가 있다고 생각된다. 이 판결에 따르는 대판 1984.2.14, 83다카1815의 해설[44]에서도, "민법상 조합에 있어서 업무집행조합원에게 조합계약이나 전 조합원의 결의에 의하여 조합재산을 관리하고 그에 대한 소송을 추행할 권한이 주어졌을 뿐만 아니라 업무집행조합원 자신도 소송의 결과에 대한 실체상의 이익을 가지고 있기 때문에 소송신탁을 인정할 합리적 이유가 있다고 보아야 될 사안이라 할 것이다." 라고 판단하고 있다.

결국 판례는 조합이라는 단체의 특성을 감안하여 업무집행조합원에게는 소송담당을 인정하고, 반대로 조합이외의 단체나, 개인 간의 채권의 양도를 통한 소송담당의 경우에는 부정하고 있다(공사의 수급인이 건축 중인 도급인 소유의 주택 및 부지를 매수한 후 공사대금을 지급 받을 목적으로 제3자에게 그 매매계약상의 지위를 양도하는 계약을 체결한 사안에서, 제반 사정에 비추어 그 양도계약이 소송신탁에 해당하여 무효라고 한 사례로서 대판 1997.5.16, 95다54464. 그 밖에 대판 1991.11.12, 91다26522 등 참조). 또한 음악저작물 일부에 관하여는 공연권 등의 저작재산권자로부터 국내에서 공연을 허락할 권리를 부여받았을 뿐 공연권까지 신탁 받지는 않았고, 권리주체가 아닌 협회에 위 음악저작물 일부에 대한 소송에 관하여 임의적 소송신탁을 받아 자기의 이름으로 소송을 수행할 합리적 필요가 있다고 볼 만한 특별한 사정이 없으므로 당사자적격이 없다(대판 2012.5.10, 2010다87474). 한편 학설도 일반적으로 판례의 견해에 찬성하면서 임의적 소송담당은 예외적으로 허용된다고 한다.

44) 김성룡, 대법원판례해설 제3호124면.

(2) 임의적 소송담당의 확대가능성

변호사대리의 원칙 그리고 소송신탁의 금지라는 원칙이 있는 점에서 본다면, 기본적으로 이 판결의 입장은 타당하다고 생각한다. 그러나 이러한 요건은 일반적이고 추상적인 기준이고, 탈법의 가능성이나 소송담당의 필요성의 유무에 관해서는 구체적인 케이스에 따라 판단할 수밖에 없다. 이 판결이 요구하는 요건, 즉 변호사대리와 소송신탁의 금지를 회피하려는 탈법적인 것이 아니고, 합리적인 필요성이 있을 때라는 요건을 구체적 사건에 입각하여 판단하여야 한다. 그러므로 임의적 소송담당이 문제되는 경우에는 단순히 소송신탁에 해당되어 허용되지 않는다고만 판시하는 것은 타당하지 않고, 구체적으로 소송담당의 합리적인 필요성 유무에 관해 설시해 주어야 할 것이다.

예를 들면 대판 1996.3.26, 95다20041에서는 부부간의 소송담당에 관해 단지 “이 사건 채권양도는 소송행위를 하게 함을 주목적으로 한 것으로 볼 수밖에 없다” 판시하고 있다. 기본적으로 신탁법7조에 반하는 것인 이상, 인정되지 않는다고 판시하고 있다. 그러나 과연 부부사이에서의 소송담당이 불가능하다고 보아야 하는지 앞의 조합의 예와 비교하여 생각해 볼 필요가 있다.

조합의 경우에는 조합원 모두가 조합의 재산에 관한 이해관계자에 해당하고 분쟁발생 전부터 그러한 법률관계를 맺고 있는 경우이다. 부부의 경우에는 보통 분쟁발생 후의 새로운 법률관계이므로 이 점에는 차이가 있지만, 부(夫)의 재산에 대해서는 처도 조합재산에 대한 조합원 정도의 이해관계는 갖고 있다고 보아야 할 것이다. 적어도 민법826조 이하에서 규정하는 부부의 법률관계에서 본다면 그러한 이해관계를 부정할 수 없기 때문이다. 물론 조합에서와 같이 부부의 재산이 공동재산이 되는 것은 아니다.

그러나 부부관계가 계속되어 나가는 점이나 부부간의 신뢰관계를 고려한다면, 일방배우자의 권리관계의 귀추가 타방배우자에게 법률상의 이익으로서의 이해관계가 없다고는 볼 수 없을 것이다. 또한 그와 같은 법률관계를 기초로 생각한다면 변호사대리의 원칙이나 소송신탁금지의 원칙을 회피하려는 것이라고만은 볼 수 없다. 담당자가 특정되어 있기 때문이기도 하다. 더욱이 담당자가 소송대리인을 선임한다면 더욱 변호사대리의 원칙을 회피하려는 것이라고는 해석할 수 없을 것이다.

마지막으로 합리적 필요성, 즉 부부의 일방의 소송담당의 합리적 필요성은 충분히 인정될 것으로 생각된다. 왜냐하면 앞서 본 조합재산에 관한 업무집행조합원의 소송담당이 합리적 필요성이 있는 것으로 판단되는 것처럼, 부부의 경우에도 부부간의 이해관계와 부부간의 수권에 따른 포괄적인 관리처분권의 내용에서 동일하다고 볼 수 있기 때문이다.

31 당사자적격흠결의 효과 - 채권자대위소송의 경우 -

[대판 1988.6.14, 87다카2753]

사 실

X는 채무자 A가 Y에 대해 갖고 있는 채권을 대위 행사하여, Y를 상대로 채권자대위소송을 제기하였다. 그러나 X가 A에 대해 채권을 갖고 있지 않은 것(피보전채권이 없는 것)이 판명되면, 법원은 당해 대위소송을 각하해야 하는지, 아니면 기각해야 하는지 문제되었다.

판결요지

"채권자대위소송에 있어서 대위에 의하여 보전될 채권자의 채무자에 대한 권리가 인정되지 아니할 경우에는 채권자가 스스로 원고가 되어 채무자의 제3채무자에 대한 권리를 행사할 당사자적격이 없게 되므로 그 대위소송은 부적법하여 각하할 수밖에 없다 할 것이다."

해 설

1. 이 판결의 의의

당사자적격은 소송요건으로서 그것을 흠결하면 소를 각하한다. 이 판결도 그러한 일반적인 태도를 표명한 것이다. 이 판결의 해석은 그 후의 많은 판례, 즉 대판 1989.6.27, 88다카9111; 대판 1991.6.11, 91다10008; 대판 1991.8.27, 91다13243(여기서는 특히 "제1심이 소를 각하하지 아니하고 청구를 기각하였을 때에는 항소심에서 제1심 판결을 취소하고 스스로 소를 각하하는 판결을 하는 것이지 사건을 제1심 법원에 환송하여야 하는 것은 아니다."라고 판시되었다), 대판 1994.11.8, 94다31549 등에서 그대로 이어지고 있다.

2. 청구기각판결의 가능성

(1) 채권자에게 채권이 존재하지 않는 경우

이 판결의 사안과 같이 이미 X가 A에 대해 채권을 갖고 있지 않은 경우에는, 어차피 청구권이 없는 것이므로 소의 각하가 아닌 청구기각을 하는 것이 불가능한지 문제된다. 청구기각을 하여야 한다는 학설은 채권자대위소송을 판례와 통설에서처럼 담당적격(소송담당)이 아닌 고유적격에 기한 제소로 해석하는 점에 있다. 즉 채권자대위소송은 단순히 채무자의 채권을 행사하는 것이 아니라 채권자 자신의 권리인 대위권을 행사하는 것이므로, 소송담당이 아니라고 주장한다.

(2) 청구기각을 할 수 있다는 학설의 주장

학설은 다음의 평석을 제외하고 보통 판례에 찬성한다. 이 판결에 반대하는 평석[45)]에서는 청구기각을 해야 한다고 주장한다.[46)] 즉 "당사자의 주장 자체를 그 판단기준으로 삼아서 원고가 스스로 채권자라고 주장하면 그가 정당한 당사자이고, 과연 그가 진정한 채권자인가, 즉 과연 피보전채권이 존재하는가는 본안심리와 본안판단에서 밝혀야 할 것이다. 그 채권이 존재하지 않은 것으로 밝혀졌으면 당사자적격이 없다 하여 그 소를 각하할 것이 아니라 청구를 이유가 없다 하여 기각하여야 한다."라는 해석이다.

3. 당사자적격의 흠결의 처리

(1) 채권자대위소송의 본안

이 판결과는 달리 청구기각을 해야 한다는 위와 같은 주장은 다음과 같은 점에서 타당하지 않다고 생각한다. 채권자대위소송에서의 본안은 결국 채무자의 제3채무자에 대한 청구권의 존부이다. 피보전채권이 없다고 청구기각을 하면 채무자의 제3채무자에 대한 채권도 존재하지 않는다는 기판력이 발생할 수도 있다. 채권자의 제3채무자에 대한 채권은 애당초 문제가 되지 않는다. 또한 채권자가 제3채무자에게 채권자대위소송을 제기할 청구권이 존재하지 않는다는 효과는 대위소송을 각하함으로써 충분히 달성할 수 있다. 제소가능성에 관련된 문제이기 때문이다. 반대로 채권자의

45) 호문혁, 민사판례연구12권(1990)22면 이하(또한 호, 250면). 아울러 이 평석에서는 채권자대위소송이 과연 소송담당에 해당하는지 의문이라는 문제제기가 있다. 이 점은 중요한 문제제기이고, 청구기각판결을 도출하기 위한 중요한 수단이기도 하다. 그러나 채권자대위소송의 소송물은 채무자의 제3채무자에 대한 채권이고, 이 권리에 대해 채권자에게 민법에 의해 관리처분권이 주어진 것이며, 제3채무자가 방어하는 것은 채무자에 대한 자신의 채무의 존부이므로, 앞의 항목에서 보았듯이 법정소송담당이라 해석해야 한다.

46) 호문혁, 전게평석, 32면.

채무자에 대한 채권은 인정되지만, 채무자의 제3채무자에 대한 채권이 존재하지 않는다면 당연히 청구기각판결을 하고, 그렇게 함으로써 3자간의 권리의무에 대해 실체적으로 해결된다.

(2) 판결의 실효성의 확보

당사자적격은 기본적으로 판결의 내용의 적정성을 담보하는 수단이기도 하다. 당사자적격이 없는 자에게 본안판결을 내린다면, 과연 그러한 판결은 원고에게 어떠한 효력이 미치는지 의문이 아닐 수 없다. 정반대로 본래의 적격자에게는 효력이 미치지 않는다면 누구를 위한 분쟁의 해결인지 문제된다. 즉 X가 아닌 다른 채권자가 Y를 상대로 다시 채권자대위소송을 하는 경우를 생각해 보라. Y는 이 소송이 전소의 기판력에 저촉된다고 주장할 수 있을까 의문이다(채권자대위소송의 판결의 범위에 관해서는 항목<73> 참조). 결국 채권자대위소송의 경우에도, 채권자는 정당한 채권자인 경우라야 그러한 소를 제기할 수 있는 것이고, 그 점에서는 채권자의 적격성이 문제되므로 이는 당사자적격 그 자체에 해당하며, 당사자적격을 흠결한다면 청구기각이 아닌 소의 각하를 하는 것이 타당하다.

마찬가지의 원리로 판례는 채권자가 채권자대위권의 법리에 의하여 채무자에 대한 채권을 보전하기 위하여 채무자의 제3자에 대한 권리를 대위행사하기 위하여는 채무자에 대한 채권을 보전할 필요가 있어야 하고, 그러한 보전의 필요가 인정되지 아니하는 경우에는 소가 부적법하므로 법원으로서는 이를 각하하여야 한다고 해석한다(대판 2012.8.30, 2010다39918).

제 5 장

소제기의 효과

32 중복된 소제기의 금지 - 당사자의 동일성 -

[대판 1974.1.29, 73다351]

사 실

X는 Y를 상대로 특정 부동산의 말소등기를 청구하는 소를 제기하였다. 그러나 당해 부동산에 관하여는 이미 A가 Y를 상대로 X를 대위하여 X와 Y간의 소송과 청구취지 및 청구원인을 같이 하는 내용의 소송을 제기하여 상고심에 계속 중에 있었다. 이러한 경우 X가 제기한 소는 중복제소에 해당하는지 문제되었다.

판결요지

"A가 민법 제404조 제1항 소정의 채권자 대위권에 의하여 X를 대위한 위 소송과 X의 본건 소송과는 비록 그 당사자는 다르다 할지라도 실질상으로는 동일 소송이라고 할 것이므로, 본건 소송은 민사소송법 제234조(법259조) 소정의 이른바 중복소송 금지규정에 저촉되는 것이라고 아니할 수 없다."

해 설

1. 이 판결의 의의

이 판결에서는 A가 제기하여 계속된 채권자대위소송과 그 피대위자인 채무자가 제기한 동일한 내용의 소송이 중복된 소제기(이하, '중복제소'라 한다)에 해당하는지 문제된 것이다. 이 판결은 결론적으로 중복제소가 된다고 판단하였지만, 중복제소금지의 요건인 당사자의 동일성에 관하여는 형식적으로 부정하였다.47)

---

47) 이하, 중복제소금지에 관한 필자의 견해의 상세는 김상수, 중복된 소제기의 금지에 관한 연구, 인권과정의372호(2007)113면 이하 참조.

2. 중복제소금지의 의의와 필요성

(1) 당사자와 법원의 입장

법259조를 보면 비교적 명확하게 중복제소의 의미가 표현되어 있다. 같은 조의 목적은 결국 그 기준 또는 요건에 관해 여러 문제점이 있지만, 일단 중복하여 제기되는 소를 불허하겠다는 점이다. 그렇다면 중복되어 제기되는 소를 금지하는 이유는 무엇일까.

먼저 당사자의 입장이다. 이때에는 중복제소가 되는 후소의 피고가 문제된다. 이미 계속된 사건과 동일한 사건에서 피고가 된다는 것은, 원래 부담할 필요가 없는 응소의 무를 강요당하는, 달리 말하면 변호사의 선임을 포함하는 주요 공격방어방법의 중복제출을 강요당하는 것으로, 당해 피고에게는 매우 가혹한 것이다. 중복제소가 아니라도 제소 자체가 피고에 대한 불법행위가 되는 경우가 있음을 상기할 필요가 있다. 따라서 중복제소는 정당한 이유가 없는 제소이고, 당해 피고의 불이익을 제거한다는 의미에서, 그 금지가 명확히 규정되어 있다고 말할 수 있다.

다음은 법원의 입장이다. 법원도 사건을 처리해야 하는 부담이 과중되고, 현재 우리나라와 같이 제소사건이 많은 경우에는 더더욱 중복제소를 막을 필요가 있다. 또한 재판제도의 운영면에서 전소와 후소의 판결이 모순되는 경우, 재판(판결)에서는 동일한 권리관계에 관하여 쌍방당사자를 권리자와 의무자로 명확히 구분하는 것인데, 결과적으로 쌍방당사자가 권리자인 동시에 의무자가 된다면 재판은 아무런 효용이 없게 된다.

(2) 중복제소금지의 취지

중복제소금지라는 원칙이 존재하는 취지 내지 이유는 그 요건인 사건의 동일성의 범위나 중복제소의 처리와 밀접히 관련되어 있는데, 심리의 중복과 판결의 중복을 방지하려는 것이 중복제소금지의 취지라고 해석하는 것이 보통이다. 이에 더하여 피고의 이중응소의 방지를 추가하기도 한다.[48] 그런데 학설 중에는 위와 같은 취지 중 특히 판결(기판력)의 모순 · 저촉의 방지가 가장 중요하다는 점을 강조하는 경향이 있다.[49] 그러나 판결(기판력)의 모순 · 저촉만을 유독 강조하는 것은 타당하지 않다.

먼저 사실적인 문제로서 중복제소금지의 취지는 기판력의 모순이라고 하지만, 실제적으로 법원이 중복소송의 존재를 모른 채 양소에 대하여 판결이 내려지고 그것이 동시에 확정되며 게다가 그 내용이 상호 모순된다는 사태는 거의 발생하지 않는다. 또한 제도의 효율적인 운영이라는 점에서 소송에 소요되는 당사자나 법원의 부담을 무시할

48) 김=강, 303면; 전, 271면.
49) 강, 294면; 호, 140면.

수 없는 이상, 중복제소의 금지는 위와 같은 여러 목적을 공통적으로 달성하려는, 심리의 모순·저촉을 통해 야기되는 법원과 당사자의 불이익을 회피하려는 제도라고 이해해야 하기 때문이다. 이러한 점은 이 항목 후반부에서 다루는 대판(전) 2013.12.17, 2013다202120에서도 나타나 있다.

3. 중복제소금지의 요건

(1) 소송계속

보통 중복제소의 금지는 소제기의 소송법상의 효과라고 한다. 그러나 엄밀히 말하자면 소제기의 효과가 아니라 소송계속의 효과이다. 소를 제기한다고 바로 소송이 계속되는 것이 아니고, 소가 제기됨으로써 소장이 피고에게 송달되고 이때 비로소 소송이 계속되며(이론 없음), 이를 기준으로 소송법상의 효과가 발생하기 때문이다. 따라서 소의 제기의 소송법상의 효과 중에 소송계속이나 중복제소의 금지가 있는 것이 아니라, 소송계속을 전제로 한 효과로서 중복제소의 금지가 존재하고 있음에 주의할 필요가 있다. 중복제소금지는 소송계속으로 인하여 당연히 발생하는 소송요건의 하나로서 이미 동일한 사건에 관하여 전소가 제기되었다면, 설령 그 전소가 소송요건을 흠결하여 부적법하다고 할지라도 후소의 변론종결시까지 취하·각하 등에 의하여 그 소송계속이 소멸되지 아니하는 한 후소는 중복제소금지에 위배하여 각하를 면치 못한다(대판 1998.2.27, 97다45532).

(2) 사건의 동일성

중복제소의 금지에 해당하려면 양 소송의 사건의 내용이 동일하여야 한다. 이에 관하여는 다음 항목에서 구체적으로 다루기로 하겠다.

(3) 당사자의 동일성

중복제소의 금지에서 문제되는 것은 당사자의 동일성이다. 이에 비해 법원(수소법원)의 동일성은 문제가 되지 않는다. 우리의 동일한 재판권(사법권)을 행사하는 법원간에 심리의 모순·저촉을 회피할 필요가 있기 때문에, 어느 법원에 제소되건 중복제소가 될 가능성이 있다. 당사자의 동일성은 전소와 후소에서의 당사자로서의 동일성을 의미하므로, 원고 또는 피고라는 지위는 문제가 되지 않는다. 즉 전소의 피고가 후소에서 전소의 원고를 상대로 제소하는 경우에도, 당사자의 동일성의 요건을 충족시킨다. 특정 채권의 이행소송의 피고가 다시 당해 채권의 부존재라는 소극적 확인소송을 그 원고에게 제소하는 경우를 생각하면 쉽게 이해할 수 있다.

4. 소송담당과 중복제소

(1) 판례

채권자대위소송 계속 중 채무자가 동일한 제3채무자를 상대로 대위소송에서 다루어지고 있는 자신의 채권을 내용으로 하는 소를 제기하는 경우에 관하여, 이 판결에 앞선 대판 1962.5.24, 61다251, 252에서는 “채권자가 채무자의 권리를 대위 행사하는 방법으로 소송을 제기한 경우에 채권자가 그 사실을 채무자에게 통지하거나 채무자가 그 사실을 알게 된 때에는 채무자는 같은 권리의 행사로서 같은 피고에게 대하여 같은 내용의 소송을 제기할 수 없는 것”이라고 판시하고 있다. 여기서는 채무자에게 대위소송의 계속 사실을 통지하거나 대위소송의 계속사실을 채무자가 알아야 중복제소가 된다는 의미로 판단된다.

그런데 이를 인용하는 이 판결에서는, 동일하게 채권자대위소송 계속 중에 채무자가 동일한 제3채무자를 상대로 제소하는 경우에 관하여 중복소송금지에 해당된다고 판시한 것이다. 여기서는 소송물의 동일성에 관한 언급 없이 단지 동일소송이므로 중복제소에 해당한다고 판시하고 있다.[50] 단, “청구취지 및 청구원인을 같이 하는 내용의 소송”이라는 점에서는 소송물이 같으므로 동일소송이라고 인정하고, 당사자가 다른 것은 형식상 다른 것에 불과하다는 점, 나아가 채무자에 대한 통지나 대위소송 계속사실의 지 · 부지는 문제로 하지 않는 것이라고 생각된다.

나아가 이 판례를 따르는 대판 1977.2.8, 76다2570(법고을에는 판결원문이 실려 있지 않다)의 평석[51]에서는, 이 판결이 대위소송의 기판력은 채무자에 미치지 않는다는 것과 일치되지 않는다고 말하면서도, “이 사건의 경우 원고보조참가인이 원고와 피고를 다른 소송의 피고로 삼아 소유권이전등기 및 그 말소등기절차를 구하고 있고 그것은 보조참가인이 원고를 대위하여 피고에게 말소를 구한 것이며 이 사건은 원고가 피고에게 말소를 구하고 있는 소송인 만큼 중복제소금지에 정면으로 저촉된다”고 말하고 있다.

다음으로 채무자의 제3채무자에 대한 소의 계속 중에 채권자가 채무자를 대위하여 동일한 내용의 대위소송을 제기한 경우, 즉 채무자의 제소가 전소가 된 경우에도 대판 1981.7.7, 80다2751에서는, “양 소송은 비록 당사자는 다를지라도 실질상으로는 동일소송이라 할 것이므로” 중복소송금지에 해당된다고 판시한다. 또한 채권자대위소송

50) 이 판례의 평석인 이재성, 채권자대위소송과 중복제소, 민사재판의 이론과 실제 1권(1976) 198면에서는, 결론적으로 중복제소라는 판단에 찬성하면서도 판결의 효력과의 관계에서 채권자대위소송의 판결의 효력이 채무자에게도 미친다고 전제한다고 하여 기판력의 모순저촉을 강조한다.

51) 박우동, 대위소송과 중복제소(234조), 판례회고6호(1979년)102면 이하.

계속 중에 또 다른 채권자에 의한 같은 내용의 대위소송의 경우에도 마찬가지로, 대판 1988.9.27, 87다카1618에서는 위의 판례의 해석논리에 따라, "두 소송은 비록 당사자는 다를지라도 실질상으로는 동일소송이라 할 것이므로" 중복소송금지에 해당되는 것이라고 판시한다(그 밖에 대판 1989.4.11, 87다카3155; 대판 1990.4.27, 88다카25274, 25281; 대판 1994.2.8, 93다53092; 대판 1994.11.25, 94다12517, 12524; 대판 1998.2.27, 97다45532가 이를 따르고 있다).

위와 같이 판례는 채권자대위소송의 중복, 채권자대위소송과 당해 채무자에 의한 제소의 중복(그 선후를 불문하고)은 중복제소에 해당된다고 해석한다. 형식적으로 당사자가 다르더라도 사건(소송물)의 동일성을 중시한 해석이라고 말할 수 있다.

(2) 학설

먼저 중복제소에 해당한다는 판례의 견해에 찬성하는 입장[52]이 있다. 이 입장은 소송물이 동일함을 전제로 한다. 또한 소송물이 동일함을 전제로 하면서 기판력과의 관계에서 판례는 채권자대위소송의 판결은 채무자가 대위소송의 존재를 알았을 때에만 채무자에게 미친다고 해석하고 있으므로(대판(전) 1975.5.13, 74다1664), 그 한도에서 중복제소에 해당한다고 해석하여야 한다는 비판적인 입장[53]도 있다.

이에 대하여 소송물이 다르다는 것을 전제로 하여 판례에 비판하는 학설[54]도 있다. 이 입장은 물론 기판력의 모순 · 저촉의 점에 기하여도 판례를 비판한다. 위 마지막 견해는 채권자대위소송을 판례와 통설에서처럼 소송담당이 아닌 고유적격에 기한 제소로 해석하는 점에 기인한다. 그러나 고유적격설은 판례와 통설이 취하는 소송담당에 대한 비판으로서 특이한 주장을 한 것이지만, 앞의 항목에서 보았듯이 여러 가지 난점으로 인하여 추종자가 거의 없는 실정이다.

(3) 당사자의 동일성의 인정여부

결국 채권자대위소송에서는 채무자의 제3채무자에 대한 일반재산, 반대로 말하자면 제3채무자의 채무자에 대한 이행의무가 소송물이 될 수밖에 없다. 대위채권자는 채권자로서 위 권리관계의 확정을 받으려는 것을 주된 목적으로 대위소송을 제기하는 것이지, 단순히 자신이 채권자라는 권리관계의 확정만을 위해 대위소송을 제기하는 것이 아니다. 채권자대위소송판결이 확정되면 채무자는 그 판결의 기판력을 받을 수밖에 없고(대위소송에서 채권자가 승소한다면 당연히 채무자에게 그 기판력이 미칠 것이고, 만일 채권자가 패소한다면 채무자에게 소송고지 등을 통하여 계속사실을 알리

52) 강, 294면 이하; 김=강, 304면; 정=유, 278면; 정영, 389면.

53) 김, 137면; 이, 271면.

54) 호문혁, 채권자대위소송과 중복제소, 민사판례연구 제16호(1994)384면.

는 것으로서 대처할 수 있을 것이다. 민법405조의 해석을 통하여 채권자에게 채무자에 대한 통지의무를 부과하는 방법도 강구할 만하다), 이 점에서 채권자대위소송은 법정소송담당이 되는 것이다. 이로써 피고인 제3채무자도 보호된다.

중복제소금지의 요건인 당사자의 동일성의 경우에는, 형식적으로 당사자가 아니라도 사건의 동일성에 따라서 당사자에 준한다고 할 수 있다면 위에서 보았듯이 소송담당자에게는 당사자의 동일성을 인정하여야 한다. 채권자대위소송의 경우에 이 판결은 당사자가 동일하지 않아도 중복제소가 된다고 하지만, 형식적으로 당사자가 다르더라도 중복제소의 요건으로서 실질적으로 당사자가 동일하다는 점을 직접적으로 인정하여야 할 것이다.

(4) 추심소송의 경우

한편, 채무자가 제3채무자를 상대로 먼저 제기한 이행의 소가 법원에 계속되어 있는 상태에서, 압류 및 추심명령을 받은 압류채권자가 제3채무자를 상대로 나중에 제기한 추심의 소가 중복제소가 되는지에 대해서는 다음과 같은 전원합의체판결(대판(전) 2013.12.17, 2013다202120)이 있다. 즉 추심소송이 중복제소가 되는지에 대해 대법원은, “채무자가 제3채무자를 상대로 제기한 이행의 소가 이미 법원에 계속되어 있는 상태에서 압류채권자가 제3채무자를 상대로 제기한 추심의 소의 본안에 관하여 심리·판단한다고 하여, 제3채무자에게 불합리하게 과도한 이중 응소의 부담을 지우고 본안 심리가 중복되어 당사자와 법원의 소송경제에 반한다거나 판결의 모순·저촉의 위험이 크다고 볼 수 없다. 오히려 압류채권자가 제3채무자를 상대로 제기한 추심의 소를 중복된 소제기에 해당한다는 이유로 각하한 다음 당사자적격이 없는 채무자의 이행의 소가 각하 확정되기를 기다려 다시 압류채권자로 하여금 추심의 소를 제기하도록 하는 것이 소송경제에 반할 뿐 아니라, 이는 압류 및 추심명령이 있는 때에 민사집행법 제238조, 제249조 제1항과 대법원판례에 의하여 압류채권자에게 보장되는 추심의 소를 제기할 수 있는 권리의 행사와 그에 관한 실체 판단을 바로 그 압류 및 추심명령에 의하여 금지되는 채무자의 이행의 소를 이유로 거부하는 셈이어서 부당하다고 하지 않을 수 없다.”고 하여 중복제소가 되지 않는다고 판단하였다. 기존의 판례와는 달리 판결의 모순저촉만이 아닌 당사자와 법원의 소송경제라는 관점도 중복제소 여부를 판단함에 있어 고려하였다는 점에서 매우 타당한 판례라고 말할 수 있다. 단, 판례는 위와 같이 추심소송을 고유적격이 아닌 소송담당의 하나로 해석하여 내린 결론으로 보여진다. 추심소송을 어떻게 이해할지는 민사집행법상 논란이 있다.

5. 채권자취소소송의 중복

채권자대위소송과 유사한 경우로서 채권자취소소송이 있고, 이러한 채권자취소소송이 복수의 채권자에 의하여 동일한 채무자와 제3채무자 간의 사해행위의 취소를 구하며 제기된 경우에도 채권자대위소송에서처럼 중복제소가 되는지 문제된다.

판례(대판 2003.7.11, 2003다19558)는, 다음과 같은 이유로 중복제소가 아니라고 판단하고 있다. 즉 채권자취소권에 관하여, "각 채권자는 고유의 권리로서 채무자의 재산처분 행위를 취소하고 그 원상회복을 구할 수 있는 것이므로 각 채권자가 동시 또는 이시에 채권자취소 및 원상회복소송을 제기한 경우 이들 소송이 중복제소에 해당하는 것이 아니다"라고 한다. 채권자취소소송은 채권자의 고유적격에 의한 소라는 해석으로서 채권자대위소송과는 다르게 판단하고 있다. 또한 이 판례에서는 기존의 판례(대판 2000.7.28, 99다6180; 대판 2001.10.12, 2001다49043)를 인용하며, 채권자취소소송의 중복의 경우에는 "어느 한 채권자가 동일한 사해행위에 관하여 채권자취소 및 원상회복청구를 하여 승소판결을 받아 그 판결이 확정되었다는 것만으로 그 후에 제기된 다른 채권자의 동일한 청구가 권리보호의 이익이 없어지게 되는 것은 아니고, 그에 기하여 재산이나 가액의 회복을 마친 경우에 비로소 다른 채권자의 채권자취소 및 원상회복청구는 그와 중첩되는 범위 내에서 권리보호의 이익이 없게 된다고 보아야 할 것"이라고 판단하고 있다(이러한 해석은 대판 2005.5.27, 2004다67806; 대판 2005.11.25, 2005다51457이 따르고 있다).

이러한 해석은 동일한 사유를 들어 동일한 사해행위의 취소를 구하는 소송이지만, 중복제소가 되는 것은 아니라는 해석이다. 즉 당사자의 동일성을 인정할 수 없다는 것으로 풀이할 수 있다. 채권자취소소송의 성격에 관하여는 민법상 논의가 되고 있지만, 법정소송담당인 채권자대위소송과는 달리 위 판례에서 보듯이 개별적 제소가 가능하다고 이해하여야 할 것이다.

채권자취소권의 효력은 모든 채권자의 이익을 위하여 존재하는 것이고(민법407조), 채권자취소소송을 제기한 다른 채권자도 수익자명의의 재산에 대한 집행에서, 민사집행법의 요건에 따라 배당가입을 할 수 있다(민집88조, 215조, 247조에 의하여 채무자에 대한 집행권원이 필요하다). 소송에서 사해행위취소권의 주장이 인정되지 않은 경우라면, 원고가 된 채권자 이외의 채권자가 별도로 채권자취소권에 기하여 소를 제기할 수도 있다. 따라서 동일한 피고를 상대로 동일한 사해행위의 취소를 구하는 채권자취소소송의 중복의 경우에는, 판례에서 보듯이 당사자의 동일성이 없고 따라서 사건의 동일성도 인정할 수 없으며 결국 중복제소가 아니다.[55]

55) 학설에서도 판례에 대하여는 특별한 비판이 없고 그대로 소개하고 있다.

6. 중복제소의 처리

(1) 판결전의 처리

중복제소가 되면 그것을 각하로 처리한다. 각하하는 것은 또한 그렇게 함으로써 중복제소금지의 취지를 살릴 수 있기 때문이다. 그렇다면 중복제소금지에 해당되지 않는다면 그 처리방법을 둘러싸고 아무런 문제도 발생하지 않고, 당사자에 의해 소가 종료되지 않는 한 법원은 각각의 소에 대하여 판결을 내려야 한다. 반대로 중복제소에 해당하여도 그 취지를 살릴 수 있는 각하 이외의 처리방법이 있다면, 그러한 방법을 이용함으로써 비로소 중복제소로서 각하되는 것을 방지한다는 점에 의의가 있다.

그런데 학설 중에는 중복제소가 아님에도 당사자 또는 법원에 의한 사건의 병합을 하여야 한다거나 그렇게 하는 것이 바람직하다는 견해가 있다. 즉 중복소송이라면 병합되어도 중복소송이 되고, 중복소송이 되지 않아도 병합을 하여야 한다고 해석하는 입장56)이 있다. 그러나 별개의 절차로 계속되면 중복제소가 되는 경우라도 하나의 절차로 사건이 병합됨으로써 중복제소가 되지 않는 점에 유의하여야 한다. 또한 굳이 변론의 병합을 하여야 한다는 것 자체가 바로 중복제소에 해당됨을 간접적으로 시인하는 것이다. 그러하지 않다면 법률상의 의미로서 개별사건에 대해 판결을 내릴 수 있는 경우에 왜 사실상의 의미로서 변론의 병합을 하여야 하는지 알 수 없다.

이 점은 대판 2002.3.15, 2000다9086에서 보듯이, "소송경제가 도모될 뿐만 아니라 판결의 모순·저촉을 유발할 가능성도 없다는 사정"에 의하여 주주대표소송 계속 중에 회사는 원고측에 공동소송참가 할 수 있고, 이것은 중복제소금지에 해당되지 않는다는 판례에서도 알 수 있다. 즉 중복제소의 처리방법으로는 중복의 방지를 도출하기 위해 각하를 하거나 사건의 병합 및 절차의 중지 등을 하여야 한다. 각하라는 처리방법은 다른 수단을 이용할 수 없는 경우에 마지막으로 취할 수밖에 없는 수단이 된다.

(2) 판결후의 처리

각하나 병합이 없이 전소와 후소판결이 내려지는 경우, 아직 확정전이라면 후소판결은 상소에 의해 취소시킬 수 있다. 확정된다면 전소와 후소의 문제가 아닌 확정의 전후의 문제(중복제소금지의 원칙에 위배되어 제기된 소에 대한 판결이나 그 소송절차에서 이루어진 화해라도 확정된 경우에는 당연무효라고 할 수는 없다[대판 1968.4.16, 68다122. 그 밖에 대판 1995.12.5, 94다59028])로서, 두 확정판결의 기판력이 저촉되면 후확정판결이 재심에 의해 취소된다(법451조1항10호).

56) 이, 288면 이하; 호, 152면 이하.

33 중복된 소제기의 금지 - 사건의 동일성 -

[대판 1960.4.21, 59다310]

사 실

X는 Y를 상대로 Y명의로 경료된 부동산에 대하여 소유권 이전등기가 원인무효인 등기임을 이유로 하여 그 등기의 말소를 청구하는 소를 제기하였다. 그런데 이 말소청구소송의 계속 중에 Y는 당해 부동산에 대한 소유권을 전제로 X가 이를 권원 없이 점거하고 있다고 하여 X에 대하여 그 인도를 구하는 소를 제기하였다. 이 인도청구소송은 중복제소에 해당하는지 문제되었다.

판결요지

"민사소송법 제231조(법259조)는 어떤 소송물(청구원인이 된 권리 또는 법률관계)에 대한 소송이 계속 중 기 당사자 간에 동일 소송물에 대한 별소가 제기되므로 인한 심리의 중복을 피하고 동일사항에 대한 판결의 모순 저촉으로 인한 혼란을 방지하기 위하여 이중 제소를 금지하는 규정으로 동조의 적용에는 같은 당사자 간에 동일 소송물에 관하여 2개의 소송이 전후하여 제기되고 기 전소가 현에(현재) 계속 중임을 요하는 것이므로 본건에서 원고가 주장하는 본건 부동산에 대한 원피고간의 가옥명도 청구소송과 같이 기히 확정판결로서 종결된 소송은 설사 그 소송물이 본소의 소송물과 동일하였다 할지라도 차를 본소의 전소라 하여 우 그 법조를 적용할 수 없을 것이고 더욱이 본소는 원고가 피고 명의로 종료된 본건 부동산에 대한 소유권 이전등기가 무원인등기임을 이유로 하여 동 등기의 말소를 청구하는 것인 바 성립에 다툼이 없는 을 제6호증의 1, 2, 3(판결 정본)의 각 기재내용에 의하면 전기 가옥명도 청구소송은 피고(동 소송의 원고)가 본건 부동산에 대한 소유권을 전제로 하여 차를 권원 없이 점거하고 있는 원고(동 소송의 피고)에 대하여 기 명도를 구한 것이였으니 우 양 소송의 소송물을 동일하다고도 할 수 없다."

해 설

1. 이 판결의 의의

이 판결은 중복제소의 요건인 사건의 동일성에 관한 리딩케이스라 할 수 있는 판례로서, 중복제소금지원칙의 취지로서 심리중복과 판결의 모순 저촉의 회피에 있음을 명확히 한 후, 그 요건으로 (소송계속을 제외하고)당사자의 동일, 소송물의 동일을 요구하고 있다. 이에 의하여 전소가 동일한 부동산에 관한 말소등기청구소송, 후소는 동일한 부동산의 인도청구소송으로서 양 소송의 소송물이 다르므로 중복제소가 되지 아니한다고 판시한 것이다.

2. 소송물론과 중복제소금지

(1) 판례

판례는 이 판결에서도 보듯이 소송물의 동일성 여부로써 사건의 동일성을 판단한다. 따라서 판례가 따르는 구소송물론에 의하여 소송물이 다르면 중복제소가 아니라는 해석이다. 예를 들어 동일한 부동산에 대한 가등기말소청구소송과 이전등기청구소송(대판 1969.6.24, 69다502), 동일한 부동산에 대해 시간적으로 구분된 불법점거에 의한 손해배상청구소송(대판 1975.5.27, 74다264), 동일한 행정처분에 대한 무효확인소송과 취소소송(대판 1992.3.10, 91누5273)의 경우, 모두 양 소송의 소송물이 다르다고 하여 중복제소에 해당되지 않는다고 판시하고 있다.

(2) 학설

한편 학설에서는 중복제소의 해당성을 소송물을 기준으로 또한 통일적 소송물론의 입장에서 판단하는 것이 보통이다. 학설은 왜 소송물이 기준이 되는지 특별한 설명 없이 소송물을 당연한 전제로서 판단하는 것이라 할 수 있는데, 그 입장에는 차이가 없지 않다. 먼저 소송물의 기준을 청구취지라 보고 청구취지가 다르면 중복제소에 해당하지 않는다는 견해[57]가 있다. 이에 비해 청구원인에 의하여 소송물인 권리관계가 동일하다면 청구취지가 달라도 중복제소가 된다는 견해[58]도 있다.

---

57) 이, 283면.

58) 강, 296면; 전, 275면. 나아가 김=강, 305면에서는 "판결의 모순 저촉만이 아닌 중복제소금지의 취지를 살려야 한다는 내용으로 청구의 동일성에 관하여 소송물의 동일성만으로는 너무 좁다"고 해석한다.

3. 중복제소 범위의 확대화

위에서 보았듯이 우리의 판례나 대부분의 학설은 소송물론의 통일성에 사로 잡혀 소송물론을 기준으로 중복제소의 해당성을 판단하려고 한다. 그러나 소송물을 반드시 통일적으로만 판단하여야 하는 것은 아니다. 소송물이라는 용어는 조문에도 없고 해석에 의하여 만들어진 것이다. 해석의 다양성을 받아들이려고 하지 않는 통일적 소송물론만을 고집하는 것은 타당하지 않다.

그렇다면 통일적 소송물론에서 벗어나 사건의 동일성 여부(중복제소에서 정하여야 하는 소송물의 범위)는 소송물이 동일하다면 물론 매우 명확하게 중복제소로서 사건이 동일하지만, 소송물이 달라도 사건의 동일성을 인정할 수 있다는 점을 수긍하여야 할 것이다. 그 기준은 결국 소송물인 권리관계의 기초가 되는 사회생활관계가 동일하고, 주요한 법률요건사실을 공통으로 하는 경우라고 말할 수 있다. 달리 말하면 분쟁의 핵심이 되는 주요 요건사실(핵심요건사실)이 동일하다면 사건의 동일성을 인정하여야 한다.

이러한 기준에 의하면 위에서 본 판례의 경우 모두 소송물은 다르지만 중복제소를 인정하여야 할 것이다. 이에 비해 별개의 피해자에 의한 보험금지급청구소송의 중복의 경우에는 중복제소가 되지 않는데(대판 1992.5.22, 91다41187), 이것은 동일사고의 복수의 피해자가 각각 보험금청구를 한 것이므로 소송물이 다를 뿐만 아니라 각 피해자에 따라서 보험금청구권이 성립하고 이에 관한 주요사실도 다르므로, 또한 당사자도 다르고 실질적으로 당사자의 동일성을 인정하기도 곤란하므로, 중복제소가 되지 않는다는 판례의 견해는 타당하다.

또한 동일한 부동산에 대한 재산분할청구소송과 이전등기청구소송의 중복의 경우에도 마찬가지로 소송물뿐만 아니라 주요사실도 다르므로 중복제소가 되지 않는다(서울고판 2004.9.16, 2004나9796). 동일한 배당절차를 둘러싼 배당이의소송과 부당이득반환청구소송의 중복의 경우에도 중복제소가 되지 않는다(서울고판 2000.9.27, 2000나16789. 이것은 중복제소에 해당하는지에 관하여, 소송물의 동일성을 직접적으로 논하지는 않았다는 점에서 기존의 판례의 입장에서 진일보한 것이라고 할 수 있다).

4. 일부청구소송과 잔부청구소송의 중복

한편 일부청구와 잔부청구의 중복에 대해, 판례(대판 1985.4.9, 84다552)는 명시적 일부청구의 경우 잔부청구와 동시에 계속되어도 서로 소송물이 다르고 나아가 일부청구의 기판력은 잔부청구에 미치지 아니하므로, 중복제소에 해당하지 않는다고 해석한다. 학설은 중복제소에 해당된다는 입장[59]이 있다. 이에 비해 소송물이 다르므로 중복제소가 되지 않는다는 입장[60]이 있고, 중복제소가 되지 아니하지만 변론의 병합으로 처리하는 것이 바람직하다고 주장되기도 한다.[61]

그러나 위에서 본 바와 같은 기준에 의한다면, 일부청구와 잔부청구는 형식적으로 소송물이 다르다고 할 수 있지만, 동일한 권리를 주장하는 것에 불과하고 핵심요건사실이 동일하므로, 사건의 동일성을 인정하여야 할 것이다. 더 나아가 소송물 자체와 관련하여서도 명시된 일부청구와 잔부청구는 소송물이 동일하다고 해석하는 것이 타당하다. 이러한 점은 일부청구의 기각판결에서 잘 나타난다. 법원이 원고의 일부청구를 기각하려면 청구권자체가 존재하지 않음을 판단해야 한다. 이것은 원고가 일부청구임을 명시하느냐 아니냐에 관계없다. 전체로서 하나의 청구권의 존재가 인정되지 않을 때 비로소 일부청구도 기각할 수 있기 때문이다(항목<64> 참조).

59) 강, 298면. 송=박, 286면은 중복제소가 된다고 하면서 청구확장이나 변론의 병합 등으로 처리하여야 한다고 한다.

60) 김, 141면; 정=유, 282면; 정영, 391면.

61) 이, 286면; 호, 152면.

34 중복된 소제기의 금지 – 동일한 채무를 대상으로 하는 확인소송과 이행소송의 중복 –

[대판 2001.7.24, 2001다22246]

사 실

Y가 X를 상대로 A의 Y에 대한 채무를 인수한 X에 대한 채무이행을 구하는 소가 계속되고, X가 Y를 피고로 A의 Y에 대한 채무가 존재하지 아니한다는 확인의 소를 제기한 경우, 후소는 중복제소가 되는지 문제되었다.

판결요지

"이 사건 소는 A의 Y에 대한 채무가 존재하지 아니한다는 확인의 소이고, Y가 X를 상대로 제기한 위 채권확정의 소는 X가 A의 Y에 대한 채무를 병존적으로 인수하였음을 이유로 한 금전채무 이행의 소로서, 그 청구취지와 청구원인이 서로 다르므로, 원심이 이 사건 소가 중복제소에 해당한다고 판단한 것은 잘못이다. 그러나 이 사건 근저당권설정등기와 관련하여 X가 A의 채무를 병존적으로 인수하였다고 하여 X를 상대로 1억 원의 지급을 구하는 Y의 채권확정의 소가 이미 계속되어 있고, X는 그 소송에서 청구기각의 판결을 구함으로써 Y가 X나 A에 대하여 1억 원의 채권을 가지고 있지 아니함을 다툴 수 있으므로, 이와는 별도로 Y를 상대로 A의 Y에 대한 1억 원의 채무가 존재하지 아니한다는 확인을 구할 이익이 없다. 따라서 X의 이 사건 채무부존재확인의 소는 확인의 이익이 없어 부적법하다."

해 설

1. 이 판결의 의의

원심은 중복제소가 되어 확인의 소를 각하한다고 판시하였지만, 이 판결은 "그 청구취지와 청구원인이 서로 다르므로, 원심이 이 사건 소가 중복제소에 해당한다고 판단한 것은 잘못"이라고 하면서도, 전소에서 청구기각의 판결을 구함으로써 다툴 수 있으므로 확인의 이익이 없어 후소를 각하하여야 한다고 판시한 것이다. 이 판결은 형식적으로 중복제소의 요건, 즉 소송물의 동일성을 강조하여 중복제소가 되지 않지만, 후소가 확인의 이익이 없어 중복제소에서와 같이 각하된다고 판단한 점에 의의가 있다.

2. 판례의 입장

한편 이 판결과 유사한 케이스로서 전소인 채무부존재확인소송이 제기되고 그 반소로서 채무이행소송이 제기된 경우에 대한 대판 1999.6.8, 99다17401, 17418에서는, 원심은 "교통사고와 관련한 손해배상채무의 부존재확인을 구하는 원고의 이 사건 본소에 관하여, 소의 이익의 존부는 사실심 변론종결시를 기준으로 판단하여야 하는바, 피고들이 원고에 대하여 반소를 제기하여 위 손해배상채무의 이행을 구하고 있는 이상 본소의 목적은 반소청구에 대한 기각을 구하는 방어로써 충분히 달성할 수 있으므로 본소는 소의 이익이 없어 부적법하다고 하여 이를 각하"하였다.

그러나 대법원은 "소송요건을 구비하여 적법하게 제기된 본소가 그 후에 상대방이 제기한 반소로 인하여 소송요건에 흠결이 생겨 다시 부적법하게 되는 것은 아니므로, 원고가 피고들에 대하여 위 교통사고와 관련한 손해배상채무의 부존재확인을 구할 이익이 있어 본소로 그 확인을 구하였다면, 피고가 그 후에 그 손해배상채무의 이행을 구하는 반소를 제기하였다 하더라도 그러한 사정만으로 본소청구에 대한 확인의 이익이 소멸하여 본소가 부적법하게 된다고 볼 수는 없다"고 판시하였다.[62]

마찬가지로 원고가 피고에 대하여 손해배상채무의 부존재확인을 구할 이익이 있어 본소로 그 확인을 구한 후 피고가 그 손해배상채무의 이행을 구하는 반소를 제기하면, 본소청구에 대한 확인의 이익이 소멸하는지에 대해서도 대판 2010.7.15, 2010다2428, 2435는 "소송요건을 구비하여 적법하게 제기된 본소가 그 후에 상대방이 제기한 반소로 인하여 소송요건에 흠결이 생겨 다시 부적법하게 되는 것은 아니고, 민사소송법 제271조는 본소가 취하된 때에는 피고는 원고의 동의 없이 반소를 취하할 수 있다고 규정하고 있고, 이에 따라 원고가 반소가 제기되었다는 이유로 본소를 취하한 경우 피고가 일방적으로 반소를 취하함으로써 원고가 당초 추구한 기판력을 취득할 수 없는 사태가 발생할 수 있는 점을 고려하면, 반소가 제기되었다는 사정만으로 본소청구에 대한 확인의 이익이 소멸한다고는 볼 수 없다."고 판단하였다.

62) 이 판례의 평석인 전병서, 판례월보 제361호11면에서는 "기초를 이루는 권리관계가 동일한 경우에는 청구의 취지가 다르더라도 심리의 중복과 판결의 모순저촉을 방지하고자 하는 중복제소금지의 취지에 비추어 확인소송과 이행소송의 선후를 묻지 않고 어느 경우라도 별개의 소송절차를 인정할 필요는 없고 중복제소로 된다고 생각한다"고 말하고 있다.

3. 학설의 입장

이 판결(이행소송 후의 확인소송)의 경우에 소의 이익의 문제로서 각하하여야 한다는 견해[63]도 있지만, 대개의 학설은 중복제소에 해당한다는 해석이다.[64] 이에 비해 확인소송 후의 이행소송의 경우, 또는 본소가 아닌 반소로 후소가 제기된 경우에 관하여도 중복제소가 된다는 견해[65]가 있다.[66]

4. 중복제소의 해당성

그러나 어느 경우에나 당사자가 동일하고 채권의 효력이라는 핵심요건사실이 동일하여 사건의 동일성이 인정되므로, 중복제소에 해당한다고 해석하여야 할 것이다. 중복제소금지는 넓은 의미에서 볼 때 소의 이익의 문제, 즉 특별규정과 일반규정의 관계이고 중복제소가 된다는 이유나 소의 이익이 없다는 이유에는 근본적으로 차이가 없다. 따라서 이 판결도 직접적으로 중복제소에 해당함을 인정하는 것이 보다 적합하였다고 말할 수 있다.[67]

아울러 중복제소에 해당한다고 하면 채권자는 독립한 후소 대신 반소로 이행청구를 하는 것으로 각하를 회피할 수 있는데, 그 경우 본소인 확인의 소가 소의 이익이 없어지는지에 관하여 앞서 본 판례는 이를 부정하였다. 이에 대하여 앞서 본 소의 이익이 상실된다고 주장하는 학설 이외에도, 학설의 대부분은 본소(확인소송)의 이익이 상실된다는 점을 강조한다. 동일한 채무를 둘러싸고 채무부존재확인의 본소와 채무이행의 반소가 병합심리되는 경우라면, 본소의 이익이 상실되는 점은 인정하지 않을 수 없다.

단, 본소의 구체적인 처리방법인데, 본소각하는 반소청구와 하나의 전부판결로써 판단하여야 한다. 동일한 권리관계에 관한 것이므로 양립할 수 없고 모순 없이 판단하여야 하기 때문에, 또한 만일 본소가 각하되면 반소원고는 본소원고의 동의 없이 반소를 취하할 수 있게 되기 때문이다(법271조는 본소가 취하되면 반소원고는 본소원고의 동의 없이 반소를 취하할 수 있다고 규정하는데, 본소각하의 경우에도 동일하게 해석될 것이다).

---

63) 김, 139면; 호, 154면.

64) 강, 297면; 김=강, 310면; 이, 285면. 반대로 중복제소가 되지 않는다는 설로 정영, 391면.

65) 김=강, 310면.

66) 또한 이, 284면에서는 중복제소는 아니지만 전소에 대한 처리방법이 필요하다는 견해이다. 아울러 강, 297면은 전소는 확인소송이고 후소가 이행소송인 경우에 후소의 목적이 전소보다 큰 경우에는 중복제소에 해당하지 않는다고 해석한다.

67) 전병서, 전게 11면.

35 상계의 항변과 중복된 소제기의 금지

[대판 1965.12.1, 63다848]

사 실

X가 Y를 상대로 제소한 소송에서 Y는 상계의 항변을 제출하였다. 그러나 그 상계의 항변의 대상인 반대채권은 이미 Y가 X를 상대로 하여 별도로 제기한 손해배상청구소송의 대상이었고, 이 별소에서는 1심에서 Y가 승소판결을 받고 항소심이 심리 중에 있다. 이 경우 Y의 상계의 항변은 중복제소의 금지에 해당하는지 문제되었다.

판결요지

"별소로 계속 중인 채권을 자동채권으로 하는 소송상 상계의 주장은 허용된다."

해 설

1. 이 판결의 의의

이미 반대채권으로 소를 제기하였음에도 불구하고 이와 별개의 소에서 피고가 된 원고가 당해 계속 중인 소구채권을 반대채권으로 하여 후소에서 상계의 항변을 제출한 경우(별소선행형), 또는 반대로 이미 상계의 항변으로 제출된 반대채권을 소구채권으로 하여 별소를 제기하는 경우(항변선행형), 중복제소금지의 원칙이 적용될 수 있는지 문제된다. 이 판결은 별소선행형의 경우에 상계의 항변은 소가 아닌 항변이라는 점에서 중복제소금지의 원칙이 적용될 리 없으므로, 상계는 허용된다고만 판시한 것이다. 한편 항변선행형에 관하여는 아직 판례가 나와 있지 않다.

2. 판례의 입장

이 판결은 아마도 특별한 고려(별다른 근거) 없이 상계의 항변은 소가 아닌 항변이라는 점에서, 상계의 항변에는 중복제소의 금지의 원칙이 적용될 리가 없고, 따라서 별소로 제소 중인 채권을 상계의 항변으로 행사하는 것도 허용된다는 입장이라고 생각한다. 이 판결의 평석[68]은 "형평의 견지에서 볼 때에도 상계를 못하게 하는 근거는 그 당사자가 이미 별소로 그 채권의 이행을 청구하고 있기 때문인 것이므로 그 당사자의 불이익으로 처리하는 것은 무방하지만 상계를 허용하여 그 당사자를 후하게 보호하고 반대로 책잡을 것이 없는 상대방을 불리하게 하는 것은 공평하지 못하다고 생각된다"고 언급한다.

그러나 이 판결을 따르는 대판 2001.4.27, 2000다4050에서는, "같은 기회에 심리·판단하기 위하여 이부, 이송 또는 변론병합 등을 시도함으로써 기판력의 저촉·모순을 방지함과 아울러 소송경제를 도모함이 바람직하였다고 할 것이나, 그렇다고 하여 특별한 사정이 없는 한 별소로 계속 중인 채권을 자동채권으로 하는 소송상 상계의 주장이 허용되지 않는다고 볼 수는 없다"고 판시하고 있다(그 밖에 이 판결을 따르는 대판 1975.6.24, 75다103에서도 특별한 언급 없이 이 판결을 인용하고 있을 뿐이다).

3. 학설의 입장

학설은 기본적으로 판례에 찬성하며 별소선행형인지 항변선행형인지 관계없이 중복제소가 되지 아니한다는 견해,[69] 판례와는 달리 별소선행형인지 항변선행형인지에 관계없이 중복제소가 된다는 견해,[70] 예외적으로 중복제소가 된다는 견해[71]가 있다. 또한 중복제소가 되지 않는다 하여도 위 판례에서 보았듯이 2개의 절차의 병합을 도모할 필요가 있다고도 주장된다.

4. 상계의 항변을 제소로 다루어야 하는 이유

(1) 상계의 항변의 형식적 특징

상계의 항변은 물론 하나의 소도 아니고 따라서 어느 입장에 의하건 소송물이 같다고는 할 수 없다(상계의 항변 자체에 소송물을 관념할 수 없다고도 말할 수 있을 것이다). 따라서 소송물을 기준으로 기판력의 범위를 판단하는 입장에서는 기판력의 저촉가능성도 생각하기 힘들고, 기판력이 저촉된다고도 할 수 없다. 그렇다면 중복제소에 해당하지 않는 것일까.

---

68) 이재성, 채권자대위소송과 중복제소, 민사재판의 이론과 실제1권 (1976년) 210면.

69) 이, 273면 이하.

70) 강, 298면 이하; 전, 281면.

71) 항변선행형인 경우에만 중복제소가 된다는 견해로, 김=강, 309면; 정=유, 283면; 정영, 392면. 그밖에 호, 156면에서는, 소를 이부, 이송 등으로 병합하여 심리하도록 하는 것이 타당하다고 한다.

(2) 상계의 항변의 실질적 특성

그러나 상계의 항변으로 제출한 채권은 이미 별소로 제기된 것이다. Y가 별소로 또는 상계의 항변으로 그 권리의 실현을 주장한 채권은 전적으로 동일한 것이다. 또한 Y가 별소에서도 승소하고 상계의 항변도 관철되는 경우를 생각한다면 동일한 채권의 2중사용을 인정하는 것이 된다. 이와 같이 해석한다면 앞의 항목에서의 중복제소금지의 요건에서도 보듯이 Y의 별소와 상계의 항변은 사건이 동일하다고 해석해야 한다.

다른 한편 X나 법원의 입장을 생각해 보자. 상계의 항변과 별소라는 두 개의 절차로 병행 처리할 때 X나 법원의 입장은 어떠할까. 두 개의 절차에서의 주요 주장 · 입증사실에 대해 심리를 중복해야 하는 당사자나 법원의 불이익을 용이하게 추측할 수 있을 것이다.

결국 상계의 항변의 경우에도 중복제소의 금지원칙을 유추적용할 수 있다고 해석하여야 할 것이다. 이 판결에서와 같이 그 사건이 동일하고 당사자가 동일한 이상, Y의 상계의 항변은 부적법각하해야 한다. 또한 이러한 원칙은 별소에서 주장된 채권을 상계의 항변으로 주장하는 것(별소선행형)인데, 반대로 상계의 항변으로 주장한 채권을 다시 별소로 주장하는 것(항변선행형)의 경우에도 동일하게 적용된다고 생각한다. 별소선행형이나 항변선행형 모두 권리관계는 동일하고, 그 행사방법에 차이가 있는 것에 불과하기 때문이다.

36 제소와 시효중단

[대판 1999.6.11, 99다16378]

사 실

X는 Y에게 금전을 대여함과 동시에 담보로서 약속어음을 교부받았다. Y가 채무를 이행하지 않자 X는 약속어음금의 지급을 구하는 소를 제기하였다. 이 경우 어음채권만이 아닌 원인채권인 대여금채권의 소멸시효도 동시에 중단되는지 문제되었다.

판결요지

"이 사건과 같이 원인채권의 지급을 확보하기 위한 방법으로 어음이 수수된 경우에 원인채권과 어음채권은 별개로서 채권자는 그 선택에 따라 권리를 행사할 수 있고, 원인채권에 기하여 청구를 한 것만으로는 어음채권 그 자체를 행사한 것으로 볼 수 없어 어음채권의 소멸시효를 중단시키지 못하는 것이지만, 다른 한편, 이러한 어음은 경제적으로 동일한 급부를 위하여 원인채권의 지급수단으로 수수된 것으로서 그 어음채권의 행사는 원인채권을 실현하기 위한 것일 뿐만 아니라, 원인채권의 소멸시효는 어음금 청구소송에 있어서 채무자의 인적항변 사유에 해당하는 관계로 채권자가 어음채권의 소멸시효를 중단하여 두어도 채무자의 인적항변에 따라 그 권리를 실현할 수 없게 되는 불합리한 결과가 발생하게 되므로, 채권자가 어음채권에 기하여 청구를 하는 반대의 경우에는 원인채권의 소멸시효를 중단시키는 효력이 있다고 봄이 상당하고, 이러한 법리는 채권자가 어음채권을 피보전권리로 하여 채무자의 재산을 가압류함으로써 그 권리를 행사한 경우에도 마찬가지로 적용된다고 할 것이다."

해 설

1. 이 판결의 의의

이 판결은 어음채권과 원인관계채권의 관계에 관한 기존의 판례의 입장을 토대로 판단한 것이다. 원래 소송물을 기준으로 한다면, 만일 양 채권이 같은 경우 어느 하나의 채권에 의한 제소는 다른 채권의 소멸시효의 중단을 초래하지만, 반대의 경우 소멸시효의 중단도 다른 채권에는 영향을 미치지 않는 것이 될 것이다. 그러나 이 판결은 어느 일방의 채권에 의한 제소가 다른 일방의 채권의 소멸시효를 중단시키는지 차이가 발생하는 경우가 있다는 점을 판시한 점에 의의가 있다.

2. 소제기에 따른 실체법상의 효과

소의 제기에 의해 소송이 계속됨으로써 중복제소가 금지된다는 소송법상의 효과 이외에, 시효가 중단된다는 실체법상의 효과가 발생한다(법265조. 기타 민법168조에도 규정이 있고, 제소에 의해 시효중단효가 발생하게 되는 것은, 권리의 재판상 청구에 해당하는 것이므로, 제소가 아니라도 재판상의 청구에 해당하는 (가)압류의 경우에도 동일하게 시효중단효가 발생한다. 이 판결의 방론은 이 점을 지적한 것이다). 시효중단은 제소시에 소급하여 발생하고 소각하나 소의 취하에 의해 소멸된다. 이 시효중단의 범위는 기본적으로 소송물로 주장된 권리관계에 대해 발생한다. 그러나 반드시 이에 국한되는 것은 아니다.

3. 어음채권과 원인관계채권의 관계

(1) 원인채권에 의한 제소와 시효중단

이 판결은 먼저 원인관계채권으로 제소해도 어음채권의 소멸시효는 중단하지 않는다고 한다. 이것은 기존의 입장(대판 1967.4.25, 67다75; 대판 1994.12.2, 93다59922 등)에 따른 것이다. 그 이유는 두 개의 채권은 별개의 권리이고, 원인관계채권의 행사가 바로 어음채권의 행사로 볼 수는 없다는 점이다.

(2) 어음채권에 의한 제소와 시효중단

반대의 경우, 어음채권으로 제소하면 원인관계채권의 소멸시효도 중단된다고 한다. 이 점도 기존의 입장(대판 1961.11.9, 4293민상748)에 따른 것이다. 이 이유는 기존의 입장에는 없던 것을 새롭게 제시한 것으로 매우 의의가 있다. 이 판결이 말하는 논거는 다음의 2가지로 요약할 수 있다.

첫째, 어음채권은 원인관계채권의 실현하기 위한 것이라는 점, 둘째, 어음관계채권에 의한 제소시에는 원인관계채권의 소멸시효를 중단시킬 실제상의 필요가 있다는 점이다. 이러한 점은 물론 수긍할 수 있지만, 그 구분(어음채권에 의한 제소는 원인관계채권의 소멸시효 중단을 동반하지만 그 반대의 경우에는 그렇지 않다는 점)의 이유에 대해서는 보다 명확한 논거제시가 필요할 것이다.

이에 대해서는, 이하에서도 보는 바와 같이 판례는 소송물에 국한하지 않고 폭넓게 시효중단을 인정하는 점을 근거로 이해할 수 있다. 어음이 따로 존재함에도 불구하고 굳이 원인관계채권을 주장하는 것은 별개의 채권으로서 사용가능한 권리를 행사하지 않는 것으로서, 어음채권의 시효중단을 도출할 필요는 없다. 이에 반해 어음채권의 경우에는 그 권리의 실현이 어차피 원인채권의 실현에 있는 것이므로, 어음채권의 행사는 결국 원인관계채권에 기한 권리의 행사를 포함하는 것으로 풀이할 수 있다. 따라서 두 개의 권리의 성격에 기인하여 소송물만이 아닌 부분에까지 시효중단효가 미치는 것이다. 단, 이미 어음채권의 소멸시효가 완성된 후에는 그 채권이 소멸되고 시효중단을 인정할 여지가 없으므로, 시효로 소멸된 어음채권을 청구채권으로 하여 채무자의 재산을 압류한다 하더라도 이를 어음채권 내지는 원인채권을 실현하기 위한 적법한 권리행사로 볼 수 없어, 그 압류에 의하여 그 원인채권의 소멸시효가 중단되지 않는다(대판 2010.5.13, 2010다6345).

4. 그 밖의 시효중단의 범위

(1) 선결적 또는 파생적 권리의 시효중단

당사자가 소송물로 주장하는 권리에는 그와 선결적 또는 파생적인 권리관계가 있다(통설). 이 경우에도 그러한 선결적 또는 파생적 권리관계에 시효중단효가 미친다는 것이 판례이다. 예를 들면 파면처분의 효력정지가처분신청 및 무효확인의 소의 제기에 따른 보수금청구채권의 시효중단(대판 1978.4.11, 77다2509; 유사한 예에 관한 것으로 대판 1994.5.10, 93다21606)이 그것이다.

또한 소유권이전등기청구권이 발생한 기본적 법률관계에 해당하는 매매계약을 기초로 하여 건축주명의변경을 구하는 소는 소유권이전등기청구권의 소멸시효도 중단시키는지에 대해 대판 2011.7.14, 2011다19737은, "시효중단 사유로서 재판상 청구에는 소멸시효 대상인 권리 자체의 이행청구나 확인청구를 하는 경우만이 아니라, 권리가 발생한 기본적 법률관계를 기초로 하여 소의 형식으로 주장하는 경우에도 권리 위에 잠자는 것이 아님을 표명한 것으로 볼 수 있을 때에는 이에 포함된다고 보아야 하고, 매매계약에 기한 소유권이전등기청구권의 시효중단 사유인 재판상 청구는 권리자가 소송이라는 형식을 통하여 권리를 주장하면 족하고 반드시 그 권리가 소송물이 되어 기판력이 발생할 것을 요하지 않으므로, 소유권이전등기청구권이 발생한 기본적 법률관계에 해당하는 매매계약을 기초로 하여 건축주명의변경을 구하는 소도 소멸시효를 중단시키는 재판상 청구에 포함된다."고 판시하였다.

공격방어방법으로 주장한 권리에 대해서도 시효중단을 인정한다. 예를 들면 소유권의 시효취득을 중단시키는 재판상의 청구라 함은 시효취득의 대상인 목적물의 인도 내지는 소유권존부확인이나 소유권에 관한 등기청구소송은 말할 것도 없고, 소유권 침해의 경우에 그 소유권을 기초로 하여 하는 방해배제 및 손해배상 또는 부당이득반환 청구소송도 이에 포함된다(대판 1979.7.10, 79다569; 유사한 예로 대판 1997.3.14, 96다55211 등이 있다).

(2) 피고의 응소와 시효중단

더 나아가 "민법 제168조 제1호, 제170조 제1항에서 시효중단사유의 하나로 규정하고 있는 재판상의 청구라 함은, 통상적으로는 권리자가 원고로서 시효를 주장하는 자를 피고로 하여 소송물인 권리를 소의 형식으로 주장하는 경우를 가리키지만, 이와 반대로 시효를 주장하는 자가 원고가 되어 소를 제기한 데 대하여 피고로서 응소하여 그 소송에서 적극적으로 권리를 주장하고 그것이 받아들여진 경우도 마찬가지로 이에 포함되는 것으로 해석함이 타당하다."고 풀이되고 있다(대판(전) 1993.12.21, 92다47861).[72)]

(3) 일부청구와 시효중단

일부청구의 경우에는 일부청구라고 명시한 한도에서 시효중단효의 범위가 결정된다는 입장이 판례(대판 1975.2.25, 74다1557)와 통설이다. 이에 대해 일부청구임의 명시에 관계없이 일부청구의 소송물은 잔부를 포함한 모든 청구에 미친다는 점에서, 청구 전부에 걸쳐 시효중단효가 발생한다는 주장도 있다. 일부청구의 소송물을 어떻게 해석하는지에 관해 논의에 차이가 있지만, 일부청구와 잔부청구의 소송물이 다르다고 하더라도, 위에서 보았듯이 반드시 시효중단효가 소송물로 주장된 청구에 국한되는 것은 아니고, 법원이나 당사자는 일부청구만이 아닌 전부의 청구를 염두로 하여 그 존부를 논의하게 되므로, 잔부청구에도 시효중단효가 발생한다고 해석하는 것이 타당하다.

(4) 청구의 교환적 변경과 시효중단

채권자대위소송을 제기한 채권자가 채무자로부터 당해 피대위채권 자체를 양도받아 채권자대위권에 기한 청구에서 양수금청구로 소를 교환적으로 변경한 경우, 종전 채권자대위소송에 의한 소멸시효 중단의 효과는 양수금청구에도 미친다(대판 2010.6.

---

72) 이 판례의 해설인 김용균, 대법원판례해설제20호34면은 "소송물로서의 권리주장이 문제로 된 권리의 주장(권리행사·권리실현)의 1태양, 1수단에 해당하는 것인 한 이를 재판상의 청구에 준하는 것으로 보아야 할 것이고, 나아가 이와 같은 맥락에서 권리자가 상대방의 소제기에 응소하여 문제로 된 권리의 부정주장에 대항하여 그 권리를 주장하거나 이와 실질적으로 동일시할 수 있는 경우에도 역시, 이러한 응소행위는 그 형식이나 실질에 있어 원고로서 소를 제기한 것과 마찬가지라고 평가할 수 있을 것이므로, 이를 재판상의 청구에 준하는 것으로 보아 그 권리에 대한 시효중단의 효력을 인정함이 타당하다고 할 것이다." 라고 설명하고 있다.

24, 2010다17284에서는 이에 관하여 다음과 같이 판시하였다. "원고가 채권자대위소송 중 채무자로부터 당해 피대위채권 자체를 양도받아 기존의 채권자대위권에 기한 청구에서 양수금 청구로 소를 교환적으로 변경한 경우, 그 채권자대위소송의 소송물은 채무자의 제3채무자인 피고에 대한 이 사건 계약금반환청구권인데 이 사건 양수금 청구는 원고가 이 사건 계약금반환청구권 자체를 양수하였다는 것이어서 양 청구는 동일한 소송물에 관한 권리의무의 특정승계가 있을 뿐 그 소송물은 동일한 점, 시효중단의 효력은 특정승계인에게도 미치는 점(민법 제169조), 계속 중인 소송에 소송목적인 권리 또는 의무의 전부나 일부를 승계한 특정승계인이 소송참가하거나 소송인수한 경우에는 소송이 법원에 처음 계속된 때에 소급하여 시효중단의 효력이 생기는 점(민사소송법 제80조, 제82조 제3항), 원고는 이 사건 계약금반환채권을 채권자대위권에 기해 행사하다 다시 이를 양수받아 직접 행사한 것이어서 이 사건 계약금반환채권과 관련하여 원고를 '권리 위에 잠자는 자'로 볼 수 없는 점 등에 비추어 볼 때, 당초의 채권자대위소송으로 인한 시효중단의 효력은 양수금청구에도 그대로 미친다고 봄이 상당하다"). 즉 변경 후의 청구는 실질적으로 변경 전의 청구와 동일한 청구를 주장한 것이 되기 때문이다.

(5) 기타

지급명령 신청이 각하된 후 6월 내에 다시 소를 제기한 경우 민법170조2항이 적용되어 최초 지급명령을 신청한 때에 소멸시효가 중단된 것으로 본다(대판 2011.11.10, 2011다54686). 지급명령 사건이 채무자의 이의신청으로 소송으로 이행되는 경우에도 같다(대판 2015.2.12, 2014다228440). 또한 채권자대위권 행사의 효과는 채무자에게 귀속되는 것이므로 채권자대위소송의 제기로 인한 소멸시효 중단의 효과 역시 채무자에게 생긴다(대판 2011.10.13, 2010다80930).

반대로 갑이 을을 상대로 부당이득반환청구의 소를 제기함으로써 갑의 을에 대한 채무불이행으로 인한 손해배상청구권의 소멸시효도 중단되는지에 대해, 대판 2011.2.10, 2010다81285는 부당이득반환청구의 소를 제기하였다고 하여 이로써 원고의 피고에 대한 채무불이행으로 인한 손해배상청구권의 소멸시효가 중단될 수는 없다고 판단하였다. 또한 일부청구는 나머지 부분에 대한 시효중단의 효력이 없고 나머지 부분에 관하여는 소를 제기하거나 그 청구를 확장(청구의 변경)하는 서면을 법원에 제출한 때에 비로소 시효중단의 효력이 생긴다는 것이 판례이다(대판 1975.2.25, 74다1557).

제 6 장

변론주의와 심리

37 당사자의 주장의 필요성 - 점유개시의 시기 -

[대판 1961.10.26, 4293민상529]

사 실

당사자 간에 취득시효의 완성이 쟁점이 되고, 당사자가 일정 시점의 점유개시일을 주장하였다. 그러나 당사자가 주장한 날짜와는 다른 당사자쌍방 어느 누구도 주장하지 않은 날짜를 점유개시일로 법원이 인정하는 것은 변론주의에 위반하는지 문제되었다.

판결요지

"취득시효기간의 기산일 따위는 취득시효에 의한 권리발생의 효과를 판단하는데 직접적이고 수단적인 구실을 하는데 불과하다 할 것이므로 진술과 다르게 인정하였다 하여 주장사실에 의하지 않고 판단하였다고는 볼 수 없다."

해 설

1. 이 판결의 의의

이 판결에서는 당사자가 주장하지 않은 점유개시일을 인정하는 것이 변론주의에 반하는지 문제된 사건으로, 직접적이진 않지만 점유개시일이 간접사실에 해당한다는 취지의 판단이고, 중요한 선례로 작용하고 있다.

2. 변론주의와 사실인정

당사자의 입장에서 본다면 아무런 주장을 하지도 않았는데, 법원이 그러한 사실이 있다고 인정한다면 그러한 사실의 유무를 다툴 기회를 상실하게 되고, 판결이라는 소송의 결과를 전혀 예상할 수 없게 된다. 이러한 점에서 소송상으로는 법원의 사실인정에 관해 일정한 제한을 하고 있고 이것이 주지하는 바와 같은 변론주의라는 원칙이다. 변론주의에 위반하는 경우에는 법령위반으로 상고이유가 된다.

판결을 내려야 하는 법원은 우선 사실관계를 확정해야 하고 사실을 확정하려면 이에 따른 자료의 제출(사실상의 주장, 증거신청)이 필요한데, 변론주의란 이것을 당사자의 권능 및 책임으로 한다는 원칙을 말한다. 이러한 변론주의의 구체적 내용(자료의 제출을 둘러싼 원칙)을 이루는 것은 다음의 3가지 원칙이다. 첫째, 법원은 당사자가 주장하지 않은 주요사실을 판결의 기초로 할 수 없다. 둘째로 주요사실에 대한 당사자간의 자백은 법원을 구속한다는 것이고, 셋째로 증거조사는 반드시 당사자가 신청한 증거이어야 한다는 원칙이다.

3. 주장책임

(1) 의의

변론주의의 첫 번째 원칙을 가리켜 주장책임이라 하는데, 주장책임이 취해지는 관계로 민사소송에서는 소송자료와 증거자료가 준별된다는 점에 주의해야 한다. 소송자료란 당사자가 변론에서 진술한 사실을 말하고, 증거자료란 인증, 물증 등 증거방법을 조사하여 감득된 내용을 가리킨다. 주장책임은 쌍방당사자중의 어느 누구도 주장하지 않은 사실은 판결의 기초로 할 수 없다는 것이고, 주장하지 않는 한 유리한 사실이라도 참작하지 않는다는 점에서 불이익을 의미하는 주장책임이라 한다. 이 판결의 사안에서는 만일 당사자가 주장하지 않은 취득시효의 기산일이라는 사실이 소송자료로서 변론에서 진술되지 않는 한, 증거자료를 통해 법원은 그 존재를 인정할 수 있는지 문제되고 있음을 알 수 있다.

(2) 변론주의의 기능

변론주의 근거는 사적자치에 있다고 할 수 있는데, 그렇다면 법원은 항상 당사자의 의향을 존중하여 당사자가 특정 사실을 주장하지 않는 한 참작할 수 없는 결과가 되는가라고 한다면 그러하지 않다. 법원의 석명이 개입하기 때문이다. 즉 현실 소송에 있어서 법원이 한 석명에 당사자가 불응하는 경우란 생각하기 어려운데, 법원의 심증을 나쁘게 하는 것은 바로 패소를 의미하기 때문이다. 이것은 당사자로서는 별로 주장하고 싶지 않아도 법원의 석명으로 인해 주장하게 되는 것을 보여준다. 그렇다면 변론주의의 실질적인 기능은 당사자의 의향을 존중한다는 면보다도, 불의의 타격을 방지한다는, 즉 특정 사실의 존부에 관해 다툴 수 있는 기회를 부여하자는 면에 있다고 할 수 있다. 따라서 당사자에게 특정사실의 진위여부에 대해 다툴 기회를 부여함이 없이 그 사실을 참작하는 것은 당사자에 대한 불의의 타격이 되어 변론주의에 위반한다.

4. 주요사실의 해당성

(1) 주요사실 · 간접사실 · 보조사실

주장책임의 대상이 되는 사실이 무엇인지는 이 판결과 직접 관련되는 논점이다. 사실은 다시 주요사실, 간접사실 및 보조사실의 3가지로 나누어지고, 변론주의는 주요사실에만 적용된다. 주요사실이란 당사자가 반드시 주장해야 할 사실로서, 권리의 발생, 변경, 소멸에 직접 필요하다는 점에서 직접사실이라고 한다. 또는 법률효과를 발생시키는 실체법상의 구성요건 해당사실이라고도 한다. 예를 들면 민법598조의 소비대차의 경우, 금전 기타 대체물의 이전과 그 반환약정에 해당하는 사실이 주요사실에 해당한다.

이에 비해 간접사실이란 경험칙 등의 도움을 받아 주요사실을 추인시킴에 이로운 사실로서, 보통 징표라고도 한다. 예를 들면 앞의 소비대차계약의 성립을 인정하는데 있어서, 채무자가 경제적으로 매우 곤란한 형편이었는데 채권자가 주장하는 계약성립일 이후로 갑자기 고가품을 구입했다는 사실은, 간접사실로서 당사자가 주장하지 않아도 증거자료를 통해 드러나면 법원이 자유롭게 참작하여 사실인정을 할 수 있다. 즉 돈이 없던 사람이 고가품을 구입했다면, 특별한 사정이 없는 한 채권자로부터 돈을 받았다는 점을 추인하는 것이 경험칙상 가능하다.

마지막으로 보조사실이란 증거능력이나 증거력을 명확히 하는 사실이다. 즉 증거에 관련된 사실로서, 예를 들면 증인이 당사자의 친구나 친척이라는 사실은 당해 증언의 신빙성을 판단함에 있어 법원이 당연히 참작하여야 할 사실이다. 보조사실은 그 구분이 명확함으로 보통 문제가 되는 것은 주요사실과 간접사실의 구분이다.

(2) 주장책임과 주요사실

변론주의는 주요사실에 국한된다는 것인데, 이 이유는 일반적으로 간접사실과 증거와의 관계 및 자유심증주의에 기인한다. 증거의 평가는 법원의 재량에 맡겨져 있고 이를 자유심증주의라고 부른다. 이 때 주요사실을 추인시키는 징표에 해당하는 간접사실에 대해 당사자의 주장을 필요로 한다고 하면, 법원은 당사자가 주장하지 않는 한 자유롭게 간접사실을 이용할 수 없고, 결국 이상한 사실인정을 요구받게 되어 자유심증주의를 인정한 취지에 반하게 되기 때문이다.

(3) 주요사실과 간접사실의 구별기준

구체적으로 어떤 사실이 주요사실이고 간접사실일까. 여기서는 일단 일반적인 구별기준에 대해 살펴보기로 하자. 예를 들어 원고는 보행 중 피고가 운전하는 자동차에 치여 상해를 입고, 민법750조에 기해 손해배상청구의 소를 제기하였다. 이 소송에서 문제되는 것은 보통 같은 750조가 규정하는 과실이라는 불특정개념에 있어서의 주요사실은 구체적으로 무엇인가라는 점이다.

이에 관해 판례 · 통설[73]은 법규의 구성요건인 요건사실이 바로 주요사실이고, 이를 구체적으로 뒷받침하는 사실은 간접사실이라고 한다. 법규를 기준으로 한다는 점에서 법규기준설이라고도 불려진다. 위의 예에서 주요사실은 피고의 과실운전 그 자체이고, 이에 관한 주장이 있다면, 음주운전이냐 아니냐가 쟁점이 되어도 법원은 증거자료를 통해 얻은 한눈팔기 운전으로 원고승소의 판결을 내려도 적법하다고 해석하는 입장이다. 이러한 통설을 비판하는 이론[74]은 주요사실이란 심리의 대상이 될 수 있는, 즉 증명 · 증거조사의 대상이 될 수 있는 구체적인 사실을 말한다고 한다. 민법750조의 과실은 그 자체로는 직접 증명을 할 수 없는 사실이고, 그것이 가능한 것은 과실이라고 평가될 수 있는 구체적인 사실인, 음주운전, 과속운전, 한눈팔기 운전, 또는 졸음운전이라는 사실이 주요사실에 해당한다고 주장하는 입장이다.

두 개의 이론을 단순히 비교한다면 물론 후자의 입장이 타당하다고 할 수 있다. 학설 중에는 준주요사실이라는 개념을 사용하는 입장[75]도 있다. 즉 원칙은 과실을 주장하여야 하나, 구체적 사실을 준주요사실로 보아 당사자가 주장과 입증을 하게 하여야 한다는 견해이다. 이러한 입장이 나오면 사실상 위의 이론의 대립에 있어서 결론에는 아무런 차이가 없게 된다.

위와 같은 점에서 변론주의가 적용되는 것은 주요사실이다. 그러나 이러한 원칙은 앞서 당사자에 대한 불의의 타격의 방지에 변론주의의 기능이 있다는 점에서, 당사자의 절차권적 측면(다툴 기회의 부여)에서 예외가 인정된다. 즉 주요사실을 당사자의 주장없이 인정하더라도 불의의 타격이 되지 않는 경우에는 변론주의에 반하지 않고, 반대로 간접사실을 당사자의 주장없이 인정하면 그 중요성으로 인해 불의의 타격이 되는 경우(예를 들면 항목 <51>의 간접반증에서 보는 바와 같은 중요한 간접사실의 경우)에는 변론주의에 반한다는 예외이다.

5. 시효취득의 기산일이 주요사실인 이유

(1) 판례의 타당성

판례는 이 판결에서 보듯이 시효취득의 기산일을 간접사실로 해석하고 있다. 이 판결에 따르는 판례로서 예를 들면 대판 1987.2.24, 86다카1625에서는, "변론주의에서

73) 송=박, 358면; 이, 323면; 정=유, 315면.

74) 강, 419면; 호, 394면 이하.

75) 이, 325면; 정=유, 329면; 정영, 428면.

일컫는 사실이라 함은 권리의 발생, 소멸이라는 법률효과의 판단에 직접 필요한 주요사실만을 가리키는 것이요 그 존부를 확인하는데 있어 도움이 됨에 그치는 간접사실(징표)은 포함하지 않는 것으로 보아야 할 것이니 부동산의 시효취득에 있어서 점유기간의 산정기준이 되는 점유개시의 시기는 취득시효의 요건사실인 점유기간을 판단하는데 간접적이고 수단적인 구실을 하는 간접사실에 불과하다 할 것이므로 이를 원고의 주장과 다르게 인정하였다 하여 주장사실에 의하지 않고 판단한 것이라 할 수 없다."고 명확히 판시하고 있다(대판 1974.8.30, 74다384 등 다수의 판례의 입장이다).

그러나 이 판결에서의 시효취득의 기산일은 청구원인사실에 해당하는 주요사실임을 부정할 수 없다고 생각한다. 당사자 간에 있어서도 언제 시효취득이 완성하느냐(언제 소유권자가 되느냐)는 중요한 쟁점이고, 당사자가 생각하는 시점에 의해 소유자의 여부가 갈리기 때문에 당사자가 주장하지 않은 기산일을 인정하는 것은 불의의 타격이 된다.

(2) 소멸시효에 관한 판례

이와 유사한 사례로서 소멸시효의 기산일에 대해서는 이와 반대로 그 기산일을 주요사실로 보고 당사자의 주장이 필요하다는 것이 판례이다. 즉 대판 1971.4.30, 71다409에서는, "소멸시효의 항변에 대하여 주장하지 않은 때를 기산점으로 하여 소멸시효의 완성을 인정한 것은 변론주의원칙상 당사자가 주장하지 않은 사실을 인정한 위법이 있다."고 판시하였고, 대판 1995.8.25, 94다35886에서도, "소멸시효의 기산일은 채무의 소멸이라고 하는 법률효과 발생의 요건에 해당하는 소멸시효기간 계산의 시발점으로서 소멸시효항변의 법률요건을 구성하는 구체적인 사실에 해당하므로 이는 변론주의의 적용대상이라 할 것이다."라고 판시하였다.

소멸시효에 관한 판례는 이를 권리항변으로 보고 당사자의 주장이 필요하다고 판단한 것이다. 이러한 판례와의 비교에서 보아도 이 판결이 시효취득의 기산일을 단지 간접적·수단적 사실이라고 판단한 것은 문제가 있다고 생각한다.

(3) 시효취득에 관한 그 밖의 판례

그 밖에 판례는 증여를 원인으로 한 부동산소유권이전등기청구에 대하여 피고가 시효취득을 주장하였다고 하여도, 그 주장 속에 원고의 위 이전등기청구권이 시효소멸하였다는 주장까지 포함되었다고 할 수 없다고 판단한다(대판 1982.2.9, 81다534). 반대로 부동산의 시효취득에 있어서 그 점유가 자주점유인지의 여부를 가리는 기준이 되는 점유의 권원은 간접사실이므로, 법원은 당사자의 주장과 달리 증거에 의하여 진정한 점유의 권원을 심리하여 취득시효의 완성 여부를 판단할 수 있다고 한다(대판 1982.6.22, 80다2671).

38 당사자의 주장의 필요성 – 대리에 관한 사실 –

(1) [대판 1983.12.13, 83다카1489] (2) [대판 1987.9.8, 87다카982]

사 실

판례(1)

X는 Y의 대리인인 A로부터 건물을 매수하고 A에게 그 대금을 완납하였다. 그 후 X는 위 매매계약을 해제하고, Y를 상대로 매매대금반환을 구하는 소를 제기하였다. 이 소에서는 A의 대리권의 유무가 문제되었는데, X는 A가 대리권이 있었다고 주장하고, Y는 무권대리라고 주장하였지만, A의 대리가 표현대리라는 주장은 X, Y 모두 하지 않았다. 법원이 증거자료를 통해 A의 대리가 표현대리임이 판명되었다면, 위 계약을 표현대리에 의한 유효한 것으로 인정할 수 있는지 문제되었다.

판례(2)

X는 Y로부터 건물을 매수하고 그 대금을 완납하였다. 그 후 이 매매계약을 둘러싼 분쟁이 발생하였는데, 원래 그 매매계약을 체결한 것은 X를 대리한 B였다. X, Y 및 B 모두 B에 의한 대리라는 사실을 주장하지 않았지만, X가 신청한 증인의 증언에 의해 B의 대리행위가 입증된다면, 법원은 증거자료를 통해 실제로는 X의 대리인인 B가 매매계약을 체결하였다고 인정할 수 있는지 문제되었다.

판결요지

판례(1)

"변론에서 당사자가 주장한 주요사실만이 심판의 대상이 되는 것으로서 여기에서 주요사실이라 함은 법률효과를 발생시키는 실체법상의 구성요건 해당사실을 말하는 것인 바, 대리권에 기한 대리의 경우나 표현대리의 경우나 모두 제3자가 행한 대리행위의 효과가 본인에게 귀속된다는 점에서는 차이가 없으나 <u>유권대리에 있어서는 본인이 대리인에게 수여한 대리권의 효력에 의하여 위와 같은 법률효과가 발생하는 반면 표현대리에 있어서는 대리권이 없음에도 불구하고 법률이 특히 거래상대방 보호와 거</u>

래안전 유지를 위하여 본래 무효인 무권대리행위의 효과를 본인에게 미치게 한 것으로서 표현대리가 성립된다고 하여 무권대리의 성질이 유권대리로 전환되는 것은 아니므로, 양자의 구성요건 해당사실 즉 주요사실은 서로 다르다고 볼 수밖에 없다."

판례(2)

"이 사건 소장에서 X가 이 사건 토지를 소외 김낙기로부터 매수하였다고 주장하고 있으나, 기록에 의하면 X는 위 매매당시 불과 10세 남짓한 미성년이었음이 명백한 터에 원심에 이르러 증인의 신문을 신청하여 X의 조부인 B가 X를 대리하여 이 사건 토지를 매수한 사실을 입증하고 있으므로 비록 X가 그 변론에서 위 대리행위에 관한 명백한 진술을 한 흔적은 없다 하더라도 위 증인신청으로서 위 대리행위에 관한 간접적인 진술은 있었다고 보아야 할 것이고, 따라서 원심이 이 사건 토지를 X의 대리인이 매수한 것으로 인정하였다 하여 이를 변론주의에 반하는 처사라 하여 비난할 수는 없다."

해 설

1. 이 판결의 의의

변론주의의 위반여부는 주요사실의 해당성이 주요 관건이 된다. 이에 관해서는 법규기준설만으로는 타당하지 않고, 법규기준설에 따른 요건사실을 주요사실로 본 다음, 개개의 사안에 따라, 즉 당사자에 대한 불의의 타격의 유무를 가미하여 변론주의의 위반여부를 판단해야 하는데, 이 판결(1)은 표현대리에 관한 사실은 주요사실에 해당하고, 당사자가 주장하지 않는 한 직권으로 참작할 수 없다고 하였다. 이러한 판례의 입장은 표현대리는 무권대리의 일종이고, 원고는 그러한 주장을 하지 않았다는 이유에서라고 평가할 수 있다. 한편 이 판결(2)에서는 변론주의에 위반되지 않는다고 판단하였다. 판결(2)의 경우에는 증인신청에 의해 간접적으로 대리행위를 진술한 것이므로, 이를 인정할 수 있다는 입장이다.

2. 대리에 관한 사실과 불의의 타격의 유무

(1) 표현대리의 경우

변론주의 위반이란 당사자가 진술하지 않은 사실, 특히 주요사실을 인정함으로써 당사자에 대한 불의의 타격이 되는 경우이다. 이러한 이해를 전제로 본다면 이 판결(1)의 경우, 당사자에 대한 불의의 타격에 해당할지 쉽게 판가름 날 것이다. 판결(1)은, X는 무권대리를 주장하지 않았으므로 무권대리라는 사실을 직권으로 인정할 수는 없다는 입장이다. 그러나 X는 무권대리를 주장하지 않았지만, 반대로 Y는 무권대리라는 점을 주장하였다. 그렇다면 당사자쌍방 중의 어느 누구라도 주장하면 그것을 직권으로 인정할 수 있다는 주장공통의 원칙에 의해, 표현대리임을 인정하여도 변론주의의 원칙에 반한다고는 할 수 없을 것이다.

이 판결(1)에 대한 평석[76]에서는 "피고가 이미 무권대리임을 주장하였고, 피고로서는 원고가 표현대리주장을 명백히 하지 아니하여 원고의 악의 · 과실에 관하여 방어할 기회를 갖지 못하여 피고가 부당하게 패소할 위험이 있지 않나 하는 우려가 있을 수 있지만, 이 경우 법원은 피고로 하여금 그 부분에 대한 방어를 행하도록 석명함으로써 양당사자의 보호를 다 할 수 있을 것"이라고 주장하고 있다. 또한 대판 1990.6.26, 89다카15359에서도 "대리인에 의한 계약체결의 사실은 법률효과를 발생시키는 실체법상의 구성요건 해당사실에 속하므로 법원은 변론에서 당사자의 주장이 없으면 그 사실을 인정할 수가 없는 것이나, 그 주장은 반드시 명시적인 것이어야 하는 것은 아닐 뿐더러 반드시 주장책임을 지는 당사자가 진술하여야 하는 것은 아니고 소송에서 쌍방 당사자 간에 제출된 소송자료를 통하여 심리가 됨으로써 그 주장의 존재를 인정하더라도 상대방에게 불의의 타격을 줄 우려가 없는 경우에는 그 대리행위의 주장은 있는 것으로 보아 이를 재판의 기초로 삼을 수 있다."고 판단하고 있다.

(2) 간접진술에 의한 주장

한편 이 판결(2)에서도 알 수 있듯이, 실제로 진술을 하지는 않았지만 진술한 것으로 보아도 당사자에 대한 불의의 타격이 되지 않는다면, 그것을 진술한 것으로 보고 사실인정을 할 수 있다. 결국 이 판결(1)과 판결(2)의 경우, 당사자들은 대리행위에 관해 충분히 공격방어방법 제출의 기회를 가졌으며, 또한 그러한 주장을 본인이 아닌 상대방이 하거나, 본인이 간접적으로 진술한 것이므로, 법원은 대리에 관해 직권으로 사실인정을 할 수 있다고 보아야 한다. 이러한 점에서 이 판결(1)은 타당하지 않다고 생각한다.

위와 같은 대리와 주요사실에 관련된 판례의 입장은 다음과 같은 판례에서도 그대로 나타나고 있다. 대판 1994.10.11, 94다24626에서는, X는 소장 및 준비서면에서, X가 A를 통하여 Y에게 금원을 대여하였다고 주장하였지만, A가 대리인이라는 진술은 하지 않았다. 그러나 X는 제1심 및 원심에서 A를 증인으로 신청하여 A가 X와 Y 사이의 금전거래를 중개하였음을 입증하였다. 대법원은 이에 대해, 비록 X가 그 변론에서 A가 Y를 대리하여 X로부터 금원을 차용한 것이라고 진술한 흔적이 없어도, A의 대리행위의 존재를 인정하여 판결의 기초로 할 수 있다고 판시하였다. 판결(2)와 유사한 경우라고 말할 수 있다(기타 대판 1990.6.26, 89다카15359 등).

76) 김황식, 민사판례연구7권5면 이하.

39 당사자의 주장의 필요성 - 과실상계 -

[대판 1996.10.25, 96다30113]

사 실

임대인 X는 임차인Y를 상대로 임차사무실의 화재로 인한 손해배상을 청구하였다. 이 사건 건물에는 화재발생시 이를 자동으로 포착하여 경보를 발하는 화재경보기가 설치되어 있었다. 그러나 건물에 대한 소독작업시 오작동되는 등 부작용이 있다 하여 X의 경비원이 지하층에 있던 스위치를 내려놓아 작동이 되지 않게 해 두었다. 이와 같은 화재경보기 미작동으로 말미암아 이 사건 화재를 조기에 발견하지 못해 진압이 늦어짐으로 말미암아 손해가 확대된 사실이 인정되고, 이러한 것은 X측의 과실이지만, 당사자가 이에 관한 주장을 하지 않아도 법원은 직권으로 과실상계를 할 수 있는지 문제되었다.

판결요지

"민법상의 과실상계제도는 채권자가 신의칙상 요구되는 주의를 다하지 아니한 경우 공평의 원칙에 따라 손해의 발생에 관한 채권자의 그와 같은 부주의를 참작하게 하려는 것이므로 단순한 부주의라도 그로 말미암아 손해가 발생하거나 확대된 원인을 이루었다면 피해자에게 과실이 있는 것으로 보아 과실상계를 할 수 있고, 피해자에게 과실이 인정되면 법원은 손해배상의 책임 및 그 금액을 정함에 있어서 이를 참작하여야 하며, 배상의무자가 피해자의 과실에 관하여 주장을 하지 아니한 경우에도 소송자료에 의하여 과실이 인정되는 경우에는 이를 법원이 직권으로 심리·판단하여야 하나, 과실상계사유에 관한 사실인정이나 과실상계의 비율을 정하는 것은 그것이 현저히 형평의 원칙에 비추어 불합리하다고 인정되지 아니하는 한 사실심의 전권사항에 속하는 사항이다."

해 설

1. 이 판결의 의의

이 판결은 과실상계라는 일반조항 또는 법적 관점과 밀접히 관련된 문제이다(법적 관점 지적의무에 대해서는 항목<41> 참조). 과실상계를 포함하여 공서양속, 권리남용, 신의칙이라는 일반조항에 대해 당사자의 주장이 꼭 필요한지의 문제이기도 하다. 이에 대해 이 판결은 명확하게 당사자가 주장하지 않아도 과실상계는 법원이 직권으로 참작하여야 한다는 입장을 설시하고 있다.

2. 과실상계의 변론주의

(1) 일반조항과 변론주의

법원은 물론 공서양속위반 등에 해당되는 사실의 존재를 지적하여 사실주장 내지는 법적 토론을 촉구해야 한다. 법원의 지적에도 불구하고 당사자가 주장하지 않는 경우에는, 공서양속은 당사자가 처분할 수 있는 사항이 아니므로 이를 판결자료로 할 수 있다. 그러나 문제는 당사자의 과실상계의 주장의 요부로서, 당사자가 결과적으로 과실상계를 주장하지 않는다면 이를 직권으로 판결자료로 할 수 있는지 문제된다.

그렇다면 어떠한 근거에서 그러한 법리가 나온 것일까. 이 점에 대해서 이 판결은 특별한 언급 없이 선례를 인용함에 그치고 있다. 이 판결이 인용한 선례를 통하여, 과실상계는 당사자가 주장하지 않아도 법원이 직권으로 참작해야만 되는지 그 이유 또는 논거를 살펴보도록 하겠다.

(2) 판례의 입장

대판 1990.4.25, 90다카3062에서는 교통사고시의 피해자의 과실의 상계에 관한 문제에 대해, "피해자에게 손해의 발생이나 확대에 관하여 과실이 있는 경우에는 배상책임의 유무 및 그 범위를 정함에 있어 당연히 이를 참작하여야 할 것이나, 책임감경사유 내지 과실상계사유에 관한 사실인정이나 책임감경 내지 과실상계의 비율을 정하는 것은 그것이 현저히 형평의 원칙에 비추어 불합리하다고 인정되지 않는 한 사실심의 전권에 속하는 사항이다." 라고 판시하고 있다. 이 판례도 이 판결과 대동소이하고 특별한 근거(논거)는 제시되고 있지 않다. 계속 선례를 따라 올라가 보도록 하자.

다음은 대판 1987.11.10, 87다카473이다. 과실상계에 대해 다음과 같이 판시하고 있다. "원심으로서는 피고금고가 배상할 손해의 범위를 정함에 있어서 피고의 과실상계 항변이 없더라도 위와 같은 원고의 과실을 참작하였어야 할 것이다." 이 판례에서도 마찬가지로 과실상계는 직권으로 참작하여야 한다는 논리이지만, 여기에서도 그 논거를 찾아 볼 수 없다. 다음 선례에 가보도록 하자.

대판 1967.12.5, 67다2367에서는 판결이유 전체가 다음과 같다. “민법 제763조로서 불법행위로 인한 손해배상에 준용되는 동법제396조의 규정에 의하면 법원은 불법행위의 원인에 피해자의 과실이 경합되었다고 인정되는 경우에는 과실상계에 관한 항변의 유무를 불문하고 그 사실을 그 불법행위로 인한 손해배상의 책임 및 손해액에 관한 다툼을 가림에 있어 참작하여야 하는 것이다.”

결론은 명확하지만 여기서도 과실상계의 직권참작을 근거 짓는 이유는 하나도 언급되어 있지 않다. 과실상계와 변론주의에 관한 아마도 최초의 선례라고 할 수 있는 대판 1966.12.27, 66다1759에서도 변함없이 다음과 같은 결론만을 찾아 볼 수 있다. “불법행위로 인한 손해배상사건에 있어서 피해자에게 과실이 인정되면 법원은 손해배상의 책임 및 그 금액을 정함에 있어서 이를 참작하여야 하며 배상의무자가 피해자의 과실에 관하여 주장을 하지 아니한 경우에도 소송자료에 의하여 과실이 인정되는 경우에는 이를 법원이 직권으로 심리 판단하여야 한다.” 라는 결론이다.

3. 판례의 타당성

(1) 판례의 문제점

이러한 판례의 태도는 과거의 하나의 결론(아마도 보다 명확한 대판 1967.12.5, 67다2367)을 법률해석의 통일이라는 도그마를 통해, 특별한 문제의식 없이 그대로 따른 것이 아닌가 생각된다. 위와 같은 판례의 입장을 그대로 받아들이는 것도 하나의 실제적인 방법이 될 것이다. 어차피 대법원이 그 누가 이러한 판례의 태도를 비판하여도 입장을 바꾸는 것은 상상하기 힘들기 때문이다.

그러나 판례의 잘잘못을 나름대로의 의견에 따라 비판하지 않는다면, 사실상 법이론의 발전은 기대하기 힘들다. 실무자라도 특별한 근거 없이 결론만을 그대로 따른다는 것은 너무나도 안일한 것이 되지 않을까 생각된다. 판례는 특별한 논거를 제시하고 있지 않지만, 간접적으로 논거가 될 만한 것을 추측해보고 이러한 추측과 판례에 따른 결론의 타당성에 대해 생각해 보도록 하자.77)

(2) 판례의 배경

판례는 특별한 논거를 제시하고 있지 않다. 이러한 경우에 판례의 결론이 타당할 수도 있다. 그 근거를 한번 생각해 본다면, 먼저 판례가 간접적으로 강조하고 있는 것은 과실상계란 신의칙에 입각한 법칙이라는 점이다. 신의칙은 당사자가 주장하지 않아도 법원이 이를 적용할 수 있다는 것은 당사자의 처분가능성이나 공서양속 · 강행법규와

77) 전, 333면은 적어도 채무자가 채권자의 과실에 대한 주장을 필요로 한다는 견해가 주장된다.

의 관계에서 본다면 충분히 이해할 수 있다. 두 번째로 지적할 수 있는 것은 과실상계를 적용해도 실체적 진실에 어긋나는 것이 아니므로, 당사자에게 부당한 불이익을 강요하는 것은 아니라는 점이다.

법원이 과실상계에 관해 위와 같은 태도를 취하는 것은 지나치게 후견적인 입장을 강조하는 태도가 아닌가 한다. 즉 법률에 무지한 당사자에게 가능한 권리를 보호해준다는 입장에서 후견적으로 직권참작을 한 것이 아닌가 생각된다. 그러나 이러한 것도 현재의 변론주의를 원칙으로 하는 민사소송절차에 어울리지 않는다. 우리의 학설의 대부분은 이러한 판례의 태도에 대해 특별히 언급하지 않거나, 판례를 그대로 인용하고 있음에 불과하다. 특히 직권참작이라는 점에서 직권조사사항 중의 하나로 설명하고 있다.

(3) 당사자의 자기책임

이러한 논거는 물론 수긍이 간다. 그러나 중요한 점은 법원이 당사자에게 과실상계의 법적 관점을 지적했음에도 당사자쌍방이 이를 주장하지 않는 경우, 법원은 이를 소송자료로 삼을 수 있는가라는 문제였다. 만일 가해자가 피해자의 과실을 주장하였다면 과실상계에 관한 간접적인 진술이 있었다고 볼 수 있지만, 가해자나 피해자 모두 전혀 과실상계에 관한 주장을 하지 않은 경우이다. 과실의 유무는 손해배상액이라는 점에서 중요한 요인으로 작용한다. 과실상계를 직권으로 참작하게 되면 당사자에게 공격방어의 기회를 주지 않는다는 점에서 앞서 본 변론주의의 기능에서 보았듯이 문제가 있다. 원고측의 경우를 생각해 보라. 자신도 주장하지 않았고(주장 자체를 기대하기 어렵다) 피고도 주장하지 않았는데, 직권으로 자신의 과실이 일방적으로 판단된다면 불의의 타격이 아닐 수 없다.

과실상계의 결론은 신의칙이라 할 수 있지만 과실상계 자체를 신의칙으로 보는 것(당사자가 요구하지 않는 경우에도 과실상계를 하지 않는 것이 신의칙위반이라 보는 것)은 문제가 있다. 과실상계는 신의칙과는 달리 당사자에게 처분권이 맡겨져 있다고 해석해야 한다. 만일 당사자가 과실상계를 주장한다면 신의칙적으로 반드시 참작해야 하겠지만, 당사자가 주장하지 않는다면 법원도 그러한 당사자 간의 납득을 인정해 주어야 할 것이다. 민사소송에서는 실체적 진실이 항상 관철되는 것이 아님을 상기할 필요가 있다. 또한 유사한 상계의 항변과 비교하여, 상계의 항변을 주장하지 않았는데 이를 주장했다고 참작할 수 있을까 궁금하다.

이에 비해 신의칙이나 권리남용에 해당하는 사실을 당사자가 주장한다면 법원은 신의칙이나 권리남용을 직권으로 참작할 수 있다. 한편 공서양속의 경우에는 그 공익적 필요성에서 당사자가 주장하지 않은 사실을 통해서도 공서양속을 인정할 수 있다.

40 석명권행사의 의무

[대판(전) 1995.7.11, 94다34265]

사 실

이 사건 토지를 소유하는 X는 자신의 소유권취득 이전부터 당해 토지 위에 건물을 소유하고 있던 Y로부터 소정의 차임을 받아 왔다. 그 후 X는 Y를 상대로 그 지상물의 철거와 대지의 인도를 구하는 소송을 제기하고, 이에 대하여 Y는 지상물매수청구권을 행사하였다. 이 때 법원은 X가 종전의 청구를 계속 유지할 것인지, 아니면 대금지급과 상환으로 지상물의 인도를 청구할 의사가 있는 것인지를 석명할 의무가 있는지 문제되었다.

판결요지

"토지임대인이 그 임차인에 대하여 지상물철거 및 그 부지의 인도를 청구한 데 대하여 임차인이 적법한 지상물매수청구권을 행사하게 되면 임대인과 임차인 사이에는 그 지상물에 관한 매매가 성립하게 되므로 임대인의 청구는 이를 그대로 받아들일 수 없게 된다.

이 경우에 법원으로서는 임대인이 종전의 청구를 계속 유지할 것인지, 아니면 대금지급과 상환으로 지상물의 명도를 청구할 의사가 있는 것인지(예비적으로라도)를 석명하고 임대인이 그 석명에 응하여 소를 변경한 때에는 지상물명도의 판결을 함으로써 분쟁의 1회적 해결을 꾀하여야 한다고 봄이 상당하다.

왜냐하면 이처럼 제소 당시에는 임대인의 청구가 이유 있는 것이었으나 제소 후에 임차인의 매수청구권 행사라는 사정변화가 생겨 임대인의 청구가 받아들여질 수 없게 된 경우에는 임대인으로서는 통상 지상물철거 등의 청구에서 전부 패소하는 것보다는 대금지급과 상환으로 지상물명도를 명하는 판결이라도 받겠다는 의사를 가질 수도 있다고 봄이 합리적이라 할 것이고, 또 임차인의 처지에서도 이러한 법원의 석명은 임차인의 항변에 기초한 것으로서 그에 의하여 논리상 예기되는 범위 내에 있는 것이므로 그러한 법원의 석명에 의하여 임차인이 특별히 불리하게 되는 것도 아니고, 오히려 법원의 석명에 의하여 지상물명도와 상환으로 대금지급의 판결을 받게 되는 것이 매수청구권을 행사한 임차인의 진의에도 부합한다고 할 수 있기 때문이다.

또한 위와 같은 경우에 법원이 이러한 점을 석명하지 아니한 채 토지임대인의 청구를 기각하고 만다면, 또다시 지상물명도 청구의 소를 제기하지 않으면 안되게 되어 쌍방 당사자에게 다 같이 불리한 결과를 안겨 줄 수밖에 없으므로 소송경제상으로도 매우 불합리하다고 하지 않을 수 없다.

그러므로 이와는 달리 이러한 경우에도 법원에게 위와 같은 점을 석명하여 심리하지 아니한 것이 위법이 아니라는 취지의 당원 1972.5.23. 선고 72다341 판결은 이로써 이를 변경하기로 한다."

해 설

1. 이 판결의 의의

이 판결은 소의 변경을 석명할 수 있는지 문제된 것이다. 이러한 석명은 적극적 석명에 해당하는데, 판례는 원래 적극적 석명을 인정하려고 하지 않았음에도 이 판결에 의하여 일정한 한도에서는 적극적 석명이 인정되는 계기가 되었다.

2. 석명권행사와 변론주의

(1) 석명권행사

법원이 소송관계(당사자의 청구, 주장, 입증에 관련된 모든 사항)를 명료하게 하기 위해 당사자에게 사실상 및 법률상의 사항에 관해 질문하거나, 입증을 촉구하는 권한을 석명권이라 한다(법136조). 즉 법원이 당사자에게 석명할 것을 요구하는 권한이다. 한편 석명권은 법원의 권리인 동시에 일정한 경우에 그 행사(합의부의 경우에는 재판장이 대표로 행사)가 요구되는 의무(석명의무)이기도 하다.

석명권행사는 변론기일이나 기일 외에도 할 수 있지만 증거조사는 아니고, 이 점에서 법원 자신의 행위에 의해 사실관계를 명확히 하는 수단인 석명처분(법140조)과 구별된다. 당사자도 법원에게 필요한 석명권의 행사를 요구할 수 있다(법136조3항).

(2) 석명과 변론주의와의 관계

사실 및 증거의 제출이 당사자의 책임에 맡겨져 있다는 변론주의가 적용됨에도 석명권의 행사가 필요한 이유는, 공정하게 사실을 인정하고 법을 적용하여 재판을 하여야 하기 때문이다. 이와 같이 석명권이 인정되는 이유에서 본다면, 당사자가 제출한 자료를 통해 합리적으로 예상할 수 있는 범위 내에서의 석명권은 적극적으로 행사되어야 한다고 이해할 수 있다.

한편 당사자는 법원의 석명에 대해 이의를 제출하거나(법138조), 석명을 하지 않을 수 있지만, 법관의 심증과의 관계에서 보통 석명에 응하게 되므로 석명권은 변론주의를 수정시킨다는 사실상의 효력이 있다. 당사자가 석명에 응하지 않으면 실기한 공격방어방법으로서 추후에 제출하기 어렵게 된다는 일정한 제재도 동반된다(법149조2항).

3. 적극적 석명권행사의 가능성

(1) 적극적 석명과 소극적 석명

석명권의 행사에는 이미 제출된 주장의 취지가 명료하지 않을 때 그것을 명료하게 한다는 소극적인 것과, 아직 제출되지 않은 새로운 주장이나 증거의 제출을 촉구하는 적극적인 것이 있다. 원래 판례는 소극적인 석명은 인정되지만, 적극적인 석명은 제한적으로 인정된다는 입장이었다.

이 판결은 Y의 매수청구권행사로 인하여 X의 건물철거 및 대지인도청구를 그대로 받아들일 수 없게 되는 경우에는, 법원은 X가 종전의 청구를 계속 유지할 것인지, 아니면 예비적으로라도 대금지급과 상환으로 지상물의 명도를 청구할 의사가 있는 것인지를 석명하여야 한다고 판시하여 적극적 석명을 인정한 것이다.

(2) 적극적 석명권행사의 가능성

이 판결에 의하여 변경된 대판 1972.5.23, 72다341에서는 그러한 석명은 적극적 석명으로서 인정되지 않는다고 판시하였다. 이와 같이 변경된 판결 이외에도 이 판결이 내려지기 전의 판례, 예를 들어 대판 1987.7.7, 86다카2521(이 판례는 대판 1960.9.29, 4293민상69, 대판 1968.7.16, 67다1477 및 대판 1977.3.8, 76다2461에 따르는 것이고, 이러한 판례는 모두 특별한 이유를 설시하고 있지 않은 아쉬움이 있다)에서는 다음과 같은 사례에서 적극적 석명을 부정하였다.

즉 X는 Y가 자신의 토지에 불법하게 건물을 신축하여 점거하고 있다는 이유로, Y를 상대로 당해 건물철거와 대지인도를 청구하는 소를 제기하였다. 이에 대해 Y는 자신은 당해 토지의 전소유자인 소외 A와 X가 당해 토지에 이전등기를 마치기 전에 이미 건물소유를 목적으로 한 임대차설정에 관한 등기를 마쳤으므로, 당해 토지를 적법하게 점유할 수 있다고 주장하였다. 이에 대해 X는 소유권에 기한 물권적 청구권을 주장하였을 뿐, 임대차계약의 해지통고를 하지 않았다. 임대차계약이 해지되지 않는 한 Y에게 적법한 점유권원이 인정된다면, 법원은 X에게 임대차계약의 해지통고에 관한 석명을 해야 할 의무가 있는지 문제된 것이다.

이에 대해 "법원은 석명권의 행사로써 사안을 밝히기 위하여 당사자의 주장가운데 모순이나 불명료한 점 따위를 지적하여 그 정정보완의 기회를 주고 그 주장자체에 의하여 법률상 또는 논리상 예기되는 주장을 촉구할 수는 있어도 그 정도를 넘어 당사자가 주장도 하지 않은 전혀 새로운 공격방법이나 사실에 관한 주장을 권유할 수는 없다"고 하여 적극적 석명을 부정하고 있었다.

이 판결에 의해 위와 같은 임대차계약해지의 통고라는 사실의 적극적 석명도 충분히 가능하게 되었다고 이해할 수 있다. 이 판결에서도 보듯이 분쟁의 일회적 해결을 도모하여야 하는 점, 그리고 법원의 법적 관점지적의무(법136조4항)가 규정되어 있는 점에서, 법률상의 사항에 대해서는 널리 적극적인 석명을 인정하고 있는 점(이 취지는 불합리한 결과를 회피하기 위해 인정하고 있다는 점), 그리고 법과 사실을 항상 명확히 구분하기 어렵다는 점, 나아가 소유권을 주장하면서 임대차계약해지를 주장하는 것은 모순된 입장이 아니고 합리적으로 예상할 수 있는 공격방어방법이라는 점에서 본다면, 사안에 따라서는 충분히 적극적 석명이 인정될 가능성이 있음을 인정하여야 할 것이다.

이 판결의 평석[78]에서는, "종래 우리 판례가 다소 그 인정에 소극적이었던(제한적) 적극적 석명의무를 명시적으로 인정함으로써 다른 사례에서도 법원이 분쟁을 적극적으로 해결할 수 있는 길을 제시하였다는 데 큰 의미가 있다고 하겠다. 다만, 이 판결만으로는 다른 어떤 경우에 이러한 적극적 석명이 인정될 수 있는가에 대한 일반적인 해답을 얻기는 어려우나, 원래 이러한 문제는 어떤 획일적인 기준에 의하여 해결할 수 있는 성질의 것은 아니고, 구체적 사례에 따라 판단할 수밖에 없는 것이며, 또 그 판단에 있어서도 이 판결이 들고 있는 근거가 많은 참고가 될 수 있을 것이다"고 논평하고 있다.

(3) 석명권행사의무위반의 경우

아울러 석명의무를 위반한 경우의 문제로서, 석명권을 행사해서는 안 됨에도 불구하고 석명권을 행사한 경우에는, 앞서 본 이의를 하거나 법관의 기피신청으로 다툴 수 있다. 그러나 그에 따라 당사자가 제출한 주장이나 증거를 무효로 한다 하여도, 상고심에서 파기환송한 후에 다시 그러한 주장이나 증거를 제출하는 것은 그것이 실체적 진실에 부합하는 한 막을 수 없다. 따라서 석명권을 행사해서는 안 되는 경우에 행사한 경우에는 특별히 문제되지 않는다.

반대로 석명권을 행사해야 함에도 불구하고 석명권을 행사하지 않은 경우에는, 그러한 석명권의 행사를 충분히 예측할 수 있었고, 당사자에게 석명권불행사를 다툴 정당한 이유가 있으며, 석명에 응했다면 판결의 결과가 달라진다고 예상할 수 있는 경우

---

78) 윤진수, 토지임차인의 매수청구권행사와 법원의 석명의무, 인권과정의236호(1995)139면.

에는, 법423조가 규정하는 법령위반이라는 상고이유가 된다. 예를 들어 피고의 채무불이행사실 및 피고가 위의 특별한 사정을 알았거나 알 수 있었다는 사실이 인정되는 사건에 있어서는, 원고의 손해액에 관한 입증이 불충분하다 하더라도 그 이유만으로 원고의 이 부분 배상청구를 배척할 것이 아니라 그 손해액에 관하여 적극적으로 석명권을 행사하고 입증을 촉구하여 이를 밝혀야 한다(대판 1982.4.13, 81다1045).

그 밖에 대판 2000.10.10, 2000다19526에서는 자백을 하는 진의가 무엇인지 석명하여 밝혀야 할 의무의 유무에 관하여, "피고의 대표자가 피고 명의의 근저당권설정등기의 채무자변경의 부기등기가 경료된 경위에 관하여 원고의 주장사실에 부합하는 진술을 하고, 원고가 이를 원용함으로써 재판상의 자백이 성립한 이상, 원심이 피고의 대표자가 자신에 불이익한 자백을 하는 진의가 무엇인지를 석명하여 밝혀야 할 것은 아니므로 원심판결에는 피고의 자백진술에 관하여 석명권 불행사로 인한 심리미진 등의 위법이 있다고 할 수 없다"고 판시되었다. 석명권행사의 유무에 관한 기존의 입장을 적용한 판례로서, 석명권행사의 의무가 없다고 인정된 하나의 사례로서 의의가 있고 타당한 해석이다.

41 법적 관점 지적의무

[대판 1994.6.10, 94다8761]

사 실

X는 A를 제3채무자로 하는 채권압류 및 추심명령(이 사건 결정)을 받고 바로 제3채무자를 Y로 경정하였지만, 이 경정명령은 Y에게는 송달되지 않았다. X가 Y를 상대로 제기한 추심의 소의 제1심에서, Y는 이 사건 결정은 송달받은 바 없고, 그 제3채무자의 표시도 자신의 명의와 다르다고 주장하였지만, 제1심 판결은 이 사건 결정이 Y에게 송달되었고 그 후 제3채무자의 표시도 Y명의로 경정결정 되었다고 인정하였다. 이에 제2심에서 Y는 이 사건 결정이나 그 경정결정의 송달 여부에 관하여는 언급하지 않았다. 따라서 X는 제1심 이래 이 사건 결정은 송달되었고 그 제3채무자의 표시가 잘못되어 그 후 경정결정을 받았다고만 주장하면서, 송달증명원을 제출하였을 뿐 위 경정결정이 Y에게 송달되었는지 여부에 관하여는 명시적으로 주장, 입증한 바 없다. 이 경우 법원은 경정결정의 송달여부에 관해 석명을 해야 하는지 문제되었다.

판결요지

"원심의 변론종결시까지 당사자사이에 이 사건 결정의 송달 여부만 다루어졌을 뿐 위 경정결정의 송달 여부에 관하여는 명시적으로 다툼이 없었고 따라서 X도 이 사건 결정이 송달되었다는 증거만 제출하였으므로, 원심으로서는 마땅히 당사자들이 간과한 경정결정의 송달관계에 관하여 지적한 후 X에게 경정결정의 송달 여부에 관하여 석명을 구하고 입증을 촉구하여야 함에도(민사소송법 제126조(법136조) 제4항 참조) 불구하고, 이에 이르지 아니한 채, 이를 의식하지 못하고 간과한 X가 제출한 증거만으로 위 경정결정의 송달사실이 인정되지 않는다는 이유로 청구를 기각하였으니, 이는 당사자가 전혀 예상하지 못하였던 법률적인 관점에 기한 예상외의 재판으로 X에게 불의의 타격을 가하였을 뿐 아니라, 위 경정결정이 Y에게 송달되었는지에 관하여 제대로 심리를 하지 아니하여 판결에 영향을 미친 위법이 있다 할 것이다."

해 설

1. 이 판결의 의의

석명권행사의 대상은 보통 사실에 국한되는 것으로 인식되어 왔다. 그러나 1990년의 개정민사소송법은 석명의 대상으로 법률상의 사항도 대상이 됨을 명확히 규정하게 되었다. 이 판결은 그러한 법률상의 사항으로 경정결정의 송달이 있다는 점을 명확히 판단한 것이다.

2. 법적 관점에 관한 석명권의 행사

변론주의는 소송자료인 사실의 수집의 권한 · 책임의 문제이므로 사실에 국한된 개념이지만, 석명을 통해 사실만이 아니라 법적 평가 · 법률구성에도 당사자의 주장을 유도할 수 있다. 나아가 법원은 당사자가 모르는 법적 관점으로 재판하려고 할 때는 그것을 당사자에게 제시하고 당사자에게 충분히 변론하게 할 의무가 있다(법136조4항).

이러한 법적관점 지적의무는 독일법을 계수한 것이다. 민사소송법은 석명의 대상으로서 법률상의 사항도 포함된다는 입장이므로, 결국 그에 관해 석명의무위반이 발생할 수 있다는 점을 규정하고 있는 것이 된다. 이 점에서 보통 '법적 관점 지적의무'라고 하고, 당사자의 권리 특히 절차권 보장에 목적이 있다고 말할 수 있다. 그렇다면 법적 관점 지적의무라는 제도는 순수하게 당사자의 권리보호를 위한 것이지 굳이 소송물론의 우열에까지 그 의의를 확대할 필요는 없을 것이다.

법적 관점 지적의무에 위반하는 것은 당사자가 명백히 간과한 법률상의 사항을 지적하지 않는 경우이다. 보통 명백히 간과했다는 것은 당사자의 법률상의 지식을 고려하여 판단해야 한다.[79] 또한 법적 관점을 지적 · 토론한다는 점에 중점이 있고, 법원은 당사자의 논의의 결과에 구속되지 않는다. 법률해석의 최종책임은 당사자가 아닌 법원이 지게 되기 때문이다.

3. 경정결정의 송달에 관한 점과 법적 관점

이 판결에서 문제된 경정결정의 송달의 여부는 송달에 의해 채권압류 및 추심명령의 효력이 발생한다는 점(민집227조3항)에서, 특정한 사실에 대한 법적 평가에 해당하고, 그렇다면 법적 관점으로서 송달의 유무에 대해 당사자에게 다툴 기회를 부여해야 한다는 결론이 된다. 이 판결에서도 특히 "당사자가 전혀 예상하지 못하였던 법률적인

79) 이, 339면.

관점에 기한 예상외의 재판으로 X에게 불의의 타격을 가하였다"고 판시하고 있다. 따라서 특정한 법적 관점에 의해 재판을 하려고 한다면 그에 관해 당사자에게 다툴 기회를 부여해야 하고, 또한 석명의무위반과 동일하게 판결요지에서 보듯이 "경정결정이 Y에게 송달되었는지에 관하여 제대로 심리를 하지 아니하여 판결에 영향을 미친 위법이 있을 때" 법적 관점 지적의무 위반이 된다.

4. 지적의무의 대상이 되는 법률상의 사항의 예

아울러 판례에서 인정된 법적 관점 지적의무 위반에 해당하는 사례, 즉 법률상의 사항에 해당되는 예를 본다면 다음과 같다.

(1) 피고적격이나 부기등기의 말소방법에 관한 예

대판 1994.10.21, 94다17109에서는, 가등기의 피담보채권이 발생하지 않는 것이 확정되었음을 이유로 이 가등기와 가등기 이전의 부기등기의 말소를 구한다는 청구에 관해, 제1심이나 원심에서는 이 가등기의 피담보채권의 발생여부에 대한 쟁점에 관하여만 심리가 되었고, 제1심은 위 쟁점에 관한 오랜 심리 끝에 본안에 관하여 판단까지 하였다. 그러나 피고 적격이나 가등기 부기등기의 말소방법 등에 관하여는 아무런 석명이나 변론이 없었음에도 원심은 피고에 대하여 가등기의 말소를 구하는 것은 당사자적격이 없는 자를 상대로 한 것이어서 부적법하고, 부기등기는 주등기가 말소되면 직권으로 말소되는 것이므로 부기등기만의 말소를 구하는 것은 권리보호의 이익이 없어 부적법하다며, 소를 각하하는 판결을 선고하였다.

이러한 원심의 태도에 대해 대법원은 다음과 같은 이유에서 파기환송을 판결하였다. "이 사건 소송수행과정이나 심리과정에 비추어 볼 때, 원심이 피고적격 등의 문제를 재판의 기초로 삼기 위하여는 원고로 하여금 이 점에 관하여 변론을 하게 하고, 필요한 경우 청구취지 등을 변경할 기회를 주었어야 할 것인데도 이에 이르지 아니한 채 이 점을 재판의 기초로 삼아 소를 각하한 것은 원고가 전혀 예상하지 못한 법률적인 관점에 기한 예상외의 재판으로 원고에게 불의의 타격을 가하였다." 이것은 소각하의 이유가 된 법적 관점에 대해 당사자에게 변론의 기회를 부여해야 한다는 취지이다.

(2) 소유권이전등기청구의 원인

증여를 원인으로 한 소유권이전등기절차 이행청구에서 원고가 환지약정을 원인으로 한 소유권이전등기청구권에 대하여 분명하게 주장한 흔적이 보이지 아니하나 환지약정에 관한 서증을 제출하고 있다면, 법원은 환지약정을 원인으로 한 소유권이전등기절차 이행청구를 주장하려는 취지인지(법적 관점)를 명백히 하였어야 한다(대판 1995.2.10, 94다16601).

(3) 약속어음의 발행지

약속어음금청구에서 약속어음의 발행지나 발행인의 명칭에 부기한 지의 기재의 흠결(법적 관점)에 대하여 피고의 주장이 있었으나 원고가 이 점을 명백히 간과하여 버린 것으로 인정되는 경우, 법원은 발행지 기재의 흠결에 대한 피고의 주장에 착안하여 이 점을 재판의 기초로 삼으려면 원고로 하여금 그 점에 관하여 의견을 진술할 기회를 주었어야 한다(대판 1995.11.14, 95다25923).

(4) 보상금을 수령할 유족의 요건

보험금청구에서 근로자재해보상책임보험의 부보 범위만이 쟁점이 되어 다투어져 왔을 뿐, 원고가 유족으로서 보상금을 수령할 요건을 갖추었는지 여부에 관하여는 명시적인 다툼이 없었던 경우, 당사자들이 간과한 재해보상금을 수령할 수 있는 유족의 요건에 관하여 석명을 구하고 입증을 촉구하여야 한다(대판 1998.9.8, 98다19509).

(5) 가등기부기등기의 유효성

가등기에 기한 소유권이전등기절차의 이행을 구하는 소송에서 다음과 같은 부기등기의 유효성에 관하여는 법원이 지적하여야 할 법적 관점이라고 판단되었다(대판 2008.12.11, 2008다45187).

“원고는 이 사건 가등기에 기한 소유권이전등기절차의 이행을 구하면서, 이 사건 소장 및 2008. 4. 23.자 준비서면(기록 270면 이하) 등에서 <소외 1과 소외 2(이하 ‘소외 1 등’이라고 한다)가 이 사건 건물을 신축하여 2003. 10. 초순경 원시취득한 후 피고 명의로 소유권보존등기를 경료함으로써 피고에게 명의신탁하였고, 소외 3은 2004. 11. 9. 소외 1 등으로부터 대여금채권의 변제에 갈음하여 이 사건 건물을 양도받기로 약정하고 같은 날 그 소유권이전등기청구권을 보전하기 위하여 가등기를 마쳤으며, 원고는 소외 3으로부터 위 소유권이전등기청구권을 양도받고 2007. 4. 4. 위 가등기에 관한 부기등기를 마쳤다>고 주장하고 있으므로, 이러한 원고의 주장에는 소외 3의 가등기 및 원고의 가등기 부기등기가 실체관계에 부합한다는 주장도 포함되어 있다고 볼 수 있고, 비록 소외 3이 명의신탁자인 소외 1 등과 이 사건 건물을 양도받는 계약을 맺고 단지 명의수탁자인 피고로부터 소유권이전청구권 보전을 위한 가등기를 경료받은 것 같은 외관을 갖춘 자에 해당하여 부동산실명법 제4조 제3항의 제3자에 해당하지 않는다고 하더라도 소외 3의 가등기가 실체관계에 부합한다면 원고로서는 소외 3의 가등기와 이를 기초로 한 원고의 가등기 부기등기가 유효하다는 주장을 할 수 있는 것이므로, 원심으로서는 원고에게 이러한 법률사항에 관하여 의견을 진술할 기회를 주었어야 할 것이다.”

(6) 기타

채권자의 상대적 불확지를 원인으로 하는 변제공탁의 피공탁자 중 1인의 공탁물 출급청구권에 대하여, 채권압류 및 추심명령을 받은 추심채권자가 자기의 이름으로 다른 피공탁자를 상대로 공탁물출급청구권이 추심채권자의 채무자에게 있다는 확인을 구하는 소를 제기하면서(확인의 이익은 인정된다), 소장의 당사자표시에 채무자를 원고로, 자신을 대위신청인으로 기재하고, 청구취지를 원고가 출급권자임을 확인한다고 기재한 다음, 청구원인으로는 자신이 채무자의 대위신청인으로서 공탁물출급전의 확인을 위해 소를 제기한다고 주장하였다. 그러나 변론기일에서 소장의 당사자표시 중 원고는 추심채권자 자신이고 청구취지는 출급청구권이 자신에게 있다는 것이라고 진술한 경우에는, 다음과 같이 법원은 원고로 하여금 청구원인에 합당하게 청구취지를 정정하도록 석명권(법적 관점 지적)을 행사하여야 한다(대판 2011.11.10, 2011다55405).

"원고의 위와 같은 진술은 당사자 본인인 원고가 부주의나 법률적 지식의 부족으로 인하여, 채권압류 및 추심명령이 있더라도 채무자가 여전히 압류된 채권의 채권자 지위에 있는 것이고, 다만 채권압류 및 추심명령을 받은 추심채권자는 압류한 채권의 추심권을 취득하므로 추심에 필요한 채무자의 권리를 대위절차 없이 자기의 이름으로 행사할 수 있다는 법리를 간과하였거나 제대로 이해하지 못한 데서 비롯한 것으로 보아, 원심이 원고의 청구원인과 청구취지가 일치하지 않는 법률적 모순이 있음을 지적하고 다시 원고에게 의견을 진술할 기회를 부여함으로써 원고의 진정한 의사를 확인하고 원고로 하여금 청구원인에 합당하게 청구취지를 정정하도록 기회를 주었어야 한다."

직권조사사항인 채권자대위소송의 피보전채권의 존부에 관하여 석명의무가 발생한다고 본 사례도 있다. 즉 "원고가 부주의 또는 오해로 망인으로부터 상속하였다고 주장한 소유권이전등기청구권 중 6/84 지분을 초과한 부분에 관하여 보전의 필요성이 인정되지 않는다는 법률상의 관점을 간과하였다고 보이고, 원심이 위와 같은 보전의 필요성 등의 문제를 재판의 기초로 삼기 위하여는 원고로 하여금 이러한 법률적인 관점에 관하여 변론을 하게 하고, 필요한 경우 청구취지 등을 변경할 기회를 주었어야 할 것인데도 이에 이르지 아니한 채 이 점을 재판의 기초로 삼아 이 부분 소를 각하한 것은 원고가 전혀 예상하지 못한 법률적인 관점에 기한 예상외의 재판으로 원고에게 불의의 타격을 가하였을 뿐 아니라 석명의무를 다하지 아니하여 심리를 제대로 하지 아니한 것이라 할 것이고, 원심의 위와 같은 잘못은 판결에 영향을 미쳤다고 할 것이다."(대판 2014.10.27, 2013다25217).

42 직권조사사항과 직권탐지주의

[대판 1964.5.12, 63다712]

사 실

소송대리인에 의해 소가 제기된 경우, 그 대리권의 유무에 대해서는 당사자의 주장에 관계없이 법원이 직권으로 조사해야 하는지 문제되었다.

판결요지

"소송대리인에 의한 소제기의 경우에 대리인의 대리권 존재는 소송요건의 하나로서 법원의 직권조사사항이므로 법원은 당사자의 주장을 기다리지 않고 대리권의 유무를 조사하여야 하고 따라서 당사자가 그 흠결을 시인한다고 하여 이를 직권으로 조사함은 위법이라고 할 수 없는 것인바 이와 반대의 견해로서 이 건 원고 법정대리인이 소외 이병필에게 소송대리 위임을 한 사실이 없다는 피고의 항변을 시인하고 있음에도 불구하고 원심이 직권으로 증거를 모아 위 소송대리 위임사실을 인정하였음은 위법이라는 논지는 위에서 설명한 법리를 오해한 독자적 견해로서 받아들일 수 없다."

해 설

1. 이 판결의 의의

변론주의가 적용되는 통상의 민사소송절차에서는 소송자료의 제출과 수집이 당사자의 책임에 맡겨져 있다. 그러나 소송자료 중에는 공익적인 사항이 존재하고, 이러한 것은 당사자의 처분에 맡겨 당사자의 책임으로 돌릴 수 있는 사항이 아니라 법원이 직권으로 그 존재를 조사해야 한다. 이와 같이 직권으로 조사한다는 점에서 직권조사사항이라 호칭되는 것이다. 이 판결에서는 소송대리권의 존부가 직권탐지를 해야 하는 직권조사사항인지, 나아가 그것을 어떻게 심리하는지가 문제된 것이다. 이에 대해 이 판결은 소송요건의 하나로서 직권조사사항이며, 직권증거조사가 가능하다고 판단하였다.

2. 직권조사사항과 그 심리방법

(1) 직권조사사항과 주장책임

직권조사사항은 공익적인 사항을 염두에 둔 것이므로 강행법규의 위반여부와 소송요건이 일단 이에 해당한다고 할 수 있다. 이 판결에서의 소송대리권은 소송요건이고 상고이유·재심사유에도 해당하는 점에서 본다면, 직권조사사항인 점에는 의문의 여지가 없다.

(2) 직권탐지주의

직권조사사항과는 별개의 개념으로 직권탐지주의라는 심리방식이 있다. 이것은 변론주의가 적용되지 않는 비송절차에서 이용되는 것으로, 심리의 방법으로서 법원에 의한 직권증거조사를 의미한다. 이 판결은 소송대리권의 유무는 직권조사사항으로 그것을 심리하기 위해 직권증거조사가 가능하다는 입장임을 알 수 있다.

(3) 직권조사사항과 직권탐지주의의 관계

(a) 공익성이 강한 소송요건

직권조사사항과 직권탐지주의의 관계를 이해하기 위해 직권조사사항의 구체적 범위와 그 심리방법을 살펴볼 필요가 있다. 위에서 공익적인 사항으로 소송요건을 직권조사사항의 대상이라 하였다. 소송요건인 직권조사사항 중 공익성이 강한 것은 재판제도의 존재의의에 비추어, 당사자의 주장에 관계없이 직권으로 조사하고 또한 그 판단을 위한 자료의 수집에 관해 직권증거조사가 이루어진다. 재판권, 전속관할, 제척원인, 당사자능력과 소송능력, 법정대리권, 중복제소의 금지, 기판력과 같은 것이 이에 해당한다.

(b) 중간적 소송요건

한편 공익성이 강하지도 않지만 그렇다고 당사자의 이익에 목적이 없는(즉 공익성이 약한) 것이 있다. 예를 들면 임의관할, 병합의 요건, 소의 변경이나 반소의 요건, 당사자적격 등의 경우에는 직권으로 조사할 사항이지만, 법원이 직권증거조사까지를 할 필요성은 없다. 예를 들어 비법인사단(종중)이 당사자인 사건에서 대표자에게 적법한 대표권이 있는지 여부는 소송요건(당사자적격의 유무)에 관한 것으로서 법원의 직권조사사항이므로, 법원에 판단의 기초자료인 사실과 증거를 직권으로 탐지할 의무까지는 없다 하더라도 이미 제출된 자료에 의하여 대표권의 적법성에 의심이 갈만한 사정이 엿보인다면 그에 관하여 심리·조사할 의무가 있다(대판 1975.2.10, 74다2101; 대판 2011.7.28, 2010다97044).

(c) 사익성이 강한 소송요건

다른 한편 소송요건 중에서도 당사자의 이익보호를 목적으로 하는 것, 예를 들면 중재합의의 항변, 부제소특약, 소송비용의 담보제공의 경우에는 직권조사사항도 아니고, 그것을 직권탐지주의에 의해 심리할 필요도 없다. 그러나 판례(대판 1980.1.29, 79다2066)는 불항소합의를 항소의 적법요건에 관한 것으로서 직권조사사항이라 하였는데 문제가 있다. 또한 대판 2013.11.28, 2011다80449에서는 "특정한 권리나 법률관계에 관하여 분쟁이 있어도 제소하지 아니하기로 합의(이하 '부제소 합의'라고 한다)한 경우 이에 위배되어 제기된 소는 권리보호의 이익이 없고, 또한 당사자와 소송관계인은 신의에 따라 성실하게 소송을 수행하여야 한다는 신의성실의 원칙(민사소송법 제1조 제2항)에도 어긋나는 것이므로, 소가 부제소 합의에 위배되어 제기된 경우 법원은 직권으로 소의 적법 여부를 판단할 수 있다."고 하여 이를 따르고 있다. 단, "부제소 합의는 소송당사자에게 헌법상 보장된 재판청구권의 포기와 같은 중대한 소송법상의 효과를 발생시키는 것으로서 그 합의 시에 예상할 수 있는 상황에 관한 것이어야 유효하고, 그 효력의 유무나 범위를 둘러싸고 이견이 있을 수 있는 경우에는 당사자의 의사를 합리적으로 해석한 후 이를 판단하여야 한다. 따라서 당사자들이 부제소 합의의 효력이나 그 범위에 관하여 쟁점으로 삼아 소의 적법 여부를 다투지 아니하는데도 법원이 직권으로 부제소 합의에 위배되었다는 이유로 소가 부적법하다고 판단하기 위해서는 그와 같은 법률적 관점에 대하여 당사자에게 의견을 진술할 기회를 주어야 하고, 부제소 합의를 하게 된 동기 및 경위, 그 합의에 의하여 달성하려는 목적, 당사자의 진정한 의사 등에 관하여도 충분히 심리할 필요가 있다. 법원이 그와 같이 하지 않고 직권으로 부제소 합의를 인정하여 소를 각하하는 것은 예상외의 재판으로 당사자 일방에게 불의의 타격을 가하는 것으로서 석명의무를 위반하여 필요한 심리를 제대로 하지 아니하는 것이다."고 하여 당사자에게 의견진술의 기회를 주어야 한다고는 판단하고 있다.

(d) 제3의 심리방식이라는 견해

위와 같은 직권탐지주의가 갖는 의미에서, 직권조사사항을 직권탐지주의와 변론주의의 중간적 성격을 갖는 제3의 심리방식이라고 풀이하는 견해[80]도 있다. 그러나 이러한 견해는 직권조사사항과 직권탐지주의가 갖는 기능의 차이(전자는 사실의 주장, 후자는 주장된 사실의 진위여부의 판단방법)를 설명할 수 없고, 직권조사사항이며 동시에 직권탐지를 해야 하는 경우에, 이를 직권조사사항이 아니라고 보는 것도 직권조사사항이 갖는 공익성의 차이를 고려할 수 없게 하는 단점이 있다.

80) 이, 330면.

(4) 임의대리권의 존부의 공익성

이 판결은 소송대리권의 존부는 직권조사사항이며 직권탐지를 해야 한다고 판단하고 있다. 그러나 소송대리권은 임의대리권으로 변호사가 아닌 자의 대리행위도 당사자가 추인하면 유효가 되고, 법정대리인이 능력의 흠결을 보충하기 위한 제도라는 점과 비교하면, 법정대리권과 같이 공익성이 강하다고는 말할 수 없을 것이다. 또한 위와 같은 점에서 직권탐지주의에 해당하는 직권조사사항을 직권탐지사항이라 하는 것은 적절한 용어법이 아니다. 예를 들면 이 판결요지에 따랐다고 할 수 있는 대판 1999.2.24, 97다38930에서는 "소송대리권의 존부는 법원의 직권탐지사항으로서, 이에 대하여는 의제자백에 관한 규정이 적용될 여지가 없다."고 하지만 문제가 있다.

(5) 직권탐지주의에서의 불의의 타격

아울러 직권탐지주의라 하여도 불의의 타격을 금한다는 원칙은 기능한다. 예를 들어 대판 1994.4.26, 92누17402에서는 원고는 원심에서 서울 마포구 도화동 소재의 아파트에 관하여 원고명의로 경료되어 있던 소유권이전등기는 원고의 의사에 기하여 경료된 것이 아니고 소외인인 원고의 언니가 원고 몰래 경료한 것으로서 무효라는 주장을 하였을 뿐이고, 원고의 언니가 원고에게 위 아파트를 명의신탁하였던 것이라는 주장을 한 바는 없음이 명백한 경우, 원고명의의 등기가 명의신탁에 의한 등기인지의 여부에 관하여 직권으로 사실을 조사하여야 하는 것인가에 관해 다음과 같이 조사할 수 없다고 판시하였다.

즉 기존의 판례의 입장(대판 1988.4.27, 87누1182; 대판 1991.11.8, 91누2854; 대판 1992.7.10, 92누3199 등)에 의해, "행정소송법 제26조에 「법원은 필요하다고 인정할 때에는 직권으로 증거조사를 할 수 있고, 당사자가 주장하지 아니한 사실에 대하여도 판단할 수 있다」 고 규정하고 있기는 하나, 이는 행정소송의 특수성에서 연유하는 당사자주의, 변론주의에 대한 일부 예외규정일 뿐 법원이 아무런 제한 없이 당사자가 주장하지 아니한 사실을 판단할 수 있는 것은 아니고 일건 기록상 현출되어 있는 사항에 관하여서만 직권으로 증거조사를 하고 이를 기초로 하여 판단할 수 있을 따름이라 할 것이다"라고 판단하였다.

43 소송행위의 추후보완

[대판 1999.6.11, 99다9622]

사 실

Y는 1999.1.16. 원심판결을 송달받은 후, 1999.2.1. 원심판결에 대하여 상고를 제기하였다. 원심법원 재판장은 Y의 상고가 상고기간 만료일인 1999.1.30.을 도과하여 제기된 것이어서 부적법하다고 하여, 1999.2.3. Y의 상고장을 각하하는 명령을 내렸다. 이 명령은 1999.2.5. Y에게 송달되었으나, Y는 이 각하명령이 송달되기 전인 1999.2.3. 원심판결에 대하여 추후보완상고장을 제출하였다. Y는 상고기간을 준수하지 못한 사유로 다음의 주장을 하였다. 이 사건 원심판결은 1999.1.16. 토요일, 근무시간인 13:00가 지나서 Y의 소송대리인의 사무실에 송달되었는데, 당시 담당직원들은 대부분 퇴근하고 일부 직원 및 놀러 온 그 직원의 친구들 몇몇이 남아 있었다. 이 때 판결정본의 송달 의미를 알지 못하는 직원의 친구가 책상 위에 놓여 있던 직원 A명의의 도장을 송달보고서에 날인하여 주고 원심판결 정본을 받았고, 그날 직원 A는 월차휴가일이어서 출근도 하지 않았다. 한편 Y의 소송대리인 사무실 책상 위에 놓여 있던 판결정본은 월요일인 1999.1.18. 오전에 직원의 눈에 띄게 되었고, 그 직원은 그날 송달된 것으로 알고 판결정본 봉투에 '1999.1.18. 접수'라는 도장을 찍고 문서수발대장에 그 날짜로 기재함으로써, 상고마감일을 잘못 알게 되었다는 이유이다. 이러한 Y의 소송행위(상고의 제기)의 추후보완은 인정되는지 문제되었다.

판결요지

"민사소송법 제160조(법173조) 제1항은 「당사자가 그 책임을 질 수 없는 사유로 인하여 불변기간을 준수할 수 없었던 경우에는 그 사유가 없어진 후 2주일 내에 해태된 소송행위를 추완(현행법에서 '추후보완'이라는 용어로 변경되었다)할 수 있다.」고 규정하고 있는바, 여기서 말하는 '당사자가 그 책임을 질 수 없는 사유'라고 함은 당사자가 그 소송행위를 하기 위하여 일반적으로 하여야 할 주의를 다하였음에도 불구하고 그 기간을 준수할 수 없었던 사유를 가리키고, 그 당사자에는 당사자 본인뿐만 아니라 그 소송대리인 및 대리인의 보조인도 포함된다고 할 것이다. 살피건대, Y 소송대리인이 제출한 소명자료에 의하더라도 Y 소송대리인의 직원이 아닌 다른 사람이 원심판결 정본을 수령한 사실이 인정되지 아니하고, 그 밖에 Y 소송대리인이 주장하는 사유는 Y 소송대리인 사무소 내부의 사정으로서 당사자의 책임으로 돌릴 수 없는 사유에 해당된다고 할 수도 없을 뿐만 아니라, Y 소송대리인의 주장에 의하더라도 Y 소송대리인의 직원이 원심판결 정본의 접수를 문서수발대장에 기재한 날인 1999.1.18.에는 당사자가 책임질 수 없는 사유가 없어졌다고 할 것이므로, Y가 원심법원 재판장의 상고장 각하명령에 대한 재항고를 제기하지 아니한 채 이 사건 추완상고장을 별도로 제출한 이 사건에 있어서는, 그 추완상고는 당사자가 책임을 질 수 없는 사유가 없어졌다고 Y 소송대리인이 자인하는 날로부터도 2주일이 지났음이 명백한 1999.2.3.에 제기되어 추완의 요건도 갖추지 못하게 되었다 할 것이다."

해 설

1. 이 판결의 의의

이 판결에서는 상고의 추후보완(구법에서는 '추완'이라는 용어로 사용되었다)이 가능한지 문제되었다. 이 판결은 부주의하게 송달을 수령한 소송대리인의 보조인 측에 과실이 있으므로, 추후보완상고의 제기라는 소송행위의 추후보완은 인정되지 않는다고 판시하고 있다. 소송대리인 이외에 그 보조인의 과실도 없어야 함을 인정한 판단이다.

2. 소송행위의 추후보완의 필요성

이 판결에서의 상고의 추후보완이라는 소송행위의 추후보완은 기간을 연장하거나 단축할 수 없는 불변기간을 준수할 수 없는 경우에 작용한다. 즉 특정 소송행위를 불변기간 내에 하여야 함에도 당사자가 그 책임을 질 수 없는 사유로 인해 하지 못한 경우에, 그 소송행위를 불변기간 도과 후에 추가로 하여 완성시킬 수 있게 하는 당사자에 대한 구제책을 소송행위의 추후보완이라 한다(법173조). 이러한 소송행위의 추후보완은 '당사자가 책임을 질 수 없는 사유'가 없어진 후 2주일내(외국에 있는 당사자의 경우에는 30일)에 하여야 한다(법173조1항).

추후보완 자체는 독립한 소송행위가 아니고, 불변기간의 도과로 부적법하게 된 소송행위가 적법한 것이라는 주장이다. 따라서 아직 소송행위를 하지 않은 경우에는 책임을 질 수 없는 사유의 존재 이외에 추후보완 기간 내에 새로이 소송행위를 하여야 한다. 항소인이 추완항소임을 명백히 하지 아니하면 법원이 항소각하판결을 하기 전에 반드시 그 추후보완사유의 유무를 심리하거나 이를 주장할 수 있는 기회를 주어야 하는 것은 아니다(대판 1981.6.23, 80다2315). 또한 상소의 추후보완에 의해 확정판결의 집행정지를 구할 수 있다(법500조1항).

3. 추후보완의 요건

(1) 본인이 책임질 수 없는 사유

'당사자가 그 책임을 질 수 없는 사유'라고 함은, 이 판결에서도 나와 있지만 다수의 판례의 입장(대판 1987.3.10, 86다카2224; 대판 1998.10.2, 97다50152 등)으로서, 당사자가 그 소송행위를 하기 위하여 일반적으로 하여야 할 주의를 다하였음에도 불구하고 그 기간을 준수할 수 없었던 사유를 가리킨다. 또한 예를 들어 판결의 선고 및 송달사실을 알지 못하여 상소기간을 지키지 못한 데 과실이 없다는 사정은 상소를 추후보완하고자 하는 당사자 측에서 주장·입증하여야 한다(대판 2012.10.11. 선고 2012다44730).

(2) 구체적인 요건

일반적으로 생각할 수 있는 예는, 첫 번째는 천재지변과 이에 준하는 사유에 의해 서면의 제출이 지연된 경우를 생각할 수 있다. 예를 들어 원심법원이 판결 선고 후 두 차례에 걸쳐 피고에게 판결정본을 송달하려 하였으나 모두 폐문부재를 이유로 송달되지 아니하자 공시송달의 방법으로 판결정본을 송달한 사안에서, 원심법원의 잘못으로 피고에게 판결선고기일이 제대로 고지되지 아니하였고, 공시송달의 요건이 갖추어지지 않았던 사정을 종합하여 보면 피고가 불변기간을 준수하지 못한 것이 피고의 책임에 해당한다고 할 수 없으므로, 피고가 직접 판결정본을 수령한 후 2주 내에 상고장을 제출한 것은 적법한 상고의 추후보완에 해당한다(대결 2011.10.27, 2011마1154). 두 번째는 송달이 공시송달에 의해 이루어지고, 송달을 받아야 하는 당사자가 공시송달로 받아야 할 정당한 이유가 없는 경우이다. 세 번째는 당사자본인뿐만 아니라 본인과 동일시되는 소송대리인이나 그 보조인(변호사사무소의 사무원 등 기타 업무보조원을 포함)에게 과실이 없이 불변기간을 준수할 수 없었던 경우이다. 특히 소송대리인이 있는 경우에는 실제로 소송행위를 하는 것은 대리인이므로 그(소송대리인과 그 보조인)의 과실의 유무가 중심이 된다.

4. 추후보완의 가능성

(1) 소송대리인 측의 과실

이 판결은 부주의하게 송달을 수령한 소송대리인의 보조인 측에 과실이 있으므로,

소송행위의 추후보완은 인정되지 않는다고 판시하고 있다. 소송대리인 이외에 그 보조인의 과실도 없어야 함을 인정한 입장이지만, 그 이유는 충분히 설시되어 있지 않다. 추측건대, 사실상 소송대리인이 소송을 수행한다는 점, 소송대리인의 과실은 본인인 Y와의 문제인 점, 그리고 그 보조인에게 과실이 있다는 것은 소송대리인의 직무태만이라고 볼 수 있다는 점에서 그 이유를 찾을 수 있다.

(2) 기간의 준수

아울러 이 판결의 방론에서도 지적하고 있듯이, 설사 보조인의 과실이 없다고 하더라도, 추후보완상고가 인정되려면 이 판결에서와 같이 당사자가 책임을 질 수 없는 사유가 없어졌다고 Y의 소송대리인이 자인하는 날(1999.1.18)로부터 2주일 내에 추후보완상고를 제기해야 했다. 이 판결에서는 이 점을 지적하여 Y의 소송대리인이 추후보완상고를 제기한 날(1999.2.3.)은 그로부터 2주일이 지났음이 명백하므로 추후보완의 요건도 갖추지 못하고 있다고 설시하고 있는 것이다.

43-2 소송절차의 중단과 수계

[대판 2010.12.23, 2007다22859]

사 실

A는 Y를 상대로 이전등기청구소송을 제기하였는데 제1심 소송 계속 중 사망하였다(사실관계는 복잡하지만 판결요지와의 관계에서 단순화하였다). A는 소제기 시부터 변호사 B를 소송대리인으로 선임하였고 상소를 제기할 특별수권을 부여하고 있었다. A에게는 복수의 상속인들이 있었는데, (1) 1심법원이 상속인으로 당사자의 표시를 정정하지 아니한 채 A를 그대로 당사자로 표시하여 판결한 경우 이 판결의 효력은 A의 소송상 지위를 당연승계한 상속인들 모두에게 미치는지, 또한 (2) 그 판결에 대하여 그 잘못된 당사자 표시를 신뢰한 B나 Y가 그 잘못 기재된 당사자 모두를 상소인 또는 피상소인으로 표시하여 상소를 제기한 경우, 위 판결 전부에 대하여 상소가 제기된 것으로 보는 것이 타당한지 문제되었다.

판결요지

"민사소송법 제95조 제1호, 제238조에 따라 소송대리인이 있는 경우에는 당사자가 사망하더라도 소송절차가 중단되지 않고 소송대리인의 소송대리권도 소멸하지 아니하는바, 이때 망인의 소송대리인은 당사자 지위의 당연승계로 인하여 상속인으로부터 새로이 수권을 받을 필요 없이 법률상 당연히 상속인의 소송대리인으로 취급되어 상속인들 모두를 위하여 소송을 수행하게 되는 것이고, 당사자가 사망하였으나 그를 위한 소송대리인이 있어 소송절차가 중단되지 않는 경우에 비록 상속인으로 당사자의 표시를 정정하지 아니한 채 망인을 그대로 당사자로 표시하여 판결하였다고 하더라도 그 판결의 효력은 망인의 소송상 지위를 당연승계한 상속인들 모두에게 미치는 것이므로, 망인의 공동상속인 중 소송수계절차를 밟은 일부만을 당사자로 표시한 판결 역시 수계하지 아니한 나머지 공동상속인들에게도 그 효력이 미친다(대법원 1992. 11. 5. 자 91마342 결정, 대법원 1995. 9. 26. 선고 94다54160 판결, 대법원 1996. 2. 9. 선고 94다61649 판결 참조).

A의 소송대리인에게 상소제기에 관한 특별수권이 부여되어 있는 경우에는, 그에게 판결이 송달되더라도 소송절차가 중단되지 아니하고 상소기간은 진행하는 것이므로 상소제기 없이 상소기간이 지나가면 그 판결은 확정되는 것이지만, 한편 A의 소송대리인이나 상속인 또는 Y에 의하여 적법하게 상소가 제기되면 그 판결이 확정되지 않는 것 또한 당연하다. 그런데 당사자 표시가 잘못되었음에도 망인의 소송상 지위를 당연승계한 정당한 상속인들 모두에게 효력이 미치는 판결에 대하여 그 잘못된 당사자 표시를 신뢰한 A의 소송대리인이나 Y가 그 잘못 기재된 당사자 모두를 상소인 또는 피상소인으로 표시하여 상소를 제기한 경우에는, 상소를 제기한 자의 합리적 의사에 비추어 특별한 사정이 없는 한 정당한 상속인들 모두에게 효력이 미치는 위 판결 전부에 대하여 상소가 제기된 것으로 보는 것이 타당하다."

해 설

1. 이 판결의 의의

당사자의 사망에 의한 소송절차의 중단과 소송수계와 관련된 판결이다. 소송대리인이 선임되어 있는지, 또한 소송대리인은 상소를 제기할 특별수권을 부여받았는지의 여부에 따라 중단과 수계의 문제가 처리되는데, 이 판결은 기존의 판례의 입장을 바탕으로 하여 구체적인 처리방법을 판단하였다는 점에 의의가 있고 타당한 판단이다(이 판결에 대한 상세한 해설로서 김미리, 사망한 당사자의 소송대리인이 제기한 상소의 효력범위 등, 대법원판례해설 85호(2010 하반기) 366-410면이 있다).

2. 소송절차의 중단 개관

소송절차의 중단이란 중지와 함께 소송절차의 정지로 불린다. 절차의 진행이 정지되면 법원이나 당사자가 한 소송행위는 효력이 발생하지 않고, 기간의 진행도 정지된다(법247조2항. 기간이 속행하면 처음부터 다시 기간이 진행한다). 이에 위반하면, 즉 절차정지 중임에도 법원이 판결을 내리면 그 판결이 당연무효가 되는 것은 아니고 상소(법424조1항4호)나 재심(법451조1항3호)에 의한 구제를 받을 수 있지만(대판(전) 1995.5.23, 94다28444 참조), 이의권의 포기 · 상실에 의해 치유된다. 판결의 선고는 더 이상 당사자의 절차권 보장이 문제가 되지 않으므로 변론종결 후 절차의 정지 중에도 할 수 있다(법247조1항의 취지에서 보아 정지중임에도 판결선고가 가능한 것은 변론이 종결된 후 절차가 정지된 경우이다). 이 판결에서 문제된 당사자의 사망을 포함한 중단사유에 대해서는 법233조 내지 240조에 규정되어 있고 법원이나 당사자의 지 · 부지에 관계없이 소송절차가 정지된다.

3. 소송대리인이 선임되어 있는 경우

(1) 원칙

당사자의 사망이라는 중단사유가 발생하여도, 사망한 당사자에게 소송대리인이 있으면 소송대리권에는 영향이 없으므로 절차가 중단되지 않는다(법238조. 단, 파산선고에 의한 중단의 경우에는 파산관재인과의 관계(이해관계의 상충) 때문에 적용되지 않는다). 그러나 절차가 중단되지 않아도 소송대리인은 중단사유를 법원에 서면으로 신고하여야 한다(민사소송규칙61조). 실체관계에 맞게 당사자를 일치시키기 위한 조치이고, 절차의 운영에 있어서는 이 규칙의 취지를 살리는 노력이 필요하다.

(2) 심급대리에 따른 구체적 처리

(a) 1심에 한해 대리권이 있는 경우

소송절차 진행 도중에 당사자가 사망하였지만, 소송대리인이 선임되고 1심에 한해 대리권을 가진 경우, 위에서 보았듯이 절차는 중단되지 않고 법원은 절차를 진행하여 판결을 선고할 수 있다. 당사자가 사망하여도 소송대리권이 소멸하는 것이 아니고(법95조1호) 소송대리인은 신당사자를 위해 대리하는 것이 되기 때문이다(대판 1995.9.26, 94다54160. 특히 대판 2002.9.24, 2000다49374에서는 "소송대리인이 선임되어 있는 경우에는 민사소송법 제95조에 의하여 그 소송대리권은 당사자인 법인의 합병에 의한 소멸로 인하여 소멸되지 않고 그 대리인은 새로운 소송수행권자로부터 종전과 같은 내용의 위임을 받은 것과 같은 대리권을 가지는 것으로 볼 수 있다"고 판시하고 있다).

1심법원이 판결을 내리고 이 판결이 소송대리인에게 송달되었을 때 소송절차는 중단된다(대결 1992.11.5, 91마342). 특히 위와 같이 1심법원이 내린 판결은 구당사자로 표시되어도 그 표시가 망인의 상속인, 소송승계인, 소송수계인 등 망인의 상속인임을 나타내는 문구로 되어있으면, 신당사자(모든 상속인)에게 효력이 미친다(대결 1992.11.5, 91마342 "당사자가 사망하였으나 그를 위한 소송대리인이 있어 소송절차가 중단되지 아니한 경우에는 원칙적으로 소송수계라는 문제가 발생하지 아니하고 그 소송대리인은 상속인들 전원을 위하여 소송을 수행하게 되는 것이며 그 사건의 판결은 상속인들 전원에 대하여 효력이 있는 것이라 할 것이다. 이 경우에 상속인이 밝혀진 경우에는 상속인을 소송승계인으로 하여 신당사자로 표시할 것이지만, 상속인이 누구인지 모를 때에는 망인을 그대로 당사자로 표시하여도 무방한 것이며 가령 신당사자를 잘못 표시하였다 하더라도 그 표시가 망인의 상속인, 소송승계인, 소송수계인 등 망인의 상속인임을 나타내는 문구로 되어 있으면 그 잘못 표시된 당사자에 대하여는 판결의 효력이 미치지 아니하고 여전히 정당한 상속인에 대하여 판결의 효력이 미치는 것으로 볼 것이다"). 따라서 이러한 점은 이 판결이 판결요지에서도 인용되어 있듯이 선례에 따른 판단을 한 것이다.

그러나 상소제기를 위한 특별수권이 없으므로 판결정본이 송달된 후에 절차가 중단되는데, 만일 중단 중에 제기된 부적법한 상소는 소송수계의 신청으로 그 하자가 치유된다(대판 1963.12.12, 63다703). 따라서 수계가 없다면 판결정본의 송달 후 절차는 중단된 상태로 있게 되고, 상소제기기간도 진행하지 않는다(대판 1996.2.9, 94다61649). 특히 이 판례(94다61649)에서는 원고가 피고에게 원인무효의 등기 전부의 말소를 구하는 소를 제기하고 1심에서 승소하자, 피고가 제기한 항소심에서는 원고가 소송대리인을 선임하여 절차를 진행하는 도중 사망하고, 소송수계신청을 원고의 일부의 상속인들만이 한 경우로서 피고가 제기한 상소의 효력이 문제되었는데, "수계되지 아니한 상속인에 관하여는 그 소송절차가 현재까지도 중단 상태에 있다고 할 것이고, 그렇다면 원심판결의 피고 패소 부분 중 위와 같이 수계되지 아니한 부분, 즉 이 사건 토지의 39분의 9(13분의 9×3분의 1)지분에 관한 부분에 대한 피고의 상고는 소송절차가 중단된 상태에서 제기된 것으로서 부적법하여 각하를 면할 수 없다고 할 것이다."라고 판시하고 있다.

(b) 상소를 제기할 특별수권이 있는 경우

소송대리인이 상소를 제기할 수 있는 특별수권을 부여받았다면, 수계를 하지 않은 신당사자에게 있어서도 소송절차는 중단되지 않는다. 따라서 신당사자가 스스로 상소를 제기하며 수계신청을 하는 것이 아니면 또는 소송대리인이 상소를 제기하지 않으면, 상소제기기간이 진행되어 판결이 그대로 확정되게 된다(대결 1992.11.5, 91마342). 반대로 특별수권이 있는 소송대리인이 1심에서 소송수계를 한 신당사자 중의 일부만을 항소인으로 표시하여 항소를 제기하면, 이 항소는 신당사자 모두에게 효력이 미치는 1심판결 전부에 대하여 제기된 것으로서 1심판결 전부에 대하여 확정을 차단시킨다(이 때 1심에서 소송수계를 하지 않은 신당사자는 항소심에서 소송수계를 하면 된다). 이 점이 이 판결에서 명확하게 판시된 부분이다.

특히 주의하여야 할 점은 이 판결의 사안에서와 같이 특별수권이 있는 소송대리인이 상속인 중의 일부만을 항소인으로 하여 항소를 제기한 것이 아닌 경우의 처리이다. 즉 이 판결에서도 명확히 지적하고 있듯이 앞서 본 판례(대결 1992.11.5, 91마342)의 사안은, 제1심에서 사망한 당사자의 지위를 당연승계한 상속인들 가운데 실제로 수계절차를 밟은 일부 상속인들이 1심판결에 불복하여 스스로 항소를 제기하였으나 이들이 수계인으로 표시되지 아니한 나머지 상속인들의 소송을 대리할 아무런 권한도 갖고 있지 아니하였던 사안에 관한 것으로서, 망인의 소송상 지위를 당연승계한 상속인들 전원을 위하여 소송대리권을 가지는 망인의 소송대리인이 상소를 제기한 이 판결과는 그 사안을 달리한다. 따라서 상소를 제기할 특별수권이 있는 소송대리인이 상소를 제기한 것인지, 아니면 소송수계를 한 일부의 상속인들이 상소를 제기한 것인지 구별하여, 상소를 제기하지 않은 나머지 상속인들에게도 상소제기의 효력이 미치는지 판단하여야 한다.

(c) 소송대리인이 소송탈퇴의 특별수권이 있는 경우

아울러 소송대리인이 상소제기의 특별수권이 아닌 소송탈퇴의 특별수권을 갖고 있는데 중단사유가 발생한 경우의 처리에 관한 문제가 있다. 예를 들어 소송계속 중 사망한 갑에게서 소송탈퇴에 관한 특별수권을 받은 소송대리인은, 승계참가인 을이 승계참가신청을 하자 소송탈퇴를 신청하였고 상대방 측 소송대리인도 이 소송탈퇴에 동의하였다. 그런데 그 후 을은 소송물과 관련한 갑의 재산을 단독으로 상속하게 되었다면서 소송수계신청을 하고 반대로 승계참가신청의 취하서를 제출하여 상대방 측 소송대리인이 위 취하에 동의한 경우의 처리가 문제된다. 이에 대해 판례(대판 2011.4.28, 2010다103048)는 다음과 같이 해석한다. 갑의 소송대리인이 한 소송탈퇴신청은 상속인들 모두에게 그 효력이 미치므로 갑과 상대방 사이의 소송관계, 즉 갑의 상속인들과 상대방 사이의 소송관계는 소송탈퇴로 적법하게 종료된 것이므로, 을의 소송수계신청은 이미 종료된 소송관계에 관한 것이어서 이유 없음이 명백하고, 한편 을과 상대방 사이의 소송관계도 승계참가신청의 취하와 상대방의 이에 대한 동의로 적법하게 종료된 것으로 처리된다.

4. 소송절차의 수계

(1) 수계신청

수계란 신당사자 등에 의해 중단된 절차를 속행시키기 위한 절차를 말한다. 원래의 당사자의 지위를 승계한 신당사자가 유효하게 소송행위를 할 수 있다는 절차의 속행을 가리킨다(단, 수계절차 없이 당사자로서 소송행위를 할 수 있는 예외로서 법239조 후단). 수계신청은 중단사유에 따라 법에 규정이 있고, 소송을 수행해야 한다는 수계의무가 부여되는 신당사자와, 소송의 속행에 절차상의 이익을 갖고 있다는 이유에서 상대방당사자(법241조)가 할 수 있다. 단, 상속인은 상속포기를 할 수 있는 동안 소송절차를 수계하지 못한다(법233조2항).

수계신청은 수소법원에 대해 한다. 종국판결의 송달후에 중단되어도 상급법원이 아닌 원심법원에 신청을 해야 한다(법243조2항). 수계신청은 신청으로서 서면 또는 구술로 할 수 있고(법161조), 상소의 제기나 기일지정신청에 따른 묵시의 수계신청은 해석상의 예외(사망한 당사자를 상대로 한 소송의 경우)를 제외하고 허용되지 않는다. 수계신청의 사실은 법원이 상대방에게 통지하고, 이 통지에 의해 중단이 해소된다(법242조).

아울러 파산채권자가 제기한 채권자대위소송이 채무자에 대한 파산선고 당시 법원에 계속 중인 경우, 다른 특별한 사정이 없는 한 소송절차가 중단되고 파산관재인이 수계할 수 있다(대판 2013.3.28, 2012다100746).

(2) 상속인이 복수인 경우

상속인이 복수인 경우의 수계에 대하여는 다음과 같이 처리된다. 기본적으로는 소송의 대상인 상속될 권리관계의 개별적 성격, 즉 공동상속인 간의 관계가 고유필수적 공동소송이 되는지, 통상공동소송이 되는지가 관건이다. 먼저 소송물이 금전채권채무 등의 가분적인 경우에는 원칙적으로 민법 소정의 상속분에 대응하여 각 상속인이 피상속인의 채권채무를 분할하여 승계하므로, 각자가 자신의 승계부분에 대하여 소송절차를 수계한다. 이에 비해 소송물이 불가분적인 것이라면, 보존행위에 해당하지 않는 한(통상공동소송이 되지 않는 한) 전원이 수계하여야 한다.

예를 들어 상속재산에 관한 원인무효의 등기 전부의 말소청구를 수계하는 경우에는, 공동상속인의 한 사람이 그 공유물에 대한 보존행위로서 할 수 있으므로 공동상속인 일부의 수계가 인정된다(앞의 대판 1996.2.9, 94다61649의 예이다). 그 밖에 토지인도소송의 피고에게서 상속이 발생하면 상속인에 관하여는 통상공동소송이 되므로 마찬가지로 공동상속인 일부의 수계가 인정된다. 반대로 소유권확인소송의 원고 사망인 경우에는 상속인의 공유권 전체의 확인이므로 공동상속인 전원의 수계가 필요하다.

(3) 법원의 처리

법원은 수계신청에 대해 직권으로 그 적격이나 요건에 관해 조사하고 결정으로 재판한다(법243조1항). 수계의 이유가 없으면 기각결정을 하고, 이에 대해서는 항고할 수 있다(법439조). 이유 있다고 판단하는 경우에는 변론종결 전후에 따라 차이가 발생한다. 변론종결 전의 중단이라면, 기일을 지정하여 심리를 속행하면 되고 수계의 적부에 관한 점은 종국판결에 대한 불복에서 함께 다투는 것으로 충분하다. 한편 판결을 받는 자를 명확히 하고 불복신청의 기회를 부여하기 위해, 변론종결 후의 중단이라면 수계결정을 해야 한다(법243조2항). 수계신청과 함께 상소를 제기하면 적법한 상소로서 상소심이 수계의 적부를 판단하게 되는데, 그 신청을 각하하면 중단상태가 해소되지 않은 것이 되어 상소는 소급하여 부적법한 것이 된다. 만일 상속인이 불분명하다면 법원은 상속재산관리인에게 소송을 수계시켜야 한다(대판 2002.10.25, 2000다21802).

44 소송행위와 의사의 하자

[대판 1963.11.21, 63다441]

사 실

X는 Y를 상대로 토지소유권확인을 구하는 소를 제기하였다. 제1심 종료 후 Y가 항소하였으나 X가 당해 토지를 Y에게 매도한다고 하여 Y는 당해 항소를 취하하였다. 그러나 Y는, X가 당해 토지를 다른데 매각하려한 사실에 비추어 X의 기망에 의하여 항소를 취하했다고 주장하고, 당해 항소취하의 취소를 요구할 수 있는지 문제되었다.

판결요지

"Y의 공소취하의 동기에 착오가 있다 하여도 공소취하의 무효 또는 취소를 주장할 수 없다고 판단한 것은 정당하며 원심이 부연하여 언급한 공소취하가 형사상 처벌받을 타인의 행위로 인한 때에는 민사소송법 제422조(법451조) 제1항 제5호를 유추하여 그 무효를 주장할 수 있다 함은 형사상 처벌받을 타인의 행위로 공소취하의 의사 없이 공소 취하의 외형적 행위가 있을 때 예를 들면 문맹자를 속여서 공소취하서에 날인케 하여 그 공소취하서를 제출한 경우와 같이 공소취하의 의사 없는 공소 취하의 무효를 주장할 수 있다는 취지이며 본건과 같이 소송행위자의 진의에 부합한 소송행위가 그 동기에 있어 착오 있는 경우에 소송행위의 무효 내지 취소의 주장을 할 수 있다는 취지가 아님이 명백하다."

해 설

1. 이 판결의 의의

소송행위라면 민법 등 실체법상의 제 규정이 적용되지 않는다는 해석이 일반적이다. 이 판결에서는 착오를 이유로 소취하의 취소가능성이 문제된 것이고, 특별한 이유는 언급되어 있지 않지만 위와 같은 일반적인 견해를 충실히 따라 착오에 의한 소취하의 취소가 인정되지 않는다고 판시되었다.

2. 소송행위와 사법법규

앞서 보았듯이 소송행위에 민법 등의 사법법규가 적용되지 않는다는 해석은 전체적으로 소송절차의 명확성이나 안정성 그에 따른 표시주의 외관주의를 지나치게 강조한 것이고, 민사소송법학 발생 시의 소송행위와 법률행위의 준별론에서 나오게 된 입장이라고 할 수 있다. 특히 착오가 문제되는 소송행위는 당사자의 소송종료행위이다. 소송종료행위가 그 효력 발생 후에 취소되면 종료된 소송절차가 부활한다. 법원은 사건처리상 이러한 종료된 소송절차의 부활을 되도록 막으려는 입장이다.

판례의 입장도 이 판결에서와 같은 해석이 현재에도 계속 유지되고 있다. 예를 들면 대판 1984.5.29, 82다카963에서는, "소송대리인이 그 대리권의 범위 내에서 한 소송행위는 본인이 하는 소송행위로서의 효력을 가지는 것이므로 비록 그 소송행위가 상대방의 기망에 의하여 착오로 이루어졌다 하더라도 이를 상대방이 한 소송행위와 동일시하여 본인이 한 소송행위로서의 효력을 부인할 수는 없다."고 판시하였다. 또한 대판 1980.8.26, 80다76에서도, "민사소송법상의 소송행위에는 특별한 규정이나 특별한 사정이 없는 한 민법상의 법률행위에 관한 규정이 적용될 수 없는 것이므로 사기, 강박 또는 착오 등 의사표시의 하자를 이유로 항소취하 행위의 무효나 취소를 주장할 수 없다."고 판시하였다.

3. 소송행위와 의사의 하자

(1) 민법상의 의사의 하자

민법에서 의사의 하자에 해당하는 사유로서 규정되어 있는 것은 심리유보, 허위표시, 착오, 사기 그리고 강박의 경우이다(민법107조 내지는 110조). 이러한 사유가 원칙적으로 소송행위에서의 의사의 하자의 대상으로 문제되는 것이다. 단, 의사의 하자에 관한 민법의 규정의 적용에 있어서는 하자의 성격상 다음과 같은 예외를 인정해야 한다고 생각한다.[81)]

(2) 심리유보와 허위표시의 예외

먼저 심리유보와 허위표시의 경우에는 애당초 소송행위의 무효 또는 취소사유가 되는 의사의 하자의 대상에 포함되지 않는다고 해석해야 한다. 왜냐하면 심리유보나 허위표시가 성립하기 위해서는 쌍방당사자가 진의에 기초하지 않고 또한 정당한 이유가 없는 소송행위임을 알아야 하는 점이 요건이 되기 때문이다. 즉 쌍방당사자가 고의로 진의에 의하지 않는 소송행위를 했음에도 불구하고 법원을 통해서 그 효력을 발생시킨 후, 다시 그 소송행위의 무효 또는 취소를 주장하는 것은 법원을 기망하는 행위이

81) 김상수, 294면 이하.

다. 따라서 법원을 기망하여 일정한 행위를 했다는 점에 비추어, 추후에 그 무효 또는 취소의 주장을 하는 것은 신의칙에 기해 허용되지 않는다고 생각한다.

(3) 제3자의 사기의 경우의 예외

또한 실체법에서는 제3자의 사기에 대해, 상대방이 그것을 몰랐던 경우에는 의사표시의 취소사유가 되는 의사의 하자가 아니라고 규정하고 있다(민법110조2항). 그러나 소송상으로는 제3자의 사기라고 하더라도 그것을 상대방이 알고 있었는지의 여부에 관계없이 의사의 하자의 대상에 포함된다고 해석해야 한다. 왜냐하면 재심사유(법451조1항5호)로서의 사기가 널리 타인이 행한 사기를 대상으로 하고 있는 점, 제3자의 사기는 적어도 당사자의 착오가 되는 점 등을 판단한다면, 제3자의 사기에 대해 민법의 예외를 인정해야 한다.

4. 의사의 하자에 의한 구제가능성

(1) 착오에 의한 취소가능성

의사의 하자에 의한 소송행위의 취소가능성에 관해서는 특히 착오의 경우를 중심으로 생각해 보도록 하자. 착오에 의한 구제가능성을 인정한다면 사기나 강박의 경우에도 보다 쉽게 동일한 결론에 이른다. 착오에 관한 규정의 적용을 인정한다면 당사자의 권리구제에 도움이 되는 것이므로, 이는 착오에 의한 소송행위의 구제가능성에 대한 문제이기도 하다.

(2) 실체적 정의와 절차적 실효성

이 문제는 소송상의 두 가지 고려요소, 즉 실체적인 정의와 절차의 안정·신속이라는 절차적 실효성 사이에 어느 쪽을 강조하느냐에 따라 그 답이 달라질 것이다. 판례이기도 한 구제가능성을 부정하는 입장은 절차적 실효성을 강조하는 입장이다. 그 이유는 소송절차는 소송행위의 연쇄로서 조성되는 것이므로, 의사의 하자에 의해 다툼이 발생하면 절차의 번잡과 지연을 초래한다는 점, 소송행위가 의사의 하자에 의해 번복된다면 그 때까지의 표시행위의 안정성과 확실성을 해치게 되는 점이다.

(3) 부정설의 문제점

그러나 이러한 부정설(통설)[82]이 절차의 실효성을 강조하여 원칙적으로 착오에 기한 소송행위의 구제가능성을 인정하지 않는 것은 타당하지 않다.[83] 소송이란 당사자의 권리와 의무를 둘러싸고 제기되고, 그것을 실체적인 정의에 합치시키고 절차의 실

82) 단, 정=유, 438면은 소송종료행위에 관하여는 유추적용을 할 수 있다는 견해이다.
83) 김상수, 294면 이하.

효성을 해치지 않도록 보호할 수 있게 처리하려는 것이다. 따라서 소송상의 당사자의 의사의 하자를 둘러싼 문제도 결국은 실체적인 정의를 어떻게 하면 절차적인 실효성을 해치지 않고 보호할 수 있는가라는 밸런스의 문제이다.

생각건대 종래의 부정설은 말하자면 "법원을 통하여 하는 소송행위는 충분히 주의를 기울여 하여야 하는 것"이라는 점을 과도하게 강조해 왔다. 그러나 당사자도 인간인 이상 착오를 면할 수 없다. 법원을 통하여 하는 소송행위의 경우에도 예외는 아니다. 특히 본인소송의 경우가 그러하다. 절차권(법적 심문청구권 내지는 공정한 절차를 요구하는 권리)의 보장은 헌법상의 권리이고 법관의 의무적인 석명권행사가 요청되고 있는데, 이 점은 명확히 당사자의 착오의 경우의 구제가능성 나아가 필요성을 전제로 하고 있다. 그러나 다른 한편 국가나 공공적 시설 제도를 이용한다는 소송행위가, 통상의 사인과 사인의 법률행위와는 달리 보다 고도의 주의를 요해야 하는 점도 부정할 수 없다.

(4) 착오에 의한 소송행위의 취소방법

따라서 착오에 의한 소송행위에 대해서는 원칙적으로 그 취소를 인정하지 않는 것은 타당하지 않고, 그 취소를 어떻게 절차의 실효성을 해치지 않고 인정할 수 있는지가 중요한 문제이다. 이를 위해서는 착오에 의한 소송행위의 구제가능성을 인정하지 않는다는 것이 아니라, 원칙적으로 그것을 인정한 다음, 그러한 소송행위를 구제하는 구체적인 방법에 대해 소송이라는 특수성을 고려해야 한다고 생각한다. 즉 원칙적으로 착오를 이유로 한 소송행위의 취소가능성을 인정한 다음, 그 취소를 구하는 신청방법에 절차상의 실효성에 의한 여러 가지 요건을 가한다는 것이고, 그 요건을 갖추지 못하면 실체적인 정의가 희생된다 함은, 소송에서는 반드시 실체적 진실이 관철되는 것은 아니라는 점에서 두말할 필요가 없다.

(5) 취소를 위한 요건의 내용

그러한 요건으로는 크게 다음과 같은 3가지를 들 수 있다. 첫째, 신청인은 명확하고 유력한 증거로 판결의 전후에 상당한 주의를 했었음에도 의사의 하자가 발생했다는 점을 증명해야 한다. 둘째, 신청인은 의사의 하자의 존재를 발견한 후, 가능한 한 즉시 그 구제를 구해야 한다. 셋째, 의사의 하자란 예를 들면 판결에서의 중요한 사항에 관한 의사의 하자에 한정된다. 즉 구제사유로서의 의사의 하자란 판결에 영향을 미친 것이고, 판결의 대상과 직접적인 관련이 없는 사항에 관한 의사의 하자가 아니다.

제 7 장

증 거

45 자백의 대상과 권리자백

[대판 1989.5.9, 87다카749]

사 실

X는 임야소유권에 기하여 Y에게 이전등기말소를 구하는 소를 제기하였다. 이 소송에서 Y는 이 사건 임야는 원래 X의 부친 외 3인의 공유였다는 X의 주장사실을 인정하는 진술을 하였다. 이러한 Y의 진술은 재판상의 자백으로서 유효한지 문제되었다.

판결요지

"소유권에 기한 이전등기말소청구소송에 있어서 Y가 X 주장의 소유권을 인정하는 진술은 그 소전제가 되는 소유권의 내용을 이루는 사실에 대한 진술로 볼 수 있으므로 이는 재판상 자백이라 할 것이다…원심이 Y의 위 진술을 재판상 자백으로 보고 위 자백이 진실에 반하고 착오에 인한 것이라는 증명이 없다는 이유로 그 자백취소의 효력을 인정하지 아니한 것은 정당하고 거기에 자백의 대상에 관한 법률해석을 그르치거나 권리자백의 취소에 관한 법리 오해의 위법이 없다."

해 설

1. 이 판결의 의의

이 판결에서는 자백의 대상으로 권리자백도 인정되는지 문제되었다. 이에 대하여 이 판결은 구체적인 이유는 설시하고 있지 않지만, 권리자백으로 인정한 것이 아닌, 원고가 주장한 소유권의 내용을 이루는 사실에 관한 자백으로 인정한 것이다.

2. 자백의 효력

권리자백의 유효성에 관하여는 먼저 자백의 효력을 이해해야 한다. 자백의 효력에 관해서는 법288조가 법원에 대한 구속력을 규정하고 있다. 이러한 구속력의 근거와 법원이 아닌 당사자에 대한 효력이 무엇인가를 이해할 필요가 있는 것은, 만일 효력이 없다면 애당초 자백 자체를 논할 실익이 없으며, 그 취소의 가능성 또한 문제가 되지 않기 때문이다. 법288조를 보면 자백한 사실에 관한 증명이 필요 없음을 규정하고 있다.

(1) 법원에 대한 효력

자백한 사실을 증명할 필요가 없다는 것은, 법원은 그 사실을 그대로 인정하라는 취지이고, 증거조사를 배제한다는 것을 의미한다. 이러한 원칙이 나오게 된 이유는 변론주의에서 찾을 수 있다. 특정한 사실(원칙적으로 주요사실)에 관해 그 주장의 여부는 당사자의 책임에 맡겨져 있다. 법원은 당사자가 주장하지 않는 한 그러한 사실을 기초로 판결을 할 수 없고, 당사자가 주장한 특정한 사실에 대해 당사자 간에 다툼이 있으면 당사자가 신청한 증거의 조사를 통해 그 사실의 존부를 판단해야 한다.

반대로 이러한 원칙을 유지시키려면 필연적으로 당사자가 주장하였지만 당사자 간에 다툼이 없는 사실은 증거(당사자가 증거를 신청할 리가 없을 테지만)를 조사함이 없이 그대로 판결의 기초로 하여야 한다. 따라서 증거조사의 결과를 통해 또는 변론 전체의 취지를 통해 자백과 상반되는 사실이 존재한다는 심증을 갖는다 하여도 자백한 사실을 그대로 인정해야 한다(이 점은 민사소송에서는 반드시 실체적 진실이 관철되는 것이 아니라는 예의 하나이다).

(2) 당사자에 대한 효력

한편 자백을 한 당사자에게도 자백으로 인한 구속력이 동반된다. 이것은 자백이 하나의 당사자 간의 합의라고 할 수 있다는 점에 기초하고 있기 때문이다. 즉 자백은 일방당사자의 주장에 대해 그것이 자신에게 불리한 사실임에도 그것을 인정한다는 의사의 합치가 있는 것이라고 볼 수 있다. 그렇다면 소송상의 합의라는 효력에서 보아 그것을 정당한 이유 없이 취소한다는 것은 불가능하며, 또한 자백이라는 것 자체가 자신에게 불리한 사실임에도 이를 인정하는 것이므로, 일반적으로 진실과 합치할 개연성이 높다. 결국 자백을 한 후 그것을 취소하는 것은, 법원에게는 심리를 진행시켰다는 의미를 상실시키고, 당사자에게는 자백을 신뢰하고 한 소송수행을 방해하는 것이 되므로, 신의칙상으로도 허용되지 않는다. 아울러 이러한 자백의 효력은 법409조에 의해 항소심에도 미친다.

3. 자백의 대상으로서의 권리

(1) 가능성

위와 같이 자백은 사실을 대상으로 하는 것이 일반인데, 이 판결에서와 같이 만일 법률에 관한 즉 권리에 관한 자백인 경우 그 유효성이 문제된다. 보통 변론주의는 사실에 관련된 것이므로, 법률에 관한 나아가 권리관계에 관한 자백은 일반적으로 그 효력이 없는 것(특히 법원에 대한 효력)으로 보아야 한다. 그러나 소송물로 주장되는 권리관계가 아닌 그 전제가 되는 권리관계에 대해서는 자백의 대상이 될 수 있다(소송물 자체에 대한 자백은 청구의 포기나 인낙이 된다).

(2) 판례의 입장

이 판결은 권리자백이 아닌 소유권이라는 권리의 내용을 이루는 사실에 관한 자백으로 인정하였다. 이 판결의 해설[84]에서는, "본건 대법원판결은 소송물의 전제문제인 목적물의 소유권에 관한 자백은 재판상의 자백이라고 판시하여 긍정설을 취한 최초의 판례로서 의의가 있다 하겠다"고 설명하고 있지만, 권리에 대한 자백이 아닌 사실에 대한 자백으로서 인정한 것이므로, 보통 학설이 주장하는 권리자백을 판례가 인정한 것이라고는 말할 수 없을 것이다.

특히 권리자백의 성립을 부정한 대판 1982.4.27, 80다851에서는, 피고가 매매계약의 법률효과로서 당해 매매계약이 원고에 의하여 해제되었다고 진술한 자백은 소송물의 전제가 되는 권리관계나 법률효과를 인정하는 진술이므로, 권리자백으로서 법원을 기속하는 것이 아니고 상대방의 동의 없이 자유로이 철회할 수 있다고 하였다. 이 판결이 이러한 판례를 변경함이 없이 판단한 점에서도, 권리자백을 인정하지 않고 그 전제가 되는 권리의 내용을 이루는 사실에 관한 자백으로 인정하는 입장임을 추측할 수 있다. 학설은 권리자백을 부정하는 견해,[85] 소수설로서 일정한 경우에 권리자백으로 보자는 견해,[86] 널리 권리자백의 효력을 긍정하는 견해[87]가 있다.

4. 권리자백의 유효성

(1) 인정되는 이유

그러나 이 판결에서와 같은 사안의 경우 다음과 같은 이유에서 권리자백으로서 그 구속력을 인정할 필요가 있다.[88] 먼저 당해 권리관계를 증거조사 없이 판결의 기초로 하는 것은 주장책임과 증거제출책임을 내용으로 한 변론주의라는 관점에서 볼 때 당연하고, 게다가 심리를 촉진시킨다는 점이다. 또한 처분권주의라는 관점에서 청구의 포기나 인낙 또는 소송상의 화해가 인정되는 것과 동일한 이치로 권리관계에 관한 자

84) 채영수, 대법원판례해설제11호119면.

85) 김, 275면; 김=강, 485면; 김홍, 562면; 호, 482면.

86) 강, 509면; 정=유, 494면. 권리의 그 전제가 되는 사실에 대한 자백으로 보는 견해로 정영, 569면.

87) 이, 459면; 전, 481면.

88) 김상수, 332면 이하.

백을 인정할 수 있다는 점이다. 이러한 점에서 권리자백을 인정할 수 있지만, 일반적으로 권리자백이 되는 것은 이 판결에서와 같이 소유권에 기한 물건의 인도청구에서 피고가 원고의 소유권을 인정하는 진술을 하는 경우이다.

(2) 요건

그러나 다른 한편 위와 같은 경우 피고가 소유권의 존부를 근거 짓는 요건사실과 그에 따른 법적 추론의 결과로서의 소유권이라는 권리관계를 인정하는 경우에는 권리자백이 성립하지 않는다. 이것은 사실에 관한 자백과 이에 대한 법적 평가에 관한 의견의 진술이 있을 뿐이기 때문이다. 따라서 피고가 단순히 소유권을 인정한다는 진술이 권리자백이 된다. 이 판결에서는 재판상의 자백으로서 취소되지 않는 한 철회할 수 없다는 판단을 하였는데, 철회의 대상이 되는 것은 Y의 진술인 X측이 주장하는 소유권의 존부 그 자체이므로, 권리를 자백한 것과 실질상으로 차이가 없다. 결국 이 판결에서와 같은 경우 직접 권리자백으로서 그 효력을 인정하는 것이 타당하다고 생각한다. 또한 위와 같은 요건만이 아니라 권리자백으로서 자백을 하는 자가 충분히 권리관계를 납득한 후에 한 자백이라는 요건이 추가된다. 그 밖에 법률 해석에 대한 주장, 예를 들어 의사표시의 착오, 건물소유권의 이전에 의한 임대인으로서의 지위의 승계, 교통사고시의 운전자의 과실 등은 권리는 아니지만, 권리에 관한 것(사실이 아닌 법적 평가에 관한 것)으로서 자백의 성립 여부가 다루어진다.

5. 간접사실과 보조사실에 대한 자백

(1) 원칙

아울러 변론주의라는 원칙에서 자백의 대상은 주요사실이지만, 반대로 간접사실이나 보조사실의 경우에는 항상 자백의 대상이 될 수 없는지 생각해 보아야 할 문제이다. 통설은 간접사실에 대해 자백의 성립을 부정하지만, 보조사실에 관해서는 아래에서 보는 바와 같이 문서의 진정성립에 관한 자백만을 인정한다.

간접사실 또는 보조사실에 관한 자백은 변론주의의 원칙상 법원에게 자유심증주의가 인정되는 관계에서 일반적으로는 그 유효성이 부정된다. 그렇다면 법원에게 인정되는 자유심증주의를 방해하느냐의 여부가 간접사실과 보조사실에 관한 자백의 유효성을 판단할 때 중요한 고려요소에 해당한다. 여기서 자유심증주의가 타당함에도 불구하고 자백이 허용되는 이유는, 앞서도 간단히 언급했듯이 당사자자치 또는 당사자의 주체적 지위의 존중을 말하는 제도적 표현인 처분권주의나 변론주의에 비추어, 법관의 자유심증에 의한 사실판단의 대상을 자유롭게 설정하거나 제한하는 권능이 당사자에게 주어져 있기 때문이다. 따라서 자백이란 어느 사실을 진실이라고 간주함으로써 법관에 의한 사실심리·판단대상을 제한한다는 쌍방 당사자의 일치된 의사결정이고, 자백이 신의칙과 공서양속에 반하지 않는 한, 주요사실만이 아닌 간접사실이나 보조사실의 자백도 가능한 한 그 효력을 인정해야 한다고 생각한다.[89]

(2) 예외적인 인정가능성

그러나 간접사실과 보조사실의 자백의 경우에는 그러한 사실로서 주요사실의 존부가 추인되지만, 다른 한편 다툼이 있는 주요사실에 대해서는 법관의 사실심리·자유심증에 맡겨지므로 문제가 발생한다. 즉 간접사실이나 보조사실의 자백이 법관의 주요사실의 존부에 관한 자유심증을 부당하게 제한하는 경우, 달리 말한다면 법관의 주요사실에 관한 심증의 형성을 방해하거나, 사실인정에 모순을 불러일으키는 경우에는 그 효력을 인정할 수 없다.

예를 들면 다른 간접사실이나 보조사실로부터 주요사실로의 추인을 부당히 방해하는 간접사실이나 보조사실에 관한 자백, 상대방의 범행을 주장하면서 상대방이 주장하는 알리바이에 관한 자백, 상대방의 매매계약의 이행을 다투면서 매수한 계약목적물의 전매를 인정하는 자백, 그 밖에 인과관계를 다투면서 질병의 원인으로 바이러스설·오염물질설·식중독설 등의 서로 모순된 주장의 모든 것에 관한 자백 등은 인정되지 않는다.

결국 단순히 간접사실 또는 보조사실이라는 이유만으로 일률적으로 자백이 인정되지 않는다고 해석하는 것은 타당하지 않고, 법원의 자유심증주의와의 관계에서 그 효력의 유무를 판단해야 한다. 판례는 간접사실에 대해서는 자백의 효력을 인정하고 있지 않지만(대판 1994.11.4, 94다37868 등), 문서의 진정성립이라는 보조사실의 자백의 구속력을 인정하고 있다(대판 1967.4.4, 67다225 등 다수의 판례).

89) 김상수, 333면 이하.

46 자백의 취소가능성

[대판 1990.6.26, 89다카14240]

사 실

X는 Y회사의 주주라고 주장하며, Y가 불법하게 소집하고 개최한 임시주주총회의 결의의 무효의 확인을 구하는 소를 제기하였다. Y는 준비서면에서 X가 명의상으로 만이 아니라 실질적으로도 주주임을 자백한다는 취지의 주장을 하였다. 그러나 그 후의 또 다른 준비서면에서 Y는, X가 주주명부에 등재된 명의상의 주주에 불과하고 실질적인 주주가 아니므로 위 주주총회의 결의는 유효하다는 취지의 주장을 하였다면, Y는 자백을 적법히 취소한 것이 되는지 문제되었다.

판결요지

"재판상 자백의 취소는 반드시 명시적으로 하여야만 하는 것은 아니고 종전의 자백과 배치되는 사실을 주장함으로써 묵시적으로도 할 수 있는 것이나, 다만 이 경우에도 자백을 취소하는 당사자는 그 자백이 진실에 반한다는 것 외에 착오에 인한 것임을 아울러 증명하여야 하며 진실에 반하는 것임이 증명되었다고 하여 착오에 인한 자백으로 추정되지는 않는다…Y는 원심 제1차 변론기일에 진술한 1987.4.28.자 준비서면 이래로 Y회사는 사실상 소외 배현익의 1인 회사로서 X는 주주명부에 등재된 명의상의 주주에 불과하고 실질적인 주주가 아니므로 위 각 주주총회의 결의는 유효하다는 취지로 위 1심의 자백내용과 배치되는 사실을 주장함으로써 위 1심 자백을 취소한 것으로 보여지는 바, 원심의 거시증거들을 모두 살펴보아도 이들은 Y의 위 자백이 진실에 반한다는 점에 관한 자료일 뿐 위 자백이 착오에 인한 것이었음을 인정할 만한 자료는 찾아볼 수 없다."

해 설

1. 이 판결의 의의

자백은 법원과 당사자에 대해 일정한 효력을 갖는데, 하나의 소송행위로서 정당한 사유가 있다면 그 취소를 인정해야 한다. 그 사유로서 이 판결에서 문제된 것은 착오와 반진실이다. 이 판결은 이 자백의 취소사유에 대하여 반진실과 착오 양쪽 다 증명해야 한다고 해석하고 있다. 증명이라는 점에서 자백의 취소를 요구하는 당사자가 이 두 가지 사유를 증명해야 한다는 취지이다.

2. 자백의 취소사유

(1) 상대방의 동의

자백의 취소사유로는 먼저 자백의 상대방이 그 취소에 동의한 경우가 있다. 예를 들어 대판 1967.8.29, 67다1216에서는 "당사자의 일방이 자백을 취소하였을 때에 상대방이 이의를 하지 않고 이를 승낙한 경우에는 자백은 원래 당사자의 처분이 허용되는 사항에 관한 것이므로 그 자백의 취소는 유효하다"라고 설명하고 있다. 즉 당사자 간의 처분가능한 사항에 관한 합의이므로 이를 당사자 간에 해소하는 것도 자유라는 점이다.

(2) 재심사유의 소송내적 고려

다음은 형사책임이 수반되는 타인의 강요와 폭행에 의하여 자백이 이루어진 경우이다. 판례는 소의 취하의 경우에 이러한 사유로 인한 소의 취하의 취소를 인정하고 있다(항목<57> 참조). 자백에 대해 직접적으로 이를 인정한 것은 없지만, 소의 취하에 그러한 사유로 인한 취소를 인정한다면 당연히 자백의 경우에도 그것을 인정해야 하기 때문이다. 또한 학설도 일반적으로 인정하는 점이기도 하다. 형사상 처벌을 받을 타인의 행위는 재심사유에 해당하고(법451조1항5호), 이러한 재심사유에 의해 소의 취하나 자백 등의 소송행위를 취소하는 것을 재심사유의 소송내적 고려라고 한다.

(3) 반진실과 착오

마지막으로 이 판결에서 문제된 법288조단서가 규정하는 반진실과 착오라는 요건이다. 법288조의 단서는 자백을 취소하려면 취소를 요구하는 당사자가 자백의 내용이 반진실이며 착오에 의한 자백이어야 한다고 규정하고 있다. 조문을 통해 해석할 수 있는 요건은 결국 자백자가 자백의 내용이 반진실이며 그것을 착오로 한 것임을 증명하여야 한다는 점이다. 이와 같은 점에 대해서는 판례가 학설을 리드하고 있고, 학설은 대략 판례의 입장을 따르는 것이라고 판단된다.

3. 법288조의 요건에 관한 판례의 입장

(1) 묵시적 주장의 가능성

반진실과 착오라는 요건에 관한 판례의 입장을 정리해 보자. 이것은 또한 이 판결의 이해에 도움이 된다. 먼저 반진실과 착오에 의한 자백의 취소라는 주장은 명시적이 아닌 묵시적으로도 가능하다는 것이 판례이다. 즉 이 판결에서도 인용한 리딩케이스인 대판 1965.10.19, 65다1636에서는 "자백의 취소는 반드시 명시의 방법으로서만 할 수 있는 것이 아니고, 전에 한 자백과 상충되는 사실을 주장하는 등으로서 묵시적으로도 할 수 있는 것이다" 라고 한 다음, "원고가 동업계약을 하였다는 피고의 소론 각 자백은 원심 제3차 변론기일에서 진술한 1965.6.4. 원심 접수 답변서 맨 끝장에서 「원고는 망 송용준의 동업권리를 양수한 사실을 부인하고 원고는 본사업체와는 아무 관계가 없는 사람이니 망 송용준의 상속인인 업주 김갑숙과 해결하라고 한 바 있으면서 본건 청구를 함은 사건 경위로 보아 적반하장격으로 부당하다」는 취지의 주장을 하고 있으므로 그 변론취지는 원고와의 새로운 동업 계약을 하였다는 소론자백을 취소하는 진술이라고 볼 수 있을 것이다."라고 하고 있다(대판 1979.5.22, 79다465; 대판 1990.6.26, 89다카14240; 대판 1994.6.14, 94다14797 등이 이에 따르고 있다).

묵시적 주장이 인정되는 이유에 관해 판례는 특별히 언급하고 있지 않지만, 다음과 같이 추측할 수 있다. 즉 아주 당연한 것으로 자백과 상반되는 사실의 주장이란 그 요건은 별개로 하고 자백을 취소한다는 주장이 내포되어 있다고 볼 수 있기 때문이다. 이러한 원리는 앞서 본 상대방의 동의의 경우에도, 그 동의가 명시적이 아니어도 묵시적으로 그것을 인정한다는 행위를 했을 때, 동일하게 적용된다.

(2) 반진실과 착오의 증명

위와 같이 명시적이건 묵시적이건 자백의 취소를 주장해야 하는데, 이 경우 반진실과 착오의 증명이 문제된다. 이 판결은 판결요지에서 보듯이 양쪽 다 증명해야 한다고 해석하고 있다. 증명이라는 점에서 자백의 취소를 요구하는 당사자가 이 두 가지 사유를 증명해야 한다는 취지이다. 한편 반진실이라는 사유에서 보아 반진실만을 증명한다면 착오는 추정되는 것이 일반적이므로, 착오에 관해서는 자백의 취소에 반대하는 당사자가 부담해야 한다는 견해도 생각할 수 있지만, 후술하는 바와 같이 타당하지 않다.

(3) 반진실과 착오의 증명방법

자백은 하나의 소송행위이고 또한 앞서 언급했듯이 당사자 간의 합의라고 할 수 있으며, 따라서 반진실인 점을 알면서도 그것을 고의로 인정한 것이라면, 그러한 것도 합의로서 그 효력을 인정해야 한다. 달리 말하면 당사자는 실체적 진실이 관철되지 않는 민사소송에서 처분가능한 사항에 자백을 한 것이므로, 그것을 취소하려면 그에 따른 정당한 사유를 증명해야 한다.

또한 앞서 자백이 당사자에게 미치는 효력의 근거에는 신의칙이 존재하고 있듯이, 자백을 취소하려면 그러한 행위에 신의칙상 비난가능성이 없어야 한다고 말할 수 있다. 이러한 정당한 사유에 해당하는 것이 바로 착오이다. 이에 비해 반진실은 착오의 전제사실로서 착오를 구성하는 하나의 내용이 되는 것이라고 볼 수 있다.

결국 반진실이면서도 착오가 없는 경우도 있지만, 착오이면서도 반진실이 아닌 경우는 생각하기 힘들다. 이러한 점에서 이 판결이 반진실과 착오의 두 가지에 대한 증명을 요구하는 것은 타당한 입장이라고 할 수 있다(대판 1991.12.24, 91다21145; 대판 1994.6.14, 94다14797; 대판 1994.9.27, 94다22897 등도 같다).

단, 착오의 증명에 있어 취소를 구하는 당사자가 직접 그것을 해야만 하는지, 아니면 변론 전체의 취지만으로 인정할 수 있는지 문제된다. 착오에 의한 자백임을 주장한다면 일반적인 증명의 문제로서 법원은 변론 전체의 취지에 의해 특정 사실의 유무에 관해 인정할 수 있으므로(법202조의 자유심증주의), 어떻게 보면 당연하지만, 판례는 착오의 주장에 대해 변론 전체의 취지로 그 유무를 인정할 수 있다고 해석한다(대판 1991.8.27, 91다15591, 15607과 이를 따른 대판 1996.2.23, 94다31976).

47 부인과 항변

[대판 1993.9.28, 93다20832]

사 실

X와 Y는, Y를 수탁인으로 하는 부동산 甲의 명의신탁계약을 체결하였다. 이 계약에는 명의신탁관계를 해지하고 등기를 Y에서 X로 이전하려면, X와 Y 사이의 사례금 액수에 관한 협의 또는 X로부터의 적절한 사례금의 선이행을 하게 되어 있었다. X가 Y를 상대로 甲의 이전등기를 청구하는 소를 제기하자, 당해 조건에 관한 사실은 누가 주장 · 증명해야 하는지 문제되었다.

판결요지

"어떠한 법률행위가 조건의 성취시 법률행위의 효력이 발생하는 소위 정지조건부 법률행위에 해당한다는 사실은 그 법률행위로 인한 법률효과의 발생을 저지하는 사유로서 그 법률효과의 발생을 다투려는 자에게 주장, 입증책임이 있다고 할 것이므로, 원심이 인정한 바와 같이 이 사건 명의신탁계약의 해지가 정지조건부 법률행위라면 그 사실에 대한 주장, 입증책임은 그 명의신탁해지의 효과를 다투는 Y에게 있다고 할 것이다(그 정지조건의 성취에 관한 주장, 입증책임이 X에게 있음은 별론으로 하고)."

해 설

1. 이 판결의 의의

이 판결에서는 정지조건의 존재에 대한 증명책임이 문제되었다. 이에 대해 이 판결은 정지조건부 법률행위라는 사실 자체는 권리의 효력발생을 저지하는 사실로서 Y의 항변에 해당한다고 해석하였다. 이에 비해 이 판결의 괄호부분에 있는 방론은, 정지조건의 성취에 대해서는 X가 증명해야 할 사실이라고 해석하였다.

2. 부인 · 항변과 증명책임

부인과 항변은 일정한 주장에 대하여 상대방(원칙적으로 피고)이 당해 주장사실이 인정되지 않는다는 것을 목적으로 한 사실의 주장을 말한다. 양자의 구별이 문제되는데, 이 점은 증명책임의 존재라는 기준에 의해 나누어지게 된다. 즉 부인은 상대방이 증명책임을 지는 사실을 부정하는 진술이다. 따라서 부인에 의해 그 주장자에게 상대방의 주장이 인정되지 않도록 증명할 책임은 발생하지 않고, 상대방이 부인된 사실의 존재를 증명할 책임을 부담한다.

이에 비해 항변은 자신이 증명책임을 지는 사실을 적극적으로 주장하는 것이다. 즉 상대방의 주장을 인정하지만, 자신이 증명책임을 지는 그와 상반되는 사실을 주장하는 것을 말한다. 따라서 항변에서는 상대방의 주장과 항변자의 주장이 양립할 수 있다. 또한 항변자가 상대방의 주장사실을 자백하게 된다는 점을 전제로 한다.

3. 정지조건부 법률행위와 부인 · 항변

(1) 정지조건에 관한 사실

이 판결에서의 정지조건은 그 조건의 성취로 인해 법률행위의 효력을 발생시키는 것이다. 정지조건이 없다면 당연히 조건이 없는 유효한 법률행위가 존재하는 것이 되지만, 있다면 그 조건의 성취에 의해 유효한 법률행위가 된다. 그렇다면 정지조건부 법률행위라는 점은 현재 유효한 법률행위가 존재하고 있지 않다고 하여 권리의 효력을 다투는, 즉 현재 유효한 법률행위가 아닌 정지조건부 법률행위임을 주장하는 것이므로, 정지조건부 법률행위라는 사실은 당해 법률행위의 무효를 주장하는 자에게 주장 · 증명책임이 있다고 해석된다. 결국 이 판결에서도 설시하고 있듯이, 정지조건부 법률행위라는 사실 자체는 권리의 효력발생을 저지하는 사실로서 Y의 항변에 해당한다.

(2) 정지조건성취에 관한 사실

이에 비해 이 판결의 괄호부분에 있는 방론은, 정지조건의 성취에 대해서는 X가 증명해야 할 사실이라고 하였다. 이 점은 일반적인 원칙으로서, 정지조건의 성취는 권리의 발생을 주장하는 사실이므로 X가 증명해야 한다. 따라서 만일 Y가 정지조건이 성취되지 않았다고 주장한다면, 정지조건부 법률행위라는 점은 항변이지만, 그 조건의 미성취 부분은 부인이 된다.

정지조건부 법률행위에 있어서의 조건의 성취 여부에 관해서는, 이미 대판 1983.4. 12, 81다카692에서 그러한 사실은, "이에 의하여 권리를 취득하고자 하는 측에서 그 입증책임이 있다 할 것이므로, 정지조건부 채권양도에 있어서 정지조건이 성취되었다는 사실은 채권양도의 효력을 주장하는 자에게 그 입증책임이 있다."고 판시하고 있었다. 즉 정지조건의 성취여부는 항변의 대상이 아니라는 것이 판례의 입장이었다.

또한 대판 1984.9.25, 84다카967에서도 동일한 원리에 근거하여, "원고가 피고 교회의 당회장인 담임목사직을 장차 자진 은퇴하겠다는 의사를 표명한데에 대하여 피고 교회에서 은퇴 위로금으로 이 사건 부동산을 증여하기로 한 것이라면 이 증여는 원고의 자진사임을 조건으로 한 증여라고 보아야 할 것이므로 1981.4.19까지 사임하기로 하였다는 시한에 관한 피고주장 부분이 이유 없다고 하여도 원고는 적어도 그 후 자진 사임함으로써 그 조건이 성취되었음을 입증할 책임이 있다고 할 것이다."라고 판시하였다. 조건성취에 따른 법률행위의 효력의 발생과 소멸이라는 점에 비추어 본다면, 위와 같은 판례의 태도는 타당하다고 생각한다.

4. 해제조건의 경우

한편 정지조건과는 다른 해제조건의 경우라면, 그러한 조건의 존재만이 아니라 해제조건의 성취도 해제조건부 법률행위임을 주장하는 자가 증명하여야 한다. 해제조건부 법률행위라는 점은 물론 해제조건의 성취도, 유효하게 존재하고 있는 법률행위의 효력을 다투는 사유이기 때문이다.

예를 들어 이 판결의 사안에서 X는 甲을 Y에게 빌려주고 그 사용료로 일정액을 받기로 하였지만, Y가 이를 이행하지 않아 당해 계약을 해제하고 甲의 반환을 요구하는 경우, 해제조건부 법률행위라는 사실과 그 조건의 성취라는 사실은 X가 주장·증명해야 한다. 따라서 유효한 이용계약의 존재를 주장하는 피고 Y의 항변에 대해 X가 그러한 사실을 주장한다면 이것은 재항변하는 것이 된다.

48 위법수집증거의 증거능력

[대판 1981.4.14, 80다2314]

사 실

상대방의 부지중 비밀로 대화를 녹음하고 이 녹음테이프를 증거로 제출한 경우, 이 증거는 증거능력을 갖는지 문제되었다.

판결요지

"우리 민사소송법은 증거에 관하여 자유심증주의를 채택하고 있기 때문에 상대방의 부지중 비밀로 대화를 녹음한 소위 녹음테이프를 위법으로 수집되었다는 이유만으로 증거능력이 없다고는 단정할 수 없고, 그 채증 여부는 사실심 법원의 재량에 의할 것이며 이에 대한 증거조사는 검증의 방법에 의하여 실시될 것이다."

해 설

1. 이 판결의 의의

민사소송에서는 형사소송에서와 같은 증거능력에 관한 직접적인 조문이 없다. 특정 유형물이 증거방법으로서 증거조사의 대상이 될 수 있는지를 묻는 증거능력에 관해, 민사소송법은 자유심증주의(법202조)를 채택하고 있는 관계에서, 증거능력의 제한이 없는 것이 원칙이다. 이 판결도 이 점을 기본적으로 명확히 설시하고 있다. 이 판결은 자유심증주의를 취하고 있다는 점에서 위법수집된 증거도 증거능력은 있고, 그 증명력은 검증이라는 증거조사를 통해 법관이 자유롭게 판단한다는 입장이다.

2. 전문증거의 증거능력

한편 무제한으로 증거능력이 인정되는가라고 한다면, 일정한 제한으로서 이 판결에서와 같은 위법수집된 증거의 증거능력과 그 외에 전문(伝聞)증거의 증거능력이 문제된다. 특히 후자에 관해서는 판례(대판 1967.3.21, 67다67; 대판 1964.4.7, 63다637)는 민사소송에 있어서의 전문증거의 증거능력을 전적으로 부정하는 것은 채증법칙 위배라고 판시하고 있다. 전문증거는 결국 반대신문을 할 수 없는 증거자료라 할 수 있다. 자유심증주의를 강조한다면 판례에서처럼 증거력의 자유로운 평가가 인정되는 이상 전문증거의 증거능력을 부정할 이유가 없을 것이다. 반대로 반대신문이라는 절차권을 보장해야 한다는 입장에서는 제한적으로 해석하게 될 것이다.

물론 이러한 양 입장의 차이는 별로 없다. 전문증거의 증거능력을 일률적으로 부정해야 할 이유가 없다는 점에는 차이가 없기 때문이다. 결국 판례의 입장에 문제는 없지만, 전문증거란 그 성격상 제3자의 견문이라는 특수한 사실로서 간접적인 증거자료에 불과하다고 말할 수 있다.

3. 위법수집증거의 증거능력

(1) 판례의 입장

이 판결은 위법수집된 증거도 증거능력은 있고, 그 증명력은 검증이라는 증거조사를 통해 법관이 자유롭게 판단한다는 입장이다. 이러한 입장은 선례로 작용하고 있는 점이기도 하다(대판 1998.12.23, 97다38435; 대판 1999.5.25, 99다1789). 보통 위법수집증거도 진실발견을 위해서는 참작하는 것이 좋다는 논리가 위와 같은 판례의 배경에 깔려 있다고 말할 수 있다. 그러나 증언거절권이나 문서제출의무의 한정에서 본다면, 진실발견의 요구가 절대적인 것은 아닌 점, 그리고 위법행위를 막아야 한다는 점에서 증거로서의 사용을 금지해야 한다는 점을 고려한다면, 위법수집증거의 증거능력에는 일정한 제한이 필요하다. 단, 이 판결도 그 사안의 성격상 상대방이 부지중 비밀로 수집하였다는 이유만으로는 증거능력이 없다고 할 수 없다는 입장이다. 따라서 위법수집이라는 수단의 내용에 따라서는 증거능력을 부정한다는 여지를 남겨 놓고 있다(이와 같은 판례의 견해인 절충설이 통설이다).

결론적으로 위법수집된 증거를 일률적으로 증거능력이 없다고는 할 수 없다는 이 판결의 견해는 타당하다. 그러나 증거능력이 부정되는 구체적인 기준을 제시하진 않은 점에 아쉬움이 있다.

(2) 수집수단의 위법성과 증거능력

위법수집이라는 점이 문제된 이상은 그 위법수단의 내용에 따라 증거능력의 유무를 결정해야 한다고 생각한다. 따라서 형사상 처벌의 대상이 되는 위법행위에 의해 수집되었거나, 그러하지 않더라도 위반행위가 신의칙이나 공서양속에 위반하는 경우라면, 증거능력을 부정해야 한다. 또한 증거능력을 인정하면 그러한 위법행위를 조장하는 것이 되기 때문이다. 물론 보다 우월한 법익을 위해서나 기타에 의해 위법성을 저지할 수 있는 특별한 사정이 있다면 증거능력을 인정할 수 있다.

(3) 수집된 증거의 공개가능성과 증거능력

이 판결에서 문제된 무단녹음테이프의 경우에는 위법수단의 사용이라는 점보다는 그 내용의 공개, 즉 그 증거조사의 결과가 그 증거능력의 판단에 중요한 기준이 된다. 증거조사에 의해 녹음테이프가 공개되었을 때, 그것이 인격권이나 프라이버시권을 침해하는 것이라면, 또는 묵비의무가 부과된 사항을 공개하는 것이라면, 그 증거능력을 부정해야 한다.

4. 녹음테이프의 증거조사방법

아울러 이 판결에서 특별한 이유는 설시되어 있지 않지만 녹음테이프의 증거조사는 검증에 의한다고 판시하였다. 이 점도 선례로 기능하고 있는 설시 부분이다. 한편 신법374조에 의해 그 증거조사방법은 서증과 검증에 관한 절차를 준용하여 대법원규칙에 의하는 것으로 되었다.

이에 관해서는 문서 또는 준문서로서 서증에 의해야 한다는 설과 검증물로서 검증절차에 의해야 한다는 설이 주장되었다. 생각건대, 녹음테이프에도 여러 내용이 있을 수 있으므로 일률적으로 서증이냐 검증이냐로 구분하는 것은 타당하지 않다. 물론 일반적인 경우에는 서면성이 없다는 점에서 검증이 타당할 테지만, 녹음테이프가 사상의 전달을 위해 작성된 경우라면 법374조의 준문서에 해당되어 서증의 대상이 된다고 풀이해야 할 것이다.

49 법률상의 추정과 사실상의 추정

[대판 1979.6.26, 79다741]

사 실

부동산에 관한 소유권이전등기가 되어 있다는 등기 자체에는 구체적으로 어떠한 추정력이 있는지 문제되었다.

판결요지

"부동산에 관한 소유권이전등기는 그 자체만으로써 권리의 추정력이 있어 이를 다투는 측에서 적극적으로 그 무효사유를 주장·입증하지 아니하는 한, 그 등기명의자의 등기원인 사실에 관한 입증이 부족하다는 이유만으로써는 그 등기의 권리추정력을 깨뜨려 이를 무효라고 단정할 수는 없는 것이다."

해 설

1. 이 판결의 의의

이 판결에서는 등기의 추정력이 무엇인지 문제되었는데, 판결요지에서 보듯이 특별한 이유는 설시되어 있지 않지만 등기는 그 자체만으로 권리의 추정력이 있다고 판시되었다. 이것은 등기명의인은 등기라는 사실만으로 소유권자라는 등 권리가 추정된다는 것을 의미하는 것이다.

2. 추정의 의의

추정이란 사실인정에 있어서 A라는 사실의 존재에 의해 B라는 사실의 존재에 확신을 불러일으키는 경우를 말한다. 이 때 A라는 사실을 전제사실, B라는 사실을 추정사실이라 한다. B라는 사실에 관해 원래 증명책임을 부담하는 당사자는 추정으로 인해 A라는 사실의 존재를 증명하면 되고, 원래는 증명책임을 지지 않는 상대방이 B라는 사실의 부존재를, 일반적인 반증의 경우와는 달리 본증에 의해 증명해야 한다. 이 점에서 추정은 증명책임의 전환을 의미한다.

3. 추정의 종류

(1) 법률상의 권리추정

법이 전제사실에 기해 직접 권리의 추정을 규정하는 경우이다. 전제사실과 추정사실이라는 보통의 추정과는 달리 전제사실과 권리추정이라는 형태를 띤다. 법원은 전제사실의 존재가 인정되면 권리관계의 존재를 판결의 기초로 해야 한다. 민법200조의 점유권리의 적법의 추정, 민법262조의 공유지분의 추정 등이 있다. 법률상의 권리추정이란 법률에 추정되는 권리에 대한 규정이 있어야 한다.

(2) 법률상의 사실추정

법에 의해 전제사실의 존재가 인정되면 특정사실의 존재가 추정된다는 규정이 있는 경우를 말한다. 법은 경험칙, 입증의 정도, 그 밖에 당사자 간의 공평 등을 고려하여 사실추정규정을 두고 있다. 앞의 추정의 의의에서도 보았듯이 법률상의 사실추정이 되려면, 전제사실에 의해 추정사실이 존재한다는 확신이 법원에 형성되는 경우이어야 하고, 또한 추정사실이 법이 규정해야 하는 특정한 법률효과의 구성요건사실이어야 한다. 예를 들면 민법198조의 점유계속의 추정, 민법639조1항의 임대차의 묵시의 경신, 민법844조의 부의 친생자의 추정 등이 있다.

(3) 법정증거법칙

법에도 추정이라는 용어가 사용되고 법률상의 사실추정과 유사한 경우이지만, 추정되는 사실이 구성요건사실이 아니어서 추정사실의 증명책임이나 그 분배에 관한 문제가 발생하지 않는 경우를 말한다. 즉 자유심증주의에 대한 예외로서 단지 일정한 사실을 인정할 때, 그 근거가 되는 사실이 법정되어 있는 경우이다. 따라서 상대방은 법률상의 사실추정이라면 본증을 통해 추정사실의 부존재를 증명해야 하지만, 법정증거법칙에 의한 사실에 대해서는 본증이 아닌 반증으로 증명하면 된다. 법356조와 358조에서의 문서의 진정추정이 이에 해당한다. 또한 진정하게 성립한 문서는 작성자의 의사에 기해 작성되었다는 형식적 증거력을 갖는다.

또한 사문서에 날인된 작성명의인의 인영이 그의 인장에 의한 것이라는 점이 인정되면, 특단의 사정이 없는 한 1단계로 날인행위가 작성명의인의 의사에 의한 것이 사실상 추정되고, 더 나아가 2단계로 법358조에 의해 당해 문서 전체의 진정 성립이 추정된다(2단계 추정으로서 법정증거법칙이라 해석된다). 따라서 인영의 진정 성립을 다투는 자는 반증을 들어 날인행위가 작성명의인의 의사에 의한 것인지의 여부에 관하여 법원으로 하여금 의심을 품게 할 수 있는 사정을 입증하여야만 그 진정 성립의 추정을 깨트릴 수 있다(대판 1986.9.23, 86다카915 등 다수의 판례). 예를 들어 문서작성

당시 문서의 전부 또는 일부가 미완성된 상태에서 서명・날인만을 먼저 하였다는 등의 사정은 이례에 속한다고 할 것이므로, 완성문서로서 진정성립의 추정력을 뒤집으려면 그와 같이 판단할만한 합리적인 이유와 이를 뒷받침할 간접반증 등의 증거가 필요하다(대판 2003.4.11, 2001다11406; 대판 2011.11.10, 2011다62977).

(4) 잠정진실

법률상의 사실추정과 추정의 구조나 증명책임의 전환에서 동일하지만, 전제사실과 추정사실이 동일한 법률효과의 요건사실을 구성하고 있는 경우이다. 즉 특정한 법률효과의 발생을 위해 복수의 요건사실이 존재할 때, 법이 일정한 요건사실의 증명에 의해 다른 요건사실의 존재를 추정(전제사실 없이 무조건으로 일정한 요건사실의 존재를 추정)하는 경우를 잠정진실이라 한다. 예를 들면 민법245조의 취득시효의 요건사실은 소유의 의사, 평온하고 공연한 점유인데, 이것이 민법197조1항에 의해 점유의 사실로서 추정된다는 것이다.

(5) 의사추정

전제사실에서 일정한 사실의 추정을 의미하는 것은 아니고, 의사표시의 내용이 법정되어 있는 경우를 말한다. 즉 법이 사인의 의사표시의 내용에 관해 일정한 추정을 하는 경우이다. 민법153조의 경우 채무자는 그 1항에 의한 추정에 의해 그 2항에 의한 포기를 할 수 있고, 포기의 효력을 다투는 자는 기한의 이익이 채무자를 위한 것이 아님을 증명해야 한다.

(6) 사실상의 추정

법률상의 추정에 있어서와 같이 법에 의한 추정이 아니라, 자유심증의 문제로서 법원이 추정을 인정하는 경우를 말한다. 법원이 주요사실의 존재를 경험칙을 이용하여 추정하는 것이다. 예를 들면 고도의 경험칙에 의해 주요사실의 존재가 추정되는 경우를 말한다. 보통 주요사실의 존재를 추정한다는 자유심증의 문제가 되지만, 추정된 사실을 번복하려면 법원을 확신시키기 위해 간접사실의 본증을 하여야 하므로 사실상 간접반증에서와 같이 증명책임의 전환을 초래한다고 생각한다.

(7) 일응의 추정 또는 표현증명

더 나아가 일응의 추정이나 표현증명이라는 개념이 주장되기도 한다. 이것은 고도의 개연성을 갖는 경험칙에 기한 사실의 추정을 의미하고, 일응의 추정은 모든 경우에 이용할 수 있지만, 표현증명의 경우에는 불법행위에 있어서의 고의, 과실, 인과관계를 추인한다는 정형적 사상경과가 문제가 되는 사건에서만 기능한다는 점에 차이가 있다. 그러나 사실상의 추정의 문제로서 처리할 수 있는 이상, 특별히 일응의 추정이나 표현증명이라는 개념을 만들 필요는 없을 것이다.

3. 등기의 추정력

(1) 판례의 입장

등기의 추정은 권리추정 즉 법률상의 권리추정이라는 것이 이 판결의 태도이다. 이것은 판례의 일관된 입장이기도 하다. 즉 대판 1992.10.27, 92다30047에서는, "지분이전등기가 마쳐져 있는 이상 그 등기는 적법하게 된 것으로서 진실한 권리상태를 공시하는 것이라고 추정되므로, 그 등기가 위법하게 된 것이라고 주장하는 원고에게 그 추정력을 번복할 만한 반대사실을 입증할 책임이 있는 것이다."라고 판시한다.

또한 대판 1993.5.11, 92다46059에서도, "부동산등기는 현재의 진실한 권리상태를 공시하면 그에 이른 과정이나 태양을 그대로 반영하지 아니하였어도 유효한 것이므로 소유권이전등기가 전소유자의 의사에 반하여 이루어진 것이 아니라면 명의자가 등기원인행위의 태양이나 과정을 다소 다르게 주장한다고 하여 이러한 주장만 가지고 그 등기의 추정력이 깨어진다고 할 수 없다."고 판시하고 있다.

(2) 등기가 사실상의 추정에 해당하는 이유

위와 같은 판례의 입장은 등기에 관해 법률의 규정 없이 소유권이라는 권리를 추정하는 것이므로, 사실상의 권리추정을 인정하는 것이라고도 평가할 수 있다. 그러나 권리추정은 권리에 관한 것이어서, 법규에 규정이 없으면 어떠한 법적 평가를 해야 하느냐에 대해서는 법원에 맡겨져 있으므로 추정에 해당하지 않는다. 또한 우리나라는 등기의 공신력이 인정되고 있지 않다. 따라서 등기에 기재되어 있는 사항은 특별한 사정이 없는 한, 그 기재 내용대로의 사실의 존재를 추인시킨다는 경험칙이라 할 수 있고, 결국 사실상의 추정에 해당한다고 풀이해야 한다(등기의 추정력이 사실상 추정에 해당한다는 학설은 소수설[90]에 머무르고 있다).

90) 이, 541면. 강, 546면은 권리가 추정된다고 하여도 그 추정력이 미약하다고 한다.

50 변론 전체의 취지

[대판 1983.7.12, 83다카308]

사 실

X는 Y의 불법행위로 인해 노동능력이 상실되었다고 하여 그에 따른 소극적 손해배상을 청구하는 소를 제기하였다. 이에 대해 원심은 증인A의 증언과 변론 전체의 취지에 따라 X는 당초부터 회복의 가능성이 쉽사리 보여지지 않는 정신질환으로 전혀 노동능력이 없는 상태에 있었다는 사실인정을 하였다. 그러나 A를 심문한 적이 없는 사실이 판명된 경우, 변론 전체의 취지로만 위와 같은 사실을 인정한 것은 적법한지 문제되었다.

판결요지

"원심이 X가 이 사건 사고 이전부터 정신질환으로 노동능력이 없었다고 인정한 자료로 한 원심증인 A는 원심의 제13차 변론기일에서 Y측 신청으로 채용되었다가 그 제14차 변론기일에 철회되어 증거결정이 취소되었을 뿐 신문한 사실이 없고 증거원인으로서의 이른바 변론의 취지는 변론과정에서의 당사자의 진술내용 및 그 시기, 태도 등과 그 변론과정에서 직접 얻은 인상 등 일체의 자료 또는 상황을 말하는 것이므로 그 성질에 비추어 변론의 취지만으로는 사실을 인정할 수 없고 다만 사실인정의 자료가 되는 다른 증거방법의 보충적 권능을 다할 뿐이다."

해 설

1. 이 판결의 의의

법원은 변론 전체의 취지와 증거조사의 결과를 자유로운 심증에 따라 평가하여 사실인정을 할 수 있다는 것이 자유심증주의이다(법202조). 즉 자유심증주의에 의해 법원은 변론 전체의 취지와 증거자료라는 자료를 사실인정을 위한 기초자료로 이용할 수 있다. 그런데 이 판결에서와 같이 사실상 변론 전체의 취지로만 노동능력의 상실이라는 주요사실을 인정한 것, 즉 다른 증거없이 변론 전체의 취지로만 사실인정이 가능한지 문제되는데, 이에 대해 이 판결은 다른 증거방법의 보충적인 작용을 하는 것이 변론 전체의 취지이므로 불가능하다고 판시하였다.

2. 변론 전체의 취지의 의의와 내용

(1) 의의

변론 전체의 취지(법202조)란 이 판결에서도 말하듯이 변론의 과정에서 나타나는 일체의 자료 또는 상황을 말한다. 이러한 점에서 증거조사의 결과인 증거자료와는 구별된다. 즉 변론에 나타난 모든 자료에서 증거조사의 결과를 제외한 것이 변론 전체의 취지이다.

(2) 내용

예를 들면 일정한 진술을 하였지만 그것을 철회하였다면, 진술 자체는 증거자료로서의 효력을 상실하였지만 철회했다는 사실은 새로운 진술이나 상대방의 주장의 판단시에 고려되는 변론 전체의 취지에 해당한다. 또한 필수적 공동소송에서 공동소송인 1인이 한 다른 공동소송인에게 불리한 소송행위는 효력이 없고, 통상공동소송에서의 공동소송인 1인이 한 소송행위는 다른 공동소송인에게 효력이 없지만 변론 전체의 취지로서 고려된다. 그 밖에 준비절차기일에서의 진술이나 석명처분에 기한 자료의 제출 등이 있다.

이러한 변론 전체의 취지는 변론에 나타나야 하므로, 준비서면에만 기재되고 변론에서 진술되지 않는다면 당연히 변론 전체의 취지에 해당하지 않는다. 또한 법150조1항 단서의 변론 전체의 취지는 변론기일을 일체로 본 경우의 당사자의 변론내용을 가리키는 것으로 이 항목에서 말하는 변론 전체의 취지와는 구별된다.

3. 변론 전체의 취지와 사실인정

(1) 판례의 입장

변론 전체의 취지는 다른 증거방법의 보충적인 작용을 하는 것이라는 이 판결의 해석은 판례의 입장으로서 계속 이어지고 있다. 즉 판례는 "변론의 취지는 변론의 과정에 현출된 모든 상황과 자료를 말하여 증거원인이 되는 것이기는 하나 그것만으로는 사실인정의 자료로 할 수 없다"(대판 1983.9.13, 83다카971), 라든가 "변론 전체의 취지가 독자적인 증명력이 없다는 것 역시 누차 밝혀온 당원의 견해이다"(대판 1989.10.24, 87누285)라고 판시하고 있다(기타 대판 1995.2.3, 94누1470).

⑵ 보조사실의 인정가능성

단, 예외적으로 "당사자가 부지로써 다툰 서증에 관하여 거증자가 특히 그 성립을 증명하지 아니한 경우라 할지라도 법원은 다른 증거에 의하지 않고 변론 전체의 취지를 참작하여 자유심증으로써 그 성립을 인정할 수 있다"(대판 1959.10.1, 4291민상728; 대판 1974.7.23, 74다119 등)고 하여 보조사실의 경우에는 변론 전체의 취지로만 사실인정을 할 수 있다는 입장이다. 또한 자백의 철회에 있어서의 착오의 인정(항목 <46> 참조)은 변론 전체의 취지로 가능하다.

이러한 판례의 태도는 이 판결에서와 같이 일단 노동능력의 상실이라는 주요사실의 인정은 변론 전체의 취지로만은 불가능하지만, 그 외의 사실의 인정에 있어서는 가능한 경우가 있을 수 있다는 입장이라고 해석할 수 있다. 학설은 다수설[91]이 판례에 찬성하고, 독립된 증거원인으로 보는 견해가 소수설[92]이다.

4. 독립한 증거원인이 아닌 변론 전체의 취지

이론상으로는 당사자가 특정사실의 주장을 했다면(소송자료), 그 존부의 인정은 법관의 자유심증에 맡겨져 있다고 할 수 있으므로, 그 존부에 관한 증거조사를 거침이 없이 변론 전체의 취지로만 그 사실을 인정하여도 위법이라고는 할 수 없을 것이다. 그러나 사실상 법원이 다툼이 있는 중요한 사실을 아무런 증거조사 없이 변론 전체의 취지로만 인정하려고 하지 않고, 증거조사를 하는 것이 일반적이다(이 판결에서도 원심은 일단 증인의 증언이 있었음을 이유로 하고 있다). 또한 법208조에 의해 판결문에 사실을 기재하지 않기 때문에, 변론 전체의 취지가 무엇인가 명확하지 않은 경우가 많을 수 있다.

이러한 점에서 본다면 변론 전체의 취지가 독립한 증거원인에 해당되지 않는다는 이 판결의 태도는 타당하다고 생각한다. 더 나아가 판례의 입장은, 주요사실만이 아니라, 그 사실의 내용에 따라서는 예를 들면 중요한 간접사실의 경우에도 변론 전체의 취지로만 인정할 수 없다는 것이다. 반대로 변론 전체의 취지로만 인정할 수 있는 것은 경미한 간접사실이나 보조사실이라는 입장이라고 풀이할 수 있다.

---

91) 김=강, 528면; 김홍, 642면; 이, 523면; 전, 490면; 정=유, 509면.
92) 강, 522면; 송=박, 512면; 정영, 641면; 호, 499면.

51 간접반증

[대판 1984.6.12, 81다558]

사 실

김양식업을 하는 X는, 당해 어장 근처에 있는 Y공장에서 흘러나온 폐수로 인해 양식 김에 김 갯병 증상의 병해가 발생함으로써 막심한 피해를 보고 김양식 사업을 포기하게 되었다는 이유에서, Y를 상대로 그 손해의 배상을 구하는 소를 제기하였다. 공장 폐수와 손해의 발생이라는 인과관계의 근거로 X는, (1) Y공장에서 김의 생육에 악영향을 줄 수 있는 폐수를 배출하고 있었고, (2) 그 폐수중의 일부가 조류를 타고 이 사건 어장에 도달되었으며 (3) 그 후 X의 이 사건 어장 양식 김에 병해가 발생하여 피해가 생겼다는 사실 등을 주장·증명하였다. 이에 비해 Y는 인과관계가 존재하지 않는다고만 주장한 경우, 법원은 X의 위와 같은 주장·증명만으로 인과관계의 존재를 인정할 수 있는지 문제되었다.

판결요지

"일반적으로 불법행위로 인한 손해배상 청구사건에 있어서 가해행위와 손해발생과의 사이에 인과관계의 존재를 입증할 책임은 청구자인 피해자가 부담함에는 의문의 여지가 없다 할 것이나 이른바 오염물질인 폐수를 바다로 배출함으로 인한 이 사건과 같은 공해로 인한 손해배상을 청구하는 소송에 있어서는 기업이 배출한 원인물질이 물을 매체로 하여 간접적으로 손해를 끼치는 수가 많고 공해문제에 관하여는 현재의 과학수준으로도 해명할 수 없는 분야가 있기 때문에 가해행위와 손해의 발생사이의 인과관계를 구성하는 하나 하나의 고리를 자연과학적으로 증명한다는 것은 극히 곤란하거나 불가능한 경우가 대부분이므로 이러한 공해소송에 있어서 피해자인 원고에게 사실적 인과관계의 존재에 관하여 과학적으로 엄밀한 증명을 요구한다는 것은 공해로 인한 사법적 구제를 사실상 거부하는 결과가 될 우려가 있는 반면에 가해기업은 기술적, 경제적으로 피해자보다 훨씬 원인조사가 용이한 경우가 많을 뿐만 아니라 그 원인을 은폐할 염려가 있고 <u>가해기업이 어떠한 유해한 원인물질을 배출하고 그것이 피해</u>

물건에 도달하여 손해가 발생하였다면 가해자측에서 그것이 무해하다는 것을 입증하지 못하는 한 책임을 면할 수 없다고 보는 것이 사회형평의 관념에 적합하다고 할 것이다.

요컨대, 불법행위 성립요건으로서의 인과관계는 궁극적으로는 현실로 발생한 손해를 누가 배상할 것인가의 책임귀속의 관계를 결정짓기 위한 개념이므로 자연과학의 분야에서 말하는 인과관계와는 달리 법관의 자유심증에 터잡아 얻어지는 확신에 의하여 인정되는 법적인 가치판단이니 만큼 소위 수질오탁으로 인한 공해소송인 이 사건에 있어서 원심이 적법하게 확정하고 있는 바와 같이 (1)Y공장에서 김의 생육에 악영향을 줄 수 있는 폐수가 배출되고 (2) 그 폐수중의 일부가 해류를 통하여 이 사건 어장에 도달되었으며, (3) 그후 김에 피해가 있었다는 사실이 각 모순없이 증명되는 이상 Y의 위 폐수의 배출과 X가 양식하는 김에 병해가 발생하여 입은 손해와의 사이에 일응 인과관계의 증명이 있다고 보아야 할 것이고, 이러한 사정아래서 폐수를 배출하고 있는 Y로서는 (1) 피고공장 폐수중에는 김의 생육에 악영향을 끼칠 수 있는 원인물질이 들어 있지 않으며 또는 (2) 원인물질이 들어 있다 하더라도 그 혼합율이 안전농도 범위내에 속한다는 사실을 반증을 들어 인과관계를 부정하지 못하는 이상 그 불이익은 Y에게 돌려야 마땅할 것이다."

해 설

1. 이 판결의 의의

이 판결은 소위 학설에서 말하는 간접반증을 인정한 리딩케이스이다. 간접반증이란 간단히 말해 반대의 간접사실로 증명한다는 것을 가리킨다. 이 판결의 사안에 따라서 말하자면, Y가 인과관계를 부정하는 반대의 간접사실을 증명한다는 것을 말한다. 또한 그러한 반증을 통해 입증행위를 한다는 의미를 포함하는 것이기도 하다. 이러한 간접반증을 인정하는 것이 판례의 기본 입장이다.

2. 규범설에 의한 간접반증의 등장

(1) 대표적인 예

간접반증이란 개념이 등장한 것은 증명책임의 분배에 관한 규범설에 의해서이다. 증명책임에 관한 규범설이 간접반증을 설명하는 경우에는 다음과 같은 예에 의하는 것이 보통이다. 인지의 소의 경우 자인 원고는 부자관계의 존재라는 주요사실을 증명해야 한다. 그러나 부자관계를 직접 증명하는 것은 사실상 불가능하므로, 원고측에서는 부자관계의 존재를 추인시키기에 충분한 간접사실을 증명하게 된다. 즉 회임당시의 동거의 사실, 혈액형의 조사결과 등이다. 이 때 부(父)인 피고는 이러한 간접사실과 상반되는 간접사실로서, 예를 들면 그 때 원고의 모(母)는 다른 남자와도 관계가 있었다는 사실(보통 '부정의 항변'이라 불린다)을 증명함으로써, 부자관계의 존재가 추인되는 것을 막는 입증행위를 하는 것을 간접반증이라 하는 것이다.

(2) 규범설의 해석

규범설은 또한 다음과 같이 해석한다. 만일 위와 같은 사례에서 피고측이 간접반증을 하지 못하면 결국 부자관계의 존재가 추인된다. 피고가 부자관계라는 주요사실을 간접적으로 공격한다는 점에서는 반증이지만(이 점에서 간접반증이라고 불린다), 부정의 항변이라는 간접사실의 존재를 법관에게 확신을 심어주어야 한다는 점에서는 본증을 의미한다. 더 나아가 간접반증이란 주요사실의 증명이 문제되는 증명책임의 문제가 아니고(따라서 증명책임의 전환을 의미하지 않는다), 자유심증의 문제라고 주장된다.

3. 간접반증의 효용

결론적으로 말해 이 판결의 견해는 타당하다. X는 인과관계의 존재를 추인시키는 일련의 간접사실을 증명하고 있다. 따라서 Y는 그와 상반되는 간접사실 즉 판결요지에서도 말하는 "(1) 피고공장 폐수 중에는 김의 생육에 악영향을 끼칠 수 있는 원인물질이 들어 있지 않으며 또는 (2) 원인물질이 들어 있다 하더라도 그 혼합율이 안전농도 범위내에 속한다는 사실"을 증명해야 한다. 이 증명은 인과관계의 존재라는 주요사실에 관해서는 반증이지만, 그 사실자체의 존재를 법관에게 확신시켜야 한다는 점에서는 본증을 의미한다. 인과관계를 직접 증명하기 어려운 사정 등을 고려한다면, 사실상 증명책임의 전환을 의미하는 간접반증이라는 도구개념은 충분히 효용이 있다.

그 밖에 간접반증을 인정한 판례로서 대판 1997.6.27, 95다2692에서는 "수질오염으로 인한 손해배상을 구하는 이 사건에 있어서는 ㉠ 피고의 주행시험장 설치공사현장에서 농어 양식에 악영향을 줄 수 있는 황토와 폐수를 배출하고, ㉡ 그 황토 등 물질의 일부가 물을 통하여 이 사건 양식어장에 도달되었으며, ㉢ 그 후 양식 농어에 피해가 있었다는 사실이 각 모순 없이 증명되는 이상 피고의 위 황토와 폐수의 배출과 원고가 양식하는 농어가 폐사하여 입은 손해와 사이에 일응 인과관계의 증명이 있다고 보아야 할 것이고, 이러한 사정 아래에서 황토와 폐수를 배출하는 피고로서는 ㉠ 피고의 공사현장에서 배출하는 황토와 폐수 중에는 양식 농어의 생육에 악영향을 끼칠 수 있는 원인물질이 들어 있지 않고, ㉡ 원인 물질이 들어 있다 하더라도 그 혼합률이 안정농도 범위 내에 속한다는 사실에 관하여 반증을 들어 인과관계를 부정하지 못하는 이상 그 불이익은 피고에게 돌려야 마땅할 것이다."라고 판시하고 있다(기타 대판 1991.7.23, 89다카1275 등).

4. 간접반증과 증명책임의 전환

규범설을 비판하는 입장에서는, 규범설이 주장하는 간접반증은 결국 증명책임의 전환을 초래하므로 규범설의 수정 내지는 후퇴를 의미하는 것이라고 비판한다. 이에 대해 규범설은, 앞서도 언급했지만 간접반증은 자유심증의 문제이고 증명책임의 전환을 의미하지 않는다고 주장하는 것이 보통이다.[93)]

그러나 사실상 이 판결에서도 "그 불이익은 Y에게 돌려야 마땅할 것이다"는 부분에서 보듯이 증명책임이 전환되므로 간접반증은 규범설의 하나의 예외라고 보는 것이 타당하다. 간접사실의 본증을 요구하는 이상은 증명도의 문제로서 단순한 자유심증의 문제로 보는 것은 타당하지 않고(자유심증의 문제라면 본증이 아닌 반증으로 충분하다), 증명책임의 전환이 의도되어 있기 때문이다. 결국 간접반증 자체에 대해서는 크게 문제가 없고, 그 평가에 대해 규범설과 그 밖의 학설간에 차이가 있지만, 일단 규범설의 입장에 의하더라도 증명책임의 분배원칙의 하나의 예외로 인정되며 그 적용범위를 확대해 나가는 것이 바람직한 방향에 해당할 것이다. 기본적으로 규범설을 취하는 판례의 입장을 이해함에 있어서도 이 점을 명확히 이해할 필요가 있다.

93) 이, 544면; 호, 516면.

52 증명도의 경감 – 손해액의 인정 –

[대판 2004.6.24, 2002다6951, 6968]

사 실

X프로스포츠구단 소속 Y선수는 해외 구단으로 이적하면서 이적료를 분배받고 귀국 시에는 X소속이 되어야 한다는 약정을 하였다. 그러나 Y가 당초의 약정에 위배하여 귀국 시 다른 구단에 입단하였음을 이유로, X는 Y를 상대로 이적료의 반환을 구하는 소를 제기하였다. 여기서 X는 Y가 자신에게 복귀하는 경우, 그 대가에 해당하는 부분을 재산적 손해로 주장하였지만, 그 구체적인 손해액의 입증이 곤란하였다. 이에 대해 법원이 제반 경위를 참작하여 그 손해액을 3억 원으로 산정하는 판단이 적법한지 문제되었다.

판결요지

"채무불이행으로 인한 손해배상청구소송에 있어, 재산적 손해의 발생사실이 인정되고 그의 최대한도인 수액은 드러났으나 거기에는 당해 채무불이행으로 인한 손해액 아닌 부분이 구분되지 않은 채 포함되었음이 밝혀지는 등으로 구체적인 손해의 액수를 입증하는 것이 사안의 성질상 곤란한 경우, 법원은 증거조사의 결과와 변론 전체의 취지에 의하여 밝혀진 당사자들 사이의 관계, 채무불이행과 그로 인한 재산적 손해가 발생하게 된 경위, 손해의 성격, 손해가 발생한 이후의 제반 정황 등의 관련된 모든 간접사실들을 종합하여 상당인과관계 있는 손해의 범위인 수액을 판단할 수 있다고 하겠다."

해 설

1. 이 판결의 의의

이 판결은, 원고의 손해의 입증이 곤란한 경우에 법원은 그 구체적 손해액을 제반 경위를 참작하여 인정할 수 있다고 판단한 최초의 판례이다. 일본의 민사소송법248조에서는 손해가 발생한 것은 인정되지만 그 금액을 입증하는 것이 그 손해의 성질상 원고에게 매우 곤란한 경우에는 법원이 상당한 손해액을 인정할 수 있다고 하여, 이러한 손해금액의 인정을 직접 규정하는 조문을 신설하였다. 우리는 입법적으로 해결하기 전에 이 판결이 이를 인정한 것이다.

2. 손해액의 인정과 증명책임

법원이 원고가 주장한 손해배상청구권의 존재를 인정하려면 그 발생의 원인인 손해, 그리고 그 손해액을 인정하여야 한다. 이 손해액의 증명책임은 규범설에 따라 손해배상청구권을 주장하는 원고가 부담하게 된다. 이 때 원고가 손해는 증명하였지만 손해액에 관하여 증명하지 못한다면, 결국 증명책임분배의 원칙에 따라 손해액이 존재하지 않는 것이 되어 원고의 청구는 기각되는 것이다.

3. 증명도 경감의 필요성

(1) 증명도 경감에 따른 손해의 직권 인정

손해액의 증명을 위와 같이 요구한다면, 사안에 따라서는 손해를 입은 원고가 구체적인 금액을 증명할 수 없는 특수한 사정을 배려하지 않는 것으로서 당사자 간의 공평에 합치하지 않고, 재판에 대한 사회적 신뢰도 얻을 수 없게 될 것이다. 이 점에서 손해액에 대한 증명도를 경감하여, 이 판결에서 설시하듯이 법관의 확신에 이르지 않아도(증명되지 않아도) 상당인과관계가 있는 손해의 범위인 수액을 법원이 판단할 수 있다는 논리가 필요한 것이다.

원래 판례는 불법행위에 의한 손해배상에 있어서, "법원으로서는 당사자가 도시 또는 농촌일용노임외에 별다른 향후소득의 입증을 하지 않고 있다고 하더라도 적극적으로 석명권을 행사하고 입증을 촉구하여 위에서 설시한 피해자의 연령, 교육정도 등 여러 사정에 비추어 장차 피해자가 종사 가능하다고 보여지는 직업과 그 소득을 조사 심리하여야 할 것이며, 이러한 향후의 예상소득에 관한 입증에 있어서 그 증명도는 과거사실에 대한 입증에 있어서의 증명도 보다 이를 경감하여 피해자가 현실적으로 얻을 수 있을 구체적이고 확실한 소득의 증명이 아니라 합리성과 객관성을 잃지 않는 범위내에서의 상당한 개연성이 있는 소득의 증명으로서 족하다고 보아야 할 것이다."(대판 1986.3.25, 85다카538 등 다수의 판례)고 하여 이미 증명도의 경감을 인정하고 있었다.

(2) 요건

물론 이와 같은 손해액의 인정이 가능하려면, 사안의 내용이 이 판결에서도 볼 수 있듯이 "재산적 손해의 발생사실이 인정되고 그의 최대한도인 수액은 드러났으나 거기에는 당해 채무불이행으로 인한 손해액 아닌 부분이 구분되지 않은 채 포함되었음이 밝혀지는 등으로 구체적인 손해의 액수를 입증하는 것이 사안의 성질상 곤란한 경우"에 한정된다.

또한 채무불이행으로 인한 손해배상청구소송에서 재산적 손해의 발생사실은 인정되나 구체적인 손해액을 증명하는 것이 곤란한 경우, 법원이 증거조사의 결과와 변론 전체의 취지에 의하여 밝혀진 간접사실들을 종합하여 손해액을 판단할 수 있는지, 그 구체적 손해액의 산정 방법은 무엇인지에 대해, 대판 2010.10.14, 2010다40505는 다음과 같이 명확히 판단하였다. "법원은 증거조사 결과와 변론 전체의 취지에 의하여 밝혀진 당사자들 사이의 관계, 채무불이행과 그로 인한 재산적 손해가 발생하게 된 경위, 손해의 성격, 손해가 발생한 이후의 여러 정황 등 관련된 모든 간접사실들을 종합하여 손해의 액수를 판단할 수 있다. 이러한 법리는 자유심증주의 아래에서 손해의 발생사실은 입증되었으나 사안의 성질상 손해액에 대한 입증이 곤란한 경우 증명도·심증도를 경감함으로써 손해의 공평·타당한 분담을 지도원리로 하는 손해배상제도의 이상과 기능을 실현하고자 함에 그 취지가 있는 것이지 법관에게 손해액의 산정에 관한 자유재량을 부여한 것은 아니므로, 법원이 위와 같은 방법으로 구체적 손해액을 판단하면서는, 손해액 산정의 근거가 되는 간접사실들의 탐색에 최선의 노력을 다해야 하고, 그와 같이 탐색해 낸 간접사실들을 합리적으로 평가하여 객관적으로 수긍할 수 있는 손해액을 산정해야 한다."

4. 손해액의 산정이 곤란한 경우의 예

여기에 해당하는 예로는 앞으로 판례에 의하여 구체적으로 정립되어 나가겠지만, 다음과 같은 경우를 생각할 수 있다. 개인이 거주하는 주택이 화재로 소실되고 그 주택 안에 있던 가재도구가 멸실된 경우, 유아의 사망에 기한 일실이익의 경우, 그리고 타인의 독점금지법 위반행위를 이유로 하여 소비자 또는 경업자가 손해배상을 청구하는 경우가 있다. 어디까지나 손해액이 사실인정의 대상임을 전제로 하는 것이다.

이에 비해 위자료는 그러한 예에 해당되지 않는다. 위자료는 정신적 고통 그 자체의 전보가 아니라 정신적 고통을 완화하기 위한 금전급부에 해당하고, 위자료의 산정이란 인정된 손해를 증거에 기하여 금전적 가치로 전환하는 것이 아니기 때문이다. 이 점에서 위자료의 산정은 법원의 자유재량에 맡겨져 있는 것이기도 하다.

53 입증방해

[대판 1995.3.10, 94다39567]

사 실

X는 Y의사가 담당한 수술을 받았지만, 심각한 후유증으로 인해 Y를 상대로 그 손해의 배상을 구하는 소를 제기하였다. 이 사건 소제기후 의사진료기록(차트) 등에 대한 제1심 법원의 서증조사기일에 제출된 Y명의의 의사진료기록(차트) 기재 중 X에 대한 진단명의 일부가 흑색 볼펜으로 가필되어 원래의 진단명을 식별할 수 없도록 변조되어 있었다. 이러한 Y에 의한 진료기록의 변조를 이유로 법원은 Y의 과실을 인정할 수 있는지 문제되었다.

판결요지

"의료분쟁에 있어서 의사측이 가지고 있는 진료기록 등의 기재가 사실인정이나 법적 판단을 함에 있어 중요한 역할을 차지하고 있는 점을 고려하여 볼 때, 의사측이 진료기록을 변조한 행위는, 그 변조이유에 대하여 상당하고도 합리적인 이유를 제시하지 못하는 한, 당사자간의 공평의 원칙 또는 신의칙에 어긋나는 입증방해행위에 해당한다 할 것이고, 법원으로서는 이를 하나의 자료로 하여 자유로운 심증에 따라 의사측에게 불리한 평가를 할 수 있다고 할 것이다…Y가 그 변조이유에 대하여 상당하고도 합리적인 이유를 제시하지 못하고 있는 이 사건에 있어서, 이는 명백한 입증방해행위라 할 것이므로, 원심이 이를 Y의 수술과정상의 과오를 추정하는 하나의 자료로 삼았음은 옳다."

해 설

1. 이 판결의 의의

증거의 조사를 방해한다는 입증방해를 한 경우에는 직접 증명책임의 전환을 초래하는지, 즉 이 판결에서 Y의 과실은 X가 이를 증명해야 하지만 입증방해에 의해 Y가 스스로 자신에게 과실이 없음을 증명해야 하는지 문제된다. 이 판결의 이유는 명확하지 않지만, 증명책임이 전환되지 않고 심증의 문제로서 입증을 방해한 자에게 불리하게 사실인정을 할 수 있음을 판시한 것이다.

2. 입증방해와 증명책임

입증방해에 관하여는 민사소송법에 이를 직접 규정하는 조항이 있는 경우가 있고(법349, 350, 360, 361, 366, 369조 등), 그 이외의 입증방해를 포함하여, 입증방해의 효과를 어떻게 판단하느냐의 문제가 있다. 이에 관해서는 증명도의 경감이라는 자유심증주의의 문제로서 파악하는 입장과, 일반적으로 증명책임의 전환을 초래한다고 파악하는 입장이 있다. 이 판결은 이러한 문제에 관해 전자의 입장이 타당함을 명확히 한 선례이다.

3. 입증방해의 요건

입증방해가 되려면 적어도 다음과 같은 요건을 갖추어야 한다. 예를 들면 대판 1996.4.23, 95다23835에서는, 피고가 요증사실의 증거자료에 훨씬 용이하게 접근할 수 있다고 하는 사정만으로는 피고가 원고들의 증명활동에 협력하지 않는다고 하여 이를 민사소송법상의 신의성실의 원칙에 위배되는 것이라고 할 수 없다고 판시하였다. 이러한 예에서 알 수 있듯이 단순한 증명활동에 협력을 거부하는 것으로는 부족하고, 또한 이 판결에서도 말하듯이 상당하고 합리적인 이유 없이 적극적으로 입증활동을 방해하는 행위가 필요하다.

4. 입증방해의 효과

(1) 입증방해와 사실인정

입증활동을 방해했다는 사실에 법적 책임인 증명책임의 전환이라는 법률효과를 부여하는 것은 그 행위에 대한 적절한 제재가 아니고, 입증방해에도 여러 가지 형태가 있음을 고려한다면, 일반적으로 증명책임의 전환까지 초래하는 효과를 부여한다는 것[94]은 지나친 해석이고 판례와 같이 자유심증의 문제라고 말할 수 있다(통설).[95]

94) 자유심증주의의 예외가 된다는 견해로서 일반적으로 법정증거설을 주장하는 강, 585면도 결과적으로 이와 같다. 송=박, 584면은 문서제출명령에 따르지 않고 문서를 제출하지 않은 경우에는 법정증거설에 따른다.

95) 김, 311면; 김=강, 530면; 김홍, 651면; 송=박, 515면; 이, 530면; 전, 502면; 정=유, 485면; 정영, 559면; 호, 509면.

(2) 입증방해에 따른 증명도의 경감

입증방해로 인해 증거조사가 불가능해지고 증명책임을 지는 당사자가 법관에게 확신을 심어줄 만큼 증명을 할 수 없는 경우, 입증방해의 정도에 따라 입증책임, 즉 심증의 정도를 경감하여 사실인정을 할 수 있는 것이 입증방해의 효과이다. 이에 의해 입증방해의 정도에 따라 법관은 심증의 정도(고저)를 조절할 수 있고 당사자에게도 공평하게 될 것이다.

대판 1999.4.13, 98다9915에서도 의사의 진료기록이 가필된 경우에, “당사자 일방이 입증을 방해하는 행위를 하였더라도 법원으로서는 이를 하나의 자료로 삼아 자유로운 심증에 따라 방해자 측에게 불리한 평가를 할 수 있음에 그칠 뿐 입증책임이 전환되거나 곧바로 상대방의 주장 사실이 증명된 것으로 보아야 하는 것도 아니다.”라고 판시하여 위와 같은 판례의 태도를 따르고 있다.

54 문서제출명령

[대판 1992.4.24, 91다25444]

사 실

수취인 A회사, 지급인 B회사, 지급지 독일 함부르크로 된 환어음이 발행되었다. 그 후 이 환어음 중 5매의 적법한 소지인인 X는 B의 지위를 승계한 Y에게 당해 환어음금을 청구하는 소를 제기하였다. 이 소에서 Y는 X에 대한 다음과 같은 문서의 제출명령을 신청하였다. 즉 (1) A가 C수출신용회사(C는 위 환어음을 담보로 수출자금을 융자한 곳) 및 X를 수취인으로 하여 발행한 약속어음, (2) X가 C로부터 차입한 헤르메스금융에 관한 은행장부원장 또는 은행장부기록, 그리고 (3) X가 A에게 대출해 준 수출금융에 관한 은행장부원장 또는 은행구좌기록이다. X는 이러한 문서를 제출할 필요가 있는지 문제되었다.

판결요지

"위의 문서들이 Y의 이익을 위하여 작성된 문서라거나 X와 Y와의 법률관계에 관하여 작성된 문서라고 보이지는 아니하므로 X에게 그 제출의무가 있다고 할 수도 없을 뿐만 아니라, 위의 문서에 의하여 Y가 입증하고자 하는 사항은 위 A와 X 또는 C의 실질관계에 관한 것이어서 이 사건 환어음금 청구와는 직접 관련이 없는 것이라 할 것이다."

해 설

1. 이 판결의 의의

문서제출명령이란, 법원이 상대방이 임의로 제출하지 않는 문서를 당사자의 신청에 의해 제출하도록 명령하는 것을 말한다(법347조). 문서제출명령을 하려면 상대방이 그러한 문서를 제출해야 할 의무, 즉 당해 문서가 문서제출의무에 해당하는 것이어야 한다. 이러한 문서제출의무에 대하여 이 판결은 당해 문서가 이익문서나 법률관계문서에 해당한다고는 할 수 없고, 따라서 문서제출의무가 부정된다고 판시한 것이다.

2. 문서제출의무

문서제출명령을 하려면 상대방이 그러한 문서를 제출해야 할 의무, 즉 당해 문서가 문서제출의무에 해당하는 것이어야 한다(대결 1995.5.3, 95마415). 이에 대해서는 법344조 각호에 규정되어 있다.

ⅰ) 인용문서(법344조1항1호)

당사자가 소송에서 인용한 문서를 소지하고 있을 때에는 이를 제출할 의무가 있다.

ⅱ) 인도 · 열람청구문서(법344조1항2호)

신청자가 문서 소지자에게 그 인도나 열람을 구할 수 있는 때에도 소지자는 이를 제출할 의무가 있다. 이상의 ⅰ)과 ⅱ)는 그러한 문서의 해당성이 명확하기 때문에 문제가 되는 경우는 거의 없다. 보통 문제가 되는 것은 다음의 문서이다.

ⅲ) 이익문서 · 법률관계문서(법344조1항3호)

문서가 신청자의 이익을 위하여 작성된 경우 또는 문서가 신청자와 문서의 소지자 간의 법률관계에 관하여 작성된 경우에는 당해 문서를 제출할 의무가 있다. 여기서 말하는 이익문서나 법률관계문서는 문서제출명령의 신청자와 당해 문서 소지자의 관계에 해당하는 것이어야 한다(이 판결에서 문제된 사안이기도 하다). 또한 같은 조항의 가목(공무원의 증언거부권), 나목(형사소추와 관련된 증언거부권), 다목(묵비의무와 관련된 증언거부권)에서 정하는 문서는 문서제출의무가 없다.

ⅳ) 그 밖의 문서(법344조2항)

위의 3가지 형태의 문서에 해당되지 않아도 제출의무가 있는 경우를 말한다. 이것은 문서제출의무를 일반의무로 한 것으로도 볼 수 있는 조항이지만, 폭넓은 제한을 가하였기 때문에 사실상 문서제출의무가 확대되었다고는 말하기 힘들 것이다. 먼저 여기에 해당되려면 공무원이나 공무원이었던 자가 직무상 보관하는 문서나 가지고 있는 문서가 아니어야 한다. 또한 같은 조항 1호에서는 증언거부권이 있는 사항에 관련된 문서와 같은 2호에서 자기사용을 위한 내부문서도 문서제출의무에서 제외시키고 있다. 물론 그러한 제한에 해당되지 않는다면 당사자 또는 관련 제3자는 모든 문서를 제출해야 하는 의무가 있다. 판례(대결 2008.4.14, 2007마725)도 피신청인 회사의 영업상의 비밀을 담고 있는 문서라 하더라도 법344조2항 각 호에서 규정하고 있는 문서제출거부사유에 해당하지 아니하는 경우 그 소지인은 원칙적으로 문서제출의무를 부담한다고 판시하고 있다.

아울러 동영상 파일 등과 사진에 대해 문서제출명령을 내릴 수 있는지에 대해, 대결 2010.7.14, 2009마2105에서는 "동영상 파일은 검증의 방법으로 증거조사를 하여야 하므로 문서제출명령의 대상이 될 수는 없고, 사진의 경우에는 그 형태, 담겨진 내용 등을 종합하여 감정·서증·검증의 방법 중 가장 적절한 증거조사 방법을 택하여 하고, 검증의 대상인 동영상 파일을 문서제출명령에 포함시킬 수 없다."고 판단하였다.

3. 문서제출의무의 구체적 해당성

(1) 문서제출의무가 인정되는 경우

이 판결에서 문제가 되는 이익문서나 법률관계문서는 문서제출명령의 신청자와 당해 문서의 소지자의 관계에 해당하는 것이다. 이러한 관계의 해석에 있어서는, 증거의 편재를 시정하는 수단으로서 그러한 관계에 해당하는 범위를 확대해 나가려는 추세에 있다.96) 즉 직접·간접적인 모든 관계를 포함하는 것이라는 해석이다.

이러한 해석은 기본적으로 바람직한 태도라고 할 수 있다. 문서제출의무란 일종의 증인의무로서, 적정한 심리의 실현을 위해 당사자에게 부여된 의무라고 말할 수 있기 때문이다. 따라서 증언거절권이 인정되지 않는 한, 신청자와 소지자의 직접·간접적인 모든 관계를 포함하는 문서라면 문서제출의무의 대상이 된다고 생각한다.

이 판결의 사안에서와 같은 경우에는, 이 판결이 설시하듯이 이익문서나 법률관계문서에 해당한다고는 보기 힘들 것이다. Y가 그 제출을 요구한 문서들은 모두 신청자인 Y와 소지자인 X의 관계에 관한 것이라기보다는, X와 그 외의 A나 C의 관계에 관한 것이기 때문이다. 적어도 Y에게도 관련이 있으려면 B와의 관련성이 필요할 것이다. 이러한 요건을 갖추고 있지 않는 이상, 이 판결이 문서제출의무를 부정한 판단은 타당하다. 나아가 신법 이전의 이 판결에서는 법 344조2항의 문서의 해당성에 관하여는 당연히 판단되지 않았지만, 이 판결에서 문제된 문서는 같은 조항의 문서에도 해당되지 않을 것이다. 공문서도 아니고 법 344조2항2호의 문서도 아니지만, 이 판결에서도 말하듯이 기본적으로 입증사항과의 관련성이 인정되지 않기 때문이다.

(2) 문서제출명령신청의 처리

아울러 법원이 문서제출신청의 허가 여부에 관한 재판을 함에 있어서는 다음과 같은 판단이 필요하다. 즉 그 때까지의 소송경과와 문서제출신청의 내용에 비추어 신청 자체로 받아들일 수 없는 경우가 아닌 한 상대방에게 문서제출신청서를 송달하는 등 문서제출신청이 있음을 알림으로써 그에 관한 의견을 진술할 기회를 부여하고, 그 결과에 따라 당해 문서의 존재와 소지 여부, 당해 문서가 서증으로 필요한지 여부, 문서제출신청의 상대방이 법344조에 따라 문서제출의무를 부담하는지 여부 등을 심리한

96) 그 한계가 문제되지만 확대경향이 일반적인 학설의 입장이고, 이익문서의 경우의 이익에는 소송상의 이익이 포함된다고 해석된다. 이, 508면; 호, 567면; 정=유, 577면. 단, 학설에서도 지적하듯이 신법344조2항에 의해 문서의 범위확대에 대한 학설의 차이는 사실상 상실되었다.

후, 그 허가 여부를 판단하여야 한다(대결 2009.4.28, 2009무12). 따라서 "원심이 문서제출신청 후 이를 상대방인 재항고인에게 송달하는 등 문서제출신청에 대한 의견을 진술할 기회를 부여함에 필요한 조치를 취하지 않은 채 문서제출명령의 요건에 관하여 별다른 심리도 없이 문서제출신청 바로 다음날 문서제출명령을 한 조치는 위와 같은 법리에 비추어 위법하다."(대결 2009.4.28, 2009무12).

4. 문서제출명령과 관련된 문제

(1) 문서제출명령에 대한 불복

문서제출명령신청에 대한 재판(결정)에 대해서는 즉시항고가 가능하다(법348조). 당해 문서에 대한 증거조사의 가능성을 부정할 수 없는 이상, 불복권을 적시에 부여해 줄 필요가 있기 때문이다. 그러나 이 판결에서는 방론으로, "원심이 그(문서제출명령신청)에 대하여 별다른 판단을 하지 아니한 채 변론을 종결하고 판결을 선고한 사실은 기록상 명백하나, 이는 원심이 Y의 문서제출명령신청을 묵시적으로 기각한 취지라고 할 것이니 이를 가리켜 판단유탈에 해당한다고는 볼 수 없다" 고 판시하고 있다. 문제가 있는 해석이다.[97]

(2) 문서부제출의 효과

(a) 재량적 진실인정

만일 문서제출명령을 내렸음에도 그 문서를 제출하지 않은 경우에 대해서는 기본적으로 입증방해에서와 같은 효과가 부여된다(입증방해에 관해서는 항목<53> 참조). 즉 자유심증의 문제로서 법원은 해당 문서에 관한 한 상대방의 주장을 진실한 것으로 인정할 수 있다(법349조). 이 점은 일관된 판례의 입장이기도 하다.

"문서제출명령에 응하지 아니한 때에 반드시 상대방의 주장을 진실한 것이라고 인정하여야 하는 것은 아니다."라고 한 대판 1957.7.11, 4290민상242(대판 1959.11.5, 4291민상420도 같다) 이외에, "문서의 제출명령에 응하지 아니한 때에는 법원이 문서에 관한 상대방의 주장을 진실한 것으로 인정한다 함은 문서제출명령을 신청한 당사자가 주장하는 본법 제317조에 규정한 문서의 취지와 증명할 사실을 기재한 문서가 존재한다는 사실을 인정할 수 있다는 뜻이고 그 문서에 의하여 증명할 사실이 직접으로 증명되었다고 볼 것이 아니다."라고 한 대판 1964.9.22, 64다515(기타 대판 1969.10.28, 69다1677; 대판 1974.10.8, 74다1153; 대판 1987.7.7, 87누13; 대판 1993.11.23, 93다41938 등)가 있다.

97) 이러한 판례의 태도가 매우 의문이라는 지적으로 이, 510면.

(b) 진실로 인정한 예

한편 문서제출명령에 응하지 아니한 사정 등을 종합하여 문서에 관한 상대방의 주장을 진실한 것으로 인정한 사례로서 대판 1998.7.24, 96다42789가 있다. 이 사건에서는 국가기관의 민간사찰을 이유로 하는 손해배상소송에서 원고들이 그 제출을 신청한 당해 기관이 갖고 있던 개인신상자료철, 전산개인카드와 개인신상자료철에 관하여 문서제출명령을 하였으나, 당해 기관은 관련자료를 모두 폐기하였으므로 제출명령 대상 문서가 작성되었는지 여부의 확인이나 그 제출이 불가능하다는 이유로 문서제출명령에 응하지 아니하였다. 이에 대해 원심은 개인신상자료철, 전산개인카드 및 색인카드 등 3가지 자료가 모두 공개된 원고들은 물론이고 다른 원고들에 관하여도 "상시 또는 수시로 미행, 망원(網員) 활용, 탐문채집 등 다양한 방법으로 그 동향을 감시 추적하고 정보를 수집하는 등 사찰행위를 하고, 그 결과를 종합하여 원고별로 개인신상자료철을 작성한 뒤, 이를 기초로 주요사항을 항목별로 정리하여 개인카드를 만들어 고유번호를 부여하고, 이를 전산입력함과 아울러 개인별 색인카드를 작성하는 방법으로 이들 3가지 정보자료를 보관·관리해 온 것으로 추인된다"고 판단하였고 대법원도 이를 인용하였다.

제 8 장

당사자에 의한 소송의 종료

55 소취하합의의 효력

[대판 1965.4.13, 65다15]

사 실

X는 Y를 상대로 이전등기를 청구하는 소를 제기하였다. 이 소송 도중에 "X는 Y로부터 일정 금액을 영수하고 소를 취하한다"는 합의를 하였다. 그러나 X가 당해 합의에 반해 소를 취하하지 않고, Y의 신청에 의해 당해 합의가 유효하다고 인정하면 법원은 당해 소를 어떻게 처리해야 하는지 문제되었다.

판결요지

"소송당사자가 소송 외에서 그 소송을 취하하기로 합의하였다면 그 소송은 원고에게 권리보호의 이익이 없다고 해석하여야 할 것이다"

해 설

1. 이 판결의 의의

이 판결에서는 소취하의 합의가 있음에도 원고가 소를 취하하지 않으면, 당해 소는 권리보호의 이익이 없는 것이라고 판단하였다. 특별한 이유 없이 권리보호의 이익이 없다고 해석하고 있지만, 일단 권리보호의 이익이 없는 것이므로 결국 당해 소를 각하하게 된다. 이 판결의 입장은 그 후의 많은 판례의 선례로 작용하고 있다.

2. 소의 취하의 의의

소의 취하란 원고만이 할 수 있는 소송종료행위의 하나이다(피고의 반소의 경우에는 물론 피고가 되지만 피고는 반소의 원고이다). 즉 원고가 법원을 상대로 자신이 심판을 요구한 제소를 철회하는 소송행위이다(법266조). 원칙적으로 원고의 단독행위(의사표시)이지만 원고 측 고유필수적 공동소송의 경우에는 원고 전원이 소를 취하하여야 한다. 소송계속의 소급적 소멸인 소송종료효가 동반된다는 점에서는 원고의 소송종료행위인 청구의 포기와 같지만, 청구의 포기는 청구의 당부에 관한 일정한 효력을 동반한다. 이에 비해 소의 취하는 심판의 요구의 철회로서 청구의 포기와 같은 청구의 당부에 관한 효력은 발생하지 않는다. 또한 상소의 취하의 경우에는 그로 인해 소의 소급적 소멸이 아닌 원심이 선고한 판결의 효력이 유지된다는 점에서 소의 취하와 차이가 있다.

3. 소의 취하의 요건

(1) 소의 취하가 가능한 시기

소의 취하는 원고의 일방적인 소송종료행위이므로, 이론상으로는 소송종료전 즉 판결확정전이라면 언제라도 소의 취하가 가능하다. 예를 들면 대판 1975.4.8, 75다222에서 보듯이, "피고가 원고 등을 상대로 제소한 이 건 채무명의가 된 손해배상 청구소송의 1심에서 원판시와 같은 피고(동 소송의 원고)승소판결이 되었으나 원고 이옥이는 피고에게 30만원을 원판시 기일까지 주기로 하고 피고는 위 소를 취하하고 그 이상 청구하지 않기로 합의되었으나, 원고 등이 위 30만원을 지급하지 아니하므로 피고도 위 소를 취하하지 아니 하였으니 피고가 위 소를 취하하지 아니하였다 하여 합의내용에 위배된다고 할 수 없다" 고 하고, 판결확정후 청구이의의 소에서 당해 합의를 주장하는 것은 인정되지 않는다고 하였다. 즉 소의 취하의 합의가 있어도 이미 판결이 확정되어 더 이상 소를 취하할 수 없다는 점에서 그 이유를 찾을 수 있다.

(2) 소의 취하의 제한

그러나 판결확정전이라는 제한 이외에도 소를 취하하려면 다음과 같은 두 가지 제한이 있다. 첫 번째는 직접적인 제한은 아니지만, 본안에 대한 종국판결이 있은 후 소를 취하하면 동일한 소를 다시 제기할 수 없다는 효과(소위 재소금지효)가 동반된다(법267조2항. 항목<56> 참조). 두 번째는 피고가 본안에 관한 준비서면을 제출하거나 준비절차에서 진술 또는 변론을 한 후에는 피고의 동의를 얻어야 한다(법266조2항). 이 취지는 피고의 본안판결을 받을 이익을 보호하기 위해서이다. 따라서 피고에게 본안판결을 받을 이익이 없는 경우, 예를 들면 본소가 취하된 경우의 반소의 취하(법271조), 피고가 주위적으로는 소의 각하를 요구하고 예비적으로는 청구기각을 요구할 때는 피고의 동의를 받을 필요가 없다. 또한 피고가 본안전 항변으로 소각하를, 본안에 관하여 청구기각을 각 구한 경우에는 본안에 관한 것은 예비적으로 청구한 것이므로 원고는 피고의 동의 없이 소취하를 할 수 있다(대판 1968.4.23, 68다217).

(3) 피고의 동의와 피고와의 합의

위와 같은 요건에 해당하지 않는다면 원고는 자유롭게 소를 취하할 수 있으므로, 이런 경우는 권리취하라고 말할 수 있다. 권리로 취하할 수 없으면 피고의 동의가 필요한데, 피고가 민사소송법이 규정하는 동의를 하는 경우는 드물고, 이 판결에서 문제되는 소취하의 합의에 의해서 하는 경우가 보통이다. 즉 이 때 원고와 피고간에서 사법상의 화해계약중의 하나의 조항으로 소취하 조항이 삽입되는 것이다. 피고가 본안에 관한 변론 후에 아무런 대가 없이 소의 취하에 응하는 것은 생각하기 어렵기 때문이다. 그런데 이러한 소취하의 합의가 있음에도 원고가 그에 따라 소를 취하하지 않는 경우, 또는 취하 후에 그러한 취하의 효력을 다투는 경우(이에 관해서는 항목<57> 참조)가 문제된다.

4. 소취하의 합의의 효력에 관한 판례의 입장

(1) 소의 이익의 부존재로 인한 소의 각하

판례는 이 판결 이후의 판결에서도 동일한 취지의 판단을 내리고 있다. 즉 대판 1968.12.3, 68후46에서는 실용신안의 효력을 둘러싼 항고심판에서 쌍방당사자간에 청구 취하의 합의가 체결된 경우에, "항고심판은 그 심결이 종결될 때까지 이를 취하할 수 있다고 되어 있으므로 당사자 간에 항고심판을 취하하기로 한다는 합의가 이루어졌다고 하더라도 취하서를 항고심판부에 제출하지 않는 이상, 항고심판 취하로 인하여 사건이 종료되지는 않지마는 당사자 간에 항고심판을 취하하기로 하는 합의로써 항고심판청구인은 그 항고심판을 계속 유지할 법률상의 이익이 없다고 해석하는 것이 마땅하다."고 판시하고 있다.

보다 명확히 대판 1982.3.9, 81다1312에서는 "소송당사자가 소송 외에서 그 소송을 취하하기로 합의한 경우에는 그 합의는 유효하여 원고에게 권리보호의 이익이 없다고 해석함이 본원의 판례(본원 1965.4.13 선고, 65다15 판결)로 하는 바로서, 소론이 지적하는 판례(대법원 1966.5.31 선고, 66다564 판결)는 강제집행신청을 취하하는 내용의 합의를 강제집행신청자가 약지에 위배하여 취하하지 아니하였다고 하여서 직접 소송으로 그 취하를 청구하는 것은 공법상의 권리인 강제집행청구권의 처분을 구하는 것으로서 할 수 없다는 취지이므로 이 사건에는 적절한 것이라고 볼 수 없다."고 판시하였다(대판 1989.9.12, 88후1281; 대판 1983.3.22, 82누354도 이에 따르고 있다).

(2) 강제집행신청의 취하합의의 효력

한편 위 판례(대판 1982.3.9, 81다1312)에서 문제된 대판 1966.5.31, 66다564에서는 부동산강제경매신청취하와 관련해서, "일방당사자와 강제집행 신청자 사이에, 특정 목적물에 대하여 진행 중인 강제집행의 신청을 취하하기로 하는 내용의 계약은, 사법상의 계약으로서는 유효하다고 할 것이나, 강제집행신청자가 약지에 위배하여,

그 신청을 취하하지 아니한다고 하여서, 직접소송으로 그 취하를 청구하는 것은, 공법상의 권리인 강제집행 청구권의 처분을 구하는 것으로서, 할 수 없다고 할 것임에도 불구하고, 원판결에서 본건 부동산에 관한 강제경매신청의 취하절차의 이행을 명한, 제1심판결을 인용하였음은 위법이므로, 상고논지에 대한 판단을 기다릴 것 없이, 원판결은 이 점으로 파기를 면치 못할 것이다." 라고 판시하고 있다. 부집행계약이 인정되는 점, 소의 취하에서도 공법상의 권리인 재판청구권을 처분하는 것이 된다는 점에서 본다면 강제집행 신청취하의 합의의 효력을 인정해야 한다. 이 때 그 처리의 방법으로서 별소를 통해 취하절차의 이행을 구하는 것은 위 판결요지에서도 보듯이 타당하지 않고, 강제집행절차 내에서 당해 절차의 취소를 구하는 신청에 의해야 할 것이다.

5. 소송종료선언에 의한 처리

(1) 소를 각하해야 한다는 해석의 문제점

전술하였듯이 원고가 소를 취하할 수 있는 것은 피고의 동의를 얻은 경우이다. 그러나 이 경우의 소의 취하와 소송외의 소취하의 합의와는 일반적으로 구별해서 취급하는 것이 이 판결에서 보듯이 판례와 학설(다수설)[98]의 입장이다. 이것은 ① 전자는 단독행위임에 비해 후자는 계약 내지는 합의라는 점, ② 소취하는 거기에 조건을 붙일 수 없다고 해석한 다음, 현행법이 정하는 피고의 동의의 경우에는 법정에서 조건 없이 소취하에 응하는 경우이지만, 취하계약의 경우에는 반드시 그러하지 않다는 등의 이유에 의하는 것이 아닌가 한다. 그러나 양자 간에 얼마나 차이가 있는지는 의문이다.

우선 소취하의 합의의 경우 재판상의 자백과 같이 실질적으로 소송상의 합의의 일종이므로 민사소송법이 규정하는 피고의 동의와의 사이에 실질적인 차이는 없다고 생각한다. 당사자의 입장에서도 계속된 소를 소급하여 소멸시키는 점에 목적이 있으므로 이러한 점을 직접 인정하는 것이 합리적이다.

다음으로 소의 취하에 조건을 붙이는 것은 피고가 변론하기 전에 원고가 자유롭게 소를 취하할 수 있는 권리취하의 경우를 제외하고는 당사자의 선택에 맡겨져야 할 문제이다. 소취하계약의 경우에는 일반적으로 재판외의 화해계약과 함께 체결된다. 이에 이러한 재판외의 화해계약을 조건으로 붙이는 것(물론 화해계약의 하나의 조항으로 취하가 정해지는 경우가 많을 테지만, 아무튼 취하를 중심으로 본다면 화해를 이행하

98) 강, 451면; 이, 557면; 정영, 913면; 호, 753면. 반대로 소송종료선언을 해야 한다는 견해로 김=강, 587면. 또한 병존설을 취하며 결론적으로 소송종료선언을 해야 한다는 견해로 전, 589면.

지 않을 때에는 취하는 해제된다는 조건이 된다고 해석할 수 있다)이 타당한지의 여부를 논해야 한다.

(2) 소송종료선언의 타당성

소의 취하는 소송종료행위이다. 따라서 거기에 해제조건을 붙여도 그러한 조건에 의해 절차의 안정성 또는 확일성이 침해받을 일은 거의 없을 것이다. 이것은 소송상 화해의 경우 해제조건을 인정하는 것과 차이가 없다. 결국 원고가 권리로서 소를 취하할 수 없는 경우에는 피고와의 취하에 관한 소송상의 합의에 의해 할 수 있다고 해석해야 한다. 이것은 현행법의 해석으로서 피고의 동의에 관해 두 가지 경우를 인정하는 것이다. 그리고 합의에 의한 취하의 효력 또는 그 밖의 규제에 관해서는 원칙적으로 당사자 간의 합의에 의해 처리된다. 조건은 절차의 안정을 해치지 않는 한 인정되고, 그러한 합의는 서면 또는 법관 앞에서 구술로 하여야 한다.

결국 소취하의 합의가 유효함에도 불구하고 원고가 소를 취하하지 않는 경우에는, 법원은 소를 각하하는 것이 아닌 규칙67조의 소송종료선언을 함으로써 소송을 종료시켜야 한다. 소각하판결이나 소송종료선언은 모두 소송판결로서 실제상 차이는 없지만, 논리적으로는 위와 같은 점에서 소송종료선언으로 처리하는 것이 타당하다고 생각한다.

56 소취하와 재소금지효

[대판 1989.10.10, 88다카18023]

사 실

X는 Y를 상대로, Y가 자신을 위법하게 면직처분을 하였다고 하여 면직처분 무효확인을 구하는 동시에, 면직 이후의 봉급액지급청구의 소를 제기하였다. 1심에서는 당해 면직처분이 적법·유효하다는 이유로 패소판결을 선고받고, 항소하여 소송이 계속 중 당해 소를 취하하였다. 그 후 X는 다시, 면직처분으로 인해 받을 수 없게 된 본봉 등 금원 상당의 손해의 배상을 주위적으로 청구하고, 예비적으로 법률상 원인 없이 얻은 위 금원 상당의 이득의 반환을 청구하는 소를 제기하였다. 이러한 소는 적법한지 문제 되었다.

판결요지

"민사소송법 제240조(법267조) 제2항은 본안에 대한 종국판결이 있은 후에 소를 취하한 자는 동일한 소를 제기하지 못한다고 규정하고 있는 바, 이는 임의의 소취하에 의하여 그때까지의 국가의 노력을 헛수고로 돌아가게 한 자에 대한 제재적 취지에서 그가 다시 동일한 분쟁을 문제 삼아 소송제도를 농락하는 것과 같은 부당한 사태의 발생을 방지할 목적에서 나온 규정이라 할 것이므로 여기에서 <u>동일한 소라 함은 반드시 기판력의 범위나 중복제소금지의 경우의 그것과 같이 풀이할 것은 아니고 따라서 당사자와 소송물이 동일하더라도 재소의 이익이 다른 경우에는 동일한 소라 할 수 없는 반면, 후소가 전소의 소송물을 선결적 법률관계 내지 전제로 하는 것일 때에는 비록 소송물은 다르지만 원고는 전소의 목적이었던 권리 내지 법률관계의 존부에 대하여는 다시 법원의 판단을 구할 수 없는 관계상 위 제도의 취지와 목적에 비추어 후소에 대하여도 동일한 소로써 판결을 구할 수 없다</u>고 풀이함이 상당하다."

해 설

1. 이 판결의 의의

소취하가 종국판결 후에 이루어진 경우라면 이 판결에서 문제되는 재소금지효(법267조2항)라는 일정한 제재가 동반되어, 종국판결을 한 법원의 이익을 보호하는 규정이 마련되어 있다. 즉 이 판결에서는 후소가 소취하 후에 이루어진 것으로 법267조2항의 재소금지효의 적용가능성이 문제된 것인데, 이 판결은 전후 양소의 소송물이 달라도 전소의 목적이었던 권리 내지 법률관계의 존부에 대하여는 다시 법원의 판단을 구할 수 없는 관계상 재소금지효가 적용된다고 해석하고 있다.

2. 소취하와 재소금지효

재소금지효는 원고의 행위에 대해 일정한 제재를 가하려는 제도이다. 이 판결에서도 보듯이 임의의 소취하에 의하여 그때까지의 국가의 노력을 헛수고로 돌아가게 한 자에 대한 제재적 취지에서, 그가 다시 동일한 분쟁을 문제삼아 소송제도를 농락하는 것과 같은 부당한 사태의 발생을 방지할 목적에서 나온 것이다. 즉 본안판결의 결과를 보고 판결의 효과를 무로 돌리려는 원고에 대한 제재로 작용한다. 또한 이러한 재소금지효의 적용이 문제되는 소취하는 피고의 동의 없이는 불가능하므로 피고의 의사도 문제되지 않는다. 따라서 재소금지효는 기판력의 범위나 중복제소금지의 경우와 동일하게 풀이할 것은 아니다.

3. 재소금지효의 적용요건

(1) 소송물의 동일

먼저 이 판결에서의 주된 문제이기도 한 요건으로, 취하된 소와 재소가 동일한 소이어야 한다는 요건이다. 이 동일한 소라는 기준은 소송물의 동일이라고 해석하는 것이 판례와 통설이다. 따라서 소송물론의 차이에 따라 이 요건충족 여부에 차이가 발생하게 된다. 즉 구소송물론에 따르면 재소금지효가 적용되는 경우는 좁아지게 될 것이다.

보다 문제가 되는 것은 핵심논점으로서 취하된 소(전소)가 재소(후소)의 전제관계(선결관계)인 경우에도 이 요건이 적용되는가이다. 일반적으로 설명되는 예는 전소가 원본채권에 기한 소이고 후소가 이자채권에 기한 소인 경우이다. 이 판결에서도 마찬가지로 면직처분 무효확인이라는 전소와 이를 전제로 한 위법한 면직처분에 따른 손해배상청구라는 후소의 관계가 문제된 것이고, 재소금지효의 적용을 긍정하고 있다. 학설은 이에 찬성하는 견해[99]와 소송물이 다른 한 적용되지 않는다는 견해[100]로 양분되어 있다.

이 판결의 입장은 어차피 전소에 대해서는 다시 판단 받지 못하는 점, 그리고 후소에 관해 재판을 해야 한다는 불필요한 절차를 회피해야 한다는 점에서 재소금지효가 적용된다는 입장이라고 생각한다. 그러나 판례도 강조하지만 재소금지효와 기판력은 다른 것이다. 판례가 취하는 견해는 기판력의 범위와 같고, 기판력에 근거한 이론을 그대로 따르는 것이라고 말할 수 있다. 물론 위와 같은 경우의 후소는 당연히 적절하지 않은 것이고 막을 필요가 있지만, 그것을 재소금지효를 통해 막는 것은 재소금지효의 제도취지에서 보았을 때 한계가 있다. 따라서 법원의 판단이 개입된 기판력의 경우와는 달리 원고의 행위에 대한 제재라는 점에서, 후소가 전소의 소송물을 선결적 법률관계 내지 전제로 하는 것일 때에는 재소금지효가 적용되지 않는다. 단, 재소금지효가 아닌 신의칙의 문제로서 대처하는 것이 상당하다고 생각한다.

(2) 당사자의 동일

재소금지효가 적용되려면 취하된 소의 당사자(원고만이 해당)와 재소의 당사자가 동일해야 한다(대판 1995.6.9, 94다42389). 이 때 재소금지효는 당사자 이외의 제3자(권리의무관계의 승계인이나 소송담당의 경우의 피담당자)에게도 효력이 미치는가라는 그 주관적 범위가 문제된다.

먼저 포괄승계인의 경우에는 당사자와 동일시할 수 있으므로 재소금지효가 미친다는 점에는 이론(異論)이 없다. 이에 비해 특정승계인의 경우에 관해서는 견해의 대립이 있다. 판례는 “종국판결선고후 소를 취하한 경우에 재소할 수 없는 승계인은 변론종결후의 승계인에 한하고 변론종결전의 승계인으로서 특히 소송에 당사자로 참가하지 아니한 제3자는 포함되지 아니한다.”고 해석하고 있다(대판 1969.7.22, 69다760. 이를 따르는 판례로 대판 1981.7.14, 81다64, 65가 있다). 즉 판례는 ‘변론종결후의 승계인’의 경우에만 재소금지효가 미친다는 해석이다.

그러나 앞서 본 것처럼 기판력과 동일시 할 수 없다는 점, 그리고 항소심의 변론종결 전에 당해 소의 대상이 된 권리의무를 특정승계한 경우에는 재소금지효가 적용되지 않게 된다는 점에서 문제가 있다. 학설 중에는 특정승계인에게도 일반적으로 재소금지효가 미친다는 견해[101]가 있다(단, 이 견해를 판례에 따르는 입장이라 풀이하는 것은 문제이다. 판례는 변론종결후의 승계인이라고 하고 있음에 비해 이 견해는 일반적으로 특정승계인 모두로 풀이하고 있기 때문이다).

---

99) 강, 607면; 김=강, 583면; 김홍, 691면; 정=유, 651면.

100) 김, 406면; 송=박, 482면; 이, 566면; 전, 586면; 정영, 908면.

101) 강, 607면; 정=유, 650면; 정영, 907면.

이에 비해 특정승계인이 소취하의 존재를 알고 있었다는 등의 특별한 사정이 존재하지 않는 한 미치지 않는다는 견해[102]가 있다. 그 밖에 기판력과 다르고 특별한 규정이 존재하지 않는 이상, 아무런 조건없이 특정승계인에게는 재소금지효가 미치지 않는다고 해석하는 견해[103]도 있다.

생각건대 재소금지효가 특정승계인에게 전혀 미치지 않는다는 것은 항소심에서 소의 대상인 권리의무를 양도하고 소를 취하한 경우, 재소금지효의 존재가 유명무실해지므로 타당하지 않다. 반면 재소금지효를 포괄승계인의 경우와 동일하게 해석하는 것도, 특정승계인과 포괄승계인의 차이를 인정하지 않는 것으로 타당하지 않다. 그렇다고 다수설처럼 특정승계인의 주관적 의사에 따라 재소금지효의 적용여부를 정하는 것도, 조건부 효력으로서 법원의 사건처리에는 도움이 되지 않는다.

위와 같이 풀이한다면, 특정승계인에 대한 재소금지효의 범위는 기판력과는 다른 소송법상의 특정 효력의 주관적 범위로서, 관할합의의 효력에서와 같은 원리로 해석하는 것이 타당할 것으로 생각한다. 즉 승계 받은 권리의무의 내용이 당사자가 자유롭게 결정할 수 있는 경우라면 미친다고 해석하는 것이다. 이렇게 해석하더라도, 특정승계인은 후술하는 새로운 권리보호의 이익의 존재를 이유로 사실상 재소금지효를 받지 않는 경우가 많으므로, 부당한 불이익을 가하는 것이라고는 말할 수 없다.

다음으로 소송담당의 경우 담당자가 받게 되는 재소금지효는 피담당자에게도 미치는지의 여부가 문제된다. 판례(대판 1981.1.27, 79다1618, 1619)는 "채권자가 채권자대위권을 행사하는 방법으로 제3채무자를 상대로 소송을 제기하고 판결을 받은 경우에는 채권자 대위권에 의한 소송이 제기된 사실을 채무자가 알았을 때에는 그 판결의 효력은 채무자(피대위자)에게 미친다는 당원 판례견해에 미루어서 보면(대법원 1975.5.13 선고 74다1664 전원합의체 판결 참조) 채권자대위권에 의한 소송이 제기되어 본안에 대한 종국판결을 받은 경우에는 피대위자는 대위소송이 제기된 사실을 안 이상 위 대위소송에 관한 종국판결이 있은 후 그 소가 취하되거나 위 소송이 상소심에서 소 취하된 때에는 피대위자에게도 민사소송법 제240조 제2항 소정의 재소금지규정의 적용을 받아 위 대위소송과 동일한 소를 제기하지 못한다고 해석함이 상당하다."라고 풀이한다. 즉 채권자대위권에 의한 소송이 제기된 사실을 피대위자가 알게 된 이상 기판력이 미치게 되므로, 그 종국판결선고후 소가 취하된 때에는 피대위자도 위 대위소송과 동일한 소를 제기할 수 없다는 해석이다.

이에 대해 학설은, 다수설[104]이 판례에 찬성하고 있고, 채권자대위소송을 소송담당

102) 김, 406면; 이, 565면.
103) 송=박, 482면; 호, 759면.

이 아닌 채권자의 고유적격에 따른 제소로 보는 소수설105)이 재소금지효가 미치지 않는다는 입장을 취하고 있다. 그러나 판례나 학설은, 재소금지효가 문제되는 소송담당을 임의적 소송담당과 법정소송담당의 경우를 구분하지 않고 있는 점에서 문제가 있다고 생각한다. 임의적 소송담당의 경우에는, 임의에 의한 소송담당이므로 절차권보장이라는 관점에서 피담당자에게 재소금지효를 미치게 하는 것이 가능하지만, 법정소송담당의 경우에는 임의에 의한 것이 아니므로 그러하지 않다고 해석해야 할 것이다. 물론 임의적 소송담당의 경우에 피담당자에게 재소금지효가 미친다 하더라도, 후술하는 권리보호의 이익의 존재에 의해 자신의 이익을 보호할 수 있다.

(3) 본안의 종국판결선고 후의 취하

재소금지효가 적용되려면, 그 존재의의에서 보았듯이 본안에 관한 종국판결선고 후의 소취하이어야 한다. 따라서 종국판결이 소송판결의 경우라면 재소금지효가 적용되지 않는다(대판 1968.11.5, 68다1773). 단, 종국판결 후라도 그 판결이 상급심에 의해 취소되고 파기환송된 경우라면, 종국판결이 더 이상 존재하지 않으므로 재소금지효가 적용되지 않는다.

(4) 새로운 권리보호이익의 부존재

재소를 해야 할 합리적 사정, 즉 새로운 권리보호이익이 존재한다면 재소금지효는 적용되지 않는다. 이에 관해서는 다음과 같은 판례에서 재소에 합리적 이유가 있는 예를 찾을 수 있다.

즉 대판 1998.3.13, 95다48599, 48605에서는, 공유자 X1과 X2는 Y를 상대로 점포의 명도를 구하는 소송을 제기하여 제1심에서 승소판결을 받았다. Y의 항소로 사건이 원심에 계속 중, X2는 X1에게 자신의 1/2공유지분을 양도하고 소를 취하하였다. X1은 이에 따라 X2로부터 양도받은 1/2공유지분에 기한 점포명도청구를 추가하고 청구취지를 변경하기에 이르렀다. 이러한 X1의 신청구의 제기가 재소금지효의 적용을 받는지 문제된 사건으로, 이 판결에 따르면서, "소송 계속 중 이 사건 부동산의 공유지분을 양도함으로써 그 권리를 상실한 X2가 더 이상 소를 유지할 필요가 없다고 생각하고 소를 취하한 것이라면 그 지분을 양도받은 X1에게 소취하에 대한 책임이 있다고 할 수 없을 뿐만 아니라, X1로서는 자신의 권리를 보호하기 위하여 양도받은 공유지분에 기하여 다시 소를 제기할 필요도 있어 X1의 추가된 점포명도청구는 X2가 취하한 전소와는 권리보호의 이익을 달리하여 재소금지의 원칙에 위배되지 아니하는 것으로 보아야 할 것이다."라고 판시하였다(물론 X1을 앞서 본 특정승계인으

---

104) 강, 607면; 김, 406면; 김홍, 689면; 이, 565면; 정영, 907면.

105) 호, 760면. 그 밖에 송=박, 482면은 단순히 미치지 않는다고 한다.

로서 당사자가 동일하지 않는 것으로 하여, 재소금지효가 적용되지 않는 것이라고 해석할 수도 있다).

그 외의 판례를 본다면, 피고가 원고의 권리를 인정하여 소를 취하하였음에도 다시 권리를 다투는 경우에는 재소금지효가 적용되지 않는다고 해석한다(대판 1981.7.14, 81다64, 65; 대판 1993.8.24, 93다22074; 대판 2000.12.22, 2000다46399). 이러한 판례의 입장은, 대략 소취하에 정당한 이유가 있는 경우라면 재소금지효가 적용되지 않는 합리적 필요성이 있는, 즉 독자적인 권리보호의 이익이 인정되는 재소로 해석하고 있는 것으로 정리할 수 있다.

이러한 논리는 소의 교환적 변경의 경우에도 적용할 필요가 있다. 소의 교환적 변경에 있어서는, 변경전의 청구를 구소의 취하로 다루는 해석을 고수하면, 본안에 관한 종국판결선고 후에 교환적 변경을 하면 변경전의 청구에 대해 재소금지효가 미친다는 결과가 된다. 이에 대해서는 당사자의 의사를 명확히 하는 방법(추가적인지 교환적인지를 명확히 하여 교환적 변경의 경우의 불측의 손해를 막으려는 방법)으로, 교환적 변경의 취지를 살리면서 해석할 수 있다는 입장이 있다. 그러나 소의 교환적 변경은 그 제도 자체의 특성으로서 소취하에 정당한 이유가 있으므로, 일반적으로 재소금지효가 적용되지 않는다고 해석하는 것이 간명하고 타당하다고 생각한다.

판례도 "매수인이 매도인을 상대로 부동산에 관하여 매매를 원인으로 한 소유권이전등기절차 이행의 소를 제기하여 승소판결을 받았지만, 항소심에서 매매에 따른 토지거래허가신청절차의 이행을 구하는 소로 변경하여 당초의 소는 종국판결 선고 후 취하된 것으로 되었다 하더라도, 그 후 토지거래허가를 받고 나서 다시 소유권이전등기절차의 이행을 구하는 것은 취하된 소와 권리보호의 이익이 달라 재소금지원칙이 적용되지 않는다."고 판시하고 있다(대판 1997.12.23, 97다45341).

아울러 청구의 포기는 불가능하지만 소의 취하는 가능한 경우(친자관계 등의 가사소송관계)에도, 재소금지효가 적용되는가의 문제가 있다. 만일 재소금지효의 적용가능성을 인정하면 결과적으로 청구의 포기를 불허하는(법원의 재판이 필요하다는) 취지와 모순되는 점에서, 이를 부정하는 입장이 통설이다. 그러나 소취하가 인정되는 이상은 재소금지효를 인정해야 하고, 그 대신 권리보호의 이익의 문제로서 처리한다면, 충분히 청구포기의 문제를 해결할 수 있으므로 재소금지효가 적용된다고 해석해야 할 것이다.

4. 재소금지효의 내용

재소금지효는 그 제도취지에서 보았듯이 공익적인 면을 갖는 것이므로, 법원은 소송요건으로서 재소금지가 적용되는지의 여부에 대해 직권으로 조사해야 한다(그 요건

사실의 증명책임은 피고에게 있다). 단, 소송법상의 제재이므로 실체법상 소송물이 되었던 원고의 청구가 소멸되는 것은 아니고, 이를 반대채권으로 하여 상계의 항변을 제출하는 것은 가능하다. 이 점은 기판력과 차이가 있는 부분이다.

아울러 입법론으로는 재소금지효를 적용하는 것이 아니고, 본안에 관한 종국판결 후에는 소취하 자체를 금지하는 것이 타당하다는 주장을 생각할 수 있다. 위에서 보았듯이 재소금지효가 적용되는 것인지 판단하기 어려운 경우가 있고, 또한 본안에 관한 종국판결후의 소취하의 경우에는 취하보다는 오히려 당사자 간의 화해에 맡기는 것이 적절하기 때문이다.

57 소의 취하의 취소가능성 - 재심사유의 소송내적 고려 -

[대판 1985.9.24, 82다카312, 313, 314]

사 실

X들은 Y를 상대로 특정 건물이 자신들의 공유라는 확인을 구하는 소를 제기하여 승소판결을 받았다. 그러나 Y가 불복 항소하여 원심에 계속 중, X들은 계엄사무소 합수단에 연행되어 연금된 상태에서 위 건물의 건축 및 분양경위에 대하여 조사를 받았다. 이 조사에서는 조사원들이 위 각 건물에 대한 소유권을 포기하고 이 사건 소송을 취하하도록 강요하고 폭행을 가하므로, X들은 위 각 건물에 대한 소유권을 포기하고 이 사건 소를 취하한다는 약정서를 작성하여, 결국 소가 취하되었다. 소가 취하된 후, X들은 기일지정신청에 의해 당해 소취하의 무효를 주장할 수 있는지 문제되었다.

판결요지

"X들의 소유권포기와 소취하에 관한 위 약정서는 강요와 폭행에 의하여 이루어진 것으로 보는 것이 상당하므로 이러한 형사책임이 수반되는 타인의 행위로 인한 소취하의 약정과 소취하서의 제출은 무효로 해석되어야 할 것이라 하여 X의 본소는 취하에 의하여 종료되었…다는 취지의 원심 당사자참가인들의 주장을 배척하고 X의 기일지정신청은 이유 있다 하여 받아들이고 있는 바, 기록에 비추어 살펴보면 위와 같은 원심의 조치는 정당하고 거기에 논지들이 주장하는 바와 같은 사실오인이나 판단유탈, 소취하약정 및 소취하의 효력에 관한 법리오해가 있다고 인정되지 아니한다."

해 설

1. 이 판결의 의의

소의 취하는 소송을 종료시키는 당사자의 소송행위의 하나이고, 소송행위에 대해서는 일반적으로 법률행위를 대상으로 민법 등의 실체법에서 인정하는 의사의 하자 등의 취소사유에 관한 규정이 적용되지 않는다는 것으로 해석되고 있다(항목<44> 참조).

그러나 이 판결에서는 형사책임이 수반되는 타인의 행위 즉 강요와 폭행을 소의 취하의 무효사유로 해석하고 있다. 이 판결의 결론 자체에는 아무런 문제가 없지만, 이를 통해 명확히 해야 할 것은 소의 취하에 관한 무효나 취소사유의 종류, 그리고 이 판결에서와 같은 사유가 무효나 취소사유로 인정되는 이유, 그리고 부수적으로 그러한 무효나 취소사유의 주장방법이다(소송행위의 평가 면에서 본다면 유효 아니면 무효가 문제되지만 취소사유에 의해 무효화되는 경우가 있으므로 일반적으로 '무효 · 취소사유'(또는 '무효 또는 취소사유')라는 용어로 사용되고 무효사유와 취소사유로 명확히 구분할 실익은 거의 없다).

2. 의사의 하자에 의한 소의 취하의 취소와 판례의 입장

소의 취하에 대해 민법상의 의사의 하자에 관한 규정이 적용되지 않아 그것을 이유로 취소할 수는 없다고 해석하는 것이 판례의 입장이다. 즉 리딩케이스라고 할 수 있는 대판 1963.11.21, 63다441(항목<44> 참조)에서는 구체적인 이유를 언급함이 없이, "공소취하의 동기에 착오가 있다 하여도 공소취하의 무효 또는 취소를 주장할 수 없다고 판단한 것은 정당하며 원심이 부연하여 언급한 공소취하가 형사상 처벌받을 타인의 행위로 인한 때에는 민사소송법 제422조(451조) 제1항 제5호를 유추하여 그 무효를 주장할 수 있다 함은 형사상 처벌받을 타인의 행위로 공소취하의 의사 없이 공소취하의 외형적 행위가 있을 때 예를 들면 문맹자를 속여서 공소취하서에 날인케 하여 그 공소취하서를 제출한 경우와 같이 공소취하의 의사 없는 공소 취하의 무효를 주장할 수 있다는 취지이며 본건과 같이 소송행위자의 진의에 부합한 소송행위가 그 동기에 있어 착오 있는 경우에 소송행위의 무효 내지 취소의 주장을 할 수 있다는 취지가 아님이 명백하다." 고 판시하고 있다.

또한 대판 1964.9.15, 64다92에서는 결론을 보다 명확히 하여(단, 구체적인 이유를 언급함이 없이) "민법상의 법률행위에 관한 규정은 민사소송법상의 소송행위에는 특별한 규정 기타 특별한 사정이 없는 한 적용이 없다고 볼 것이요 민사소송에 있어서 소 또는 항소를 취하하는 소송행위가 정당한 당사자에 의하여 이루어진 것이 사실인 이상에는 그 소 또는 항소를 취하함에 있어서 타인으로부터 기망을 당하였다던가 또는 법률행위의 내용의 중요한 부분에 착오가 있다 하여 민법 109조 또는 110조에 의하여 위 소송행위를 취소할 수는 없는 것이다."라고 판시하고 있다. 이 판례에서 사기나 착오를 소취하의 취소사유로 인정하지 않은 태도는 특별한 이유가 설시됨이 없이 그 후에도 대판 1970.6.30, 70후7; 대판 1970.11.24, 69다8; 대판 1980.8.26, 80다76 등의 여러 판례에서 그대로 이어지고 있다.

3. 형사상 책임 있는 사유로 인한 소의 취하의 취소

(1) 재심사유의 소송내적 고려

위와 같이 민법 등의 실체법상 통상의 의사의 하자에 해당하는 사유는 소의 취하의 무효나 취소사유가 될 수 없지만, 이 판결에서도 설시되어 있듯이 그것이 형사상의 책임 있는 사유에 해당하는 경우라면 소의 취하의 무효사유에 해당한다. 이러한 판례의 입장, 즉 형사상 처벌받을 행위에 의해 소의 취하가 이루어졌다면 당해 소의 취하의 무효나 취소를 주장할 수 있다는 입장은 이미 그에 앞선 판례에서 간접적으로 표명된 원칙이기도 하다.

즉 앞서 본 대판 1963.11.21, 63다441 이외에, 대판 1960.3.17, 4291민상244에서도, "소송절차를 조성하는 소송행위는 소송절차의 명확성과 안정성을 기하기 위하여 표시주의가 관철되어야 할 것이므로 형사상 처벌될 타인의 행위로 인하여 이루어지는 특별한 사유 있는 경우를 제외하고는 그 효력에 있어서 하등의 소장이 없는 것으로 해함이 타당한 만큼 소취하로 소송이 경료되었음에도 불구하고 특별한 사유 없이 심리를 계속한 후에 판결을 언도하였음은 위법이다."라고 판시되었다.

그렇다면 의사의 하자를 야기한 사기나 강박이 형사상 책임 있는 것이라면 그러한 사유로 인한 소의 취하의 무효나 취소를 인정하는 이유는 어디에 있을까. 그 이유는 앞서 본 대판 1963.11.21, 63다441에서도 나와 있듯이 재심사유의 소송내적 고려에 의해서이다. 즉 형사상 처벌받을 사기나 강박에 기한 소송행위는 그러한 사유가 재심사유에 해당하므로 어차피 취소되어야 할 운명에 처해있는 것이고, 이것을 재심까지 가기 전에 당사자의 신속한 권리구제와 실효적인 소송운영을 위해 소송내적으로 취소시킨다는 점에 그 이유가 있다. 그러나 여기서 명확히 해야 할 점은 민사상의 사기나 강박으로도 가능한지, 아니면 반드시 형사상의 사기나 강박이어야 하는지라는 문제이다.

(2) 유죄판결의 요부

이 점에 관한 판례(대판 1984.5.29, 82다카963. 여기서는 가처분의 신청취하에 있어서 "형사상 처벌을 받을 타인의 행위에 대하여 유죄판결이 확정된 경우에는 민사소송법 제422조(451조) 제1항 제5호, 제2항의 규정취지를 유추해석하여 그로 인한 소송행위의 효력을 부인할 수 있다"고 판시하고 있다)는 유죄판결의 확정을 요구하고 있고, 반대로 학설(다수설)[106]은 일반적으로 유죄판결까지 받을 필요는 없다고 주장한다.

이러한 입장에 의하면 재심사유로서 소송내적으로 고려되는 사기나 강박이 민사상의 유책행위인지 아니면 형사상의 유책행위인지의 구별이 애매해진다. 판례에서처럼

---

106) 강, 605면; 김=강, 585면; 이, 561면. 반대설로 전, 581면.

형사상 책임 있는 사유임을 강조한다면 유죄판결을 받기 전까지는 무죄가 추정되므로 유죄판결 전까지의 사기나 강박을 형사상의 사기나 강박으로 단정할 수 없을 것이다. 또한 유죄판결을 받을 것을 요구하지 않는다면 그것은 사실상 민사상의 사기나 강박과 유사한 것이 되고, 그렇다면 민사상의 사기나 강박을 소취하의 취소사유로 인정하지 않는 것과 모순된다.

(3) 재심사유로서의 사기 · 강박과 민사상의 사기 · 강박과의 차이

생각건대 재심사유란 중대한 사유에 관해 예외적으로 판결의 확정 후에 그 취소를 인정하기 위해 정해진 것이다(재심의 소를 제기하기 위해서는 원칙적으로 유죄의 확정판결을 받아야 함은 항목<104> 참조). 재심사유가 소송내적으로 고려되는 이상, 재심사유로서의 사기나 강박은 형식적으로 형사상 책임 있는 사기나 강박이고 민사상의 그것과는 다르다고 해석해야 할 것이다. 민사상의 사기나 강박도 위법한 것이 있고, 형사상의 사기나 강박이 되는 경우도 있지만(하자있는 의사의 표시자의 입장에서 본다면 실질적인 차이는 없다), 반드시 범죄행위가 된다고는 말할 수 없기 때문이다.

그러나 다른 한편으로 유죄의 확정판결을 요구하는 것은 재심사유의 소송내적 고려라는 의미를 상실시키는 것이 된다. 유죄판결을 기다려야 한다면 소송내적 고려가 불가능해지기 때문이다. 따라서 어느 정도 유죄판결을 받을 가능성이 높은 형사상의 사기나 강박이어야 함을 부정할 수 없다.

(4) 재심사유로서의 사기 · 강박과 민사상의 사기 · 강박의 실질적 동일성

위와 같이 재심사유의 소송내적 고려라고 할 때의 사기나 강박은 원칙적으로 형사상 책임있는 사유이지만, 소송내적으로 고려하는 이상 유죄판결까지는 요구되지 않는다. 그렇다면 실질상 유사한 민사상의 사기나 강박 그 밖의 의사의 하자의 경우에도 그 취소가능성을 인정하는 것이 공평의 견지에서 타당하다. 재심사유를 소송내적으로 고려할 때는 재심의 소의 경우와는 달리 유죄판결을 요구하지 않고, 유죄판결을 요구하지 않는 이상 그 내용은 민사상의 사기나 강박과 실질적으로 동일하다고 할 수 있기 때문이다.

4. 의사의 하자에 의한 소의 취하의 무효 · 취소

재심사유의 소송내적 고려를 인정한다면 민법상의 사기나 강박의 경우에도 그에 의한 소의 취하의 취소가능성을 인정할 필요가 있다. 설사 재심사유의 소송내적 고려가 불가능하더라도, 민사적인 것인지 형사적인 것인지에 관계없이 사기나 강박 등의 의사의 하자에 의한 소의 취하의 취소를 널리 인정해야 한다.[107]

---

107) 정=유, 645면; 호, 449면도 같다.

소의 취하의 경우에는 소송의 종료행위이므로 그것이 취소된다 하여도 취하 후에 이루어진 즉 새롭게 진행된 행위가 없으므로 절차의 안정을 해치지 않는다. 또한 원고측의 입장으로는 다시 제소하는 것이 원칙적으로 가능하지만, 제소를 하지 않더라도 취하된 소를 부활시켜 소송비용의 절약을 꾀할 수 있고, 피고의 입장에서도 소의 취하가 취소된다고 불이익을 입는 것이 아니다. 법원도 중단된 절차를 계속하여 진행시키는 것이 되므로 크나 큰 불이익을 감수하는 것이 아니다.

의사의 하자에 관한 위와 같은 해석에 의한다면 이 판결에서와 같은 재심사유의 소송내적 고려의 경우에는 소송상 명확한 규정이 있으므로 보다 쉽게 그 무효나 취소를 주장할 수 있다는 점에 특징이 있다.

5. 취소의 주장방법

(1) 기일지정신청과 소송종료선언

이에 관해서는 규칙67조에 규정이 있다. 즉 일단 당해 소의 취하로 소가 종료된 이상, 취하된 소가 원래 계속하고 있던 법원에 기일지정신청을 한다. 그 후의 절차에 관해서는 같은 조에 자세히 규정되어 있다.

이러한 규칙의 태도는 다음과 같은 판례, 즉 대판 1962.4.26, 4294민상809에서 설시된, “소취하 또는 항소취하의 소송행위에 관하여 당사자 간에 다툼이 있을 때에는 이는 소송계속 여부의 문제이므로 법원은 이를 해결하여야 할 것이며 당사자로부터 소취하 또는 항소취하의 성립 또는 그 효력을 다투어 기일지정신청을 하였을 때에는 법원은 변론기일을 정하여 이를 심사한 후 취하를 유효로 본다면 소송은 취하로서 경료되었음을 선언하는 종국판결을 할 것이고 취하의 부존재 또는 무효를 인정할 때에는 중간판결 또는 종국판결로서 이를 판시하여야 할 것으로서 이를 판단이 있기까지는 아직 소취하 또는 항소취하의 성립여부 또는 유효여부는 이를 다툴 수 있는 상태에 있다 할 것이며 다른 소송에서 이 소취하 또는 항소취하의 성립여부 또는 효력에 관한 다툼이 그 소송의 선결문제로서 제기되었을 때에는 그 소송에서 이를 판단하여야 할 것인바 이러한 판단을 하지 아니하고 단지 소취하 또는 항소취하가 효력이 없다고 판단한 판결이 없다는 이유만으로는 이를 유효한 것이라고 볼 수 없을 것이다.” 라는 판시에서 온 것임을 알 수 있다. 기일지정신청을 통해 소의 취하의 취소를 인정하면 구소가 부활하고 심리가 속행되며, 소의 취하의 취소에 관한 판단은 중간판결이나 종국판결의 이유에서 내려진다.

(2) 소송종료선언의 의미

위와 같은 우리 규칙이 규정하는 소송종료선언은 기일지정신청에 대한 처리방법으로서 소송판결을 의미한다. 원래 소송종료선언이란 독일민사소송법에 규정이 있는 것인데, 우리 규칙이 독일법에서와 같이 소송이 종료되기 전이라도 가능한 당사자에 의한 또 다른 소송종료수단으로서 규정하고 있는 것은 아니다. 독일법에서와 같은 별개의 소송종료수단으로서 소송종료선언의 도입 유무가 문제되는 경우가 있지만, 이 경우 당사자 간의 소송비용의 처리에 어려움이 있다.

법원은 소송종료선언을 하게 되는 기일지정신청에 대해, 통상의 기일지정신청과는 달리 소송절차종료의 유무를 판단해야 한다는 점에서, 변론기일을 정하여 유효의 여부를 심사하고 유효(소송절차의 종료)로 본다면 판결의 형식으로 재판해야 한다. 소송종료선언은 종국판결로서 소송판결을 의미하고, 법원은 소송종료선언을 하면서 소송비용에 관한 재판을 함께 하며, 또한 소송종료선언에는 불복신청이 인정된다. 나아가 당사자에 의한 기일지정신청이 없는 경우에도, 소송의 종료를 간과하고 절차가 진행된 경우, 승계할 수 없는 권리의무관계의 주체인 당사자가 사망한 경우, 추후보완항소에 의해 반소를 제기했지만 당해 항소가 부적법각하된 경우의 반소(대판 2003.6.13, 2003다16962, 16979)에 대해, 법원이 직권으로 소송종료를 선언해야 한다.

58 화해조서의 효력

[대판 1962.10.18, 62다490]

사 실

제소전 화해조서가 작성된 후 당해 화해조서의 무효를 주장하는 경우, 화해조서의 효력과 관련하여 화해조서무효확인의 소나 재심의 소 등 당사자가 취할 수 있는 불복 수단은 무엇인지 문제되었다.

판결요지

"민사소송법 제206조(구법 203조)(신법 220조)의 규정에 의하면 화해조서는 확정판결과 동일한 효력이 인정되어 이전 구 민사소송법 규정의 해석상 화해에 기판력이 인정되는 여부에 관한 의문을 해결케 한 것으로서 기판력의 범위에 관하여 확정판결에 인정되는 그것과 화해조서에 인정되는 그것과 사이에 차이가 있다 하여도 이것을 이유로 들어 위의 명문규정에 의하여 인정되는 기판력의 효력을 부정할 수는 없을 것이며. 당사자의 이익처분의 자유가 인정되는 변론주의에 토대를 두고 있는 만큼 화해가 당사자의 자치적 해결의 성격을 띤 것이라 하여도 그 자치적 해결방법인 화해에 판결과 같은 효력을 인정함에 논리적 모순이 있을 수 없고 오히려 화해가 법원의 관여 하에 판결에 대신한 분쟁해결을 보았음에도 불구하고 후에 이르러 화해의 무효나 취소를 인정한다는 것은 불필요한 법적 불안정을 초래하는 소이라 할 것이므로 확정판결과 동일한 효력이 명문으로 인정된 이상 화해성립 절차에 확정판결에 대한 재심 사유에 해당되는 사유가 있을 때에는 재심의 소송에 준하는 소송으로 화해조서에 대한 불복을 구할 수 있을 뿐이라 할 것이다. 제소전 화해절차에 의하여 성립된 화해조서도 확정판결과 동일한 효력이 있음은 위의 민사소송법 규정에 의하여 명백한 바로서 이 화해조서에 대한 불복 또한 소송상 화해에 대한 불복과 마찬가지로 재심의 소송에 준하는 방법에 의할 것이나 제소전 화해에 있어서는 종결될 소송이 계속되었던 것이 아니고 종결된 것은 화해절차뿐이었으므로 재심사유가 있어 화해조서가 파기된다 하여도 부활될 소송이 없음은 물론 그 화해절차는 화해가 성립되지 아니한 것으로 귀착될 뿐이라 할 것이며 화해조서가 파기된 후 부활될 소송이 없다 하여 확정판결과 동일한 효력이 있음을 부정할 수 없다 할 것이고 제소전 화해 절차에 의한 화해 조서에 확정판결과 동일한 효력이 있음을 부정할 수 없다 할 것이고 제소전 화해절차에 의한 화해조서에 확정판결의 기판력보다 더 강력한 기판력이 인정된다는 비난이 있을 수 없을 것으로서 이와 같은 견해에 입각한 원판결은 정당하다 할 것이고 원판결에 소론 위법이 있음을 인정할 수 없다."

해 설

1. 이 판결의 의의

법220조에 의하면 화해조서는 확정판결과 동일한 효력을 갖는다. 또한 법461조에 의해 화해조서에 대해서는 준재심을 제기할 수 있다. 이 양 조문에 의해 화해조서는 확정판결과 동일하게 기판력을 갖는다고 풀이하는 것이 이 판결에서도 보듯이 확고한 판례의 입장이다.[108] 학설은 판례에 찬성하는 무제한기판력설, 화해조서에 하자가 없다면 기판력을 갖는다는 제한기판력설, 그리고 기판력을 인정하지 않는 기판력부정설이 있다.

2. 화해조서의 기판력에 관한 판례의 입장

(1) 판례의 변경

원래 판례는 법461조(구431조)가 개정되기 전까지는 제한기판력설을 취하고 있었다. 이러한 입장을 변경한 것은 이 판결에 앞선 대판 1962.2.15, 4294민상914에서 "재판상의 화해를 조서에 기재한 때에는 그 조서는 확정판결과 같은 효력이 있고 당사자간에 기판력이 생기는 것이므로 재심의 소에 의하여 취소 또는 변경이 없는 한 당사자는 그 화해의 취지에 반하는 주장을 할 수 없다 할 것이다. 이 점에 관하여 본원의 판례(4288 민상 229 판결 1955. 9. 15선고 4290 민상 638 판결 1957. 12.26 선고)는 이를 변경하는 바이다."라고 판시한 것에서 비롯된다. 이 판결은 기판력이 인정되어야 하는 근거를 보다 명확하게 판시한 것이다. 그 근거는 법220조의 조문이나 화해에 의한 분쟁해결의 실효성의 확보라는 점으로 요약할 수 있다. 이 판결은 현재까지 선례로 작용하고 있다.

---

108) 이하 판례와 학설의 문제점에 관해서는 김상수, 소송상 화해와 기판력, 정동윤교수화갑기념 · 21세기 민사소송법의 전망(1999)251면 이하 참조.

(2) 예외적인 당연무효

단, 판례도 예외적으로 판결의 무효(당연무효)라는 방법을 이용하여 화해조서의 효력을 부정하는 경우가 있다. 이러한 태도는 기판력을 인정하는 판례의 태도와 상반되는 것은 아니지만, 당연무효가 되는 기준에 명확성을 결하는 문제가 있고, 이 점 때문인지 현재까지 형식상의 하자(예를 들면 화해조항의 청구가 특정되지 않은 경우[대판 1965.2.3, 64다1387의 예]) 이외에, 화해조서의 내용이 공서양속이나 강행법규에 위반하여 당연무효를 인정한 사례로, 상법341조의 규정에 위배하는 회사의 자기주식취득 행위는 당연히 무효이고 이러한 내용이 있는 회사와 주주와의 화해조서는 주주에 대해 기판력이 발생하지 않는다는 대판 1964.11.12, 64다7119가 있다(이 판례와 대판 1970.3.10, 69다1812 및 대판 1972.6.27, 71다1957를 비교하면 판례가 얼마나 기판력을 인정하고 싶은지 엿볼 수 있다). 또한 조정이나 재판상 화해의 대상인 권리관계는 사적 이익에 관한 것으로서, 당사자가 자유롭게 처분할 수 있는 것이어야 하므로, 성질상 당사자가 임의로 처분할 수 없는 사항을 대상으로 한 조정이나 재판상 화해는 허용될 수 없고, 설령 그에 관하여 조정이나 재판상 화해가 성립하였더라도 효력이 없어 당연무효라고 해석하고 있다(대판 2012.9.13, 2010다97846. 여기서는 '재심대상판결 및 제1심판결을 각 취소한다'는 조정조항은 법원의 형성재판 대상으로서 당사자가 자유롭게 처분할 수 있는 권리에 관한 것이 아니어 당연무효라 판단되었다).

만일 당연무효사유가 있다면 그 불복방법에 관해서는 대판 2000.3.10, 99다67703이, "당사자 일방이 화해조서의 당연무효 사유를 주장하며 기일지정신청을 한 때에는 법원으로서는 그 무효사유의 존재 여부를 가리기 위하여 기일을 지정하여 심리를 한 다음 무효사유가 존재한다고 인정되지 아니한 때에는 판결로써 소송종료선언을 하여야 한다" 고 판시하고 있다. 화해조서의 당연무효의 주장은 기일지정신청에 의하고, 그 무효사유가 없다면 소송종료선언으로 처리해야 한다는 입장이다. 소의 취하에 관한 규칙67조를 참고로 한 해석으로 그 무효사유의 범위에 문제가 있지만 기본적으로 기일지정신청에 의해 소송종료선언으로 처리해야 한다는 점은 타당하다.

(3) 확고한 판례의 태도

1990년 민사소송법 개정시에는 화해조서의 기판력의 근거로 치부되던 같은 법431조의 개정이 추진되었지만 실현되지 않았다. 그 후에도 현재에 이르기까지 화해조서에 기판력이 인정된다는 것이 확고부동한 판례의 입장이다. 그 후의 판례로서 대판 1992.10.27, 92다19033; 대판 1992.4.10, 91다45356; 대판 1994.3.11, 93다57704; 대판 1994.7.29, 92다25137; 대판 1994.12.9, 94다17680; 대판 1995.2.24, 94다53501; 대판 1995.5.12, 94다25216; 대판 1998.10.9, 96다44051 등이 있다. 이하에서도 논하지만,

이러한 사례에서 판례가 말하는 화해조서와 판결이 동일하다면, 위 판례에서 화해나 화해조서를 판결로 바꾸었을 때 과연 기판력을 인정하는 것이 타당한지 그 문제점이 용이하게 부각된다고 말할 수 있다.

3. 판례와 학설의 문제점

(1) 무제한기판력설의 주장

판례를 포함하여 무제한기판력설[109]은 대략 다음과 같은 이유에서 화해조서의 효력으로 기판력을 인정해야 한다고 주장한다. ①소송상 화해는 그 성질이 소송행위이므로 기판력을 긍정해야 한다. ②소송상 화해는 법원의 관여 하에 이루어지는 것이므로 공권적 분쟁해결인 판결의 대용물이다. ③소송상 화해에 기판력을 인정하는 것은 법220조, 461조의 文理에 적합하다. ④제한기판력설을 취하면 기판력의 본질적인 면이나 법적 안정성에 반한다. ⑤화해조서에 기판력을 인정하면 화해의 성립에 대한 당사자 및 법원의 신중한 태도를 기대할 수 있다. 이 설에 의하면 화해조서를 판결과 동일시하고 화해조서의 무효나 취소의 주장은 재심(법461조의 준재심)의 소에 의해서만 가능하다.

(2) 제한기판력설의 주장

다른 한편 무제한기판력설에 대한 제한기판력설[110]의 비판과 그 논거는 대략 다음과 같다. ①소송상 화해의 성질론은 효력론과 밀접한 관련을 갖고 있고, 그 성질에 대해 소송행위설을 취하는 것은 타당하지 않으며 양성설을 취해야 한다. ②소송상 화해와 재판과는 이질적인 것이고 동일시하는 것은 타당하지 않다. ③무제한기판력설에 의하면 화해의 무효나 취소의 주장은 그 하자가 재심사유에 해당할 때에 한해서 재심의 소에 의해서만 가능하다고 하지만, 재심사유는 판결에서 발생하는 하자만을 염두에 두고 규정된 것이므로 화해의 하자에 이를 적용시키는 것은 무리이다. ④화해를 판결과 동일시하여 기판력을 인정하는 경우, 화해조서에서는 확정판결보다도 그 객관적 범위가 넓어져 불합리하다. ⑤민법733조에 의하면 화해계약에서 착오를 이유로 하는 취소는 인정되지 않고, 단지 화해당사자의 자격이나 화해의 목적인 분쟁이외의 사항에 착오가 있는 경우에만 예외적으로 취소할 수 있으므로, 실체법상의 하자를 이유로 하는 화해조서에 관한 분쟁이 발생하여도 법적 불안정은 감소한다. ⑥법원이 소송상 화해에 관여한다 해도 그 정도는 중개나 알선에 불과하고 또한 법원의 조언은 아무런 법적 효

---

109) 김=강, 604면; 김홍, 718면; 송=박, 494면; 호, 782면.

110) 강, 624면; 이, 585면; 전, 607면. 일정한 실체법상의 예외적 사유를 준재심으로 인정하자는 수정된 제한기판력설로 정영, 939면.

력이 없으며, 법원은 이른바 조산적 역할을 함에 불과하다. 이 설에 의하면 소송상 화해가 실체법 및 소송법상의 하자를 갖지 않는 한 법220조에 의해 기판력이 인정된다. 법461조에 의한 재심의 소는 실체법상의 하자가 없는 경우의 구제수단이라고 한다. 그리고 실체법상의 하자가 있는 경우에는 그 구제수단으로 기일지정신청이나 신소의 제기에 의한 화해무효확인청구 등을 인정한다.

(3) 기판력부정설의 주장

마지막으로 기판력부정설111)은 제한기판력설의 입장과 거의 같지만 이론적으로 보아 제한기판력설보다 기판력부정설이 타당하다는 입장이다. 제한기판력설과의 차이라고 하면, 법461조를 둘러싼 제한기판력설의 해석과는 달리, 재심 또는 준재심의 소는 직접적으로는 형식적 확정력을 배제하기 위한 제도이므로, 같은 조가 반드시 기판력을 인정하는 규정이라고 단정할 수는 없다고 해석한다.

(4) 사견

(a) 무제한기판력설의 문제점

이러한 입장에 관해 먼저 무제한기판력설과 제한기판력설이라는 양 학설을 자세히 비교하면 제한기판력설이 보다 설득력이 있다고 생각한다. 무제한기판력설의 이론적 근거로서 중요한 것은 판결대용설일 것이다. 이에 대해서는 제한기판력설에서도 말하는 바와 같이 화해와 판결을 동일시할 수 없다는 점이 자주적 분쟁해결인 화해의 현실에 보다 즉응한 해석이라는 비판이 타당하다. 왜냐 하면 화해의 성립에 있어, 법원은 화해의 하자에 대해 판결에서와 같이 당사자쌍방에게 충분한 공격방어방법을 다하게 한 다음 심리판단하는 것이 아니고, 애당초 법원에 의한 충분한 심리판단을 기대할 수도 없다. 이러한 현실 하에서 내려지는 소송상 화해에 판결을 대용하는 효력을 인정한다 하여도, 판결과 전적으로 동일한 효력을 인정하는 것은 타당하지 않다.

(b) 학설의 방법론적 문제점

양 학설의 방법론적 문제점으로 다음을 지적할 수 있다. 그 첫 번째는 아직도 약간의 학설에서 성질론에 의해 효과론이 정해진다는 점을 주장하고 있지만, 반드시 성질론에 의해 기판력을 긍정하는가 아닌가가 좌우되는 것은 아니다. 예를 들면 소송상 화해의 성질론에 대해 소송행위설을 취하여도 화해조서가 기판력을 갖는 것은 아니고 소송행위라 하여도 기판력을 갖는 것은 적다. 또한 소송행위라 하여도 실체법규정의 적용 내지는 준용이 인정되고 실체법상의 효과도 발생하기 때문이다. 요컨대 성질론은 소송상 화해의 성질에 대한 설명방법의 문제이고, 이를 통해 연역적으로 어느

111) 정=유, 672면 이하.

성질론에 서면 반드시 어느 효력론에 연결된다고 하여 기판력의 문제를 결정짓는 것과 같은 방법론은 타당하지 않다. 화해조서에 어떠한 효력을 부여해야 하는지는 그 성질만이 아닌 소송상 화해의 목적 등 제요소를 고려하여 합목적적으로 고려해야 할 문제이다.

두 번째는 제한기판력설에서는 법220조 이외에 같은 461조가 개정된 점을 들어 기판력부정설이 인정되지 않는다고 하지만, 기판력부정설을 취하는 것도 불가능하지는 않다(이 비판은 특히 제한기판력설에 대한 것이지만 무제한기판력설에 대해서도 타당하다). 제한기판력설은 법461조에 대해 입법에 의한 소송행위설의 채용이고, 재심의 소가 인정되었으므로 소송상 화해는 판결과 동일하며, 문제는 기판력을 전면적으로 긍정하는가 아닌가에 있다고도 한다. 확실히 법461조의 개정을 계기로, 학설에서는 화해조서에 대해 재심의 소를 제기할 수 없다는 견해는 더 이상 성립할 수 없다고 하여 무제한기판력설이 확고해지고 판례의 경우도 동일하다. 즉 이 입법이 소송상 화해에 대한 해석론에 많은 영향을 미친 점은 부정할 수 없다.

(c) 법461조의 의의

그러나 이러한 법461조에 대해서는 이하와 같이 이해할 수 있을 것이다. 즉 당사자가 화해조서에 대한 불복을 신청하는 경우, 법461조에 재심이라는 길이 있으므로 이에 의해야 한다는 주장도 불가능하지는 않지만, 이것만으로는 충분하지 않다. 화해조서에 대한 불복신청방법을 재심의 소에 한정하기 위해서는, 화해조서는 판결과 동일하다는 점, 즉 기판력을 갖는다는 점을 근거로 할 필요가 있다. 소송상 화해와 기판력의 문제에 있어서 법461조의 문면을 보면 화해의 효력을 둘러싼 불복신청은 재심을 제기할 수 있는 것이므로, 해석론으로서 기판력긍정설에게 유력한 근거를 제시한 것임은 충분히 인정된다.

그러나 같은 조에서 본다면 반드시 소송상 화해에 기판력이 인정된다고 해석되는 것은 아니다. 왜냐 하면 화해는 판결과는 달리 당사자에 의한 자주적 분쟁해결이라는 성질에 비추어 보면, 소송상 화해와 기판력의 유무의 문제에 대해 법461조를 해석의 여지가 없는 조문이라고 해석하는 것은 지나치게 경직적이기 때문이다. 달리 말해 소송상 화해에 어떠한 효력을 부여해야 하느냐라는 해석에 의해 같은 조(법220조도 포함하여)의 해석도 달라진다고 말 할 수 있다.

또한 법461조의 본래의 대상인 결정과 명령은 원칙적으로 거의 기판력을 갖지 않는 점을 환기해야 한다. 화해조서에 대해 재심이 가능하고 기판력이 인정된다면 모든 결정이나 명령도 동일하게 기판력을 갖는다고 해석하는 것이 옳을 것이다. 그러나 화해에 기판력을 인정해야 한다는 논자 중에 같은 조의 대상인 결정이나 명령에도 전부 기판력을 인정해야 한다는 주장은 보이지 않는다. 원칙적으로 기판력이 없는 결정이나 명령에 재심을 인정한 취지에서 본다면, 화해조서에 재심을 인정했다고 해서 반드시 기판력을 인정했다고 해석하는 것은 타당한 해석이 아니다(김상수, 확정된 이행권고결정과 준재심, 법조652호, 266면 이하 참조).

그렇다면 소송상 화해와 기판력의 유무에 대한 해석론에 있어서는, 확정판결과 동일한 효력을 갖는다는 점을 명시한 법220조가 단지 재심을 제기할 수 있다고 한 법461조 보다도 무제한기판력설의 근거로 적합할 것이다. 판례도 기판력을 인정하는 근거로 드는 조문은 법220조이다.

4. 기판력을 부정해야 하는 이유

(1) 자주적 분쟁해결이라는 화해의 특성

소송상 화해는 당사자의 자주적 분쟁해결이고 법원의 개입이라는 공권적 요소보다는 자주적 요소를 중시해야 하므로, 기판력부정설이 타당하다고 생각한다. 소송상 화해는 당사자에 의한 자주적 분쟁해결이므로, 당사자의 실체법상의 의사표시의 하자에 대해서는 법원에 의한 충분한 심리판단을 기대하기 힘들다. 이러한 경우 무제한기판력설에 따라 그 구제를 재심의 소만으로 한정한다면 화해당사자는 예기치 못한 손실을 받고, 더 나아가 사법불신을 양성하게 되며, 헌법상의 재판을 받을 권리의 침해가 될 수도 있다.

또한 소송상 화해에 기판력을 인정해야 하는 실질적인 근거도 존재하지 않는다고 볼 수 있다. 즉 화해의 하자에 대해 당사자의 자기책임을 물을 수 있는 절차보장을 결하고 있고, 기판력을 인정하는 근거로서의 정확성의 담보와 공권적 분쟁해결의 요청이라는 요소가 존재하지 않는 점에서, 의사표시의 하자의 주장이 차단되는 기판력을 인정하는 것은 타당하지 않다.

소송상 화해는 당사자에 의한 자주적 분쟁해결인 점, 따라서 그것을 판결과 동일시하거나 판결의 대용물이라고 보는 것은 타당하지 않으므로, 기판력부정설이 타당하다. 하자가 없는 유효한 화해임에 불구하고, 거기에 하자가 있다고 하여 종료된 분쟁에 관해 제기된 소에 대해서는 화해에 기판력을 인정하여 당해 그 재소를 각하할 수 있는 것과 같이, 기판력을 인정하지 않아도 신의칙에 입각하여 소의 이익이 없다는 점으로 각하할 수 있다.

따라서 기판력을 부정한다면 법적 불안정을 초래한다는 무제한기판력설로부터의 비판은 타당하지 않다. 또한 하자 있는 화해인 경우, 기판력을 인정하여 당사자의 권리구제를 제한하는 이익보다 기판력을 부정하고 폭넓게 당사자의 권리를 구제하는 이익이 크다는 점은, 법적 정의를 실현한다는 법원의 사명에서 본다면 이를 용이하게 알 수 있을 것이다.

그 밖에도 최근의 판례에서는 화해조서와 동일하게 해석하는 조정조서의 효력으로서 판결과 동일한 효력을 갖는 것은 아니라고 한 판례도 나왔다. 즉 공유부동산을 현물분할하는 내용의 조정조서에 부동산에 관한 물권의 취득에 있어 등기를 요하지 아니하는 민법 제187조 소정의 '판결'과 같은 효력이 없다(대판(전) 2013.11.21, 2011두1917). 이러한 해석도 화해조서는 판결과는 다른 것이라는 점을 명시한 것이라고 이해할 수 있을 것이다.

(2) 법220조의 해석

아울러 전술했듯이 법220조가 있다 하여도 기판력부정설을 취하는 것이 불가능하다는 해석은 잘못된 것이다. 법220조는 소송상 화해에 어떠한 효력을 부여해야 하는가라는 해석론에 의해 그 조문의 의미가 정해지는 것이지, 기판력이 인정된다고만 해석해야 하는 조문은 아니다. 예를 들면 프랑스에서는 민법2052조가 "화해는 당사자간에 종심으로서의 기판력을 갖는다."라고 규정하고 있어도, 또한 소송절차에서의 화해에 대해서는 화해가 판결이라는 형태로 이루어진다 하여도, 분쟁을 유권적으로 해결하는 것이 아니고 공증하는 것에 불과한 재판은 비송행위로서 이에 대하여는 기판력을 인정하고 있지 않다.

또한 화해는 아니지만, 독일민사소송법50조2항의 해석에 있어서 권리능력이 없는 노동조합에 대해서도 완전한 당사자능력을 인정하고 있는 점도 주목해야 한다.

마지막으로 화해에 기판력을 인정하면 상소율이 높은 우리나라에서는 그만큼 화해의 성립을 억제하는 요인이 될 것이다. 화해를 체결해 버리면 더 이상 상소는 불가능하고, 당사자는 상소가 불가능한 화해의 체결에 주저하게 될 것이다. 이 점은 사건수의 감소를 추진하는 법원에게 있어서 화해를 권함에 있어 마이너스로 작용할 것이다. 실무는 일단 종료된 소가 부활하는 것을 받아들이기 힘들겠지만, 예를 들어 기판력을 갖는 화해가 10건이고 기판력을 갖지 않는 화해가 100건이지만 그중에 50건이 부활된 경우 어느 쪽이 바람직한지 논의해 볼 필요가 있다고 생각된다.

(3) 제한기판력설의 문제점

제한기판력설은 재심의 소에 한정하지 않고 그 구제방법을 인정하고 있으므로, 무제한기판력설의 문제점을 피할 수 있다. 물론 제한기판력설과 기판력부정설은 소송상의 화해의 불복신청방법에 차이가 있을 수도 있지만, 결과적으로는 동일한 내용이고 양자는 실질적으로 비슷한 입장이라 평가할 수 있다.

문제는 불복신청방법의 처리에 있는데, 제한기판력설에는 다음과 같은 문제점이 있는 관계로 기판력부정설이 보다 타당할 것이다. 제한기판력설은 기판력개념의 본질에 반한다. 왜냐 하면 당연무효의 주장을 허용하지 않는 점에 기판력의 본질이 있음에도 그러한 주장을 허용하면서 기판력을 인정하는 것은 모순이기 때문이다. 제한기판력설은 기판력의 유무에 대해 당사자 간에 다툼이 있을 때, 이를 어떻게 처리해야 하는지, 예를 들면 기판력의 존부확인이라는 형태로 처리해야 하는지 의문이 아닐 수 없다.

5. 화해의 효력을 다투는 방법

(1) 재심의 소에 의하는 방법

준재심에 의하는 경우에는, 재심사유에 관한 법451조1항1호나 2호 또는 4호나 5호와 같은 사정이 발생하여 재심의 소가 인정될 가능성은 매우 드물고 같은 3호의 대리권 흠결의 사유가 대부분을 차지한다. 제소전 화해의 경우, 재심의 소가 제기되어 그 소가 적법하면 변론을 열어 재심사유의 존부에 대해 판단하고, 그 화해조서의 효력에 대해 종국판결을 한다. 화해조서가 취소되어 화해가 성립되지 않은 것이 되면 부활할 절차가 없지만(대판 1996.3.22, 95다14275; 대판 1998.10.9, 96다44051 참조), 당사자 쌍방이 새로이 소를 제기한다면 법388조2항에 의해 화해신청시 소가 제기된 것으로 보아야 한다. 반면 소송상 화해의 경우에는 재심의 소가 적법하면 그 절차는 후술하는 기일지정신청과 같이 구소가 속행되고, 절차의 내용에서 보아 재심의 소의 제기는 기일지정신청과 같게 된다.

(2) 그 외의 방법

재심의 소 이외로는 당사자의 선택에 맡기는 방법(경합설), 원칙적으로 기일지정신청에 의하는 방법, 항상 별소(무효확인 또는 청구이의)에 의하는 방법이 있다. 이에 관해서는 원칙적으로 기일지정신청에 의하는 처리방법이 타당하다. 왜냐하면 이미 행해진 소송상태를 그대로 이용할 수 있고, 화해의 하자에 대해서는 당해 화해를 담당한 법원이 심리하는 것이 적당하며, 나아가 구소와의 관계도 명료해져 절차의 번복을 피하고 비교적 간단히 사건을 처리할 수 있기 때문이다.

(3) 화해가 해제된 경우의 처리

사법상의 화해계약의 해제의 경우에는 해제에 의해 화해 전의 권리관계가 부활하는 것이 일반적이지만, 소송상 화해에서 해제가 발생한 경우에는 그 처리를 기일지정신청에 의해야 하는지, 아니면 별소의 제기에 의하는지 문제된다. 판례(대판 1965.3.2, 64다1514 등)는 별소의 제기를 인정하는 입장이다.

제 9 장

판 결

59 신청사항과 심판사항

[대판 1998.11.27, 97다41103]

사 실

X는 자신이 소유자인 부동산에 관해 원인무효인 소유권이전등기의 명의인이 되어 있는 Y1과, Y1을 채무자로 한 가압류등기를 한 가압류채권자 Y2를 피고로, 각각 원인무효인 소유권이전등기의 말소와 함께 가압류등기 등의 말소를 구하는 소를 제기하였다. 이 때 법원은 Y2에 대한 소를 가압류등기의 말소가 아닌 소유권이전등기의 말소에 대한 승낙을 구하는 청구로 해석하여, 그 의사표시를 명하는 판결을 내릴 수 있는지 문제되었다.

판결요지

"원인무효인 소유권이전등기 명의인을 채무자로 한 가압류등기와 그에 터잡은 경매신청기입등기가 경료된 경우, 그 부동산의 소유자는 원인무효인 소유권이전등기의 말소를 위하여 이해관계에 있는 제3자인 가압류채권자를 상대로 하여 원인무효 등기의 말소에 대한 승낙(부동산등기법 제171조)을 청구할 수 있고, 그 승낙이나 이에 갈음하는 재판이 있으면 등기공무원은 신청에 따른 원인무효 등기를 말소하면서 직권으로 가압류등기와 경매신청기입등기를 말소하여야 할 것이다(위 법 제172조). 그리고 소유자가 원인무효인 소유권이전등기의 말소와 함께 가압류등기 등의 말소를 구하는 이 사건의 경우, X 청구의 취지는 소유권이전등기의 말소에 대한 승낙을 구하는 것으로 해석할 여지가 있다 할 것이다."

해 설

1. 이 판결의 의의

이 판결에서 문제된 원고의 신청은 가압류등기 말소청구이다. 이하에서 보는 처분권주의에 따르면 원칙적으로 이러한 신청에 대해 법원은 가압류등기의 말소의 여부에 대한 판결을 내려야 할 것이고, 예를 들어 소유권이전등기의 말소를 청구한 것이라고 보아 거기에 대해 판결할 수는 없을 것이다. 그러나 이 판결은 그러한 판결이 가능하고 처분권주의에 위반되지 않는다고 판시한 것이다.

2. 처분권주의의 의의

처분권주의란 당사자가 소송의 개시, 소송물의 특정, 소송의 종료 등, 분쟁의 실체적 해결에 대해 처분권능을 갖고, 이에 대해 자유롭게 결정할 수 있는 원칙을 말한다. 처분권주의의 발현으로서, 첫째로 민사소송은 당사자의 소의 제기에 의해 개시된다(단, 부수적 재판은 예외). 둘째로 심판의 대상과 그 범위를 확정하는 것은 당사자이다(법203조. 비송사건의 성질을 갖는 절차 또는 법원에게 재판의 내용에 대해 자유재량의 여지가 인정되는 절차에는 적용되지 않는다. 이 예로는 경계확정소송 등 형식적 형성소송을 들 수 있다). 마지막으로 당사자는 소송종료행위로서 소의 취하, 청구의 인낙과 포기, 소송상 화해를 할 수 있다. 이 판결에서 문제된 것은 이 중에 두 번째에 관한 것이고 보통 처분권주의가 문제되는 부분이기도 하다.

3. 신청사항

(1) 신청의 의의

법203조가 규정하고 있는 신청이란 법원에 대해 판결을 구하는 신청을 말하고, 원고로부터의 판결신청 즉 소를 가리킨다. 이 신청을 둘러싸고 소송물, 권리구제의 종류, 그리고 그 범위에 관한 문제가 발생한다.

먼저 소송물에 의한 기준으로, 법원은 원고가 신청한 소송물에 대해 판결해야 하는데, 소송물론에 의해 결론에 차이가 날 수 있다.

권리구제의 종류와 순서에 있어서는, 급부・확인・형성소송이라는 틀에 법원은 구속된다. 따라서 급부소송에서 청구권의 확인판결, 또는 불법행위에 기해 원상회복을 구하는 소를 제기하였는데 손해배상의 지급을 명하는 판결 등은 처분권주의에 반한다. 또한 원고가 주위청구, 예비청구라는 순서를 붙인 경우에도 이 순서에 법원은 구속된다.

다음으로 권리구제의 범위에 관해 원고가 청구한 금액을 초과하는 금액을 정하는 판결이나, 부동산의 일부인도를 구하는 청구에 대해 전부인도를 명하는 판결은 처분권주의에 반하는 것으로 위법이다.

(2) 당사자의 의사의 해석

그러나 이러한 원칙에는 예외가 있다. 위와 같은 원칙을 엄격히 적용할 때에는 오히려 불합리하거나 부자연스런 결과를 초래할 위험이 있기 때문이다. 법203조의 취지는 당사자의 절차권, 당사자의 기대, 당사자에 대한 불의의 타격의 방지에 있기 때문이다.

즉 원고는 자신이 받을 판결사항을 결정할 수 있고, 피고 또한 원고가 신청한 사항 이외나 그 이상의 패소판결을 받지 않음을 의미하는 점, 당사자는 신청사항을 목표로 공격방어방법을 제출하고 결석하여도 예기치 못한 판결을 받을 수 없다는 점에서 같은 조의 취지를 찾을 수 있다.

따라서 본인소송의 여부, 소송의 규모, 소송절차의 성격, 석명권행사의 정도 등의 고려에 입각하여 이러한 취지에 어긋나지 않는 한, 처분권주의에 위반되지 않는다. 예를 들면 2000만원청구시 그 미만액의 판결을 하는 것과 같은 일부 인용판결의 경우, 현재의 급부소송에 대해 장래의 급부를 명하는 판결("개호비와 같이 장래 일정기간에 걸쳐 일정시기마다 발생하는 손해의 배상을 일시금으로 청구하였다 하더라도 법원은 이를 정기금으로 지급할 것을 명할 수 있고, 정기금으로 지급할 것을 명할 것인지 여부는 법원의 자유재량에 속한다 할 것이다"[대판 1992.11.27, 92다26673])을 하거나 이 반대의 경우와 같다(또한 다음 항목의 예 참조). 이러한 경우 형식적으로는 당사자가 요구하지 않은 판결을 한 것이므로 법203조에 위반한다고 할 수 있지만, 실질적으로는 당사자를 위한 위와 같은 취지에 적합한 판결이므로 같은 조의 처분권주의에 위반한다고 할 수 없다.

결국 이 판결은 위와 같은 예외를 인정한 것이다. 이 판결에서는 직접 소유권이전등기와 가압류등기의 말소를 청구한 것이 이전등기의 말소에 대한 승낙을 구하는 것으로 판단하였고, 쌍방당사자의 의사와 합치하며, 법원의 소송진행에 대해 특별한 문제를 발생시키는 경우가 아니므로, 이 판결의 입장은 타당하다.

60 채무부존재확인소송과 심판사항

[대판 1971.4.6, 70다2940]

사 실

X는 Y를 상대로 자신이 Y에게 부담하는 채무는 100만원(편의상 금액을 변경하였다)에 불과하고 그 이외에는 채무가 존재하지 않는다는 채무부존재확인의 소를 제기하였다. 심리 결과 법원은 X의 채무가 100만원을 초과한다고 인정하였다. 이 경우 법원은 어떠한 판결(예를 들면 청구기각판결)을 내려야 하는지 문제되었다.

판결요지

"판결은 당사자가 신청한 사항에 대하여 할 것이나 소극적 확인소송에 있어서 X가 부존재확인을 구하는 목적인 법률관계가 가분하고 또 분량적으로 그 일부만이 존재하는 경우에는 그 청구 전부를 기각할 것이 아니고, 그 존재하는 법률관계의 부분에 대하여 일부패소의 판결을 할 수 있다 할 것이므로 원심이 이와 같은 취지에서 본건 채권전부의 부존재는 인정이 되지 않으나 그 일부는 부존재한다는 취지로 판단한 것이다."

해 설

1. 이 판결의 의의

이 판결에서는 원고가 요구한 신청에 대해 어떠한 심판을 내릴 수 있는지 문제되고, 채무부존재확인소송이라는 점에서 특별한 고려가 요청되는 부분이다. 이 판결에서 X가 요구한 것은 100만원의 채무 존재의 확인인데, 100만원을 초과하는 채무의 존재가 인정되므로, 원칙대로 해석한다면 100만원의 채무만이 존재하는 것이 아니라는 청구기각판결을 내려야 할 것이다. 이에 대해 이 판결은 원고의 청구는 가분적인 것이므로 채무의 존재가 인정되는 한 그 금액을 확정해야 한다는 입장을 설시하고 있다.

2. 채무부존재확인소송의 특수성

(1) 일부패소판결의 근거

이 판결은 결론적으로 타당한 해석을 하였지만, 그 근거에 관해서는 특별한 언급을 하고 있지 않다(이러한 태도는 대판 1982.11.23, 81다393; 대판 1983.6.14, 83다카37; 대판 1994.1.25, 93다9422에서 그대로 이어지고 있다). 청구기각판결이 아닌 일부패소(또는 일부승소)판결을 해야 한다[112]는 근거에 관해서는, 먼저 앞서도 다루었지만 일부패소판결이 원고나 피고에게 모두 이익을 부여한다는 점을 들 수 있다. 또한 원고가 인정한 채무액 이외에는 아무런 확정이 없고 분쟁을 근본적으로 해결했다고는 볼 수 없기 때문이다.

(2) 일부패소판결의 구체적 내용

(a) 채무부존재확인소송의 소송물

채무부존재확인소송의 소송물은 원고가 주장하는 채무가 존재하지 않는다고 다투는 부분이다. 판례(대판 1983.6.14, 83다카37)는 이것을 “채무자가 채권자의 주장하는 채무 중 일부의 채무가 있음을 인정하고 이를 초과하는 채무는 없다고 다투는 경우 채무자가 인정하는 채무부분에 대하여는 그 존재에 대하여 다툼이 없으므로 이 부분 채무의 존재에 대하여는 확인의 이익이 없다 할 것이고 이를 초과하는 채무의 존부에 대하여서만 다툼이 있으므로 채무자로서는 이 부분에 대하여서만 채무부존재의 확인을 구할 이익이 있다고 할 것이다.” 라고 판시하고 있다.

(b) 일정 금액에 따른 판결방법

이 판결에서 법원이 심리한 결과 200만원의 채무가 존재한다면, 법원은 200만원을 초과하는 채무의 부존재를 확인하고 나머지 청구를 기각한다. 이때 200만원을 초과하는 부분의 부존재와 100만원의 존재(원고가 존재한다고 주장한 금액을 초과하여 인정된 금액)에 기판력이 발생하고, 원고가 소송물에서 제외한 100만원에는 기판력이 발생하지 않는다(단, 채무잔액이 200만원이라는 이유 중의 판단에는 일정한 신의칙이나 쟁점효에 의한 일정한 구속력을 인정해야 한다).

반대로, 심리한 결과 50만원의 채무가 존재한다면 소송물은 100만원 초과분이므로, 50만원을 초과하는 부분의 부존재가 아닌 100만원을 초과하는 부분의 부존재확인을 판결하는 것이 법203조에 합치한다. 기판력은 100만원을 초과하는 채무의 부존재에 발생하고, 위에서 본 바와 같이 50만원의 존재부분에는 발생하지 않는다.

---

112) 학설로 강, 349면; 이, 316면; 전, 304면.

(c) 금액의 상한이나 하한을 정하여 청구하는 경우

다른 한편 상한(1000만원의 채무의 부존재확인)이나 하한(1000만원 중 100만원을 초과하는 채무의 부존재 확인)을 정하여 청구하는 경우에도, 200만원의 채무의 존재를 인정하였다면, 1000만원의 채무 중 200만원을 초과하는 부분의 부존재를 확인하고 그 나머지를 기각하는 판결을 한다.

이때 기판력이 발생하는 부분은, 상한을 정한 경우에는 800만원 부분의 부존재와 200만원의 존재 부분이다. 하한을 정한 경우에는 800만원 부분의 부존재와 100만원의 존재부분에 기판력이 발생한다. 만일 50만원의 채무의 존재가 인정되어도 위에서 본 바와 같이 1000만원 중 50만원을 초과하는 부분이 아닌 100만원을 초과하는 부분의 부존재확인을 판결해야 한다.

61 일부판결

[대판(전) 2000.11.16, 98다22253]

사 실

X는 Y를 상대로 주위적으로 근저당권설정등기가 위법하게 말소되었음을 이유로 그 회복등기절차의 이행을 구하고, 예비적으로 2중매도에 가담한 불법행위를 원인으로 한 손해의 배상을 구하는 소를 제기하였다. 제1심은 주위적 청구에 관해 근저당권설정등기의 회복등기청구 중 X의 지분 2/3 부분을 인용하고, 그 나머지 청구와 예비적 청구를 모두 기각하였다. 이에 대하여 Y는 그 패소 부분에 대하여 항소하면서 그 부분 청구의 기각을 구하고, 한편 X도 그 패소 부분에 대하여 항소하면서 위 주위적 청구를 다시 구하였다. 이에 대해 원심은 X의 주위적 청구를 기각하면서도, 위 예비적 청구에 대하여는 제1심에서 청구기각이 되었음에도 불구하고 X가 이에 대하여 항소를 하지 아니하였으므로, 따로 심리하지 아니한다고 하면서 아무런 판단을 하지 않았다. 이러한 원심판단에 대해 X는 예비적 청구부분에 관한 상고를 제기할 수 있는지 문제되었다.

판결요지

"청구의…예비적 병합의 경우에는 원고가 붙인 순위에 따라 심판하여야 하며 주위적 청구를 배척할 때에는 예비적 청구에 대하여 심판하여야 하나 주위적 청구를 인용할 때에는 다음 순위인 예비적 청구에 대하여 심판할 필요가 없는 것이므로, 주위적 청구를 인용하는 판결은 전부판결로서 이러한 판결에 대하여 피고가 항소하면 제1심에서 심판을 받지 않은 다음 순위의 예비적 청구도 모두 이심되고 항소심이 제1심에서 인용되었던 주위적 청구를 배척할 때에는 다음 순위의 예비적 청구에 관하여 심판을 하여야 하는 것이다.

그리고 이와 같은 예비적 병합의 경우에는 수개의 청구가 하나의 소송절차에 불가분적으로 결합되어 있기 때문에 주위적 청구를 먼저 판단하지 않고 예비적 청구만을 인용하거나 주위적 청구만을 배척하고 예비적 청구에 대하여 판단하지 않는 등의 일부판결은 예비적 병합의 성질에 반하는 것으로서 법률상 허용되지 아니하며, 그럼에도 불구하고 주위적 청구를 배척하면서 예비적 청구에 대하여 판단하지 아니하는 판결을 한 경우에는 그 판결에 대한 상소가 제기되면 판단이 누락된 예비적 청구 부분도 상소심으로 이심이 되고 그 부분이 재판의 탈루에 해당하여 원심에 계속중이라고 볼 것은 아니다. 이와 달리 원심이 주위적 청구를 배척하였음에도 예비적 청구에 대한 판단을 누락하였다면 누락된 예비적 청구 부분은 아직 원심에 소송이 계속중이라 할 것이므로 이 부분에 대한 상고는 그 대상이 없어 부적법하다는 취지의 당원 판례의 견해는 이를 변경하기로 한다.…X가 제1심에서 이 사건 주위적 청구 일부에 대하여 승소하였다면 적어도 그 승소 부분과 관련한 예비적 청구 부분은 특별한 사정이 없는 한 제1심의 심판대상이 될 수 없는 것이고, 이와 같이 심판대상이 될 수 없는 청구에 대하여 제1심이 판단하였다 하더라도 그 효력이 없다 할 것이므로, X가 제1심에서 기각된 예비적 청구에 대하여 항소를 하지 아니하였다는 사유만으로 이 사건 예비적 청구가 원심의 심판대상으로 될 수 없는 것은 아니라고 할 것이다."

해 설

1. 이 판결의 의의

이 판결113)은 청구의 예비적 병합에 있어 주위청구만을 기각하였다는, 위법한 일부판결에 대한 구제방법을 다룬 것이다. 이 판결에 의해 변경되기 전의 판례의 입장은, 일부판결이 불가능함에도 일부판결을 한 경우에는 재판의 누락(탈루)으로 추가판결로서 처리해야 하고, 상소는 그 대상이 없어 부적법하다는 해석이었다. 이 판결에 의해 일부판결이 불가능함에도 일부판결을 한 경우에는, 재판의 누락에 해당하여 추가판결로 해결하는 것이 아닌 판단누락의 일종으로 보아 상소로 구제해야 한다는 것이 명확한 판례의 입장이 되었다.

2. 일부판결의 의의

일부판결이란 하나의 사건에서 심리의 대상인 청구의 일부에 대해, 그 심리를 완료한 때에 내리는 종국판결을 말하고(법200조1항). 일부판결 후 나머지 청구에 내리는 판결을 잔부판결이라 한다. 일부판결은 종국판결이므로 잔부판결과는 별도로 상소의 대상이 된다(확정 또는 가집행선언에 의해 집행도 가능하다). 단, 소송비용재판은 잔부판결에서 하는 것이 보통이다.

113) 평석으로 김상수, 판례월보366호, 7면 이하.

일부판결은 신속한 판결의 취득과 심리의 집중·정리에 도움이 된다. 단, 동일한 사건이 2개로 분리되어 심급을 달리하며 심리받게 된다는 점에서는, 재판의 모순·저촉이나 동일한 소송자료의 중복사용 등의 문제가 있다. 따라서 법200조는 일부판결이 가능하더라도 그것을 내리는 것은 어디까지나 법원의 재량으로 하였고, 당사자도 그러한 재량의 행사에 대해 불복을 제기할 수 없다.

3. 일부판결이 가능한 경우

(1) 법200조1항의 경우

먼저 일부판결을 하려면 앞서 보았듯이, 종국판결이므로 일부판결의 대상인 청구에 관해 심리를 완료해야 가능하다(법200조1항). 먼저 1개의 청구의 일부에 관한 경우에는 청구의 내용이 가분이고, 일부판결과 잔부판결이 저촉되지 않아야 한다. 또한 병합된 수개 청구의 일부의 경우에도 동일하다. 이러한 경우에는 기본적으로 소의 객관적 병합으로서의 단순병합의 경우와 소의 주관적 병합으로서의 통상공동소송의 경우가 이에 해당한다.

(2) 법200조2항의 경우

변론이 병합된 여러 사건 중의 어느 하나에 대해서, 반소가 제기된 경우의 본소 또는 반소 중의 어느 하나에 대해서도 일부판결이 가능하다(법200조2항). 전자는 변론의 병합에 의해 앞서 본 청구의 병합과 같은 결과가 초래되는 경우를 말한다. 후자는 본소와 반소가 그에 대한 판결에 의해 기판력이 저촉되지 않는 경우이다.

4. 일부판결이 불가능한 경우

(1) 청구의 예비적 경합

청구의 예비적 병합(이 판결에서도 다룬 심판방법 등을 포함하여 예비적 병합에 관해서는 항목<78> 참조)의 경우에는 병합의 성질상 일부판결이 불가능하다. 이 판결에서도, "주위적 청구를 먼저 판단하지 않고 예비적 청구만을 인용하거나 주위적 청구만을 배척하고 예비적 청구에 대하여 판단하지 않는 등의 일부판결은 예비적 병합의 성질에 반하는 것으로서 법률상 허용되지 아니 한다"라고 명확히 판시하고 있다. 청구의 예비적 병합의 경우에 일부판결이 허용되지 않는 것은, 병합된 양 청구 간에 밀접한 관계가 있고, 따라서 잔부판결의 결과에 따라 일부판결과 잔부판결 간에 모순이 발생할 우려가 있기 때문이다.

이외에도 일부판결이 불가능한 경우로 이론이 없는 것은, 동일한 권리관계를 목적으로 한 본소와 반소의 경우(채무의 부존재확인을 구하는 본소에 대해 당해 채무의 이행을 구하는 반소의 경우), 동일목적의 형성청구(이혼의 본소와 반소의 경우)의 경우, 합일확정에 의한 심판이 요구되는 경우(필수적 공동소송과 독립당사자참가[대판 1981.12.8, 80다577 등]), 법률상 병합이 요구되는 경우(상법188조, 240조, 380조) 등이 이에 해당된다. 더 나아가 일부판결이 인정되지 않는다는 위와 같은 해석에 의한다면, 청구의 단순병합에 있어서도, 병합된 2개의 청구의 내용이 서로 관련되고 이들에 대한 저촉된 판결이 확정됨으로써 실체법상 서로 모순된 법률상태가 발생하는 경우라면, 일부판결은 불가능하다고 해석해야 한다.

(2) 청구의 선택적 병합

한편 예비적 병합이 아닌 청구의 선택적 병합의 경우에도, 판례는 일부판결(병합된 청구의 일부만의 기각판결)이 불가능하다고 해석한다(물론 선택적 병합의 경우의 1개의 청구의 인용판결은 전부판결이므로, 일부판결의 문제는 발생하지 않는다). 즉 대판 1998.7.24, 96다99는 "청구의 선택적 병합이란 양립할 수 있는 수개의 경합적 청구권에 기하여 동일 취지의 급부를 구하거나 양립할 수 있는 수개의 형성권에 기하여 동일한 형성적 효과를 구하는 경우에 그 어느 한 청구가 인용될 것을 해제조건으로 하여 수개의 청구에 관한 심판을 구하는 병합 형태로서…이와 같은 선택적 병합의 경우에는 수개의 청구가 하나의 소송절차에 불가분적으로 결합되어 있기 때문에 선택적 청구 중 하나만을 기각하는 일부판결은 선택적 병합의 성질에 반하는 것으로서 법률상 허용되지 않는다고 할 것이다."라고 판시하고 있다(이러한 판례의 견해에 찬성하는 것이 통설114)이다).

그 평석115)에 의하면, "선택적 병합은 원고가 수개의 청구 중에서 하나의 청구에 대하여만 인용판결을 선고받기를 원하고, 만약 이것이 받아들여진다면 나머지 청구에 대하여는 어떠한 판결도 원하지 않는 병합형태이다. 그런데 일부판결이 허용된다면 경우에 따라서는 하나의 청구를 인용한 확정판결 이외에도 다른 청구를 인용하거나 기각한 확정판결이 공존하게 될 염려가 있는데, 이러한 결과는 위와 같은 선택적 병합의 본질과 처분권주의에 반하게 된다. 선택적 병합의 경우에는 이러한 점 때문에 실질적으로는 수개의 청구가 일체적으로, 즉 불가분적으로 심판의 대상이 되는 것이다."라고 하여 판례에 찬성하고 있다.

이에 대해 선택적 병합에 의해 제기한 여러 개의 청구를 병합에 의하지 않고 별소로 동시에 제기하여도 중복제소에 해당하지 않는 점, 수개의 청구 중 먼저 제기한 1개의 청구가 기각된 뒤 다시 동일한 청구취지로써 청구원인을 달리 하는 별소를 제기해

114) 김, 446면; 김=강, 626면; 이, 601면; 전, 620면; 정=유, 690면; 정영, 725면; 호, 810면.
115) 문일봉, 인권과정의270호129면.

도 전소의 기판력에 저촉되지 않는다는 점을 이유로, 일부판결이 가능하다는 소수설116)이 있다.

생각건대 선택적 병합이라는 병합형태가 인정되는 한, 예비적 병합과는 달리 일부판결과 잔부판결의 저촉의 문제가 발생하지 않으므로 일부판결이 가능하다고 생각한다. 왜냐하면 구소송물론을 취하는 판례의 입장에서 보았을 때 선택적으로 병합된 청구가 모두 인용되어도 이것이 위법하다고는 할 수 없고, 반대로 2중패소를 방지한다는 예비적 병합과 같은 특성을 갖는 것도 아니며, 구소송물론의 문제점을 커버하려고 고안된 선택적 병합 자체로는, 일부판결이 적당하다고는 할 수 없지만 그것이 불가능하다는 결론을 도출하기 위한 논거를 찾기 어렵기 때문이다.

5. 위법한 일부판결에 대한 구제방법

(1) 구제가능성

앞서 보았듯이 법원은 일부판결을 재량으로 할 수 있으므로, 당사자는 법원이 일부판결이 가능함에도 하지 않을 경우 이에 대해 불복을 제기할 수 없다. 그러나 일부판결을 해서는 안 되는 경우에 일부판결을 하였다면, 당사자는 어떠한 불복을 제기할 수 있는지 문제된다.

(2) 판례의 입장

이 판결에 의해 변경되기 전의 판례의 입장은, 일부판결이 불가능함에도 일부판결을 한 경우에는 재판의 누락으로서 추가판결로서 처리해야 하고, 상소는 그 대상이 없어 부적법하다는 해석이었다. 즉 선례인 대판 1981.4.14, 80다1881, 1882는 특별한 이유 없이, "원고는 예비적 청구를 원심에서 비로소 병합·확장하였음이 분명한 바, 원심은 그 이유에서 이유없다고 설시하면서도…주문에서는 위 예비적 청구에 대하여 아무런 언급도 하지 않고 있으니 위 청구에 대하여도 원심판결이 없는 경우라고 할 것이므로 위 예비적 청구 부분 사건 또한 원심에 계속 중이라고 볼 것이다."라고 해석하였다. 이를 명확히 하여 대판 1989.9.26, 88다카10647은, "법원이 청구의 일부에 대하여 재판을 유탈한 때에는 소송은 그 청구부분이 아직 그 법원에 계속하는 것이므로(민사소송법 제198조(법212조) 제1항), 이 부분에 대한 원고의 상고는 그 대상이 없는 상고로서 부적법하다고 할 것이다."라고 판시하였다(기타 대판 1992.10.13, 92다18283; 대판 2000.1.21, 99다50422 등 다수).

이와는 반대로, 앞서 본 청구의 선택적 병합의 경우 일부판결을 할 수 없다는 판례인 대판 1998.7.24, 96다99에서는, 위법한 일부판결에 대한 구제방법에 대해, "원고가

---

116) 강, 367면.

이와 같이 위법한 제1심판결에 대하여 항소한 이상 원고의 이 사건 선택적 청구 전부가 항소심인 원심으로 이심되었다고 할 것이므로, 원심이 원고의 이 사건 선택적 청구 중(심판하지 아니 한 것은)…재판의 탈루로서 제1심법원에 그대로 계속되어 있다고 판단한 것은 청구의 선택적 병합에 관한 법리를 오해한 것이라고 하겠다."라고 판시하였다.

선택적 병합에 관한 위 판례의 입장은, 아마도 그에 앞선 판례에서 위법한 일부판결의 경우의 구제방법에 관해 재판의 누락으로서 파악한 것과 구별하기 위해, 청구의 선택적 병합임을 강조하고, 따라서 사안이 다른 점을 근거로 하여 판례를 변경함이 없이 상소의 가능성을 인정한 것으로 해석된다(물론 청구의 선택적 병합의 경우에도 일부판결이 가능하다는 입장을 취한다면 당연히 이와는 다른 처리가 된다). 그러나 어느 경우에나 위법한 일부판결의 경우의 문제이므로, 이러한 판례간의 차이는 예비적 병합과 선택적 병합의 차이에 의한 것이라고 정당화할 수 없고, 법해석상 문제가 된다. 이러한 점도 이 판결이 기존의 판례의 입장을 변경한 이유에 해당하는 부분이라고 생각한다.

(3) 상소에 의한 구제

이 판결에 의해 일부판결이 불가능함에도 일부판결을 한 경우에는, 재판의 누락에 해당하여 추가판결로 해결하는 것이 아닌 판단누락의 일종으로 보아 상소로 구제해야 한다는 것이 명확한 판례의 입장이 되었다(이러한 해석은 통설의 입장이기도 하였다). 나아가 판단누락으로서 상소를 인정하는 이상, 위법한 일부판결이 확정된 경우에는 법451조1항9호의 판단누락으로서 재심의 소를 제기할 수 있다고 해석해야 한다. 원래 위법한 일부판결의 경우의 판단누락이란 청구에 대한 판단누락이고, 청구에 관한 판단누락이라면 추가판결로 해결해야 하지만, 추가판결이 불가능한 이상 청구에 관한 판단누락도 재심사유로서의 판단누락으로 해석할 수 있다. 따라서 이 판결은 통설[117]의 입장을 받아들인 것이기도 하다.

결국 일부판결이 불가능함에도 내린 일부판결은 위법한 판결이고, 그러한 일부판결을 한 법원은 추가판결을 할 수 없다. 판결 자체가 위법인 이상, 이 점을 직접 다투어야 하고, 이미 한 판결을 적법한 판결로 보고 누락된 부분을 재판하는 추가판결로 처리하는 것은 타당하지 않다. 이 판결도, "주위적 청구를 배척하면서 예비적 청구에 대하여 판단하지 아니하는 판결을 한 경우에는 그 판결에 대한 상소가 제기되면 판단이 누락된 예비적 청구 부분도 상소심으로 이심이 되고 그 부분이 재판의 탈루(누락)에 해당하여 원심에 계속 중이라고 볼 것은 아니다" 고 한 점에서 알 수 있듯이, 위와 같

117) 김, 688면; 강, 638면; 송=박, 398면; 이, 602면; 전, 622면; 정=유, 690면; 호, 812면.

은 판결자체의 위법이라는 점을 중요한 이유로 하고 있다고 말할 수 있다. 따라서 위법한 일부판결은, 실질적으로는 하자 있는 전부판결이 된다.

(4) 상소심에서의 처리방법

위법한 일부판결에 대해 상소가 제기되면, 앞서 보았듯이 상소에 의해 사건 전체가 상소심으로 이전된다. 이 때 상급심에서는 판단누락으로서 원판결을 반드시 취소하고 환송 또는 자판하는 것이 타당하다. 판단누락이라는 중대한 하자를 내포하는 것이며, 그 처리방법을 명확히 하는 것이 사건처리상 당사자나 법원에게 도움이 되기 때문이다. 또한 위법한 일부판결이라는 점은 직권으로 고려해야 하는 사항인지 문제된다. 일부판결을 해서는 안 된다는 절차의 위법이 소송요건과 유사하다는 점을 감안한다면, 직권으로 고려해야 한다는 해석이 타당하다.

아울러 상소로 취소되지 않거나, 상소가 제기 됨이 없이 위법한 일부판결이 확정되어도, 앞서 본 바와 같이 재심의 소를 제기할 수 있다. 설사 위법한 일부판결이 확정되어도 판단되지 않은 청구부분은 기판력이 발생하지 않으므로, 다시 소를 제기하는 것이 가능하다. 단, 청구의 예비적 경합의 경우에는 다시 패소할 가능성이 있고, 2중패소를 방지한다는 예비적 경합의 의의가 상실될 우려가 있다.

62 기판력의 작용

[대판 1989.6.27, 87다카2478]

사 실

X는 Y가 경영하는 광산의 광부로서 폭발사고로 인하여 상해를 입고 그 손해의 배상을 청구하는 소를 Y를 상대로 제기하였다. 그런데 X는 이미 이 사건 소에 앞서 Y를 상대로 하여 동일한 내용의 손해배상의 소를 제기하여 일부승소판결을 받았고 이 판결은 확정되었다(전소). 이에 Y는 X의 소는 전소판결의 기판력에 저촉되는 것이라고 다투었고, 1심은 청구기각을 2심은 소각하를 각각 판시하자, 청구기각 또는 소각하 중 어느 것으로 처리하여야 하는지 문제되었다.

판결요지

"제1심판결은 X의 이 사건 청구는 전 소송의 당사자 및 소송물이 동일하여 전 소송의 판결의 기판력은 이 사건 청구에 미친다 할 것이므로 이에 저촉되는 X의 이 사건 청구는 이 점에서 부당하여 이를 기각한다고 판시하고 있다. <u>제1심판결의 취지는 전소송에서 한 X 청구기각판결의 기판력은 이 사건 청구에 미친다 할 것이므로 이 사건에서는 전소판결의 내용과 모순되는 판단을 하여서는 아니되는 구속력 때문에 전소판결의 판단을 원용하여 X 청구기각의 판결을 한다는 것으로서 이는 소송물의 존부에 대한 실체적 판단을 한 본안판결이라고 보아야 할 것이다.</u>

원심이 제1심법원이 본안에 관하여 판단하지 아니하고 원고의 청구를 기각한 것이라고 하여 사건을 제1심법원으로 환송한 것은 제1심판결의 취지를 오해하고 필요적 환송에 관한 법리를 오해한 잘못이 있다 할 것이므로 이 점을 지적하는 논지는 이유있다."

해 설

1. 이 판결의 의의

전소에서 패소확정판결을 받은 자가 다시 동일한 내용의 소를 제기한다면 전소판결의 기판력에 저촉된다. 이 저촉의 처리방법에 관하여는 청구기각 또는 소각하라는 2가지 방법이 있다. 이 판결은 이에 관하여 기판력의 작용의 문제로서 청구기각을 해야 한다고 판시한 것이다.

2. 기판력의 작용의 의의

(1) 적극적 작용과 소극적 작용

기판력은 전소판결이 후소법원의 판단에 대해 미치는 일정한 구속력을 의미하므로, 후소법원은 전소판결에 구속되어 판결을 하게 되고, 이와 같이 전소와 후소의 관계에서 전소의 기판력이 후소의 심판에 미치는 효과를 기판력의 작용이라 한다. 따라서 기판력의 작용이란 후소(법원과 당사자)는 전소판결의 기판력에 구속된다는 것을 말하는데, 그 구속의 모습은 다시 적극적인 것과 소극적인 것 2가지로 나누어지는 것이 일반적이고, 각각 적극적 작용과 소극적 작용으로 부른다.

적극적 작용이란, 후소법원은 적극적으로 전소의 기판력을 받아들여 전소 판단을 전제로 판결을 해야 한다는 구속력으로 작용하는 형태를 말한다. 이에 비해 소극적 작용이란, 후소에서는 소극적으로 전소 기판력과 모순 저촉되는 주장·증명활동을 금지하는, 따라서 전소의 판단과 모순 저촉되는 판단을 초래할 공격방어방법의 제출금지(달리 '차단'이라고도 한다)를 의미하는 심리를 하지 않는다는 작용형태를 말한다.

(2) 양 작용의 관계

이러한 양 작용의 관계에 대해서는, 원래 아래에서 다루는 기판력의 본질에 관한 모순금지설과 반복금지설의 영향에 따라 어느 한쪽만을 강조하는 경향이 있었다. 그러나 현재는 적극적, 소극적 양 작용은 서로 보완하는 관계에 선다는 점에 이론이 없다. 이 2개의 작용은 동전의 양면과 같은 것으로, 즉 기판력은 법원의 입장에서는 법적 안정성의 유지, 그리고 당사자의 입장에서는 판결에서 판단된 사항에 대한 신뢰보호에 있으므로, 이러한 양자의 목적을 위해, 적극적 작용과 소극적 작용은 서로 보완하면서 적용되어야 하기 때문이다.

(3) 반복금지설과 모순금지설

한편 위와 같은 구속의 의미를 심판의 금지라는 반복금지설(일사부재리설)이라고 해석해야 하는지, 아니면 모순금지된 판단을 해서는 안 되는지의 문제가 기판력의 본질론과 연동하여 논의되기도 한다. 즉 기판력의 본질론에서의 반복금지설에 의하면, 전소 기판력에 저촉되어 후소는 기판력으로 인해 소극적 소송요건을 흠결하므로 각하해야 한다는 의미의 작용을 하고, 모순금지설(구속력설)에 의하면 본안판결로서 청구기각을 해야 한다는 의미의 작용을 한다는 등이다. 그러나 학설의 경우, 이하의 판례에서와는 달리, 어느 입장에 의하건 결론에는 차이가 없는 실정이다. 즉 기판력이 작용되기 위해서는 전소와 후소가 아래에서 다루는 3가지 관계이어야 하는데, 그 중 전소와 후소의 소송물이 동일한 경우에는 후소를 각하하고, 그 외의 경우에는 후소를 기판력을 이유로 각하하지 않는다는 점에 차이가 없다. 학설(최근의 것에 한정한다면)은 다음과 같이 분류할 수 있다.

즉 반복금지설에 따라 소극적 소송요건으로 부적법 각하해야 한다는 견해,[118] 모순금지설이 타당하다고 하면서 어느 경우에나 기판력에 저촉되는 후소가 부적법하여 각하된다는 점이 차이가 없고 근거의 설명에 차이가 있을 뿐이라고 하는 견해,[119] 소송물이 동일한 경우와 모순관계인 경우에는 반복금지설에 의해 각하하고 그 외의 경우에는 모순금지설에 의해 기각한다는 절충설적 견해[120]가 있다. 이러한 학설의 주장에 관하여, 모순금지설이나 반복금지설의 대립은 모순금지설에서도 주장하듯이 근거의 설명에 차이가 있을 뿐이고, 결국 그와 같다면 그다지 실익이 있는 논쟁이라고는 할 수 없을 것이다. 문제는 기판력의 작용에 있어 학설과 판례의 차이로 전소와 후소의 소송물이 동일한 경우와 모순관계인 경우의 처리방법(소각하냐 청구기각이냐)에 관한 것이 된다.

3. 기판력의 작용과 기판력의 범위

기판력의 작용과 혼동하기 쉬운 것은 기판력의 범위(한계)이다. 예를 들어 기판력의 객관적 범위란, 기판력이 발생하는 청구의 범위를 가리킨다. 기판력의 작용이란 그렇게 발생한 기판력이 어떻게 후소에 작용하는가의 문제이다. 즉 기판력이 객체라는 청구나 주체라는 당사자 등에게 구체적으로 어느 범위에서 발생하는가라는 문제가 객관적 또는 주관적 범위이고, 이에 비해 작용은 그렇게 발생한 기판력이 과연 후소에 영향을 미치는가이다. 시적 범위는 기판력의 소극적 작용 그 자체를 가리키는 것이기도 하다. 따라서 범위는 전소판결의 기판력의 양에 관한 문제임에 비해, 기판력의 작용은 전소와 후소간의 문제이다.

정리한다면, 작용되는 기판력의 분량은 어느 정도인지를 정하는 것이 기판력의 한계 또는 범위의 문제이다. 전소판결에 기판력이 발생하는 판단의 범위는 무엇인지의 문제가 범위이고, 그것이 후소에 어떻게 작용하는지, 어느 경우에 작용하는지의 문제가 기판력의 작용의 문제이다. 실제상으로는 매우 유사하고, 범위도 넓은 의미에서는

118) 이, 618면.

119) 호, 699면.

120) 김, 465면; 김=강, 673면 이하; 전, 638면 이하; 정=유, 723면 이하.

작용면에 포함되지만, 그 성격이나 역할이 다르다는 점에서 위와 같이 기판력의 작용과 범위는 구분하여 판단해야 한다.

4. 기판력이 작용하기 위한 전소와 후소의 관계

기판력이 작용하려면 전소와 후소가 다음과 같은 관계에 있어야 한다.

(1) 전소와 후소의 소송물이 동일한 경우

기판력은 원칙적으로 소송물에 대해 작용하므로, 전소와 후소의 소송물이 동일한 경우에 작용한다. 또한 구체적으로는 동일한 경우만이 아니라, 소송물인 청구와 표리관계에 있는 청구가 대상인 소송물의 경우도 포함한다. 전소에서 발생한 기판력의 대상이 되는 권리관계 자체가 후소의 소송물이 되어 있는 경우이다. 예를 들면 소유권확인의 소에서 패소한 원고가 동일한 물건의 소유권확인을 구하는 후소를 제기하는 경우나, 급부소송에서 패소한 원고가 동일한 청구권의 이행을 구하는 후소를 제기한 경우에는, 전소와 후소의 소송물이 동일하여 전소의 기판력이 작용한다. 또한 채무이행을 구하는 전소에서 패소한 피고가 당해 채무의 부존재확인을 구하는 후소를 제기하는 경우에는, 전소와 후소의 소송물이 표리관계에 있는 것이므로 기판력이 작용한다.

이 경우 기판력의 작용에 따른 후소의 처리방법에 관해서는, 앞서 간단히 언급한 바와 같이, 학설과 판례 간에 대립이 있다. 최근의 학설의 대부분은 확정판결의 기판력은 동일 사건을 후소로 제기할 수 있는 소권 자체의 상실을 초래하고, 따라서 후소는 항상 부적법한 것이 되므로, 기판력에 저촉되는 후소는 소를 각하해야 한다는 해석이다(일사부재리설). 이에 비해 판례는, 이 판결에서 보는 바와 같이 후소의 제소 자체는 적법하지만, 이미 판단이 내려져 있으므로 본안에 대한 판단으로서 청구기각을 해야 한다는 해석이다(구속력설).

그렇다면 전소와 후소의 소송물이 동일하다면(위에서 본 바와 같이 전소의 소송물과 표리관계인 청구가 후소의 소송물인 경우를 포함), 후소법원은 전소의 기판력을 이유로 소를 각하해야 하는지, 아니면 청구기각해야 하는지의 문제에 대해, 기판력본질론은 그 설명의 근거가 될 수 있지만, 절대적으로 작용하는 것이 아님은 앞서 학설의 개관을 통해서도 보았고, 판례 자체도 기판력본질론에 관여하지 않는다. 따라서 각하가 타당한지 기각이 타당한지를 합리적으로 비교형량하여 정하는 것이 적절하다.

일사부재리설의 논거는 2가지로 요약할 수 있다. 첫째는 반복된 심리를 금지한다는 소송경제적 측면, 그리고 전소와 후소는 동일하므로 소권 자체를 상실시킨다는 점에 있다.

각하나 기각을 단순히 비교한다면 전자가 소송경제에 도움이 된다고는 일반적으로 말할 수 있다. 그러나 기판력의 작용으로 청구를 기각하는 경우라면, 그 심리의 내용은 기판력의 존재, 새로운 공격방어방법의 존재에 해당하고, 이에 대한 심리는 기판력의 작용으로 각하하는 경우에도 마찬가지로 심리해야 하는 것이므로, 후소법원이나 후소피고의 부담에는 실질적으로 차이가 없을 것이다. 또한 시간의 경과에 따라 분쟁의 내용은 전소 확정판결 후에 항상 같다고는 할 수 없으므로, 후소 자체는 적법하다고 해석할 필요가 있다. 따라서 이하의 판례의 해석과 같이 청구기각을 하는 것이 타당하다. 이러한 해석은 또한 기준시 후의 새로운 사유가 주장되지 않는 경우라도, 기판력의 기준시를 후소의 변론종결시로 재설정하는 것이 타당하기 때문이다.

위와 같은 경우 전소의 기판력은, 후소법원은 전소에서 내려진 권리의무의 존부에 관한 판단을 전제로 하여 그와 모순 저촉되는 판단을 해서는 안 된다는 적극적 작용을 한다. 또한 기판력의 시적 한계에 의해 정해진 공격방어방법은 후소에서 차단된다는 소극적 작용을 한다. 따라서 법원은 후소원고가 기판력에 의한 차단을 받지 않는 새로운 사유를 주장하지 않는 한, 전소와 동일한 본안판결을 하게 된다(청구기각). 앞서 보았듯이 이 본안판결은 기준시가 후소의 변론종결시가 된다는 점에도 의의가 있다. 이 판결은 그 이유를 충분히 설시하고 있지는 않지만, 패소부분을 기판력의 작용의 문제로서 청구기각을 해야 한다는 해석으로 타당하다.

위와 반대로 전소에서 승소한 당사자가 동일한 권리의무관계를 대상으로 하는 후소를 제기하는 경우에도 기판력이 작용되어 전소 기판력에 구속되는 후소법원은 동일한 판단을 하는 것이 된다. 그러나 이미 승소판결을 얻고 있는 상태이므로, 모든 소에 공통적으로 적용되는 소의 객관적 이익으로서 권리보호의 이익이 없으므로, 기판력 문제가 아닌 소의 이익의 문제로서 각하된다. 반대로 특별히 소의 이익이 인정되는 경우라면, 예를 들어 시효중단을 위해 달리 적절한 방법이 없는 경우(대판 1998.6.12, 98다1645), 판결원본이 멸실되어 강제집행을 신청하는 것이 곤란하게 된 경우, 판결 내용이 특정되지 아니하여 집행을 할 수 없는 경우(대판 1998.5.15, 97다57658)라면, 재소할 소의 이익이 인정된다. 이 경우 재소에서의 심리와 관련하여, 전소인 구상금 청구소송에서 보증보험계약서의 진정성립을 인정하지 않고 구상금채권을 인정하는 판결이 확정된 후, 그 확정된 채권의 소멸시효의 중단을 위하여 제기된 신소에서 당해 보증보험계약서의 진정성립 여부 등을 다시 심리할 수 있는지에 대해, 대판 2010.10.28, 2010다61557에서는, 신소의 판결이 전소의 승소확정판결의 내용에 저촉되어서는 아니 되므로, 후소 법원으로서는 그 확정된 권리를 주장할 수 있는 모든 요건이 구비되어 있는지 여부에 관하여 다시 심리할 수 없다고 판단하였다. 따라서 피고가 후소에서 전소의 확정된 권리관계를 다투기 위하여는 먼저 전소의 승소 확정판결에 대하여 적법한 추완항소를 제기함으로써 그 기판력을 소멸시켜야 할 것인데, 이는 전소의 소장부본과 판결정본 등이 공시송달의 방법에 의하여 송달되어 피고가 그 책임질 수 없는 사유로 전소에 응소할 수 없었던 경우라고 하여 달리 볼 것이 아니다(대판 2013.4.11, 2012다111340).

(2) 전소의 소송물이 후소의 소송물의 선결관계가 되는 경우

전소의 소송물인 권리관계가 후소의 그것과 선결적 법률관계에 해당하는 경우에 기판력이 작용한다. 선결관계란 전제가 되는 관계로서, 소유권확인을 구하는 전소에서 승소한 원고가 소유권확인의 대상인 목적물의 인도청구 등을 구하는 후소를 제기한 경우, 후소법원은 전소 기판력에 따른 공격방어방법의 차단이라는 소극적 작용을 받으며, 적극적 작용으로 기준시에서의 소유권의 존재를 전제로 하여 본안판결로 심판해야 한다. 즉 전소에서 원고가 패소하였다면 후소에서는 기준시후의 새로운 공격방어방법이 없는 한 청구기각을 하여야 한다.

선례는 대판 1963.10.22, 63다295이다. 여기에서는, "판결의 기판력이란 제도는 동일 소송물에 대한 심리를 변복하여 분쟁의 연속을 방지하는데 그 취지의 하나가 있는 것이므로 동일 당사자간에 전소송과 동일한 소송이 제기된 경우에 전소송의 기판력을 주장할 수 있음은 물론이나 그 전후의 양소송이 청구원인 또는 청구목적물이 다르다 하여도 전소의 소송물이 후소와 관련되어 후소송에 있어서의 주장과 항변으로서 전소송물의 존재 부존재를 주장하는 경우에도 당사자는 전 소송의 확정판결에 반대된 주장을 할 수 없는 것이므로 만일 당사자가 이에 반대된 주장을 한 경우에는 상대방은 기판력의 항변을 할 수 있고 법원도 위 확정판결에 반대되는 판단을 할 수 없는 것이다."라고 판시되었다.

보다 자세한 예로 대판 1976.12.14, 76다1488에서는, 전소는 금 880,000원의 지급을 구하는 것이었고, 청구기각판결이 확정되었다. 전소 원고는 다시 전소 청구원인과 동일한 사실을 청구원인으로 하는 금 880,000원과 이에 대한 1974.5.2부터 완제일까지 연 5푼의 비율에 의한 금원의 지급을 구하는 후소를 제기하였다. 이에 대해 대법원은, "(후소 청구 중)금 880,000원 청구부분은 위 확정판결의 기판력에 저촉됨이 명백하나 기록에 의하면 동 금원에 대한 1974.5.2부터 완제일까지 연5푼의 비율에 의한 금원의 지급을 구하는 부분은 위 금 880,000원에 대한 피고의 지급의무를 전제로 하고 그에 대한 이행 지연으로 인한 손해배상청구임이 명백하고, 한편 확정판결의 기판력은 사실심의 최종변론종결당시의 권리관계를 확정하는 것이므로 그 중 위 확정판결의 사실심의 변론종결시 후의 부분은 그 선결문제로서 위 금 880,000원에 대한 피고의 지급의

무의 존재를 주장하게 되어 논리상 위 확정판결의 기판력의 효과를 받게 되는 것이라고 할 것이나, 그 외의 부분(변론종결당시까지의 분)의 청구는 위 확정판결의 기판력의 효과를 받을 리가 없게 된다고 할 것이므로 막연히 위 지연손해금청구전부를 위 확정판결의 기판력에 저촉된다고 논단할 수 없는 것이라고 할 것이다."라고 판시하였다. 즉 변론종결전의 이자부분은 기판력이 미치지 않는 부분이라는 해석이다. 왜냐하면 기준시 전에 전혀 이자가 발생하지 않느냐에 관해서는 전소 기판력이 판단한 선결관계에 있지 않기 때문이다.[121)]

아울러 앞서 본 바와 같이, "위 확정판결은 앞서 본바와 같이 원고가 피고를 상대로 위 금 880,000원의 지급을 구하였다가 이유 없다고 하여 청구기각의 원고패소의 판결임이 명백하므로 원고의 이건 청구중 동 확정판결의 기판력에 저촉되는 부분에 대하여도 위 확정판결과 모순없는 판단을 하므로서 동 청구를 배척(기각)하는 것은 몰라도 그것이 단지 권리보호의 필요가 없어서 부적법하다고 하고(소권의 남용이라고 인정되는 경우는 별문제이다)소를 각하할 것은 아니라고 할 것이다."라는 점도 명확히 하고 있다.

또한 대판 1994.12.27, 94다4684에서도, "확정된 전소의 기판력 있는 법률관계가 후소의 소송물 자체가 되지 아니하여도 후소의 선결문제가 되는 때에는 전소의 확정판결의 판단은 후소의 선결문제로서 기판력이 작용한다고 할 것이므로, 소유권확인청구에 대한 판결이 확정된 후 다시 동일 피고를 상대로 소유권에 기한 물권적 청구권을 청구원인으로 하는 소송을 제기한 경우에는 전소의 확정판결에서의 소유권의 존부에 관한 판단에 구속되어 당사자로서는 이와 다른 주장을 할 수 없을 뿐만 아니라, 법원으로서도 이와 다른 판단을 할 수는 없는 것이다.…원고들의 이 사건 청구는 위 확정판결의 기판력에 저촉되어 본안에 대한 판단의 필요 없이 기각되어야 한다."라고 판시하였다.

그러나 대판 1980.9.9, 80다1020은, "채권, 채무의 존부와 그 채권, 채무 관계를 원인으로 한 등기의 말소청구권의 존부는 별개의 소송물이라 할 것이므로 채무부존재

121) 이에 관하여는 원본채권청구에 대한 원고패소(청구기각)판결의 기판력은 이자청구에 관하여 어떻게 미치는지의 문제로도 설명할 수 있다(이것을 기판력의 시적 범위의 문제로 다루는 입장도 있지만, 청구의 동일성의 문제로서 객관적 범위에서 다루어야 할 문제이다). 즉 우선 이자청구가 원본대여 당일부터 전소의 변론종결일까지의 것이라면, 전소확정판결의 기판력은 이유 중의 판단(예를 들어 소비대차의 불성립 등)에는 발생하지 아니하므로, 당해 이자청구에는 전소판결의 기판력이 미치지 않는다. 반대로 전소 변론종결일 다음 날부터의 이자청구라면 전소의 청구와 후소의 청구는 별개이지만 변론종결일에 원본채권이 존재하지 않는다는 것이 확정되었으므로, 그 후의 이자채권이 존재한다는 주장은 전소 기판력에 저촉된다(청구를 기각한다).

확인의 확정판결의 기판력이 본건 등기말소 청구에 미칠 수 없다"라고 하는데, 이러한 해석은 이 두 번째 기판력의 작용형태를 오해한 것이 아닌가 생각된다.

(3) 전소의 소송물과 후소의 소송물 사이에 모순관계가 있는 경우

전후 양소의 소송물인 권리관계가 실체법상 모순·반대관계인 경우에 전소의 기판력이 작용하는 것을 말한다. 예를 들면 소유권확인의 전소에서 패소한 피고가 동일한 목적물의 소유권확인을 구하는 후소를 제기한다면, 전후 양소의 소송물은 동일하지 않지만, 전소의 기준시를 기점으로 하여 실체법상 1개의 목적물에 2개의 소유권이 존재할 수 없는 이상, 후소원고는 기준시전의 사유를 공격방어방법으로 제출할 수 없고(소극적 작용), 기준시후에 소유권취득의 사실을 주장하지 못하면 법원은 전소 기판력에 구속되어 그와 모순 저촉되는 판단을 할 수 없으므로 결과적으로 청구기각판결을 내리게 된다.

만일 기판력이 작용하지 않는다면, 전소 원고의 재판에 대한 신뢰를 저버리고 법적 안정성에도 도움이 되지 않으며 기판력제도의 존재의의가 상실되므로, 그 필요성을 알 수 있을 것이다. 물론 전소에서 원고가 패소(청구기각)하였다면, 그 기판력은 원고의 소유권이 존재하지 않는다는 범위에서 발생하므로, 전소피고의 소유권이 존재한다는 기판력이 발생하는 것이 아니고, 따라서 전소피고가 후소를 제기하면 전소 기판력에 관계없이 기준시전의 사유를 주장할 수 있고, 법원도 그에 따라 전소피고의 소유권 유무에 대해 새로이 판결을 내려야 한다.

모순 반대관계에 해당하는 예로는 위에서 든 사례 이외에도, 전소가 소유권이전등기청구소송 또는 말소등기청구소송이고 각각 청구인용판결이 내려졌는데, 전소피고가 전소원고를 상대로 이전등기말소청구 또는 이전등기청구를 각각 구하는 후소를 제기한다면, 마찬가지로 모순·반대관계로서 기판력에 저촉되어, 후소법원은 위에서 본 바와 같이 후소를 청구기각하는 판결을 내려야 한다.

이러한 판례로 대판 1981.9.8, 80다2442, 2443에서, 전소는 소유권이전등기절차 이행을 명하는 소송으로 청구인용판결이 내려졌다. 후소는, 전소피고가 다시 전소원고를 상대로 전소확정판결에 의하여 이루어진 이전등기에 대해, 매매를 원인으로 한 소유권 일부 이전등기가 주무부장관의 처분허가 없이 된 매매를 원인으로 한 것일 뿐만 아니라 위 임야의 처분은 사찰의 존립자체를 위협하는 것이므로 그 처분허가가 있었다고 하더라도 위 매매는 무효일 것이니, 무효인 매매를 원인으로 한 위 등기의 말소등기절차 이행을 구하는 것이었다. 이에 대해 대법원은, "피고의 후소 청구는 전소 판결에 의하여 확정된 전소 원고의 소유권이전등기청구권을 정면에서 부인하는 것이고 피고의 위 주장사실은 전소의 변론종결일 이후에 생긴 사유도 아니니 이것은 위 확정판결의 기판력에 저촉된다"고 판시하였다.

또한 대판 2001.1.16, 2000다41349에서는, "전소인 대법원 96다8802 판결은 소송판결로서 그 기판력은 소송요건의 존부에 관하여만 미친다 할 것이나, 그 소송요건에 관련하여 피고의 최순희에 대한 피보전채권이 없음이 확정된 이상 이 사건에서 피고가 최순희에 대하여 피보전채권이 있음을 전제로 다시 위와 같은 주장을 하는 것은 전소의 사실심 변론종결 전에 주장하였던 사유임이 명백할 뿐만 아니라, 피고의 이러한 주장을 허용한다면 피고에게 최순희에 대한 피보전채권의 존재를 인정하는 것이 되어 전소판결의 판단과 서로 모순관계에 있다고 하지 않을 수 없으므로 이 사건에서 피고가 이러한 주장을 하는 것은 전소판결의 기판력에 저촉되어 허용될 수 없다고 할 것이다."라고 판시하였다.

보다 자세히 설명한 판례로 대판 1995.3.24, 93다52488에서는, 전소의 소송물은 매매예약 완결을 원인으로 한 소유권이전등기청구권의 존부이고, 후소의 소송물은 가등기말소청구권의 존부로서 기판력의 작용의 유무가 문제되었다. 이에 대해 판결요지는 먼저, "그 청구취지와 청구원인을 달리하고 있으므로 양소는 그 소송물이 다르다고 할 수 밖에 없는바, 이와 같이 전, 후 양소의 소송물이 동일하지 않다고 하더라도, 만일 후소의 소송물이 전소에서 확정된 법률관계와 모순되는 정반대의 사항을 소송물로 삼았다면 이러한 경우에는 전소 판결의 기판력이 후소에 미친다"는 점을 명확히 하였다.

그 다음으로, "한편 확정판결의 기판력은 소송물로 주장된 법률관계의 존부에 관한 판단의 결론 자체에만 미치고 그 전제가 되는 법률관계의 존부에까지 미치는 것은 아니어서, 이 사건의 경우 가등기에 기한 소유권이전등기절차의 이행을 명한 전소 판결의 기판력은 소송물인 소유권이전등기청구권의 존부에만 미치고 그 등기청구권의 원인이 되는 채권계약의 존부나 판결이유 중에 설시되었을 뿐인 가등기의 효력 유무에 관한 판단에는 미치지 아니한다"고 하여 기판력의 범위를 명확히 하였다.

그리고 만일 후소가, "원고가 후소로써 위 가등기에 기한 소유권이전등기의 말소를 청구한다면 이는 1물 1권주의의 원칙에 비추어 볼 때 전소에서 확정된 원고의 소유권이전등기청구권을 부인하고 그와 모순되는 정반대의 사항을 소송물로 삼은 경우에 해당하여 전소 판결의 기판력에 저촉된다고 할 것이"지만, 후소가 "위 가등기만의 말소를 청구하는 것은, 전소에서 판단의 전제가 되었을 뿐이고 그로써 아직 확정되지는 아니한 법률관계를 다투는 것에 불과하여 전소 판결의 기판력에 저촉된다고 볼 수 없는 것이다." 라고 판시하고 있는 것이다.

아울러 이러한 판례의 태도는 기판력의 객관적 범위에 의해 작용의 정도가 달라질 수 있다. 즉 판례는 이전등기청구소송의 경우 청구원인에 따라 소송물이 달라지고 따라서 기판력의 범위도 달라지므로(후술 항목<69> 참조), 만일 이전등기소송에서 패소한 원고가 재차 이전등기소송을 제기한다면, 기판력이 작용하지 않을 수도 있게 된다.

63 기판력의 시적 한계

[대판 1966.6.28, 66다780]

사 실

X는 Y를 상대로 손해배상청구소송(전소)을 제기하여 승소의 확정판결을 받았다. Y가 임의이행을 하지 않자 X는 강제집행에 착수했는데, 이에 Y는 당해 확정판결의 변론종결전에 X에 대하여 상계적상에 있었던 채권을 가지고 상계의 항변을 주장하며 청구이의의 소(후소)를 제기하였다. 이러한 Y의 상계의 항변은 전소의 기판력에 저촉되는지 문제되었다.

판결요지

"상계는 당사자 쌍방의 채무가 서로 상계적상에 있다 하여, 곧 채무소멸의 효력이 생기는 것이 아니고, 상계의 의사표시를 기다려, 비로소 그 효력이 생기는 것이므로, 채무자가 채무명의인 확정판결의 변론종결전에 상대방에 대하여 상계적상에 있는 채권을 가지고 있다 하여도, 변론종결후에 이르러 비로소 상계의 의사표시를 한 때에는, 민사소송법 제505조(민집44조) 제2항에 규정하는 이의원인이 변론종결후에 생긴 때에 해당하는 것으로서, 당사자가 변론종결전에 상계적상에 있음을 알았는가 몰랐는가에 관계없이 적법한, 청구이의 사유가 된다고 할 것이다."

해 설

1. 이 판결의 의의

이 판결에서는 전소의 기준시전에 발생한 상계권을 기준시 후인 청구이의소송(후소)을 통해 행사할 수 있는지 문제되었다. 이에 대해 이 판결은 상계의 효력이 발생하는 것은 상계적상시가 아닌 상계의 의사표시를 한 때이고, 이 때 상계의 효력을 인정하여도 판결의 기판력과 모순되는 것은 아니라는 이유를 근거로 기판력에 저촉되지 않는다고 판단한 것이다.

2. 기판력의 시적 한계의 의의와 형성권의 경우

(1) 의의

기판력이란 기준시(사실심변론종결시. 민집44조2항 참조) 당시의 권리관계를 확정한다는 의미가 있다. 이 기준시란 당사자가 공격방어방법을 제출할 수 있는 한계점을 가리키고, 이 시기가 지났다는 의미는 당사자가 더 이상 기준시전에 이미 존재하고 있었던 공격방어방법을 제출하여 확정된 권리관계를 다툴 수 없다는 것을 말한다. 따라서 기판력의 시적 한계를 논함에 있어 중요한 것은 기판력의 저촉이 문제되는 경우라는 점이다.

기준시전에 발생한 공격방어방법을 제출하면 그로 인해 이미 확정된 권리관계와 모순되는 즉 기판력에 저촉되는 경우가 발생하고, 이러한 결과를 막기 위해 기준시전의 공격방어방법의 제출을 막아야 하기 때문이다. 이와 같이 기판력에 의해 기준시전에 발생한 공격방어방법의 제출이 차단된다는 점에서 기판력의 시적 한계는 기판력에 의한 차단효라고도 불린다. 따라서 기판력의 시적 한계의 문제를 해결함에 있어서는 공격방어방법의 제출이라는 관점과 기판력의 모순저촉이라는 관점, 이 2개의 관점에서 고찰해 볼 필요가 있다.

(2) 형성권의 특수성

그런데 기판력의 시적 한계가 문제되는 것은 이 판결에서와 같은 상계권 등의 사법상의 형성권의 행사와 관련된 것이다. 형성권은 일단 민법상의 제척기간이라는 보호를 받고 있기 때문이다. 형성권 이외의 경우에는 기준시전에 발생한 공격방어방법을 들어 전소의 기판력과 모순되는 후소를 제기할 수 없다.

예를 들면 대판 1980.5.13, 80다473에서는 "원고가 이미 피고를 상대하여 이 사건 부동산에 관한 피고 명의의 가등기와 소유권이전의 본등기가 원인 없이 피고의 의사에 반하여 이루어진 것이라는 이유로 그 항소를 구하는 소송을 제기하였다가 원고 패소로서 확정된 이상, 확정판결의 기판력 때문에 원고는 다시 같은 피고를 상대하여 원인무효를 이유로 하는 말소청구를 할 수는 없다고 할 것이고…이와 같은 기판력은 그 소송의 변론종결전에 있어서 주장할 수 있었던 모든 공격 및 방어방법에 미치는 것이다."라고 판시하고 있다(이를 따르는 판례로 대판 1992.10.27, 91다24847, 24854; 대판 1981.7.7, 80다2751).

3. 형성권의 기준시 후의 행사

(1) 판례의 입장

상계권의 기준시 후의 행사에 관하여는 이 판결 이외에도 기판력에 저촉되지 않는다는 판례의 태도는 대판 1998.11.24, 98다25344 등에서 그대로 이어지고 있다. 한편 상계권이 아닌 다른 형성권의 경우에는 다음과 같은 입장을 취하고 있다.

즉 취소권에 관해서는 대판 1979.8.14, 79다1105에서 "확정판결의 변론종결 전에 이미 발생하였던 취소권 (또는 해제권)을 그 당시에 행사하지 않음으로 인하여 취소권자(또는 해제권자)에게 불리하게 확정되었다 할지라도 확정후 취소권(또는 해제권)을 뒤늦게 행사함으로써 동 확정의 효력을 부인할 수는 없게 되는 것이다."라고 판시하고 있다(단, 이 판례에서의 인용판례인 대판 1959.9.24, 4291민상830에서는 해제권을 포함하고 있지 않다). 결국 판례의 태도는 상계권은 기판력의 시적 한계에 영향을 받지 않지만, 취소권이나 해제권은 영향을 받는다는 입장이라고 이해할 수 있다.

(2) 학설

학설은 먼저 상계권에 관해 실권되지 않는다는 견해,[122] 예외적으로 당사자의 知·不知에 의해 실권된다는 견해[123]가 있다. 다음으로 취소권과 해제권의 경우에 관해 실권된다는 견해[124]와 일정한 경우에 예외적으로 실권되는 경우가 있다는 견해[125]로 구분된다. 또한 형성권에 관해 일반적으로 실권되지 않는다는 견해[126]도 있다.

4. 형성권의 행사가 기판력에 저촉되는 경우

(1) 기판력의 저촉

결론적으로 말해 이 판결의 결론은 타당하다. 단, 다음과 같은 관점에서의 추가적인 고찰이 필요하다. 기판력의 시적 한계의 문제는 기본적으로 기판력의 모순·저촉의 회피에 있다. 기준시전에 발생한 공격방어방법을 주장하더라도 후소가 전소와는 다른 권리관계의 확정을 구하는 것이라면, 당연히 기판력의 저촉을 논의할 필요가 없게 된다(즉 기판력의 문제가 아니다). 반대로 이러한 경우의 공격방어방법의 제출 자체는 그 주장가능성을 기판력이 아닌 신의칙으로 규율할 수 있다. 이 두 가지 점을 구분하여 대처할 필요가 있다는 점에 주의해야 한다.

(2) 상계권의 행사

상계권의 경우에는 이미 기판력에 의해 확정된 권리관계(수동채권의 존재)와 모순

122) 강, 678면; 김=강, 678; 김홍, 777면; 송=박, 461면; 전, 656면; 정=유, 732면; 정영, 1006면.

123) 이, 632면.

124) 김=강, 677면; 송=박, 460면.

125) 강, 679면.

126) 호, 725면.

되는 것을 주장하는 것이 아니다. 상계의 항변을 주장하려면 수동채권의 존재가 이미 기판력에 의해 확정되었음을 인정해야 하고, 상계의 항변으로 인해 상계적상시로 소급하여 수동채권이 소멸되는 것은 실체법이 부여한 특별한 효과이기 때문이다(민법 493조2항). 따라서 상계권의 주장 자체는 전소판결의 기판력과 하등 모순되지 않는다. 그렇다면 결론적으로는 이 판결에서 말하는 것과 같이 기판력의 시적 한계의 문제로서 상계적상이 기준시전이라도 상계권의 주장을 차단할 수 없다.

그러나 반대로 공격방어방법의 관점에서는 신의칙에 의해 이를 충분히 차단할 수 있다. 즉 상계권의 행사가능성을 충분히 알고 있었으면서도 집행단계에 이르러 비로소 이를 행사하는 경우이다. 원고의 입장이라면 피고가 자신에게 반대채권을 갖고 있음을 쉽게 알 수 있으므로, 그 행사를 촉구하여 신의칙을 적용할 수 있는 토대를 만들 수 있을 것이다. 한편 일부의 학설이 상계권자의 고의(또는 과실)에 의해 기판력의 차단효를 논하는 것은 조건부 기판력과 같은 것으로서 기판력의 성격과 어울리지 않는다.

(3) 그 외의 형성권의 행사

(a) 해제권

아울러 해제권의 경우에는 어떠한가. 이때에도 해제권이 행사되면 기준시의 권리관계와 모순되는지 보아야 한다. 해제는 기준시의 권리관계의 유효한 존재를 전제로 하면서 새롭게 그것을 해소하는 것을 말한다. 이 점에서 취소와 구별된다. 해제권을 행사해도 기준시의 권리관계의 존재는 인정하는 것이므로, 해제에 의한 권리관계가 기준시의 그것과 모순되는 것이라고는 볼 수 없고, 결국 상계권의 경우와 마찬가지로 기판력의 시적 한계에 의해 차단된다고는 할 수 없다. 단, 해제권의 행사를 신의칙에 의해 공격방어방법의 제한으로서 규율하는 것은 물론 가능하다.

(b) 취소권

반대로 취소권의 경우에는 기준시의 권리관계의 부정을 목적으로 하는 것이므로, 취소 후의 권리관계는 당연히 기준시의 권리관계와 모순된다. 따라서 취소권의 경우에는 기판력의 시적 한계에 따른 차단효의 대상이 된다.

(c) 기타

아울러 지상권자나 임차인의 건물매수청구권 등의 경우에도 상계권이나 해제권과 동일하게 해석해야 할 것이다(판례로서 대판 1995.12.26, 95다42195. 학설도 보통 상계권과 동일하게 해석하고 있다). 그러나 백지어음보충권의 경우, 보충권을 행사하지 않고 제기한 어음금청구소송에서 패소한 원고는 그 확정 후 보충권을 행사하여 재소하는 것은 전소기판력에 저촉된다(대판 2008.11.27, 2008다59230).

64 일부청구

[대판 1976.9.28, 76다2007]

사 실

X는 Y를 상대로, Y의 불법행위를 이유로 한 일실임금에 해당하는 재산상 손해금과 위자료를 청구하는 소를 제기하여 일부승소의 확정판결을 받았다. 그 후 다시 X가 전소에서 명시하지 아니한 Y의 불법행위로 인한 재산상 손해배상을 청구한다면 이러한 소는 전소의 기판력에 저촉되는지 문제되었다.

판결요지

"전 소송에서 X가 재산상 손해 중 일부의 청구를 유보하고 그 외의 일부만을 청구한 취지를 명시한 경우이어야 청구권이 있다 할 것이고 전 소송에서 일부청구하는 취지를 명시하지 아니하고 재산상 손해의 일부만을 청구하였다면 전소에 대한 판결의 기판력이 청구하지 아니한 부분에까지 미치게 되어 잔부에 대하여 이를 청구할 수 없다 할 것이다."

해 설

1. 이 판결의 의의

이 판결은 원고의 의사, 즉 명시적인 일부청구인지의 여부에 의해 기판력의 확장 여부가 결정된다고 한다. 원고가 자신의 청구를 일부청구라고 명시했다면 당해 청구에 대한 판결 후에 잔부청구에 따른 제소가 가능하고, 반대로 명시하지 않았다면 잔부청구에 의한 제소가 불가능해진다는 이론이다.

2. 일부청구의 의의

일부청구란 금전이나 불특정물의 급부를 목적으로 하는 채권의 실현을 위한 이행소송에서 당해 채권 중의 일부의 수액만을 청구하는 것을 말한다(나머지 부분을 잔부청구라고 한다). 예를 들면 금전 1억원을 반환 받을 채권 중 그 일부인 5천만원만을 청구하는 경우이다. 일부청구가 이용되는 이유는 소송비용의 절약과 재판결과의 예측에 있다. 일단 당사자에게 처분권이 인정되어 있으므로 일부청구 자체는 적법하다고 할 수 있다. 그러나 소액사건심판법의 적용을 받기 위한 일부청구는 인정되지 않는다(소액사건심판법5조의2). 문제는 일부청구에 대해 내려진 판결이 잔부청구에 어떠한 영향을 미치는가이다.

3. 잔부청구에 대한 효력

(1) 판례

(a) 명시의 유무에 따른 구분

명시의 유무로 구분하는 이 판결의 입장은 변함없이 판례의 입장으로서 그대로 유지되고 있다. 예를 들면 대판 1980.9.9, 80다60에서는 "불법행위를 이유로 소극적 재산상손해를 청구하면서 그 일부를 유보하고 나머지만을 청구한다는 취지를 명시하지 아니한 이상 그 확정판결의 기판력은 청구하고 남은 소극적 손해에까지 미치게 되는 것이므로 그 나머지 부분을 다시 청구할 수 없다."고 판시한다. 또한 "수회에 걸친 외상매매의 총대금 중 특정 가능한 일부 개별적 매매대금이 아닌 그 총액의 수량적 일부에 대한 이행청구의 소를 제기하면서 일부 청구임을 명시하지 아니한 경우에는 그 소송물은 그 대금채권 전부라 할 것이므로 그 일부청구에 대한 확정판결의 기판력은 그 대금채권 전부에 미친다"고 판시되고 있다(그 밖에 대판 1982.5.25, 82다카7).

(b) 명시방법

한편 일부청구임을 명시하는 방법에 관해 판례는 "반드시 전체손해액을 특정하여 그 중 일부만을 청구하고 나머지 손해액에 대한 청구를 유보하는 취지임을 밝혀야 할 필요는 없고 일부청구하는 손해의 범위를 잔부청구와 구별하여 그 심리의 범위를 특정할 수 있는 정도의 표시를 하여 전체손해의 일부로서 우선 청구하고 있는 것임을 밝히는 것으로 족하다."고 해석한다(대판 1986.12.23, 86다카536).

나아가 "소외 망 백봉근의 공동재산상속인들인 원고를 비롯한 소외 최차례 등이 전 소송에서 상속재산에 대한 협의분할의 소급효를 알지 못한 탓으로 그 협의분할시까지는 위 망인의 소유이던 이 사건 도로가 원고를 비롯한 공동상속인들의 공유로 잘못 알고 피고에게 이 사건 도로의 불법점유에 따른 부당이득중 각자의 법정상속분을 청구하였다가 그 제1심법원으로부터 상속재산분할의 소급효에 따라 이 사건 도로가 위 망인의 사망시부터 원고의 단독소유로 되었음을 전제로 원고의 청구를 인용하는 한편 나머지 공동상속인들의 청구를 기각하는 판결을 선고받고, 그 후 위 판결에 대하여 피고가 원고청구부분에 대하여서만 항소를 하여 전소가 항소심 계속중에 있을 때 원고가 별소인 이 사건 소송을 제기하여 위 부당이득중 원고의 법정상속분을 제외한 나머지 부분(상속재산의 협의분할로 원고에게 귀속된 부분)의 반환을 구하고 있다면 위 소송의 경과로 볼 때 원고로서는 전소의 사실심변론종결시까지 전소가 자신의 법정상속분에 관한 일부청구임을 명시하였다고 할 것이다."라고 판시되고 있다(대판 1994.1.14, 93다43170).

판례가 명시라는 용어에서의 명확성을 위와 같이 풀이한다면, 명확성이라는 용어 자체가 적당하다고는 말할 수 없을 것이다. 그러나 일단 원고가 일부청구임을 명시한다는 의미는 형식적 명시만이 아니라, 실질적 묵시적 명시도 포함된다는 것이 판례의 태도라고 볼 수 있다.

(2) 학설

한편 학설은 이러한 판례의 입장을 따르는 것이 통설[127]이다. 그 이유는 대략, 명시를 하지 않은 상태로 잔부청구를 하는 것은 신의칙위반이고, 따라서 이 반대해석으로 명시했다면 잔부청구가 가능하다는 논리이다. 보통 절충설이라고도 불린다. 이에 대해서는 명시에 관계없이 언제나 잔부청구가 가능하다는 입장[128](일부청구긍정설), 그것이 불가능하다는 입장(일부청구부정설이라 불린다)이 있다.

4. 일부청구의 판단대상과 판결의 결과에 따른 구분

(1) 일부청구의 소송물

당사자의 입장을 고려한다면 판례와 같이 해석하는 것이 타당하다고도 할 수 있다. 그러나 명시방법을 폭넓게 인정한다면 명시의 유무가 명확해지지 않고, 기판력의 유무도 그에 따라 명확하지 않으므로 법적 안정성이라는 기판력의 존재의의에 반하게 된다.

일부청구시의 일부청구란 앞서 보았지만 채권 자체의 일부청구를 의미하는 것이 아니다. 하나의 채권이 있는데 거기서 일부(금액이나 수량)만을 청구하는 것이므로, 법원은 전체로서 채권의 존재를 판단하지 않으면 안 된다. 즉 원고가 청구한 부분을 심판함에는 반드시 청구권의 존부를 판단해야 하고 이 청구권이란 일부청구의 대상이 되는 채권 그 자체를 말한다. 청구권이 존재하지만 원고가 그 수액의 일부를 요구한 것이므로, 법원은 그것을 판결의 주문으로 명시할 뿐이다. 따라서 일부청구의 경우의 소송물은 일부청구임을 명시하는지의 여부에 관계없이 청구권인 채권 자체라고 해석하는 것이 타당하다고 생각한다.

---

127) 강, 357면; 김, 493면; 송=박, 449면; 이, 641면; 전, 665면; 정=유, 269면; 정영, 1019면.
128) 호, 709면.

(2) 일부청구 기각판결시의 잔부청구에 대한 효력

위와 같은 점은 일부청구의 기각판결에서 잘 나타난다. 법원이 원고의 일부청구를 기각하려면 청구권자체가 존재하지 않음을 판단해야 한다. 이것은 원고가 일부청구임을 명시하는지의 여부에 관계없다. 전체로서의 하나의 청구권의 존재가 인정되지 않을 때 비로소 일부청구도 기각할 수 있기 때문이다(상계의 항변에 의해 청구기각하는 경우에도 다른 항목<70>에서 보듯이 외측설에 의해 판단하게 되므로 달라지지 않는다). 따라서 기각판결의 경우에는 원고의 명시의 유무와 관계없이 잔부청구에 기판력이 미친다.[129]

(3) 일부청구 인용판결시의 잔부청구에 대한 효력

한편 일부청구 인용판결의 경우에는 법원은 원고의 신청에 구애되는 것이므로, 채권의 전부에 대해 그 존재를 인정하더라도 원고가 제시한 상한액에 맞게 판결을 내려야 한다. 그렇다면 일부청구인용의 경우에는 판례의 태도가 타당하다고 생각한다. 원고가 명시적으로 일부청구임을 밝히지 않았다면, 법원은 원고의 전부의 청구권에 판결을 내린 것이므로 잔부청구에도 기판력이 미친다. 반대로 일부청구임을 명시한 것이라면(적어도 신의칙상 피고에게 불리하다고 할 수 없는 정도의 명시) 잔부청구에 대해서는 기판력이 미치지 않는다.

따라서 잔부청구의 급부를 요구하는 제소가 가능하지만, 이 경우에는 일부청구에 대해 인용판결이 내려졌다는 점에서 양면성을 갖게 된다. 즉 이미 승소하였으므로 사실상 잔부청구를 구하는 후소에서도 쉽게 승소할 수 있지만, 반대로 그와 같이 후소를 제기할 수밖에 없었다는 점에서 그에 합당한 소의 이익이 필요하다는 점이다. 아울러 일부청구에 의한 시효의 중단은 앞(항목<36>)서 보았듯이 전체로서 하나의 청구권의 존재가 문제되는 것이므로 채권전부에 미친다고 생각한다.

---

129) 송=박, 449면도 결론적으로 이와 같다.

65 계약해제를 이유로 한 대금반환청구소송판결의 기판력

[대판 2000.5.12, 2000다5978]

사 실

X는 Y와 특정 토지의 매매계약을 체결하고 소정의 매매대금을 지급하였다. 그러나 Y의 기망으로 인해 매매계약의 목적을 달성할 수 없는 사유를 간과하고 체결하였다고 하여, X는 Y를 상대로 당해 의사표시를 취소하고, 원상회복으로 기지급한 매매대금의 반환을 요구하는 소를 제기하였다(전소). 이에 대해 법원은 Y의 기망행위는 인정되지 않고 당해 매매계약이 유효하다는 이유에서 X의 청구를 기각하는 판결을 내렸고, 확정되었다. 그러자 X는 또다시 당해 계약이 유효함을 전제로 Y의 후발적인 이행불능을 원인으로 하여 매매계약을 해제하고, 그 원상회복으로서 기지급한 매매대금의 반환을 청구하는 소를 제기하였다(후소). 이러한 후소는 전소 확정판결의 기판력에 저촉되는지 문제되었다.

판결요지

"계약해제의 효과로서의 원상회복은 부당이득에 관한 특별규정의 성격을 가지는 것이고, 부당이득반환청구에서 법률상의 원인 없는 사유를 계약의 불성립, 취소, 무효, 해제 등으로 주장하는 것은 공격방법에 지나지 아니하므로 그 중 어느 사유를 주장하여 패소한 경우에 다른 사유를 주장하여 청구하는 것은 기판력에 저촉되어 허용될 수 없다 할 것이다…X가 전소에서 주장하였던 무효 또는 기망에 의한 의사표시의 취소의 효과로서 구하였던 매매대금반환의 성질은 부당이득반환이라고 할 것이고, 후소에서 계약해제의 효과인 원상회복으로서 구하는 것도 같은 성질의 것이라 할 것이므로, 이는 결국 전소의 소송물인 부당이득반환 청구권의 존부에 관한 공격방법을 후소에 다시 제출하여 전소와 다른 판단을 구하는 것이어서 전소의 확정판결의 기판력에 저촉되어 허용될 수 없는 것이라 할 것이다. 그렇다면 원심이, 그 소송물이 서로 다르다고 단정하여 X의 이 사건 청구를 인용한 것은 소송물이나 기판력에 관한 법리를 오해함으로써 판결결과에 영향을 미친 위법을 저질렀다 할 것이다."

해 설

1. 이 판결의 의의

이 판결은 간단히 말해 전소는 기망을 이유로 한 의사표시의 취소와 그에 따른 대금반환청구이고, 후소는 후발적인 이행불능을 이유로 한 계약해제와 그에 따른 대금반환청구이지만, 양소의 소송물이 같으므로 후소는 전소의 기판력에 저촉된다는 입장이다. 소송물이나 기판력의 범위확장에 관해 경우에 따라서는 매우 인색하다고도 할 수 있는 판례의 입장에서 본다면, 이 판결은 매우 획기적인 판단이라고 할 수 있다. 단, 이 판례는 그 이유를 알 수 없지만, 법고을이나 대법원 홈페이지에는 실려 있지 않고, 법률신문의 상세 검색 사이트에서 전문을 찾을 수 있다(http://www.lawtimes.co.kr/LawPnnn/Pnnpr/PnnprContent.aspx?m =pnnpr&serial=1904).

2. 기판력의 객관적 범위

(1) 의의

기판력은 전소와 후소의 관계에서 문제된다. 전소에서 기판력으로 확정된 사항은 후소에서 다툴 수 없다는 것을 의미한다. 후소에서는 어느 범위에서 다툴 수 있는가 문제될 때, 그것이 시적 범위, 객관적 범위, 그리고 주관적 범위라는 3가지 부분에서 문제된다는 것은 주지하는 바와 같다. 이 중 객관적 범위란, 전소에서 기판력으로 확정되어 후소에서 다시 주장할 수 없는 전소의 객체, 즉 청구의 범위에 관한 문제를 말한다.

(2) 판결의 주문

전소에서 기판력으로 확정된 청구란 판결주문에서 판단된 청구를 가리킨다(법216조1항). 판결주문은 청구취지에 상당하므로, 전소의 소송물과 같은 후소의 청구(=소송물)에 전소의 기판력(객관적 범위로서)이 미친다고 해석된다. 판결의 주문에서 판단된 청구에 기판력이 발생한다고 할 때, 주문에서 판단된 청구란 바로 소송물이란 점에는 이론(異論)이 없다. 전소의 소송물과 후소의 소송물이 같다면 당연히 후소는 전소 확정판결의 기판력에 저촉된다(전소판결 확정전이라도 중복제소가 되어 각하된다).

소송물은 전부는 아니지만 기판력의 객관적 범위나 중복제소의 문제를 해결할 때 중요한 하나의 기준이 됨은 부인할 수 없다. 소송물론에 의해 구체적인 범위에 차이가 발생할 뿐이다. 더 나아가 기판력은 판결주문에서만 발생하는가에 관해서는 판결이유 중의 판단(법216조2항이 규정하는 예외의 대상이 되지 않는 경우이다)에도 기판력과 유사한 효력이 있다는 주장이 있다. 이러한 주장의 타당성을 논하는 것은 매우 어려운 문제이지만(이에 대해서는 항목<71> 참조), 일단 그 타당성이 인정되면, 기판력은 아니지만 결과적으로는 기판력과 거의 동일한 효과를 발생시킨다. 이렇게 되면 소송물의 기준이 그대로 기판력의 객관적 범위를 정하는 기준과 항상 동일하다고는 할 수 없고, 후자가 넓을 수도 있다.

3. 판례의 입장

(1) 원칙

앞서 보았듯이 일단 소송물이 같다면 당연히 후소는 전소판결의 기판력에 저촉된다. 판례는 '소송물=기판력의 객관적 범위'라는 도식을 존중하는 입장이므로, 기판력의 저촉을 도출하기 위해 소송물의 동일성을 도출하려는 논리를 구사하려는 경향에 있다. 예를 들어 건물의 소유자임을 전제로 그 부지 점유로 인한 부당이득반환을 명하는 확정판결의 기판력이 당해 건물의 소유자로서 강제집행의 불허를 구하는 제3자이의 소에는 미치는지에 관해, "제1전소 및 제2전소의 소송물인 부당이득반환청구권의 존부는 이 사건 제3자이의의 소의 소송물인 집행이의권의 존부와 다를 뿐 아니라, 위 전소 판결들의 기판력이 미치는 법률관계 즉 소송물로 주장된 법률관계는 피고의 소외 1 또는 원고 등에 대한 부당이득반환청구권의 존부이고 이 사건 건물의 소유권의 존부는 그 전제가 되는 법률관계에 불과하여 위 전소 판결들의 기판력이 미치지 아니한다"(대판 2009.3.12, 2008다36022).

또한 전소에서 원고가 단독상속인이라고 주장하여 소유권확인을 구하였으나 공동상속인에 해당한다는 이유로 상속분에 해당하는 부분에 한해 원고의 청구를 인용하는 판결이 선고되어 확정된 경우, 전소의 기판력이 전소 변론종결 후 상속재산분할협의에 의하여 원고가 소유권을 취득한 나머지 상속분에 대한 소유권확인을 구하는 후소에 미치는지에 대해 대판 2011.6.30, 2011다24340은 "상속재산분할협의가 전소 변론종결 후에 이루어졌다면 비록 상속재산분할의 효력이 상속이 개시된 때로 소급한다 하더라도, 상속재산분할협의에 의한 소유권 취득은 전소 변론종결 후에 발생한 사유에 해당한다. 따라서 전소에서 원고가 단독상속인이라고 주장하여 소유권확인을 구하였으나 공동상속인에 해당한다는 이유로 상속분에 해당하는 부분에 대해서만 원고의 청구를 인용하고 나머지 청구를 기각하는 판결이 선고되어 확정되었다면, 전소의 기판력은 전소 변론종결 후에 상속재산분할협의에 의해 원고가 소유권을 취득한 나머지 상속분에 관한 소유권확인을 구하는 후소에는 미치지 않는다."고 판시되었다. 즉 별개의 소송물이 되기 때문이다.

부당이득반환청구권과 불법행위로 인한 손해배상청구권은 서로 실체법상 별개의 청구권으로 존재하고 그 각 청구권에 기초하여 이행을 구하는 소는 소송법적으로도 소송물을 달리하므로, 채권자로서는 어느 하나의 청구권에 관한 소를 제기하여 승소 확정판결을 받았다고 하더라도 아직 채권의 만족을 얻지 못한 경우에는 다른 나머지 청구권에 관한 이행판결을 얻기 위하여 그에 관한 이행의 소를 제기할 수 있다(대판 2013.9.13, 2013다45457).

그 밖에 "전소의 소송물과 후소의 소송물은 모두 이 사건 매매계약을 원인으로 하는 소유권이전등기청구권으로서 동일하므로 후소는 전소 확정판결의 기판력에 저촉되어 허용될 수 없고, 비록 전소는 이 사건 토지가 토지거래허가구역 내에 위치하고 있음을 전제로 한 반면 후소는 이 사건 토지에 대한 토지거래허가구역 지정이 해제되었음을 전제로 한다고 하더라도 마찬가지이다."(대판 2014.3.27, 2011다49981)

(2) 이 판결의 등장배경

우선 이 판결과 유사한 판례의 입장을 통해 이 판결이 등장한 배경을 살펴보도록 하자. 먼저 이 판결에서는 대판 1997.12.9, 96다47586을 인용하고 있는데, 이 판례에서는 "계약해제의 효과로서의 원상회복의무를 규정한 민법 제548조 제1항 본문은 부당이득에 관한 특별 규정의 성격을 가진다"고 판시하고 있다(이 판례는 대판 1962.3.29, 61다1429에 따른 것이지만 어느 쪽도 아쉽게도 그러한 해석을 뒷받침하는 이유가 설시되어 있지 않다). 이 판결은 이를 토대로, 계약해제에 의한 원상회복청구는 부당이득반환청구이고, 부당이득반환의 이유인 계약의 불성립, 취소, 무효 등은 공격방어방법에 지나지 않는다고 해석한다. 이 취지를 이해하기 위해서는 부당이득반환청구소송에 관한 그와 같은 해석이 다른 판례를 통해 생성·발전된 것일까 검토해 볼 필요가 있다.

(3) 판례의 흐름

(a) 말소등기청구

판례에는 직접 부당이득반환청구소송의 소송물을 다룬 것이 없다. 부당이득은 아니지만 이 판결과 비슷한 논리를 전개한 것으로 다음의 두 가지 부분에 대한 판례를 꼽을 수 있다. 먼저 등기청구소송에 관한 것이다. 즉 대판 1981.12.22, 80다1548에서는 "말소등기청구사건에 있어서의 소송물은 당해 등기의 말소등기청구권이고 그 동일성 식별의 표준이 되는 청구원인, 즉 말소등기청구권의 발생원인은 당해 '등기원인의 무효'에 국한되는 것이다"라고 판시하고 있다.

또한 대판 1982.12.14, 82다카148, 149에서도 이러한 논리를 바탕으로 "전소의 변론종결 전까지 주장할 수 있었던 무효사유는 그것이 무권대리행위, 불공정한 법률행위이거나 또는 통모허위표시에 의한 매매무효를 이유로 하거나 간에 다 같이 청구원인인 등기원인이 무효임을 뒷받침하는 이른바 독립된 공격방법에 불과하여 서로 별개의 청구원인을 구성하는 것이 아니" 라고 판시하고 있다(이에 관해서는 항목<69> 참조).

이러한 판례의 입장은 말소등기청구소송에만 국한된 것이지만, 현재 확고한 선례로 자리 잡고 있다. 부당이득반환청구권과 말소등기청구권의 관계에 대해, 판례가 말소등기청구라는 하나의 권리관계에 대해 초점을 맞춘 입장이라면, 전자의 경우에도 동일한 결론을 도출하는 것은 충분히 납득할 수 있다. 그 밖에 말소등기를 구하는 전소와 후소에서 원인무효라고 내세우는 사유가 동일한 경우, 전소와 후소는 소송물이 동일하여 후소에서의 주장은 전소 확정판결의 기판력에 저촉되어 허용될 수 없다는 취지를 판시한 판례로 대판 2011.6.30, 2011다24340이 있다.

(b) 과세처분무효확인청구

다음으로 행정소송에 관한 것이지만, 대판 1992.2.25, 91누6108에서도, "과세처분무효확인소송의 경우 소송물은 권리 또는 법률관계의 존부확인을 구하는 것이며, 이는 청구취지만으로 소송물의 동일성이 특정된다고 할 것이고 따라서 당사자가 청구원인에서 무효사유로 내세운 개개의 주장은 공격방어방법에 불과하다"고 판시하고 있다. 이 판례도 그 근거로 하는 것은 앞서 본 말소등기청구에 관한 법리와 동일하다고 말할 수 있다.

아울러 이혼소송의 소송물을 민법 제840조 6호로 보고, 동조 1호 내지 5호는 예시적인 사유로 해석해 나가고 있는 점에 입각하여, 대판 1963.1.31, 62다812와의 대비에서 본 대판 1994.5.10, 93므1051에서도 위와 같은 판례의 입장을 엿볼 수 있다.

4. 부당이득반환청구소송의 소송물

이 판결은 결국 위와 같은 두 가지 부분에 관한 판례의 입장이 배경이 된 것이라고 생각한다. 이 판결로 인해, 판례는 말소등기청구권, 과세처분무효확인청구권 그리고 부당이득반환청구권에 관해 동일한 처리를 제시한 것이 되었다. 특히 부당이득반환청구소송의 판결이 내려진 후에 다시 동일한 법률상 원인 없는 이유로 제기된 부당이득반환청구소송은, 전소의 기판력과 저촉된다.

위와 같은 판례의 입장에 관해서는 소송물론의 입장에서, 판례는 신소송물론 특히 일지설을 옹호하는 입장이라고 주장하는 견해도 생각할 수 있다. 그러나 판례는 어디까지나 구소송물론의 입장에서 소송물을 판단한 것이라고 생각한다. 말소등기청구에 관한 전게 대판 1981.12.22, 80다1548의 해설[130]도 "구소송물론의 입장을 견지하면서 소송물 자체와 그 발생원인이 되는 청구원인 및 청구원인을 이유 있게 하는 공격방법을 상호 기능적으로 구분하므로서" 라고 평가하고 있다. 구소송물론에 입각하여 소송물의 동일성을 판단하되, 소송물이 동일하다면 그 이유가 되는 공격방어방법이

130) 노경래, 대법원판례해설제1호138면.

달라도 동일한 권리관계임을 인정한다는, 말하자면 특정 권리관계에 관해 소송물의 범위를 넓게 본다는 입장이라고 풀이할 수 있다. 앞서 본 논리일관된 판례의 흐름 속에 나온 것이 이 판결이라고도 말할 수 있다.

이 판결의 실천적인 의의는, 앞으로 대법원의 소송물에 관한 판단에 어떠한 영향을 미치는 가이다. 이 판결을 포함한 판례의 입장은 특정 청구권(말소등기청구권 또는 부당이득반환청구권 등)이 주장되고 그 청구권을 근거 짓는 또 다른 실체법상의 청구권이 없는 경우라면, 그 청구권을 주장하는 소의 소송물은 그 공격방어방법에 관계없이 동일하다는 견해라고 생각한다. 이러한 논리에 선다면 이 판결은 다음과 같은 문제의 해결에 있어 귀중한 선례로 작용할 것이다.

먼저 아직 선례는 없지만, 임대차종료를 이유로 하는 부동산의 인도청구 시, 수개의 종료원인이 있어도 그것은 독립된 공격방어방법에 불과하고 소송물은 하나로 판단해야 하는 근거로 작용할 것이다. 다음은 기존의 판례의 입장으로서 말소등기청구와는 달리 이전등기청구소송에 관해서는 각 등기원인마다 소송물이 별개라는 입장(대판 1997.4.25, 96다32133 등), 항목<66>에서 다룰 신체의 상해를 이유로 하는 불법행위소송 시 손해를 적극적, 소극적 재산상의 손해 및 정신적 손해로 3분하는 입장(대판 1976.10.12, 76다1313 등) 등은 앞으로 변경될 가능성이 충분히 있고, 그렇게 되어야 한다고 생각한다.

66 손해배상청구소송판결의 기판력

[대판 1976.10.12, 76다1313]

사 실

X는 Y를 상대로 하여, 갱내사고로 다친 손해 중 이미 소극적 재산상 손해로서 일실노임과 일실상여금을 청구하고 승소판결을 받았다(전소). 이 판결확정 후 X가 다시 Y를 상대로 전소에서 주장하지 않은 일실퇴직금을 청구(후소)하는 것은 전소판결의 기판력에 저촉되는지 문제되었다.

판결요지

"불법행위로 말미암아 신체의 상해를 입었기 때문에 가해자에게 대하여 손해배상을 청구할 경우에 있어서는 그 소송물인 손해는 통상의 치료비 따위와 같은 적극적 재산상 손해와 일실수익상실에 따르는 소극적 재산상 손해 및 정신적 고통에 따르는 정신상 손해(위자료)의 3가지로 나누어진다고 볼 수 있다. 그리고 위에서 본 일실수익 상실로 인한 소극적 재산상 손해로서는 예를 들면 일실노임 일실상여금 또는 후급적 노임의 성질을 띤 일실퇴직금 따위가 모두 여기에 포함된다…이 사건 소송에서 소극적 재산상손해의 한 가닥인 일실퇴직금을 청구하지는 못한다 할 것이다 왜냐하면 위의 전소와 이 사건 소송의 청구는 소극적 재산상 손해라는 동일 소송물이기 때문이다."

해 설

1. 이 판결의 의의

전소의 소송물과 후소의 소송물이 같다면, 원칙적으로 전소의 판결의 기판력은 후소에 미치게 된다(단, 판결이유 중의 판단의 구속력에 관해서는 항목<71> 참조). 이 판결에서는 전소와 후소 모두 불법행위를 이유로 한 손해배상을 구하는 것이고, 그 소송물의 이동(異同)이 문제된 것이다. 이에 대해 이 판결은 소극적 손해로서 소송물이 동일하다고 판단하였다. 이 판결이 의미를 갖는 것은, 판례는 보통 인신사고에 의한 손해배상청구소송의 소송물을 적극적 재산상의 손해, 소극적 재산상의 손해 그리고 정신상의 손해라는 3가지로 나누는 입장이라고 해석되는 점이다.

2. 판례의 입장

판례가 위와 같이 손해배상청구소송의 소송물을 3분하는 이유는 명확하지 않다. 판례의 흐름을 먼저 살펴보도록 하자.

대판 1992.10.13, 91다27624, 27631에서는, "당원의 환송판결은 환송전 원심판결 가운데 재산상의 손해부분에 관한 원고의 패소부분을 파기하여 원심에 환송하였는 바, 이 사건 청구는 피고의 불법행위로 인하여 원고 소유의 이 사건 건물에 손해가 발생하였다는 것으로서 그 내용이 소론주장과 같이 지하층구조 보강공사비, 하자보수공사비, 이 사건 건물의 경제적 가치 감소액으로 나누어져 있으나 위 각 항목은 청구를 이유 있게 하는 공격방법에 불과하므로 당원의 환송판결에 의하여 재산상의 손해에 관한 원고의 패소부분에 관하여 다시 심리하여야 하는 원심의 심판범위는 피고의 이 사건 불법행위로 인한 원고의 재산상 손해 중 원고의 패소부분 전부이며 당원의 위 환송판결에서 지하층구조 보강공사비에 관한 판단을 유탈하였음을 이유로 하였다 하여 그 지하층구조 보강공사비부분에 한정되는 것은 아니다."라고 판시하고 있다.

이 판례는 이하의 판례에서 그대로 이어지고 있는데 당사자가 주장한 지하층구조 보강공사비, 하자보수공사비, 이 사건 건물의 경제적 가치 감소액이라는 각 항목은 청구를 이유 있게 하는 공격방법에 불과하다고 하였다. 이 사건은 인신사고에 관한 것이 아니다. 따라서 적극적 손해와 소극적 손해 자체를 구분할 필요가 발생하지 않을 것이고, 적극적 손해에 있어서 위와 같은 3가지 부분은 공격방어방법에 불과하다는 것이므로, 이 판결과 직접적인 관련은 없고, 또한 기존의 판례의 입장과도 다르다고 볼 수 없다.

이 판결과 유사한 대판 1996.8.23, 94다20730에서는, "불법행위로 말미암아 신체의 상해를 입었다고 하여 가해자에게 재산상 손해배상을 청구함에 있어서 소송물인 손해는 적극적 손해와 소극적 손해로 나누어지고, 그 내용이 여러 개의 손해항목으로 나누어져 있는 경우 각 항목은 청구를 이유 있게 하는 공격방법에 불과한 것이다." 라고 판시하였다. 이 판례에서 중요한 점은 그 전반부분, 즉 불법행위로 말미암아 신체의 상해를 입었다고 하여 가해자에게 "재산상 손해배상을 청구함에 있어서 소송물인 손해는 적극적 손해와 소극적 손해로 나누어지고" 라는 부분이다. 이 부분으로 인해 판례는 이 판결과는 달리 손해배상소송의 소송물을 2분하고 있다고 주장되는 경우도 있지만, 그와 같이 2분설이라고 단정하기는 곤란하다. 이 판례에서는 적극적 손해와 소극적 손해와의 관계를 명확히 한 것에 불과하다고 보아야 하기 때문이다. 이러한 점은 다음과 같은 판례에서도 엿볼 수 있다. 즉 판례는 기본적으로 적극적 손해와 소극적 손해를 위의 판례에서처럼 소송물단위로 구분한다.

예를 들면 대판 1997.1.24, 96다39080에서는, “불법행위로 인하여 생명 또는 신체의 손상을 입은 경우에 있어서 적극적 손해와 소극적 손해는 소송물을 서로 달리하는 것이다.”고 하고 있고, 또한 대판 1998.4.14, 96다2187에서는, “환송판결에서 환송 전 원심판결 중 소극적 손해에 관한 원고들 패소 부분만 파기하고, 나머지 상고는 기각한 경우, 환송 후 원심의 심판 범위는 소극적 손해에 관한 원고들 패소 부분과 환송 후 원심에서 확장된 부분에 한정되고, 환송 전 원심판결 중 원고들 승소 부분은 확정되므로 원심으로서는 이에 대하여 심리를 할 수 없다.” 고 하고 있다. 이러한 입장은 소극적 손해가 적극적 손해에 대비되는 하나의 소송물이라는 점이다.

한편 정신상의 손해인 위자료청구에 관해서는 대판 1990.6.22, 89다카27901에서 보듯이, “생명, 신체의 침해로 인한 손해배상청구에 있어서 재산상의 손해배상청구와 위자료청구는 소송물이 동일하지 아니한 별개의 청구이므로 제1심 판결에 대하여 항소하지 아니한 당사자에게 제1심 판결보다 많은 위자료의 지급을 명할 수 없다.”고 하는 것이 판례의 입장이다(그 밖에도 다수의 판례가 있다).

3. 판례의 입장의 평가

(1) 소송물의 3분

위와 같은 판례의 입장을 본다면, 불법행위를 이유로 한 손해배상청구소송의 소송물은 각각 독립된 소송물인 적극적 손해와 소극적 손해 그리고 위자료 즉 정신적 손해를 소송물로 인정하고 있음을 간취(看取)할 수 있다(학설로는 전손해 1개설[131]과 재산적 손해와 비재산적 손해로 구분하는 2분설[132]이 있다).

(2) 학설의 비판과 그 타당성

이러한 판례의 입장은 특히 신소송물론을 주장하는 입장에서 강하게 비판받는 부분이다. 여기서 신소송물론과 구소송물론의 우열을 통해 판례의 태도를 비판하는 것은 그리 실제적이지 못하다. 판례는 기판력의 범위라는 법적 안정성을 중시해야 하는 입장에서 구소송물론을 취하고 있는 것이므로, 구소송물론이라는 판례의 입장에 따르더라도, 그러한 결론이 타당하지 않다는 비판을 하는 것이 실제적이다.

판례는 항목<65>에서 보듯이 합리적으로 그 사건의 대상인 소송물의 범위를 확정하고 있다. 또한 항목<99>에서 다루는 대판 1994.6.28, 94다3063에서는 특히, “불법행

131) 이, 251면; 전, 255면.

132) 호, 376면.

위로 인한 손해배상에 있어 재산상 손해나 위자료는 단일한 원인에 근거한 것인데 편의상 이를 별개의 소송물로 분류하고 있는 것에 지나지 아니한 것이므로 이를 실질적으로 파악하여," 라고 판시하는 점도 특기할 만하다. 이 판결에서와 같은 경우에도 3번씩 소송을 할 수 있다는 사태를 막아야 하므로 불법행위를 이유로 한 손해배상청구권이라는 하나의 소송물로 보아야 할 것이다. 앞으로 판례가 변경될 가능성은 충분히 있다고 생각한다.

67 후유증에 의한 손해배상청구

[대판 1980.11.25, 80다1671]

사 실

X는 Y를 상대로 불법행위로 인한 손해배상청구의 소송에 있어서 치료비 등 적극적 손해배상청구를 하고 그 판결이 확정되었다(전소). X는 다시 전소변론종결후에 발생한 후유증에 의한 치료비 등 적극적 손해를 구하는 소를 제기하였다. 이러한 경우 X의 후소는 전소에서 그 청구가 유보되어 있지 아니한 새로운 소송이므로 그 기판력에 저촉되어 소의 이익이 없는 부적법한 것이라고 해야 하는지 문제되었다.

판결요지

"불법행위로 인한 손해배상청구의 소송에 있어서 치료비등 적극적 손해배상의 청구는 특단의 사정이 없는 한 일개의 소송물이라 할 것이나 그 적극적 손해의 배상을 청구한 전소송의 변론종결후에 새로 어떤 적극적 손해가 발생한 경우에 그 전소송의 변론종결 당시 그 손해의 발생이 예견할 수 없었고 또 그 부분 청구를 포기하였다고는 볼 수 없는 등 특단의 사정이 있다면 비록 그 전소송에서 그에 관한 청구의 유보가 되어 있지 아니 하였다 하더라도 그 부분에 대한 손해배상의 청구는 위 전소송의 소송물과 동일성이 없는 별개의 소송물로서 그 소의 이익이 없다고 할 수 없어 전소송의 기판력에 저촉되어 부적법한 것이라고는 할 수 없다."

해 설

1. 이 판결의 의의

이 판결은 전소에서 청구하지 않은 후유증에 의한 손해청구의 가능성에 관한 문제이다. 소송물과 그에 따른 기판력의 원칙을 엄격히 적용한다면, 후유증에 의한 손해배상청구도 전소의 소송물이었고, 따라서 전소 변론종결시까지 주장하지 않는 한, 후소에서 제출할 수 없게 된다.

그러나 그러한 결과는 원고에게 지나치게 가혹하다는 이유에서, 변론종결시에는 발생하지 않았고 예측할 수 없었던 후유증에 기한 손해배상청구도, 동일 사고에 의한 손해배상소송의 판결에 관계없이 가능하다는 해석이 일반적이다. 문제는 그러한 해석을 어떠한 논거로 도출하는지에 달려있다. 이에 대해서는 아래에서 보는 바와 같은 3가지가 제시되고 있다. 이 판결은 후유증에 의한 손해배상청구를 전소와는 다른 별개의 소송물로 판단하고 있다.

2. 판례의 태도

이 판결에서와 같이 후유증에 의한 손해배상청구를 별개의 소송물로 파악하는 것이 판례의 입장이다(대판 2007.4.13, 2006다78640. 그 밖에 대판 2002.2.22, 2001다71446이 있지만 비공개 판결로 되어 있다). 또한 이 판결은 별개의 소송물이 되기 위해서는 특별한 사정이 존재해야 하고, 그 예로서 손해발생의 예측불가능과 청구를 포기하지 않았을 것이라는 점을 들고 있다. 후자는 전자의 존재에 의해 추정되므로, 사실상 전소에서 예측할 수 없었던 후유증에 의한 손해배상청구는 별개의 소송물이라는 원칙이 판례의 태도라고 말할 수 있다.

3. 학설

학설에는 다음과 같은 3가지 입장을 생각할 수 있다.

(1) 일부청구론

후유증에 의한 손해배상청구를 전소에서는 행사하지 않은 잔부청구로 보고, 당사자는 명시의 일부청구를 한 것으로 의제하여, 잔부청구에 대해 다시 제소할 수 있다는 해석이다.

(2) 기판력의 시적 한계설

후유증에 의한 손해배상청구는 전소의 변론종결후에 발생한 것으로서, 전소의 기판력에 관계없이 제소할 수 있다는 해석이다.

(3) 별개소송물설

후유증에 의한 손해배상청구는 당사자가 전소에서 제출할 수 없었던 것이고, 따라서 전소의 기판력이 미치지 않는, 전소와는 별개의 소송물이라는 해석이다.[133] 위에서 본 판례의 입장이기도 하다.

---

133) 강, 359면; 이, 251면; 정=유, 272면.

4. 후유증에 의한 재소가능성의 근거

(1) 일부청구론의 문제점

불법행위에 기한 손해배상청구의 소송물을 전손해로서의 1개라고 본다면, 후유증에 의한 손해배상청구는 일부청구라는 형태를 띤다. 그러나 명시의 유무라는 기준으로 판단할 수밖에 없는 일부청구론으로는, 결국 원고가 명시적으로 일부청구를 했다고 의제할 수밖에 없고, 이러한 해석은 일부청구의 한계를 벗어난 이론이 된다. 또한 일부청구론이라면 원고가 전소에서 자신의 채권의 수액이나 규모를 알 수 있는 경우인데 비해, 후유증에 의한 경우에는 채권의 전부를 미리 알 수 없는 경우에 해당한다. 따라서 일부청구론으로 해결하는 것에는 한계가 있다.

(2) 기판력의 시적 한계론과 별개소송물론

그렇다면 기판력의 시적 한계론이나 별개소송물론으로 해결할 수밖에 없는데, 이 양 해석은 사실상 차이가 없다고 생각한다. 후소에서 제기되는 후유증에 의한 손해배상청구는 기준시후에 발생한 청구권으로 본다는 점에서 일치하므로, 동일한 결과를 다른 각도에서 표현한 것에 불과하기 때문이다. 따라서 어차피 원고는 후유증에 의한 손해배상청구를 전소의 청구와는 별개의 소송물로서 전소의 기판력에 관계없이 적법하게 소구할 수 있다. 단, 별개의 소송물로 본다면 전소의 기판력의 유리한 점을 원용할 수 없지만(이 부분은 전소판결에 의한 신의칙적인 효력으로서 이용하는 것이 가능하다), 기판력의 시적 한계론은 전소의 기판력을 원용할 수 있다.

(3) 원고의 예견가능성의 문제

아울러 이 판결에서도 보듯이 별개소송물이 되려면 원고의 주관적 의사로서 예견가능성이 중요한 요건이 된다. 예견할 수 있음에도 주장하지 않았다는 사태를 회피하고, 그것이 원고의 절차권보장이나, 피고에 대한 불이익을 회피한다는 점에서 그 타당성을 인정할 수도 있다. 그러나 손해를 예견하였다고 하여도, 원고가 그것만을 가지고 손해배상을 청구하는 것은 불가능하다. 정확한 손해의 내용이나 규모를 알 수 없고, 이것을 알았다면 전소 변론종결시까지 당연히 소구할 수 있기 때문이다. 따라서 후유증에 의한 손해배상청구에는 원고의 예견가능성이라는 주관적인 의사에 관계없이, 기준시후에 현실로 발생한 치료비 등의 객관적인 것이 이에 해당한다고 생각한다.

68 계속적 손해배상판결의 기판력

[대판(전) 1993.12.21, 92다46226]

사 실

甲토지의 소유권자이며 등기명의인인 X는 甲을 불법점유하고 있는 Y를 상대로 1992.4.경 다음과 같은 소를 제기하였다. 불법점유에 따른 손해배상책임으로서 금250만원 및 1992.7.1.부터 Y가 甲을 인도할 때까지 매월 금50만원의 비율에 의한 금원, 또는 Y가 甲을 아무런 권원없이 점유하고 있는데 따른 부당이득반환으로서 같은 금액의 지급을 청구하였다. 이에 대해 법원은 Y는 X에게 금170만원 및 1992.7.1.부터 甲을 매수할 때까지 월 금33만원의 비율에 의한 금원을 지급하라는 판결을 내렸고, 확정되었다(전소). 그러나 그 후, X는 경제사정의 변동으로 甲의 가격은 6배 내지 10배, 임대료는 8배 이상, 지방세법상의 과세시가표준액은 3배가량 앙등하였다는 등의 이유로, 다시 Y를 상대로 매월 지급액을 甲에 대한 임대료 상당액인 월 금280만원에서 전소판결에서 인용된 월 금33만원을 공제한 금원으로 변경할 것을 구한다는 소를 제기하였다. 이러한 소는 전소판결의 기판력에 저촉되는지 문제되었다.

판결요지

다수의견

토지의 소유자가 토지를 법률상 원인 없이 점유하고 있는 자를 상대로 점유자가 토지를 인도할 때까지 계속적으로 발생할 일정한 비율에 의한 장래의 부당이득금의 반환을 청구하는 경우에는, 머지 않은 장래에 토지가 인도될 것으로 예상하여 그 때까지 변론종결당시의 토지의 임료액을 기준으로 산정한 부당이득금의 지급을 청구하는 취지로 이해하는 것이 당사자의 합리적인 의사에 합치하는 것으로 보이는 바, 점유자가 그 후에도 오랫동안 토지를 인도하지 아니하여 변론종결후에 위와 같이 변론종결당시 예상하기 어려웠던 특별한 사정이 생김으로써 전소판결에서 인용될 임료액이 적정한 임료액과 비교하여 상당하지 아니하게 되었을 경우에 대비하여 그 차액에 상당하는 부당이득금에 관하여까지 소유자가 전소에서 주장 입증하는 것은 불가능할 뿐만 아니라, "임대물에 대한 공과부담의 증감 기타 경제사정의 변동으로 인하여 약정한 차임이 상당하지 아니하게 된 때에는 당사자는 장래에 대한 차임의 증감을 청구할 수 있다"고 규정하고 있는 민법 제628조의 입법취지 등에 비추어보면, 전소판결에서 인용된 임료액과 적정한 임료액의 차액에 상당하는 부당이득금은 전소에서 청구하지 아니한 취지라고 보는 것이 정의와 형평의 이념에 부합되므로, 법원도 같은 취지에서 위와 같은 청구에 대하여만 판결을 한 것으로 볼 수 있을 것이고, 따라서 전소의 사실심 변론종결후에 전소판결의 기초가 된 사정이 위와 같이 변경됨으로 말미암아 전소판결에서 인용된 임료액이 현저하게 상당하지 아니하게 된 경우에는, 일부청구임을 명시하지는 아니하였지만 명시한 경우와 마찬가지로 그 청구가 일부청구이었던 것으로 보아, 전소판결의 기판력이 그 일부청구에서 제외된 위 차액에 상당하는 부당이득금의 청구에는 미치지 않는 것이라고 해석함이 옳다고 생각되기 때문이다.

종전에 당원이 1971.4.30.선고 71다430판결 등에서 이와 다르게 판시한 의견은 변경하기로 한다."

별개의견

"전소송의 기판력이 이 소송에 미치지 않는다는 점에서는 견해를 같이 하나 그 논거에 있어서는 견해를 달리 하는 바이다.

기판력은 확정판결의 변론종결시를 기준으로 발생하는 것이므로 그 변론종결시까지 주장할 수 없었던 사유가 변론종결 후에 새로이 발생하였다면 이를 다시 주장할 수 있음은 기판력의 시적 범위의 이론상 당연하다 할 것이다.

그런데 토지의 소유자가 법률상 원인 없이 점유하고 있는 자를 상대로 장래이행의 소로서 임료 상당의 부당이득금반환을 청구하는 사건에 있어서는 당사자는 장래 발생할 임료 상당 부당이득금의 액수에 관하여 구체적으로 주장입증하기가 현실적으로 불가능하기 때문에 그 변동가능성을 어느 정도 예상하면서도 장래 발생할 임료 상당 부당이득금의 액수는 변론종결 당시의 그것과 별 차이가 없으리라는 전제하에서 공격과 방어를 하게 되고, 법원 또한 이러한 전제하에서 그 임료 상당액을 판단하게 되는 것이다.

따라서 그 후 경제사정의 변동 등으로 그 액수가 변론종결 당시 예상할 수 없을 정도로 증감되어 전소의 인용액이 도저히 상당하다고 할 수 없을 정도가 되었다면 이러한 사정의 변경은 전소의 변론종결시까지 주장할 수 없었던 사유가 그후 새로 발생한 것으로 보아야 할 것이어서, 소유자는 증액된 부분을 부당이득반환으로서 구할 수 있고 그 반면에 점유자는 청구이의의 소로서 감액된 부분에 대한 집행력의 배제를 주장할 수 있다 할 것이다.

소유자나 점유자 모두 이와 같이 확정판결의 변론종결 후에 발생한 새로운 사유를 들어 소송을 할 수 있음은 기판력의 표준시가 확정판결의 변론종결시라는 데서 비롯된 것이므로 여기에 다수의견처럼 굳이 유보된 일부청구 의제이론이 등장할 필요가 없다고 본다.

이 사건에 있어서 만약 원고의 주장처럼 전소판결이 확정된 후 이 사건 토지 및 그 인근토지의 가격이 앙등하였고, 그 공과금도 현저하게 상승하였으며, 이 사건 토지에 대한 임료 상당액이 전소판결에서 인용된 금액의 9배 가까이 되었다면, 이는 바로 전소의 변론종결 당시 주장할 수 없었던 사유가 새로이 발생한 경우에 해당한다 할 것이므로, 전소에서의 청구를 일부청구로 볼 수 있는지 여부와 관계없이 기판력의 시적 범위의 이론에 의하여 전소판결의 기판력은 위와 같은 사정변경으로 인하여 증액된 부분의 지급을 구하는 이 사건 청구에는 미치지 아니한다고 보아야 할 것이다."

해 설

1. 이 판결의 의의

손해배상액 산정의 기초가 된 사정이 그 후 현저하게 변동하여, 변론종결시를 기준으로 판결이 예측한 장래의 사정이 정확하지 않다는 것이 명확해졌다면, 기판력에 저촉한다는 이유로 후소에 의해 손해금액의 변경을 봉쇄하는 것은 적당하지 않고, 또한 매우 가혹하다. 이 판결은 이러한 점을 고려하여 계속적 손해배상판결에 대해, 그 기판력에 관계없이, 후소에 의해 사정변경을 이유로 한 손해액의 증액이나 감액으로 변경하는 것이 가능하다고 판결을 변경한 점에 의의가 있다. 이 판결로 신법252조가 만들어지게 되었다.

2. 계속적 손해배상판결후의 손해금액의 변경의 가능성

(1) 계속적 손해배상판결의 의의

계속적 손해배상판결은 장래 이행기가 도래하는 급부의무에 대해 계속적으로 손해의 배상을 명하는 판결로서(법251조 참조), 변론종결시를 기준으로 한 사정에 의해 배상금액이 정해진다. 판결에서 확정된 손해배상액에 대해서는 기판력이 발생하므로, 원칙적으로 재심에 의해 당해 판결이 취소되지 않는 한, 그 금액의 변경을 구하는 소를 제기하는 것은 당해 판결의 기판력에 저촉하게 된다. 그러나 이 판결에서 보듯이 후소에 의해 사정변경을 이유로 한 손해액의 증액이나 감액으로 변경하는 것을 인정하여야 한다.

(2) 현저한 사정의 변경

손해배상액을 변경하기 위해서는 그 산정에 기초가 된 사정이 현저하게 변경되었을 것을 요구한다. 이 판결에서 X가 주장하는 사정의 변경은 이러한 예에 해당한다. 이 판결(다수의견)에 의하면 특히 "소송의 사실심 변론종결 후에 토지의 가격이 현저하게 앙등하고 조세 등의 공적인 부담이 증대되었을 뿐더러 그 인근 토지의 임료와 비교하더라도 그 소송의 판결에서 인용된 임료액이 상당하지 아니하게 되는 등 경제적 사정의 변경으로 당사자 간의 형평을 심하게 해할 특별한 사정이 생긴 때"라고 설명되고 있다. 따라서 X가 요구하는 손해금액의 변경 자체에는 문제가 없다(통설).

(3) 금액의 변경이 인정되지 않는 예

반대로 다른 예이지만, 해고무효를 원인으로 하여, 해고 다음날부터 복직 시까지 해고 당시의 평균임금에 상당하는 임금의 지급을 구하는 소송을 제기하여 전부승소의 판결을 선고받아 그 판결이 확정된 후, 해고기간 중의 정기승급 및 임금 인상분에 상당하는 임금의 지급을 추가로 청구한 경우에는, 전소의 사실심 변론종결 후 당사자 사이의 형평을 크게 해할 사정이 생겼다고 볼 수 없다(대판 1999.3.9, 97다58194 참조).

3. 손해금액의 변경을 구하는 소의 성격

(1) 일부청구에 근거한 입장

한편 손해금액의 변경을 구하는 소가 인정된다면, 그러한 소는 어떠한 특징이 있고 전소의 기판력과 어떠한 관계에 있는지 문제된다. 이에 대해 이 판결에서의 다수의견은, 전소의 사실심 변론종결 후에 전소판결의 기초가 된 사정이 변경됨으로 말미암아 전소판결에서 인용된 임료액이 현저하게 상당하지 아니하게 된 경우에는, 일부청구임을 명시하지는 아니하였지만 명시한 경우와 마찬가지로 그 청구가 일부청구였던 것으로 보아, 전소판결의 기판력이 그 일부청구에서 제외된 위 차액에 상당하는 부당이득금의 청구에는 미치지 않는다는 해석을 하고 있다(이러한 견해에는 명시의 여부가 중요한 관건이 되지만, 별개소송물설도 포함된다고 할 수 있다. 한편 명시하지 않는 한 일부청구로 볼 수 없고 별개의 소송물로 보지 않을 수 없다는 견해가 있다).

(2) 기판력의 시적 한계에 근거한 입장

이에 비해 별개의견은, 경제사정의 변동 등으로 그 액수가 변론종결 당시 예상할 수 없을 정도로 증감되어 전소의 인용액이 도저히 상당하다고 할 수 없을 정도가 되었다면, 이러한 사정의 변경은 전소의 변론종결시까지 주장할 수 없었던 사유가 그 후 새로 발생한 것으로 보아야 할 것이라고 해석한다.

(3) 소송상의 형성소송

위와 같은 다수의견이나 별개의견은 기판력이 미친다는 것을 전제로 하여, 전자는 일부청구와 잔부청구의 관계에서, 후자는 기판력의 시적 한계에서 손해금액의 변경이 전소의 기판력의 영향을 받지 않도록 하려는 이론구성을 하고 있다. 그러나 일부청구라는 논리는 금액을 감액해야 하는 경우에는 타당한 근거가 되지 못한다. 기판력의 시적 한계로 다루는 것도 그 요건이 애매하여 기판력의 범위를 확정하려는 시적 한계의 의미를 상실시킬 우려가 있다.

따라서 그 근거에 관해서는 전소판결의 기판력이 미치지 않는다는 해석보다는, 기판력은 미치지만 재심이 인정되듯이, 직접 전소판결에 의해 확정된 금액의 변경을 요구하는 소송상의 형성소송이라고 해석하는 것이 기판력이라는 법적 안정성이나 전소와의 관계에서 간명하고 알기 쉽다고 생각한다. 이것이 또한 법252조의 신설에 의해 입법으로 명확히 변경을 구하는 소를 제기할 수 있다고 인정한 이상, 문리에도 적합한 해석이 될 것이다.

그러나 대판 2011.10.13, 2009다102452에서는 대판 1999.3.9, 97다58194를 참조하여 "확정판결은 주문에 포함한 것에 대하여 기판력이 있고, 변론종결시를 기준으로 하여 이행기가 장래에 도래하는 청구권이더라도 미리 청구할 필요가 있는 경우에는 장래이행의 소를 제기할 수 있으므로, 이행판결의 주문에서 그 변론종결 이후 기간까지의 급부의무의 이행을 명한 이상 그 확정판결의 기판력은 그 주문에 포함된 기간까지의 청구권의 존부에 대하여 미치는 것이 원칙이고, 다만 장래 이행기 도래분까지의 정기금의 지급을 명하는 판결이 확정된 경우 그 소송의 사실심 변론종결 후에 그 액수 산정의 기초가 된 사정이 뚜렷하게 바뀜으로써 당사자 사이의 형평을 크게 해할 특별한 사정이 생긴 때에는 전소에서 명시적인 일부청구가 있었던 것과 동일하게 평가하여 전소판결의 기판력이 그 차액 부분에는 미치지 않는다."고 판시하고 있다. 그러나 법이 개정되기 전, 즉 법252조를 도입하기 전의 판례를 참조로 하며 일부청구론으로 해석하는 것은 타당하지 않다.

아울러 점유 토지의 인도시까지 정기금의 지급을 명한 판결이 확정된 뒤 점유 토지의 공시지가가 2.2배 상승하고 임료가 약 2.9배 상승한 것만으로는, 그 액수산정의 기초가 된 사정이 현저하게 바뀜으로써 당사자 사이의 형평을 크게 침해할 특별한 사정이 생겼다고 할 수 없으므로, 그 판결의 당사자는 장차 지급할 정기금 액수를 바꾸어 달라는 소를 다시 제기할 수 없다(대판 2009.12.24, 2009다64215).

69 등기청구소송판결의 기판력

[대판(전) 2001.9.20, 99다37894]

사 실

X는 자신의 소유인 부동산 甲을, Y에게 증여를 원인으로 소유권이전등기를 경료하고, Y는 다시 甲의 등기를 Z에게 이전하였다. 한편 X는 甲에 관한 증여의 의사표시가 극심한 강박상태에서 이루어진 것이어서 무효이고, 따라서 Y 명의로 경료된 소유권이전등기는 원인무효의 등기이며, 이에 터잡아 이루어진 순차이전등기도 모두 원인무효라는 이유로, Y와 Z를 상대로 위 각 소유권이전등기의 말소를 구하는 소송을 제기하였다. 그리고 이 판결에서 X의 패소가 확정되었다(전소). X가 다시 Y를 상대로 진정명의 회복을 원인으로 한 소유권이전등기를 구한다는 소를 제기하였다면(후소), 전소 확정판결의 기판력은 후소에 미치는지 문제되었다.

판결요지

다수의견

"진정한 등기명의의 회복을 위한 소유권이전등기청구는 이미 자기 앞으로 소유권을 표상하는 등기가 되어 있었거나 법률에 의하여 소유권을 취득한 자가 진정한 등기명의를 회복하기 위한 방법으로 현재의 등기명의인을 상대로 그 등기의 말소를 구하는 것에 갈음하여 허용되는 것인데, 말소등기에 갈음하여 허용되는 진정명의회복을 원인으로 한 소유권이전등기청구권과 무효등기의 말소청구권은 어느 것이나 진정한 소유자의 등기명의를 회복하기 위한 것으로서 실질적으로 그 목적이 동일하고, 두 청구권 모두 소유권에 기한 방해배제청구권으로서 그 법적 근거와 성질이 동일하므로, 비록 전자는 이전등기, 후자는 말소등기의 형식을 취하고 있다고 하더라도 그 소송물은 실질상 동일한 것으로 보아야 하고, 따라서 소유권이전등기 말소청구소송에서 패소확정판결을 받았다면 그 기판력은 그 후 제기된 진정명의회복을 원인으로 한 소유권이전등기 청구소송에도 미친다고 보아야 할 것이다.

이와 달리 소유권이전등기 말소청구소송에서 패소확정판결을 받은 당사자도 그 확정판결의 기판력이 진정명의회복을 원인으로 한 소유권이전등기 청구소송에는 미치지 아니하므로 다시 진정명의회복을 위한 소유권이전등기 청구소송을 제기할 수 있다고 본 견해는 이와 저촉되는 한도 내에서 변경하기로 한다.

이 사건의 경우, X는 전소에서 Y 명의의 소유권이전등기가 원인무효라는 이유로 그 말소를 구하는 소송을 제기하였다가 X패소판결을 받고 확정되었다는 것이므로, 그 판결의 기판력은 Y 명의의 소유권이전등기가 원인무효임을 전제로 하여 그 말소등기에 갈음하여 진정명의회복을 원인으로 한 소유권이전등기를 구하는 이 사건 소에도 미친다고 할 것이다."

별개의견

"이 사건에서 X의 청구가 배척되어야 하므로 원심판결이 파기환송되어야 한다는 결론에는 찬성하지만, 소유권이전등기말소등기청구소송의 소송물과 진정명의회복을 원인으로 한 소유권이전등기청구소송의 소송물은 동일하므로 전소인 소유권이전등기말소등기청구소송에서의 확정판결의 기판력은 그 후에 제기된 이 사건 진정명의회복을 원인으로 한 소유권이전등기청구소송에도 미친다는 취지의 다수의견에는 찬성할 수 없다.

전소인 소유권이전등기말소등기청구소송과 후소인 이 사건 진정명의회복을 위한 소유권이전등기청구소송이 그 소송목적이나 법적 근거와 성질이 같아서 실질적으로 동일하다고 하더라도, 각기 그 청구취지와 청구원인이 서로 다른 이상, 위 2개의 소의 소송물은 다른 것이고, 따라서 전소의 확정판결의 기판력은 후소인 이 사건 소송에는 미치지 않는다고 보아야 할 것이고, 같은 취지의 대법원판례들은 아직은 그대로 유지되어야 할 것이다.

그러나, 위 2개의 소의 소송물이 서로 다르고, 따라서 전소의 확정판결의 기판력이 후소에는 미치지 않는다고 하더라도, 이미 전소에 관하여 확정판결이 있고, 후소가 실질적으로 전소를 반복하는 것에 불과한 것이라면 후소는 신의칙상 허용되지 않는다고 보아야 할 것이다. 즉, 전소와 후소를 통하여 당사자가 얻으려고 하는 목적이나 사실관계가 동일하고, 전소의 소송과정에서 이미 후소에서와 실질적으로 같은 청구나 주장을 하였거나 그렇게 하는 데 아무런 장애가 없었으며, 후소를 허용함으로써 분쟁이 이미 종결되었다는 상대방의 신뢰를 해치고 상대방의 법적 지위를 불안정하게 하는 경우에는 후소는 신의칙에 반하여 허용되지 않는다고 할 것이다."

반대의견

“기판력의 범위를 결정하는 소송물은 원고의 청구취지와 청구원인에 의하여 특정되는 것으로서, 사실관계나 법적 주장을 떠나서 청구취지가 다르다면 소송물이 같다고 할 수 없을 것인바(대법원 1995. 4. 25. 선고 94다17956 전원합의체 판결, 1992. 4. 10. 선고 91다45356, 91다45363 판결 등 참조), 전소와 이 사건 소송은 우선 그 청구취지가 다르므로, 이러한 법리의 적용을 배제할 만한 상당한 법적 근거가 없다면 이 두 소송의 소송물이 다르다고 보아야 할 것이다.

실무상 확립된 구 소송물이론과 위와 같은 실제적인 측면을 종합적으로 고려하여 진정명의의 회복을 원인으로 하는 소유권이전등기청구권을 인정하기로 한 마당에, 굳이 소송물과 기판력에 관한 종래의 대법원 입장과 상충되는 위험을 안고서, 비록 한정적이기는 하나, 이 청구권을 부인하는 것과 같은 결과에 이르게 되는 다수의견에는 찬성할 수 없고, 소유권이전등기의 말소청구와 함께 진정명의의 회복을 원인으로 하는 소유권이전등기청구를 중첩적으로 허용함이 타당하다고 생각한다.

따라서 다수의견이 변경 또는 폐기하려는 판결들은 유지되어야 마땅하거니와, 여기서 별개의견에 대하여도 한마디 지적한다면, 별개의견은 요컨대, 소송물과 기판력에 관한 종전 판례의 태도를 시인하면서도 결론에서는 그 당연한 귀결을 신의칙이라는 불명확한 척도로 부정하고자 하는 것으로서, 그 자체로 논리적인 모순을 드러내고 있다고 말하지 않을 수 없다.”

해 설

1. 이 판결의 의의

이 판결[134](다수의견)은 등기청구소송의 소송물 내지는 기판력에 관해 판단한 매우 획기적이고 타당한 판결이다. 다수의견은 전소(말소등기청구소송)와 후소(진정명의 회복을 위한 이전등기청구소송)는 등기명의의 회복을 위한 등기청구권으로서 법적 근거와 성질이 동일하므로, 소송물도 동일하다는 판단이라고 요약할 수 있다. 한편 별개의견은 후소를 배척해야 한다고 해석하고 이 점(결론)은 다수의견과 같다. 그러나 기존의 판례의 입장은 구소송물론이고 이것은 지켜져야 하므로, 후소에 기판력은 미치지 않고, 구소송물론의 파기는 기존의 소송물론과 기판력이론에 혼란을 초래하고 법적 안정성에서 보아 바람직하지 않다고 해석한다. 반면으로 후소배척의 근거를 신의칙에

134) 평석으로 김상수, 말소등기청구소송과 진정명의회복을 원인으로 한 이전등기청구소송의 소송물, Jurist 377호 42면 이하 참조.

서 찾고, 신의칙 적용을 위한 요건을 상세히 제시하고 있다.

이에 비해 후소배척을 부정하는 반대의견은 청구취지가 다르면 소송물도 다르고, 구소송물론을 견지해야 하며, 결국 전소의 기판력은 후소에 미치지 않고, 변경되기 전의 판례에서처럼 이전등기청구를 인정해야 한다고 해석한다. 소송물이 다르다는 근거는 실체법과 등기절차법상 양 청구권의 법적 근거가 다르다는 점을 제시하고, 별개의견에서 근거로 하고 있는 신의칙은 불명확한 척도라고 비판하는 것이다.

2. 등기청구소송의 소송물

(1) 다수의견의 해석

다수의견은, 말소청구와 진정명의 회복을 위한 이전등기청구는 목적, 법적 근거, 법적 성질이 동일하고, 후자는 전자에 갈음하여 인정된 것으로 소송물은 동일하다는 해석이다. 이에 비해 별개의견이나 반대의견은 그러한 성격을 갖는다고 하더라도, 기존의 판례의 입장에 비추어 보았을 때 소송물은 다르다고 하지 않을 수 없고, 기존의 소송물의 입장을 변경하는 것은 법적 안정성을 현저히 해하게 된다고 해석한다.

(2) 소송물이 동일한 경우

그러나 별개의견이나 반대의견의 비판은 그다지 설득적이지 못하다. 판례는 이미 특정 권리관계에 관해 소송물의 범위를 넓게 본다는 입장을 취하고 있었다(항목 <65> 참조). 다수의견은 기존의 판례의 입장에 서서 소송물의 범위를 넓게 판단하여 소송물의 동일성을 인정한 것이라고 해석할 수 있다. 말소등기청구와 진정명의회복을 위한 이전등기청구는 형식적으로 그 명칭은 다르지만, 후자는 전자에 갈음하여 특별히 인정된 것이고 소유권회복이라는 점에서도 권리관계가 동일하므로 다수의견은 타당하다. 물론 위와 같은 판례의 입장이 청구취지는 같고 청구원인이 다른 경우에 소송물의 동일성을 인정한 것이므로, 이 판결의 근거가 될 수 없다는 비판을 생각할 수 있다.

그러나 이러한 비판도 그다지 합리적이지 못하다. 판례의 입장은 실체법상 인정되는 권리관계의 동일성에 착안한다는 탄력적인 소송물의 해석이므로, 말소등기청구라는 권리관계의 범위를 넓게 보아 진정명의 회복을 위한 이전등기청구라는 권리관계를 포함하는 것으로 해석하는 것은 충분히 납득할 수 있는 것이라고 생각한다. 또한 형식론에 급급하여 이전등기청구를 인정하게 되면, 무엇보다도 말소등기청구는 아무런 의미도 없게 되고, 3심까지 소송을 수행한 당사자나 법원의 노력이 무용지물이 되어 재판의 실효성이 상실된다.

(3) 소유권 귀속과의 관계

나아가 등기청구소송 판결의 기판력이 직접 대상이 된 등기청구권만이 아니라 그 전제가 되는 소유권의 존부에까지 미치는가의 문제에 관해, 소송물=기판력의 객관적 범위라는 등식에서 본다면, 미치지 않는다는 판례(선례로 대판 1965.3.2, 64다1499)의 입장은 당연한 것이라고 말할 수 있다. 등기청구소송에서의 소송물은 등기청구권 자체이고, 소유권이 아니기 때문이다(통설). 그러나 소유권확인의 소를 제기하고 이에 대한 본안판결을 받을 수 있다면, 경우에 따라서는 앞의 등기청구소송을 무의미하게 한다는 점을 고려할 필요가 있다. 이 점을 유형별로 나누어 판례의 입장과 대비하여 생각해 보도록 하겠다.

3. 등기청구소송결과의 4가지 유형과 판례의 입장

(1) 제1형 - 소유권자가 아닌 X가 소유권자인 Y에게 등기청구소송을 제기하여 승소한 경우

Y가 다시 X를 상대로 소유권자가 되려면 등기를 취득해야 하고, 이를 위해 Y가 전소 기준시전의 사유로 다시 등기청구소송이라는 후소를 제기하려면 기준시전에 양지위(아래에서 보는 2가지 입장)를 겸유할 수 없다는 점에서, 이것은 물권적인 등기청구권에 의해서만 가능하다. 그러나 자신의 등기의 상실이 확정판결에 의한 것인 이상, 기준시전의 사유로 그 회복을 구하는 것은 불가능하다(후소인 등기청구소송은 전소의 기판력과 모순·반대관계에 서는 것으로 그 기판력에 저촉된다)고 할 수밖에 없다.

(a) 원고의 2가지 입장

여기서 한 가지 추가한다면 등기청구소송의 의의 내지는 목적에 비추어, 당해 이행소송의 원고인 등기권리자의 입장을 본다면, 이를 다음의 두 가지로 구분할 수 있다. 즉 등기권리자가 미등기이며, 아직 소유권자가 되지 않은 경우와, 이미 소유권자가 되었지만 자신의 의사에 관계없이 불법하게 등기를 상실한 경우(이미 소유권자이지만 아직 등기를 취득하지 못한 경우를 포함)가 그것이다. 이러한 구분은, 등기청구소송을 제기하는 당사자는 앞으로 형식적으로나 실질적으로 소유권자가 되려고 한다는 점은 동일하지만, 그 권리행사시의 소유권취득의 유무에 따라 분류한 것이며 당연하다고 할 수 있다. 그러나 이러한 구분이 보다 중요성을 띠게 되는 것은, 일정한 시점, 구체적으로 말한다면 기판력 발생의 기준시인 사실심 변론종결시에 두 가지 입장에 기초한 청구권을 동시에 행사하는 것은 있을 수 없다는 점이다.

(b) 양립할 수 없는 원고의 2가지 입장

물론 다음과 같은 케이스, 즉 피상속인으로부터 상속인이 전자 소유의 부동산을 매매에 의해 매수하게 되었는데, 동시에 상속이 개시된 경우를 생각해 볼 수 있다. 그러나 이 때에도 이미 계약은 상속인이 상속포기를 하지 않는 한 이행불능이 될 수밖에 없다. 결국 등기청구권자는 위와 같은 두 가지 입장 중의 어느 한쪽만을 토대로 권리주장을 할 수 있는데, 당해 등기청구소송의 목적은 아직 소유권자가 되지 않은 경우라면 소유물이전청구를, 이미 소유권을 취득하고 있는 경우라면 소유물반환청구를 의미한다고 풀이해야 한다. 따라서 전자의 경우라면 등기청구권은 채권으로서의, 후자의 경우라면 물권으로서의 성격을 갖고, 양자는 양립할 수 없다.

(2) 제2유형 - 소유권자가 아닌 X가 소유권자인 Y에게 등기청구소송을 제기하여 패소한 경우

X가 전소 기준시전의 사유로 다시 등기청구소송을 제기한다면 이는 채권적인 등기청구권에 의해서만 가능하다. 그러나 이때에도 그와 같은 사유로 등기를 회복하는 것은 불가능하다. 왜냐하면 앞서 본 전소의 기판력과 모순·반대관계에 빠지는 것은 물론, 물권을 직접 표상하는 등기의 의의에서 보아 등기청구소송의 소송물은 등기회복청구로서 통합해야 하기 때문이다(단, 판례는 앞의 항목 <65>에서 보았듯이 말소등기청구와는 달리 이전등기청구의 경우 그 이유에 의해 소송물을 분리하는 입장이다).

(3) 제3유형 - 소유권자인 X가 원인무효인 등기명의인 Y를 상대로 등기청구소송을 제기하여 승소한 후, Y가 후소를 제기하는 경우

Y가 다시 전소 기준시전의 사유로 등기청구소송을 제기한다면, 이는 채권적인 등기청구권에 의하게 된다. 그러나 이 경우에는 그러한 등기청구권의 행사는 확정판결로 등기를 상실한 Y에게 등기의 취득가능성을 인정하는 것으로서 모순·반대관계에 의해 전소의 기판력에 저촉되고, 결국 Y의 등기회복은 불가능하다.

(4) 제4유형 - 소유권자인 X가 원인무효인 등기명의인 Y를 상대로 등기청구소송을 제기하여 패소한 후 X가 다시 동일한 후소를 제기하는 경우

이때에는 물권적인 등기청구권에 의한다. 그러나 이 경우에는 대판 1993.6.29, 93다11050 등에서 알 수 있는 판례의 확고한 입장에서 보듯이, 마찬가지로 등기의 회복이 불가능해진다.

(5) 판례의 입장

판례의 태도는 이 판결이 나오기 전까지는 대법원의 확고한 입장(특히 대판 1972.10.10, 72다1430에서는 대판 1962.11.22, 62다652가 선례로 인용되어 있고 이것이 최선례로 보이지만 법고을에서는 확인할 수 없었다)이었고, 그것은 최근의 판례에서도 찾을 수 있다. 먼저 대판 1997.6.27, 97다9529에서는, "소유권이전등기청구 소송을 제기당하여 패소한 당사자도 그 이후 소유권이전등기를 경료한 등기 명의자를 상대로 다시 소유권 확인을 구하거나 진정한 소유자 명의의 회복을 위한 소유권이전등기를 구하는 소송을 제기할 수 있다고 할 것이다."라고 판시하고 있다. 그러나 이 판례는 위의 제1유형에 해당하여 패소한 당사자는 등기명의를 회복할 수 없다고 해석해야 한다. 판결을 통해 등기를 상실한 자가 물권적 등기청구권에 의해 다시 기준시전의 사유(기준시후의 사유라면 채권적 등기청구권밖에 생각할 수 없다)로 등기의 회복을 주장하는 것은 전소판결의 기판력에 저촉되기 때문이다.

또한 대판 1999.7.27, 99다9806에서는, 계쟁 토지에 관한 원고 명의의 소유권이전등기가 원인무효라는 이유로 그 등기의 말소를 명한 판결이 선고되어 확정되었고, 또 원고가 그 후에 위 토지에 관하여 등기명의를 취득한 사람들을 상대로 진정한 등기명의의 회복을 원인으로 한 소유권이전등기절차의 이행을 구하는 소송을 제기하였다가 청구기각의 판결을 선고받아 확정되어도, 원고는 소유권확인을 구할 수 있는가 문제되었는데 다음과 같이 판시하고 있다.

"원고가 비록 위 각 확정판결의 기판력으로 인하여 위 토지에 관한 등기부상의 소유 명의를 회복할 방법은 없게 되었다 하더라도 그 소유권이 원고에게 없음이 확정된 것은 아니고, 등기부상 소유자로 등기되어 있지 않다고 하여 소유권을 행사하는 것이 전혀 불가능한 것도 아닌 이상, 원고로서는 그의 소유권을 부인하는 피고들에 대하여 위 토지가 원고의 소유라는 확인을 구할 법률상의 이익이 있다. 진정한 등기명의의 회복을 원인으로 한 소유권이전등기절차의 이행을 구하는 경우, 그 소송물은 소유권에 기한 이전등기청구권이고 소유권 취득의 원인이 되는 각개의 사실은 공격방법에 불과할 뿐 별개의 소송물을 구성하지 아니한다." 라고 판시한다. 이 판례는 다시 소유권자가 될 수 있다고 하지만, 기준시전의 사유로는 판결요지에서도 주장하는 바와 같이 보다 명확하게 등기의 회복이 불가능해진다. 위의 제4유형에 해당하는 것으로, 판례의 논리에는 문제가 있다.

4. 등기청구소송과 소유권의 귀속

(1) 등기회복이 불가능하게 되는 점

위와 같이 등기청구소송 후에 동일 부동산에 관한 등기청구소송을 재차 제기하는 것은 전소의 기판력에 저촉된다. 이는 이 판결을 통해서도 명확히 된 점이기도 하다. 즉 이 판결에 의해 변경된 대판(전) 1990.11.27, 89다카12398 등에서는, 말소등기청구소송 후에도 다시 이전등기청구를 하는 것이 가능하다고 판시하고 있었다. 이 판결에 의해 변경된 부분은 진정명의 회복을 위한 이전등기청구소송을 직접 제기할 수 있다는 것은 인정되지만, 말소등기청구 후에는 그것이 인정되지 않는다는 점에 국한된다. 이 판결에 의해 진정명의 회복을 위한 이전등기청구가 불가능해진 관계로, 말소등기청구소송에서 패소확정판결을 받은 당사자는 기준시 전의 사유로 인해 등기명의자가 되는 길이 두절

되었다. 따라서 이것은 변론종결시란 기준시에서의 소유권의 확정을 의미한다고 말할 수 있다. 말소등기청구소송의 패소확정판결을 받은 당사자는 기준시전의 사유로 소유권 확인의 소를 제기할 수 없게 된 것이다.

물론 후소에 미치는 등기청구소송의 기판력의 내용 내지는 범위에 있어서 그 주관적 범위와 시적 한계를 통한 제약이 있다. 즉 기판력이 미치는 당사자 그 밖에 승계인 등은 기판력과 저촉되는 기준시전의 사유를 후소에서 주장할 수 없게 된다. 등기청구소송 후에는 기준시전의 사유로 다시 등기명의를 회복할 수 없고(물론 재심에 의해 판결이 취소되면 별론으로 하고), 등기명의의 회복이 불가능한 이상 소유권자가 될 수 없으며, 소유권자가 될 수 없다면 소유권의 귀속도 기준시전의 사유로는 다툴 수 없다는 점에서 기판력의 영향을 받는다고 풀이해야 한다고 생각한다.

(2) 등기청구소송 후 소유권확인이 불가능하게 되는 점

이러한 결론은 결과적으로 등기청구소송에 의해 소유권의 존부도 확정된다는 것을 의미하게 된다. 물론 이 판결이 소유권확인의 후소가 불가능하다고 직접적으로 언급하고 있지는 않다. 그러나 판례를 변경하고 등기명의를 회복하는 것이 불가능하다고 판시한 점에서 소유권확인도 불가능하다는 결론이 된다.

단, 소유권 자체의 확인과 등기청구권을 행사하는 것은 형식적으로 본다면 소송물을 달리 한다. 그러나 등기청구소송 후에는 다시 당해 부동산에 관한 등기의 취득이 전소의 기판력에 의해 불가능해짐을 간과해서는 안 된다. 그렇다면 등기청구권이라는 특수한 형태의 권리행사는 그 소유권의 존재와 밀접불가분한 관계에 있다고 해석할 필요가 있다. 민법은 등기를 취득해야만 소유권자라고 규정한다(민법186조). 등기를 취득하지 못한 상태에서는 소유권자라고 할 수 없다.

따라서 등기청구소송 후의 당해 부동산에 대한 소유권확인의 소는 전소의 기판력과 저촉된다. 이를 위한 방법으로서는 직접 등기청구소송의 소송물에 소유권의 귀속도 포함된 것으로 보아 기판력이 미친다는 해석도 생각할 수 있다. 그러나 현재의 판례와 이론의 테두리에서 본다면 한계가 있는 해석이고, 오히려 판결이유 중에 내려지는 소유권의 귀속에 대한 판단에 구속력이 발생한다는 전제하에 소유권확인의 소가 허용되지 않는다는 이론구성이 적절하다고 생각한다. 이 근거에 관해서는 별개의견에서 말하는 신의칙이라는 논거를 적용할 수 있다. 즉 소유권확인이라는 후소를 배척하는 근거는, 직접 소송물의 동일성을 도출하는 이론으로는 한계가 있고, 별개의견에서 말하는 신의칙에서 찾을 수 있다.

70 상계의 항변과 기판력

[대판 1984.3.27, 83다323]

사 실

X는 Y에 대해 금 500만원(이하 이 판결 사안에서의 금액은 알기 쉬운 수치로 바꾸었다)의 채권을 갖고 있다. Y 또한 X에 대해 금 250만원의 반대채권을 갖고 있다. X는 Y에 대해 채권 전체가 아닌 금 350만원만의 변제를 요구하는 소를 제기하였고, 이 소송에서 Y는 금 250만원의 반대채권을 상계의 항변으로 제출하였다. 법원은 심리를 통해 당사자의 주장대로 X의 Y에 대한 채권은 금 500만원이며, X는 그 중 일부인 금 350만원만의 변제를 요구한 것이고, 상계의 항변으로 제출한 Y의 X에 대한 채권은 금 250만원임을 인정하였다. 이 경우 법원이 지급을 명해야 하는 금액은 얼마인지 문제되었다.

판결요지

"X가 Y에게 위 합계 금 500만원의 금전채권 중 그 일부인 금 350만원을 소송상 청구하고 있는 경우에 이를 Y의 반대채권으로서 상계함에 있어서는 위 금전채권 전액에서 상계를 하고 그 잔액이 청구액을 초과하지 아니할 경우에는 그 잔액을 인용할 것이고, 그 잔액이 청구액을 초과할 경우에는 청구의 전액을 인용하는 것으로 해석을 하여야 할 것이며 이와 같이 풀이하는 것이 일부 청구를 하는 당사자의 통상적인 의사라고 할 것이다."

해 설

1. 이 판결의 의의

이 판결은 판결의 주문으로 판시해야 할 원고의 청구액의 범위가 문제된 것이다. 원래 기판력은 판결의 주문에 포함된 사항에 한하여 발생하므로(법216조1항), 상계의 항변에 기판력이 발생하지 않는다면 원고의 청구액을 그대로 인정하면 되지만, 그렇지 않다면 피고 측에 발생하는 기판력의 범위만큼 공제한 금액을 주문으로 표시해야 한다. 한편 이 판결에서와 같이 원고의 청구가 일부청구인 경우, 자동채권의 공제는 원고의 채권총액에서 하는지, 아니면 제소한 일부청구액에 한해서 하는지 문제되는데, 이 판결은 금전채권 전액에서 상계를 해야 한다고 하여 외측설에 따르는 판단을 하였다.

2. 상계의 항변과 기판력

(1) 기판력의 발생이유

상계의 항변에 관해서는, 판결이유 중에 판단된 상계로 대항한 수액(보통 '대등액'이라 한다[민법492조])에 한해 기판력이 발생한다(법216조2항). 그러나 상계의 항변에 관한 판단은 어디까지나 항변이므로, 원고의 청구 즉 소송물인 수동채권의 존부를 정하기 위해, 판결의 주문이 아닌 그 이유 중에서 이루어짐에 불과하다. 그럼에도 판결의 이유에서 이루어진 상계의 항변의 판단에 기판력이 인정되는 이유는, 원고의 청구를 소멸 또는 감액한 피고의 자동채권이 후소에서 다시 소송물로 행사되어, 피고에게 이중으로 이익을 부여하게 되는 것을 막기 위해서이다.

상계의 항변에 기판력이 발생하는 관계로 만일 복수의 자동채권에 기한 상계항변이 주장된 경우, 법원은 어느 자동채권에 대하여 상계의 기판력이 미치는지 밝혀야 한다(대판 2011.8.25, 2011다24814). 단, 기판력이 발생하는 것은 소구채권에 대해 주장된 상계의 항변이고, 상계 주장의 대상이 된 수동채권이 소송물로 주장된 채권이 아닌 공격방어방법으로서의 동시이행항변으로 행사된 채권일 경우에는, 그러한 상계 주장에 대한 판단에는 기판력이 발생하지 않는다(대판 2005.7.22, 2004다17207). 기판력을 인정하면 동시이행항변에 행사된 채권의 존부나 범위에 관한 판결 이유 중의 판단에 기판력이 발생하는 결과에 이르기 때문이다.

나아가 피고의 소송상 상계항변에 대하여 원고가 다시 피고의 자동채권을 소멸시키기 위하여 소송상 상계의 재항변을 하는 것은 허용되지 않는다(대판 2014.6.12, 2013다95964). "피고의 소송상 상계항변에 대하여 원고가 다시 피고의 자동채권을 소멸시키기 위하여 소송상 상계의 재항변을 하는 경우, 법원이 원고의 소송상 상계의 재항변과 무관한 사유로 피고의 소송상 상계항변을 배척하는 경우에는 소송상 상계의 재항변을 판단할 필요가 없고, 피고의 소송상 상계항변이 이유 있다고 판단하는 경우에는 원고의 청구채권인 수동채권과 피고의 자동채권이 상계적상 당시에 대등액에서 소멸한 것으로 보게 될 것이므로 원고가 소송상 상계의 재항변으로써 상계할 대상인 피고의 자동채권이 그 범위에서 존재하지 아니하는 것이 되어 이때에도 역시 원고의 소송상 상계의 재항변에 관하여 판단할 필요가 없게 된다. 또한, 원고가 소송물인 청구채권 외에 피고에 대하여 다른 채권을 가지고 있다면 소의 추가적 변경에 의하여 그 채권을 당해 소송에서 청구하거나 별소를 제기할 수 있는 것이다. 그렇다면 원고의 소송상 상계의 재항변은 일반적으로 이를 허용할 이익이 없다고 할 것이다. 따라서 피고의 소송상 상계항변에 대하여 원고가 소송상 상계의 재항변을 하는 것은 다른 특별한 사정이 없는 한 허용되지 않는다고 보는 것이 타당하다."

아울러 소송상 방어방법으로서의 상계항변은 그 수동채권의 존재가 확정되는 것을 전제로 하여 행하여지는 일종의 예비적 항변으로서 당사자가 소송상 상계항변으로 달성하려는 목적, 상호양해에 의한 자주적 분쟁해결수단인 조정의 성격 등에 비추어 볼 때 당해 소송절차 진행 중 당사자 사이에 조정이 성립됨으로써 수동채권의 존재에 관한 법원의 실질적인 판단이 이루어지지 아니한 경우에는 그 소송절차에서 행하여진 소송상 상계항변의 사법상 효과도 발생하지 않는다고 봄이 상당하다(대판 2013.3.28., 2011다3329).

(2) 상계의 항변에 관한 기판력의 범위

상계의 항변에 의해 발생하는 기판력은, 원고의 청구인 수동채권의 소멸 또는 감축을 야기하는 피고의 청구인 자동채권의 소멸(부존재)에 미친다. 수동채권에 대항한 자동채권의 범위에 한해 기판력이 발생한다는 이치이다. 따라서 자동채권이 부존재라는 이유로 상계의 항변이 부정되어도, 기판력은 상계의 항변으로 주장한 금액전체가 아니라 판결의 주문에서 판단된 원고의 청구금액에 한해서 발생한다. 예를 들면 원고가 100만원을 청구하고 피고가 120만원의 상계의 항변을 제출하였는데 상계의 항변이 부정되면, 기판력이 발생하는 것은 100만원에 한해서이고 20만원의 부분은 재소가 가능하다.

같은 이치로 자동채권의 존재가 인정되어 상계가 받아들여졌을 때 기판력이 발생하는 것은 상계에 의해 소멸한 자동채권의 부존재이다. 즉 위의 예의 경우에 대등액으로 상계가 인정되었다면 기판력이 발생하는 것은, 상계에 의해 소멸한 자동채권의 부존재 부분인 100만원에 한한다.

또한 소구채권 그 자체를 부정하여 원고의 청구를 기각한 제1심판결과 소구채권은 인정하면서도 상계항변을 받아들인 결과 원고의 청구를 기각한 항소심판결은 민사소송법 제216조에 따라 기판력의 범위를 서로 달리하므로, 항소심으로서는 그 결론이 같다고 하여 원고의 항소를 기각할 것이 아니라 제1심판결을 취소하고 다시 원고의 청구를 기각하는 판결을 하여야 한다(대판 2013.11.14, 2013다46023). 따라서 상계의 항변이 이유 있고 일견하여 자동채권의 수액이 수동채권의 수액을 초과한 것이 명백해 보이는 경우라도, 상계적상의 시점 이전에 수동채권의 변제기가 이미 도래하여 지체가 발생한 상태라고 인정된다면, 법원으로서는 상계에 의하여 소멸되는 채권의 금액을 일일이 계산할 것까지는 없다고 하더라도, 최소한 상계적상의 시점 및 수동채권의 지연손해금 기산일과 이율 등을 구체적으로 특정해 줌으로써 자동채권에 대하여 어느 범위에서 상계의 기판력이 미치는지 판결 이유 자체로 당사자가 분명하게 알 수 있을 정도까지는 밝혀 주어야 한다.

3. 청구인용금액의 범위

(1) 학설

이 판결에서와 같이 원고의 청구가 일부청구인 경우에는, 자동채권의 공제는 원고의 채권총액에서 하는지, 아니면 제소한 일부청구액에 한해서 하는지 문제된다. 이에 대해서는 청구된 금액에서 공제한다는 내측설, 공제금액의 비율로 안분한다는 안분설 그리고 잔액을 포함한 채권총액에서 공제한다는 외측설을 생각할 수 있다.[135]

먼저 내측설에 의하면 원고가 청구한 350만원에서 250만원을 공제하게 되므로 100만원의 인용판결이 된다. 안분설에 의하면 반대채권(자동채권)은 원고 총채권의 50%이므로 350만원에서 그 반을 공제한 175만원의 인용판결이 된다. 그리고 외측설에 의하면 총액 500만원에서 250만원을 공제하게 되므로 250만원의 인용판결이 된다.

(2) 판례의 입장

(a) 외측설

이 판결은 금전채권 전액에서 상계를 해야 한다는 입장에서 보듯이 외측설에 따르고 있다. 일부청구의 경우, 일부만 청구된 채권의 부존재가 확정되면, 잔부청구의 부존재도 확정된다는 관계에서 이 판결과 같은 외측설이 타당하다. 이 판결에서는 또한 일부청구를 하는 당사자의 의사를 존중하여야 한다고 설시했는데, 그 근거가 된 것은 과실상계에 관해 외측설을 따른 제 선례이다.

(b) 과실상계에서의 외측설

즉 대판 1970.3.24, 69다733에서는 명확히 외측설이라는 설시는 없지만, “원고들은 각 15만원의 위자료 청구권이 있으나 제반사정을 참작하여 우선 10만원씩을 청구한다는 것이므로 원판결이 피고는 원고들에게 각 12만원씩의 위자료를 지급함이 상당하다 할 것이나 원고들의 과실을 참작하여 각 2만원씩을 감액하여 피고는 원고들에게 위자료 10만원씩을 지급할 의무가 있다 하여 그 지급을 명한 원판결에 원고들이 청구한 한도를 초과하여 심리한 잘못이 있다 할 수 없다”고 판시하였다(유사한 것으로 대판 1975.2.25, 74다1298이 있다).

---

135) 이, 316면(단, 명시적 일부청구의 경우에는 외측설을 관철하는 것이 무리라고 한다). 호, 377면은 당사자의 의사에 의해 외측설과 안분설을 절충하자는 견해이다.

또한 이러한 판례를 따른 대판 1976.6.22, 75다819에서는 명확히 외측설에 의한다는 점이 설시되어 있다. 즉 "일개의 손해배상청구권중 일부가 소송상 청구되어 있는 경우에 과실상계를 함에 있어서는 손해의 전액에서 과실비율에 의한 감액을 하고 그 잔액이 청구액을 초과하지 않을 경우에는 그 잔액을 인용할 것이고 잔액이 청구액을 초과할 경우에는 청구의 전액을 인용하는 것으로 해석하여야 할 것이며, 이와 같이 풀이하는 것이 일부청구를 하는 당사자의 통상적 의사라고 할 것이다. 이는 소위 외측설에 따른 이론인 바 외측설에 따라 원고의 청구를 인용한다고 하여도 이것이 당사자 처분권주의에 위배되는 것이라고 할 수는 없는 것이라고 할 것이다."고 판시하고 있다.

(3) 상계한 후의 금액이 일부청구액을 초과하는 경우

이 판결의 사실관계에서는 상계에 의해 대등액으로 소멸된 후의 금액(250만원)은 일부청구액 350만원을 초과하지 않는 금액이었는데, 만일 반대채권이 100만원에 불과하여 전자의 금액(400만원)이 350만원을 초과하는 경우에 법원은 청구인용금액을 얼마로 하여야 하는지 문제된다. 이에 대해서는 이 판결요지에서도 보듯이 일부청구한 금액 전액인 350만원만을 인용하는 판결을 내려야 한다.

71 판결이유 중의 판단의 구속력

[대판 1984.10.23, 84다카855]

사 실

X는 토지 甲이 자신의 소유임에도 Y가 권원 없이 1972.1.1부터 1981.12.31까지 이를 점유·경작함으로써 위 기간 동안 발생한 손해에 대한 배상을 구하는 소를 제기하였다(본소). 이 소에 앞서 Y는 X를 상대로, 자신이 甲을 1959.3.13부터 20년간 소유의 의사로 평온공연하게 점유를 계속하여 왔으므로 1979.3.13 그 취득시효가 완성하였다는 주장을 하였으나, X는 Y의 점유사실을 부인하고 나아가 다른 사람에게 임대하는 등, X가 이를 점유하여 왔다고 주장하였다(전소). 전소에서는 Y패소판결이 내려지고 확정되었다. 이러한 전소의 경과를 토대로 Y는 본소에서, X는 전소에서 그 사건의 중요한 쟁점인 甲에 대한 Y의 점유사실을 극력 부인하고 X가 점유하여 왔다고 주장·입증하여 승소판결을 받았음에도, 태도를 바꾸어 Y가 甲을 불법으로 점유하여 왔다고 주장한 것이므로, 본소는 부적법 각하되어야 한다고 주장하였다. X가 제기한 본소는 전소판결의 영향을 받는지 문제되었다.

판결요지

"별소의 피고이던 X가 그 소송에서 그 소송의 원고이던 Y가 주장하는 시효취득요건사실을 부인하고 반증을 제출한 것은 상대방의 시효취득주장에 대한 방어방법으로서 한 진술 및 입증에 불과한 것이며 그 소송에서 Y의 주장사실이 인정되지 아니한다하여 Y가 패소한 것은 Y가 그 주장사실에 대한 입증을 다하지 못한데 기인한 것이고 또 별소에서는 Y가 甲을 1959.3.13부터 20년간 소유의 의사로 평온공연하게 점유하여 옴으로써 1979.3.13자로 시효취득하였는 가의 여부가 그 쟁점이고 본소에서는 Y가 甲을 1972.1.1부터 1981.12.31까지 점유하고 있었는가의 여부가 그 쟁점으로서 두 소송의 쟁점이 서로 다른 것임이 명백한 바 사정이 이러하다면 X가 별소에서의 상대방의 주장사실을 부인하다가 그 주장사실과 일부 같은 내용의 주장을 하면서 본소를 제기하고 있다 하더라도 그 사실만으로는 본소가 신의칙에 반하는 것으로서 권리보호의 이익이 없는 부적법한 것이라고는 볼 수 없을 것이다."

해 설

1. 이 판결의 의의

기판력의 객관적 범위에 관한 항목에서 보았듯이 기판력은 판결의 주문에만 미치는 것이 원칙이다(법216조1항). 그렇다면 판결의 이유 중의 판단에는 아무런 효력이 없는 것일까 문제된다. 이 판결은 단지 쟁점이 다르므로 문제가 되지 않는다는 입장이다. 그렇다면 쟁점이 같다면 어떠한지 생각해 볼 필요가 있다.

2. 판결이유 중의 판단의 구속력

판결의 이유는 주문이 정당함을 뒷받침하는 부분이다. 이러한 판단에 아무런 효력이 동반되지 않는다는 것은 판결 자체를 무의미하게 하는 것과 별 차이가 없다고도 말할 수 있다. 반대로 판결이유 중의 판단에 어떠한 효력을 부여해야 하는지 또한 어려운 문제이다.

이 점에 관해서는 그 효력으로 기판력 자체를 직접 도출하는 것은 어려움이 있다. 이에 따라 등장한 것이 기판력과 유사한 효력을 부여한다고 하는 입장이다(소수설). 그러한 유사한 효력으로서는 쟁점효[136]라는 것을 먼저 생각할 수 있다. 둘째로 신의칙에 의한 반복금지라는 효력(권리실효의 법리)이라고 주장하는 입장도 있다(다수설).[137] 이 2개의 입장 사이에는 큰 차이가 있는 것처럼 주장하는 경우도 있지만, 자세히 본다면 그렇게 큰 차이가 나는 것은 아니다. 2개의 입장 모두 결론적으로 전소판결의 이유 중의 판단에 의해 후소에서의 판단을 금지하는 기능이 있기 때문이다. 굳이 차이를 들자면 전자는 기판력과 유사한 제도적 효력으로 파악하지만 후자는 신의칙으로 소송행위를 규제하는 점, 그리고 자백되어 쟁점이 되지 않은 사항에 관해 전자는 그 부분에 쟁점효가 발생하지 않지만 후자는 그 부분과 반대되는 주장이 금지된다는 점에서 찾을 수 있다.

3. 판례의 입장

(1) 이 판결의 태도

이 판결의 입장에 의하면, 만일 쟁점이 같다면 신의칙상 전소에서 한 주장과 상반되는 후소에서의 주장이 금지된다고도 해석할 수 있지 않을까 생각된다. 이 판결의 전소에서 문제된 쟁점은 Y의 20년간 점유의 유무이다. 이에 비해 본소의 쟁점은 Y가 주장

136) 송=박, 454면.

137) 강, 690면; 이, 644면; 전, 669면; 정=유, 748면.

한 20년간의 점유기간과는 일치하지 않는 Y의 점유의 유무이다. 이 점에서는 이 판결에서처럼 쟁점이 동일하다고는 할 수 없을 것이다.

(2) 판결이유 중의 판단에 기판력을 인정하지 않는 이유

원래 판례는 판결이유 중의 판단에 기판력이 발생하지 않는다는 입장이다. 즉 대판 1965.7.6, 65다893에서, "피고들이 본건 원고를 상대로 하여 이 사건에서 문제되어 있는 토지가 각기 자기들의 소유임을 확인하라는 제소를 하였다가 본건 토지는 본건 피고들의 소유가 될 수 없다 하여 본건 피고들의 위의 청구가 각기 기각되었고 이 판결에 대한 항소 및 상고가 각기 기각되어 그 당시 위의 제1심판결이 확정된 사실을 알 수 있다. 그렇다면 위 판결의 기판력은 어디까지나 위의 판결주문에 표시된 바와 같이 본건 토지에 대한 소유권이 본건 피고들에게 귀속되어 있지 않다는 점에 국한된다 할 것이요, 위의 판결이유 중에 씌여 있는 부분인 본건 토지가 본건원고에게 분배된 사항에 관하여서는 그 기판력이 미치지 않는다고 보아야 될 것이다."라고 판시하여 이것이 선례로 기능하고 있다. 즉 판결이유 중의 판단에는 기판력이 발생하지 않는다는 것이다.

이러한 판례의 입장은 다음의 판례에서도 명확하게 나타나 있다. "매매를 청구원인으로 한 소유권이전등기청구사건에서 판결의 기판력이 미치는 객관적 범위는 그 판결의 주문에 포함된 등기청구권의 존부에만 한하는 것이고 판결이유에서 설시된 등기청구권의 원인이 되는 채권계약의 존부에까지 미치는 것이 아니므로, 허위주소를 기재한 의제자백판결에 기하여 매매를 원인으로 한 소유권이전등기를 한 후 피고들의 추완항소로 위 판결이 취소되고 원고의 청구기각 판결이 확정되자, 이를 이유로 제기한 위 의제자백판결에 기한 소유권이전등기의 말소청구소송에서 반대로 상대방의 매수사실을 인정하여 위 등기가 실체관계에 부합하는 등기라고 판단하였더라도 위 확정판결의 기판력에 저촉되지 않는다."는 판시가 그것이다(대판 1983.9.27, 82다카770).

판례의 입장에서 본다면 전소와 후소의 쟁점의 동일성 여부는 아무런 문제가 되지 않을 것이다. 쟁점이 같건 다르건 어차피 판결이유 중의 판단에는 아무런 구속력이 없기 때문이다.

(3) 판결이유의 중요성을 강조한 판례

그러나 한편으로 판결이유 중의 중요성 또한 강조된다. 이 점은 대판 1970.7.28, 70누66, 67, 68에서, "확정판결의 기판력의 범위는 확정판결의 주문의 문언의 형식에만 의하여 판단할 것이 아니고 판결에 게재된 이유와 대조하여 인정하여야 할 것이므로 원판결에 의하면 그 주문에서 [피고가 1967. 10.12자로 원고들의 별지 제2목록 기재토지에 한 이의신청 기각한 재결을 취소한다]라고 기재되었을 뿐이고, 피고가 1967.10.12자 원고들의 이의신청을 기각한 재결전부를 취소하라는 것이 아님을 알 수 있을 뿐더러 별지 제2목록 기재토지에 관한 이의를 그 목록 기재사항과 판결이유를 대조하여 검토하면 동 토지에 관한 손실보상가격에 관한 이의신청 기각재결을 취소한 것이다." 라고 판시한 점에서도 알 수 있다.

(4) 이유 중의 판단에 무엇인가의 구속력을 인정하려는 판례

한편으로 쟁점이 동일하다면 무엇인가 효력이 미칠 수 있음을 판례가 인정한 것이 아닌가도 보여진다. 이러한 점은 이 판결 이후의 다음의 판례에서도 엿볼 수 있다. 즉 대판 1992.10.27, 91다20876에서는, "원고가 참가인회사를 상대로 한 별건 구상금청구사건(원고가 피고의 보증이행요구에 따라 지급한 금원에 대한)에서는 이 사건 산업시설자금이 피고의 관리자금계좌에 위 회사 명의로 입금이 되는 순간 위 회사 앞으로의 대출이 있었던 것이라고 주장하다가 이 사건에 있어서는 시설의 공급자에게 현실로 금원을 인출한 때에 대출이 성립된다는 이른바 정지조건부 대출이라고 주장을 변경하고 있다고 하여도, 위 구상금소송과 이 사건 소송은 당사자가 상이할 뿐만 아니라 관리자금의 법적 성질에 관한 주장을 위 구상금소송에서의 법원판단에 따라 위와 같이 변경하는 것이 쟁점효 내지는 신의칙에 위배된다고 할 수 없다." 라고 판시한다. 이러한 태도는 쟁점효 내지는 신의칙에 위배되는 경우가 있음을 암시하고 있는 것이 아닌가 생각된다(유사한 취지의 판례로 대판 1995.5.26, 94다1487이 있다).

또한 토지 소유자와 관습에 의한 지상권자 사이의 지료급부 이행소송의 판결의 이유에서 정해진 지료에 관한 결정은, 소송물에 대한 판단은 아니므로 기판력이 없는 것이 원칙이다. 그러나 당해 판결이유에서 판단된 지료에 관한 결정은 소송물에 준한 심판대상으로서 그 소송의 당사자인 토지 소유자와 관습에 의한 지상권자 사이에서는 지료결정으로서의 효력이 있다고 판단한 판례도 있다(대판 2003.12.26, 2002다61934).

4. 판결이유 중의 판단에 구속력을 인정해야 하는 이유와 구속력의 내용

(1) 이유

위와 같은 판례의 흐름에서 본다면, 적어도 이제는 판결이유 중의 판단에 무엇인가 효력을 인정하려는 것이 판례의 입장이라고 생각한다. 이러한 태도는 판결이유가 갖는 중요성에 비추어 본다면 타당하고 유연한 입장이라고 평가할 수 있다. 또한 참가적 효력(항목<92> 참조)이나 파기판결의 구속력(항목<103> 참조)은 판결이유 중의 판단에 관해 발생한다는 점을 상기할 필요가 있다(그 밖에 항목<69>의 별개의견 참조).

(2) 구속력의 내용

물론 판결이유 중의 판단이 갖는 구속력은 무엇이고, 그러한 구속력은 어느 경우에 발생하는가라는 요건의 문제는 기판력에 준하는 효력이라는 점에서 중요한 문제가 될 것이다. 이 점은 일단 앞으로 판례의 집적을 기다려야 할 문제이지만(사실 지금까지의 판례는 쟁점효나 신의칙에 위배되지 않는다고만 할 뿐 위배된다고 판시한 것은 없다), 당분간은 신의칙의 문제로서 판결이유 중의 판단으로 인해 후소가 불가능하거나 후소에서 특정 주장이 불가능해지는 것으로 이해해야 한다고 생각한다(아직 확고한 기반이 없는 상태에서 쟁점효라는 제도적 효력을 도출하는 것은 무리가 있다). 이 판결의 경우, 전소판결의 Y의 패소의 이유(Y의 점유의 유무, 그 기간에 관한 판단)에 따라서는, 그 구속력에 의해 X의 본소가 인정되지 않을 수도 있을 것이다.

72 기판력의 주관적 범위 - 변론종결후의 승계인 -

[대판 1992.10.27, 92다10883]

사 실

Y는 A를 상대로 대지 소유권에 기한 방해배제청구로서, 그 지상건물 甲의 철거를 구하는 소를 제기하여 승소확정판결을 받았다(전소). 그러나 전소의 계쟁건물인 甲을, B는 A로부터 전소변론종결 전에 소유권이전등기청구권 보전의 가등기를 경료받았다가, 전소의 변론종결 후에 소유권이전의 본등기를 경료하고, 같은 날 B는 X에게 다시 그 소유권이전등기를 경료하였다. Y가 X를 상대로 승계집행문을 부여받아 강제집행에 착수하자, X는 Y를 상대로 집행문부여에 대한 이의의 소(후소)를 제기하고, 자신이 전소판결의 기판력이 미치는 변론종결후의 승계인이 아니라고 주장할 수 있는지 문제되었다.

판결요지

"대지 소유권에 기한 방해배제청구로서 그 지상건물의 철거를 구하여 승소확정판결을 얻은 경우, 동 지상건물에 관하여 위 확정판결의 변론종결 전에 경료된 소유권이전청구권가등기에 기하여 위 확정판결의 변론종결 후에 소유권이전등기를 경료한 자가 있다면 그는 민사소송법 제204조(법218조) 제1항의 변론종결후의 승계인이라 할 것이어서 위 확정판결의 기판력이 미친다고 할 것이다…가등기의 순위보전적 효력이란 본등기가 마쳐진 때에는 본등기의 순위가 가등기한때로 소급함으로써 가등기 후 본등기 전에 이루어진 중간처분이 본등기보다 후순위로 되어 실효된다는 뜻일 뿐 본등기에 의한 물권취득의 효력이 가등기때에 소급하여 발생하는 것은 아니고, 위와 같은 건물철거소송에서 확정판결이 미치는 철거의무자의 범위는 건물의 소유권 기타 사실상의 처분권의 취득시점을 기준으로 판단하여야 할 것인데, B명의의 본등기가 위 판결의 변론종결 후에 마쳐진 이상 B나 X는 변론종결 후의 승계인에 해당한다."

해 설

1. 이 판결의 의의

이 판결에서는 전소가 물권으로서의 소유권에 기한 방해배제청구였다는 점, 그리고 B나 X는 전소의 변론종결후에 본등기가 마쳐진 전소의 목적물의 승계인이라는 점을 명확히 하며 변론종결후의 승계인에 해당함을 인정하였다. 이러한 두 가지 점은 판례가 일반적으로 취하고 있는 태도에 해당하는 부분이다. 이러한 점을 염두로 하여 변론종결후의 승계인의 범위에 관한 판례의 태도를 이 판결과의 관계에서 규명해 보도록 하겠다. 아울러 이 판결의 후자의 논거, 즉 변론종결 전에 가등기를 하여도 변론종결 후에 본등기를 하면 변론종결후의 승계인이 된다는 점에는 이론(異論)이 없다.

2. 변론종결후의 승계인의 범위를 둘러싼 문제

기판력은 절차권보장을 받게 되는 당사자에게만 효력을 미친다(기판력의 상대성). 따라서 당사자를 달리 하는 경우, 예를 들어 갑이 을 종중을 상대로 부동산의 소유권에 기하여 제기한 분묘굴이 및 토지인도 등 청구가 인용되고 그 판결이 그대로 확정된 경우, 그 기판력은 종중의 종중원으로서 공동소송인의 관계에 있는 병에게도 미치는지에 대해, 대판 2010.12.23, 2010다58889는 "대표자가 있는 법인 아닌 사단이 소송의 당사자가 되는 경우에도 그 법인 아닌 사단은 대표자나 구성원과는 별개의 주체이므로, 그 대표자나 구성원을 당사자로 한 판결의 기판력이 법인 아닌 사단에 미치지 아니함은 물론 그 법인 아닌 사단을 당사자로 한 판결의 기판력 또한 그 대표자나 구성원에게 미치지 아니하는 것이 당연하다."고 판시하였다. 그런데 항상 당사자에게만 한정하는 것은, 분쟁의 실효적 해결이라는 점에서 적당하지 않다. 이에 따라 법은 당사자와 유사한 지위를 갖는 일정한 자에 대해 기판력이 미치는 경우를 규정하고 있다(법218조).

법218조1항은 변론종결 후의 승계인에게 당해 소의 판결의 기판력이 미친다고 규정한다. 이 판결에서도 X는 전소의 변론종결 후에 甲을 승계한 것이므로, 같은 조가 말하는 승계인이라고 할 수 있는데, 그렇다면 형식적으로 변론종결후의 승계인이라면 항상 기판력이 미치는 승계인이 되는 것인가라고 했을 때, 판례의 입장은 그렇지 않다. 먼저 변론종결후의 승계인의 범위에 관한 판례의 태도를 살펴보도록 하겠다.

3. 판례의 입장

(1) 전소가 물권적 청구권에 기한 경우

판례는 소송의 목적물을 물권적인 것인지 아니면 채권적인 것인지로 구분하여, 전자의 경우에는 그 승계인이 기판력이 미치는 변론종결 후의 승계인이 되지만, 후자의 경우에는 그러하지 않다고 해석한다(이 판결에서도 물권적 방해배제청구권이 주장된 경우이다).

물권적인 권리를 내용으로 하는 경우에는 승계인이 될 수 있다는 입장으로, 예를 들면 대판 1972.7.25, 72다935에서는, "원인무효임을 이유로 소유권 이전등기말소를 명하는 확정판결의 변론종결 후에 이로부터 다시 소유권이전등기를 경료한 자는 변론종결후의 승계인으로서 위 확정판결의 기판력을 받으므로 특별한 사정이 없는 한 이 자를 상대로 한 말소등기청구의 소는 소의 이익이 없는 부적법한 소이다." 라고 판시하고 있다. 즉 소유권에 기한 말소등기청구소송이므로 이 판결의 기판력은 승계인에게도 미친다는 해석이다. 단, 그 이유는 명확하지 않다.

이러한 해석은 마찬가지로 대판 1974.12.10, 74다1046에서, "원고가 위 박금교 및 유종엽을 상대로 제기한 위 소유권이전등기 및 근저당권설정등기의 말소를 구하는 소송을 제기하여 동 각 등기가 당초부터 원인무효임을 이유로 각 그 말소를 명하는 판결이 있었는 바, 그 판결이 확정되었다면 그 판결의 변론종결후의 승계인인 임의 경매실행으로 인한 소유권취득자에 대하여는 원심이 설시하고 있는 바와 같은 경매절차의 진행을 저지하는 절차나 등기부상의 조처를 취한 여부에 불구하고 기판력이 미친다고 할 것이다."라고 판시된 점에서 나타나고 있다.

또한 대판 1994.12.27, 93다34183에서는, "부동산에 대한 근저당권 설정등기말소청구사건의 사실심 변론종결일 후에 그 부동산의 소유권을 경락취득한 자 또는 이를 전득한 자는 민사소송법 제204조(법218조)에 의하여 그 확정판결의 효력이 미치는 변론종결후의 승계인이라 할 것이다." 라고 판시하고 있다.

(2) 전소가 채권적 청구권에 기한 경우

이에 비해 채권적인 권리를 대상으로 하는 경우에는 승계인이 되지 않는다는 반대의 해석이다. 예를 들면 대판 1991.1.15, 90다9964에서는 다음과 같은 사례가 문제되었다. X는 A로부터 B에 대한 점포의 전차권을 양도받고 다시 B와 전대차 계약을 맺었다. 그 후 그 점포를 점유하고 있는 Y를 상대로, A로부터 양수한 전차권을 보전하기 위하여 A를 대위하여 점포의 명도청구소송을 제기하여 승소판결을 받았다. 그러나 Y가 이 사건의 변론종결 후에 Z에게 위 점포를 양도함으로써 Z가 이를 점유하고 있는 경우, Z에게 전소판결의 기판력이 미치는지 문제되었다.

이에 대해 대법원은, "일반적으로 판결의 기판력이나 집행력은 변론종결 후에 소송물인 권리관계에 대한 지위를 당사자로부터 승계한 제3자에게도 미침은 주장하는 바에 같지만 건물명도소송의 변론종결 후에 그 재판의 피고로부터 그 건물의 점유를 취득한 자와의 관계에 있어서는 그 소송에서의 소송물인 청구가 물권적 청구 등과 같이 대세적인 효력을 가진 것이라면 몰라도 대인적인 효력밖에 없는 채권적 청구 만에 그친 때에는 미치지 아니한다." 고 판시하였다. 즉 물권적인 청구라면 대세적인 효력을 갖게 되고 따라서 승계인에게 기판력이 미치지만, 그렇지 않다면 채권으로서 대인적인 효력만을 갖게 되므로 기판력은 미치지 않는다는 해석이다.

이러한 원리는 다음의 판례 대판 1992.12.22, 92다30528에서도 그대로 나타나고 있다. 즉 "채권계약에 터잡은 통행권은 지역권과 같이 물권적 효력이 있는 것이 아니고 채권적 효력만 갖는 것이므로, 계약을 체결한 상대방에 대해서만 통행권을 주장 청구할 수 있고 토지 자체를 지배하는 효력이 없을 뿐만 아니라 당사자가 변경되면 승계인에 대하여 통행권을 주장할 수 없는 것이 원칙이고, 따라서 채권계약에 터잡은 통행권에 관한 확정판결의 변론종결 후에 당해 토지를 특정 승계취득한 자는 민사소송법 제204조(법218조) 제1항의 변론종결후의 승계인에 해당하지 아니하여 판결의 기판력이 미치지 않는다."라고 해석하고 있다.

이러한 판례의 입장은 말하자면 전소의 소송물과 후소의 소송물이 같거나 선결관계나 모순관계에 의하여 기판력이 미치는 객관적 범위에 해당해야 함을 의미하는 것이기도 하다. 예를 들어 갑 등이 을을 상대로 건물 등에 관한 소유권이전등기의 말소등기절차 이행을 구하는 소를 제기하여 승소확정판결을 받았는데, 위 판결의 변론종결 후에 을로부터 건물 등의 소유권을 이전받은 병이 갑 등을 상대로 위 건물의 인도 및 차임 상당 부당이득의 반환을 구하는 소를 제기한 사안에서, 병이 변론종결 후의 승계인이어서 전소 확정판결의 기판력이 미치는지에 대해 판례(대판 2014.10.30, 2013다53939)는 "소송물이 동일하거나 선결문제 또는 모순관계에 의하여 기판력이 미치는 객관적 범위에 해당하지 아니하는 경우에는 전소 판결의 변론종결 후에 당사자로부터 계쟁물 등을 승계한 자가 후소를 제기하더라도 그 후소에 전소 판결의 기판력이 미치지 아니한다."고 한다.

4. 물권적 청구와 채권적 청구의 구별의 필요성

(1) 판례의 근거

판례는 위와 같이 청구권을 물권적인 것과 채권적인 것으로 구별하여 그에 따라 기판력이 미치는 승계인의 범위를 규율하고 있다. 그 근거는 반드시 명확하다고는 할 수 없지만, 일단 대세적인 권리와 대인적인 권리의 차이를 기준으로 하고 있는 입장이라고 이해할 수 있다. 이러한 입장은 변론종결전의 승계에 의한 소송승계의 가능성에 관해 소송물의 승계의 경우에만 인정하고 계쟁물의 경우에는 인정하지 않는 판례의 입장(항목<97> 참조)과 유사하다. 물권적 청구권이라면 1물1권주의에 의해 승계의 목적물이 소송물이라 할 수 있지만, 그렇지 않다면 소송물을 승계하였다고는 말할 수 없기 때문이다.

(2) 학설

한편 학설은 물권적 권리인가 채권적 권리인가를 구별하는 입장(소수설),[138] 반대로 그러한 구별을 하지 않는 입장(다수설),[139] 그리고 절충적인 입장으로 채권적인 권리를 교부청구권(예를 들면 매매에 의한 목적물의 인도)과 환수청구권(예를 들면 기간만료에 의한 임대인의 임차물 반환청구)으로 나누어 후자에 한해 기판력이 미친다는 입장(소수설)[140]이 있다.

(3) 물권적 청구와 채권적 청구의 구별의 문제점

판례의 입장은 소송물논쟁 당시의 견해에 충실한 해석이지만, 타당하지 않다. 물권적 청구권이라면, 예를 들어 소유권에 기한 인도청구권이라면 목적물의 점유승계인은 완전한 권리를 승계한 자로서 당사자와 동일시 할 수 있는 것이 된다. 이에 비해 채권적 청구권의 경우에는, 예를 들어 임대차계약의 해제에 의한 원상회복으로서의 인도청구권의 경우라면 매매에 의해 당해 건물을 매수한 제3자에게는 "매매는 임대차를 깨트린다"는 실체법상의 원칙상 대항할 수 없고, 당해 매수인은 승계인이 되지 않는다는 해석이다.

그러나 이하에서 보는 바와 같이 형식설에 의해 승계인의 범위가 결정된다면, 전소의 소송물이 물권적인 것인지 또는 채권적인 것인지의 여부에 의해 승계인의 범위가 변하는 것은 아니다. 승계인에게 미치는 기판력의 범위에 차이가 있다고 할 수는 있지만, 처음부터 승계인이 아니라는 해석은 타당하지 않다. 적어도 위와 같은 사례에서, 전소에서 확정된 원고의 피고에 대한 채권적인 청구권의 존부에 관해 승계인도 전소의 권리관계를 승계한 이상, 그와 모순되는 주장을 하게 하는 것은 합리적이지 않기 때문이다. 따라서 이 판결에서 X가 승계한 것이 물권적 청구권인지 채권적 청구권인지에 관계없이 변론종결후의 승계인에 해당한다.

5. 실질설과 형식설이라는 대립의 문제점

(1) 학설의 문제점

학설은 다시 변론종결후의 승계인의 범위에 관해, 당해 승계인의 주관적 의사에 의해 구별하려는 논의를 시도한다. 매우 이해하기 힘든 형식설과 실질설의 대립이라는

138) 호, 737면.

139) 김=강, 639면 이하; 이, 651면; 정=유, 755면.

140) 강, 697면도 이와 유사하다.

논의이다. 학설은 위와 같은 판례의 입장을 형식설과 실질설이라는 두 가지 틀로 구분한다고 할 때, 실질설이라고 부르는 경우가 일반적이다(다수설).[141]

그러나 그것은 적합한 호칭이 아니다. 판례는 실질설과 형식설의 차이로 부각되는 점(제3자의 고유의 항변에 대해 그것이 있으면 승계인이 아니라는 것이 실질설, 이것이 있어도 승계인이지만 후소에서 전소의 기판력에 관계없이 고유의 항변을 주장할 수 있다는 것이 형식설이다)에 관해 명확히 그것을 다룬 것이 없기 때문이다. 즉 판례는 "고유의 항변이 있기 때문에 승계인에 해당하지 않는다" 라고는 말하지 않는다. 그렇다면 학설이 주장하는 실질설과 형식설은 어떠한 의미를 갖는 것일까. 결론적으로 말한다면 양설의 대립은 중요한 의미를 갖지 않고, 형식설에 따라 문제에 대처하는 것이 타당하다.

(2) 실질설의 존재의의

양설의 대립은 변론종결후의 승계인이지만 당사자가 아닌 제3자 중에서, 전소판결의 기판력을 받는 자와 그렇지 않은 자와를 구별하기 위해 등장한 것이다. 따라서 양설에 의하면, 한편의 제3자는 기판력을 받지만, 다른 한편의 제3자는 기판력을 받지 않는다고 하는 결론상의 차이가 발생하는 것이어야 한다. 그런데 실질설에 의하면 반드시 그렇게 되지는 않는다. 실질설은 이 판결과 같이 물권적 청구권의 경우에는 승계인이 된다고 하는 입장에서 알 수 있듯이 당사자와 동일시할 수 있는 제3자가 아니면 기판력은 미치지 않는다는 해석이다. 그렇다면 실질설에 의하면 당사자가 아닌(당사자와 동일시 할 수 없는) 제3자는 처음부터 기판력이 미치지 않는다.

따라서 당사자가 아닌 제3자 중에서 어느 범위만큼의 제3자가 승계인이 되어 전소판결의 기판력이 미친다고 하는 기준으로써, 실질설은 기능할 수 없다. 굳이 실질설을 유지한다 하여도, 즉 승계인이 되는 제3자의 범위에 관해 당사자와 동일시 할 수 있느냐 없느냐라는 기준을 고수한다고 하여도 다음과 같은 문제가 발생한다. 우선 고유의 항변의 유무와 그 성립여부에 관한 실체적인 심리판단이 내려질 때까지, 전소판결의 기판력이 미치는 승계인에 해당되는지의 여부가 판명되지 않고, 그 한도에서 당사자가 아닌 제3자에게는 기판력이 기능할 수 없게 된다. 또한 고유의 항변을 갖고 있다 하여도, 기판력이 미치지 않는다고 하면, 당해 제3자는 전소당사자간의 확정판결에 의한 확정사항의 모든 것을 다툴 수 있게 되어 부당하다.

(3) 형식설의 타당성

이러한 점에서 형식설에 따라, 기본적으로 전소의 계쟁물(특정 청구를 대상으로 하는

141) 김=강, 692면; 이, 652면; 전, 680면; 정=유, 755면. 아울러 실질설을 취하는 학설로는 김, 476면; 호, 736면이 있다.

소송물이 아니라 그보다 넓은 의미에서의 특정 청구의 전제가 되는 권리의무나 법률관계를 의미하는 것이다. 실체법적으로 말한다면 실질권과 청구권의 관계이고 청구권을 대상으로 하는 것이 소송물이며 청구권의 전제가 되는 실질권을 대상으로 하는 것이 계쟁물이다)에 관한 당사자적격을 전래적으로 취득한 자는 승계인에 해당하고, 전소의 당사자라면 받게 되는 기판력을 받게 되지만, 자신의 고유의 항변은 후소에서 제출할 수 있다고 해석해야 한다.

(4) 추정승계인에 관한 조항의 의미

참고로 법218조2항의 추정승계인에 관한 조문은 위와 같은 점에서 볼 때 실효가 있는 규정은 아니다. 추정된다는 사항은 변론종결 후에 승계했다고 하는 사실에 불과하므로, 승계인이 변론종결 전에 승계한 점을 입증한다면, 처음부터 계속 사실을 알고 있었다고 해도 기판력이 미치는 승계인이 되지 않는다. 또한 그러한 입증에 실패하여도 자신이 선의의 제3자임을 주장할 수 있기 때문이다. 따라서 만약 규정을 한다고 하면 추정이 아닌 간주규정으로 할 필요가 있다. 이렇게 하여도 전술한 형태로 기판력이 미친다는 점에서 승계인은 자신이 선의의 제3자임을 주장할 수 있으므로 부당하다고는 할 수 없고, 악의의 제3자라면 소송승계를 촉구하는 것이 되며, 그럼에도 소송승계를 안 한다면 전소판결의 실효성을 확보할 수 있기 때문이다.

(5) 승계인에 대한 기판력의 작용

위와 같이 변론종결 후의 승계인에게는 고유의 항변을 제외하고, 피승계인에게 미치는 한도 내에서 기판력이 미친다는 점은 대판 1998.11.27, 97다22904의 예가 참고가 된다. 이 사건의 사실관계는 다음과 같다.

소외 A는 X와 Y를 상대로 이 사건 토지 甲중 X가 점유·사용하는 특정부분 乙의 공유지분에 관한 소유권이전등기의 말소를 구하는 소송(전소)을 제기하여 X에게는 패소, Y에게는 승소하는 확정판결을 얻었다(1993.6.8.). 이 판결에 의해 乙에 관한 Y명의의 공유지분은 원소유자명의로 복귀하고, 다시 A의 소송수계인 명의로 소유권이전등기가 경료되었다(1994.8.19.). 그 간에, X는 甲에 대한 Y명의의 공유지분에 관하여 명의신탁해지를 원인으로 한 소유권이전청구권 보전을 위한 처분금지가처분등기를 경료한(1993.6.28.) 후, 그 본안으로서 乙부분에 대한 Y명의의 공유지분에 관하여 소유권이전등기를 구하는 이 사건 소송(후소)을 제기하였다. 이 때, X는 전소판결의 변론종결후의 승계인에 해당하는지 문제된 것이다.

이에 대해 항목<69>에서 보았듯이 등기청구소송판결의 소유권존부에 관한 기판력 부분을 명확히 한 후, "X가 전소판결의 변론종결일 이후에 그 패소자인 Y를 상대로 한 이 사건 처분금지가처분등기를 경료하였다고 하더라도, 그 본안인 이 사건 소송에서 승소하는 등으로 乙부분에 대한 Y명의의 공유지분에 관하여 X명의의 소유권이전등기를 마침으로써 그 지분소유권을 승계취득하는 경우, 그러한 X의 지분소유권의 존부에 관하여는 전소판결의 기판력이 미치지 아니하는 이상, X가 당연히 전소판결의 변론종결후의 승계인에 해당한다고 할 수는 없다 할 것이다." 라고 판시하고 있다.

그러나 X에게 미치는 기판력(즉 Y에게 미치는 전소판결의 기판력)의 객관적 범위에 차이(지분소유권의 존부에 관한 기판력의 유무)가 있을 수 있겠지만, 적어도 Y에게 미치는 기판력의 객관적 범위의 한도 내에서, X는 전소이행판결의 변론종결 후의 승계인이라고 해야 하고, 처음부터 승계인에 해당하지 않는다는 해석은 타당하지 않다.

6. 여론 - 기판력의 확장과 집행력의 확장

(1) 형식설, 실질설 그리고 집행력의 확장

학설 중에는 여기에 그치지 않고, 형식설과 실질설을 판결의 효력으로서 집행력의 부분에까지 확대하여 형식설에 의하면 기판력이 미치지만 집행력이 미치지 않는다는 논리를 전개해 나가는 경향이 있다.142) 또한 이 연장선에서 강제집행부분에 해당하는 집행문부여의 문제를 형식설과 실질설을 논하면서 다루기도 한다. 그러나 위와 같이 기본적으로 기판력의 주관적 범위에 있어서의 실질설과 형식설의 대립은 독립된 의미가 없으므로, 집행력의 주관적 범위를 논의할 때 양설을 그대로 가져오는 것은 타당하지 않다.

(2) 기판력과 집행력의 차이

원래 기판력과 집행력은 제도의 취지와 그 작용을 달리 한다. 형식설과 실질설의 대립을 창조한 일본에서도 처음에는 양자의 범위는 일치한다고 생각되었지만, 그 차이가 명확해져 감에 따라 학설도 변화해 가고 있고, 민사집행법 제정 시에 우리 구법470조와 같았던 조문을 수정하여 기판력의 주관적 범위와는 별개의 조문으로 규정하였다(단, 우리 민집25조는 구법을 그대로 따랐다). 또한 구법470조1항단서(참가적 효력은 반드시 기판력과 동일하다고는 할 수 없지만 판결의 효력이라 본다면)의 존재도 그 점을 의미한다고 할 수 있다.

기판력과 집행력은 어떻게 다른 것일까. 기판력은 전소와 후소와의 관계이고 전소에서 확정된 것은 후소에서 움직일 수 없다는 법적 안정성에 그 목적이 있다. 이에 비해 집행력은 전소와 강제집행의 관계이고 어떻게 하면 신속하고 경제적으로 강제집행을 할 수 있는가에 그 목적이 있다. 또한 집행력은 기판력이 없어도 인정될 수 있고 기

142) 김=강, 693면; 전, 680면; 정=유, 762면.

판력이 있어도 집행력이 없는 것이 많다. 더 나아가 중요한 차이는, 승계인에게 있어서 기판력이 확장되면 후소에서 주장할 수 없게 되는 일이 있다는 점에 불과하지만, 집행력이 확장되면 자신의 재산에 직접 강제집행을 받게 된다는 결과가 되어 이해관계에 큰 차이가 발생한다. 따라서 기판력이 확장된다는 것과 집행력이 확장된다는 것은 동일한 선상에서 논할 수 없는 별개의 문제라고 파악해야 한다.

(3) 집행력의 주관적 범위

그렇다면 변론종결 후의 승계인에 대한 집행력의 주관적 범위는 어떻게 정해져야 할까? 원칙적으로 고유의 항변을 갖고 있는 승계인을 상대로 승계집행을 하는 것은, 실체법에서 볼 때 허용되지 않는다. 최종적으로 강제집행을 인정하면 안 되는데, 승계인의 고유의 항변을 집행의 어느 단계에서 주장시켜야 하는지가 문제된다.

강제집행에 관한 것이지만, 기판력과 집행력의 확장이라는 관련에서 최소한의 설명을 하기로 하겠다. 위와 같은 승계인을 상대방으로 하여 승계집행문(민집31조)을 부여해야 하는지의 여부에 관해서는 두 가지 견해가 있다. 먼저 권리확인설(新堂(신도)교수 등의 주장)은 집행문 부여 단계에서 고유의 항변을 판단하여 승계집행문을 부여해야 한다고 한다. 이에 대해 제소책임전환설(中野(나까노)교수 등의 주장)은 당해 승계인은 청구이의소송 등 통상의 소로써 고유의 항변을 주장해야 한다고 풀이한다.

필자는 제소책임전환설이 타당하다고 생각한다. 강제집행은 집행권원이 있으면 그에 의해 집행권원의 실체적 당부를 판단함이 없이 이루어지는 것이 원칙이다. 만일 실체적인 하자가 있다면 그에 의한 부당집행의 위험은 채무자가 청구이의소송 등을 제기하여 당해 집행력을 제거해야 한다고 해석해야 하기 때문이다. 또한 법관이 관여하지 않고(민집28조2항), 변론도 열리지 않으며 채무자의 심문도 없는 집행문 부여의 약식절차에서, 승계인의 고유의 항변의 유무나 성부에 관해 확실한 판단을 하는 것은 불가능하기 때문이다. 이 때 주의해야 할 점은 승계집행이 가능한 자인지의 여부와 승계집행문을 부여할 수 있는 자인지의 여부는 구별해야 한다는 점이다. 권리확인설이나 제소책임전환설은 승계집행문을 부여해야 하는지 여부에 관한 논의이고, 이것이 전소판결에서 판단될 기판력에 의해 결정되는 것은 아니다.

73 채권자대위소송판결의 주관적 범위

[대판(전) 1975.5.13, 74다1664]

사 실

채권자가 제3채무자를 상대로 채권자대위소송을 제기하고 이 판결이 확정된 후, 채무자가 제3채무자를 상대로 채권자가 제기한 것과 동일한 내용의 소를 제기하는 것이 전소판결의 기판력에 저촉되는지 문제되었다.

판결요지

다수의견

"채권자가 채권자대위권을 행사하는 방법으로 제3채무자를 상대로 소송을 제기하고 판결을 받은 경우에는 채권자가 채무자에 대하여 민법 405조1항에 의한 보존행위 이외의 권리행사의 통지, 또는 민사소송법 77조(법84조)에 의한 소송고지 혹은 비송사건절차법 84조1항에 의한 법원에 의한 재판상 대위의 허가를 고지하는 방법 등을 위시하여 어떠한 사유로 인하였던 적어도 채권자대위권에 의한 소송이 제기된 사실을 채무자가 알았을 경우에는 그 판결의 효력은 채무자에게 미친다고 보는 것이 상당하다 할 것이다. 왜냐하면 민법 405조에 의하여 채권자가 대위권을 행사한 경우에는 채무자에게 그 통지를 하여야 하고 이 통지를 받은 후에는 채무자가 그 권리를 처분하여도 이로써 채권자에게 대항하지 못한다고 규정하고 있고, 또 이보다 직접적인 규정이라고 볼 수 있는 위 비송사건절차법 84조는 채권자대위신청의 허가는 직권으로 채무자에게 고지하여야 하고 이 고지를 받은 채무자는 그 권리를 처분할 수 없다고 규정하고 있다. 즉, 이 대위권에 의한 제소의 고지는 채무자에게 그 권리의 처분행위를 금하고 있다. … 종전의 판례나 학설이 채권자의 대위소송에 있어서 한편 법이론적인 면에서 채권자가 자기이름으로 당사자가 되는 점에 착안하여 그 판결의 효력은 당사자간에 국한된다는 민사소송법의 대원칙에 비추어 이 경우에도 당사자가 아닌 채무자에게는(그 효력이) 미치지 않는다고 해석하였고 … 위와 같은 해석은 첫째 법이론적으로 위에 설시한 민법상의 채권자대위권의 본질이나 그 절차법상의 규정의 정신을 정당히 이해 못한 형식론에 불과할 뿐만 아니라 실용적 면에서도 그 반면 채무자는 제1 제2 제3의 채권자대위권자에 의한 소송에 응소하는 고통에 겹쳐 채무자 본인에 의한 소송에 응소하여야 하는 이중 삼중의 소송의 쓰라림을 강요당하는 결과가 될 뿐 아니라 때로는 기판력이 없다는 이유로 그 확정판결간에 상호 저촉되는 결과가 나오므로 재판의 위신문제는 고사하고 일반거래에 막심한 혼란과 손실을 가져오는 결과가 될 수도 있는 더 중대한 실제의 해약을 무시 간과할 수 없는 현실이 있다. 그러므로 채무자에게 고지 등의 방법으로 알게 하여 필요에 따라 소위 공동소송적 참가 기타의 방법으로 그 고유의 권리를 보호할 기회를 주는 동시에 그 기판력도 채무자에게 미치게 하자는 데 후자와 같은 해석의 의의가 있고 효용이 있다. 이와 같은 고지 등에 의하여 채무자에게 제소사실을 알리어야 한다는 법적 근거는 위에서 이미 설시하였거니와 실제 성실한 당사자라면 채권자대위권에 의한 소송의 원피고는 정정당당히 채무자에게 그 제소사실을 알려야 하고 또 알고도 이에 협력않고 불리한 판결을 받은 채무자에게 불이익을 주어도 위와 같은 법적 근거와 권리 위에 잠자는 채무자를 돕지 않는다고 하여 불공평하다고 할 수 없다고 할 것이다. 그러나 이 경우에 채무자가 모르는 사이에 확정된 판결의 효력은 채무자에게 미치지 않는다고 해석하여 종전 판례가 추구하려던 폐단도 방지하도록 보장하였다."

소수의견

"채권자가 한 대위소송을 채무자가 알든 모르든(지, 부지간에) 이에 대하여 모든 경우에 그 기판력이 있다고 해석하여야 한다. 그 이유는 다음과 같다.

첫째로 … 채권자대위권을 행사한 채권자에게 대한 기판력이 피대위자인 채무자에게 미치는 것으로 보는 근거를 위 법문에 찾는 한에 있어서는 피대위자가 알고, 모르는 것을 가려서 기판력의 파급 여부를 가리기에는 그 법문상의 근거가 전혀 없다. 둘째로, 다수의견에서는 민법 제405조 제1항과 비송사건절차법 제84조 제1항의 규정을 들어 이 사건에서 대위권자인 채권자가 피대위자에게 알릴 방도가 있는 양으로 주장하지만 이 사건은 소유권이전등기 말소등기절차이행청구소송이므로 대위하는 채권자의 채권의 기한은 이미 도래된 경우일 뿐 아니라 오히려 그 권리의 행사는 보전행위에 가깝기 때문에 엄격한 의미에서는 위의 두 법조가 적용될 성질의 경우라고는 보기 어렵다고 생각한다. 셋째로, 법률상 이해관계가 있는 소송이 계속중인 사실을 소송고지에 의하여 알았거나 또는 기타 방법에 의하여 알게 된 제3자가 계속중인 소송에 보조참가를 하여 피참가인과 공동투쟁을 벌인 경우에도 이 제3자가 받을 수 있는 불이익은 기판력이 아니라 참가적 효력에 불과한 민사소송법 이론에 비추어 다수의견처럼 소송계속의 사실을 알았다고 하여 기판력을 미치게 하는 것은 피차 균형을 잃는 느낌이 든다. 넷째로, 기판력은 분쟁의 종식으로 법적 안정성을 가져오려는데 그 본질적인 기능이 있다 할 것이어늘 다수의견처럼 피대위자가 소송이 계속중인 사실을 알았었는지의 여부에 따라서 증명하기 곤란한 주관적 사정에 의하여 기판력의 파급여부에 영향을 미치게 한다면 법적 안정성을 내세우는 기판력의 정신과 정면으로 부딪치는 느낌이 든다."

해 설

1. 이 판결의 의의

법218조3항에 의하면 소송담당자에 대한 확정판결은 피담당자에게도 그 효력이 미친다. 이 판결에서의 채권자대위소송도 항목<31>에서 보았듯이 법정소송담당에 해당한다. 따라서 법218조3항을 충실히 적용한다면 채무자에게도 일률적으로 판결의 효력이 미친다는 결론이 된다. 그러나 이 판결의 다수의견에서도 보듯이 판례는 채권자가 담당자로 제기한 채권자대위소송의 판결효가 일률적으로 채무자에게 미치는 것은 아니라고 해석한다. 원래는 채권자가 채권자대위권을 행사하는 방법으로 제3채무자에 대하여 소를 제기하고 판결을 받은 경우에 그 확정판결의 효력은 당사자 아닌 채무자에게 효력이 미칠 수 없다는 입장(대판 1967.3.28, 67다212; 대판 1970.7.21, 70다866)이었지만, 이 전원합의체판결에 의해 폐기되었다. 이러한 입장은 대판 1996.9.20, 93다20177, 20184 등 많은 판례가 이를 따르고 있다.

2. 채권자대위소송의 판결과 채무자

(1) 판결저촉회피의 필요성

이 판결의 다수의견은 기존의 입장, 즉 기판력을 전적으로 인정하지 않는 입장과 달리 기판력을 제한적으로 인정하려는 입장이다. 기판력을 부정하면 다음과 같은 문제점이 발생한다. 즉 대위소송판결의 확정 후에 채무자가 다시 자신의 채권을 주장하여 소를 제기한다면, 그 내용은 대위소송과 전적으로 동일한 내용을 다투게 되는 것인데, 채무자의 제소를 인정함으로써 양 판결 효력의 저촉을 막을 수 없게 된다.

(2) 기판력의 확장을 시도하는 이론

(a) 채무자에게 유리한 경우에만 인정하려는 이론

이러한 점에서 이 판결을 포함하여 기판력을 인정하려는 여러 입장이 등장하게 된 것이다. 첫 번째 입장은 채무자에게 유리하게 기판력이 미친다는 견해이다. 즉 대위채권자가 승소하면 그 판결의 효력은 채무자에게도 미치지만, 반대라면 채무자에게는 미치지 않는다는 해석이다. 구체적으로는 채권자와 채무자의 관계를 대립형 아니면 협력형으로 구분하여 판결효의 확장을 인정하는 입장이다. 그러나 이 견해에 대해서는 과연 쉽게 대립형 또는 협력형으로 나누는 것이 가능한지 등 문제가 제기되었다.

(b) 절차보장설

두 번째로 등장한 것이 바로 이 판결에서도 말하는 채무자에게 소송고지를 하는 등, 채무자의 절차권을 보장한다면 기판력도 확장된다는 이론이다. 현재의 다수설[143]이라 할 수 있다. 이 입장은 절차보장설이라고도 하며, 기판력이 미치는 것은 절차권의 보장을 받았기 때문이라는 일반적인 기판력의 근거론에서 발생 전개된 것이라고 할 수 있다.

(c) 채권자대위소송은 소송담당이 아니라는 이론

그 밖에 채권자대위소송을 소송담당으로 파악하지 않고 고유적격에 의한 채권자의 제소로 본다면, 판결효는 당연히 채무자에게 미치지 않는다.[144] 그러나 항목<31>, <32>에서 보았듯이 소송담당이 아닌 고유적격에 의한 제소로 보는 점에는 문제가 있다.

3. 채무자에게 판결효가 미치는 이유

(1) 다수의견의 문제점

전혀 채무자에게 판결효가 미치지 않는다는 해석이 타당하지 않음은 쉽게 이해할 수 있다. 제한적으로 미친다는 입장에서는 이 판결의 다수의견이 말하는 절차보장설이 가장 설득적이다. 그렇다면 이 판결의 소수의견은 타당하지 않은 의견이 되는가. 생각건대 다수의견과 같이 주관적 사정에 의해 기판력의 범위를 확정하는 것은 타당하지 않고, 소수의견이 타당하다.

(2) 소수의견이 타당한 이유

①법218조3항은 명확히 소송담당시 그 지·부지에 관계없이 피담당자에 대한 판결효의 확장을 긍정하고 있고, 변론종결 후의 승계인의 경우에서처럼 그 지·부지를 문제삼는 것은 타당하지 않다. 적어도 법원이 채무자의 증인신문이 이루어지도록 소송지휘를 하는 것이 일반적일 것이다.

②또한 소송고지를 통해 소송계속사실을 채무자에게 알려야 하는 점에 대해서도, 소수의견에서와 같이 소송참가에 따른 참가적 효력이 발생할 뿐이라는 문제점의 지적 이외에, 채권자가 승소해도 소송계속사실을 채무자가 몰랐다면 그 기판력이 미치지

143) 강, 701면; 이, 655면; 전, 684면; 정=유, 760면; 정영, 1037면.
144) 호, 739면.

않을 테고 채무자는 제3채무자에게 재차 소를 제기할 수 있다는 불합리한 결과를 초래한다는 문제를 지적할 수 있다.

반대로 채권자가 패소해도 소송계속사실을 모른 채무자가 제3채무자에게 다시 소를 제기할 수 있다는 해석도 불합리하다. 이에 비해 채권자와 제3채무자가 공모하여 채무자의 이익을 침해하려고 제3채무자승소를 이끌어 낸 경우에는, 상법406조나 행정소송법31조를 유추하여 채무자에게 사해재심을 인정하는 것이 타당하다.

③나아가 채무자의 절차권 보장을 위해 채무자가 소송계속사실을 알아야 한다면, 누군가 통지할 의무를 부담해야 한다. 그러나 이 의무를 현행법의 해석으로 인정하는 것은 곤란하다(민집227조, 238조에 의해 추심소송의 경우에는 채무자에게 압류명령이 송달되고 소송이 고지되는 것과 비교할 필요가 있다). 단, 민법의 해석으로 채권자가 채무자에게 통지할 것을 의무화하는 것을 고려할 수 있을 것이다.

74 반사효

[대판 1993.2.12, 92다25151]

사 실

X는 Y를 상대로 소유권이전등기청구소송을 제기하였지만 패소확정판결을 받았다. 그 후 Y명의의 등기는 매매계약을 통해 Z로 이전등기가 경료되었다. 그러나 X는 Y에 대하여 자신에게 이 사건 각 부동산에 관한 소유권이전등기청구권이 있음을 전제로, Y와 Z 사이의 매매계약이 통정허위표시임을 이유로 Y를 대위하여 Z 명의의 소유권이전등기말소를 구하는 소를 제기하였다. 이 때 X에게는 전소 판결의 효력이 미치는지, 미친다면 그것은 어떠한 것인지 문제되었다.

판결요지

"X의 청구는 Y에 대한 소유권이전등기청구권을 보전하기 위하여 Y를 대위하여 Z 명의의 소유권이전등기의 말소를 청구하는 것인데, 채권자가 채권자대위권의 법리에 의하여 채무자에 대한 채권을 보전하기 위하여 채무자의 제3자에 대한 권리를 대위행사하기 위하여는 채무자에 대한 채권을 보전할 필요가 있어야 할 것이므로 이 사건 X의 청구를 인용하기 위하여는 우선 X의 Y에 대한 소유권이전등기청구권을 보전할 필요가 인정되어야 할 것이고, 그러한 보전의 필요가 인정되지 않는 경우에는 이 사건 청구에 관한 소부분은 부적법하므로 법원으로서는 직권으로라도 이를 각하하여야 할 것이다. 그런데 X가 Y에 대한 소유권이전등기청구권이 있다고 주장하여 Y를 상대로 소유권이전등기절차 이행의 소를 제기하였으나 패소의 확정판결을 받았고…위 판결의 기판력으로 말미암아 X로서는 더 이상 Y 내지 Z에 대하여 소유권이전등기청구를 할 수 없게 되었다고 할 것이고…X로서는 Y의 Z에 대한 권리를 대위행사함으로써 위 소유권이전등기청구권을 보전할 필요가 없게 되었다고 할 것이니, 원심으로서는 직권으로 X의 이 사건 청구를 부적법한 것으로서 각하하였어야 할 것이다."

해 설

1. 이 판결의 의의

기판력은 당사자 간에만 미친다. 따라서 X와 Y간의 판결의 효력은 X와 Y간에만 미치고 X와 Z간에는 미치지 않는다(또한 Z가 변론종결 후의 승계인에 해당하는지에 관해, 판례에 의하면 X의 청구는 채권적 청구로서, 더 나아가 실질설이 말하는 논리에 의한다면 변론종결 후의 승계인에 해당되지 않는다). 그러나 이 판결에서는 X의 Z에 대한 소를 보전의 필요성이 없으므로 각하해야 한다고 판시하고 있다. 그렇다면 이 판결은 과연 학설에서 말하는 반사효를 인정한 것인지 논의할 필요가 있다.

2. 반사효의 의의와 적용예

(1) 의의

반사효란 학설[145)]상, 판결의 부수적 효력으로 주장되는 판결효를 말한다. 넓게는 판결의 법률요건적 효력이라 말할 수 있다. 본래의 법률요건적 효력이란 판결이 당사자에게 실체법적으로 일정한 효력을 부여하는 경우, 예를 들면 판결이 확정되면 시효가 진행하거나 변화하는 등(민법178조2항, 같은 165조1항 참조)의 효력을 의미한다. 이 때 당사자가 아닌 제3자도 당사자와의 관계(의존관계나 종속관계)에 따라 일정한 실체법상의 지위를 취득하게 되고, 이 점에 의해 당사자에 대한 판결효가 제3자에게 영향을 미치게 된다는 것이 판결의 반사효라는 것이다. 아울러 반사효는 기판력과 달리 직권조사사항이 아닌 원용사항이고, 반사효를 받게 되는 제3자는 공동소송적 보조참가가 아닌 통상의 보조참가가 가능하다고 주장된다.

(2) 적용예

반사효를 주장하는 학설에서는 보통 다음의 경우를 예로 든다. ①주채무자와 채권자간의 주채무자승소판결은 제3자인 보증인에게 유리하게 반사효를 미치게 된다. ②합명회사와 채권자간의 회사채무에 관한 판결은 무한책임사원에게 반사효를 미친다. ③공유자의 1인이 제3자에 대해 공유물반환·방해배제청구에서 승소하면 다른 공유자에게도 유리하게 반사효가 미친다. ④연대채무자의 1인이 채권자에 대해 상계의 항변에 의해 승소판결을 받으면 다른 연대채무자에게 유리하게 반사효가 미친다. ⑤임대인과 임차인간의 임차권의 존재를 확정하는 판결은 전차인에게 유리하게 반사효를 미친다.

---

145) 강, 706면; 이, 661면. 반사효를 반대하는 견해로 김, 506면; 정=유, 769면이 있고, 송=박, 470면과 전, 685면은 좀더 연구할 필요가 있다는 유보적 견해이다.

3. 판례의 입장

이 판결의 해설[146]은, "확정판결의 존재가 기판력 외에도 일정한 실체법 또는 소송법상의 법률효과를 발생시키는 것을 강학상 법률요건적 효력이라고 부르는데 이 사건은 그러한 법률요건적 효력의 한 사례를 보여준 것이라고 할 수 있다"고 평가하고 있다. 판례의 흐름을 통해 그 의미를 살펴볼 필요가 있다.

먼저 이 판결에서는 대판 1986.2.11, 85다534를 인용하고 있고, 이 선례에서는 "피고로부터 갑, 을을 거쳐 부동산을 전전매수한 원고가 갑을 상대방으로 하여 위 부동산을 을을 거쳐 매수한 것을 청구원인으로 하여 매매를 원인으로 한 소유권이전등기절차 이행의 소를 제기하였다가 패소하고 그 판결이 확정되었다면 원고는 위 확정판결의 기판력에 의하여 갑에 대하여 위 부동산에 관하여 소유권이전등기절차의 이행을 더 이상 구할 수 없게 되었고, 따라서 갑을 대위하여 피고에게 그 명의의 등기말소절차 등의 이행을 구할 수도 없다."라고 판시하고 있다. 이 판례에서는 반사효라기 보다는 기판력이 직접 원고에게 미친다는 해석으로 보여진다.

이 점은 최선례라고 할 수 있는 대판 1967.5.16, 67다372에서, "피고가 소외 갑을 상대로 하여 얻은 확정판결의 기판력이 제3자인 원고에게 대하여서는 미치지 아니하나 이 사건에서처럼 원고가 위 소외 갑을 대위하여 소외 갑의 입장에서 피고를 상대로 위 두 사람 사이의 확정판결에 의한 소유권이전등기의 말소등기절차이행청구를 한다면 제3자인 원고도 위의 확정판결의 기판력을 받는다 할 것이다." 라고 판시하여 기판력이 확장됨을 명시하고 있다.

이러한 입장은 대판 1992.5.22, 92다3892에서도 여러 판례를 인용하며, "부동산의 점유자가 취득시효완성을 원인으로 한 소유권이전등기를 하지 않고 있는 사이에 제3자가 등기명의인을 상대로 제소하여 그 부동산에 대한 소유권이전등기절차이행의 확정판결을 받아 소유권이전등기를 한 경우에는 위 확정판결이 당연 무효이거나 재심의 소에 의하여 취소되지 않는 한 부동산 점유자는 위 원래의 등기명의인에 대한 소유권이전등기청구권을 보전하기 위하여 동인을 대위하여 위 확정판결의 기판력에 저촉되는 제3자명의의 소유권이전등기의 말소를 구할 수 없다 할 것이다." 라고 판시되었다.

4. 반사효가 아닌 기판력에 의한 처리

위와 같은 판례의 입장은 학설에서 주장하는 반사효가 아닌 기판력 자체의 확장으로 풀이하는 것이라고 생각한다. 특히 이 판결에서 "직권으로 X의 이 사건 청구를 부적법한 것으로서 각하하였어야 할 것이다"라는 점에서도 이해할 수 있다. 즉 기판력으

146) 윤진수, 대법원판례해설 제19호351면 이하, 특히 363면.

로 인한 당사자적격의 흠결을 이유로 소를 각하한 것이다.

결국 다음과 같은 점에서 학설이 반사효를 적용해야 한다고 주장하는 사안(기본적으로 사안 자체가 앞서 보았듯이 반사효가 문제되는 사안이 아니지만)에서는, 판례와 같이 반사효가 아닌 기판력의 확장으로 해결해야 하는 것이 타당하다고 생각한다. 그 논거로는 다음을 들 수 있다.

①실체법상의 근거규정이 없음에도 반사효에 의해 청구(제소)할 수 없다는 결론을 도출하는 것은 곤란하다. 예를 들면 반사효가 적용된다는 주요 형태인 주채무자승소판결의 경우, 보증채무의 소멸을 도출하기 위해서는 실체법이 아닌 소송법상의 기판력에 의해 그러한 효력을 도출해야 하기 때문이다(즉 반사효가 아닌 기판력 자체로서 도출해야 한다).

②또한 반사효는 사실상 기판력과 동일한 작용을 함에도 불구하고, 직권조사사항이 아닌 원용사항이고 공동소송적 보조참가가 아닌 보조참가가 가능하다는 해석은 기판력과 다른 반사효를 인정할 실익이 없음을 의미한다.

③반사효를 적용하지 않는다면 주채무자승소판결의 경우 실체법상 모순이 발생한다는 주장에 대해서도, 실체법상의 모순이 발생하는 경우에는 모두 필수적 공동소송이 되어야 함에도, 주채무자와 보증인이 필수적 공동소송의 관계가 아님을 상기할 필요가 있다(또한 설사 주채무자와 보증인이 통상공동소송으로 병합된 경우에도 채권자를 포함한 3자간의 관계가 친족관계나 거래관계에 있는 경우라면 반드시 이해관계가 공통된다고는 볼 수 없고, 인부(認否)가 갈리는 경우에는 변론을 분리할 수 있다는 점에 주의해야 한다).

75 판결의 대세효

[대판 1988.4.25, 87누399]

사 실

회사 X는 A를 대표이사로 선임하였다. 그런데 X의 주주들이 주주총회에서 A를 대표이사로 선임한 이사회결의의 각 무효확인을 구하는 소를 제기하여 승소확정판결을 받았다. 한편 세무서 Y는 A가 X의 대표이사로 선임되어 등기되어 있던 기간 동안, X의 대표자로서 행위하여 올린 수입은 모두 X에 귀속되는 것이라고 하여 과세처분을 하자, 위 확정판결의 효력이 Y에게도 미치는지 문제되었다.

판결요지

"이사회의 결의에 하자가 있는 경우에 관하여 상법은 아무런 규정을 두고 있지 아니하나, 그 결의에 무효사유가 있는 경우에는 이해관계인은 언제든지 또 어떤 방법에 의하든지 그 무효를 주장할 수 있다고 할 것이지만, 이와 같은 무효주장의 방법으로서 이사회결의무효확인소송이 제기되어 승소확정판결을 받은 경우 그 판결의 효력에 관하여는 주주총회결의무효확인 소송 등과는 달리 상법 제190조가 준용될 근거가 없으므로 대세적 효력은 없다고 할 것이다…그 판결의 효력은 위 소송의 당사자 사이에서만 발생하는 것이고, Y를 포함한 위 소송의 당사자 아닌 사람들과의 사이에 있어서는 A가 대표이사로서 한 행위에 아무런 영향을 미치지 않는다."

해 설

1. 이 판결의 의의

이 판결은 이사회결의무효확인판결에 대세효가 없음을 명확히 판시한 것이다. 그 이유는 "주주총회결의무효확인 소송 등과는 달리 상법 제190조가 준용될 근거가 없다"는 점이다(주주총회결의무효확인의 판결이 대세효를 갖는 점에 관해서는 앞의 항목 <29> 참조). 대세효의 의의와 이 판결에서 대세효를 부정한 이유를 이하에서 검토해 보도록 하겠다.

2. 기판력의 상대효와 대세효

기판력은 법218조에 규정된 자에게만 상대적으로 미치는 것이 원칙이다. 그러나 분쟁의 내용에 따라서는 상대적이고 개별적인 해결이 오히려 법률관계의 혼란을 초래하여 분쟁의 해결에 도움이 되지 않는 경우가 있다. 하나의 소송을 통하여 분쟁의 발생을 미연에 방지하고 획일적으로 기판력을 미치게 할 필요가 있는 경우를 말한다.

예를 들어 가사소송과 단체소송의 경우 등이 위와 같은 경우에 해당하고, 제3자에게도 기판력을 확장할 필요가 있다. 이러한 경우 기판력이 미치는 제3자는 기판력으로 확정된 법률관계와 관련이 있는, 즉 그러한 기판력 있는 판단에 구속력을 받는 제3자가 이에 해당하고, 그러한 제3자에게는 기판력을 받게 된다는 점에서 절차권을 보장할 필요가 있다.

3. 특정 범위의 제3자에 대한 기판력의 확장

법이 기판력이 확장되는 제3자의 범위를 특정하여 규정하는 경우이다. 예를 들면 파산채권확정소송의 판결은 파산채권자 전원에게 기판력이 확장된다(채무자회생468조1항). 또한 정리채권·정리담보권의 확정소송의 판결은 정리채권자, 정리담보권자, 주주의 전원에게 효력이 미친다(채무자회생176조1항). 그 밖에 추심의 소의 판결은 소환을 받은 채권자에게도 그 효력이 미친다(민집249조4항). 위와 같은 경우에 법이 특정 제3자에게 기판력을 확장하는 이유는, 권리관계의 획일적 확정의 필요가 있다는 점, 그리고 그 대상인 특정 제3자에게는 절차권이 보장되어 있기 때문이다.

4. 일반 제3자에 대한 확장 - 대세효 -

(1) 의의

법이 기판력이 확장되는 제3자의 범위를 특정하지 않은 경우이다. 제3자는 전술하였듯이 기판력으로 확정된 법률관계와 관련이 있는 자이지만, 그 범위가 미리 정형적으로 확정될 수 없다는 점에서, 이러한 기판력의 확장을 대세효라 부른다.

(2) 가사관계소송

가사소송법2조가 규정하는 사건 중, 가류·나류사건의 경우에는 가사법률관계의 안정을 꾀한다는 점에서, 청구인용의 기판력은 일반 제3자에게, 청구배척(기각)의 기판력은 제3자가 당해 소송에 참가할 수 없었음에 대하여 정당한 사유가 없는 경우에 한해 미친다(가사소송법21조). 단, 가사법률관계의 존부를 확정하는 것이 아닌 소송판결은 이에 해당하지 않는다.

(3) 회사 · 사단관계소송

이 경우에는 당해 단체에 관여하는 주체가 다수에 이르기 때문에, 단체의 운영을 원활히 하기 위해 다수인간에 문제가 되는 법률관계의 획일적 확정이 필요하다. 또한 이로 인해 그러한 법률관계에 의해 파생되는 법률관계에 관한 분쟁도 발본적으로 해결할 수 있게 된다. 이 점에서 법은 회사 · 사단관계소송의 경우에 대세효를 규정하는 것이 일반적이다.

설립무효 또는 설립취소소송의 판결(상법190조), 결의취소의 소(상법376조), 결의무효 및 부존재확인의 소(상법380조) 등이 이에 해당한다. 단, 어느 경우에나 기판력이 확장되는 것은 청구인용판결의 경우이고, 청구기각판결의 경우에는 확장되지 않는다. 이 점은 가사관계소송과의 차이점이기도 하다. 단체의 법률관계의 주체는 복수 존재하고 그러한 자의 소권을 존중할 필요가 있기 때문이다.

아울러 청구기각판결의 경우에는 재소의 가능성이 있지만, 이에 따른 법률관계의 안정의 요청에 대해서는 출소기한의 제한(상법328조1항 등)이라는 대책이 마련되어 있다(행정소송의 경우에도 청구인용의 판결은 대세효가 있지만 청구기각의 판결은 그러하지 않다[행정소송법29조1항, 38조1항]).

5. 제3자에 대한 절차권보장

이 판결에서 대세효를 부정한 이유는 이하에서 보는 바와 같은 제3자에 대한 절차권보장의 방법에 관해 아무런 규정이 없기 때문이다. 따라서 현재의 입법 하에서는 이 판결에서와 같이 이사회결의무효확인판결이 대세효가 없다고 해석하는 것이 타당하다.

먼저 특정 범위의 제3자에 대한 확장의 경우에는, 법은 당해 제3자에게 절차권이 보장되어 있음을 전제로 기판력을 확장하고 있으므로 크게 문제되지 않는다.

다음으로 일반 제3자에 대한 확장의 경우에는, 먼저 가사관계소송의 경우에는 그러한 소의 당사자적격이 가장 밀접한 이해관계를 갖는 자나 적절히 소송수행을 할 수 있는 자에게 국한된다. 또한 가사관계소송은 필수적 공동소송이 되는 경우가 많다는 점에서 이해관계인이 소송에서 배제되지 않도록 하고 있다.

심리의 방식으로 변론주의가 아닌 직권탐지주의가 채택되어 있다(가사소송법12조, 17조). 또한 공동소송적 보조참가나 독립당사자참가에 의해 제3자가 심리에 참가하는 방법이 인정된다. 판결확정 후라도 재심의 소를 제기할 수 있으므로, 제3자가 부당한 손해를 받지 않도록 제도적으로 보장되어 있다. 아울러 입법적으로 제3자가 소송계속의 사실을 알게 할 소송고지 또는 통지를 위한 제도적 보완이 필요하다.

회사 · 사단관계소송의 경우에도 전술한 가사관계소송의 경우와 유사한 대책이 마련되어 있다. 먼저 당사자적격에 관해서는 법이 원고적격을 규정하는 경우가 많다. 그러한 규정이 없더라도 해석상 가장 밀접한 법률상의 이해관계를 갖는 자를 원고적격자로 보아야 한다.

사해적 소송수행의 방지를 위해 처분권주의의 제한이나 변론주의의 제한이 주장되기도 한다. 그러나 이러한 소송에서도 기본이 되는 것은 법률관계의 형성 및 변동이 사인의 의사에 맡겨져 있다는 점에서, 처분권주의와 변론주의를 근간으로 하되, 법원에 의한 화해의 통제나 제3자의 소송참가 등에 의해 사해적 소송수행이 방지되어야 한다. 그 밖에 상법406조에 의해 사해재심의 소를 제기할 길이 열려 있다. 제3자의 절차보장을 위해 피고인 회사가 소의 제기를 공고하게 하는 것(상법187조 등)도 제3자에 의한 참가를 유도하는 것으로 실익이 있다.

76 판결의 편취

[대판(전) 1978.5.9, 75다634]

사 실

Y는 X로부터 부동산을 매수하였다는 허위의 매매계약서를 작성하여 X를 상대로 위 매매로 인한 소유권이전등기절차 이행청구의 소를 제기하였다(전소). 이 때 Y는 X의 주소를 허위로 표시하였기 때문에 그 허위주소에 소송서류가 송달되고, X가 아닌 성명불상자가 그 소송서류를 수령하여 자백간주의 형식으로 Y의 승소판결이 선고되었고, 그 판결정본도 위와 같은 방법으로 송달되어 같은 판결이 형식상 확정되었다. 이 때 Y승소의 전소판결에 관계없이 X가 Y를 상대로 당해 소유권이전등기말소를 청구할 수 있는지 문제되었다.

판결요지

"판결(종국판결)이 당해 소송절차 내에서 통상적인 불복방법에 의하여 취소 변경될 수 없게 되면 즉 상소제기등의 통상적인 불복방법으로써 다툴 수 없는 상태에 이르게 되면(소송행위의 추완신청이나 재심의 소의 제기로써 취소변경되는 것은 무방하다) 그 판결을 확정판결이라고 말하고 이러한 상태에 있어서의 판결의 불가변경성을 판결의 형식적 확정력이라고 하며, 이와 같이 판결이 형식적으로 확정되면(판결에 형식적 확정력이 생기게 되면) 그 확정판결에는 소송당사자나 법원이 그 판결의 내용인 특정한 법률효과의 존부에 관한 판단과 상반되는 주장이나 판단을 할 수 없게 되는 효력이 생기게 되는데 이러한 효력을 실질적(내용적)으로 판결을 확정시킨다고 하여 판결의 실질적 확정력이라고도 하고 또 이미 판단된 사건 즉 기판사건이 가지는 효력이라는 의미에서 기판력이라고도 한다. 그러니 종국판결의 기판력은 판결의 형식적 확정을 전제로 하여 발생하는 것이다.

본건 사위판결의 경우에 있어서는 판결정본이 제소자가 허위로 표시한 상대방의 허위주소로 보내져서 상대방 아닌 다른 사람이 그를 수령한 것이니 상대방에 대한 판결정본의 송달은 부적법하여 무효이고 상대방은 아직도 판결정본의 송달을 받지 않은 상태에 있는 것으로서 그 판결에 대한 항소기간은 진행을 개시하지 않은 것이라고 보아야 할 것이다. 그렇다면 본건 사위판결은 형식적으로 확정된 확정판결이 아니여서 기판력이 없는 것이라고 할 것이고 민사소송법 제422조(법451조) 제1항 제11호에'당사자가 상대방의 주소 또는 거소를 알고 있었음에도 불구하고......허위의 주소나 거소로 하여 소를 제기한때'를 재심사유로 규정하고 있으나 이는 공시송달의 방법에 의하여 상대방에게 판결정본을 송달한 경우를 말하는 것이고(공시송달의 방법에 의하여 상대방의 허위주소에다가 판결정본을 송달하였다고 하여도 공시송달의 방법을 취하였기 때문에 그 송달은 유효한 것으로 보아야 하기 때문이다) 본건 사위판결에 있어서와 같이 공시송달의 방법에 의하여 송달된 것이 아닌 경우까지 재심사유가 되는 것으로 규정한 취지는 아니라고 할 것이며 따라서 항소설에 따른 본원판결 즉 본건과 같은 사위판결은 확정판결이 아니여서 기판력이 없다는 본원판결 등은 정당하다."

해 설

1. 이 판결의 의의

이 판결의 사안은 편취된 판결(사위[詐僞]판결이라고도 한다)은 기판력을 갖는지의 문제이다. 기판력이 있다면 그에 따른 구제방법(X의 불복방법)도 달라진다. 기판력이 없다면 물론 일단 아무런 제약이 없으므로 편취를 당한 측에서도 자신의 권리를 보호하기 용이하다. 이 판결은 허위주소로 송달을 하게 하여 판결을 편취한 경우, 적법한 송달이 아니므로 송달의 효력은 발생하지 않고 따라서 판결은 확정되지 않으며, 결국 기판력도 발생하지 않는다는 해석이다. 반대로 공시송달의 경우라면 판결은 확정되지만 재심의 소를 제기할 수 있다는 입장이다. 이 점에서 본다면 송달의 적법성과 그에 따른 상소의 제기가능성에 따라 판결의 확정여부를 결정하는 것이 판례의 입장이라고 할 수 있다.

2. 판례와 학설

(1) 판례

(a) 허위주소로의 송달에 의한 경우

이 판결은 그 후의 판례의 선례로서 작용하고 있다. 따라서 허위주소로 송달을 하게 하여 판결을 편취하는 경우에는 기판력이 발생하지 않는다는 것이 판례의 일관된 입장이다. 즉 대판 1982.4.13, 81다1350에서는, "상대방의 주소를 허위로 기재하여 제소함으로써 판결정본을 상대방이 아닌 다른 사람이 수령한 경우에는 적법한 송달이 있기까지는 상소기간이 진행되지 아니하여 판결이 확정될 수 없는 것인 만큼 그 판결에 기판력을 인정할 수 없고, 그 판결이 외형상 확정되었다 해서 그 집행으로서 소유권이 전등기를 경료하였더라도 그 등기는 원인무효의 등기이다."라고 판시한다.

또한 대판 1994.12.22, 94다45449(기타 대판 1993.12.28, 93다48861; 대판 1997.5.30, 97다10345 등이 있다)에서도, "제1심 판결정본이 적법하게 송달된 바 없으면 그 판결에 대한 항소기간은 진행되지 아니하므로 그 판결은 형식적으로도 확정되었다고 볼 수 없고, 따라서 소송행위 추완의 문제는 나올 수 없으며 그 판결에 대한 항소는 제1심 판결정본 송달 전에 제기된 것으로서 적법하다."고 판시하고 있다. 즉 판례의 태도는 항소설이라고 할 수 있다.

(b) 공시송달에 의한 경우

이에 비해 공시송달에 의한 경우에는 이 판결에서도 지적하고 있지만 송달 자체를 유효한 것으로 본다. 예를 들면 대판 1987.3.24, 86다카1958에서는, "공시송달의 방법에 의하여 상대방에 대한 판결정본이 송달된 경우에는 비록 당사자가 상대방의 주소를 허위로 기재하여 제소하였다 하더라도 그 송달은 유효하고, 따라서 그 판결에 대하여 상고제기 기간안에 상소를 하지 아니하면 판결은 형식적으로 확정된다." 고 설시하고 있다. 즉 공시송달에 의해 판결이 형식적으로 확정된다면 재심에 의해 그 취소를 구할 수 있다는 태도이다. 또한 법173조에 의한 소송행위 추후보완도 가능하고, 추후보완이 아닌 재심을 선택한 경우 추후보완 상소기간이 도과하여도 재심기간 내에 재심의 소를 제기할 수 있다(대판 2011.12.22, 2011다73540).

(2) 학설

학설의 경우에는 법451조1항11호의 재심사유가 있으므로, 판결은 형식적으로 확정되고 따라서 상소의 추후보완이나 재심에 의해 그 취소를 구한다는 입장이 일반적이다.[147] 이 판결과 같은 경우 판례와 학설의 차이는, 판례에 의하면 판결이 확정되지 않은 것이 되지만, 학설의 경우에는 판결이 형식적으로 확정된다는 점에 있다고 할 수 있다.

3. 판례와 학설의 문제점

위와 같은 판례와 학설의 태도를 살펴보면, 먼저 학설에서 재심사유의 존재를 근거로 하는 것은 타당하지 않다. 재심사유는 한정열거적인 것이 아니고 예시적인 것이며 (재심사유란 기판력을 정당화할 수 없는 사유를 의미하므로 기판력의 정당화근거를 흠결하는 경우에는 재심사유를 유추해야 한다. 예를 들면 사해재심 등이 있다), 재심사유가 있다고 항상 재심에 의해서만 불복을 주장할 수 있다는 해석은 당사자의 권리

147) 판례에 찬성하는 견해로 호, 982-983면이 있다.

구제를 부당하게 제한시키는 것이기 때문이다. 이 점에서 본다면, 허위표시에 의한 공시송달의 경우에는 재심사유에 해당하여 판결이 확정된다는 판례의 태도는 타당하지 않다. 이 경우에도 소송에 관여할 기회가 부여되어야 한다는 절차권 보장의 관점에서 이 판결에서와 같은 허위주소로의 송달과 동일하게 다루어야 할 것이다.

4. 판결의 무효를 통한 구제의 필요성

한편 판례는 허위주소로의 송달에 의한 경우 항소설을 취하는데, 이에 의하면 제1심에 관여하지 못한 당사자로서는 제2심부터 소송에 관여하게 되므로 절차권의 보장을 받지 못하게 되고, 3심제에 어긋나는 것이 된다. 이 점에서는 판결이 확정되지 않고 기판력이 발생하지 않는 이상, 또한 이 판결의 처리 자체가 항소만이 아닌 별소를 인정하는 취지이므로, 항소도 가능하지만 반드시 그에 의할 필요는 없고 별소의 제기도 가능하다고 풀이해야 한다(따라서 청구이의소송도 가능하다). 그렇다면 사실상 항소설과 무효설은 실질적으로 차이가 없는 것이 된다. 결론적으로 이 판결은 타당하다.

위와 같은 점에서, 판결의 편취의 경우에는 그러한 판결에 기판력은 인정되지 않고, 또한 나아가 당사자에게 재심이라는 구제방법도 선택적으로 인정할 수 있다고 풀이해야 한다. 기판력이 없음에도 재심의 소를 제기할 수 있는지 문제되는데(반대로 공시송달의 경우 판결이 확정되지 않는다고 해석한다면 재심사유에 해당할 수 있는지 문제된다), 이에 대해서는 결정이나 명령에 대한 재심이 인정되듯이 반드시 기판력과 결부시킬 필요는 없다고 생각한다. 결국 판결이 무효이므로 당사자는 별소, 항소, 재심 그 밖에 청구이의의 소를 선택할 수 있다.

77 외국판결의 효력

[대판 1988.4.12, 85므71]

사 실

X는 한국에 거주하는 Y를 상대로 미국법원에 이혼소송을 제기하여 승소판결을 받았다. 이에 대해 Y가 당해 미국법원의 판결이 무효임을 청구하는 소를 한국법원에 제기했을 때, 당해 미국법원의 판결은 우리나라에서도 효력을 갖는지 문제되었다.

판결요지

"민사소송법 제203조(법217조) 제1호는 외국법원의 이혼판결에도 적용된다 할 것이고, 이 규정의 취지는 우리나라에서 외국판결을 승인하기 위하여는 그 판결을 한 외국법원이 당해사건에 관하여 우리나라의 법률 또는 조약 등에 의한 국제재판관할 원칙에 따라 국제재판관할권을 가지고 있음이 인정되어야 한다는 것으로 풀이되며, 한편 우리나라의 법률이나 조약 등에는 섭외이혼사건의 국제재판관할에 관한 규정을 찾아볼 수 없으므로 섭외이혼사건에 있어서 위 규정에 의한 외국법원의 재판관할권의 유무는 섭외이혼사건의 적정, 공평과 능률적인 해결을 위한 관점과 외국판결 승인제도의 취지 등에 의하여 합리적으로 결정되어야 할 것인 바, 섭외이혼사건에 있어서 이혼판결을 한 외국법원에 재판관할권이 있다고 하기 위하여는 그 이혼청구의 상대방이 행방불명 기타 이에 준하는 사정이 있거나 상대방이 적극적으로 응소하여 그 이익이 부당하게 침해될 우려가 없다고 보여지는 예외적인 경우를 제외하고는 상대방의 주소가 그 나라에 있을 것을 요건으로 한다고 하는 이른 바, 피고주소지주의에 따름이 상당하다고 보아야 할 것이다.

Y는 우리나라에 주소가 있었고, 당시 Y가 행방불명 기타 이에 준하는 사정이 있었다거나 X의 이혼청구에 적극적으로 응소하였다고 볼 자료가 없으므로, 위 법원에서는 위 이혼청구사건에 관하여 재판관할권이 있다고 할 수 없고, 따라서 위 법원의 위 이혼판결은 민사소송법 제203조(법217조) 제1호의 요건이 결여되어 우리나라에서는 그 효력이 없다고 보아야 할 것이다."

해 설

1. 이 판결의 의의

이 판결에서는 항목<4>에서도 보았듯이 피고주소주의라는 관점에서 미국법원에 당해 이혼사건의 관할권이 있다고는 할 수 없으므로, 당해 외국판결은 우리나라에서 승인될 수 없고 결국 효력을 갖지 않는다고 판단한 것이다.

2. 외국판결의 승인

외국판결(확정판결만이 아니라 이와 동일한 효력이 인정되는 재판[합하여 '확정재판등'이라고 한다]도 승인의 대상이 되는 것으로 개정되었다)도 법217조가 규정하는 소정의 요건을 갖추면 우리나라의 판결과 동일한 것으로 승인 받을 수 있다. 단, 외국판결의 승인만을 요구하는 경우는 이 판결과 같은 이혼사건이 대부분이고(실제로 집행할 필요가 없거나 해석상 집행판결이 요구되지 않는 경우), 대개는 외국판결을 우리나라에서 집행하기 위해 그 집행판결을 요구하는 것이 보통이다(민집26, 27조). 따라서 외국판결의 승인과 집행은 동시에 이루어지는 것이 일반적이고, 그 요건 또한 동일하다.

3. 승인의 요건

(1) 국제관할권의 존재

승인을 위해서는, 첫 번째로 외국판결을 내린 당해 외국법원에 국제관할권이 있어야 한다(법217조1호. 국제관할권에 대해서는 항목<4>). 이 판결은 외국의 이혼판결에 관한 것이다. 이에 대해 이 판결은, 당연하다고 할 수 있지만 이혼판결도 법217조가 규정하는 외국판결로서 동일한 요건을 요구하고 있다. 법217조가 판결의 종류를 구별하지 않고, 신분상 청구에 관한 외국판결승인의 규정이 별도로 존재하고 있지 않으므로, 위 법문의 확정판결에는 신분상 청구에 관한 판결도 포함된다고 해석하여야 한다.[148] 이 판결에서의 외국판결도 이 요건을 갖추고 있지 않으므로 이 판결은 타당하다.

(2) 통상의 송달

두 번째 승인요건은 같은 조 2호의 패소피고가 공시송달이 아닌 통상의 송달을 받아야 한다는 요건이다. 이 송달의 의미에 대해서는 다음의 판례가 참고가 된다.

즉 대판 1992.7.14, 92다2585에서는, "민사소송법 제203조(법217조) 제2호의 규정에 의하면, 외국판결의 효력을 국내에서 승인하기 위한 구비조건의 하나로서 '패소한 피

148) 이 판결의 해설인 박인호, 대법원판례해설 제9호204면.

고가 대한민국 국민인 경우에 공시송달에 의하지 아니하고 소송의 개시에 필요한 소환 또는 명령의 송달을 받은 일 또는 받지 아니하고 응소한 일'을 들고 있는바, 이때의 송달이란 보충송달이나 우편송달이 아닌 통상의 송달방법에 의한 송달을 의미하며, 그 송달은 적법한 것이라야 할 것이다."라고 한 다음 "자유중국 대북지방법원은 주한 자유중국 대사를 통하여 우편으로 우리나라 법인인 피고에게 이 사건 외국판결의 기초가 된 사건의 소장(영문)과 기일소환장(중국어)을 송달하였고 피고는 1990. 2. 1. 이를 수령하고도 응소하지 아니하였는데, 위 대북지방법원의 기일소환장의 송달은 우리 사법당국을 거치지 아니하고 대북지방법원이 자유중국의 주한대사에게 촉탁하고 촉탁을 받은 위 대사가 직접 우편에 의해 피고에게 송달한 이른바 '영사송달'을 한 것이라고 인정하고, 직권송달주의를 원칙으로 하는 우리나라에 있어서 송달은 사법권에 기한 재판권의 행사이므로 우리나라의 영역 내에서는 우리나라의 동의 없이 행사할 수 없는 것이고, 우리나라의 그와 같은 동의가 있었음을 인정할 아무런 자료도 없는 이 사건에 있어서는 위와 같은 자유중국의 영사송달은 우리나라의 주권의 침해가 되므로 비록 공시송달에 의한 방법이 아니라고 하더라도 그 효력을 인정할 수 없는 부적법한 송달이라고 하여야 할 것이다."라고 판시하고 있다. 즉, 우리 법에 의한 통상의 송달이 요건이 되는 것이다.

또한 예를 들어 미합중국 워싱턴주법에서 워싱턴주 밖에 주소를 둔 피고에게 60일의 응소기간을 부여한 소환장을 송달하도록 규정하고 있는데, 한국에 주소를 둔 피고에게 20일의 응소기간만을 부여한 소환장을 송달하고 한 워싱턴주의 결석판결은 법 217조2호의 적법한 방식에 의한 송달이라고 할 수 없다(대판 2010.7.22, 2008다31089).

(3) 공서양속

세 번째 요건은 외국판결의 내용이 우리나라의 공서양속에 반하지 않아야 한다는 것이다(법217조 3호). 예를 들면 "동일 당사자 간의 동일 사건에 관하여 대한민국에서 판결이 확정된 후에 다시 외국에서 판결이 선고되어 확정되었다면 그 외국판결은 대한민국 판결의 기판력에 저촉되는 것으로서 대한민국의 선량한 풍속 기타 사회질서에 위반된다."(대판 1994.5.10, 93므1051, 1068)

반대로 대판 1997.9.9, 96다47517에서는, "원고가 처음부터 한국에 있는 피고를 상대로 소송을 제기한 것이 아니라 미국에 거주하는 피고에게 소장 및 소환장을 송달하였는데 피고가 특별한 사정없이 응소하지 않고 한국으로 귀국한 것이므로 원격지 법원에의 제소로 인한 방어권 침해가 있었음을 주장할 수가 없고, 한편 위 미국판결은 미국법상 결석판결에 의하여 불확정손해의 배상을 구함에 있어 요구되는 제반 절차를 제대로 거쳐 성립된 것으로서 비록 원고가 미화 500,000달러라는 거액을 청구금액으로 확정하여 결석판결을 신청하였다고 하더라도 이는 미국법상 추가적 청구는 아닌 것이며, 또 피고로서는 당초부터 미화 50,000달러를 초과하는 합리적 손해액의 배상을 구한다고 기재된 소장을 송달받음으로써 앞으로의 소송 진행에 따라 더 많은 금액이 청구되어 인용될 수도 있음을 충분히 예상할 수 있었다고 봄이 상당함에도 별다른 응소를 하지 아니한 채 귀국함으로써 그 후에 있어서의 방어의 기회를 스스로 포기한 결과가 되었다 할 것인 데다가, 피고가 그 후로도 일부 소송 서류를 수령하는 등으로 위 미국판결이 문제가 되고 있음을 알고도 상소나 그 밖의 가능한 구제절차를 전혀 취하지 아니한 사실 등에 비추어 보면, 위 미국판결이 그 성립절차에 있어서 우리나라의 선량한 풍속 기타 사회질서에 위반한다고 보기는 어렵다." 고 판시되었다. 방어할 기회를 부여하였음에도 이를 임의로 포기하였다면 이는 공서양속위반에 해당되지 않는다.

한편 외국판결을 승인한 결과가 대한민국의 선량한 풍속이나 그 밖의 사회질서에 어긋나는지 여부는 그 승인 여부를 판단하는 시점에서 외국판결의 승인이 대한민국의 국내법 질서가 보호하려는 기본적인 도덕적 신념과 사회질서에 미치는 영향을 외국판결이 다룬 사안과 대한민국과의 관련성의 정도에 비추어 판단하여야 하고, 이때 그 외국판결의 주문뿐 아니라 이유 및 외국판결을 승인할 경우 발생할 결과까지 종합하여 검토하여야 한다(대판 2012.5.24, 2009다22549).

아울러 법217조의2가 새로이 추가되어, 손해배상에 관한 확정재판등이 대한민국의 법률 또는 대한민국이 체결한 국제조약의 기본질서에 현저히 반하는 결과를 초래하면 그 전부 또는 일부를 승인할 수 없고, 이 때 법원은 외국법원이 인정한 손해배상의 범위에 변호사보수를 비롯한 소송과 관련된 비용과 경비가 포함되는지와 그 범위를 고려하여 승인의 여부를 심리하여야 한다.

(4) 상호보증

네 번째는 상호보증이 있어야 한다는 요건이다(법217조 4호). 즉 당해 외국판결을 한 외국에서도 우리 판결이 외국판결로서 승인될 수 있는 것이어야 한다는 점이다. 판례에는 "민사소송법 제203조 제4호에 이른바 상호의 보증이 있는 일이라 함은 당해 외국이 조약에 의하여 또는 그 국내법에 의하여 대한민국 판결의 당부를 조사함이 없이 민사소송법 제203조의 규정과 같던가 또는 이보다도 관대한 조건 아래에서 대한민국의 판결의 효력을 인정하고 있는 경우를 말하는 것이라"고 한 다음, "미합중국은 외국법원의 판결을 일체승인하지 아니하며 그에 대한 보장이 없음으로 우리나라와 미합중국은 민사 및 인사 판결의 효력에 대한 상호의 보증이 없고", "미합중국 네바다주 제8사법지구 법원이 1968년 사건번호A54507호 이혼청구 사건에 관하여 1968.6.10 선고한 이혼판결은 민사소송법 제203조 제4호의 상호의 보증이 없다."고 판시하고 있는 것이 있다(대판 1971.10.22, 71다1393).

또한 대판 1987.4.28, 85다카1767에서도 호주의 판결에 대해, "호주국 외국판결상호집행법에 의하면 외국판결의 등록에 단기의 시간적 제약이 있고 그 등록에 관하여 사실상 외국판결의 실질내용에 대한 심사까지 행하고 있으며 위 법의 적용대상국을 총독명령으로 결정하기 때문에 법적 안정성이 결여되어 있을 뿐만 아니라 총독명령발효 이전의 외국판결에 대하여는 위 법의 적용을 거부하고 있어 일정한 조건에 합치되는 이상 시간적 제약 없이 형식적 심사만으로 당해 외국판결을 승인하고 있는 우리나라 민사소송법 제203조의 입장으로서는 호주국의 위 제정법과 사이에 상호보증이 존재한다고 볼 수 없다."고 판시하고 있다.

그러나 뉴욕주의 경우에는, "뉴욕주 법원은 판례로서 우리나라에서 채택하고 있는 상호주의의 원칙을 배격하고 다만 외국판결이 사기로 획득된 것이거나 공서에 반한다거나 재판관할권의 흠결이 없으면 외국판결에 대하여 실질심사를 하지 않고 외국판결의 효력을 그대로 승인하고 있다" 는 이유에서 상호보증을 인정한다(대판 1989.3.14, 88므184, 191).

위와 같이 판례는 상호보증의 유무를 외국판결의 승인에 있어서의 중요한 요건으로 보고, 그것을 뉴욕주의 경우에서와 같이 실질적으로 판단하여 우리의 민사소송법과 같은 요건으로 또는 그보다 관대한 요건으로 우리의 판결의 효력을 인정하면 상호보증이 있다고 해석하고 있다.

다른 한편 상호보증에 대해서는 절차적 공서라는 요건에 의해 절차보장을 심사하므로 그 요건의 폐지를 주장하는 학설[149]도 있다. 그러나 상호보증이라는 요건 자체의 폐지를 주장하는 견해에는 문제가 있다. 상호보증은 국제법상 인정되는 기본원칙이고 우리나라의 판결이 상대국에서 승인받도록 촉진시키는 기능도 있기 때문이다. 폐지자체가 아닌 요건의 구체적 내용에 관해 앞으로 판례의 집적과 함께 규율해야 할 문제라고 생각한다.[150]

149) 송=박, 440면.

150) 호, 695면 이하도 같다.

제 10 장

소의 객관적 병합

78 단순병합과 예비적 병합의 구별

[대판 1975.7.22, 75다450]

사 실

원고인 채권자가 본래적 급부청구에 더하여 이에 대신할 전보배상을 부가하여 대상청구를 병합한 경우, 이 병합은 어떠한 병합인지 문제되었다.

판결요지

"본건 청구는 그 본래적 급부청구에다가 이에 대신할 전보배상을 부가하여 청구한 것으로서 본래적 청구와 대상청구를 병합한 것임을 알 수 있는바 대상청구는 본래적 급부청구의 현존함을 전제로 하여 이것이 판결 확정 후에 이행불능 또는 집행불능이 된 경우에 대비하여 전보배상을 미리 청구하는 경우로서 양자의 경합은 현재의 급부청구와 장래의 급부 청구와의 단순병합에 속한다 할 것이고 이 경우의 대상금액의 산정시기는 사실심변론의 종결당시의 본래적 급부의 가격을 기준으로 산정하여야 함이 상당하다."

해 설

1. 이 판결의 의의

본래적 급부청구와 대상청구가 병합된 경우, 이러한 병합은 청구의 병합형태 중 어디에 속하는지 문제된 것이다. 이 판결은 이에 대하여 예비적 병합이 아닌 단순병합에 해당됨을 명확히 한 점에 의의가 있다.

2. 청구의 병합의 의의

청구의 병합은 보통 복수청구에 해당하는 하나의 형태라고 불린다. 복수청구에는 청구병합 이외에 주지하는 바와 같이 소의 변경 · 반소 · 중간확인의 소가 있다. 복수청구는 동일 당사자 간의 복수의 청구가 심판의 대상이 되는 경우를 말하고, 당사자나 법원 모두 복수청구를 병합 · 심판하는 것이 경제적이고 편리하기 때문에 이용된다.

복수청구를 발생시키는 당사자의 소송행위는 위의 4가지이고, 그 중에서 반소와 중간확인의 소는 특별유형에 해당한다. 아울러 법원의 행위인 변론의 병합에 의해서도 유사한 결과(동일한 사실인정)가 도출된다.

청구의 병합은 하나의 소장으로 복수의 청구를 주장하는 경우이다(법253조). 이때의 요건은 복수청구가 동종의 절차에 의하는 것이라는 점, 각 청구에 관한 관할권의 존재라는 점, 그리고 법률상의 병합금지조항의 부존재라는 점이다. 병합소송의 심판시에는 우선 소송요건과 병합요건이 조사되는데, 병합요건 흠결 시에도 가능한 한 독립한 소송으로 처리하는 것이 바람직하다. 이러한 청구의 병합에는 단순병합, 선택적 병합, 그리고 예비적 병합이라는 3가지 형태가 있다. 아울러 선택적 병합이나 예비적 병합의 경우에는 피고에게 불이익이 없는 경우에 가능하고, 피고의 방어권이 상실되는 경우에는 불가능하다.

3. 청구의 병합의 형태

(1) 단순병합

먼저 단순병합이란 청구의 양립(병립)이 가능한 경우에 모든 청구에 대한 인용을 요구하는 병합형태이다. 따라서 모든 청구에 대해 인용판결이 가능하면 단순병합이다. 이 판결에서는 대상청구와 본래적 급부청구의 병합을 단순병합이라고 판단하였다. 대상청구는 본래적 급부청구가 현존함을 전제로 하여 이것이 판결확정 후에 이행불능 또는 집행불능이 되는 경우를 대비하여 전보배상을 미리 청구하는 경우로서, 양자의 경합은 현재의 급부청구와 장래의 급부청구와의 단순병합에 속하게 되는 것으로 타당한 판단이다.

이 경우의 대상금액은 이 판결에서 보듯이 사실심 변론 종결당시의 본래적 급부의 가격을 기준으로 산정하여야 한다(이미 대판 1960.8.18, 4292민상733에서 판시되었다). 또한 목적물의 인도청구와 장래의 강제집행의 불능을 대비한 손해배상청구를 병합하면, 양 청구를 모두 인용하는 것은 모순되지 않고 현재의 급부청구와 장래의 급부청구의 단순병합이 된다.

한편 위와 같은 인도청구와 대상청구에 있어서 집행시가 아닌 변론종결시 현재의 이행불능에 대비해 대상청구를 하는 경우에는 그러한 이행불능이 확실한 한 인도청구는 기각할 수밖에 없으므로, 예비적 병합이 된다(대판 1962.6.14, 62다172 참조). 따라서 변론종결시 현재의 이행불능이 인정되지 않으면 법원은 인도청구를 인용하고, 대상청구에 관해서는 아무런 판단을 하지 않는다. 반대로 그 이행불능이 인정되면 인도청구를 기각하고 대상청구에 관해 심리·판단한다. 그러나 전자의 경우에는 어차피 집행시의 이행불능의 가능성이 남아 있고, 그렇게 되면 원고는 다시 대상청구의 소를 제기하여야 하므로, 변론종결시 현재의 이행불능에 대비한 대상청구를 예비적으로 병합하는 것은 그다지 실제적이지 않다. 아무튼 이러한 차이가 있기 때문에 원고로서는 명확히 병합의 형태를 정할 필요가 있고, 법원으로서도 그 점이 명확하지 않으면 석명권을 행사해야 한다.

따라서 단순병합으로 구하여야 할 수개의 청구를 선택적 또는 예비적 청구로 병합하여 청구하는 것은 허용되지 않는다. 만일 법원이 단순병합 청구로 보정하게 하는 등의 조치를 취함이 없이 본안판결을 하면서 그 중 하나의 청구에 대하여만 심리 · 판단하여 이를 인용하고, 나머지 청구에 대한 심리 · 판단을 모두 생략하는 내용의 판결을 하여도, 이러한 판결에 대하여 피고만이 항소하면 제1심법원이 심리 · 판단하여 인용한 청구만이 항소심으로 이심될 뿐, 나머지 심리 · 판단하지 않은 청구는 여전히 제1심에 남아 있게 된다(대판 2008.12.11, 2005다51495).

또한 대판 2011.8.18, 2011다30666, 30673은 "채권자가 본래적 급부청구에 이를 대신할 전보배상을 부가하여 대상청구를 병합하여 소구한 경우 대상청구는 본래적 급부청구권이 현존함을 전제로 하여 이것이 판결확정 전에 이행불능되거나 또는 판결확정후에 집행불능이 되는 경우에 대비하여 전보배상을 미리 청구하는 경우로서 양자의 병합은 현재 급부청구와 장래 급부청구의 단순병합에 속하는 것으로 허용된다. 이러한 대상청구를 본래의 급부청구에 예비적으로 병합한 경우에도 본래의 급부청구가 인용된다는 이유만으로 예비적 청구에 대한 판단을 생략할 수는 없다."고 판시하여, 본래적 급부청구에 이를 대신할 전보배상을 부가하여 대상청구를 병합하면서 대상청구를 본래의 급부청구에 예비적으로 병합한 경우, 이것은 단순병합이고 본래의 급부청구가 인용되어도 원고가 주장한 예비적 청구에 대한 판단을 생략할 수 없다고 하였다.

(2) 선택적 병합

다음으로 선택적 병합이란 복수의 청구에 관해 택일적으로 하나의 청구의 인용을 요구하는 병합형태를 말한다. 참고로 민법380조의 선택채권(A 또는 B를 인도하라)에 기한 청구의 경우에는 하나의 청구권만이 존재하므로, 선택적 병합도 나아가 청구의 병합도 아니다. 선택적 병합은 보통 동일한 목적을 위해 양립하는 청구의 경우, 즉 청구권경합의 경우에 인정할 필요가 있다. 단, 구소송물론의 경우에 그 가능성 내지는 유효성이 인정되지만, 신소송물론의 경우에는 실익이 거의 없다. 신소송물론에서는 더 나아가 선택적 병합의 무효를 주장하는 경우도 있지만, 처분권주의가 적용되는 이상 일률적으로 당사자의 선택을 무시하는 것은 타당하지 않다.

또한 복수의 청구가 양립하지만, 반드시 동일한 목적을 목표로 하지 않는 경우에도 선택적 병합을 인정할 수 있는지 문제된다. 이에 대해서는 양 청구의 실질적 동일성에 착안하여 선택적 병합을 인정할 수도 있다고 생각한다. 예를 들어 유산상속청구와 상속에 의해 취득한 재산의 공유지분확인청구를 선택적으로 병합하거나, 또는 불법행위에 의한 손해배상의무를 부동산으로 대물변제한다는 합의가 있지만 그 의무가 이행되지 않은 경우, 손해배상청구와 당해 부동산의 이전등기청구를 선택적으로 병합하는 것은 인정할 실익이 있다고 할 것이다.

선택적 병합임에도 예비적 병합으로 한 경우에는 다음과 같이 처리된다. "병합의 형태가 선택적 병합인지 예비적 병합인지는 당사자의 의사가 아닌 병합청구의 성질을 기준으로 판단하여야 하고, 항소심에서의 심판 범위도 그러한 병합청구의 성질을 기준으로 결정하여야 한다. 따라서 실질적으로 선택적 병합 관계에 있는 두 청구에 관하여 당사자가 주위적·예비적으로 순위를 붙여 청구하였고, 그에 대하여 제1심법원이 주위적 청구를 기각하고 예비적 청구만을 인용하는 판결을 선고하여 피고만이 항소를 제기한 경우에도, 항소심으로서는 두 청구 모두를 심판의 대상으로 삼아 판단하여야 한다."(대판 2014.5.29, 2013다96868)

(3) 예비적 병합

마지막으로 예비적 병합은 양립할 수 없는 청구에 관해, 그 심판에 순위를 정해 요구하는 청구병합의 형태이다. 제1순위 청구인 주위청구(주위적 청구)와 제2순위 청구인 부위청구(예비적 청구 또는 부위적 청구)의 관계가 된다. 예비적 청구가 인정되려면 실체법상 양립할 수 없는 청구의 어느 쪽엔가 원고가 승소할 이익이 있어야 한다. 또한 양 청구의 관계상 그것을 예비적으로 심판해야 할 합리적 필요성이 존재해야 한다.

예비적 병합과 다른 청구의 병합과의 차이점은 병합된 청구의 심판에 관한 순서를 붙였다는 점이다. 즉 주위적 청구를 먼저 심리하고, 그것이 인정되지 않을 때 예비적 청구에 관해 심리해야 한다는 순서이다. 일반적인 예비적 병합의 예로서는, 매매계약에 기한 대금지급청구와 매매계약무효를 대비한 목적물반환청구의 경우이다(이 때 단순병합과 별소에 의하는 것이 곤란한 이유는 별도의 심리 · 판단에 따른 모순된 이유로 2중패소의 가능성이 있기 때문이다).

예비적 병합을 위와 같은 진정예비적 병합 이외에, 부진정예비적 병합이라 부르는 경우도 있다. 단, 부진정예비적 병합이라는 개념을 만든 일본과 독일에 있어 그 내용상 차이가 있다. 즉 일본의 경우에는, 부진정예비적 병합을 양립할 수 있는 청구를 대상으로 하는 청구권경합의 경우로서 보통 선택적 병합으로 해석한다. 예를 들어 상계가 불가능한 불법행위에 기한 청구를 제1순위로, 상계가 가능한 채무불이행에 기한 청구를 제2순위로 하여 병합하였을 때, 법원이 그러한 순서에 따라 심리 · 판단하였다면 부진정예비적 병합으로서 의미가 있다고 한다(대판 2002.9.4, 98다17145에서도 이러한 병합형태를 인정하였다).

한편 독일의 경우에는, 주위적 청구를 기각하는 경우에는 부위적 청구를 심판할 필요가 없고, 부위적 청구를 심판할 수 있는 것은 주위적 청구가 인정되는 경우에 한한다는 2개의 청구의 병합이라고 해석한다. 예를 들어 선결적 법률관계의 확인의 요구와 이를 전제로 하는 급부청구와의 병합의 경우가 그 예라고 주장된다.

부진정예비적 병합에서 주위적 청구의 일부를 기각하고 예비적 청구보다 적은 금액만을 인용하는 경우에는, 법원은 당사자에게 예비적 청구의 심리여부에 관해 석명권을 행사하고 당사자의 의도에 따라 예비적 청구를 심판하여야 한다(대판 2002.10.25, 2002다23598).

79 소의 예비적 병합과 상소

[대판 1995.2.10, 94다31624]

사 실

X는 Y를 상대로 甲청구를 주위적 청구로, 乙청구를 예비적(부위적) 청구로 하는 소를 제기하였다. 제1심 법원은 X의 주위적 청구와 예비적 청구를 병합·심리한 끝에 주위적 청구는 기각하고 예비적 청구만을 인용하는 판결을 선고하였다. 이에 대하여 Y만이 항소하였는데, 이 때 항소심은 예비적 청구를 기각하는 대신 항소되지 않은 주위적 청구를 인용할 수 있는지 문제되었다.

판결요지

"항소제기에 의한 이심의 효력은 당연히 사건 전체에 미쳐 주위적 청구에 관한 부분도 항소심에 이심되는 것이지만, 항소심의 심판범위는 이에 관계없이 Y의 불복신청의 범위에 한하는 것으로서 예비적 청구를 인용한 제1심판결의 당부에 그치고 X의 부대항소가 없는 한 주위적 청구는 심판대상이 될 수 없는 것이다."

해 설

1. 이 판결의 의의

이 판결은 원고의 복수의 청구를 병합·심리하여 내려진 판결에 관해, 그 일부분에 대한 항소의 경우의 처리방법에 관한 문제를 다룬 것이다. 이 판결에서는 피고만이 상소를 제기하고 원고는 상소나 부대상소를 하지 않았을 때, 상소심의 심판범위가 문제되었는데, 이에 대해 이 판결은 예비적 청구를 기각하는 대신 주위적 청구를 인용할 수는 없다고 판단하고 있다. 이러한 해석은 판례의 일관된 입장이기도 하다.

2. 예비적 병합의 심판과 상소

(1) 심판

법원은 예비적 병합에 대해 병합된 청구가 조건관계에 있으므로 일괄 처리해야 한다. 따라서 변론의 제한은 가능하지만 분리는 불가능하다(주위적 청구만을 기각[또는 각하]하고 예비적 청구에 대해서는 아무런 판단을 하지 않은 경우에 관해서는 항목 <61> 참조). 법원은 주위적 청구를 인용하든지, 아니면 주위적 청구를 기각(각하)하면서 예비적 청구를 인용하거나, 예비적 청구도 기각(각하)하게 된다. 어느 경우에나 원고나 피고 측으로부터의 상소의 제기를 예상할 수 있다.

아울러 청구병합의 경우에는 하나의 절차에서 심리되는 이상, 개별청구에 대한 소송자료와 증거자료는 나머지 청구에 대해서도 동일한 소송자료와 증거자료가 된다. 이 점은 주관적 병합시의 공동소송인 독립의 원칙과의 차이점이기도 하다.

(2) 상소

먼저 주위적 청구를 인용하는 경우에는 예비적 청구를 심리할 필요가 없고, 이러한 판결에 대해서는 피고만이 상소의 이익을 갖게 된다. 이 때 1심에서 심판되지 않은 예비적 청구에 관해서는, 1심과는 달리 상소심이 주위적 청구를 기각하는 경우에는 당사자의 심급의 이익과는 관계없이 심리·판결할 수 있다(대판(전) 2000.11.16, 98다22253). 왜냐하면 예비적 청구에 대해서는 1심에서 아무런 심리나 판결도 없었던 것이므로 원고의 부대항소가 필요하지 않은 점, 후술하듯이 주위적 청구와 예비적 청구는 관련청구로서 소송자료와 증거자료의 공통으로 인해 사실상 1심에서 심리된 것이라고 볼 수 있는 점, 그리고 원고는 상소심에서 소의 변경에 의해 추가적 병합이 가능하므로 (법262조, 408조) 이것과의 균형을 유지해야 한다는 점을 고려해야 하기 때문이다. 또한 1심의 판결은 하나의 전부판결이기 때문이다. 나아가 주위적 청구를 인용한 경우라면 예비적 청구에 대해 심리·판단할 필요가 없고, 이러한 경우에 설사 예비적 청구에 대해 판단하였다 하더라도 그 효력이 없다(대판(전) 2000.11.16, 98다22253).

또한 대판 1995.7.25, 94다62017에서도, "원심에서 추가된 청구는 종전의 주위적 청구(거기에는 이 사건 제1토지의 일부지분에 관한 청구부분도 포함되어 있다)가 인용될 것을 해제조건으로 하여 청구된 것임은 분명하므로, 원심으로서는 종전의 주위적 청구의 당부를 먼저 판단하여 그 이유가 없을 때에만 원심에서 추가된 예비적 청구에 관하여 심리·판단할 수 있고, 위 추가된 예비적 청구만을 분리하여 심리하거나 일부판결을 할 수 없다 할 것이며, 피고로서도 위 추가된 예비적 청구에 관하여만 인낙을 할 수도 없고, 가사 인낙을 한 취지가 조서에 기재되었다 하더라도 그 인낙의 효력이 발생하지 아니한다 할 것이다."라고 판시되었다.

아울러 예비적 병합의 형태가 원고가 2개의 청구를 예비적으로 병합하는 것이 아닌 원고의 본소청구에 대해 피고가 예비적 반소를 제기한 경우에, 제1심이 본소청구를 배척하고 나아가 피고의 예비적 반소도 각하하자 원고만이 항소를 제기한 경우의 항소심의 처리방법이 문제된다. 이 경우에 항소심에서는 제1심에서 피고의 예비적 반소를 각하한 것은 효력이 없으므로, 피고가 항소를 제기하지 않아도 원고의 항소를 받아들여 원고의 본소청구를 인용하려면 피고의 예비적 반소청구도 심판대상으로 삼아야 한다(대판 2006.6.29, 2006다19061, 19078).

(3) 단순병합과 선택적 병합의 경우

한편 단순병합의 경우에는 병합된 모든 청구를 심리·재판한다. 심리의 형태는 법원의 재량이지만, 하나의 판결에 대한 상소는 판결의 확정을 차단하고 전 청구를 상소심으로 이전시킨다. 상대방에게 부대상소의 기회를 부여해야 하기 때문이다. 선택적 병합의 경우에는 예비적 경합의 경우와 거의 동일하지만 심리순서에 제한이 없다. 상소의 경우에는 모든 청구가 이심된다. 청구인용판결에 대한 상소 시, 하나의 청구가 기각되면 나머지 청구에 관한 심판을 받겠다는 것이 당사자의 목적이었기 때문에 상소심이 1심이 인용한 청구가 아닌 청구를 인용할 수 있고, 또한 원판결을 취소할 필요 없이 인용할 수 있으며 이 때 원판결은 당연히 실효된다. 그러나 판례는 심리한 결과 그 청구가 이유 있다고 인정되고 그 결론이 제1심판결의 주문과 동일한 경우에도 피고의 항소를 기각하여서는 안되며 제1심판결을 취소한 다음 새로이 청구를 인용하는 주문을 선고하여야 한다고 해석한다(대판 1992.9.14, 92다7023).

3. 주위청구기각·예비청구인용 시의 상소심의 심판의 범위

(1) 원고만의 상소

주위청구기각·예비청구인용 시에는 원고와 피고 모두가 상소의 이익을 갖게 되는데, 원고만이 상소를 제기한 경우, 상소심은 주위청구가 이유 있다고 판단하면 피고의 부대항소에 관계없이, 판결주문으로 예비적 청구인용부분도 실효됨을 명확히 한다는 점에서 원판결의 취소를 명확히 하고 주위청구인용의 판결을 한다.

(2) 피고만의 상소

이 판결에서 판단한 것과 같이 또한 이하에서 논의하듯이 예비적 청구를 기각하는 대신 주위적 청구를 인용할 수 없다.

(3) 확정차단효

이 판결에서도 나와 있듯이 확정차단효가 인정되는 점에는 이론(異論)이 없다. 즉 주위청구기각부분도 확정이 차단되어 상소심으로 이심된다. 이 이유는 앞서 지적한 바와 같이 하나의 전부판결이기 때문이다.

(4) 상소심의 심판범위 - 판례의 입장 -

다음으로 문제되는 상소심에서 판단의 대상이 되는 것은 무엇인지에 대해 판례는 원래 대판 1967.9.5, 67다1323이 방론으로 "원심은 주위적 청구에 관하여도 심판하고 있으나, 이 부분은 패소자 측에서 불복이 없으므로 항소심판의 대상이 될 수 없다"고 단순히 판시하고 있었다.

대판 1969.8.19, 69누50에서도, "원고의 이 사건 청구는 제1위로서 피고의 세금 부과처분이 무효임을 확인하라는 것이고, 다음에 제2위로서 위의 부과처분의 취소를 청구하고 있다. 그런데 이러한 원고의 청구에 대하여 대법원이 환송하기 전의 원심은 무효확인 부분은 그 이유가 없다 하여 기각하고, 위 소 청구 부분을 인용하고 있다. 이러한 환송 전 원심 판결에 대하여 원고는 상고하지 아니하고(그 패소 부분인 무효 확인 청구부분에 대하여) 피고만이 그 패소 부분인 취소 청구 부분에 대하여 상고하고 있다. 이러한 상고를 받은 대법원은 피고의 상고를 받아들이고, 환송 전 원심판결 중 피고의 패소부분을 파기하고, 이 부분에 관한 사건을 대구고등법원으로 환송하고 있다. 그렇다면, 환송 후 원심으로서는 환송을 받은 부분인 이 사건의 조세부과처분 취소 청구에 관하여서만 심리하여야 될 것이요, 환송 받지 아니한 부분인 위의 조세부과처분 무효확인청구 부분에 관하여서는 심판할 수 없는 이치이다."(대판 1970.2.24, 69누59가 이에 따르고 있다)라고 판시하였다.

또한 대판 1995.1.24, 94다29065에서는, "1심에서 주위적 청구를 기각하고 예비적 청구를 인용한 판결에 대하여 피고만이 항소한 때에는, 이심의 효력은 이 사건 전체에 미치더라도 원고로부터 부대항소가 없는 한 항소심의 심판대상으로 되는 것은 예비적 청구에 국한되는 것이다. 그럼에도 불구하고 원심은 심판의 대상으로 되지 않은 주위적 청구에 대하여도 제1심과 마찬가지로 원고의 청구를 기각하는 판결을 하였으나, 원심이 위와 같은 무의미한 판결을 하였다고 하여 원고가 그에 대하여 상고함으로써 주위적 청구부분이 상고심의 심판대상으로 되는 것은 아니므로, 원고의 주위적 청구부분에 관한 상고는 심판의 대상이 되지 않은 부분에 대한 상고로서 불복의 이익이 없어 부적법하다." 고 판시하고 있다.

판례의 입장은 상소를 제기한 피고에게 불이익하게 원판결을 변경할 수 없다는 점(항목<101>에서 보는 불이익변경금지의 원칙[법415조]), 그리고 어차피 원고는 상소를 제기하지 않았으므로 원고에게 부당하지 않다는 점을 이유로 하고 있다고 풀이할 수 있다. 이러한 판례의 입장은 학설(통설)에서도 거의 그대로 받아들여지고 있다. 판례의 타당성을 검토해 보도록 하자.

4. 주위적 청구의 심판의 가능성에 대한 검토

(1) 확정차단효의 문제

판례의 입장은 충분히 납득할 수 있다. 특히 상소를 제기하지 않은 원고의 불이익은 상소를 포기한 것이므로 어차피 고려할 필요가 없다는 점에서도 그러하다. 그러나 이러한 해석에 전혀 문제가 없는 것은 아니다. 즉 원고의 입장에서는 항상 자신도 부대상소를 해야만 한다고 말할 수 있는가라는 점이다. 앞서 본 것처럼 주위청구부분은 상소에 의해 상소심으로 이심되고 확정도 되지는 않지만, 사실상 변경이 불가능해지므로 확정된 것과 거의 같은 결과를 초래한다. 그렇다면 상소를 제기하지 않았음에도 확정되지 않고 이심된다는 논리는 그다지 합리적이지 않다.

(2) 원고의 이익

또한 상소심에서는 예비적 병합이라는 점에서 필연적으로 예비적 청구 자체는 물론 주위적 청구와의 관계도 심리하게 되지만, 주위적 청구를 인용하고 싶어도 원고가 상소를 하지 않은 이상 예비적 청구부분만 취소해야 한다는 결론이 된다. 이러한 결론(원고의 전면패소)은 양 청구에서 패소되지 않으려고 예비적으로 청구를 병합하여 제소한 원고의 입장과는 모순되게 된다. 과연 이러한 결론을 원고가 부대상소를 제기하지 않았다는 이유만으로 수긍할 수 있는가라는 점에서, 다음과 같은 반대론도 생각해 볼 수 있다.

(3) 주위적 청구를 심판할 수 있다는 입장

즉 원고가 명시적으로 부대상소를 제기하지 않아도, 상소심이 주위청구부분도 심판할 수 있다는 반대론이다. 이러한 견해에서는 다음과 같은 논거로 그 가능성을 주장한다. 먼저 정책적으로 예외를 인정하여 사적인 분쟁의 합리적인 해결을 꾀하자는 것이다. 다음으로 하나의 불가분인 전부판결인 이상, 상소심도 그 전부에 대해 심판해야 한다는 논거이다. 마지막으로는 위에서도 언급한 원고의 의사(전면패소를 피하려는)를 존중하자는 점이다.

(4) 불이익변경금지와의 관계

그러나 그러한 근거가 있다 하여도, 극복하기 어려운 점은 불이익변경금지의 원칙과의 관계이다. 피고만이 상소한 경우, 처분권주의나 당사자자치의 원칙에 의해 피고가 요구한 불복의 범위에 법원은 구속된다. 따라서 피고가 예상치 못한 부분에 재판을 한다면, 결국 불이익변경금지의 원칙에 저촉된다고 해석해야 하고, 원고의 이익을 위해서는 법원이 부대항소를 촉구하는 석명권을 행사하는 것이 타당할 것이다.

80 중간확인의 소

[대판 1973.9.12, 72다1436]

사 실

X가 Y를 상대로 부동산에 관한 소유권 이전등기청구의 소를 제기하여 소송을 진행하다가, 항소심에서 당해 부동산에 관한 소유권 확인청구를 추가하는 것은 가능한지 문제되었다.

판결요지

"청구의 기초에 변경이 없다고 볼 당해 부동산에 관한 소유권확인청구를 추가하는 소 변경을 제2심에서도 유효하게 할 수 있다."

해 설

1. 이 판결의 의의

이 판결에서는 소의 추가적 변경이라고 표현하고 있지만, 중간확인의 소는 소의 추가적 병합의 하나의 형태이고(반대로 피고가 제기할 수도 있고 이때에는 반소의 형태가 된다), 이 판결에서의 X가 제기한 소유권확인의 소는 법264조가 규정한 중간확인의 소에 해당한다고 할 수 있고, 이와 같이 중간확인의 소를 인정한 점에 이 판결의 의의가 있다.

2. 중간확인의 소의 의의

중간확인의 소란 소송계속 중에 청구의 전제가 되는 권리관계의 확인을 구하는 소를 말한다. 기판력이 소송물에 한정된다는 이유 때문에 기초가 되는 권리관계의 확인을 구한다는 점에 의의가 있다.

이 점은 이 판결에서의 소송물인 이전등기청구(또는 말소등기청구)에는 소유권이 포함되지 않고, 소유권에 관한 중간확인의 소를 제기 함으로써 소유권에 대한 기판력을 동반한 확정을 받게 된다는 것을 말한다. 또한 중간확인의 소가 있기 때문에 기판력은 판결의 주문에만 발생하고, 이는 판결의 이유에 기판력이 발생하지 않는다는 근거가 되기도 한다. 그러나 중간확인의 소는 그다지 이용되고 있지 않고 그 의의에 대해서는 좀 더 생각해 볼 필요가 있다. 일단 여기서는 중간확인의 소의 일반적인 모습을 보도록 하겠다.

3. 중간확인의 소의 요건

(1) 소의 변경으로서의 요건

중간확인의 소는 소의 변경의 하나(추가적 변경)이므로, 소의 객관적 병합의 요건을 포함하는 소의 변경에 관한 요건(피고가 제기한 경우라면 반소의 요건)을 갖추어야 함은 두말할 필요가 없다. 따라서 사실심 변론종결 전 등의 요건이 요구된다. 이 판결이 청구의 기초에 변경이 없다고 한 점은 동일한 부동산에 관한 이전등기청구에 추가하여 확인청구를 하는 것이므로 타당하다.

(2) 확인의 소로서의 요건

또한 하나의 확인의 소인 이상, 확인의 소로서의 요건(특히 다툼이 있는 권리관계의 확인)을 갖추어야 한다. 중요한 것은 중간확인의 소라는 점에서 확인의 대상이 기존의 청구의 전제가 되는 선결적 권리관계이어야 한다는 점이다. 이 판결은 소의 변경에 관한 요건만을 언급할 뿐, 소유권의 확인이 이전등기청구의 전제가 되는 권리관계에 해당하는가는 언급하고 있지 않다. 이 판결에서의 양 청구가 판례의 입장(항목<25>에서 본 이행청구가 가능해도 확인청구가 가능한 예)에 의한다면 논리상 전제가 되는 권리관계임은 충분히 납득할 수 있다. 이전등기청구(또는 말소등기청구)는 소유권이 전제가 되고, 소유권의 귀속여하에 따라서는 이전등기청구의 문제가 다시 재연될 여지가 있기 때문이다.

이에 비해 대판 1984.6.26, 83누554에서는, “원고가 피고(경기도지사)에 대하여 폐천부지교환거부처분의 취소를 구하는 본래 청구에 대하여 중앙토지수용위원회의 위 폐천부지에 대한 보상금재결 처분의 효력 유무가 선결관계에 있다고 할 수 없어 위 재결처분의 무효확인을 구하는 중간확인의 소는 부적법하다.”라고 설시하고 있다.

4. 중간확인의 소의 절차

(1) 원칙적 신소의 제기

중간확인의 소도 하나의 소이므로 신소의 제기에 관한 요건에 준해 규율된다. 그러나 절차의 위배는 상대방이 이의를 제기하지 않는 한, 이의권의 상실이 된다. 또한 변호사의 대리권에 당연히 포함되는지 아니면 특별수권사항인지 문제되는데, 신소의 제기라면 후자이지만, 원래의 소의 전제관계임을 고려한다면 전자라고 해석하는 것이 타당하다.

(2) 원래의 청구와의 관계

원래의 청구와 중간확인청구는 소의 단순병합의 관계가 되고, 그에 대해서는 하나의 전부판결을 해야 한다. 전제관계가 되는 이상 변론의 분리는 인정되지 않는다. 반면 소의 변경이나 반소에 해당하므로 기존의 소송결과를 이용할 수 있다. 또한 원래의 소가 취하되거나 각하되어도 중간확인의 소는 독립한 소로 취급될 수 있다. 단, 항소심에서의 중간확인의 소라면, 제1심을 거치지 않는 독립의 소가 되는 관계상 이러한 처리가 불가능해진다.

81 소의 변경

[대판 1984.2.14, 83다카514]

사 실

X는 Y1과 Y2를 상대로 제1내지 제5부동산이 자신의 소유임의 확인을 구한다는 청구와 함께, Y1에 대해서는 제1부동산에 관하여, Y2에 대해서는 제2내지 제4부동산에 관하여 각 그 명의의 소유권보존등기의 말소 및 그 토지의 인도를 청구하였다. 그 후 항소심에 이르러 X가 제1심에서 청구하지 않았던 Y2에 대한 제1부동산의 소유권보존등기의 말소 및 그 토지의 인도를 추가하여 청구하였다면, 이러한 청구의 추가는 소의 변경으로 인정되는지 문제되었다.

판결요지

"이(X의 청구의 추가)는 위 제2내지 제4부동산에 대한 그것과 동일 원인에 기인하는 수량적 청구의 확장에 불과하여 청구의 기초에 변경이 있다고 볼 수 없으며 소송경제상으로 보나 당사자 보호의 필요성으로 보아 항소심에서 청구의 변경이 허용된다.

해 설

1. 이 판결의 의의

소의 변경에는 이 판결에서 문제되는 청구의 동일성의 변경이라는 요건이 필요하다. 이 판결에서는 소의 추가적 변경에 해당하는데, 이 경우 새로 추가된 청구는 기존의 청구와의 관계에서 청구의 기초에 변경이 없는 것인가 문제된 것이다. 이 판결은 "동일한 원인에 기인하는 수량적 청구의 확장" 이라는 점에서 청구의 기초에 변경이 없다고 해석하였다.

2. 소의 변경 일반

(1) 의의

소의 변경이란 소의 주관적 병합이라 할 수 있는 임의적 당사자변경에 대응하는 객관적 변경으로, 계속된 소에 관해 소의 대상인 청구를 변경하는 것을 말한다(법262조). 일단 청구취지와 청구원인에 의해 특정된 청구를 변경하는 것이므로, 청구취지나 원인의 변경에 의해 소의 변경이 발생한다.

(2) 인정되는 이유

청구의 변경이 소의 변경에 해당되지 않는다면 구소를 취하해야 하고, 만일 취하가 불가능하다면 두 개의 소에 대한 변론의 병합을 요구할 수밖에 없다. 이에 비해 구소를 수행할 의미를 상실한 경우 구소에 대신하는 신소를 인정하거나 구소에 신소를 추가하는 것을 인정한다는 소의 변경이 인정되는 이유는, 청구의 내용이 변경되는 경우라도 가능한 한 기존의 소송의 결과를 그대로 이용하여 적절한 판결을 받을 수 있도록 하기 위해서이다. 이 점에서 원고에게는 매우 유리한 제도인 반면, 피고에게는 상대적으로 기존의 소송결과를 감수해야 하고, 또한 구소에 대해 본안판결을 받을 기회를 상실할 여지가 있다는 불리한 점이 있다. 이러한 원고와 피고의 이익을 조정하기 위해 소의 변경에는 여러 가지 요건이 요구된다.

(3) 종류

소의 변경에는 새로운 청구를 추가하는 추가적 변경(소의 객관적 병합이 된다)과 구청구를 새로운 청구로 대신하는 교환적 변경이 있다. 후자의 경우에는 구청구의 취하에 해당하므로 피고의 동의가 필요하다(법266조2항). 이 판결의 경우는 전술하였듯이 추가적 변경에 해당한다.

3. 소의 변경의 요건

소의 변경에는 이 판결에서 문제되는 청구의 동일성의 변경이라는 요건 이외에 현저히 소송절차를 지연시키지 않을 것, 그리고 사실심 변론종결 전까지 이루어질 것(이 판결이 항소심에서의 소의 변경을 인정한 이유가 여기에 있다)이라는 요건이 필요하다. 소의 변경은 신소의 제기라는 의미를 가지므로 서면으로 해야 하는 것이 원칙이다.

4. 청구의 기초의 동일성

(1) 의의

소의 변경이 인정되려면 청구의 기초에 변경이 없어야(청구의 기초가 동일해야) 한다. 이것은 청구의 기초에 변경이 있으면 신청구를 소의 변경으로 주장하는 것이 불가능하고 새로운 소의 제기가 필요하다는 것을 의미한다. 청구의 기초의 동일성 여부에 관해서는 소송물론에 의해 차이가 발생할 수 있다. 즉 '청구의 기초'에서 말하는 청구란 보통 소송물을 의미하는 것으로 풀이된다. 따라서 소송물의 변경이라면, 소의 변경에 관한 요건을 구비하느냐에 따라 그것이 소의 변경이 되는 경우가 있고, 반대로 소송물의 변경이 아니라면 소의 변경 자체도 문제가 되지 않는다는 것을 의미한다. 예를 들어 이전등기청구소송의 소송물은 각 등기원인에 따라 달라진다는 판례에 의하면 등기원인의 변경이 소의 변경이 될 수 있지만(대판 1997.4.25, 96다32133; 대판 1997.4.11, 96다50520 등에서 이러한 소의 변경을 인정한다), 소송물을 넓게 파악하여 등기원인을 공격방어방법으로 본다면 소송물의 변경이 아니므로 애당초 소의 변경은 문제되지 않는다.

또한 채권자가 사해행위취소 및 원상회복청구를 하면서 그 보전하고자 하는 채권을 추가하거나 교환하는 것은 사해행위취소권과 원상회복청구권을 이유 있게 하는 공격방법에 관한 주장을 변경하는 것일 뿐이지 소송물 또는 청구 자체를 변경하는 것이 아니므로 소의 변경이 되지 아니하고, 채권자가 보전하고자 하는 채권을 달리하여 동일한 법률행위의 취소 및 원상회복을 구하는 채권자취소의 소를 이중으로 제기하는 경우 전소와 후소는 소송물이 동일하다(대판 2012.7.5, 2010다80503).

그 밖에 원래의 부당이득반환청구에서 교환적으로 파산채권확정청구로 변경한 경우, 원심에서의 부당이득반환청구와 원심에서 교환적으로 변경된 파산채권확정청구는 어느 것이나 파산채권자가 자신이 보유하는 동일한 채권을 회수하기 위한 것으로서 실질적으로 그 목적이 동일하고, 부당이득반환청구라는 그 실체법상 법적 근거와 성질이 동일하며, 다만 파산절차의 개시라는 특수한 상황에 처하여 그 청구취지만을 이행소송에서 확인소송으로 변경한 것에 불과하여 양자의 소송물은 실질적으로 동일한 것으로 봄이 상당하다(대판 2013.2.28, 2011다31706).

(2) 판례의 입장

이 판결에서 보듯이 판례의 전체적 특징은 청구의 근거가 되는 사실관계의 동일성에 중요한 포인트를 두는 것이라고 생각한다(학설의 경우에는 약간의 견해의 대립이 있지만 결론상 차이가 나는 것은 아니다). 예를 들면 심판의 기초가 되는 사실자료가 공통된 것(대판 1969.12.23, 69다1867 등), 또는 각 청구가 동일한 생활사실 또는 경제적 이익에 관한 것(대판 1997.4.25, 96다32133 등)이라면 청구의 기초가 동일하다는 점이 인정되기 때문이다.

(3) 피고의 동의가 있는 경우

청구의 기초의 동일성이라는 요건은, 기존의 소송의 결과를 유용함으로써 발생될 수 있는 피고의 불이익을 방지하려는 목적에서 인정된 것이다. 따라서 설사 청구의 기초에 변경이 있더라도 피고가 그러한 변경에 동의한다면, 즉 소송의 도중에 변경된 청구를 다투는 것에 동의한다면 청구의 기초의 변경이라는 요건은 불필요하다(판례와 통설이다. 청구의 기초의 변경에 대하여 피고가 지체 없이 이의를 진술하지 아니하고 변경된 청구에 관한 본안의 변론을 한 때에도 같다[대판 1982.1.26, 81다546; 대판 1992.12.22, 92다33831 등]).

5. 변경신청에 대한 법원의 조치

(1) 소의 변경이 없는 경우

법원은 소의 변경이 없다고 판단함에도 당사자가 이를 다투면, 중간판결로서 또는 종국판결중의 이유에서 그에 대한 판단을 한다.

(2) 소의 변경요건을 갖추지 못한 경우

한편 소의 변경에 해당하지만 그 요건을 흠결한 경우에는, 법원은 직권 또는 상대방(피고)의 신청에 따라 변경불허결정을 하여야 한다(법263조). 변경을 불허하는 중간적 재판에 대해서는, 독립한 불복수단이 없다(대판 1992.9.25, 92누5096). 또한 법원은 소의 변경불허가결정을 하지 않고 종국판결의 이유에서 변경불허의 판단을 할 수 있고, 불허가결정을 전제로 구청구에 대해 판결이 내려지면 이 판결은 변경을 요구한 청구를 묵시적으로 각하한다는 것을 포함하는 전부판결이다.

이 판결(위 전부판결)에 대해 항소가 제기되면 신·구 양청구가 이심되고, 항소심은 변경을 인정하면 스스로 신청구를 심판하거나 1심으로 환송할 수 있다고 해석하여야 한다(소의 교환적 변경이라면 구청구에 대해서는 소송종료선언을 한다). 논자에 따라서는 임의적 환송을 폐지한 관계로 그러한 환송을 무리한 해석이라 하지만, 필수적 환송만이 인정된다면 항소심은 제1심을 거치지 않은 신청구를 심리해야 하는 것이 되어 당사자의 절차권의 보장이라는 면에서 문제가 있다. 또한 법418조의 반대해석(필수적 환송임에도 예외적으로 자판할 수 있으므로, 반대로 자판하여야 하는 경우라도 예외적으로 환송할 수 있다는 해석)으로, 임의적 환송이 가능하다고 해석할 수 있을 것이다.

(3) 소의 변경에 대한 판단을 하지 않은 경우

법원이 소의 변경허부와 관련된 신청에 대해 아무런 판단을 하지 않은 채 구청구에 대해서만 심판한 경우에는, 항목<61>에서 본 대판(전) 2000.11.16, 98다22253의 해석에 비추어, 당해 판결에 대해 항소를 제기할 수 있고, 항소심에서 위와 같은 절차(자판 또는 환송)로 처리되어야 할 것이다.

(4) 소의 변경신청을 인정하는 경우

법원이 소의 변경신청을 인정한다면 그대로 신청구에 대해 심판하게 되지만, 만일 피고가 다투는 경우라면 결정으로 그 판단을 하게 된다(법263조의 유추). 이 변경허가 결정에 대해 피고는 불복할 수 없다.

(5) 항소심에서 소가 교환적으로 변경된 경우

아울러 항소심에 이르러 소가 교환적으로 변경된 경우에는, 구청구는 취하되어 그에 해당하는 제1심판결은 실효되고 신청구만이 항소심의 심판대상이 된다. 따라서 제1심이 원고의 청구를 일부 인용한 데 대하여 피고만이 항소하였고, 항소심에서 소의 교환적 변경이 있는 경우에는, 구청구에 대한 재판에 해당되는 피고 패소부분을 취소한다거나 원고의 청구를 기각한다거나 피고의 항소를 기각한다는 주문표시를 하여서는 아니 된다(대판 1980.7.22, 80다127; 대판 2009.2.26, 2007다83908 등). 주문에서는 신청에 대하여 "당심에서 교환적으로 변경된 원고의 청구를 기각한다"는 표시를 하는 것이 실무이다. 이러한 이치에서 항소심에서 청구가 감축되었는데 항소를 기각하여야 하는 경우라면, 주문에서 항소기각 이외에 청구의 일부가 감축된 사실을 명확히 한다(대판 1992.4.14, 91다45653 참조).

유사한 사례로, 원고가 원심 변론기일에서 예비적으로 채권자대위권에 기한 임치금 반환을 구하는 진술을 한 후 같은 취지의 소변경(청구원인) 신청서를 제출하였으나 그 후 소변경신청서(철회)를 제출한 경우, 소변경신청서(철회)의 제출로 원고의 예비적 청구 부분의 소 자체가 취하된 것이 되는지 또는 이미 변론기일 또는 종전 준비서면에서 주장·진술되어 필요하지 않은 위 소변경(청구원인) 신청서 제출만 철회된 것이 되는지에 대해 대판 2011.2.10, 2010다87702는 "소변경신청서(철회)의 제출로 원심 변론기일에서의 진술로부터 시작되어 준비서면에서도 여전히 유지·보충되고 있는 원고의 채권자대위권에 기한 임치금반환청구 부분의 소 자체가 취하되었다기보다는 이미 변론기일 또는 종전 준비서면에서 주장·진술되어 필요하지 않은 위 소변경(청구원인) 신청서 제출만이 철회되었다고 보아야 한다."고 하고, 또한 1심에서 인용된 종래의 청구에 대하여 피고가 항소한 사건에서, 원고가 항소심에서 예비적 청구를 추가하여 심리한 결과, 주위적 청구는 이유 없고 항소심에서 추가된 예비적 청구가 인용되는 경우의 주문의 판단방법에 대해서는 "결과적으로 주위적 청구를 인용한 제1심판결의 주문과 같거나 유사한 결과가 된다고 하더라도, 단순히 항소를 기각한다는 주문을 내어서는 안 되고, 제1심판결을 취소하여 주위적 청구를 기각한 다음 예비적 청구에 따라서 다시 주문을 내야 한다."고 판시하였다.

82 반 소

[대판 1971.12.14, 71다2314]

사 실

X는 Y를 상대로 대지 甲에 관한 소유권이 자신에게 있음을 이유로 甲에 있는 가옥의 철거를 구하는 소를 제기하였다. 이에 대해 Y는, 甲의 소유권을 매매에 의하여 취득하였으나 그 소유권이전등기를 받지 못했으므로, 전소유자들을 대위하여 X의 소유권을 다투고 그 이전등기의 말소를 구하는 반소를 제기하였다. 이러한 반소는 반소의 요건으로서의 본소와 관련관계가 있는지 문제되었다.

판결요지

"반소는 본소의 청구나 방어방법에 견련되는 경우에는 제기할 수 있는 것이고 반드시 본소청구와 동일한 사실관계와 법률관계가 있는 경우에 한하여 반소를 제기할 수 있는 것이라고 단정할 수는 없는 것이다…이 사건에 있어서는 그 청구는 물론 그 방어방법에 있어서도 견련되어 있음이 분명하니 이 사건 반소제기를 허용한 원심조치는 정당하다."

해 설

1. 이 판결의 의의

반소의 요건으로서 관련(구법에서는 「견련」이라는 용어로 사용)관계가 문제된 사례이다. 이 판결은 양 청구간에 동일한 사실관계 또는 법률관계(소송물 자체의 동일 이외에 쌍무계약에 의한 대립채권, 동일 사고에 의한 손해배상채권, 동일 목적물에 대한 쌍방의 소유권 등의 확인의 경우)가 있다면 쉽게 관련관계가 있는 것이 되지만, 이러한 경우에 한하는 것은 아니라는 점을 판단한 것이다.

2. 반소의 의의

반소란 피고 측에게 인정된 소의 병합방법이다(법269조). 원고는 소의 객관적 병합, 소의 변경 그리고 중간확인의 소에 의해 소를 병합할 수 있다. 이에 비해 피고는 중간확인의 소 이외에 반소에 의해 소의 병합을 요구할 수 있다. 반소는 하나의 소로서 별소를 통해 주장할 수 있는 청구를 대상으로 하는 것이지만, 본소청구와의 병합심판이라는 점에 반소를 제기하는 의의가 있다. 반소청구와 본소청구와의 관계는 단순병합(단순반소)이나 예비적 병합(예비적 반소)관계가 된다. 후자는 본소청구가 인용된다면 반소청구를 주장하겠다는 경우이다.

3. 반소의 요건

(1) 관련관계

(a) 필요성

반소가 인정되려면 소의 병합에 관한 일반적 요건 이외에 반소 특유의 요건이 필요하다. 특히 문제가 되는 것은 이 판결에서도 나타난 본소청구와 반소청구와의 관련성, 달리 말해 관련관계이다. 피고에게 쉽게 반소제기를 인정하게 되면 절차지연의 수단으로 반소가 남용되고, 결국 원고의 신속한 권리실현에 도움이 되지 않는다. 이 점에서 반소를 제기하여야 할 필요성으로서, 본소청구와 병합해서 심판받아야 할 요건으로서의 관련관계가 요구되는 것이다. 또한 관련관계가 없어도 원고가 동의를 하면 반소를 제기할 수 있다. 판례에서는, 이 판결에서처럼 일반적으로 본소청구와 반소청구가 단순히 관련관계가 있다고만 판시하는 경우가 대부분이다. 그렇다면 어떠한 경우에 관련관계가 인정되는가.

(b) 관련관계가 인정된 예

소송물이 같은 경우에 한하지 않고, 청구권을 근거 짓는 사실이나 법률관계가 공통되는 경우에 관련관계가 인정된다. 여기에 반소는 방어방법으로 주장되는 것이므로, 본소청구에 대한 항변으로서 작용하는 것이어야 한다. 이 판결에서는 반소청구가 본소청구의 대상인 甲의 소유권에 관한 것이고, 반소청구의 인용이 본소에 대한 기각을 의미하므로 방어방법이 되고 항변으로서 기능한다고 할 수 있다. 따라서 관련관계가 있다고 한 이 판결은 타당하다.

그밖에 관련관계가 인정된 예를 보면 다음과 같다. 원고의 건물에 대한 소유권이전등기말소의 본소청구에 대하여 피고가 그 건물의 소유권이 원고에게 있다 하더라도 그 대지의 소유권은 피고에게 있다 하여 그 건물의 철거를 구하는 예비적 반소의 청구는 본소청구와 관련관계에 있다(대판 1962.11.1, 62다307).

임대차종료를 원인으로 건물인도를 청구하는 본소와 건물소유자의 그 건물에 대한 급수 및 전기공급의 단절로 인한 손해배상의 반소청구는, 그것이 그 두 청구의 목적물 또는 발생원인에 있어 사실상 공통되는 점이 있다 할 것이므로 반소의 청구와 본소청구는 관련이 있다(대판 1967.3.28, 67다116). 기타 본소인 이혼소송에 대해 피고가 반소로 이혼을 구하는 경우에도 관련관계가 인정된다(대판 1998.6.23, 98므15, 22 등)

관련관계라는 요건은 원고의 이익을 보호하기 위한 것이므로, 앞서 본 소의 객관적 병합에서의 요건에서와 같이, 원고가 피고의 반소청구에 대하여 이의를 제기함이 없이 변론을 한 경우에는 반소청구의 적법여부에 대한 이의권을 포기한 것으로 보아야 한다(대판 1968.11.26, 68다1886).

(2) 제소로서의 요건

관련관계 이외에도 다음과 같은 요건이 필요하거나 문제된다. 반소는 하나의 소의 제기에 해당하므로, 단순히 방어방법에 지나지 않는 것은 반소로서 인정되지 않는다. 예를 들면 본소원고의 청구기각신청 이상의 적극적 내용이 내포되어 있지 아니한 반소청구는 반소로서 청구할 소의 이익이 없다(대판 1964.12.22, 64다903; 대판 2007. 4.13, 2005다40709, 40716). 또한 임대료청구의 본소에 대하여 그 청구가 과다하다 하여 평당 20원씩의 비율에 의한 사용료로 감액 청구한다는 요지의 임차인이 하는 반소청구는, 민법 제628조의 차임감액청구에 해당될 수 없고 소송상의 방어방법으로서의 주장에 불과하여 독립된 형성의 소로 제기할 성질의 것이 아니다(대판 1969.4.29, 68다1884, 1885).

(3) 항소심에서의 원고의 동의

항소심에서 제출하는 반소에 대해서는 원고의 동의가 필요하지만, 원고가 이의 없이 반소의 본안에 대해 변론을 하면 동의한 것이 된다(법412조). 이는 원고의 심급의 이익을 보호하기 위해서이다. 이를 엄격히 해석한 판례도 있다. 즉, 대판 1974.5.28, 73다2031, 2032에서는, "항소심에서 피고가 반소를 제기하였는데 원고가 동의를 하지 아니하였고 반소의 본안에 관하여 변론한 흔적이 없는데도 원판결이 반소에 관하여 심리판단을 하였음은 위법이다."라고 판시하였다.

그러나 원고의 동의에 관해서는 완화된 입장을 보이는 것이 다수의 판례이다. 이미 대판 1969.3.25, 68다1094, 1095에서는, "(주위적 반소청구를 한 후의)예비적 반소청구는 새로운 반소의 변경으로서 민사소송법243조(법270조) 같은 법235조(법262조)1항에 의하여 항소심에 있어서도 반소원고는 반소청구의 기초에 변경이 없고 소송절차를 지연케 함이 현저하지 아니한 경우에는 반소피고의 동의가 없다 하여도 적법하게 예비적 반소청구를 할 수 있다."고 판시하였다. 마찬가지로 제1심에서 적법하게 반소를 제기하였던 당사자가 항소심에서 반소를 교환적으로 변경하는 경우에 변경된 청구와 종전 청구가 실질적인 쟁점이 동일하여 청구의 기초에 변경이 없으면 그와 같은 청구의 변경도 허용된다(대판 2012.3.29, 2010다28338, 28345).

더 나아가 "반소청구의 기초를 이루는 실질적인 쟁점에 관하여 제1심에서 본소의 청구원인 또는 방어방법과 관련하여 충분히 심리되었다면, 항소심에서의 반소제기를 상대방의 동의 없이 허용하더라도 상대방에게 제1심에서의 심급의 이익을 잃게 하거나 소송절차를 현저하게 지연시킬 염려가 있다고 할 수 없으므로, 이러한 경우에는 상대방의 동의 여부와 관계없이 항소심에서의 반소제기를 허용하여야 한다(대판 1996.3.26, 95다45545, 45552, 45569; 대판 2005.11.24, 2005다20064, 20071 등).

그 밖에 상대방의 심급의 이익을 해할 우려가 없는 경우에 해당되면, 형식적으로 확정된 제1심판결에 대한 피고의 항소추후보완신청이 적법하여 해당 사건이 항소심에 계속된 경우, 피고가 법412조1항에 따라 반소를 제기할 수 있다(대판 2013.1.10, 2010다75044, 75051).

이와 같은 판례의 입장은 원고의 심급의 이익을 해치지 않는 경우라면 원고의 동의는 필요불가결하지 않다는 것이다. 따라서 판례의 입장에 근거하여 원고의 동의가 요구되지 않는 경우를 정리한다면, ①소의 변경이나 중간확인의 소에 해당하는 것으로 그에 관한 요건을 갖춘 반소, ②1심에서 충분히 심리된 청구원인 또는 방어방법과 관련된 반소, 그리고 ③소송물인 권리관계와 동일한 내용의 반소가 그것이다.

4. 반소의 절차 등

(1) 절차의 내용

반소의 절차를 보면 다음과 같다. 반소도 하나의 소이므로 본소의 절차에 따라 진행된다. 단, 반소라는 점을 명확히 하여야 한다. 반소요건을 흠결한 경우에도 하나의 소이므로 독립한 소로서 인정할 필요가 있다. 반소는 소의 병합으로서 본소청구와 병합하여 심리하는 것이 원칙이지만, 원고의 동의에 의한 관련관계가 없는 반소라면 변론을 분리할 수 있을 것이다(통설).

(2) 반소의 취하

반소는 본소청구가 있음으로써 제기된 것이므로, 본소가 취하되어도 반소에는 영향이 없고("반소가 적법히 제기된 이상 그 후 본소가 취하되더라도 반소의 소송계속에는 아무런 영향이 없다. 본소는 취하되고 반소만이 진행 중인 반소의 항소심 소송절차에 있어서도 청구의 기초에 변경이 없는 한 청구의 교환적 변경을 할 수 있고 본법 제238조(법262조)의 규정이 있다고 하여 청구의 변경에 있어서의 모든 절차상의 효력이 새로운 소제기와 같이 청구의 변경이 서면이 법원에 제출된 때로부터 발생하고 그 이전에는 미치지 아니한다고 볼 수 없다"[대판 1970.9.22, 69다446]), 이 경우 반소의 취하 시에는 본소를 취하한 원고의 동의가 필요없다(법271조).

한편 판례는 본소의 취하와 각하의 경우를 구분하여 다음과 같이 해석한다. 즉 "민사소송법 제244(법271조)조의 규정은 원고가 반소의 제기를 유발한 본소는 스스로 취하해 놓고 그로 인하여 유발된 반소만의 유지를 상대방에게 강요한다는 것은 공평치 못하다는 이유에서 원고가 본소를 취하한 때에는 피고도 원고의 동의 없이 반소를 취하할 수 있도록 한 규정이므로 본소가 원고의 의사와 관계없이 부적법하다 하여 각하됨으로써 종료된 경우에까지 유추 적용 할 수 없고, 원고의 동의가 있어야만 반소취하의 효력이 발생한다 할 것이다."(대판 1984.7.10, 84다카298)

그러나 본소와의 관련관계라는 반소의 특징을 고려한다면 본소가 각하된 경우에도 본소 취하 시와 동일하게 해석해야 할 것이다. 단, 항소심에서의 반소의 경우 항소가 취하되거나 각하되면 1심을 거치지 않은 소가 되는데, 이때에는 독립한 소라는 점에서 1심으로 이송해야 할 것이다. 이에 대해 판례(대판 2003.6.13, 2003다16962, 16979)는 항소가 부적법 각하되면 반소에 대하여 판결할 필요 없이 소송절차가 종료된다고 해석한다.

제 11 장

소의 주관적 병합

83 공동소송인독립의 원칙

[대판 1994.5.10, 93다47196]

사 실

X는 각 계쟁 토지의 보존등기명의인에 해당하는 Y들을 상대로 당해 등기말소를 구하는 소를 제기하였다. 이 소송에서 Y1은 공시송달에 의한 기일소환을 받은 탓으로 아무런 주장을 하지 못했지만, 그와 통상의 공동소송관계에 있는 다른 Y들은 위 각 등기가 실체관계에 부합한다는 주장을 하였다. 이러한 경우, 다른 Y들의 위 주장은 Y1에게도 그 효력이 미치는지 문제되었다.

판결요지

"민사소송법 제62조(법66조)의 명문의 규정과 우리 민사소송법이 취하고 있는 변론주의 소송구조 등에 비추어 볼 때, 통상의 공동소송에 있어서 이른바 주장공통의 원칙은 적용되지 아니한다고 할 것일 뿐 아니라, Y들의 위 주장은 그들의 각 등기가 실체관계에 부합하는 등기라는 주장으로서, X의 위 Y들에 대한 청구에 대한 항변에 불과할 뿐이고 Y1에 대한 청구와는 무관한 것이어서, 주장공통의 원칙이 적용될 것인가 여부와는 상관없이, (원심이)Y1이 그 명의의 등기가 실체관계에 부합하는 등기라는 항변을 한 것으로 보아 판단한 것은 잘못이라 할 것이다."

해 설

1. 이 판결의 의의

이 판결에서와 같이 공동소송인 중의 1인이 한 주장은, 증거와 같이 다른 공동소송인이 적극적으로 원용하지 않아도, 그들에게 주장된 것으로 보고 소송자료로서 사용할 수 있는지 문제된다. 이 판결은 이를 소극적으로 해석하고 있다.

2. 통상공동소송과 공동소송인 독립의 원칙

(1) 의의

통상공동소송이란 다수인이 원고 또는 피고라는 공동소송인으로 참가하지만, 그 처리에 있어 반드시 합일확정하여 재판을 할 필요가 없다는 소의 주관적 병합형태를 말한다. 통상공동소송은 개별적인 소의 제기 또는 응소가 인정됨에도 불구하고 공동소송의 관계가 된 것이므로, 각 당사자 간에는 당사자로서의 독립한 지위를 인정할 필요가 있다. 이 점에서 통상공동소송시의 각 공동소송인에게 인정되는 원칙을 공동소송인독립의 원칙이라 한다(법66조).

(2) 공동소송인의 독자적 지위

따라서 공동소송인은 각자에게 인정된 처분권이나 절차권을 적절히 행사하여 자신에게 유리하게 소송을 수행할 수 있다. 반대로 자신이 한 행위는 다른 공동소송인에게는 영향을 미치지 않는다. 예를 들어 소송의 발생 또는 종료와 관련된 행위, 즉 소의 취하, 청구의 포기와 인낙, 화해나 상소의 제기는 다른 공동소송인에게 영향을 미치지 않는다. 사실의 주장이나 자백 등 소송자료와 관련된 행위도 변론주의에 입각하여 다른 공동소송인에게는 영향이 없다. 또한 공동소송인 중의 1인에 대한 중단이나 중지사유의 발생도 다른 공동소송인에게는 효력이 미치지 않는다.

반대로 필수적 공동소송에 있어서는, 항목 〈86〉 에서 보듯이 공동소송인 중 1인에게 중단 또는 중지의 원인이 발생한 때에는 다른 공동소송인에 대하여도 중단 또는 중지의 효과가 미치고, 위와 같은 결론과 정반대의 결론에 이른다.

(3) 판결결과의 모순

이러한 점에서 통상공동소송에서는 판결결과의 합일확정이 보장되지 않고, 판결의 내용이 각 공동소송인간에 서로 모순될 가능성도 배제할 수 없다. 판례도 이러한 판결결과의 모순점을 인정하여, 예를 들면 대판 1991.4.12, 90다9872에서는, "순차경료된 등기 또는 수인 앞으로 경료된 공유등기의 말소청구소송은 권리관계의 합일적인 확정을 필요로 하는 필요적 공동소송이 아니라 보통공동소송이며, 이와 같은 보통공동소송에서는 공동당사자들 상호간의 공격방어방법의 차이에 따라 모순되는 결론이 발생할 수 있고, 이는 변론주의를 원칙으로 하는 소송제도 아래서는 부득이한 일로서 판결의 이유모순이나 이유불비가 된다고 할 수 없다."라고 판시하고 있다(기타 대판 1992.12.11, 92다18627; 대판 1997.2.28, 96다53789 등).

3. 공동소송인독립의 원칙의 제한

위와 같은 공동소송인 독립의 원칙을 관철한다면, 통상공동소송은 다른 공동소송인의 소송행위의 내용을 알게 되고 이것을 자신에게 유리하게 사용하는 것에 불과하므로, 굳이 통상공동소송이라는 주관적 병합형태를 인정할 실익이 희박하다. 특히 여러 요건(법65조가 규정하는 통상공동소송이 인정되기 위해 필요한 요건)을 부과해야 한다는 의미도 퇴색한다. 이러한 점에서 보통 다음과 같은 2가지 점에서 공동소송인 독립의 원칙을 제한하게 되고, 그 제한의 가능성 내지는 한계의 문제가 등장한다.

4. 증거공통의 원칙

(1) 의의

먼저 통상공동소송임에도 불구하고 일반적으로 인정되는 것이 증거공통의 원칙이다. 이는 공동소송인 중의 1인이 제출한 증거는 다른 공동소송인의 원용에 관계없이, 그들에 관한 증거로서 사실인정의 자료로 쓸 수 있다(공동소송인 중의 1인의 증거제출행위는 다른 공동소송인에게도 효력이 미친다는 증거조사결과의 공통이다)는 원칙을 말한다.

이러한 원칙을 인정하게 된 이유는 결론적으로 법관의 자유심증주의와의 관계에서 비롯된다. 즉 하나의 심리를 통해 인정할 수 있는 진실은 하나이다. 증거조사를 통해 법관은 심증을 갖게 되는데, 증거공통의 원칙이 인정되지 않는다고 하여 이러한 심증을 당해 증거를 제출한 자에게만 사용할 수 있고 다른 공동소송인에게는 사용할 수 없다면, 하나의 심리를 통해 하나의 진실을 밝혀내야 한다는 자유심증주의에 반하기 때문이다. 또한 하나의 심리를 해야 한다는 공동소송의 취지에도 반하게 된다.

(2) 자백의 경우

단, 자백의 경우에는 당사자가 제출한 증거로서 판단하는 것은 적합하지 않고, 소송행위로서 공동소송인독립의 원칙이 적용되는 부분이라고 해석해야 한다. 대판 1971. 2.9, 70다231에서도, “원판결이 피고 해동농림주식회사는 원고의 주장을 자백하고 있으므로 원고와 동 피고와의 관계에 있어서 동 피고명의의 소유권이전등기는 무효라 할 것이라고 판단하고, 나머지 피고들과의 관계에 있어서는 원판결 설시와 같은 이유로 위 피고 해동농림주식회사 명의의 소유권이전등기는 적법히 행하여 진 것으로 추정된다고 판단하였다 하여 법리오해 또는 이유모순이 있다 할 수 없다.”고 판시하고 있다.

(3) 변론 전체의 취지

그러나 다른 한편으로 공동소송인 중의 1인에 의한 변론 전체의 취지는 증거조사의 결과와 유사한 것으로 그 공통을 인정해야 한다. 변론 전체의 취지의 자유로운 이용 또한 법관의 자유심증주의와의 관계에서 필수 불가결한 것이기 때문이다. 물론 변론 전체의 취지의 보충성을 전제로 한다면, 이를 공통으로 한다는 것에도 그에 따른 제약이 따르지만, 법원은 공동소송인 중의 1인의 자백도 변론 전체의 취지로서 이를 모든 공동소송인에게 공통된 자료로 하여 사실인정을 할 수 있다(통설).

5. 주장공통의 원칙

(1) 원용의 필요성

이 판결은 원용이 필요하다고 해석하고 있다. 그 이유는 변론주의라는 소송구조를 취하고 있다는 점이다. 과연 이러한 판례의 태도는 타당한 것인가. 이 판례의 해설[151]은 "공동소송인에게 공통된 주요사실이 아니라 각 공동소송인에게 특유한 항변이다"라는 점에서 판례의 입장에 찬성하고 있다. 학설은 명시적 원용이 필요하다는 견해[152]와 묵시적 원용을 인정할 수 있다는 견해[153]가 있다.

이 판결이 변론주의를 근거로 한 것은, 아마도 소송자료의 설정은 당사자에게 맡겨져 있다는 주장책임을 고려한 것으로 생각한다. 당사자는 특정한 사실(주요사실)을 심리의 대상으로 한정할 수 있다는 변론주의에서 본다면, 이러한 내용 자체가 공동소송인독립의 원칙에 포함되어 있으므로 이 판결의 입장은 타당하다. 즉 증거조사를 위한 특정한 사실의 주장은 당사자에게 맡겨져 있는 것이고, 이러한 사실의 주장을 증거공통의 원칙에서 근거가 된 자유심증주의로 합리화할 수 없다.

(2) 묵시적 원용의 가능성

그러나 공동소송인 중의 1인의 행위가 다른 공동소송인에게도 유리한 경우(이 판결의 경우가 이에 해당한다), 그 원용의 정도를 합리적으로 해석할 필요가 있다. 즉 이 판결의 경우 사실관계가 명확하지 않지만(아마도 전혀 소송관여의 기회가 없었다고 보여지지만), 이 판결의 Y1이 적극적으로 또는 명시적으로 나머지 Y들의 주장을 원용하지 않더라도, 그와 모순되지 않으며 그것을 전제로 소송수행을 하는 경우라면, 당사자의 의사의 해석으로 묵시의 원용을 충분히 인정할 수 있을 것이다.

---

151) 조수현, 대법원판례해설제21호 305면.

152) 김, 809면; 김홍, 901면; 송=박, 635면; 정=유, 930면; 호, 855면.

153) 강, 197면; 이, 727면; 정영, 769면.

84 고유필수적 공동소송

[대판(전) 2005.9.15, 2004다44971]

사 실

A 종중의 구성원인 X는, 종중결의를 받아 종중재산의 목적물의 보존행위로서의 등기의 말소를 청구하는 소를 종원 개인으로서 단독으로 제기할 수 있는지 문제되었다.

판결요지

"민법 제276조 제1항은 "총유물의 관리 및 처분은 사원총회의 결의에 의한다.", 같은 조 제2항은 "각 사원은 정관 기타의 규약에 좇아 총유물을 사용·수익할 수 있다."라고 규정하고 있을 뿐 공유나 합유의 경우처럼 보존행위는 그 구성원 각자가 할 수 있다는 민법 제265조 단서 또는 민법 제272조 단서와 같은 규정을 두고 있지 아니한바, 이는 법인 아닌 사단의 소유형태인 총유가 공유나 합유에 비하여 단체성이 강하고 구성원 개인들의 총유재산에 대한 지분권이 인정되지 아니하는 데에서 나온 당연한 귀결이라고 할 것이다.

따라서 총유재산에 관한 소송은 법인 아닌 사단이 그 명의로 사원총회의 결의를 거쳐 하거나 또는 그 구성원 전원이 당사자가 되어 필수적 공동소송의 형태로 할 수 있을 뿐 그 사단의 구성원은 설령 그가 사단의 대표자라거나 사원총회의 결의를 거쳤다 하더라도 그 소송의 당사자가 될 수 없고, 이러한 법리는 총유재산의 보존행위로서 소를 제기하는 경우에도 마찬가지라 할 것이다. 이와 달리 법인 아닌 사단의 대표자 개인 또는 구성원 일부가 총유재산의 보존을 위한 소를 제기할 수 있다고 판시한 대법원 1958.2.6. 선고 4289민상617 판결, 1960.5.5. 선고 4292민상191 판결, 1966.3.15. 선고 65다2465 판결, 1975.5.27. 선고 73다47 판결, 1977.3.8. 선고 76다1029 판결, 1980.12.9. 선고 80다2045, 2046 판결, 1992.2.28. 선고 91다41507 판결, 1994.4.26. 선고 93다51591 판결 등은 이 판결의 견해와 저촉되는 범위에서 이를 변경하기로 한다."

해 설

1. 이 판결의 의의

총유물의 보존행위에 관한 소송은 구성원이 개별적으로 제소할 수 있다고 풀이하는 판례도 있었지만, 이 전원합의체 판결은 이를 변경하여 총유재산의 보존행위로서 소를 제기하는 경우에도 고유필수적 공동소송이 된다고 판시한 점에 이 판결의 의의가 있다.

2. 고유필수적 공동소송의 의의

고유필수적 공동소송이란 필수적(구법에서는 '필요적'이라는 용어를 사용하고 있었다) 공동소송이지만, 항목<85>에서 보는 유사필수적 공동소송과는 달리 제소 단계에서부터 공동소송이 강제되는 경우를 말한다. 즉 수인이 모두 당사자가 되지 않는 한 부적법 각하되는 경우이다. 특정의 소송이 고유필수적 소송이 된다면 원고의 입장에서는 제소에 따른 난점이 발생한다. 원고 측의 고유필수적 공동소송이라면 모든 당사자가 원고가 되지 않는 한 제소가 불가능하고, 제소를 거부하는 자에게 제소를 강제할 수단도 없다. 원고측 고유필수적 공동소송임(예를 들어 토지 공유자가 원고가 되는 경계확정소송)에도 원고가 되는 것을 거부하는 자가 있는 경우의 처리방법에 대해 일본 최고재판소는 그러한 자를 피고로 하는 것을 인정하였다(최고재판소판결1999.11.9.民集53卷8号1421頁). 이때 1심판결에 대해 피고가 원고가 된 공유자만을 상대로 항소를 제기하면 이러한 항소는 합일확정의 원칙에 의해 피고가 된 공유자에게도 미치고, 법원은 주문에서 경계는 소에 관여한 당사자 전원에게 합일확정이 되므로 인접하는 토지의 경계를 확정하는 취지를 하나의 주문으로 표시하면 된다고 한다. 반대로 피고의 경우에도 모든 피고를 찾아내야 한다는 어려움이 있다.

위와 같이 고유필수적 공동소송이 인정되려면 특별한 요건이 필요하고, 이것은 청구의 실체법적 성격에 좌우된다고 할 수 있다. 이것은 특정한 청구에 관한 소송에서 정당한 권리자는 누구인가라는 당사자적격의 문제이기도 하기 때문이다.

3. 고유필수적 공동소송이 되는 일반적인 경우

(1) 관리처분권이 수인에게 귀속된 경우

고유필수적 공동소송이 되려면 소송의 대상인 권리관계의 관리처분권이 수인에게 귀속되어야 한다(통설). 판례도 (관리)처분권의 귀속을 근거로 하고 있음을 알 수 있다("임야가 네사람의 공유에 속하는 경우는 그 네 사람의 소유권이 지분의 형식으로 공존하는 것뿐이고 그 처분권이 공동에 속하는 것이 아니므로 본건의 경우 반드시 공유자 전원을 공동피고로 할 필요가 없고 설사 공유자 전원을 공동피고로 하여 소송을 제기하였다고 하더라도 소송의 목적이 공동소송인의 전원에 대하여 합일적으로 확정될 필요가 없는 것이다"[대판 1965.6.20, 64다412]).

관리처분권이 수인에게 귀속되어 있다고 풀이되는 경우로는, 수인의 파산관재인, 수인의 정리회사관재인 기타 수인의 수탁자와 수인의 선정당사자가 있다. 특히 수인의 유언집행자에게 유증의무 이행을 구하는 소송은 유언집행자 전원을 피고로 하는 고유필수적 공동소송인지에 대해 대판 2011.6.24, 2009다8345는 "상속인이 유언집행자가 되는 경우를 포함하여 유언집행자가 수인인 경우에는, 유언집행자를 지정하거나 지정위탁한 유언자나 유언집행자를 선임한 법원에 의한 임무의 분장이 있었다는 등의 특별한 사정이 없는 한, 유증 목적물에 대한 관리처분권은 유언의 본지에 따른 유언의 집행이라는 공동의 임무를 가진 수인의 유언집행자에게 합유적으로 귀속되고, 그 관리처분권 행사는 과반수의 찬성으로써 합일하여 결정하여야 하므로, 유언집행자가 수인인 경우 유언집행자에게 유증의무의 이행을 구하는 소송은 유언집행자 전원을 피고로 하는 고유필수적 공동소송으로 봄이 상당하다."고 판단하였다. 또한 친자관계를 직접적인 대상으로 하는 소에서는 부모와 자가 고유필수적 공동소송인이 된다(대판 1970.3.10, 70므1; 대판 1983.9.15, 83즈2 등).

(2) 타인간의 권리관계의 변동을 요구하는 경우

이외에 관리처분권이 공동으로 귀속되어 있다고 할 수 있는 타인간의 권리관계의 변동을 요구하는 경우에는, 그러한 타인은 고유필수적 공동소송인이 된다. 예를 들면 제3자가 제기하는 혼인무효·취소소송에서의 부부(대판 1965.10.26, 65므46), 청산인 해임의 소에서의 회사와 청산인(대결 1976.2.11, 75마533)의 경우가 있다. 그 밖에 집합건물의 구분소유자들이 집합건물의 소유 및 관리에 관한 법률 제24조 제3항에 근거하여 관리인 갑과 관리단을 상대로 갑의 해임을 청구한 소는 고유필수적 공동소송인지에 대해 대판 2011.6.24, 2011다1323는, "집합건물의 소유 및 관리에 관한 법률 제24조 제3항에서 정한 관리인 해임의 소는 관리단과 관리인 사이의 법률관계 해소를 목적으로 하는 형성의 소이므로 법률관계의 당사자인 관리단과 관리인 모두를 공동피고로 하여야 하는 고유필수적 공동소송에 해당한다."고 하였다.

또한 마찬가지로 제3자가 그러한 관계의 무효나 취소를 구하는 경우로서 입양무효·취소의 소의 공동피고로 된 양친자(養親子), 인지무효·취소의 소의 공동피고로 된 인지자와 자, 공유자가 제기하는 공유물분할소송에서의 다른 공유자, 경계확정소송의 피고가 되는 공유자는 고유필수적 공동소송인에 해당한다.

4. 공동소유시의 문제

보통 문제가 되는 것은 이 판결에서와 같이 공동소유시의 고유필수적 공동소송의 성립 여부이다. 이에 관해서는 공동소유의 3가지 형태로 나누어 해결하는 것이 일반이다.

(1) 총유의 경우

먼저 총유의 경우에는 공동소유자의 지분권이 인정되지 않기 때문에(민법276조1항), 총유재산의 관리 및 처분에 관한 소송은 공동소유자 전원이 고유필수적 공동소송인이 된다는 판례(대판 1994.5.24, 92다50232; 대판 1995.9.5, 95다21303)가 있다.[154] 특히 대판 1986.9.23, 84다카6에서도 "총유물의 보존에 있어서는 공유물의 보존에 관한 민법 제265조의 규정이 적용될 수 없고, 특별한 사정이 없는 한 민법 제276조 제1항 소정의 사원총회의 결의를 거쳐야 하고 이는 대표자의 정함이 있는 비법인사단인 교회가 그 총유재산에 대한 보존행위로서 대표자의 이름으로 소송행위를 하는 경우라 할지라도 정관에 달리 규정하고 있다는 등의 특별한 사정이 없는 한 그대로 적용되는 것이라 할 것이다."고 판시하였다. 이러한 해석은 이하에서 보는 합유의 경우 구성원 각자가 개별적으로 관리처분행위를 할 수 있는 것과 차이가 있다.

이에 비해 이 판결에서 문제된 총유물의 보존행위에 관한 소송은 구성원이 개별적으로 제소할 수 있다고 풀이하여야 한다는 판례(대판 1994.4.26, 93다51591 등)도 있었다. 이 판결은 앞서 보았듯이 그러한 과거의 판례를 변경하여 총유재산의 보존행위로서 소를 제기하는 경우에도 고유필수적 공동소송이 된다고 판시하였다. 그 이유는 총유의 경우, 공유나 합유의 경우에서처럼 보존행위는 그 구성원 각자가 할 수 있다는 규정(민법265조 단서 또는 272조 단서)을 두고 있지 않기 때문이라는 점이다.

그러나 이 판결이 판례를 변경한 것은 단순히 민법의 규정만을 비교하여 도출된 이론으로서, 제소가능성의 확보를 위해서도 고유필수적 공동소송의 범위의 축소를 추진할 필요가 있는 점에서, 또한 민법276조2항에 의해 사용수익은 개별적으로 할 수 있다는 점에서 의문이라고 생각한다.

154) 단, 총유재산의 보존행위에 해당하는 소송(방해배제청구 등)의 경우에는 앞서 본 대판 1994.5.24, 92다50232에서, "총유재산에 관한 소유권이전등기청구의 소는 그 원인이 명의신탁해지이고 명의수탁자가 법인이 아닌 사단의 일부 구성원이며, 또한 구성원총회의 결의에 의하여 명의신탁해지를 한 경우라고 하더라도 이는 단순히 그 총유재산을 보존하는 행위라고 할 수는 없고 채권(내부적 소유권)의 물권화를 실현시키는 행위라는 점에서 볼 때 처분행위라 할 것이므로" 라고 판시하여 고유필수적 소송이 되지 않는 듯 한 여운을 남기고 있다.

(2) 합유의 경우

합유의 경우에는 지분권이 인정되지만 그 지분권의 처분이나 분할에 제한이 가해지는 관계로 총유와 동일한 결론이 되는 것이 원칙이다. 이것은 관리처분권이 전합유자에게 귀속되어 있기 때문이기도 하다. 따라서 합유인 조합재산에 관한 소송(대판 1967.8.29, 66다2200 등), 기타 합유인 재산에 관한 소송은 합유자 전원이 당사자가 되어야 하는 고유필수적 공동소송이다. 또한 아파트재건축과 관련된 분양대금청구소송에서, 민법상 조합계약은 2인 이상이 상호 출자하여 공동으로 사업을 경영할 것을 약정하는 계약으로서, 조합재산은 조합의 합유에 속하므로 조합재산에 속하는 채권에 관한 소송은 합유물에 관한 소송으로서 특별한 사정이 없는 한 조합원들이 공동으로 제기하여야 하는 고유필수적 공동소송에 해당한다(대판 2012.11.29, 2012다44471).

단, 합유재산의 보존행위는 각 구성원이 독자적으로 할 수 있으므로(민법272조단서), 합유물에 관하여 경료된 원인무효의 소유권이전등기의 말소를 구하는 소송은 합유물에 관한 보존행위로서 합유자 각자가 할 수 있다(대판 1997.9.9, 96다16896). 또한 조합의 채무는 각 조합원의 채무로서 그 채무가 불가분의 채무이거나 연대의 특약이 없는 한 조합채권자는 각 조합원에 대하여 지분의 비율에 따라 또는 균일적으로 변제의 청구를 할 수 있으므로(즉 각 조합원에게 당사자적격이 인정되므로), 고유필수적 공동소송이 아니다(대판 1985.11.12, 85다카1499 등).

위와 같이 합유재산에 관한 소는 고유필수적 공동소송이 되어 전원이 당사자가 되지 않으면 제소가 불가능하지만, 항목<30>에서 보는 바와 같이 합유인 경우에는 임의적 소송담당이 인정된다. 이러한 법리는 위의 총유나 공유의 경우에도 유추적용할 필요가 있다.

(3) 공유의 경우

공유의 경우에도 그 관리처분권의 귀속의 내용에 따라 고유필수적 공동소송의 성립여부가 결정된다. 즉 보존행위가 아니라면 고유필수적 공동소송이고, 보존행위라면 각 공유자가 단독으로 당사자가 될 수 있다(통설).

한편 공유자를 상대로 이전등기청구가 제기된 경우에는 그 관리처분권이 공동에 속하지 않는다는 이유에서 고유필수적 공동소송이 되지 아니한다(대판 1994.12.27, 93다32880, 32897 등). 즉 공유자를 피고로 하는 소송(수동소송)의 경우, 소유권 확인 및 등기말소청구(대판 1972.6.27, 72다555) 등은 고유필수적 공동소송이 아니라고 한다. 이는 일반적으로 앞서 언급했지만 관리처분권이 각 공유자에게 분속되어 있다는 점에서 비롯되는 것이다. 이에 덧붙여 판례의 견해에는 공유자의 채무를 불가분채무로 보고 불가분채무의 이행은 각자가 전부의 이행을 할 의무를 진다는 논거를 추가할 수 있다("타인 소유의 토지 위에 설치되어 있는 공작물을 철거할 의무가 있는 수인을 상대로 그 공작물의 철거를 청구하는 소송은 필요적 공동소송이 아니다"라는 대판 1993.2.23, 92다49218에서도 이 점을 엿볼 수 있다).

아울러 공유자가 원고가 되는 능동소송의 경우, 공유물에 관한 각 공유자의 보존행위에 속하는 것이라면 단독 제소가 가능하다. 공유물의 인도청구(대판 1969.3.4, 69다21), 방해배제청구, 등기말소청구 등이다. 그 밖의 예로서 구 집합건물의 소유 및 관리에 관한 법률(2003.7.18. 법률 제6925호로 개정되기 전의 것) 제9조에 의한 하자보수에 갈음하는 손해배상청구권은 특별한 사정이 없는 한 구분소유자 등 권리자에게 전유부분의 지분비율에 따라 분할 귀속하는 것이 원칙이므로, 구분소유자 등 권리자는 각자에게 분할 귀속된 하자담보추급권을 개별적으로 행사하여 분양자를 상대로 손해배상청구의 소를 제기할 수 있다(대판 2012.9.13, 2009다23160).

이에 비해 공동에게 관리처분권이 귀속된 공유재산 자체에 관한 공유권의 확인은 고유필수적 공동소송이다(대판 1994.11.11, 94다35008 "공유자가 다른 공유자의 지분권을 대외적으로 주장하는 것을 공유물의 멸실·훼손을 방지하고 공유물의 현상을 유지하는 사실적·법률적 행위인 공유물의 보존행위에 속한다고 할 수 없다."). 또한 공동상속인이 다른 공동상속인을 상대로 어떤 재산이 상속재산임의 확인을 구하는 소도 고유필수적 공동소송이다(대판 2007.8.24, 2006다40980. 반대로 공동상속재산의 지분에 관한 지분권존재확인을 구하는 소송은 필수적 공동소송이 아니라 통상의 공동소송이다[대판 1965.5.18, 65다279; 대판 2010.2.25, 2008다96963, 96970]). 공유재산 자체에 대한 이전등기청구("소유권이전등기절차의 이행을 구하는 경우에는 그 청구는 공유자 단독으로 할 수 있는 보존행위가 아니며 위 공유권리관계는 공유자 전원에 대하여 합일적으로만 확정되어야 할 것이다."라고 한 대판 1961.5.4, 4292민상853이 있다)의 경우에도 고유필수적 공동소송이다.

그 밖에 준공유에 해당하는 청약권에 기하여 청약의 의사표시를 하고 그에 대한 승낙의 의사표시를 구하는 소송(대판 2003.12.26, 2003다11738에서는 "한국토지공사가 택지개발예정지구 내의 이주자택지 공급대상자의 선정기준에 따라 이주자택지 공급대상자를 확정하면 그 공급대상자에게 구체적인 수분양권이 발생하고, 그 후 공급대상자에게 분양신청 기간을 정하여 분양신청을 하도록 통지하면, 공급대상자는 그 통지에 따라 이주자택지에 관한 공급계약을 체결할 수 있는 청약권이 발생하게 되고, 그 공급대상자가 사망하여 공동상속인들이 청약권을 공동으로 상속하는 경우에는 공동상속인들이 그 상속지분비율에 따라 피상속인의 청약권을 준공유하게 되며, 공동상속인들은 단독으로 청약권 전부는 물론 그 상속지분에 관하여도 이를 행사할 수 없고, 그 청약권을 준공유하고 있는 공동상속인들 전원이 공동으로만 이를 행사할 수 있는 것이므로 위 청약권에 기하여 청약의 의사표시를 하고, 그에 대한 승낙의 의사표시를 구하는 소송은 청약권의 준공유자 전원이 원고가 되어야 하는 고유필수적 공동소송이다."라고 판시하였다)의 경우에는 고유필수적 공동소송이다.

마찬가지로 복수채권자의 채권을 담보하기 위하여 그 복수채권자와 채무자가 채무자소유의 부동산에 관하여 복수채권자 전원을 공동매수인으로 하는 매매예약을 체결하고 그에 따른 소유권이전등기청구권보전의 가등기를 경료한 경우에 복수채권자는 매매예약완결권을 준공동소유하는 관계에 있다고 풀이할 것이고 매매예약완결권의 행사 즉 채무자에 대한 매매예약완결의 의사표시 및 이에 따른 가등기에 기한 소유권이전등기의 이행을 구하는 소의 제기는 매매예약완결권의 보존행위가 아니라 그 처분행위라 할 것이므로 매매예약완결의 의사표시는 채무자에 대하여 복수채권자 전원에 의하여 공동으로 행사되어야 하고 채권자가 채무자에 대한 매매예약완결에 따른 매매목적물의 가등기에 기한 소유권이전의 본등기절차의 이행을 구하는 소는 필요적 공동소송으로서 매매예약완결권을 준공동소유하고 있는 복수채권자 전원이 제기하여야 한다 (대판 1985.5.28, 84다카2188).

85 유사필수적 공동소송

[대판 1991.12.27, 91다23486]

사 실

A는 B에 대한 소유권이전등기청구권을 보전하기 위해, B를 대위하여 Y에 대하여 이 사건 소유권이전등기 말소등기절차의 이행을 구하는 소를 제기하였다. 그러나 이 소송계속 중에 A가 사망하자 그 상속인들인 X들이 소송수계를 하여 이들이 공동원고가 되었다. 이 경우 X들은 통상공동소송의 관계에 해당하는지 여부가 문제되었다.

판결요지

"X들은 다수 채권자의 지위에서 소송의 방법으로 채권자 대위권에 의하여 채무자의 권리를 공동으로 행사하는 결과가 된 것이다. 채무자가 채권자 대위권에 의한 소송이 제기된 것을 알았을 경우에는 그 확정판결의 효력은 채무자에게도 미친다는 것이 판례인 바, 다수의 채권자가 각 채권자 대위권에 기하여 공동하여 채무자의 권리를 행사하는 이 사건의 경우 소송계속 중 채무자인 B가 제1심 증인으로 증언까지 한 바 있어 당연히 채권자 대위권에 의한 소송이 제기중인 것을 알았다고 인정되므로 그 판결의 효력은 B에게도 미치게 되는 것이다. 따라서 X들은 유사필요(필수)적 공동소송 관계에 있다고 하여야 할 것이다."

해 설

1. 이 판결의 의의

이 판결에서는 수인의 채권자에 의한 채권자대위소송은 어떠한 형태의 공동소송인지 문제되었다. 채권자대위소송의 판결은 원고가 아닌 다른 일반 채권자에게는 직접 미치지 않고 본인인 피담당자(채무자)에게 미치게 된다. 이러한 경우에도 합일확정의 필요성이 요구되는지의 문제이기도 하다. 이에 대해 이 판결은 채무자 B에게 판결의 효력이 미치므로 유사필수적 공동소송이 된다고 설시하고 있다.

2. 유사필수적 공동소송의 의의

유사필수적 공동소송이란, 각 당사자에게 개별적으로 당사자적격이 인정되지만(단독으로 원고나 피고가 될 수 있지만), 당사자적격을 갖는 자 모두에게 판결의 효력이 미치게 되어, 그러한 자가 공동소송인이 되면 그 판결을 함에 있어 합일확정의 필요성이 요구되는 공동소송의 형태를 말한다. 즉 개별 제소(피제소)가 가능하지만 공동으로 제소한(피제소된) 경우, 당사자 간의 관계가 당사자가 되지 않더라도 판결효를 받게 되는 경우라면, 판결의 모순저촉을 피하기 위해 공동소송인 독립의 원칙이 적용되지 않고 합일확정이 요구되는 공동소송의 형태이다.

3. 유사필수적 공동소송의 예

위와 같이 판결의 효력이 제3자에게 확장되는 경우, 그러한 자가 당사자가 되는 공동소송은 유사필수적 공동소송이 된다. 이러한 예로서는 회사관계소송이나 가사관계소송의 경우가 대부분이다. 수인이 제기하는 주주총회결의 취소 또는 무효확인의 소나 회사의 합병 또는 설립의 무효나 취소에 관한 소, 수인이 제기하는 이사회결의 무효확인의 소(대판 1963.12.12, 63다449), 수인이 제기하는 혼인무효 또는 취소의 소 등이다.

4. 다수의 채권자가 제기한 대위소송의 경우

(1) 학설

통설은 이 판결에서와 같은 경우 판결효로서의 반사효가 미치기 때문에 유사필수적 공동소송이 된다고 해석한다.[155] 그러나 이미 항목<74>에서 살펴보았듯이, 반사효라는 판결의 부수적 효력을 인정할 실익은 없고, 유사필수적 공동소송이라 해석하기 위해서는 채무자에게도 기판력이 미치게 되어 채무자가 행사할 수 없다면 채권자도 대위행사가 불가능하다는 논거를 제시할 필요가 있다.

(2) 판례

이 판결에서도, 채무자 B에게 판결의 효력이 미치므로 유사필수적 공동소송이 된다고 설시하고 있을 뿐, 반대로 반사효가 X들에게 미치는 관계로 유사필수적 공동소송이 성립된다고는 언급하고 있지 않다.

이 판결의 해설[156]은, "채무자에게 기판력이 미치게 되는 대위소송판결이 확정된

155) 채권자대위소송을 소송담당이 아닌 고유적격에 의한 소로 본다면 통상공동소송이 된다(호, 856면).

156) 최세모, 대법원판례해설(제17호)96면.

경우에는 그 반사적 효과로서 다른 채권자들 역시 채권자대위소송을 제기할 수 없다 할 것인 바 만약 공동으로 채권자대위소송을 제기한 다수의 채권자들이 필요적 공동소송관계에 있다고 하지 아니할 때에는 그 다수의 채권자들이 공동으로 채권자대위소송을 제기하였다가 패소한 다음 그 중 일부 채권자가 상소를 제기하지 아니하면 그에 대한 판결은 확정되게 되고 그 판결의 효력은 채무자에게 미치게 됨에 따라 원심판결에 잘못이 있다 할지라도 다른 채권자들이 상소로써 다툴 수 없게 되어 부당한 결과를 초래하게 된다 할 것이다."라고 말하고 있다. 이 해설은 채무자에게 기판력이 미치게 되면 채무자와 제3채무자간의 법률관계가 확정되고, 따라서 다른 채권자가 채권자대위소송을 하여도 그러한 법률관계의 확정을 깨트릴 수 없다는 것이라고 풀이할 수 있다. 채권자대위소송의 판결효의 범위(항목<73> 참조)를 그와 같이 보는 한 타당한 견해라고 생각한다.

(3) 반사적 효과의 의미

그러나 이 해설에서 사용하고 있는 반사적 효과라는 용어는 그것이 판결효의 하나로서의 반사효를 의미하는 것인지는 명확하지 않다. 오히려 이 해설의 "반사적 효과로서"라는 부분은 학설에서 말하는 판결효로서의 반사효를 의미하는 것이 아니고, 본인이 할 수 없는 것은 담당자도 할 수 없다는 소송담당에 따른 소송법상의 효과를 의미한다고 해석해야 할 것이다. 결국 반사효의 적용 여부에 관계없이, 이 판결의 사안의 경우에는 그 판결요지가 설시하고 있듯이 유사필수적 공동소송이 된다고 생각한다. 그 밖에 판결효를 받게 되어 유사필수적 공동소송이 되는 예로 수인의 채권자에 의한 추심소송(민집249조2항), 수인의 주주에 의한 주주대표소송의 경우에도 유사필수적 공동소송에 해당한다.

(4) 채권자에 의한 공동소송참가의 가능성

아울러 유사필수적 공동소송이라는 당연한 논리적 귀결로서 채권자대위소송이 계속 중에 다른 채권자는 동일한 채무자를 대위하여 동일한 피대위채권에 기한 채권자대위권을 행사하면서 공동소송참가신청을 할 수 있다. 이 점을 인정하는 대판 2015.7.23, 2013다30301, 30325는 "채권자대위소송이 계속 중인 상황에서 다른 채권자가 동일한 채무자를 대위하여 채권자대위권을 행사하면서 공동소송참가신청을 할 경우, 양 청구의 소송물이 동일하다면 민사소송법 제83조 제1항이 요구하는 '소송목적이 한 쪽 당사자와 제3자에게 합일적으로 확정되어야 할 경우'에 해당하므로 그 참가신청은 적법하다."고 판시하고 있다.

86 필수적 공동소송의 심판

[대판 1996.12.10, 96다23238]

사 실

X는 토지 甲의 합유자 전원인 Y들을 상대로 甲의 소유권이전등기를 구하는 소를 제기하였다. 이 소송의 변론 도중에 Y들 중의 1인이 청구를 인낙하자, X도 합유자 1인을 제외한 나머지 Y들에 대한 소를 취하하였는데, 이러한 인낙이나 취하는 유효한지 문제되었다.

판결요지

"이 사건 소송은 합유물에 관한 소송으로서 고유필요적 공동소송이라 할 것이고, 따라서 합유자 전원을 피고로 하여야 할 뿐 아니라 합유자 전원에 대하여 합일적으로 확정되어야 하므로, 합유자 중 일부의 청구인낙이나 합유자 중 일부에 대한 소의 취하는 허용될 수 없다 할 것이다."

해 설

1. 이 판결의 의의

통상공동소송의 공동소송인독립의 원칙과는 달리, 필수적 공동소송에서는 합일확정을 통한 재판의 통일이 요구된다. 이것은 반대로 말하자면 필수적 공동소송의 존재이유이기도 하다. 이 판결에서는 필수적 공동소송인 중의 1인이 한 청구의 인낙은, 다른 합유자에게는 불리한 행위이므로 효력이 발생하지 않는다고 판시하였다.

2. 합일확정의 필요성

합일확정의 필요성이란 모든 공동소송인에 대한 소송의 결과의 통일이라고 말할 수 있다(즉 하나의 팀으로서 그 구성원에게 동일한 승패가 내려진다는 의미이다). 만일 합일확정을 할 필요가 없다면 공동소송인 간의 승패가 제각기 나누어질 수 있다는 것을 말한다. 합일확정을 해야 한다는 원칙을 따르기 위해 공동소송인독립의 원칙을 제한하는, 그리고 이 판결에서의 문제에서 보는 바와 같은 현상이 나타나게 되는 것이다. 다른 한편 변론의 병합을 통해서도 유사한 결과가 초래되지만, 이는 어디까지나 사실인정의 통일에 불과하고 법적인 의미에서의 재판의 통일까지를 의미하는 것은 아니다.

3. 필수적 공동소송인 1인을 둘러싼 소송행위의 효력 - 소송자료의 통일 -

(1) 필수적 공동소송인 중의 1인이 한 유리한 행위

필수적 공동소송인 1인이 한 소송행위는 그것이 유리한 경우에는 다른 공동소송인에게도 효력이 발생한다(법67조1항). 공동소송인은 이익공동체라는 입장에서 유리한 소송행위라면 전원이 승소하는데 필요한 것이고, 합일확정의 필요성에 반하지 않는다고 말할 수 있기 때문이다. 반대로 공동소송인 1인이 한 불리한 소송행위는 공동소송인 전원은 물론 그것을 한 자에게도 효력이 발생하지 않는다. 그러한 것을 인정하면 이 판결에서도 보듯이 판결의 결과가 모순되게 되어 합일확정을 기할 수 없기 때문이다.

(2) 필수적 공동소송인 중의 1인이 한 불리한 행위

이 판결에서 언급되어 있듯이 필수적 공동소송인 중의 1인이 한 청구의 인낙은 다른 합유자에게 불리한 행위이므로 효력이 발생하지 않는다. 여기서 유리·불리의 구분은 공동소송인의 입장을 기준으로 결정할 수밖에 없는데, 상대방의 주장을 다투고 적극적으로 자신들의 권리를 주장하는 것은 유리한 행위이고, 반대로 상대방의 주장을 다투지 않고 자신들의 권리를 포기하는 행위는 불리한 행위이다.

따라서 이 판결에서와 같이 패소를 의미하는 공동피고중의 1인이 청구를 인낙하는 것 이외에도, 화해를 하거나 상소권을 포기하는 것은 불리한 행위가 된다. 반대로 공동피고 중의 1인이 원고의 주장을 다투는 항변, 부인, 상소의 제기 등은 유리한 행위이다. 공동원고의 경우라면 이와 반대로 생각하면 된다.

한편 공동피고 중의 일부에 대한 취하(구체적으로는 원고의 소 취하에 대한 공동피고 중의 일부의 동의)도 고유필수적 공동소송의 경우에 취하에 의해 소가 부적법한 것이 되므로, 본안판결을 받을 기회를 상실시킨다는 점에서 불리한 행위가 된다. 따라서 이 판결이 소의 취하를 인정하지 않은 것은 타당하다.

단, 고유필수적 공동소송이 아닌 유사필수적 공동소송의 경우에는 제소 자체가 강제되는 것이 아니고, 소송에서 탈퇴하여도 소가 부적법한 것이 되지 않으므로 취하가 가능하다. 즉, 전자의 경우에는 반드시 당사자가 되어야 하지만, 후자의 경우에는 임의에 맡겨져 있기 때문이다. 이러한 원리는 반대로 공동원고의 경우에도 그대로 적용된다. 공동원고 중의 1인이 하는 소의 취하는 그 원고가 소송에서 탈퇴하는 것을 의미하므로, 다른 원고의 소가 각하되게 되고 결국 불리한 행위이다. 그러나 유사필수적 공동소송이라면 그러하지 않다.

그 밖에 공유물분할소송이 항소심 계속 중 당사자인 공유자의 일부 지분이 제3자에게 이전되었고, 그 제3자가 당사자로 참가하지 않은 상태에서 변론이 종결된 경우, 공유물분할청구의 소는 분할을 청구하는 공유자가 원고가 되어 다른 공유자 전부를 공동피고로 하여야 하는 고유필수적 공동소송이므로, 항소심 계속 중에 승계참가나 소송인수 등의 방식으로 그 일부 지분권을 이전받은 자가 이 사건 소송의 당사자가 되었어야 함에도 그렇지 못하였으므로 이 사건 소송 전부가 부적법하게 된다(대판 2014.1.29, 2013다78556).

(3) 상대방이 한 행위

위와 같이 공동소송인 1인이 하는 행위와는 달리, 상대방이 공동소송인 1인에게 하는 행위는 다른 공동소송인에게도 효력이 발생한다(법67조2항). 상대방은 전체로서 하나의 당사자와 소송을 수행하는 것으로 보여지기 때문이고, 소송절차의 효율적인 진행을 위해서도 필요불가결하다. 단, 이것은 상대방이 공동소송인 중의 1인에게 하는 경우이고, 법원이 공동소송인에게 기일의 소환 등을 하는 경우에는 공동소송인 전원에게 하여야 한다.

4. 소송진행의 통일

(1) 의의

이 판결과는 직접 관련이 없지만, 필수적 공동소송의 경우에는 공동소송인 전원에 관한 하나의 절차에 의한 재판을 한다는 소송진행의 통일이 요구된다. 그 내용으로는 변론의 분리가 불가능한 점, 일부판결이 불가능하다는 점이 있다. 또한 공동소송인 1인에 대한 중단이나 중지의 사유는 공동소송인 전원에게도 동일한 사유가 된다(법67조3항. 대판 1983.10.25, 83다카850).

공동소송인 중의 1인이 상소를 제기하면 그것은 유리한 행위로서 다른 공동소송인에게도 효력이 미치므로, 전원이 상소를 제기한 것이 되고 전원에 대해 확정차단과 이심의 효력이 발생한다(대판 1991.12.27, 91다23486에서, "공동소송인 중 일부의 상소제기는 전원의 이익에 해당된다고 할 것이어서 다른 공동소송인에 대하여도 그 효력이 미칠 것이며, 사건은 필요적 공동소송인 전원에 대하여 확정이 차단되고 상소심에 이심된다고 할 것이다."고 판시하고 있다). 반대로 상대방이 공동피고 중의 1인에 대해 상소하였다면 앞서 본 원칙에 의해 전원에 대해 상소를 제기한 것이 된다.

(2) 상소의 경우의 문제

이러한 경우 상소를 제기하지 않거나 상소를 제기당하지 않은 상소심에서의 공동소송인의 지위가 문제된다. 단순히 상소심당사자설이라는 학설도 있고, 판례는 명확하지 않지만 "필요적 공동소송에 있어서 당사자표시 중 상고하지 않은 피고를 단순히 '피고'라고만 표시하고, 주문 중 상고비용을 상고한 피고에게만 부담시킨 사례"로 판결요지가 나와 있는 대판 1993.4.23, 92누17297과 대판 1995.1.12, 94다33002가 있다(독립당사자참가시의 상소에 관하여는 항목<94> 참조).

그러나 상소심당사자설이라는 것은 항목<94>에서도 다루는 것처럼 타당하지 않다. 또한 필수적 공동소송의 경우에는 위에서 본 필수적 공동소송의 심판원칙에 의해(또한 대판 1991.12.27, 91다23486 참조), 공동소송인 중의 1인이 상소하면 나머지 공동소송인도 상소를 한 것이 되므로 상소인으로 다루고, 공동소송인 중의 1인에 대해 상소하면 나머지 공동소송인에게도 상소한 것이 되므로 피상소인으로 보는 것이 타당하다.

87 예비적 · 선택적 공동소송

[대결 2007.6.26, 2007마515]

사 실

A아파트 112동의 입주자 및 사용자인 X들은 Y를 피고로 삼아, "Y가 아파트 입주자대표회의 구성원 중 112동 동대표 지위에 있지 아니함을 확인한다."는 내용의 '동대표지위부존재확인'의 소를 제기하였다. 이 소송 도중에 X들은 아파트 입주자대표회의도 피고로 추가하는 '주관적·예비적 피고의 추가' 신청을 한 경우, 이것은 법70조의 예비적 · 선택적 공동소송으로 인정되는지 문제되었다.

판결요지

"민사소송법 제70조 제1항은 공동소송인 가운데 일부의 청구가 다른 공동소송인의 청구와 법률상 양립할 수 없거나 공동소송인 가운데 일부에 대한 청구가 다른 공동소송인에 대한 청구와 법률상 양립할 수 없는 관계에 있는 경우에는 필수적 공동소송에 관한 규정을 준용한다고 규정하고 있는바, 여기에서 '법률상 양립할 수 없다'는 것은, 동일한 사실관계에 대한 법률적인 평가를 달리하여 두 청구 중 어느 한 쪽에 대한 법률효과가 인정되면 다른 쪽에 대한 법률효과가 부정됨으로써 두 청구가 모두 인용될 수는 없는 관계에 있는 경우나, 당사자들 사이의 사실관계 여하에 의하여 또는 청구원인을 구성하는 택일적 사실인정에 의하여 어느 일방의 법률효과를 긍정하거나 부정하고 이로써 다른 일방의 법률효과를 부정하거나 긍정하는 반대의 결과가 되는 경우로서, 두 청구들 사이에서 한 쪽 청구에 대한 판단 이유가 다른 쪽 청구에 대한 판단 이유에 영향을 주어 각 청구에 대한 판단 과정이 필연적으로 상호 결합되어 있는 관계를 의미하며, 실체법적으로 서로 양립할 수 없는 경우뿐 아니라 소송법상으로 서로 양립할 수 없는 경우를 포함하는 것으로 봄이 상당하다.

한편, 법인 또는 비법인 등 당사자능력이 있는 단체의 대표자 또는 구성원의 지위에 관한 확인소송에서 그 대표자 또는 구성원 개인뿐 아니라 그가 소속된 단체를 공동피고로 하여 소가 제기된 경우에 있어서는, 누가 피고적격을 가지는지에 관한 법률적 평가에 따라 어느 한 쪽에 대한 청구는 부적법하고 다른 쪽의 청구만이 적법하게 될 수 있으므로, 이는 민사소송법 제70조 제1항 소정의 예비적 · 선택적 공동소송의 요건인 각 청구가 서로 법률상 양립할 수 없는 관계에 해당하는 것으로 봄이 상당하다.

앞서 본 법리에 비추어 보면, 이 사건 동대표 지위의 부존재 확인을 구하는 소송에서 입주자대표회의와 상대방 중 누가 피고적격을 가지는지에 따라 어느 일방에 대한 청구는 부적법하고 다른 일방에 대한 청구는 적법하게 될 수 있으므로 이들 각 청구는 법률상 양립할 수 없는 경우에 해당하여 앞에서 본 주관적·예비적 공동소송의 한 태양에 속하고, 따라서 민사소송법 제70조 제1항에 의하여 준용되는 같은 법 제68조의 규정에 따라 그 주관적·예비적 피고의 추가가 허용되는 것으로 보아야 할 것이다."

해 설

1. 이 판결의 의의

신법70조에 의해 도입된 예비적 · 선택적 공동소송은 판례와 학설 간 대립이 있었던 주관적 예비적 병합을 사실상 인정한 것이다. 그러나 그 요건이나 절차의 내용에 관하여 조문상으로는 명확하지 않은 부분이 많았는데, 이 판결에서는 그러한 요건으로서의 '법률상 양립할 수 없음'의 의미를 처음으로 판단하였다는 점에 의의가 있다.

2. 예비적 · 선택적 공동소송의 의의

예비적 · 선택적 공동소송이란 공동소송인 가운데 일부의 청구가 다른 청구와 법률상 양립할 수 없거나 공동소송인 가운데 일부에 대한 청구가 다른 공동소송인에 대한 청구와 법률상 양립할 수 없는 경우, 이에 대해 법원이 필수적 공동소송의 심판원칙을 준용하여, 모든 공동소송에 관한 청구에 대하여 심판하는 공동소송을 말한다(법70조). 복수의 당사자가 예비적 또는 선택적으로 병합된 경우, 그러한 병합이 유효하다면 법원은 그에 대해 필수적 공동소송의 심판원칙을 준용하여 모든 청구에 대해 심판하여야 한다는 것을 가리킨다.

예를 들어 무권대리인에 의해 계약이 체결된 경우에 본인에 대한 계약상의 청구와 무권대리인에 대한 손해배상청구, 공작물의 점유자에 대한 손해배상청구와 그 소유자에 대한 청구를 병합하는 경우이다. 이 때 본인에 대한 청구를 1차적으로 심판하여 달라고 하면 예비적 병합이 되고, 순서에 관계없이 심판하여 달라고 하면 선택적 병합이 된다. 이러한 공동소송은 실제의 권리의 모습을 소송에 반영하고 분쟁을 신속하고 통일적으로 해결하며, 과거 학설과 판례에서 논란이 있었던 소의 주관적 예비적 병합에 관한 문제점을 해결하기 위해 신법에 의해 도입된 공동소송의 특수형태이다.

3. 소의 주관적 · 예비적 병합을 둘러싼 판례와 학설의 대립

(1) 의 의

원래 소의 주관적 · 예비적 병합이란 원고의 공동피고에 대한 소의 병합형태로서, 심판을 받을 피고가 원고에 의해 순서 붙여진 경우를 말한다. 예를 들어 대리인에 의해 계약이 체결된 경우, 계약의 이행을 요구하는 원고는 본인을 상대로 소를 제기하지만, 무권대리라는 이유로 계약 자체가 무효가 되는 것에 대비하여 대리인에게도 소를 제기한다면, 원고의 본인에 대한 청구와 대리인에 대한 청구는 법률상 양립(병존)할 수 없다. 즉 원고는 본인과 대리인에 대해 각각 독립한 청구권을 갖고 있는 것이 아니고, 한쪽이 인정되지 않으면 다른 한쪽이 인정된다는 권리를 갖는다.

이러한 경우, 원고의 입장(적어도 2개 중의 하나의 청구권이 인정된다는 입장)은 법적으로 보호해 주어야 하고, 그것을 위해서는 모든 피고에게 패소하는 것을 막기 위해 2개의 청구를 하나의 절차에서 다루어야 한다. 즉 원고가 가장 원하는(우선적으로 심판할 것을 요구하는) 피고에 대한 권리의 존부를 심리하고, 그것이 인정되지 않는다면, 비로소 그러한 심리를 바탕으로 나머지 피고에 대한 권리의 심리를 요구하는 병합형태가 바로 주관적 예비적 병합이다. 따라서 예비적 청구는 주위적 청구가 인용되는 것을 해제조건으로 하는 조건부 제소를 의미한다.

(2) 허용성

이에 대해 판례(대판 1972.11.28, 72다829 등)는, 주로 예비적 피고의 상대적 불이익을 이유로 소의 주관적 예비적 병합을 허용하지 않았다. 또한 판례에 찬성하는 학설은 피고의 지위의 불안 이외에, 공동소송인 독립의 원칙에 의해 상소심의 경우 심판의 통일이 보장되지 않는다는 점(각 피고에 대한 청구의 양립관계가 관철되지 않는다는 점), 조건부 소송이 되는 점, 그리고 예비적 피고에 대해서는 소송고지를 활용할 수 있으므로(이를 통해 보조참가를 강제) 주관적 예비적 병합을 인정할 필요는 없다고 주장하였다.

이에 비해 긍정설은, 채무자를 명확히 확정하기 곤란한 경우가 있고 이를 위해서는 주관적 예비적 병합을 인정할 실익이 있는 점, 다른 방법을 쓴다면 소송경제에 도움이 되지 않고 재판의 모순저촉의 가능성이 있다는 점(2개의 소를 제기해야 하며 법원도 2개의 소를 처리해야 하고 그 결과 원고가 양쪽 모두에서 패소할 수 있는 점), 예비적 피고의 지위의 불안정이라는 것도 상대적인 점(완화할 수 있다는 점), 그리고 소송고지의 활용은 소송고지에 시효중단효가 없는 점에서 적합하지 않고, 보조참가를 강제할 근거가 명확하지 않다는 점을 주장하였다.

4. 예비적 · 선택적 공동소송의 요건

위와 같은 논란을 거쳐 도입된 예비적 · 선택적 공동소송의 요건으로는 공동소송의 일반적인 요건 이외에도 독자적인 요건으로 법70조가 규정하는 '법률상 양립할 수 없다'는 것이 있다. 이 요건은 예비적 · 선택적 공동소송의 존재의의를 가리키는 것이고, 2개의 청구가 법률상 양립할 수 없는 경우의 처리방법으로서 특별히 인정된 것이기도 하다.

(1) 법률상 양립불가능

이 요건에 관하여 이 판결에서는, 법률상 양립할 수 없다는 의미를 (1) "동일한 사실관계에 대한 법률적인 평가를 달리하여 두 청구 중 어느 한 쪽에 대한 법률효과가 인정되면 다른 쪽에 대한 법률효과가 부정됨으로써 두 청구가 모두 인용될 수는 없는 관계에 있는 경우" 또는 (2) "당사자들 사이의 사실관계 여하에 의하여 또는 청구원인을 구성하는 택일적 사실인정에 의하여 어느 일방의 법률효과를 긍정하거나 부정하고 이로써 다른 일방의 법률효과를 부정하거나 긍정하는 반대의 결과가 되는 경우"라고 해석한다. 이러한 해석은 그러한 경우에 두 청구들 사이에서 한 쪽 청구에 대한 판단 이유가 다른 쪽 청구에 대한 판단 이유에 영향을 주어 각 청구에 대한 판단 과정이 필연적으로 상호 결합되어 있는 관계가 되기 때문이다. 또한 '법률상'에서 말하는 법이란 실체법뿐 아니라 소송법도 포함하는 것으로 해석한다. 결국 소송법 또는 실체법상으로 양립할 수 없는 2개의 법률효과(청구)를 병합하는 경우이어야 함을 말한다.

이 판결에서 말하는 법률상 양립할 수 없는 경우의 2가지 예는, (1)의 경우가 순수한 의미에서의 법률상 양립할 수 없는 경우이고, (2)의 경우는 사실상 양립할 수 없는 경우를 가리킨다.

이 판결에서의 사례에 해당되는, 법인 또는 비법인 등 당사자능력이 있는 단체의 대표자 또는 구성원의 지위에 관한 확인소송에서 그 대표자 또는 구성원 개인뿐 아니라 그가 소속된 단체는 공동피고로서 예비적 · 선택적으로 병합될 수 있다고 판단한 것은, 결국 (1)의 순수한 의미에서의 법률상 양립할 수 없는 경우를 말한다. 왜냐하면 누가 피고적격을 가지는지에 관한 법률적 평가에 따라 어느 한 쪽에 대한 청구는 부적법하고 다른 쪽의 청구만이 적법하게 될 수 있으므로 각 청구가 서로 법률상 양립할 수 없는 관계에 해당되기 때문이다. 주위적 피고에 대한 주위적 · 예비적 청구 중 주위적 청구 부분이 받아들여지지 아니할 경우 그와 법률상 양립할 수 없는 관계에 있는 예비적 피고에 대한 청구를 받아들여 달라는 취지로 결합하여 소를 제기하는 것도 가능하다(대판 2015.6.11, 2014다232913).

반대로 부진정연대채무의 관계에 있는 채무자들을 공동피고로 하여 이행의 소가 제기된 경우, 그 공동피고에 대한 각 청구가 서로 법률상 양립할 수 없는 것이 아니므로 예비적 · 선택적 공동소송이 아니다(대판 2009.3.26, 2006다47677). 단, 이 판례는, 주위적 피고에 대한 예비적 청구와 예비적 피고에 대한 청구가 서로 법률상 양립할 수 있는 관계에 있으면, 다음과 같이 양 청구를 병합하여 통상의 공동소송으로 보아 심리 · 판단할 수 있다고 판시하고 있다. 즉 "민사소송법 제70조 제1항 본문이 규정하는 '공동소송인 가운데 일부에 대한 청구'를 반드시 '공동소송인 가운데 일부에 대한 모든 청구'라고 해석할 근거는 없으므로, 주위적 피고에 대한 주위적 · 예비적 청구 중 주위적 청구 부분이 인용되지 아니할 경우 그와 법률상 양립할 수 없는 관계에 있는 예비적 피고에 대한 청구를 인용하여 달라는 취지로 결합하여 소를 제기하는 것도 가능하고, 이 경우 주위적 피고에 대한 예비적 청구와 예비적 피고에 대한 청구가 서로 법률상 양립할 수 있는 관계에 있으면 양 청구를 병합하여 통상의 공동소송으로 보아 심리 · 판단할 수 있다."

또한 부진정연대채무의 관계에 있는 채무자들을 공동피고로 하여 이행의 소가 제기된 경우 그 공동피고에 대한 각 청구는 법률상 양립할 수 없는 것이 아니므로 그 소송은 민사소송법 제70조 제1항에서 규정한 본래 의미의 예비적 · 선택적 공동소송이라고 할 수 없으므로, 따라서 거기에는 필수적 공동소송에 관한 민사소송법 제67조는 준용되지 않는다고 할 것이어서 상소로 인한 확정차단의 효력도 상소인과 그 상대방에 대해서만 생기고 다른 공동소송인에 대한 관계에는 미치지 않는다(대판 2012.9.27, 2011다76747).

(2) 사실상 양립불가능

다른 한편 이 판결에서는 (2)의 경우인 사실상 양립할 수 없는 경우에도 예비적 · 선택적 병합이 가능하다는 해석을 하고 있다. 예를 들어 불법행위의 가해자가 A 또는 B 중의 어느 한명인 경우에 당해 2명을 피고로 하는 때가 여기에 해당된다. 이 경우에 이 2명에 대한 손해배상청구권은 물론 병존할 수 없지만, 이것은 사실의 차원에서 양립할 수 없다는 것만을 의미한다. 같은 사실이 한편으로 어느 청구권을 발생시키는 사실이고 다른 한편으로 별개의 청구권의 발생을 방해하는 사실인 관계에 있을 뿐, 법률상 양립한다고 할 수 없는 경우에는 해당하지 않는다.

학설에서는 (1)의 경우에만 해당된다는 견해[157]와 (2)의 경우도 포함된다는 견해[158]가 있다. 이에 대해서는 순수한 의미에서의 법률상 양립할 수 없는 (1)의 경우만을 포함한다는 견해가 타당하다고 생각한다. 예비적 · 선택적 병합은 필수적 공동소송의 심판원칙을 적용하여 동시에 심판을 내려야 한다는 구조를 갖고 있고, 따라서 법원의 소송지휘권을 엄격히 제한하는 경우에 해당되므로, 그 요건은 한정적이고 명확하게 해

157) 김, 823면; 이, 742면; 정=유, 944면; 정영, 782면; 호, 873면 이하.

158) 송=박, 648면.

석할 필요가 있기 때문이다. 특히 법70조의 문언에서도 '청구'가 법률상 양립할 수 없다는 점을 명시하고 있다. 이와 달리 사실상 양립할 수 없는 경우도 포함된다면 그 적용범위가 지나치게 확대될 우려가 있다. 그러한 경우에는 오히려 변론의 병합 등의 적절한 소송운영으로 처리하는 것으로 충분할 것이다.

5. 절차

(1) 심리방법

조문상으로는 명확하지 않지만, 예비적 또는 선택적 병합은 원고의 신청에 따라 원고들 또는 피고들을 그와 같이 병합한다는 것으로 해석된다. 물론 법70조2항에서는 모든 공동소송인에 관한 청구에 대해 판결을 내리는 것이 되어 선택적 병합도 아니고, 심리의 순서에 관해 같은 조는 아무런 언급이 없으므로 예비적 병합이라고 하기도 어렵다. 따라서 조문의 제목으로서 예비적 · 선택적이라는 표현을 사용하는 것 자체도 무의미하다. 그러나 과거의 판례와 학설간의 대립을 해소한다는 입법취지에 비추어, 주관적 예비적 또는 선택적 병합을 입법적으로 인정하였다는 점에 의의를 찾을 수 있다. 특히 법70조1항에 의해 법68조가 준용되어 위와 같은 병합을 추가적으로 할 수 있게 되었다.

(2) 필수적 공동소송원칙의 준용

예비적 · 선택적 공동소송이 요건을 갖추면 법원은 필수적 공동소송에 관한 규정을 준용하여 절차를 진행하게 된다. 그런데 당해 준용의 범위도 조문상으로는 명확하지 않다. 이론적으로는 원래 통상공동소송에 해당하여 반드시 합일확정을 할 필요가 없음에도, 원칙적으로 필수적 공동소송에 관한 규정을 준용하는 점에는 문제가 없지 않다. 해석상 해결할 문제는 많지만, 일반적으로 독립당사자참가에서의 절차에 준하는 심판원칙이 적용될 수밖에 없을 것이다.

구체적인 절차진행에 관하여는 대판 2008.7.10, 2006다57872가 참고가 된다. 이 사례는, 자동차를 매수한 원고A는 카드회사C가 자동차판매회사B에게 차량대금을 지급하였음을 전제로 B를 주위적 피고로 하여 차량미인도로 인한 채무불이행책임 또는 사용자책임을 묻고, 예비적 피고C에게 C가 B에게 차량대금을 지급하지 않았음을 전제로 할부금 지급채무가 없음의 확인과 아울러 이미 납입한 할부금의 반환을 구하는 청구를 병합한 것이다.

이에 대하여는 먼저 그 예비적 · 선택적 병합의 요건에 관하여 이 판결에서 설시한 점에 비추어 "주위적 청구에 대한 판단이유가 예비적 청구에 대한 판단이유에 영향을 줌으로써 위 각 청구에 대한 판단과정이 필연적으로 상호 결합되어 있는 관계에 있어 위 두 청구는 법률상 양립할 수 없고, 또한 주위적 청구는 예비적 청구와 그 상대방을 달리하고 있어 이 사건 소송은 민사소송법 제70조 제1항 소정의 예비적 공동소송에 해당한다"고 판시하였다.

다음으로 이 예비적 병합의 처리방법에 있어서는, 원심에서 C가 A에게 일정한 금액을 지급하고, 당사자들 사이에는 아무런 채권, 채무관계가 존재하지 않는다는 내용의 조정에 갈음하는 결정이 내려지고, 이 조서등본이 당사자들에게 송달되었는데 C만이 이의를 제기하였다. 이 경우 B에 대한 부분에 있어서는 분리 확정이 될 수 있는지 문제되었다.

이에 대해서는 "민사소송법 제70조 소정의 예비적 · 선택적 공동소송에는 민사소송법 제67조 내지 제69조가 준용되어 소송자료 및 소송진행의 통일이 요구된다 할 것이지만(민사소송법 제70조 제1항 본문), 청구의 포기·인낙, 화해 및 소의 취하는 공동소송인 각자가 할 수 있는바(민사소송법 제70조 제1항 단서), 이에 비추어 보면, 조정에 갈음하는 결정이 확정된 경우에는 재판상 화해와 동일한 효력이 있으므로 그 결정에 대하여 일부 공동소송인이 이의하지 않았다면 원칙적으로 그 공동소송인에 대한 관계에서는 조정에 갈음하는 결정이 확정될 수 있다고 할 것이다. 다만, 조정에 갈음하는 결정에서 분리 확정을 불허하고 있거나, 그렇지 않더라도 그 결정에서 정한 사항이 공동소송인들에게 공통되는 법률관계를 형성함을 전제로 하여 이해관계를 조절하는 경우 등과 같이 결정 사항의 취지에 비추어 볼 때에 분리 확정을 허용할 경우 형평에 반하고 또한 이해관계가 상반된 공동소송인들 사이에서의 소송진행 통일을 목적으로 하는 민사소송법 제70조 제1항 본문의 입법 취지에 반하는 결과가 초래되는 경우에는 분리 확정이 허용되지 않는다고 보아야 한다"고 판시하였다.

그리고 위 조정에 갈음하는 결정에는 C의 A에 대한 지급의무를 전제로 하여 당사자 간의 모든 채권, 채무관계가 존재하지 않는다는 내용이 있다는 점에서, "피고들 사이의 권리의무관계가 상호 관련되어 있고, 분리 확정을 허용할 경우 형평에 반할 뿐만 아니라, 이해관계가 상반된 공동소송인들 사이에서의 소송진행 통일을 목적으로 하는 민사소송법 제70조 제1항 본문의 입법 취지에 반하는 결과가 초래될 수 있다고 보이므로, 위 조정에 갈음하는 결정에 대해서는 분리 확정이 허용되지 않는다고 할 것이고, 따라서 위 조정에 갈음하는 결정에 대하여 C만이 이의신청을 하였다 하더라도 위 조정에 갈음하는 결정은 원고와 피고들 모두에 대하여 확정되지 않고 사건은 소송으로 복귀한다고 보아야 할 것이다"고 판시하였다.

그 밖에 주관적·예비적 공동소송에서 일부 공동소송인에 대하여만 판결을 하거나 남겨진 자를 위하여 추가판결을 하는 것이 허용되는지, 또한 주위적 공동소송인과 예비적 공동소송인 중 어느 한 사람이 상소를 제기한 경우, 상소심의 심판대상은 무엇인지에 대해 대판 2011.2.24, 2009다43355는 "주관적·예비적 공동소송은 동일한 법률관계에 관하여 모든 공동소송인이 서로간의 다툼을 하나의 소송절차로 한꺼번에 모순없이 해결하는 소송형태로서 모든 공동소송인에 대한 청구에 관하여 판결을 하여야 하고(민사소송법 제70조 제2항), 그 중 일부 공동소송인에 대하여만 판결을 하거나 남겨진 자를 위하여 추가판결을 하는 것은 허용되지 않는다. 그리고 주관적·예비적 공동소송에서 주위적 공동소송인과 예비적 공동소송인 중 어느 한 사람이 상소를 제기하면 다른 공동소송인에 관한 청구 부분도 확정이 차단되고 상소심에 이심되어 심판대상이 되고, 이러한 경우 상소심의 심판대상은 주위적·예비적 공동소송인들 및 상대방 당사자 간 결론의 합일확정 필요성을 고려하여 판단하여야 한다."고 판시하였다.

그러나 다음과 같은 경우에는 상소심으로 이심되지 않는다. 예를 들어 원고가 주위적 청구로 피고 갑에게 소유권이전등기를, 피고 을에게 소유권이전등기말소를 구하고, 예비적 청구로 피고 갑의 소유권이전의무 이행불능을 전제로 피고 갑, 병, 정에 대하여 연대하여 손해배상을 구하는 사안에서, 1심이 피고 을에 대한 청구만 기각하고, 피고 갑에 대한 주위적 청구와 피고 병, 정에 대한 예비적 청구를 인용하였고, 원고가 패소한 피고 을에 대하여만 항소를 제기한 경우, 피고 갑, 병, 정에 대한 청구가 항소심 심판대상이 되는지 문제된다. 이에 대해 대판 2011.9.29, 2009다7076은, "주관적·예비적 공동소송에서 주위적 공동소송인과 예비적 공동소송인 중 어느 한 사람이 상소를 제기하면 다른 공동소송인에 관한 청구 부분도 확정이 차단되고 상소심에 이심되어 심판대상이 되고, 이러한 경우 상소심의 심판대상은 주위적·예비적 공동소송인들 및 그 상대방 당사자 사이의 결론의 합일확정의 필요성을 고려하여 그 심판의 범위를 판단하여야 한다. 한편 소유권이전등기가 차례로 경료된 경우 최종 명의인을 상대로 그 말소를 구하는 소송과 그 직전 명의인을 상대로 소유권이전등기를 구하는 소송은 권리관계의 합일적인 확정을 필요로 하는 필수적 공동소송이 아니라 통상 공동소송이며, 이와 같은 통상 공동소송에서는 공동당사자들 상호간의 공격방어방법의 차이에 따라 모순되는 결론이 발생할 수 있으므로, 통상공동소송에서 상소로 인한 확정차단의 효력은 상소인과 그 상대방에 대해서만 생기고, 다른 공동소송인에 대한 청구에 대하여는 미치지 아니한다."고 판시하였다. 즉 갑과 을은 통상공동소송인의 관계이기 때문이다(이 판례는 공간되지 않은 것으로 사실관계가 이해하기 힘든데, 특히 1심판결이 갑에 대한 주위적 청구와 피고 병, 정에 대한 예비적 청구를 모두 인용한 부분도 그러하다).

(3) 예외

법70조는 필수적 공동소송의 심판원칙을 적용하면서 다른 한편으로 청구의 포기·인낙, 화해 및 소의 취하는 공동소송인 각자가 할 수 있다고 하고 있다(같은 조1항 단서). 그러나 위 판례에서 본다면, 병합된 사건의 내용에 따라서는 당해 단서가 적용될 수 없는 경우가 있음을 알 수 있다. 그러한 예가 바로 위 판례(2006다57872)에서와 같이 "분리 확정을 허용할 경우 형평에 반하고 또한 이해관계가 상반된 공동소송인들 사이에서의 소송진행 통일을 목적으로 하는 법70조1항 본문의 입법 취지에 반하는 결과가 초래되는 경우"이다.

결국 예비적·선택적 공동소송에서는 그 심판에 있어서 법70조1항 본문에서와 같이 필수적 공동소송에서와 같은 합일확정을 전제로 하면서, 같은 단서에서 보듯이 청구의 포기·인낙, 화해 및 소의 취하가 가능한(분리 확정이 가능한) 절차가 되지만, 분쟁해결의 필요성에 따라서는 같은 단서가 적용되지 않는(분리 확정이 허용되지 않는) 경우가 예외적으로 있을 수 있다고 이해할 수 있다. 이러한 해석에 의하면, 법70조1항 단서가 적용되는 분리 확정이 가능한 경우라면 예외적으로 법68조의 준용은 위와 같은 취지에서 인정될 수 없을 것으로 생각된다.

88 소의 주관적 추가적 병합

[대판 1980.7.8, 80다885]

사 실

X는 원심판결 정본의 송달을 받고 상고기간 내에 피상고인을 Y1 및 Y2로 표시한 상고장을 원심법원에 제출하였다. 그 후 상고기간 도과 후 Y3을 피상고인으로 추가하는 당사자표시정정 신청서를 제출한 경우, 이러한 당사자의 추가가 인정되는지 문제되었다.

판결요지

"당사자 변경은 당사자로 표시된 자의 동일성이 인정되는 범위안에서 그 표시만을 변경하는 경우에 한하여 허용되는 것이므로 종래의 당사자에 곁들여서 새로운 당사자를 추가하는 것은 당사자 표시변경으로서 허용될 수 없는 것이고 이는 추가된 당사자에 대한 새로운 상소제기로 보아야 할 것인 바, X의 Y3에 대한 상고는 상고제기기간 경과 후에 제기된 것으로서 각하를 면하지 못할 것이다."

해 설

1. 이 판결의 의의

이 판결에서는 소계속 후 원고에 의해 새롭게 피고가 추가될 수 있는지 문제되었다. 이 판결은 이러한 당사자의 추가가 인정되는지에 관해 부정적으로 판시하였다. 이 판결이 과연 모든 경우에 주관적 추가적 병합을 부정한 것인지, 아니면 한정적인 의미로서 일정한 경우에는 인정될 여지가 있다는 의미인지를 명확히 할 필요가 있다. 이를 위해 먼저 주관적 추가적 병합이 필요한 이유를 알아보고, 그리고 이러한 필요성을 추가적 병합의 형태로 주장되는 사례에 적용해 보도록 하겠다.

2. 주관적 추가적 병합의 필요성

주관적 추가적 병합은 소제기 시부터 병합하여 공동소송인이 되는 통상의 주관적 병합과 구별된다. 추가적 병합은 후발적으로 공동소송관계가 성립하는 경우인데, 여기에는 당사자의 행위에 의한 것과 제3자의 행위에 의한 것이 있다. 추가적 병합은 하나의 절차에서 관련 당사자 간의 분쟁을 일회적이고 통일적으로 처리할 수 있다는 이점이 있다.

그러나 다른 한편으로 도중에 소송에 병합되는 당사자의 절차권의 보장과, 소송절차의 복잡화에 따른 기존의 당사자나 법원의 이익도 고려해야 한다. 따라서 주관적 추가적 병합이 인정되려면 이러한 이익을 고려한 합리적인 필요성이 요구된다고 말할 수 있다(그 밖에 기본적으로 소의 주관적 병합의 요건을 갖추어야 함은 두말할 필요가 없다).

3. 주관적 추가적 병합의 형태

일정한 주관적 추가적 병합은 민사소송법에 의해 인정되는 경우가 있다. ①먼저 제3자의 의사에 의한 경우인데, 법83조가 규정하는 공동소송참가가 있다. 참가에 의해 유사필수적 공동소송이 되는 경우에 한정하여, 당사자로서의 권리보호의 기회를 부여하기 위해 인정한 병합형태이다. 보통 원고로서 병합되는 경우를 말하고, 피고로서 병합되는 경우는 생각하기 힘들다(소를 제기당한 것도 아닌데 일부러 피고가 되려는 자를 생각해 보라). 기타 법81조의 참가의 경우에도 추가적 병합이 된다.

②다음으로 당사자의 의사에 의한 경우인데, 법82조에 의해 승계인에게 소송을 인수시키는 경우가 있다. 병합되는 제3자가 권리나 의무의 승계인이라는 점에서 합리적인 필요성이 있다(당사자의 의한 경우에는 제3자에 의한 경우와는 달리 보통 피고의 병합이 된다).

4. 법률에 규정이 없는 경우의 추가적 병합

(1) 판례 · 학설

이 판결은, 추가적 병합은 당사자를 변경하는 것이고 이것은 표시의 정정으로는 불가능하며 신소의 제기의 요건을 갖추어야 한다는 논리이다(상고인을 추가한 것에 관한 대판 1991.6.14, 91다8333이 이 판결에 따라 이를 불허하고 있다). 또한 법률에 규정이 있는 경우는 그러한 추가적 병합을 인정하지만, 법률에 규정이 없다면 신소의 제기로 보고 법원의 소송행위로서의 변론의 병합에 의해 공동소송관계를 성립시킬 수 있다는 논리라고 말할 수 있다(이 점은 후술하는 임의적 당사자변경에 관한 판례의 논리와 유사하다). 이러한 판례의 입장에 대해서는 신소의 제기와 변론의 병

합이라는 우회적인 절차보다는 직접적으로 주관적 추가적 병합을 인정하자는 견해도 있다.[159)]

(2) 인정가능성

문제는 법률에 규정이 없는 경우에도 주관적 추가적 병합을 인정할 수 있는지에 있다. 판례는, 법률에 의한 경우에는 인정하는 입장이다. 이러한 해석을 바탕으로 법률이 인정하는 취지를 유추 적용할 수 있는 경우라면, 법률이 없어도 주관적 추가적 병합을 인정할 수 있는 것이 아닌가 생각한다. 즉 판례에서와 같이 일률적으로 추가적 병합을 불허하는 것이 아닌 구체적 상황에 따라 그 허용가능성을 인정해야 하는 것이다. 법률에 규정이 없는 경우의 주관적 추가적 병합형태를 생각해 보자.

(3) 제3자에 의한 추가적 병합

이때에도 제3자에 의한 경우와 당사자에 의한 경우로 나누어 생각할 수 있다. 전자로는 동일 사고의 피해자가 이미 같은 피해자가 제기한 소송에 원고로 가입하는 경우이다. 이때에는 제3자의 이익은 스스로 소송에 가입을 했다는 점에서 고려할 필요가 없다.

이에 비해 기존의 당사자의 이익은 어떠할까. 새로운 당사자는 소송의 결과를 보고 무임승차하게 된다는 점을 지적할 수 있을 것이다. 기존의 당사자가 수행한 소송의 결과를 불로소득 한다는 점이기도 하다. 또한 새로운 원고의 출현으로 절차의 진행이 반복되는 경우도 있을 수 있다. 법원의 이익은 그다지 문제되지 않겠지만, 기존의 당사자의 이익은 위와 같이 큰 문제가 된다. 따라서 위와 같은 기존의 당사자의 불이익이 없는 것이 아닌 한, 추가적 병합을 인정하는 것은 곤란하다고 생각한다.

(4) 당사자에 의한 경우

다음으로 당사자에 의한 경우에는 연대채무자 중의 나머지 채무자를 병합하는 경우나, 고유필수적 공동소송에서 탈락한 공동피고의 추가의 경우를 생각할 수 있다. 후자는 법68조에 의해 입법적으로 해결되었다. 전자의 경우는 어떠할까. 이 경우에는 제3자에 의한 경우와는 달리 기존의 소에 가입해야 되는 제3자의 이익이 문제된다. 도중에 급거 피고로 소송에 가입해야 하고 그 때까지의 소송의 결과를 승인해야 한다는 제3자의 불이익은 중대하다고 할 수 있다.

따라서 그러한 불이익이 있는 한, 제3자를 피고로 추가 병합하는 것은 곤란하다. 단, 추가로 병합하는 것이 불가능하더라도 당해 제3자에 대한 신소를 제기하

---

159) 통설이라 할 수 있다. 송=박, 652면; 이, 748면; 전, 790면; 정=유, 949면; 정영, 787면. 반대설로는 김홍, 940면; 호, 868면 이하.

고 이 소와 기존의 소의 변론을 병합하는 것을 생각할 수 있는데, 이 경우에도 변론의 병합은 당해 제3자의 불이익(기존의 소송결과의 유용가능성)을 고려하여 주의 깊게 인정해야 한다. 이 판결도 이러한 경우에 해당하는 것이고, 제3자가 피상고인으로 추가되는 것은 당해 제3자의 불이익이 현저하다고 할 수 있으므로 타당한 해석이다.

89 선정당사자

[대판 1997.7.25, 97다362]

사 실

X들은 건축회사 A가 지은 아파트를 분양받은 사람들이다. 그런데 A의 대표이사 B는 당해 아파트의 등기가 A에 남아 있는 것을 기화로, Y들로부터 개별적으로 금전을 차용하고 그들에게 근저당권을 설정해 주었다. 이에 X들은 Y들을 상대로 근저당권설정등기의 말소를 구하는 소를 제기하며 동시에 X1을 선정당사자로 선정한 경우, 이러한 선정당사자는 유효한지 문제되었다.

판결요지

"공동의 이해관계가 있는 다수자는 선정당사자를 선정할 수 있는 것인데, 이 경우 공동의 이해관계란 다수자 상호간에 공동소송인이 될 관계에 있고, 또 주요한 공격방어방법을 공통으로 하는 것을 의미한다고 할 것이므로 다수자의 권리·의무가 동종이며 그 발생원인이 동종인 관계에 있는 것만으로는 공동의 이해관계가 있는 경우라고 할 수 없을 것이어서 선정당사자의 선정을 허용할 것은 아니라고 할 것이다. 그런데 이 사건은 X들이 각 그 해당 근저당권자를 상대로 한 근저당권설정등기 말소청구사건을 병합한 것으로서 소송의 목적이 된 권리가 동종이고 발생원인이 동종인 것에 불과하여 다수자 상호간에 공동소송인이 될 관계에는 있다 할 것이나, 주요한 공격방어방법을 공통으로 하는 경우에는 해당하지 아니하여 공동의 이해관계가 있다고 볼 수는 없으므로 선정당사자를 선정할 공동의 이해관계가 있다고 할 수 없을 것이다."

해 설

1. 이 판결의 의의

선정당사자를 이용하려면 이 판결에서도 문제된 공동의 이해관계라는 요건이 필요하다. 이에 대하여 이 판결은 소송의 목적이 된 권리가 동종이고 발생원인이 동종이며,

다수자가 공동소송인이 될 수 있어야 하고, 각 당사자 간에 주요한 쟁점의 공통성을 요구하며, 선정당사자로서 인정하지 않았다.

2. 선정당사자의 의의

선정당사자란 공동의 이해관계가 있는 다수의 당사자 중에서 총원(선정자)을 위해 당사자로 선정된 자를 말한다(법53조). 같은 조에서 보듯이 총원이 법인이나 당사자능력이 인정되는 비법인단체가 아닌 경우에 이용할 수 있다. 소의 제기 전부터 선정하는 경우가 있고, 소제기 후 선정하면 기존의 당사자들은 그 소송에서 탈퇴한다(법53조2항). 만일 선정당사자 자신도 공동의 이해관계를 가진 사람으로서 선정행위를 하였다면, 선정행위를 하였다는 의미에서 선정자로 표기하는 것이 허용된다(대판 2011.9.8, 2011다17090).

선정당사자제도는 그 운영 여하에 따라서는 다수인을 당사자로 하는 소송을 쉽게 해결할 수 있다는, 즉 판결의 효력이 총원에게 미치므로 소송절차가 단순화된다는 이점이 있다. 선정당사자는 일체의 소송행위가 가능하고, 결과적으로 법률로 인정되는 임의적 소송담당의 한 형태이다(임의적 소송담당에 관해서는 항목<30> 참조).

3. 선정당사자의 요건상의 문제

(1) 다수의 당사자

선정당사자를 이용하려면 그에 따른 일정한 요건을 갖추어야 한다. 법53조1항은 간단히 "공동의 이해관계가 있는 다수자" 라는 점을 요구하고 있다(기타 소의 주관적 병합으로서의 요건을 갖추어야 한다). 이것은 다수자가 관련된 소송을 선정당사자에게 담당시킨다는 점에서 그 해석상의 문제는 차치하고라도, 당연한 요건이기도 하다.

먼저 '다수자' 라는 요건에 관해서는 특별한 제한이 없으므로 이론상으로는 1인이 아닌 복수라면 가능하다. 선정행위에 있어서 선정자의 수권은 반드시 필요하다. 그러나 선정자가 소송계속 중 사망하여도 상속인들이 선정행위를 철회 또는 취소하는 등 특별한 사정이 없는 한, 소송수계 여부에 관계없이 선정당사자의 소송행위에 아무런 영향이 없다(대판 2001.10.26, 2000다37111).

(2) 공동의 이해관계

문제가 되는 것은 '공동의 이해관계'이다. '공동의 이해관계'에 관해서는, 기본적으로 이 판결에서 보는 바와 같이 소송의 목적이 된 권리가 동종이고 발생원인이 동종이며, 다수자가 공동소송인이 될 수 있어야 한다. 이것은 사실상 선정자나 선정당사자가 공동소송인관계에 속하게 되는 것이므로 당연한 요건이기도 하다.

더 나아가 어려운 문제는 이 판결에서와 같이 "주요한 공격방어방법을 공통으로 하는 경우" 라는 요건에 관해서이다. 이 판결은 주요한 쟁점의 공통성 또한 공동소송으로서 선정당사자를 이용하기 위한 최소한의 요건이고, 나아가 공동의 이해관계란 주요한 공격방어방법의 공통에 해당된다는 해석이다. 단, 이 판결은 왜 이 요건이 요구되고, 이 판결의 사안에서는 왜 공동분양자들이 그것을 갖추고 있지 않은지 언급하고 있지 않다.

4. 주요한 공격방어방법의 공통

(1) 이 판결에서의 유무

이 판결은 각 당사자간에 주요한 쟁점의 공통성을 요구하고 있다. 이것은 당사자 간의 관계가 필수적 공동소송이 아니라도 가능하다는 견해로 통설이기도 하다. 그러나 이 판결에서는 주요한 공격방어방법을 공동으로 하지 않고, 선정당사자의 상대방(이 판결에서의 Y들)이 동일한 법적 지위를 갖고 있다는 당사자 간의 법률관계에 관해서만 공통된다는 것이 이 판결의 입장이라고 풀이할 수 있다.

즉 이 판결에서는 선정당사자의 상대방인 Y들은 개별적으로 저당권설정계약을 하였고 선정자와 Y들 간의 법률관계는 각각의 입장에 따라 달라질 수 있다. 따라서 그것은 주요한 공격방어방법의 공통성까지도 갖추고 있다고 할 수 없는, 달리 말해 선정자와 Y들 간의 주요한 공격방어방법에는 Y개개인에 있어서 차이가 있다는 해석이라고 이해할 수 있다.

그 밖의 예로 특정 종중이 자신의 임야1과 임야2는 소유권보존등기의 명의인들에게 명의신탁한 것이라고 주장하면서 그 등기명의인들을 상대로 명의신탁 해지를 원인으로 한 소유권이전등기절차의 이행을 구한 소송에서, 당해 임야1과 임야2에 대하여 피고가 된 총 25명 중의 1명을 선정당사자로 선정하는 것은, 단지 소송의 목적이 된 권리가 동종이고 발생원인이 동종인 것에 불과하며 주요한 공격방어방법을 공통으로 하는 경우에는 해당하지 아니하여 공동의 이해관계가 있다고 해석되지 않는다(대판 2007.7.12, 2005다10470).[160)]

---

160) 그런데 위와 같이 선정당사자의 자격에 흠이 있음에도 법원이 이를 간과하여 그를 당사자로 한 판결이 확정되면 유효하고 재심으로 취소할 수 없다. "선정자가 스스로 당해 소송의 공동소송인 중 1인인 선정당사자에게 소송수행권을 수여하는 선정행위를 하였다면 그 선정자로서는 실질적인 소송행위를 할 기회 또는 적법하게 당해 소송에 관여할 기회를 박탈당한 것이 아니므로, 비록 그 선정당사자와의 사이에 공동의 이해관계가 없었다고 하더라도 그러한 사정은 민사소송법 제451조 제1항 제3호가 정하는 재심사유에 해당하지 않는 것으로 봄이 상당하고, 이러한 법리는 그 선정당사자에 대한 판결이 확정된 경우뿐만 아니라 그 선정당사자가 청구를 인낙하여 인낙조서가 확정된 경우에도 마찬가지라 할 것이다"(대판 2007.7.12, 2005다10470).

(2) 인정되는 예

이에 비해 주요한 공격방어방법이 동일하다고 할 수 있는 경우란, 대판 1999.8.24, 99다15474에서와 같은 경우이다. 여기서는 "원고인 임차인들이 피고를 임대차계약상의 임대인이라고 주장하면서 피고에게 그 각 보증금의 전부 내지 일부의 반환을 청구하는 경우, 그 사건의 쟁점은 피고가 임대차계약상의 임대인으로서 계약당사자인지 여부에 있으므로, 그 임차인들은 상호간에 공동소송인이 될 관계가 있을 뿐 아니라 주요한 공격방어 방법을 공통으로 하는 경우에 해당함이 분명하다고 할 것이어서, 민사소송법 제49조(법53조) 소정의 공동의 이해관계가 있어 선정당사자를 선정할 수 있다."고 판시하고 있다.

즉 원고인 각 임차인들과 피고의 법률관계는 피고가 임대인으로서 계약당사자인가라는 공통된 법률관계에 관한 것이므로 주요한 공격방어방법이 같은 경우에 해당한다. 이와 유사한 경우로는 동일한 사고에 의해 손해를 입은 다수의 피해자, 연대채무자, 공동소유자, 그리고 약관을 다투는 동종의 보험금청구권자 등을 들 수 있다.

90 보조참가의 이익

[대판 1979.8.28, 79누74]

사 안

X는 지방자치단체장 Y를 상대로 공유수면의 매립공사준공인가유보처분(부관의 효력이 문제된 것으로 X는 그 무효를 주장하고, 이하의 Z의 경우에는 Y와 같이 그 유효를 주장한 경우이다)의 취소를 구하는 소를 제기하였다. 이 소송에 Z는 다음과 같은 이유로 Y측에 보조참가를 신청하였다. 즉 Z는 90세대의 영세민들로 구성된 새나라 농장정착사업소 소장이자 영세민의 1명으로서, 이 사건 공유수면 매립공사 시에 위 영세민들과 함께 공사 준공 후 매립토지를 분배받아 자립할 목적으로 동 매립공사에 취업하였는 바, 동 매립공사가 준공되었음을 원인으로 하여 매립토지를 분배받아야 할 수배권자이므로, 이 사건 소송결과에 대하여 이해관계가 있다고 주장한 경우, Z의 보조참가의 이익은 인정되는지 문제되었다.

판결요지

"공유수면매립법시행령 제11조와 같은 취지의 규정에서 말하는 이해관계인은 당해 부관에 사실상 또는 경제상의 이해관계를 가진 자이면 족하다고 풀이함이 상당하다고 할 것이므로 이 사건 부관 14항에서 말하는 취로 영세민은 위 시행령의 조항에서 말하는 이해관계인이라고 보지 못할 바도 아니니다…어느 소송사건에 당사자의 일방을 보조하기 위하여 보조참가를 하려면은, 당해 소송의 결과에 대하여 이해관계가 있어야 할 것이요 여기에서 말하는 이해관계라 함은 사실상, 경제상 또는 감정상의 이해관계가 아니라 법률상의 이해관계를 가리켜 뜻한다고 할 것이며, 법률상의 이해관계라 함은 당해 소송의 판결의 기판력이나, 집행력을 당연히 받는 경우 또는 당해 소송의 판결의 효력이 직접 미치지는 아니한다고 하더라도, 적어도 그 판결을 전제로 하여 보조참가를 하려는 자의 법률상의 지위가 결정되는 관계에 있는 경우를 말한다고 해석하여야 할 것인 바…이 사건 보조참가신청이유가 위와 같은 것이라면, 이는 앞서 본 바에 따라 이 사건 소송결과에 대하여 경제상의 이해관계가 있다고는 할 수 있을지언정 이른바 법률상의 이해관계가 있다고는 할 수 없다고 봄이 상당하다."

해 설

1. 이 판결의 의의

이 판결은 보조참가를 하려면 그에 따른 법률상의 이익이 있어야 함을 요구하고 있다. 즉 소송의 결과에 이해관계가 있어야 하고, 이것을 보통 소송결과에 대한 법률상의 이익이라고 하거나 단순히 보조참가의 이익이라고 한다. 보조참가의 이익에 관해서는 일반적으로 사실적, 감정적 또는 경제적 이해관계(이익)가 아닌 법률상의 이해관계라고 이해되고 있다. 이러한 점은 재판에서는 법률상의 이익이 문제되는 이상 당연하다고도 할 수 있다.

2. 보조참가의 이익

(1) 법률상의 이익

이 판결에서 Z의 보조참가를 인정하지 않은 이유는, Z의 이익은 말하자면 반사적 이익으로서 경제적 이익이라고는 볼 수 있지만, 그것이 법률상의 이익이라고는 볼 수 없다는 점이다. 즉 Z에게는 침해당할 법적 이익은 없다고도 할 수 있다는 점이다. 사실적, 감정적 또는 경제적 이해관계가 아닌 법률상의 이해관계가 있어야 함은, 재판에서는 법률상의 이익이 문제되는 이상 당연하다고 할 수 있다. 이 판결의 이러한 입장은 그 후의 판례에서 그대로 이어지고 있다. 단, 보조참가의 이익이라는 점에서 추상적인 기준에 불과하고, 구체적인 기준에 관해서는 각 사례에 따라 차이가 발생하게 된다. 이러한 이 판결의 입장에 대해서는 물론 대다수의 학설이 찬성하고 있다.

(2) 제3자로서의 이익

또한 이러한 법률상의 이익은 제3자로서의 법률상의 이익을 의미한다. 이에 관해서는 이 판결에 따르는 대판 1997.3.25, 96후313, 320에서, "보조참가인은 이 사건 등록상표들에 대하여 출원등록에 관한 대리를 하였고, 이 사건 항고심판에 이르기까지 피심판청구인의 대리인이었으며, 또한 이 사건 등록상표들의 상표관리인으로 선임되어 등록되어 있으므로 보조참가신청을 할 이유가 있다는 것이나, 상표관리인이란 재외자를 대리하는 포괄적인 대리권을 가지는 자로서 형식상은 임의대리인이지만 실질적으로는 법정대리인과 같은 기능을 하는 관계로 당사자 본인에 준하여 취급된다고 볼 수 있으므로 위 보조참가인이 무효심판이 청구된 이 사건 등록상표들의 상표관리인이라는 사정만으로는 이 사건 소송의 결과에 제3자로서 법률상의 이해관계가 있다고 할 수 없고, 그 주장하는 다른 사정들도 사실상, 경제상의 이해관계에 지나지 아니하는 것으로 보이므로, 결국 위 보조참가인의 이 사건 보조참가신청은 참가의 요건을 갖추지 못한 부적법한 것이다." 라고 판시되고 있다.

3. 소송결과에 관한 법률상의 이익

(1) 소송결과의 의의

한편 보조참가를 위해 소송결과에 법률상의 이익이 있어야 하는 경우, 그러한 소송결과란 무엇을 가리키는지 문제된다.161)

이 판결에서는 "소송의 판결의 기판력이나, 집행력을 당연히 받는 경우 또는 당해 소송의 판결의 효력이 직접 미치지는 아니한다고 하더라도, 적어도 그 판결을 전제로 하여 보조참가를 하려는 자의 법률상의 지위가 결정되는 관계에 있는 경우"라고 판시하고 있다. 전자의 경우(기판력이나 집행력을 당연히 받는 경우)는 보통 강학 상 공동소송적 보조참가라고 불리는 경우이다. 후자는 "판결을 전제로 하여" 라고 하고 있으므로, 명확하지는 않지만 앞의 문장이나 후술하는 참가적 효력과의 관계에서 볼 때, 소송의 결과로서의 판결이유 중의 판단을 의미한다고 생각한다. 이 일반적인 예로는 아래의 판례 이외에 보증채무 이행소송시의 주채무자의 보조참가(또는 반대의 경우의 보증인의 보조참가)를 들 수 있다.

(2) 판례의 입장

이 판결후의 판례로는 먼저 대판 1992.7.3, 92마244를 들 수 있다. 여기서는 임대인 X가 임차인 Y를 상대로 임대차계약상의 임료액이 그간의 경제사정변경 등으로 인하여 상당하지 아니하게 되었음을 이유로 임료증액분의 지급을 구하는 소를 제기하였다. 여기에 Z가, X와 Y 간의 임대차계약은 X, Y 그리고 Z 사이에 체결된 합작투자계약에서 Z가 투자를 하는 전제조건으로 약정된 사항들을 기초로 한 것이라는 이유에서 참가를 신청하였다.

이에 대해 "Z로서는 당초의 합작투자계약의 한쪽 당사자로서 그 다른 당사자인 X가 제기한 위 소송의 결과에 대하여 Y와 이해관계를 같이 하는 법률적인 이해관계에 있어 위 소송에 Y를 위하여 보조참가를 할 수 있다"고 하여 보조참가를 인정하였다. 이 경우 보조참가가 인정된 것은, "실질적으로는 임차인의 지위에 있다고도 보이는 Z는 그와 이해관계를 같이하는 Y를 위하여 위 합작투자계약의 다른 당사자인 X가 제기한 이 사건 소송에 보조참가할 수 있다"는 점이다.162)

---

161) 판결주문에 관한 부분에 법률상 이익이 있어야 한다는 견해로 김, 858면; 김=강, 805면; 김홍, 959면; 송=박, 657면; 이, 773면; 정=유, 967면; 정영, 816면; 호, 908면이 있다. 이에 비해 판결이유에 관한 부분에 법률상의 이익이 있어도 된다는 견해는 소수설로서 강, 220면과 전, 795면이 있다.

162) 송진현, 판례해설, 대법원판례해설(제18호)136면.

또한 대판 1999.7.9, 99다12796에서는, X가 불법행위를 이유로 Y를 상대로 손해배상을 구하는 소를 제기하자, Y와 공동불법행위자의 관계에 있는 Z가 X 측에 보조참가를 신청한 사건이다. 여기에서는 "Z는 이 소송의 결과에 대하여 법률상의 이해관계를 갖는다고 할 것이므로, 위 소송에 X를 위하여 보조참가를 할 수가 있고, 피해자인 X가 패소판결에 대하여 상소를 하지 않더라도 X의 상소기간 내라면 보조참가와 동시에 상소를 제기할 수도 있는 것이다." 라고 판시하고 있다. 손해배상청구의 전제가 되는 불법행위에 관한 판결이유중의 판단에 이해관계를 갖는다고 할 수 있으므로, 보조참가가 인정된 경우이다(아울러 후술하지만 이 사안에서 보조참가인이 상소를 제기할 수 있는 것은 당연히 가능한 소송행위이다).

그러나 대판 1997.12.26, 96다51714에서는, X가 Y대학을 상대로 등록금환불을 구하는 소를 제기하자 다른 대학인 Z가 X가 승소하면 소송의 간접적 영향으로서 파급효가 미치게 되어 자신의 교육 재정의 대부분을 차지하는 등록금제도 운영에 차질이 생기게 된다는 이유에서 Y측에 보조참가를 신청한 것에 대해, "파급효를 받게 된다는 사정만으로는 이 사건 소송의 결과에 법률상 이해관계가 있다고 할 수 없고, 그 주장하는 다른 사정들도 사실상, 경제상의 이해관계에 지나지 아니하는 것이다." 라는 점에서 보조참가의 이익이 없다고 판시되었다. 파급효라는 사실상의 효력에 관한 이해관계는 법률상의 이해관계가 아니라는 이유를 근거로 하고 있다.

또한 대판 2000.9.8, 99다26924에서는, 어업권을 명의신탁한 자가 수탁자가 제기한 어업권에 대한 손실보상금청구소송에 보조참가할 이익이 있는 가에 관해, "(관련 수산업법의 조문을 근거로 하여)어업권의 명의신탁은 타인이 사실상 당해 어업의 경영을 지배할 의도로 어업권자의 명의로 어업의 면허를 받아 어업권자를 배제하고 사실상 당해 어업의 경영을 지배하는 것이므로…수산업법의 규정에 비추어 무효라고 할 것이어서 피고 보조참가인들이 내세우는 어업권에 관한 명의신탁 관계는 보조참가의 요건으로서 요구되는 법률상의 이해관계에 해당하는 것이라 할 수 없다."고 판시하였다. 명의신탁 자체가 법률상 인정되지 않으므로 당연히 법률상의 이익이 없다고 해석한 것이다.

4. 판결이유 중의 판단에 관한 이해관계

판례는 이 판결을 포함하여 전체적으로 보조참가가 가능한 보조참가인의 이해관계를 판결이유 중의 판단에 관한 이해관계라고 해석하고 있다고 생각한다. 항목<92>에서 보듯이 보조참가인에게는 일정한 판결의 효력(참가적 효력)이 미친다. 이 효력은 판결의 결과에 이해관계가 있기 때문에, 그러한 소송에 관여하였다는 점에서 받게 되는 효력이다. 그렇다면 판결의 결과는 당연히 판결의 주문에 국한되지 않는다. 판결의 주문에 한해서만 법률상의 이해관계가 발생한다면, 당연히 판결의 이유가 갖는 효력에 대해 이해관계를 가져도 법률상의 이익을 갖는다고는 할 수 없을 것이다. 이것은 법률상의 이해관계가 없음에도 참가적 효력은 발생한다는 이상한 결과가 되는 것이라고 말할 수 있다.

따라서 주문에 국한시키는 것은 타당한 해석이 아니다. 판결이유 중의 판단에 대해 이해관계(또한 항목<92>에서 보듯이 이러한 이해관계에 국한된다)를 갖는다면, 보조참가의 이익이 긍정되며, 따라서 판례의 견해는 타당하다. 또한 이러한 점에서도 판결의 효력을 판결의 주문이 갖는 전통적인 효력에 한정시키는 것은 앞서 본 것(항목<71>)처럼 타당한 해석이 아니다. 이러한 해석은 기판력의 객관적 범위에서 문제되는 쟁점효의 인정 여부와 관계없이 보조참가의 이익 독자의 문제로서 파악해야 한다는 것이기도 하다.

91 보조참가인의 지위

[대판 2007.2.22, 2006다75641]

사 실

보조참가인 A에 대하여 기일통지서를 송달하지 아니한 채 제1차 변론준비기일 및 제1차 변론기일이 진행되었다. 그런데 본안에 관한 A의 주장이 기재된 보조참가신청서가 제1차 변론준비기일에 진술한 것으로 간주되었고, A가 제2차 변론기일에 직접 출석하여 변론할 기회를 가졌으며, 위 변론 당시 A는 위와 같이 기일통지서를 송달받지 못한 점에 관하여 아무런 이의를 하지 않았다. 이 경우 기일통지서를 송달하지 않은 것이 위법한 것인지 문제되었다.

판결요지

"보조참가인의 소송수행권능은 피참가인으로부터 유래된 것이 아니라 독립의 권능이라고 할 것이므로 피참가인과는 별도로 보조참가인에 대하여도 기일의 통지, 소송서류의 송달 등을 행하여야 하고, 보조참가인에게 기일통지서 또는 출석요구서를 송달하지 아니함으로써 변론의 기회를 부여하지 아니한 채 행하여진 기일의 진행은 적법한 것으로 볼 수 없다…그러나…본안에 관한 보조참가인의 주장이 기재된 보조참가신청서가 원심 제1차 변론준비기일에 진술한 것으로 간주되었고 보조참가인이 원심 제2차 변론기일에 직접 출석하여 변론할 기회를 가졌으며 위 변론 당시 보조참가인은 위와 같이 기일통지서를 송달받지 못한 점에 관하여 아무런 이의를 하지 아니하였음을 알 수 있는바, 그렇다면 보조참가인에 대하여 기일통지를 하지 아니한 위와 같은 절차진행상의 흠은 치유가 되었다고 봄이 상당하다."

해 설

1. 이 판결의 의의

보조참가인은 당사자는 아니지만 당사자에 준하는 지위를 갖는다. 이 점에서 보조참가인에게도 기일통지서를 송달할 필요가 있다는 점을 기존의 판례의 입장에 따라 명확히 한 점, 그리고 그러한 기일통지서의 흠결이 치유될 수 있음을 명확히 판단한 점에 이 판결의 의의가 있다.

2. 보조참가의 의의

보조참가란 소송의 결과에 이해관계를 갖는 제3자가, 계속 중인 소의 당사자 일방을 승소시켜 자기의 이익을 지키기 위해 당해 소송에 참가하는 형태를 말한다(법71조). 채권자가 주채무자를 피고로 제기한 소에 보증인이 주채무자를 승소시키기 위해 피고측에 보조참가하는 경우가 일반적인 예이다. 보증인인 보조참가인을 참가인, 참가인이 승소시키려는 당사자(주채무자인 피고)를 피참가인(주된 당사자), 그리고 피참가인의 상대방(채권자인 원고)을 상대방당사자 또는 상대방이라고 호칭한다. 보조참가인은 당사자가 되는 것이 아니지만, 그 행위는 피참가인을 위해 효력을 갖고, 대리인과는 달리 자신의 이름으로 소송행위를 한다.

보조참가는 타인 간에 소송이 계속되어 있어야만 가능하다. 그러나 당사자로 참가하는 것이 아니므로, 계속 중의 소의 심급을 묻지 않고 상고심에서도 가능하다. 또한 스스로 재심의 소를 제기함으로써, 소송계속을 부활시켜 부활된 소송에 보조참가할 수 있다. 보조참가가 가능하려면 소송당사자가 아닌 제3자이어야 하는데, 여기에는 소송담당의 경우의 피담당자, 또는 다른 공동소송인이나 그 상대방을 위해 보조참가하는 통상공동소송인 중의 1인이 포함된다. 그 밖에 앞의 항목<90>에서 보았듯이 보조참가의 이익이 필요하다.

3. 참가절차

보조참가의 신청은 참가인이 소송행위를 하려는 법원에 대해 서면이나 구술로 하고, 보조참가인에게 인정되는 소송행위를 하면서 동시에 참가신청을 할 수 있다(법72조). 신청시에는 참가취지와 이유를 명확히 하여야 하고(법72조1항), 신청서면의 부본은 당사자쌍방에게 송달된다(법72조2항).

참가신청에 대해 당사자의 이의가 있으면, 참가인은 참가이유를 소명하여야 하고, 법원은 결정으로 그 허부를 재판한다(법73조). 당사자가 이의하지 않거나 이의없이 변론하여 이의권을 상실하면, 당연히 참가가 인정된다는 것이 구법(구법67, 68조)의 태도였지만, 신법73조2항은 직권으로 조사하여 참가를 불허할 수 있다는 규정을 추가하였다.

참가허부결정에 대해서는 즉시항고를 할 수 있다(법73조3항). 이 재판이 확정될 때까지 참가인은 소송행위를 할 수 있는데, 참가가 확정적으로 인정되지 않으면 참가인이 한 소송행위의 효력은 상실되지만, 당사자가 원용하면 효력을 갖는다(법75조). 기타 참가신청의 취하에 관해서는, 당사자로서 참가한 것이 아니므로 당사자쌍방의 동의 없이 소송계속 중 언제나 가능하다고 해석하는 것이 타당하다. 취하되면 참가인이 한 소송행위는 소급적으로 무효가 되지만, 법75조2항의 유추를 근거로 당사자의 원용을 인정할 수 있다.

4. 보조참가인의 지위

(1) 독립성과 종속성

보조참가인은 자신의 이름으로 공격방어방법의 제출, 상소의 제기 등 모든 소송행위를 할 수 있고, 이 효과는 피참가인에게 귀속한다(법76조. 독립성). 따라서 이 판결에서 보듯이 보조참가인에게는 기일의 소환이나 송달 등이 별도로 이루어진다. 이 점은 또한 이미 대판 1964.10.30, 64누34; 대결 1968.5.31, 68마384 등에서 판시된 바이기도 하다. 반대로 이러한 송달은 보조참가인의 절차권을 보장하려는 것이므로, 보조참가인 스스로 기일통지를 받지 않아도 절차권을 침해한 것이라고 할 수 없는 경우에는 그 하자가 치유된다고 하여야 한다. 이 판결은 이 점을 명확히 판시한 것이다.

그러나 당사자가 아니므로, 보조참가인에게 중단의 사유가 발생해도 절차는 중단되지 않고, 상소도 주된 당사자가 상소를 제기할 수 있는 한도 내에서 가능하며, 보조참가인에게 독자의 기피사유를 인정할 필요성도 없다(종속성). 또한 증거방법으로서 당사자신문의 대상이 아닌 증인이나 감정인능력이 있다.

(2) 보조참가인의 소송행위의 제한

보조참가인의 종속성에 의해, 그 소송행위 중 일정한 경우에는 다음과 같은 제한이 가해진다(법76조1항 단서, 76조2항 참조).

즉 피참가인이 더 이상 할 수 없게 된 행위(시기에 늦은 공격방어방법, 이의권 상실, 철회할 수 없는 자백 등. 단, 상소기간은 예외를 인정할 수 있지만,[163] 판례[대판 1969.8.19, 69다949; 대판 2007.9.6, 2007다41966]는 피참가인에 있어서의 상고제기기간 경과 후에 보조참가인에게 있어서의 상고제기기간 내에 제기된 상고는, 보조참가인은 참가할 때의 소송의 진행 정도에 따라 피참가인이 할 수 없는 소송행위를 할 수 없다는 이유에서 부적법하다고 해석한다), 주된 당사자의 소송행위와 저촉하는 행위(피참가인이 자백한 사항을 다투는 것, 피참가인이 상소권을 포기한 경우의 상소의 제기 등이다. 단, 피참가인이 단지 지연손해금 부분에 대해 불복이므로 항소한다고만 하고, 원금부분에 대해서는 그 의사가 명시되지 않는 경우에 참가인이 원금부분에 대

163) 예외를 인정하는 견해로 강, 223면.

해 제기한 항소는 적극적으로 저촉하는 행위가 되지 않는다[대판 2002.8.13, 2002다20278]), 소송의 계속(소의 변경이나 반소의 제기)이나 소멸에 관한 사항(청구의 포기나 인낙 그리고 화해 등), 주된 당사자에게 불이익한 소송행위(자백), 그리고 피참가인에게 속하는 실체법상의 권리행사(시효의 원용이나 상계의 항변 등의 형성권의 행사) 등을 할 수 없다.

그러나 보조참가인들이 제기한 항소를 피참가인은 포기 또는 취하할 수 있다. 즉 대판 2010.10.14, 2010다38168은 "민사소송법 제76조 제2항은 참가인의 소송행위가 피참가인의 소송행위에 어긋나는 경우에는 참가인의 소송행위는 효력을 가지지 아니한다고 규정하고 있는데, 그 규정의 취지는 피참가인들의 소송행위와 보조참가인들의 소송행위가 서로 어긋나는 경우에는 피참가인의 의사가 우선하는 것을 뜻하므로 피참가인은 참가인의 행위에 어긋나는 행위를 할 수 있고, 따라서 보조참가인들이 제기한 항소를 포기 또는 취하할 수도 있다."고 판시하였다.

92 보조참가인에 대한 판결의 효력

[대판 1988.12.13, 86다카2289]

사 실

X는 Y에게 금 5억원을 대여하였는데 Y가 이를 변제하지 못하자, Y를 상대로 양도담보의 약정에 따라 이 사건 토지 중의 지분일부와 그 지상에 신축중인 아파트 200세대 중 80세대 및 상가 1동의 건물에 관한 지분권이전등기와 건물인도를 청구하였다. 이 소송에는 당해 아파트를 신축하여 원시취득하였다고 주장하는 Z가 유효하게 Y측의 보조참가인으로 참가하여 X가 주장하는 사실을 부인하였음에도 불구하고, Y가 X의 청구를 인낙하였다. 이 경우 인낙조서의 효력은 X와 Z 사이에도 발생하는지 문제되었다.

판결요지

"보조참가인이 피참가인을 보조하여 공동으로 소송을 수행하였으나 피참가인이 그 소송에서 패소한 경우에는 형평의 원칙상 보조참가인이 피참가인에게 그 패소판결이 부당하다고 주장할 수 없도록 구속력을 미치게 하는 이른바 참가적 효력이 있음에 불과하고 피참가인과 그 소송상대방간의 판결의 기판력을 참가인과 피참가인의 상대방과의 사이에까지 미치게 하는 것은 아니다."

해 설

1. 이 판결의 의의

법77조는 특별한 예외를 제외하고는 보조참가인이 참가한 재판은 당해 참가인에게도 효력이 미친다고 규정한다. 이와 같이 보조참가인에게 미치는 판결의 효력을 일반적으로 참가적 효력이라 하고, 참가적 효력은 그 주관적 범위로서 Y와 Z, 즉 피참가인과 보조참가인과의 사이에서만 발생한다는 것이 이 판결의 판단이다. 물론 인낙조서의 효력으로서 기판력이 있음을 전제로 한 것이다. 결국 판결의 경우에도 그대로 해당될 것이다. 단, 주의할 것은 Z에게는 법77조에 의해 또한 이 판결에서도 "원고가 그 소송의 피고보조참가인으로 참가하여 그 사실을 부인하였음에도 불구하고 피고가 이를 인낙한 경우라면 그 인낙조서의 효력은 원고에게까지 미칠 수 없다" 라고 판시한 점에서 보듯이 참가적 효력이 미치지 않는다.

2. 참가적 효력의 의의

(1) 주관적 범위를 둘러싼 문제점

이 판결은 참가적 효력의 주관적 범위에 관해 일정한 범위설정을 판시한 것이다. 단, 그 구체적인 논거는 나와 있지 않다. 참가적 효력의 범위에 관하여는 원래 "보조참가인이 피보조참가인을 보조하여 공동으로 그 소송을 수행하였음에도 불구하고 피참가인이 그 소송에서 패소한 경우에 보조참가인은 그 판결을 무시하고 그 패소의 책임을 피참가인에게만 전가하게 한다면, 공평의 원칙에 위반된다 하여 그 판결의 효력을 참가인에게도 미치게 한다는 소위 참가적 효력을 규정하였음에 불과하고, 피참가인과 그 소송 상대방간의 판결의 기판력을 참가인과 피참가인의 상대방과의 사이에까지 확장한다는 취지가 아니다."는 판례로서 이미 대판 1962.3.29, 4294민상663, 664가 있었고(이것을 대판 1972.2.29, 70다617 등에서도 그대로 따랐다), 이 항목에서는 선례라 할 수 있는 위 판례의 사실관계가 명확하지 않아 이 판결을 대상으로 하였다.

이러한 판례의 태도에 대해서는 찬성하는 것이 통설이다. 그러나 학설 중에는 상대방과 보조참가인 사이에도 참가적 효력이 미친다고 주장하는 견해[164]가 있다. 이 견해를 보통 신기판력설이라고 한다.

(2) 참가적 효력의 필요성

참가적 효력에 관한 주관적 범위를 해결하기 위해서는 참가적 효력이란 무엇인지를 이해할 필요가 있다. 먼저 그것이 인정되는 이유는 다음과 같다. 즉 참가적 효력이란 보조참가인이 참가했음에도 불구하고 피참가인이 패소하였다면, 그 책임은 보조참가인과 피참가인이 공평하게 분담해야 한다는 취지이다. 이것을 인정하지 않으면 누구나 쉽게 아무런 부담 없이 보조참가를 하게 되기 때문이다. 보조참가를 하여 소송을 수행한 이상은 그에 응분한 책임을 부담해야 한다.

또한 다음과 같은 예, 즉 주채무자가 피고인 보증인에게 보조참가하여 주채무가 없음을 다투었는데 청구인용판결이 나온 경우(보증인패소), 보증인이 주채무자에게 구상권을 행사하면 이 경우에 주채무의 존재를 주채무자는 다툴 수 없다는 예에서 쉽게 이해할 수 있다.

---

164) 강, 227면.

(3) 참가적 효력의 내용

이러한 참가적 효력은 보조참가인이 당사자와는 다르다는 차이점에서 특별한 예외가 법77조에 규정되어 있다. 또한 통상의 판결의 효력, 즉 기판력과는 다음의 점에서 차이가 있다고 풀이된다.

즉 기판력은 당사자 간에 그 승패와 관계없이 발생하지만, 앞서 보았듯이 참가적 효력의 경우에는 승패에 관련되는 점(피참가인 패소의 경우에만 문제), 앞의 예에서 보듯이 주채무의 존부는 소송물이 아니고, 판결의 이유에서 판단되는데 참가적 효력은 판결의 주문은 물론 판결이유중의 판단도 포함한다는 점(판결이유 중에 판단될 수밖에 없는 주채무의 존부에 관한 판단에 참가적 효력이 발생하지 않는다면, 참가자에 대한 판결의 효력으로서의 참가적 효력을 인정할 실익이 없어진다), 그리고 기판력은 직권조사사항이지만 참가적 효력은 당사자 간의 공평을 위해 존재하므로, 당사자의 원용이 있을 때 참작된다는 점이다.

3. 참가적 효력의 범위

(1) 보조참가인과 피참가인 간의 효력

이 판결에서 문제된 참가적 효력이 보조참가인과 피참가인 사이에서만 발생하는지에 관해서는, 이 판결과 같이 해석하는 것이 타당하다고 생각한다. 기판력과는 동일하다고는 할 수 없는 참가적 효력을 인정할 수밖에 없고, 참가적 효력이 인정되는 이유도 앞서 보았듯이 참가자와 피참가자간의 패소책임의 분담에 있기 때문이다.

신기판력설은 그 주장하는 바가 쟁점효를 기반으로 하는 것이다. 쟁점효가 인정된다면 충분히 설득력을 갖는다. 그러나 신의칙에 의한 특정한 제한으로서 이 판결에서 문제된 당사자행위를 규율하면 충분할 것이다.

(2) 참가적 효력의 객관적 범위

한편 참가적 효력의 객관적 범위로서는 판결이유 중의 판단에 참가적 효력이 발생한다는 점은 이미 항목<90>에서도 살펴보았다. 이 범위에 관련된 문제로서 판결이유 중의 판단에는 당해 판결의 이유라면 모든 것이 포함되는지 문제된다. 이에 관해서는 일반적으로, 판결결과에 대한 패소책임의 공평부담을 기조로 하는 것이므로, 확정판결의 결론의 기초가 된 사실상 및 법률상의 판단으로서 보조참가인이 피참가인과 공동이익으로 주장하거나 다툴 수 있었던 사항에 한하여 미친다(대판 1986.2.25, 85다카2091).

또한 대판 1997.9.5, 95다42133에서는, “확정판결에 필수적인 요소가 아니어서 그 결론에 영향을 미칠 수 없는 부가적 또는 보충적인 판단이나 방론 등에까지 미치는 것은 아니다…확정판결에 필수적인 요소로서 그 결론의 기초가 된 사실상, 법률상 판단에 해당된다고 볼 수 없고, 판결의 결론에 영향을 미칠 수도 없는 부가적인 판결 이유의 당부만을 문제 삼아 따로 불복하여 다툴 수도 없었던 것이다." 라고 판시하고 있다. 패소결과에 대한 책임부담이라는 점에서 본다면 당연히 패소와 관련된 이유 중의 판단에 구속되는 것으로 타당한 결론이라고 생각한다.

이 판례의 해설165)도 "그 주된 판결이유가 정당한 이상 부가적 판단의 당부는 적법한 상소이유가 될 수 없는 것이고, 보조참가인은 기존의 소송을 전제로 하여 피참가인을 승소시키기 위해 참가하는 것이므로 소의 변경과 같은 기존의 소송형태를 변경시키는 행위를 할 수도 없고, 전 소송에서 충분히 다툴 수도 없었던 판결이유 중의 판단에 대하여까지 참가적 효력을 미치게 함으로써 불의의 타격을 가하는 것으로서 참가적 효력의 인정 근거인 형평의 관념에도 반한다고 할 수 있다"고 해설하고 있다. 결국 판결에서 판단된 보조참가인의 법적 지위에 관련된 판단에 참가적 효력이 발생하는 이상, 그러한 법적 지위와는 관련이 없는 부가적・보충적 판단 그 밖에 방론에는 참가적 효력이 발생하지 않는다고 해석해야 한다. 전소가 확정판결이 아닌 화해권고결정에 의하여 종료된 경우에도 확정판결에서와 같은 법원의 사실상 및 법률상의 판단이 이루어졌다고 할 수 없으므로 할 수 없으므로 참가적 효력이 인정되지 아니한다(대판 2015.5.28, 2012다78184).

165) 이성호, 대법원판례해설 제29호 302면.

93 권리주장참가

[대판 1964.6.9, 63다987]

사 실

X는 Y를 상대로, X 소유인 임야 甲에 대하여 Y가 문서를 위조하여 소유권이전등기를 하였으니 그 등기는 원인무효라는 이유로 소유권이전등기말소를 구하는 소를 제기하였다. 이에 대해 Y는 甲은 X의 소유가 아니고 Y는 수탁자로서 정당히 X로부터 직접 소유권이전등기를 받은 것이라고 주장하였다. 한편 이 소송에 Z가 참가를 신청하여, 甲 중의 일부가 자신의 소유라는 이유에서, Y에게 대하여는 소유권이전등기말소청구를 하고, X에게는 위 부분에 대한 소유권이전등기절차를 청구하였다. 이러한 Z의 독립당사자참가는 인정되는지 문제되었다.

판결요지

"독립당사자참가를 하려는 자는 소송목적의 전부 또는 일부가 자기의 권리임을 주장하거나, 소송의 결과에 의하여 권리침해를 받을 우려가 있다고 주장하는 자라야 하고 하나의 판결로서 3당사자간의 권리의무 또는 법률관계를 모순없이 해결하여야 할 경우라야 할 것인 바 Z는…아직 소유권이전등기를 하지 아니하였고, Y에게의 이전등기가 X명의로 보존등기를 거쳐 Y에게 이전등기가 되였음이 명백하고…X의 Y에게 대한 소유권이전등기말소청구와 Z의 Y에게 대한 소유권이전등기말소청구와는 양립할 수 있고, 또 X의 Y에게 대한 소유권이전등기말소청구와 Z의 X에게 대한 소유권이전등기청구와도 양립할 수 있다 할 것이므로 결국 위의 X의 Y에게 대한 청구와 Z의 Y에게 대한 청구 및 Z의 X에게 대한 청구인 3개의 청구는 하나의 판결로서 모순없이 해결하여야 할 경우에 해당된다 할 수 없으므로 Z의 참가신청은 결국 독립당사자참가의 요건을 구비하지 못한 부적법한 것이다."

해 설

1. 이 판결의 의의

이 판결은 부동산의 2중매매와 같은 법률관계 시(등기회복을 청구하는 자가 복수인 경우)의 권리주장참가에 대해 판단된 사례이다. 이 판결은 위와 같은 권리주장참가의 요건을 엄격히 요구하여, 원고의 청구와 참가인의 청구가 법률상 양립한다는 점에서 독립당사자참가가 불가능하다고 판시하였다.

2. 독립당사자참가의 의의와 종류

(1) 의의

독립당사자참가란 원고와 피고 중의 어느 한 편에 참가하는 것이 아닌 독립된 지위에서 하는 당사자참가를 말한다(법79조). 따라서 제3의 입장이 아닌 원고나 피고측에 참가하는 공동소송참가와 차이가 있고, 당사자로서 참가한다는 점에서 보조참가와도 구별된다. 이러한 점을 표현한 것이 법79조1항 전문이 요구하는 "소송의 목적의 전부나 일부가 자기의 권리임을 주장"해야 한다는 요건이다.

(2) 권리주장참가와 사해방지참가

독립당사자참가에는 권리주장참가(법79조1항 전문)와 사해방지참가(법79조1항 후문)가 있다. 전자는 이 판결에서 문제된 참가의 형태이다. 후자의 경우에는, 보통 원고와 피고 간에 참가인을 사해하려는 의사가 있다면 참가가 가능하다는 사해의사설에 의해 참가가능성을 인정하는 것이 보통이다.

예를 들어 원고가 피고에 대하여 부동산에 관한 대물변제계약을 원인으로 한 소유권이전등기절차의 이행을 구하는 소에서, 참가인이 피고가 유일한 재산인 위 부동산을 가장양도형식으로 타인명의로 소유권이전등기를 경료하여 주어 참가인에 대한 채무를 면탈하려고 하는 것이므로, 자신은 그 소송결과에 의하여 권리의 침해를 받을 위험이 있다고 참가를 한 것이 사해의사설에 의해 인정되는 경우이다(대판 1990.4.27, 88다카25274, 25281[166]). 그 밖에 말소된 근저당권설정등기의 회복등기를 구하는 소송에서 그 후순위 근저당권자가 당해 소송의 대상인 근저당권의 부존재확인을 구하는 청구를 사해방지참가소송으로서 제기하는 것을 인정한 대판 2001.8.24, 2000다12785,

166) 또한 이 판결의 해설인 김재구, 대법원판례해설 제13호69면은 "사해방지참가의 경우는 피고에 대한 원고의 청구와 참가인의 청구가 반드시 양립할 수 없는 것이어야 하는 것은 아니라고 하고 그 결과 법조문 속에서만 있던 사해방지참가를 처음으로 인정함으로써 제도의 취지를 살렸다는 점에서 의의 있는 판결이라 할 것이다."라고 해설하고 있다.

12792가 있다.

특히 사해방지참가를 함으로써 자신의 권리를 보호할 수 있어야 한다. 예를 들어 독립당사자참가인이 원고의 피고에 대한 본소청구의 원인행위가 사해행위라는 이유로 원고에 대하여 사해행위취소를 청구하면서 사해방지참가하는 것은, 사해행위취소의 상대적 효력에 의해, 독립당사자참가인의 청구가 그대로 받아들여진다 하더라도 원고와 피고 사이의 법률관계에는 아무런 영향이 없고, 따라서 그러한 참가신청은 사해방지참가의 목적을 달성할 수 없으므로 부적법하다(대판 2014.6.12, 2012다47548, 47555).

아울러 독립당사자참가에서 편면참가(예를 들어 원고만을 상대로 참가하는 등 원고와 피고 모두에게 권리주장을 하지 않는 경우)가 가능한지 문제된다. 판례는 과거 대판 1965.3.16, 64다1691, 1692 등에서 부적법하다고 하였다. 그러나 편면적 참가에 관하여는 신법79조1항이 입법적으로 그 가능성을 인정하게 되었다.

3. 권리주장참가와 청구의 성격

(1) 권리주장참가의 요건

권리주장참가가 인정되려면 본소청구와 참가인의 청구가 법률상 양립하지 않는 것(청구의 예비적 병합이나 주관적 예비적 병합에 있어서와 동일한 의미이다)이어야 한다. 이 이유는 앞서 본 독립당사자참가가 다른 참가와 다르다는 점에서 찾을 수 있다. 일반적으로 삼면소송이라고 이해되는(대판 1980.7.22, 80다362, 363 등) 독립당사자참가는, 합일확정을 통해 하나의 승자, 하나의 청구권의 존재만을 인정해야 하는 절차이기 때문이다. 예를 들어 원고도 승소할 수 있고 참가인도 승소할 수 있다면 독립당사자참가(권리주장참가)를 인정할 필요성이 존재하지 않는다.

단, 권리주장참가는 "소송의 목적의 전부나 일부가 자기의 권리임을 주장하면 되는 것이므로 참가하려는 소송에 수개의 청구가 병합된 경우 그 중 어느 하나의 청구라도 독립당사자참가인의 주장과 양립하지 않는 관계에 있으면 그 본소청구에 대한 참가가 허용된다고 할 것이고, 양립할 수 없는 본소청구에 관하여 본안에 들어가 심리한 결과 이유가 없는 것으로 판단된다고 하더라도 참가신청이 부적법하게 되는 것은 아니다"(대판 2007.6.15, 2006다80322, 80339). 따라서 원고의 주위적, 예비적 동산인도청구 중 주위적 청구만이 소유권에 기초한 독립당사자참가인의 주장과 양립하지 않는 관계에 있는데, 본안판단 결과 주위적 청구를 기각하게 되어도 권리주장참가가 부적법하게 되는 것은 아니다.

그 밖에 독립당사자참가인이 자신과 피고 사이에 전속계약이 존재한다는 적극적 확인을 구하지 않고 원·피고 사이에 전속계약이 존재하지 아니한다는 소극적 확인을 구하는 것은 그로 인하여 원고 또는 피고와의 사이에 독립당사자참가인의 권리가 확정되는 것이 아니어서 자기의 권리 또는 법률적 지위에 현존하는 불안·위험을 해소시키기 위한 유효적절한 수단이 될 수 없을 뿐 아니라, 원고의 본소청구는 피고의 귀책사유로 전속계약이 해지되어 종료되었음을 전제로 하고 있으므로 독립당사자참가인으로서는 원·피고 사이에 전속계약이 존재하지 아니한다는 확인을 구할 필요가 있다고 보기도 어렵기 때문에 이러한 독립당사자참가인의 참가신청은 각하된다(대판 2012. 6.28, 2010다54535, 54542).

(2) 부동산의 2중양도와 권리주장참가 - 판례의 태도

이 판결에서는 부동산의 2중양도의 경우에 독립당사자참가가 불가능하다고 하였다. 더 나아가 대판 1969.3.25, 68다2435, 2436에서는 소유권이전등기청구소송인 본소에, 참가인은 원고와 피고를 상대로 소유권확인을 청구한다는 독립당사자참가가 신청된 사안에 대해, "참가인은 원, 피고에 대하여 그 소유권을 주장할 수 없음이 주장 사실 자체에 의하여 명백하므로 … 독립당사자 참가의 요건을 충족시킬 수 없다."고 판시하고 있다.

(3) 판례의 해석과 문제점

이러한 판례의 태도(결과적으로 이하의 판례의 태도를 포함하여 판례에 의하면 부동산의 2중양도의 경우에는 각 매수인간의 권리의 양립이 인정되고 독립당사자참가는 인정되지 않는다)에 의하면, 부동산의 2중양도시 매수인(보통 등기를 취득하지 않은 제1매수인)은 등기를 취득하지 않은 관계에서 소유권확인을 구하는 것도 불가능하고, 이전등기를 청구하는 것도 매수인의 이전등기청구는 법률상 양립할 수 있는 것이므로, 독립당사자참가가 불가능해진다. 이러한 난점(부동산 2중양도시의 관련 당사자 간의 분쟁의 일회적 해결의 필요성)을 완화하기 위해 법률상 양립하지 않는다는 결론을 도출하려는 해석에서는, 다음과 같은 판례를 그 예로 드는 경우가 있다.

먼저 대판 1988.3.8, 86다148, 149, 150, 86다카762에서는, 원고는 피고에게 매매계약을 이유로 소유권이전등기소송을 제기하고, 이에 대해 참가인이 원고에 대하여는 위 매매에 있어서 매수인으로서의 권리의무가 참가인에게 있다는 확인을 구하고, 피고에 대하여는 매매를 이유로 소유권이전등기절차의 이행을 구하는 청구를 주장하며 참가한 경우이다.

이에 대해 대법원은, "참가인은 원고에 의하여 자기의 권리 또는 법률상의 지위를 부인당하고 있다고 할 것이고, 그 불안을 제거하기 위하여 매수인으로서의 권리의무가 참가인에 있다는 확인의 소를 제기하는 것이 유효적절한 수단이라고 보여지므로 결국 참가인이 피고에 대하여 그 소유권이전등기절차의 이행을 구함과 동시에 원고에 대하여 이 사건 확인의 소를 구한 것은 확인의 이익이 있는 적법한 것이라고 할 것이다(아울러 이 사건에 있어서 원고의 피고에 대한 소유권이전등기청구권과 참가인의 피고에 대한 소유권이전등기청구권은, 당사자참가가 인정되지 아니하는 2중매매 등 통상의 경우와는 달리 하나의 계약에 기초한 것으로서 어느 한쪽의 이전등기청구권이 인정되면 다른 한쪽의 이전등기청구권은 인정될 수 없는 것이므로 그 각 청구가 서로 양립할 수 없는 관계에 있음은 물론이고, 이는 하나의 판결로써 모순없이 일시에 해결할 수 있는 경우에 해당한다고 할 것이므로 이 사건 당사자참가는 적법하다고 아니할 수 없다).” 라고 판시하고 있다.

즉 그러한 매수인으로서의 지위확인이 가능한 점, 그리고 방론으로 원고와 참가인의 이전등기청구권은 양립하지 않는다는 이유가 중요하다. 매수인으로서의 지위확인의 청구에 과연 확인의 이익이 있는지 문제이지만, 그렇다 하더라도 기본적으로는 2중양도가 아니라고 한 것이므로 얼마나 영향력이 있는지는 의심스럽다. 위 판례(86다148)의 평석[167]도, “방론으로서 이 사건은 이중매매의 경우와는 다르다고 하여 이중매매의 경우는 청구가 양립될 수 있다고 덧붙이고 있어 이중매매에 대해서는 앞서 본 바와 같은 문제점을 여전히 남기고 있다. … 물론 확인의 이익이 있다고 하더라도 종래의 대법원판례의 취지대로라면 여전히 양립할 수 있는 청구라 하여 참가는 허용되지 않을 것이다.” 라고 언급하고 있다.

이 이외에 대판 1996.6.28, 94다50595, 50601에서는, “원고의 피고에 대한 청구는 이 사건 토지에 대한 원고의 점유가 자주점유를 전제로 하여 취득시효 완성을 원인으로 한 이전등기 청구임에 비하여, 참가인의 피고에 대한 청구는 이 사건 토지에 대한 참가인의 점유가 자주점유를 전제로 하여 취득시효 완성을 원인으로 한 소유권이전등기청구이고, 참가인의 원고에 대한 청구는 이 사건 토지에 대한 원고의 점유가 관리위탁계약에 의한 것으로서 타주점유임을 전제로 하여 그 관리위탁계약의 해제를 이유로 이 사건 토지의 인도를 구하는 것으로 … 각 청구가 서로 양립할 수 없는 관계에 있다고 할 것이다.”고 판시하고 있다. 그러나 이 경우에도 누가 정당한 취득시효자임을 다투는 것으로서 부동산의 2중양도라고 보기는 힘들 것이다.

4. 청구가 양립해서는 안 되는 이유

위와 같은 판례의 태도에 대해 학설은, 본안심리의 결과 양립되어도 참가인의 청구 주장 자체에 의해 양립하지 않으면 독립당사자참가를 인정해야 한다는 견해[168]가 있다. 그러나 독립당사자참가의 존재의의에서 본다면 청구의 양립이라는 요건은 피

167) 차한성, 민사판례연구 11권 2면.

168) 김=강, 823면; 송=박, 681면; 이, 793면.

할 수 없는 부분이라고 생각한다. 양청구가 양립하고 모순되지 않는 권리라면, 굳이 서로 대립하면서 소를 수행하고 합일확정으로 판결을 내려야 한다는 이유를 찾기 힘들기 때문이다. 또한 부동산 2중양도시, 등기를 누가 먼저 취득해야 하는지(매도인이 누구에게 먼저 등기를 이전해야 하는지)를 법원이 정한다는 것은 불가능하고, 매수인의 각 이전등기청구권 자체가 실체법상 독립한 별개의 권리이기 때문이다. 따라서 판례의 견해가 타당하다.

94 독립당사자참가와 상소

[대판 2007.10.26, 2006다86573, 86580]

사 실

X(원고)는 Y(피고)를 상대로 하여 어업면허권의 이전을 구하는 소를 제기하였다. 이 소의 계속 중에 Z(참가인)는 독립당사자참가를 하여 X에게는 어업권의 확인을 Y에게는 어업면허권의 이전을 각각 청구하였다. 제1심에서는 X와 Z의 청구를 모두 인용하는 판결이 내려졌다. 이 제1심판결에 대하여, 각각 다음과 같이 X와 Z의 항소가 제기되었다. 즉 ① "Z의 Y에 대한 제1심 승소 부분"의 취소를 구하는 X의 Z에 대한 항소 및 "X의 Y에 대한 제1심 승소 부분"의 취소를 구하는 Z의 X에 대한 부대항소, ② "X의 Y에 대한 제1심 패소 부분"의 취소를 구하는 X의 Y에 대한 항소 및 "Z의 Y에 대한 제1심 패소 부분"의 취소를 구하는 Z의 Y에 대한 부대항소가 각각 제기되었다. 한편 Y는 항소를 제기하지 않았다.

이에 대하여 원심에서는, X와 Y 또는 Z와 Y 사이에 이 사건 어업권에 관한 증여계약이 체결되었다고 할 수 없다고 하여, ①에 대하여는 항소와 부대항소를 각각 인용하여, 제1심판결 중 Y의 X 및 Z에 대한 각 패소 부분을 취소하고, 그 부분에 해당하는 X 및 Z의 Y에 대한 청구를 각각 기각하였다. 또한 ②에 대하여는 항소와 부대항소를 각각 기각하였다. 이러한 항소심판결로 인하여, 제1심판결에서 인용되었던 X의 Y에 대한 청구와 Z의 Y에 대한 청구 부분까지 원심에서 모두 기각되는 결과가 되었다. 이와 같이 제1심판결에 대하여 항소 또는 부대항소를 제기한 바 없는 Y에 대하여 제1심판결보다 더 유리한 내용의 원심판결은 이익변경금지원칙에 위반되는지 문제되었다.

판결요지

"민사소송법 제79조에 의한 소송은 동일한 권리관계에 관하여 원고, 피고, 참가인이 서로간의 다툼을 하나의 소송절차로 한꺼번에 모순 없이 해결하는 소송형태로서, 독립당사자참가가 적법하다고 인정되어 원고, 피고, 참가인간의 소송에 대하여 본안판결을 할 때에는 위 세 당사자를 판결의 명의인으로 하는 하나의 종국판결을 선고함으로써 위 세 당사자들 사이에서 합일확정적인 결론을 내려야 할 것이고, 이러한 본안판결에 대하여 일방이 항소한 경우에는 제1심판결 전체의 확정이 차단되고 사건 전부에 관하여 이심의 효력이 생긴다. 그리고 이러한 경우 항소심의 심판대상은 실제 항소를 제기한 자의 항소취지에 나타난 불복범위에 한정하되 위 세 당사자 사이의 결론의 합일확정의 필요성을 고려하여 그 심판의 범위를 판단하여야 할 것이고, 이에 따라 항소심에서 심리 · 판단을 거쳐 결론을 내림에 있어 위 세 당사자 사이의 결론의 합일확정을 위하여 필요한 경우에는 그 한도 내에서 항소 또는 부대항소를 제기한 바 없는 당사자에게 결과적으로 제1심판결보다 유리한 내용으로 판결이 변경되는 것도 배제할 수는 없는 것이다.

X와 Z의 각 청구와 항소이유 및 부대항소이유에 대하여 심리 · 판단을 하고 그에 따라 이 사건 어업권에 관한 X, Y, Z 사이의 다툼을 하나의 소송절차에서 한꺼번에 모순 없이 해결하기 위한 것으로서 정당하여 수긍할 수 있으며, 그러한 위 세 당사자 사이의 결론의 합일확정 필요성으로 인하여 결과적으로 제1심판결에 대하여 항소 또는 부대항소를 제기한 바 없는 Y에 대하여 제1심판결보다 더 유리하게 판결이 변경된 것이 위법하다고 할 수 없고, 거기에 Z의 상고이유에서 주장하는 바와 같은 불이익변경금지원칙에 관한 법리오해 등의 위법이 있다고 할 수 없다.”

해 설

1. 이 판결의 의의

독립당사자참가소송에서 내려진 판결에 대하여 패소한 자 2명 중 1명은 상소를 제기하고 나머지 1명이 상소를 하지 않는다면, 상소하지 않은 자의 상소심에서의 지위가 문제된다. 이에 관하여 학설에서는 보통 상소심당사자설이 주장되고, 그 논리적 귀결이라는 연역적인 방법으로 상소심에서의 심리구조를 논하는 것이 일반적이다. 판례는 이 판결에서 보듯이 항소를 제기하지 아니한 Y에게 유리한 항소심판결을 내릴 수 있다고 판단하였다. 즉 ‘합일확정이 필요한 한도’에서 항소하지 아니한 Y에게 이익으로 변경하는 것이 가능하다는 해석을 판례로서는 처음으로 제시하고 있는 것이다. 또한 학설에서는 판례의 입장도 상소심당사자설이라고 말하는 것이 보통이지만, 이 판결[169]에서 보듯이 판례가 상소심당사자설에 해당한다고는 단정할 수 없을 것이다.

169) 이에 관하여 상세히 다룬 것으로 김상수, 독립당사자참가와 상소 - 최근의 대법원판례를 소재로 -, 비교사법15권3호(2008)411면 이하.

2. 이심의 효력

논의의 전개를 위하여 우선 항소를 제기하지 아니한 Y에 대한 판결부분도 확정되지 않고 항소심으로 이심되는지를 명확히 할 필요가 있다. 이에 관하여는 상소의 유무에 관계없이 상소심으로 이심되어 심리 판단된다는 입장과 상소를 하지 아니함으로써 그 자에 대한 판결만은 분리 확정된다는 입장이 있다. 후자의 견해에 따른다면 애당초 상소심의 심리구조나 상소하지 아니한 자의 상소심에서의 지위와 관련된 논의는 거의 필요 없게 된다. 분리 확정됨으로써 상소심에서는 더 이상 독립당사자참가소송이라는 3당사자소송이 아닌 2당사자소송구조로 환원되기 때문이다.

1960년대의 판례(대판 1961.11.16, 4293민상718; 대판 1964.6.30, 63다734)는 이심의 효력을 갖는다는 점을 명확히 하고 있었다. 그러나 1970년대의 판례(대판 1974.2.12, 73다820, 73다821; 대판 1975.6.24. 75다448, 449)에는 이심의 효력을 부정하는 것으로 해석되는 입장, 즉 불복범위는 당사자가 불복한 범위에 국한된다는 판단을 함으로써, 상소하지 아니한 자에 관한 판결은 사실상 그대로 확정되는 것과 같이 판단하였다. 그러나 1980년대의 판례(대판 1981.12.8, 80다577; 대판 1992.5.26, 91다4669, 4676 등)는 이심의 효력이 발생한다는 점을 명확히 하게 되었다. 한편 학설도 대략 판례와 같은 입장을 취하고 있다.

생각건대 분리 확정설에도 나름대로 의의가 있음을 부정할 수 없다. 그러나 독립당사자참가 자체가 대립하는 2명의 당사자 간의 소송형태에 대한 예외를 인정한 것이고, 소(참가신청)의 취하나 소송탈퇴가 인정되는 이상 스스로 적극적으로 소송에서의 이탈을 요구하지 아니하는 한은, 독립당사자참가소송의 적절한 처리를 위하여 이심되는 것은 어쩔 수 없는 효력이다. 보다 중요한 논의는 이심을 전제로 상소심에서 전체적으로 어떠한 형태로 분쟁을 처리하는지에 달려 있다.

3. 상소를 제기하지 아니한 자의 지위와 상소심의 구조

학설은 원래 상소를 제기하지 아니한 자의 상소심에서의 지위가 무엇인지에 따라 연역적인 해석방법으로 문제를 처리하는 것이 보통이었다. 이에 관한 학설은 3가지 입장으로 구분된다. 먼저 상소인 또는 피상소인 중의 어느 한쪽의 지위를 갖는다는 입장이 있다. 상소인이 된다는 설(상소인설)은 독립당사자참가소송의 심리원칙이 필수적 공동소송에서와 같은 합일확정의 원칙이 적용되므로 상소를 제기하지 아니한 자는 필수적 공동소송인으로서 법67조1항을 준용하여 상소인의 지위를 갖는다는 견해이다. 이에 비해 피상소인이 된다는 설(피상소인설)은 정반대로 적극적으로 상소를 제기한 것이 아니므로 법67조2항을 준용하여 피상소인의 지위를 갖는다는 견해이다.

나아가 절충적인 입장으로서, 상소인 또는 피상소인이라고 일률적으로 정하게 되면 상소심에서의 지위와 관련하여 적절한 심리 판단이 불가능하다는 이유에서 양지위겸유설[170]과 상소심당사자설이 주장된다. 전자는 상소인인 동시에 피상소인이라는 2가지 지위를 갖는다는 견해이고, 후자는 상소인도 피상소인도 아닌 단순한 상소심당사자라는 견해이다. 이러한 절충적 견해는 소송행위론에서 볼 수 있는 병존설과 양성설과 흡사하다. 즉 전자가 양지위겸유설 후자가 상소심당사자설에 해당한다. 통설은 상소심당사자설이다.[171] 이 판결도 결론적으로는 이러한 절충적인 입장에서 말하는 결론을 받아들인 것이라고 말할 수 있다.

한편 판례는 상소인설을 판시한 것(대판 1964.6.30, 63다734)과 "참가신청 취하에 대하여 원고의 동의만 있었을 뿐 피고들의 동의는 없었으므로 위 참가신청 취하는 효력이 없는 것이라고 할 것이다. 그렇다면 참가인들도 항소심에서의 당사자라고 할 것임에도 불구하고"(밑줄은 필자에 의함)라는 판시에서, 경우에 따라서는 학설에서 말하는 상소심당사자설을 따르는 듯한 모습을 보여주는 것(대판 1981.12.8, 80다577)이 있다. 그러나 당해 판례에서는 취하신청에 대한 동의가 필요하다는 판단을 함에 있어서 필요한 한도에서 항소심에서의 당사자라는 표현을 한 것에 불과하다. 나아가 '항소심(내지는 상소심)에서의 당사자'라고 한 표현도 이 판결을 포함하여 그 후의 판례에서는 찾을 수 없다. 따라서 지금까지 판례는 상소심당사자설인지의 여부에 관하여 명확하게 판단하고 있다고는 말할 수 없을 것이다.

4. 독립당사자참가와 상소심에서의 심리원칙

판례는 특별히 학설에서 말하는 어느 하나의 입장을 취한 것이라고 말할 수 없을 것이다. 판례는 굳이 학설에서 말하는 것과 같은 어느 하나의 입장을 취하지 아니하여도, 상소심에서의 심리구조는 합일확정의 필요성이라는 한도 내에서 합리적으로 처리할 수 있다는 입장이라고 말할 수 있다. 즉 학설에서도 주장하였던 합일확정의 필요성이라는 기준으로 상소심의 심리구조, 특히 이익변경금지원칙을 적용하지 아니할 수 있는지 정할 수 있다는 점에서 그러하다. 결과적으로 상소심당사자설인지의 여부에 관한 점을 떠나 상소하지 아니한 자에 대한 판단부분을 이익으로 변경할 수 있다고 판단한 이 판결의 결론에는 특별히 문제를 지적할 수 없을 것이다.

이 판결은 독립당사자참가소송의 형태가 3당사자를 판결의 명의인으로 하는 하나의 종국판결을 선고함으로써 그들 사이에서 합일확정적인 결론을 내려야 하는 것임을 명

---

170) 김=강, 831면.

171) 강, 248면 이하; 김, 889면; 송=박, 692면; 이, 801면; 정=유, 1000면; 정영, 807면; 호, 942면.

확히 하였다. 따라서 원고, 피고 그리고 참가자라는 3당사자 사이의 결론의 합일확정을 위하여 필요한 경우라면, 그 한도 내에서 상소심판결의 경우 이익변경금지의 원칙의 적용도 배제된다는 해석론을 제시한 것이다. 즉 3당사자 간의 모순 없는 해결을 위하여 통상의 소송에서 피상소인에게 적용되는 이익변경금지의 원칙도 배제될 수 있다는 점을 제시한 것으로, 독립당사자참가소송의 형태를 감안한 타당한 해석이라고 말할 수 있다.

어차피 독립당사자참가 자체가 특수한 형태의 소송이며 상소심에서도 그러한 특성을 반영할 수밖에 없고, 독립당사자참가에 있어서의 상소심에서는, 형식적으로 상소를 제기하지 않았지만 상소심에서는 상소를 제기하지 아니한 자에 대한 판단부분을 포함하여 합일확정의 필요성이 인정되는 한도 내에서 모두 심리 판단된다. 즉 2당사자 간의 소송에서와 같은 통상의 상소심의 심리구조가 되는 것이 아니다. 환언하면 1심에서의 3당사자 소송구조가 1심에서의 어느 한 당사자가 항소를 제기하지 아니하여도 항소심에서는 다시 3당사자소송으로서 합일확정의 심판원칙이 적용되는 것이다. 이 판결 후에 나온 판례(대판 2007.12.14, 2007다37776, 37783)에서도 동일한 해석원리가 적용되어, 상소심에서의 심리구조는 상소를 제기하지 아니한 자의 청구도 포함하여 합일확정이라는 테두리에서 상소하지 아니한 자의 이익 또는 불이익으로 변경될 수 있다는 것이 명확한 판례의 태도가 되었다.

5. 상소심당사자설은 타당한가

그러나 다른 한편으로 판례가 그와 같이 해석을 한다면, 논리적으로는 상소를 제기하지 아니한 자의 지위도 상소인이거나 피상소인이라는 어느 한쪽에 해당된다고 말하여야 하는 것이 아닐까 생각된다. 이에 대하여 앞의 학설에서 보았듯이 상소심당사자라고 해석하는 것도 하나의 방법이 될 수 있다. 그러나 우리의 학설은 지금까지 과도할 정도로 상소심당사자설에 집착해 온 것이 아닌가도 생각된다. 무엇보다도 상소심당사자라는 입장은 당사자대립구조를 취하는 소송구조와는 어울리지 않는다.[172] 즉 쟁송성을 갖는 소송에서 원고(상소인)도 아니고 피고(피상소인)도 아닌 제3의 입장을 가진 당사자를 인정하는 것이 되기 때문이다. 따라서 합일확정의 필요성이 인정되는 한도에서 상소를 제기하지 아니한 자의 지위도 논리적으로 상소인 또는 피상소인 어느 하나로 각각의 케이스에 따라서 정해진다고 말하여야 한다.

상소심당사자설을 주장하는 입장에서는 양지위겸유설의 이론구성이 너무 기교적이라는 비판[173]도 있지만, 이론구성이 기교적이라는 비판은 상소심당사자설에도 그대로

172) 항목<13>의 판결요지에서도 이 점을 지적하고 있다.

173) 강, 248면 이하.

해당한다. 이것은 전술하였지만 일종의 병존설과 양성설의 차이가 있는 것에 불과하기 때문이다. 또한 상소심당사자설에서는, 상소인이나 피상소인 어느 한 쪽에 자리를 매길 필요가 없고 누가 상소인이고 누가 피상소인에 속하는지를 따지는 것이 의미가 있는지 의문이므로, 이런 의미에서도 상소심당사자설이 무난하다고도 말한다.174) 그러나 합일확정의 필요라는 한도에서 심리구조가 정하여진다면, 그에 따라 상소하지 아니한 당사자나 참가인의 지위도 결정된다고 하는 것이 쟁송성을 갖는 소송에 있어서의 당사자의 구분으로 보다 옳지 않을까 생각된다. 이러한 점에서는 어느 하나의 명확한 기준을 제시하지 않는 상소심당사자설은 하나의 독립된 학설이라고는 말하기 어려운 부분을 내포하고 있다.

판례는 이 판결을 통하여 이익변경이 가능하다는 원칙론만을 확인하는 것에 그쳤다. 그 판시 자체는 물론 타당하지만, 향후의 해석론을 정립함에 있어서는 합일확정의 필요성이라는 점을 감안하여 다음과 같은 이론구성을 제기하는 것이 타당하다. 생각건대 상소심당사자설이 실질적으로 양지위겸유설과 차이가 없는 이유는 권리를 주장하지도 않은 자가 상소인도, 피상소인도 아니면서 당사자의 지위를 갖는다는 논리가 되기 때문이다. 그렇다고 앞서 보았듯이 일률적으로 상소인 또는 피상소인으로 구분하는 것도 그리 설득적이지 않다. 기준이 되는 것은 합일확정의 필요성인데, 이를 고려하여 구체적으로 제1심에서 승소한 것은 누구인지, 상소를 제기하는 것은 누구인지 등의 고려를 통해 상대적으로 각각의 사례에 대처할 수 있는 이론이 필요하다고 생각한다.

이러한 논리를 전제로 한다면 결론적으로, 독립당사자참가에서 상소를 제기할 수 있음에도 하지 않은 '피고'의 경우에는 상소인의 지위가, 반대로 '원고'나 '참가인'의 경우에는 피상소인의 지위가 부여된다고 해석해야 할 것이다. 이 점을 알기 쉽게 정리하면 아래의 <표1>, <표2>, <표3>과 같다(기본적인 유형으로 사례에 따라 변형될 수 있지만, 결과적으로 차이는 없을 것이다).

예를 들어 상소하지 아니한 참가인이 상소인인지 또는 피상소인인지는 참가인과 원고의 관계에 따라 달라진다. 즉 양자 간에 공동의 이익관계가 있는지의 여부가 기준이 된다. 상소한 원고는 상소심에서 유일한 승자가 되려는 경우이고, 이러한 목적을 달성하려면 이미 참가인은 패소한 상태이므로 이를 다시 승소시킬 필요는 없다. 따라서 양자 간에는 공동관계가 없고, 항소를 제기하지 않은 참가인을 승소시킬 필요가 없는 이상, 법67조2항을 준용하여 참가인을 피항소인으로 보면 된다(1인이 한 상소의 제기가 피항소인 전원에 대하여 효력을 발생한다는 점이다. 이하 <표1>에서의 ①유

174) 호, 942면.

형, ②유형). 이러한 예는 원고승소, 피고패소, 참가인패소의 1심판결에 대해 피고만이 상소한 경우에도 동일하다(이하 <표2>에서의 ④유형, 그리고 <표3>에서의 ⑥유형도 동일하다).

결국 피고승소시의 상소의 경우(이하의 ①, ②유형)나, 피고가 상소하는 경우(이하의 ④, ⑥유형)에는 상소하지 않은 원고 또는 참가인은 피상소인이 된다. 이 경우 원고 또는 참가인은 피상소인이 되므로, 상소를 제기하지 않은 그들에 대한 청구기각부분을 인용으로 변경할 수 없다(상소를 제기하지 않은 원고나 참가인을 상소인으로 하면 불이익변경금지의 원칙에 의해 인용으로 변경할 수 있게 된다). 반대로 원고와 피고가 패소하고 원고만이, 또는 피고와 참가인이 패소하고 참가인만이 상소한 경우(즉 이 판결의 경우도 이와 같다), 상소를 제기하지 않은 피고에 대하여는, 원고나 참가인의 입장에서 자신들이 승소하기 위해서는 각각 피고도 승소시킬 필요가 있다. 이 점에서 법 67조1항을 준용하여 피고는 상소인이 된다(1인이 한 상소의 제기가 전원을 위해 효력을 발생한다는 점이다. 이하 <표2>에서의 ③유형, 그리고 <표3>에서의 ⑤유형).

또한 피고가 상소인이 되므로 원고나 참가인의 피고에 대한 인용부분을 기각으로 변경할 수 있다. 이 점은 이 판결에서도 마찬가지이다(피고를 피상소인으로 하면, 이익변경금지의 원칙에 의해 원고나 참가인의 피고에 대한 청구부분을 피고에게 유리하게 기각으로 변경할 수 없다).

〈표 1〉

	원고	피고	참가인	
1심 결과	패소	승소	패소	
원고 상소	상소인	피 상소인	피 상소인	①유형
참가인 상소	피 상소인	피 상소인	상소인	②유형

〈표 2〉

	원고	피고	참가인	
1심 결과	승소	패소	패소	
참가인 상소	피 상소인	상소인	상소인	③유형
피고 상소	피 상소인	상소인	피 상소인	④유형

〈표 3〉

	원고	피고	참가인	
1심 결과	패소	패소	승소	
원고 상소	상소인	상소인	피 상소인	⑤유형
피고 상소	피 상소인	상소인	피 상소인	⑥유형

95 공동소송적 보조참가

[대판 1969.1.21, 64누39]

사 실

행정기관인 Y가 Z과의 사이에 특정 재산에 관한 매매 계약을 체결하자, X는 이 Y의 처분의 취소를 구하는 행정소송을 제기하였다. 이 때 Z는 Y측에 보조참가하였다면 이 참가는 어떠한 형태의 참가인지 문제되었다.

판결요지

"행정소송에 있어서 피고인 처분 행정청에 보조참가를 한 자의 소송법상의 지위는 행정소송의 성질에 비추어 공동소송적 보조참가인의 지위에서 소송을 수행한다."

해 설

1. 이 판결의 의의

이 판결에서는 행정소송의 성질에 비추어 당해 판결의 효력(기판력)이 보조참가인에게도 미치는 경우에 해당하므로 공동소송적 보조참가가 된다고 판시한 것이다. 강학상 인정되던 공동소송적 보조참가의 예로서 판단하였다는 점에 의의가 있다.

2. 공동소송적 보조참가의 의의와 요건

(1) 의의

공동소송적 보조참가란 통상의 보조참가와 유사하지만, 당해 참가인의 지위가 후자에 비해 보다 강력하다는, 당사자와 유사한 지위가 부여되는 참가형태를 말한다(통설). 이와 같이 통상의 보조참가인과 공동소송적 보조참가인과의 지위에 차이가 있는 것은 당해 참가인에게는 그러한 필요성이 있기 때문이라고 설명된다.

일반적으로 공동소송적 보조참가인이 되는 경우는, 이 판결에서와 같은 행정처분취소소송에서 처분의 유효를 주장하며 참가하는 보조인, 그 외에 회사를 피고로 하는 소송에 참가하는 이사, 파산관재인을 당사자로 하는 소송에 참가하는 파산자, 채권자대위 소송에 참가하는 채무자 등이다. 모두 당사자적격이 인정되지 않아 공동소송참가는 불가능하고 보조참가를 하는 경우이다. 신법은 78조에서 공동소송적 보조참가를 명문으로 인정하고 필수적 공동소송의 심판원칙이 준용된다고 규정하고 있다.

(2) 요건

한편 공동소송적 보조참가의 요건으로, 당해 참가인에게도 판결의 효력이 미친다는 점은 물론 수긍할 수 있는 점이지만, 과연 그러한 요건으로 충분한지는 명확하지 않다. 일단 판례와 이를 입법한 법78조의 입장에 따라 판결효가 미치게 되는 보조참가인은 공동소송적 보조참가인의 지위를 갖는다. 이러한 공동소송적 보조참가인은 일반의 보조참가인과는 어떤 점에서 차이가 있는지 살펴보도록 하겠다.

3. 공동소송적 보조참가인의 지위

(1) 보조참가인과의 차이

보조참가인의 지위는 당사자보다 떨어지고 매우 제한된 지위에 있음은 이미 항목 <91>에서 다루었다. 한편 공동소송적 보조참가인은 보조참가와는 다른 참가제도를 인정하는 이상 통상의 보조참가인보다는 당사자에 가까운 특별한 지위가 부여된다. 그 이유는 판결효가 미치기 때문에 그 한도에서는 당사자에 버금가는 절차권을 부여할 필요가 있기 때문이다. 단, 이하에서 보는 바와 같은 공동소송적 보조참가에 관한 특칙 이외에는 통상의 보조참가에 준한다.

(2) 피참가인의 소송행위와 저촉되는 행위

먼저 피참가인의 소송행위와 저촉되는 행위도 피참가인에게 유리한 경우라면 효력이 발생한다는 것이다. 예를 들면 대판 1967.4.25, 66누96에서는, “행정처분취소판결의 효력은 당사자는 물론, 그 관계의 제3자에게 대하여도 그 효력이 미치는 것이고, 당사자에 대한 소송 판결이 보조참가인과 피참가인의 상대방과의 관계에 있어서도 그 효력이 미치는 경우에는 민사소송법 제63조(법67조) 제1항을 유추하여 동법 제70조(법76조) 제2항의 제한은 배제되고, 보조참가인이 상고를 제기한 후에 피참가인이 상고권포기 및 상고취하를 하여도 보조참가인의 상고는 그 효력이 지속된다 할 것이다.” 라고 판시하고 있다. 즉 피참가인의 상고권포기라는 소송행위와 저촉되는 보조참가인의 상고도 유효하다는 점이다.

나아가 대판 1970.7.28, 70누35에서도, “보조참가인이 제기한 재심의 소를 피참가인이 취하하는 경우에도 위 상고 취하에 준하여 보조참가인에 대한 관계에 있어서는 그 취하의 효력이 없다고 해석하는 것이 옳을 것이다.” 라고 앞의 판례에 따라 판시하고 있다. 이러한 원리에서 보조참가인에게 불리한 피참가인의 행위는 그 효력이 부정된다고 할 수 있다.

(3) 기간의 진행

그밖에 학설상 인정되는 것은 피참가인과 보조참가인의 상소기간은 별개로 진행된다는 점이다. 동일하게 보조참가인에게 소송절차의 중단이나 중지사유가 발생해도 당연히 절차가 중단되거나 중지되지 않는다. 단, 보조참가인에게 판결의 효력이 미친다는 점에서, 절차권보장을 위해 필요한 경우에는 소송절차를 정지할 필요가 있다.

4. 공동소송적 보조참가의 필요성

(1) 판례 · 학설의 현황

그런데 공동소송적 보조참가에 대해서는 아직 판례나 학설 상 확고한 이론으로 자리잡고 있다고는 말할 수 없을 것이다. 위에서 본 바와 같이 기판력이 미친다면 당연히 보조참가를 할 수 있는지, 나아가 통상의 보조참가인과는 다른 권리의무가 부과되는지, 그 밖에 필수적 공동소송의 특칙이 어느 정도까지 준용되는지, 판례와 학설은 아직 명확하다고 할 수 없다.

(2) 실제적 필요성의 검토

또한 이러한 형태의 공동소송을 꼭 인정해야 할 실제상의 필요성이 있는지도 의문이다. 예를 들면 기판력이 제3자에게 확장되는 경우에는 행정소송, 회사관계소송이나 신분관계소송에 있어서의 일반적인 제3자와 같이 제3자의 이익을 그다지 고려하지 않아도 되기 때문에 판결효를 미치게 하는 경우가 대부분이다. 또한 제3자가 관여하는 사항에 대해 당사자에게 독자적인 소송수행자격이 부여되고, 그에 의해 제3자의 이익도 충분히 반영된다는 점을 전제로 하여 제3자에게 기판력을 미치게 하는 경우도 있다(파산관재인과 파산자, 유언집행자와 유언자 등).

따라서 이 판결에서 Z에게 통상의 보조참가인과는 다른 지위를 인정할 필요가 있는지 또한 Z가 Y와는 상반된 소송행위를 계속 취해 나간다면 그것은 어떻게 처리해야 하는지 등 여러 문제가 있다. 결국 공동소송적 보조참가에 관해서는 그 의의나 참가의 이익 등 그 내용에 관해 앞으로의 판례 · 학설의 전개를 좀더 지켜 볼 필요가 있다.

96 소송고지

[대판 1986.2.25, 85다카2091]

사 실

Y는 X를 상대로 송수관로 누수방지공사중의 사고로 인한 손해의 배상을 구하는 소를 제기하여 승소확정판결을 받았다(전소). 이에 X는 Y에게 당해 손해를 배상하고 Z에게 구상권을 행사한 것이 본소이다. 여기서 X는, 전소에서 Z에게 자신에게 보조참가 할 것을 요구하는 소송고지를 하였고, 전소판결은 X와 Z 사이에 공사도급계약관계가 있었다고 인정하여 확정된 것이므로, Z가 본소에서 X와의 사이에 공사도급계약관계가 없었다고 다투는 것은 전소 확정판결의 판단에 배치된다고 주장하였다. 이에 대해 Z는 그 송수관로 누수방지공사를 X로부터 수급한 사실의 유무에 관한 한 X와는 이해관계가 상반되는 입장이었고, 따라서 그 사실유무는 Z가 전소에서 보조참가를 하여 상대방에 대하여 X와의 공동이익으로 다툴 수 있었던 사항이 아니라, 고지자인 X와 서로 다투어야 될 사항이었다는 점에서 그러한 전소판결의 효력을 받지 않는다고 다투었다. 이 경우 소송고지를 받은 Z는 전소판결의 일정한 효력을 받게 되는지 문제되었다.

판결요지

"소송고지제도는 소송의 결과에 대하여 이해관계를 가지는 제3자로 하여금 보조참가를 하여 그 이익을 옹호할 기회를 부여함과 아울러 한편으로는 고지자가 패소한 경우의 책임을 제3자에게 분담시켜 후일에 고지자와 피고지자간의 소송에서 피고지자가 패소의 결과를 무시하고 전소확정판결에서의 인정과 판단에 반하는 주장을 못하게 하기 위해 둔 제도이므로 피고지자가 후일의 소송에서 주장할 수 없는 것은 전소확정판결의 결론의 기초가 된 사실상, 법률상의 판단에 반하는 것으로서 피고지자가 보조참가를 하여 상대방에 대하여 고지자와의 공동이익으로 주장하거나 다툴 수 있었던 사항에 한한다 할 것이다.…Z가 소송고지를 받은 X와 Y의 전소확정판결에서 위 누수방지공사를 X가 Z에게 도급준 것으로 인정하였다 하더라도 Z가 이 사건에서 그 누수방지공사를 X로부터 수급한 바 없다고 다투는 것은 위 확정판결에서의 인정과 판단에 반하는 것이라고 볼 수 없다."

해 설

1. 이 판결의 의의

이 판결에서는 피고지자 Z가 고지자 X측에 보조참가하는 것이 불가능한 경우에도, 참가하지 않는다면 그 제재로서 참가적 효력이 미치는지 문제된 것이다. 이에 대해 이 판결은 고지자와 피고지자가 협력하여 소송수행을 할 수 있는 경우가 아니므로, 참가적 효력이 미치지 않는다고 판시하였다.

2. 소송고지의 의의와 요건

(1) 의의

소송고지란, 참가의 기회를 부여함과 동시에 불참시의 제재를 가하려는 제도이다(법84조, 85조). 소송에 참가할 수 있는 자라면 참가의 형태가 보조참가에 한하지 않고, 모든 참가의 형태에 인정된다. 소송고지의 실제상의 필요성은 이하에서 보는 바와 같이 참가하지 않는 자에게 참가적 효력을 미치게 하는 점에 있다. 소송고지는 예외적으로 반드시 해야 하는 경우가 있다(추심소송의 경우인 민집238조 등).

(2) 요건

소송고지는 소송이 계속되고 참가가 가능하다면 심급에 관계없이 가능하다(단, 피고지자의 절차권보장 여하에 따라 참가적 효력이 제한될 가능성이 있다). 고지자의 자격은 당사자나 기타 당사자를 위한 보조참가자, 그리고 피고지자이다. 피고지자의 자격은 제3자로서 소송참가를 할 수 있어야 한다는 점이다. 여기서 말하는 참가란 보통 보조참가의 경우를 가리킨다.

제3자의 범위에는 상대방당사자는 포함되지 않지만 보조참가인, 자신의 공동소송인이 이에 포함되고, 당사자 모두에게 고지를 받는 것도 가능하다. 소송고지는 법정의 소송고지서를 작성하여 피고지자에게 송달함으로써 한다(법85조2항). 피고지자에게 송달되지 않으면 고지의 효력은 발생하지 않는다(대판 1975.4.22, 74다1519).

3. 피고지자에 대한 소송고지의 효과

(1) 참가적 효력의 발생유무

소송고지가 피고지자에게 송달되고 당해 피고지자가 소송에 참가하지 않는다면(참가 가능한 때 참가한 것으로 간주되어), 언제나 피고지자에게 참가적 효력이 미치는지 문제되는데, 이 판결은 일정한 경우에 참가적 효력이 미치지 않는다고 판시하였다. 이러한 견해는 다음과 같은 점에서 타당하다고 생각한다(여러 가지 이유가 주장되고 있지만 결론적으로 고지를 받았음에도 불구하고 참가를 하지 않은 경우에 무조건 참가적 효력이 발생하지 않는다는 것이 학설이다).

(2) 참가적 효력의 발생요건

먼저 적어도 보조참가를 시키기 위해 소송고지를 한 것이므로, 보조참가 자체가 불가능하다면, 보조참가를 할 수 있음에도 하지 않은 것에 대한 제재로서의 참가적 효력을 미치게 할 근거를 상실한다. 또한 설사 보조참가 자체는 가능하다고 하여도 이 판결에서와 같이 피고지자가 고지자측에 참가하는 것을 기대하기 어려운 경우(즉 이 판결에서 말하는 "공동이익으로 주장하거나 다툴 수 없었던" 경우)에도 보조참가를 요구할 정당한 근거가 없으므로 참가적 효력이 미치지 않는다.

(3) 참가적 효력의 범위

참가적 효력은 이 판결에서도 말하고 있듯이 또한 앞의 항목<92>에서의 참가적 효력에서 언급했듯이 "전소확정판결의 결론의 기초가 된 사실상, 법률상의 판단"에 미친다.

따라서 "제3자가 고지자를 상대로 제기한 전부금 청구소송에서 피고지자가 소송고지를 받고도 위 소송에 참가하지 아니하였지만 고지자가 위 소송에서 제3자로부터 채권압류 및 전부명령을 받기 전에 피고지자에게 채권이 양도되고 확정일자 있는 증서에 의하여 양도통지된 사실을 항변으로 제기하지 아니하여 위 소송의 수소법원이 위 채권압류 및 전부명령과 위 채권양도의 효력의 우열에 관하여 아무런 사실인정이나 법률판단을 하지 아니한 채 고지자에게 패소판결을 하였다면 피고지자는 위 소송의 판결결과에 구속받지 아니한다."(대판 1991.6.25, 88다카6358).

(4) 기타 효과

아울러 참가적 효력이외에도, 어음법과 수표법을 유추하여 시효중단의 효력을 인정하거나, 민법상의 최고로서의 효과를 부여할 여지가 있다. 판례에 의하면 소송고지의 요건이 갖추어진 경우에 그 소송고지서에 고지자가 피고지자에 대하여 채무의 이행을 청구하는 의사가 표명되어 있으면 민법 제174조에 정한 시효중단사유로서의 최고의 효력이 인정된다(대판 1970.9.17, 70다593 등). 나아가 시효중단제도는 제도의 취지에 비추어 볼 때 그 기산점이나 만료점을 원권리자를 위하여 너그럽게 해석하는 것이 바람직하고, 소송고지에 의한 최고는 보통의 최고와는 달리 법원의 행위를 통하여 이루어지는 것이므로 만일 법원이 소송고지서의 송달사무를 우연한 사정으로 지체하는 바람에 소송고지서의 송달 전에 시효가 완성된다면 고지자가 예상치 못한 불이익을 입게 된다는 점 등을 고려하면, 소송고지에 의한 최고의 경우에는 법265조를 유추적용하여 당사자가 소송고지서를 법원에 제출한 때에 시효 중단의 효력이 발생한다고 봄이 상당하다(대판 2015.5.14, 2014다16494).

97 계쟁물양도와 소송승계

[대판 1971.7.6, 71다726]

사 실

X는 Y를 상대로 이 사건 소송의 목적이 된 건물 甲의 철거를 구하는 소를 제기하였다. 이 소송의 도중(변론종결전)에 Y는 甲의 등기를 Z에게 이전하였다. 이에 X는 Z를 상대로 당해 등기의 말소를 구하기 위해 Z가 소송인수를 할 것을 요구할 수 있는지 문제되었다.

판결요지

"소송당사자가 민사소송법 제75조(법82조)의 규정에 의하여 제3자로 하여금 그 소송을 인수하게 하기 위하여서는 그 제3자가 소송계속 중 그 소송의 목적된 채무를 승계하였음을 전제로 하여 그 제3자에 대하여 인수한 소송의 목적된 채무이행을 구하는 경우에 허용되고 그 소송의 목적된 채무와는 전혀 별개의 채무의 이행을 구하기 위한 경우에는 허용될 수 없다."

해 설

1. 이 판결의 의의

이 판결은 소송승계의 가능성에 관하여, 건물철거청구권의 실현을 위한 소송에서 피고의 철거의무가 승계된 것이 아니고 피고의 소유권이 이전된 것이므로, 소송물이 다르기 때문에 인수승계가 불가능하다는 입장을 취하고 있다. 또한 소송승계시의 특정물 양도의 경우, 특정물을 소송물로 보는 입장을 취하는 것이다.

2. 소송승계의 의의

소송승계란 소송계속중이고 변론종결 전에 당사자의 사망 또는 계쟁물의 양도라는 사태가 발생하여, 진정한 당사자로 하여금 소송을 승계시키는 제도이다. 이 판결과 같은 경우에는 소송도중에 계쟁물이 양도된 경우로서, 일단 그 가능성은 후술하기로 하고 당해 양수인인 Z에게 소송을 승계시키는 제도를 말한다. 계쟁물양도의 경우에는 권리의무관계의 포괄승계로서의 당연승계와는 달리 보통 특정승계라고도 한다. 권리의무관계의 포괄승계의 경우에는 당연승계로서 승계의 가능성이 거의 문제되지 않지만, 특정 권리·의무의 승계라는 특정승계의 경우에는 기존의 소송과의 관계에서 승계의 가능성이 문제된다.

특정승계에는 참가승계(법81조)와 인수승계(법82조)가 있다. 이 판결에서와 같이 승계인을 소송으로 끌어들이는 것이 인수승계이고, 승계인이 스스로 소송에 가입해 오는 것이 참가승계이다. 어느 경우에나 권리승계인 및 의무승계인의 참가승계나 그에 대한 인수승계가 인정된다. 소송이 승계되면 시효중단, 기간준수효과의 유지(법81조)와 종전 소송상태의 유지라는 효력이 발생한다. 소송비용은 포괄승계와 특정승계 사이에 차이가 있다(후자의 경우 소송비용은 승계되지 않는다).

3. 계쟁물의 양도

(1) 양도가능성

이 판결에서와 같은 계쟁물양도에 대한 입법형태로는 계쟁물양도금지주의, 당사자항정주의 그리고 소송승계주의가 있다. 계쟁물양도금지주의이란 계쟁물의 매매는 벌금형을 받는 범죄이고 그 계약을 무효로 하여, 양도 자체가 소송내외에서 아무런 효과를 발생시키지 않는다는 원칙이다. 당사자항정주의란 위의 양도금지원칙과는 달리 소송상으로만 당해 매매를 무효로 하여 그 판결의 효력을 소송계속중(변론종결전)의 승계인에게까지 확장시키는 원칙을 말한다.

이에 비해 우리 법이 취하는 소송승계주의는 계쟁물의 양도가 소송상으로도 유효하게 되어 승계인을 당사자로 소송에 가입시키려는 원칙을 말하고, 승계인의 보호가 가장 확실하다(소송을 승계하지 않는 한 변론종결전의 승계인에게는 기판력이 미치지 않는다).

(2) 계쟁물의 의의

한편 소송승계의 경우에는 위에서 사용한 계쟁물의 의미가 문제된다. 이것을 소송물이라는 틀로 제한하면 승계를 할 수 있는 예는 희박해질 것이다. 명확하게 소송물만이 승계된다는 것을 특정하는 것은 곤란하고, 기존의 소송을 수행할 정당한 당사자에게 소송을 승계시켜야 한다는 소송승계의 취지와 어긋나기 때문이다.

따라서 소송물이 아닌 그보다 넓은 개념인 계쟁물이라는 개념이 등장한다. 계쟁물이란 특정 청구를 대상으로 하는 소송물만이 아니라, 그보다 넓은 의미에서의 특정

청구의 전제가 되는 권리의무나 법률관계를 의미하는 것이다. 또한 이러한 계쟁물의 양도에 의해 당사자적격이 이전된다는 관계에서 소송이 승계되는 것이라고 말할 수 있다.

당사자적격이 이전된다는 것은 대판(전) 1969.5.27, 68다725에서, "원고는 본소 제기 후에 소유권을 양도한 것이라 하여도 피고에게 대하여 방해배제를 계속 청구할 아무런 권리도 인정될 수 없는 법리라 할 것이다"라고 판시하여, 계쟁물의 양도가 당사자적격의 상실을 의미한다는 논리에서도 쉽게 이해할 수 있다.

(3) 판례 · 학설

그러나 판례의 대부분은 소송승계시의 특정물 양도의 경우, 특정물을 소송물로 보는 입장을 취한다. 이 판결도 마찬가지이다. 또한 대판 1983.3.22, 80마283에서도, "피고 회사에 대한 채권적 청구권에 기한 이 건 부동산 소유권이전등기청구의 소송계속 중 그 소송목적이 된 피고 회사의 위 부동산에 대한 이전등기이행 채무자체를 승계함이 없이 단순히 위 부동산에 대한 소유권이전등기(또는 근저당설정등기)가 피고 회사로부터 상대방들 앞으로 경료되었다 하여 이를 가지고 민사소송법 제75조(법82조) 제1항 소정의 그 소송의 목적이 된 채무를 승계한 때에 해당한다고 할 수 없다."고 판시하고 있다.

학설로는 일반적으로 판례에 찬성하는 견해,[175] 반대로 소송물에 국한되지 않고 계쟁물의 양도의 경우에도 승계가 가능하다는 입장(다수설)[176]이 있다. 단, 학설은 항목 <72>에서 보았듯이 승계의 대상에 관해 물권적 청구권 또는 채권적 청구권의 구분을 반영하는 것이 일반적이다. 또한 변론종결 전후에 있어서의 승계의 대상은 같다는 해석이 일반적이지만, 일부의 학설[177]은 변론종결전의 승계의 범위가 종결후의 그것보다 넓다는 해석이다.

정리하면 판례에 찬성하는 견해는 변론종결 전후에 관계없이 소송물로서 물권적 청구권이 승계의 대상이 된다는 입장이다. 다음으로 변론종결 전후에 관계없이 소송물로서 물권적 청구권과 채권적 청구권을 포함하는 것이 승계의 대상이 된다는 견해가 있다. 마지막으로 변론종결전의 승계의 대상을 종결후의 그것보다 넓게 계쟁물로 보는 것이 제3의 입장이라고 말할 수 있다.

(4) 소송승계의 원인으로서의 계쟁물 양도

이 판결이나 앞의 판례에서도 알 수 있듯이, 각 사안의 피고가 자신의 소유권을 제3

175) 김=강, 855면; 김홍, 1031면 이하; 호, 959면.

176) 강, 266면; 송=박, 702면; 이, 820면; 전, 845면; 정=유, 1013면; 정영, 855면.

177) 강, 264면; 정=유, 1014면.

자에게 양도함으로써 만일 그러한 사실이 소 제기 전에 판명된다면, 원고는 피고가 아닌 제3자에게 그러한 소송을 제기할 것이고, 따라서 제3자는 어차피 원고가 제기한 소송의 당사자적격의 이전을 받은 자에 해당된다. 결국 소송승계의 대상을 소송물에 국한하는 태도는 타당하지 않고, 계쟁물이 양도되고 이로 인해 원고가 제기한 소의 피고로서의 당자자적격을 이전받은 제3자라면, 인수승계 또는 참가승계의 대상이 된다고 해석해야 할 것이다.

4. 승계의 절차

(1) 참가승계와 인수승계

소송승계는 권리의 승계인지 의무의 승계인지에 관계없이 인정된다. 그러나 피고가 계쟁물을 양도하는 경우에 양수인이 스스로 참가승계를 하는 경우는 생각하기 힘들다. 소송에서 탈퇴하게 되는 양도인이 스스로 인수승계를 요구할 수 있는지에 대해서도 원칙적으로 불가능하다고 해석해야 한다. 피승계인(양도인)의 상대방이 인수승계를 요구하지 않았음에도 피승계인이 소송에서 탈퇴할 수 있는가 문제되고, 인수승계를 요청한 것은 승계인에 대한 청구를 주장하는 것인데, 피승계인이 승계인에 대해 권리보호의 이익(소의 이익)이 있는 청구를 주장하는 것은 생각하기 힘들기 때문이다.

(2) 승계방법

참가나 인수신청은 새로운 청구의 정립을 동반하는 것이므로, 사실심 변론종결시까지 해야 한다. 신청에 관해서는 결정으로 재판하고 각하결정에 대해서는 즉시항고가 가능하지만, 소송승계를 인정하는 결정에 대해서는 중간재판이라는 점에서 독립하여 불복할 수 없다(대결 1981.10.29, 81마357 등). 인수신청이 있는 경우, 신청의 이유로서 주장하는 사실관계 자체에서 그 승계적격의 흠결이 명백하지 않는 한, 승계인에 해당하는지의 여부에 관계없이 결정으로 그 신청을 인용하여야 한다(대판 2005.10.27, 2003다66691).

승계인에 해당하는지의 여부는 피인수신청인에 대한 청구의 당부와 관련하여 판단할 사항으로, 심리한 결과 승계사실이 인정되지 않으면 청구기각의 본안판결을 하면 되고, 인수신청 자체를 부적법하게 하는 사유가 되는 것은 아니다.

소송승계 후의 심리원칙에 관해서는, 원칙적으로 참가승계는 독립당사자참가의 형태(권리주장참가)가 되고, 기타는 통상의 공동소송형태를 취한다. 승계인이 스스로 참가하는 참가승계와는 달리 승계인이 자신의 의사에 관계없이 소송상태를 승계해야 하는 인수승계의 경우, 승계인은 기존의 소송상태를 승계하는 것이 원칙이지만, 자신의 고유한 공격방어방법을 제출할 수 있다.

나아가 항소심에서 승계가 있고 기존의 당사자가 탈퇴한 경우의 판결방법은 다음과 같다. 즉 제1심에서 원고가 승소하였으나 항소심에서 원고에 대한 승계참가가 이루어지고 원고가 적법하게 탈퇴한 경우에, 항소심은 제1심판결을 변경하여 승계참가인의 청구에 대한 판단을 하여야 하고, 단순히 피고의 항소를 기각하는 판결을 함으로써 1심판결을 그대로 유지하는 것은 허용되지 않는다(대판 2004.1.27, 2000다63639).

그 밖에 소송이 법원에 계속되어 있는 동안에 제3자가 소송목적인 권리의 전부나 일부를 승계하였다고 주장하며 독립당사자참가의 규정에 따라 참가를 한 경우에, 승계참가인은 소송절차를 현저히 지연시키는 경우가 아닌 한 승계한 권리와 청구의 기초가 바뀌지 아니하는 한도 안에서 청구의 취지 또는 원인을 바꿀 수 있다(법81조, 법262조). 그리고 승계참가를 한 경우라고 하여 그 변경하고자 하는 청구의 내용이 반드시 종전 원고로부터 권리승계를 한 것이어야만 한다거나 이에 관해서도 승계참가의 요건을 갖추어야만 한다고 볼 것은 아니다. 일단 승계참가가 이루어진 이상 기존의 청구와 사이에 청구의 기초에 변경이 없는 한 상대방에 대한 자기 고유의 권리를 주장하는 것도 무방하다고 할 것이다. 다만, 이 경우 민사소송법 제81조에서 시효의 중단 또는 법률상 기간준수의 효력이 처음 소가 제기된 때에 소급하여 생긴다고 한 부분은 권리승계를 주장하는 청구에 한정하여 적용된다 할 것이다(대판 2012.7.5, 2012다25449).

98 임의적 당사자변경

[대결 1997.10.17, 97마1632]

사 실

X는, 공사도급계약상의 수급인이 그 계약 명의인인 Y라고 하여 Y를 상대로 소를 제기하였다. 그러나 심리 도중 변론에서 Y가 공시송달중인 상태에서 Y의 보조참가인 Z가 자신이 수급인이라고 주장하는 답변이나 증거에 따라, 당해계약의 수급인은 Y가 아닌 Z이라고 하면서 피고경정을 구하는 경우, 이러한 피고의 경정은 인정되는지 문제되었다.

판결요지

"민사소송법 제234조의2(법260조) 제1항 본문은 "원고가 피고를 잘못 지정한 것이 명백한 때에는 제1심법원은 원고의 신청으로 피고의 경정을 허가할 수 있다."고 피고의 경정을 제한적으로 허용하고 있는바, 위 규정에서 피고를 잘못 지정한 것이 명백한 때라고 함은 청구취지나 청구원인의 기재 내용 자체로 보아 원고가 법률적 평가를 그르치는 등의 이유로 피고의 지정이 잘못된 것이 명백하거나 법인격의 유무에 관하여 착오를 일으킨 것이 명백한 경우 등을 말한다 할 것이고, 이 사건과 같이…계약 명의인이 아닌 실제상의 수급인이 누구인지는 증거조사를 거쳐 사실을 인정하고, 그 인정사실에 터잡아 법률 판단을 하여야 인정할 수 있는 사항이므로, 위 법규정 소정의 '피고를 잘못 지정한 것이 명백한 때'에 해당한다고 볼 수 없고, Y가 공시송달중인 상태에서 Z가 자신이 수급인이라고 주장하였다 하여 달리 볼 수도 없다."

해 설

1. 이 판결의 의의

이 판결에서는 X가 피고를 Y에서 Z로 변경할 것을 신청한 것이 법260조가 인정하는 것인지 문제되었다. 이에 대해 이 판결은 임의적 당사자변경이 인정되는 요건을 판단하여 그 변경을 불허한 것이다.

2. 임의적 당사자변경의 의의

임의적 당사자 변경이란, 소 제기 후 당사자의 의사에 의해 당사자가 변경되는 경우를 말한다. 당사자의 변경에 해당하므로 당사자가 추가적으로 가입되는 경우와 기존의 당사자가 새로운 당사자로 교체되는 경우를 포함한다고 할 수 있다. 그러나 전자는 소의 주관적 추가적 병합이나 당사자의 인입(引入)이론에 해당하는 분야이고 협의로는 후자만을 가리킨다.

법260조가 규정한 당사자의 변경은 법률상의 규정에 의해 당사자의 변경이 초래되는 것이므로 법정 당사자변경이라고도 볼 수 있을 것이다. 그러나 엄밀한 의미에서는 구체적인 변경 요건에 대해 법원의 포괄적인 재량에 맡긴 것이므로, 일정한 사유에 의해 당연히 당사자를 변경할 수 있는 것이 아니다. 그 외에 법68조를 임의적 당사자 변경에서 설명하는 일이 있는데, 같은 조는 필수적 당사자가 추가되는 경우이므로 광의의 임의적 당사자 변경에 해당한다.

3. 유사제도와의 차이

(1) 소의 변경

소의 변경(법262조. 항목<81> 참조)은 당사자의 변경 없이 상대방에 대한 청구를 변경하는 것이다. 따라서 당사자가 변경되는 것이 아닌 점에서 양자는 명확히 구분된다.

(2) 법정당사자변경

법정 당사자변경에는 ①당연승계(법233조 이하의 각 조문에 의한 승계의 경우), ②참가 또는 인수승계(법81조, 82조. 항목<97> 참조)라는 소송의 승계의 경우가 있다. 소송이 승계되는 경우이므로 당사자의 승계(변경)전후의 전소와 후소의 단절은 발생하지 않고, 변경전의 당사자도 애당초 당사자적격자였고 이 적격이 이전되었다는 점에 차이가 있다.

(3) 표시의 정정

당사자의 표시의 정정은 당사자의 동일성의 변경 없이 그 표시만을 바꾸는 것이다(표시의 정정에 관해서는 항목<11> 참조). 소장의 표시를 정정하는 것이지만 당사자의 변경을 의미한다는 점에서는 임의적 당사자변경과 가장 유사한 제도이다. 그러나 표시의 정정은 변경 전후의 당사자의 인격에 변경이 초래되지 않는 경우(변경전의 소송을 전제로 한 당사자의 표시만의 변경)에 가능하다.

4. 임의적 당사자변경이 인정되는 이유

기본적으로 당사자가 변경되기 전의 전소 결과의 유용가능성을 인정하지 않는 한, 임의적 당사자변경이라는 특별한 제도를 만들 필요는 없다. 기존의 소송에서 당사자를 변경한다는 점에 의미가 있지, 당사자를 달리 하는 2개의 소가 각각 별개이고 그를 개별적으로 처리한다는 단순한 소의 취하나 신소의 제기라는 문제가 아니기 때문이다. 당사자의 절차권을 보장하면서, 소의 취하와 전소 결과의 유용을 가능케 한다는 점에서 임의적 당사자 변경이라는 제도의 취지가 있음에 주의해야 한다.

5. 법적 구조

(1) 복합설

임의적 당사자변경의 법적 성격에 관해 복합설과 특수행위설이 주장된다. 먼저 복합설은, 임의적 당사자 변경이란 신소의 제기와 구소의 취하라는 두 개의 소송행위가 복합된 것이라고 해석한다(다수설).[178] 구체적으로는 신소와 구소의 병합(반드시 필요적인 것은 아니다) 후에, 구소의 취하가 수반된다고 해석하는 입장이다. 이 설을 엄격히 적용하면 임의적 당사자변경은 신소의 제기이므로 제1심에서만 가능하고, 그 효과도 소의 병합에 불과하므로 전술한 바와 같이 임의적 당사자변경이라는 제도의 취지가 퇴색하게 된다.

즉 이러한 정도의 효과만을 부여하는 것은 앞서 보았듯이 무리하여 임의적 당사자변경이라는 제도를 만들었다는 의의가 상실되기 때문이다. 그러나 복합설을 취한다고 하여 위와 같이 엄격하게 해석할 필요는 없다. 복합설에 의해서도 임의적 당사자변경의 취지를 살리는 해석은 가능하다. 제도의 취지를 살리는 제소수수료나 전소결과의 유용(변론의 병합)을 인정하는 유연한 해석이 그것이다. 단, 복합설을 취하는 한 신소의 제기임을 부인할 수 없으므로, 임의적 당사자변경이 인정되는 것은 제1심에 한정된다.

(2) 특수행위설

이에 비해 임의적 당사자변경을 하나의 특수한 소송행위로서 파악하는 것이 특수행위설이다.[179] 이 입장은 어떻게 보면 소의 변경에 상당하는 당사자의 변경이라는 하나의 행위로 보고, 그에 따른 요건과 효과를 제시하는 입장이라고 말할 수 있다. 이에 따르면 변경전후의 당사자에 대한 소송의 관련성의 존재, 구피고의 동의의 필요성, 항소

178) 김=강, 844면; 김홍, 1018면; 이, 811면; 정=유, 1022면. 교환적 당사자변경에 한해 강, 256면.

179) 김, 832면; 정영, 840면; 호, 950면.

심에서의 신피고의 동의의 필요성, 그리고 상고심에서의 불가능을 들고, 이러한 요건이 갖추어지면 당사자의 신청에 의해 당사자가 변경되고 기존의 소송이 속행된다고 해석한다.

(3) 양설의 차이

복합설을 엄격히 적용할 때 양자의 차이는 현저하지만 복합설을 탄력적으로 해석 적용한다면 양자의 차이는 거의 없다. 양자의 차이가 실질적으로 없다면 소송법에 특별한 소송행위라는 규정이 없는 이상, 복합설이 타당하다고 생각한다. 또한 법260조에서 보아도 복합설이 타당함을 엿볼 수 있다. 아울러 특수행위설이라고 한다면 항소심에서도 당사자의 변경이 가능하겠지만, 사실상 항소심이 되어(1심판결 후에) 당사자를 잘못 지정한 것이 판명된다는 것도 생각하기 어렵다.

6. 요건

(1) 피고가 아닌 원고의 변경가능성

법260조의 해석상 먼저 문제가 되는 요건은, 변경되는 당사자는 피고에 한하는지 여부이다. 조문에는 피고를 경정한다고 되어 있으므로 변경할 수 있는 당사자는 피고에 한한다고 보는 것도 가능하다. 실제로 변경의 필요가 발생하는 것도 적극적으로 소를 제기하는 원고보다 소극적으로 이에 대응하는 피고의 경우가 대부분이라고 말할 수 있다. 그러나 원고의 변경 가능성도 부인할 수 없다.[180] 원고의 이익에 합치하고, 피고의 변경이 인정된다면 당연히 원고의 변경을 인정하는 것이 공평하며, 피고에게 있어서도 2중의 응소 부담을 제거하고 1회적으로 분쟁을 처리할 수 있기 때문이다. 반대로 대판 1994.5.24, 92다50232는 특별한 이유는 붙이지 않고, 원고의 변경이 인정되지 않음을 간접적으로 판시하였다. 아울러 소의 제기이므로 신원고의 동의는 필수적이다.

(2) 구피고에 대한 취하의 요건

구소의 취하가 전제되는 이상 구피고에 대한 취하의 요건을 갖추어야 한다. 이 점은 소의 취하에 관한 조문을 적용하여 충분히 대처할 수 있지만, 변론종결시까지라는 요건과 같은 조 단서에서의 피고의 동의의 필요성, 그밖에 동의의 의제 등(법260조1항, 4항), 명확성을 기하기 위해 상세한 조문을 두고 있다. 반대로 신소의 제기에 관한 요건은 법원이 변경을 허가했을 때 갖추면 된다(법261조2항).

180) 원고의 변경가능성을 인정하는 입장으로 이, 812면.

(3) 당사자를 잘못 지정한 것이 명백한 때

이 판결에서 문제되는 요건이다. 이 요건이 필요한 것은 명백히 잘못 지정한 관계로, 원고는 피고적격 흠결에 의한 소각하판결을 받지 않고 구소를 속행하고자 피고의 변경을 구하는 것이기 때문이다. 잘못 지정한 것이 명백한지의 여부를 어떻게 판단하는가 하면, 이 판결에서와 같이 "청구취지나 청구원인의 기재내용으로 보아 원고가 법률평가를 그르치거나 또는 법인격의 유무에 착오를 일으킨 것이 명백한 경우" 로서, 적격자가 아니므로 용이하고 명백하게 소각하를 할 수 있다고 판단되는 경우라고 풀이된다.

즉 잘못 지정한 것이 명백하므로 본안에 관한 판단 등 엄격한 절차를 거치지 않고 쉽게 당사자를 변경할 수 있어야 하고, 그렇지 않으면 종국판결로 판단해야 하기 때문이다. 또한 당사자의 지정이 명백히 잘못 되었다면 법원에게는 당사자의 변경에 관한 석명권을 행사할 의무가 발생한다(대판 1990.1.12, 89누1032). 결국 이 판결은 타당하다.

위와 같이 풀이한다면, 법원이 명백히 잘못 지정된 당사자의 변경을 허가하는 의의는 다음과 같은 점에서 찾을 수 있다고 생각한다. 즉 임의적 당사자 변경제도의 취지와 법원이 굳이 허부에 관한 결정을 한다는, 또한 단순한 구소의 취하와 신소의 제기라면 법원의 허부 결정은 문제가 되지 않음에도 결정을 한다는 점에서, 당사자가 잘못 지정됐을 때 그 변경이 인정되면 절차상의 고려에서 전소와 후소와의 관계에 대해 일정한 연계관계를 인정한다는 취지를 의미한다. 당사자변경을 허가하는 결정은 소장인지의 유용과 전소결과의 유용을 절차적인 면에서 허가한다는 재판이고, 이렇게 파악하지 않는다면 허부의 결정이라는 재판은 특별한 의미가 없게 되기 때문이다.

제 12 장

상 소

99 상소의 이익

[대판 1994.6.28, 94다3063]

사 실

X는 Y 소유 화물자동차의 운행으로 인해 상해를 입었다고 하여 재산상 손해와 위자료의 배상을 구하는 소를 제기하였다. 1심에서 X는 재산상 손해부분에 대하여는 전부승소하고 위자료에 대하여는 일부패소판결을 받았다. 이에 X만이 위자료에 관한 일부패소부분에 대한 불복과 함께, 재산상 손해의 부분에 대하여도 항소를 제기하여 금액을 추가로 지급해 달라는 취지로 청구를 확장하였다. X가 이와 같이 재산상의 손해에 관한 전부승소에 대해 제기한 항소에는 항소의 이익이 있는지 문제되었다.

판결요지

"상소는 자기에게 불이익한 재판에 대하여 유리하게 취소변경을 구하기 위하여 하는 것이므로 전부 승소한 판결에 대하여는 항소가 허용되지 않는 것이 원칙이라고 할 것이나, 이러한 경우에도 법은 상대방이 항소를 제기하여 확정이 차단된 경우에는 청구취지의 확장을 위하여 부대항소를 하거나 항소심에서 청구취지의 확장을 하여 그 나머지 부분의 청구를 할 수 있도록 허용하고 있고, 하나의 소송물에 관하여 형식상 전부 승소한 당사자의 상소이익의 부정은 절대적인 것이라고 할 수도 없다.

X는 이 사건에서 재산상의 손해(소극적 손해)를 청구함에 있어 제1심에서 중복장애에 있어서의 합산장애율의 산정이나 한시적 장애의 회복시점에 대한 판단을 잘못하여 일실이익 손해중 일부를 빠뜨리고 청구한 것으로 보이는 바, 이 사건과 같이 X는 재산상 손해(소극적 손해)에 대하여는 형식상 전부 승소하였으나 위자료에 대하여는 일부 패소하였고, 이에 대하여 X가 X 패소부분에 불복하는 형식으로 항소를 제기하여 사건 전부가 확정이 차단되고 소송물 전부가 항소심에 계속되게 된 경우에는, 더욱이 불법행위로 인한 손해배상에 있어 재산상 손해나 위자료는 단일한 원인에 근거한 것인데 편의상 이를 별개의 소송물로 분류하고 있는 것에 지나지 아니한 것이므로 이를 실질적으로 파악하여, 항소심에서 위자료는 물론이고 재산상 손해(소극적 손해)에 관하여

도 청구의 확장을 허용하는 것이 상당할 것이고, 이렇게 해석한다고 하여 Y의 법적 안정성을 부당하게 해하거나 실체적 권리를 침해하는 것도 아니고, 그러하지 아니하고 원심과 같이 재산상 손해(소극적 손해)에 대한 항소의 이익을 부정하고 청구취지의 확장을 허용하지 아니하면 원고는 판결이 확정되기도 전에 나머지 부분을 청구할 기회를 절대적으로 박탈당하게 되어 부당하다고 아니할 수 없다."

해 설

1. 이 판결의 의의

이 판결은 일부청구의 경우의 항소에 해당하는데, 청구의 단순병합에 의해 전부승소부분의 판결이 확정되지 않고, 부대항소의 예에서 보듯이 청구확장의 가능성이 인정되며, 나아가 실질적으로 하나의 손해로서 그 금액을 확장하는 것이므로, 피고에게도 불이익한 것이 아니라는 이유를 근거로 불복(상소)의 이익이 있다고 해석한다.

2. 상소의 이익의 판단기준 - 형식적 불복설과 실질적 불복설 -

(1) 판례 · 학설

상소의 이익의 유무를 판단함에는 여러 가지 입장이 있지만, 원칙적으로 형식적 불복설에 의하는 것이 일반적이다(통설). 판례도 마찬가지로 판결주문에 의해 형식적으로 불복이 가능한지에 의해 상소의 이익을 판단한다. 예를 들면 대판 1973.9.25, 73다565에서는, "상소인은 자기에게 불이익한 재판에 대하여서만 상소를 제기할 수 있는 것이다."라고 판시하고 있다(기타 대판 1982.10.12, 82다498; 대판 1983.10.25, 83다515 등). 이에 비해 불복불요설이라고 할 수 있는 실질적 불복설은, 상소심에서 1심판결보다 유리한 판결을 구할 이익이 있다면 상소의 이익을 인정하는 것이지만, 이 설을 취하는 학설은 보이지 않는다.

이외에 신실체적 불복설도 주장된다. 이 견해는 이혼소송에서 청구기각판결을 받은 피고가 판결의 결과로 불가능해지는 반소나 별소제기의 기회를 확보하기 위해 항소를 제기할 이익이 있고(단, 일본인사(人事)소송법25조2항[반소로 제기할 수 있었던 것을 판결확정 후 후소로 제기할 수 없다는 내용]에 해당하는 조문이 가사소송법에는 없는 관계로 우리나라에서도 그러한 결과가 되는지는 의심스럽다), 이것을 확대하여 판결효에 의해 무엇인가의 청구를 주장할 기회를 박탈당하게 되는 경우에도 상소의 이익을 인정해야 한다고 주장하는 것이다.

(2) 형식적 불복설의 예외

형식적 불복설에 따라 판결주문에 의해 불이익하지 않다고 판단되는 전부승소의 경우에는, 항상 상소가 불가능한 것일까. 이에 관해서는 약간의 예외가 인정된다. 먼저 소각하 판결에 대해 피고는 상소의 이익이 있다(대판 1985.4.23, 84후19). 기각판결을 받기 위해서이다. 그러나 피고가 특히 소각하를 구했음에도 청구기각판결을 한 것에는 소송요건이 직권조사사항이라는 점에서 불복이 인정되지 않는다. 단, 재판권의 흠결이나 법률상의 쟁송에 관한 사항 등 보정이 불가능한 소송요건, 또는 중재합의의 항변을 이유로 소각하를 구하였는데 청구기각판결이 내려진 경우에는, 피고에게는 당해 기각판결에 대해 상소를 제기할 이익이 있다. 원고가 소송요건을 보정하여 재소할 가능성을 두절시킬 수 있는 점에 피고의 이익이 인정되기 때문이다.

또한 피고가 예비적 상계로 주장한 청구가 성립되어 원고의 청구가 기각된 때와 같이 판결이유 중에 판단된 반대청구의 존부에 예외적으로 기판력이 발생하는 경우(법216조2항)에도 청구기각판결에 대해 피고는 상소의 이익을 갖는다(대판 1993.12.28, 93다47189). 피고는 실질적으로 상계의 항변이 아니면 패소했다는 내용의 기판력을 받은 것이 되고 반대청구를 소멸시키지 않고 청구기각판결을 받을 이익이 있기 때문이다. 유사한 예로서 청구의 예비적 병합시, 주위청구기각·예비청구인용의 판결의 경우에는 원고와 피고 모두에게 상소의 이익이 있다.

그 밖의 예로는 항소인이 특정한 이유를 주장하여 1심판결의 취소환송판결을 구하였는데 다른 이유에 기한 취소환송판결이 내려진 경우, 항소인은 상고를 제기할 이익이 있다. 취소환송판결에는 일정한 구속력(법원조직법8조, 법436조2항 참조)이 발생하고 항소인이 주장한 특정 이유에 대해서는 제1심의 판결이 취소되지 않았으므로, 위에서 본 상계의 항변의 경우와 마찬가지로 상소(상고)의 이익이 인정된다.

(3) 전부승소의 여부

아울러 대판 1994.11.4, 94다21207에서와 같이 전부승소의 여부는 원고의 청구가, “원고는 피고에 대하여 원고로부터 금586,412,830원 및 이에 대한 1987.12.4.부터 완제일까지 연6푼의 비율에 의한 금원을 지급받은 다음 이 사건 부동산에 관하여 경료된 판시 근저당권설정등기의 말소등기절차를 이행할 것을 청구한 것이” 고, 이에 대해 제1심은 “피고는 원고가 선이행의무가 있음을 자인하고 있는 위 금586,412,830원 및 이에 대한 1987.12.4.부터 그 판결선고일인 1992.10.2.까지 연 6푼의 비율에 의한 금원(금756,360,087원 = 586,412,830원+586,412,830×1763/365×0.06)보다 적은 금액임이 계산상 명백한 금7억원을 원고로부터 지급받은 다음 위 근저당권설정등기의 말소등기절차를 이행하라는 판결을 선고받았음이 분명” 한 경우라면 “원고는 실질상 모두 승소한 것이나 다름없다."라는 판단이 내려진다. 판결주문의 금액에 관해서는 위와 같이 원고의 청구액과 인정액을 구체적으로 비교할 필요가 있다.

3. 일부청구에서의 항소의 이익

(1) 판례의 태도

이 판결의 태도는 말미 부분의 "항소의 이익을 부정하고 청구취지의 확장을 허용하지 아니하면 원고는 판결이 확정되기도 전에 나머지 부분을 청구할 기회를 절대적으로 박탈당하게 되어 부당하다고 아니할 수 없다"에서 알 수 있듯이 앞서 본 신실체적 불복설이라 불리는 입장과 유사하다.[181]

(2) 판례의 문제점

그러나 이 판결은 청구의 단순병합에서 상소하지 않은 판결이 확정되지 않는다고 하여도, 상소심에서의 심리의 범위는 상소인이 불복한 부분에 제한되게 되는 점(법407조1항)을 간과하고 있다. 이 판결의 경우는 전형적인 일부청구에서의 청구확장을 위한 것이므로, 일부청구의 기판력의 문제와 관련하여 해결할 필요가 있다. 이에 의하면 일부청구임을 명시하였다면 잔부를 별소로 제기할 수 있으므로 항소의 이익을 인정할 필요가 없다. 반대로 명시하지 않은 경우라면, 청구 자체의 만족을 얻은 것이므로 항소의 이익을 인정할 필요가 마찬가지로 없는 것이 아닌가 생각한다. 신실체적 불복설에도 타당한 점(앞의 형식적 불복설의 예외에 해당하는 예에서 파기환송판결에 관한 경우)이 있지만, 예비적 상계의 항변의 경우와는 달리 불리한 판결효를 받았다고 볼 수 없기 때문이다.

또한 이 판결의 해설[182]도 상소의 이익 여부에 관해, "이 사건 대법원판결은 일실이익 청구에 관하여 전부승소한 자가 패소부분인 위자료 청구에 관하여 항소한 다음 그 항소심에서 일실이익부분에 관하여 청구취지의 확장을 하는 것이 적법하다고 인정하면서, 나아가 항소의 이익의 유무를 실질적인 관점에서 파악하여 설사 전부승소자라 하더라도 청구취지의 확장을 위하여 항소할 이익이 인정되는 경우가 있음을 시사하고 있는 최초의 판결이라는 점에서 그 의미가 있다. 그러나 항소의 이익에 관한 판결 설시가 직접적이지 못하고 소극적인 설시에 그치고 있는 점에서는 일말의 아쉬움이 남고 전부승소자의 항소이익의 인정문제에 관하여는 향후 판례의 집적에 의하여 그 내포와 외연이 명확해져야 할 것으로 믿는다."라고 언급하고 있다. 이 판결을 직접 비판하는 것은 아니지만, 문제점이 있음을 암시하는 것이라고 생각한다.

---

181) 청구확장을 인정하는 견해로 강, 728면; 이, 837면.

182) 전병식, 대법원판례해설 제21호316면.

100 부대항소

[대판 1995.3.10, 94다51543]

사 실

X는 Y회사의 시내버스에 의한 교통사고를 당하고, 그 배상을 구하는 소를 제기하였다. 1심법원은 X의 일부승소의 판결을 내렸다. Y가 항소하자 X도 청구를 확장하는 부대항소를 하였다. 항소심은 Y가 X에게 일정 금액의 이행을 할 것을 명함과 동시에 정기금 내지 장래의 지급을 명하는 판결을 내렸다. 이에 대해 X만이 상고하였는데, 상고심은 X의 상고를 일부 받아 들여 원심판결 중 정기금채무로 지급할 것을 명한 부분(장래 지급을 명한 부분 포함)을 파기환송하였다. 이 때 환송심에서 Y는 항소를 취하할 수 있는지 문제되었다.

판결요지

"항소는 항소심의 종국판결이 있기 전에 취하할 수 있는 것으로서(민사소송법 제363조(법393조) 제1항), 일단 항소심의 종국판결이 있은 후라도 그 종국판결이 상고심에서 파기되어 사건이 다시 항소심에 환송된 경우에는 먼저 있은 종국판결은 그 효력을 잃고 그 종국판결이 없었던 것과 같은 상태로 돌아가게 되므로 새로운 종국판결이 있기까지는 항소인은 피항소인이 부대항소를 제기하였는지 여부에 관계없이 항소를 취하할 수 있고, 그 때문에 피항소인이 부대항소의 이익을 잃게 되어도 이는 그 이익이 본래 상대방의 항소에 의존한 은혜적인 것으로 주된 항소의 취하에 따라 소멸되는 것이어서 어쩔 수 없다 할 것이므로, 이미 부대항소가 제기되어 있다 하더라도 주된 항소의 취하는 그대로 유효하다 할 것이다."

해 설

1. 이 판결의 의의

이 판결에서는 부대항소의 전제가 된 항소가 취하될 수 있는지, 나아가 파기환송후의 항소의 취하의 가능성이 문제된 것이다. 이에 대해 이 판결은 파기환송에 의해 항소심 종국판결이 없었던 것이 되므로 법393조에 의해 항소의 취하가 가능하고, 또한 항소가 취하되었다면 사건 자체를 소송종료선언으로 종결해야 한다는 입장이다.

2. 부대항소의 의의와 그 법적 성격

(1) 의의

부대항소란 피항소인이 항소인의 항소제기 후에 하는 신청(항소)을 말한다(법403조). 그 목적은 청구에 관한 원판결을 다시 자신에게 유리하게 변경할 것을 요구하는 점에 있다. 부대항소에 의해 항소심의 심판범위는 원래의 항소의 범위를 벗어나 부대항소의 한도로 확장된다.

(2) 부대항소가 인정되는 이유

부대항소가 인정되는 이유는 일부인용(패소)판결에 대한 항소의 기회를 부여해 주기 위해서이다. 일부승소자는 상대방의 태도를 보고 만일 상대방도 항소를 제기한다면 자신도 항소를 제기하지만, 반대로 상대방도 항소를 제기하지 않는다면 자신도 1심판결에 만족한다는 경우가 발생할 수 있고, 이러한 경우에 항소의 제기를 기다려 불복을 신청하려는 당사자의 이익을 보호할 필요가 있기 때문이다. 항소제기 후 항소권이 소멸하여도 부대항소가 가능하다(법403조).

(3) 법적 성격

(a) 불복이익불요설

전부승소자가 부대항소를 통해 청구의 확장이 가능한지의 문제에 관해, 판례나 통설은 부대항소는 불복의 이익을 전제로 하는 항소의 성격을 갖지 않고, 따라서 그것이 가능하다고 해석한다. 판례("원고가 전부 승소하였기 때문에 원고는 항소하지 아니하고 피고만 항소한 사건에서 청구취지를 확장 변경함으로서 그것이 피고에게 불리하게 된 경우에는 그 한도에서 부대항소를 한 취지로 볼 것이다"라고 한 대판 1967.9.19, 67다1709 등)와 통설이다.

(b) 불복이익필요설

부대항소도 불복신청의 하나로서 불복의 이익이 필요하다고 하고, 전부승소자가 청구의 확장을 위해 부대항소를 하는 것은 불가능하다는 해석이다. 그 논거로는 ①법403조의 문언은 부대항소인도 항소의 이익을 가져야 한다는 것을 전제로 하는 점, ②이하에서 보는 독립부대항소도 항소제기기간내의 부대항소를 의미하는 이상 항소의 이익이 필요하다는 점, 그리고 ③원래 항소의 이익을 가졌지만 항소권을 상실한 피항소인에게 불복신청의 기회를 부여하는 것이 목적이라는 점이다. 부대항소도 불복신청이라는 점을 부인할 수 없는 이상, 불복이익필요설에 찬성한다.

3. 부대항소의 방식

피항소인은 항소심의 변론종결 전까지 항소의 방식에 따라 부대항소를 제기할 수 있다(법403조). 이 때 항소의 제기와는 달리 항소심 변론종결시까지 가능하므로 항소심에 직접 부대항소장을 제출하는 것도 가능하다고 생각한다. 앞서 보았듯이 피항소인의 항소제기기간 경과 후에도 가능하고, 항소인의 항소권이 소멸된 경우에도 가능하지만, 피항소인이 부대항소권 자체를 포기하였다면 불가능하다. 아울러 부대항소인은 부대항소에 따른 수수료를 납부해야 하는지에 관해, 앞의 불복이익의 필요성에서 보았듯이 납부해야 한다고 생각한다(민사소송등인지규칙26조).[183]

4. 항소의 취하가능성

(1) 판례 · 학설

법393조에 의해 항소심 종국판결 전까지 피항소인의 동의 없이 항소인은 항소를 취하할 수 있다(항소취하합의에 의한 경우 소취하의 합의에서 보았듯이 그것을 사법계약으로 보면 항소각하로, 소송계약으로 보면 취하에 의한 소송종료선언으로 처리된다). 판례는 이 판결에서 보듯이 항소의 취하는 항소인의 고유권한이고, 그로 인해 부대항소도 그 이익을 잃게 되는 것은 그 이익이 본래 상대방의 항소에 의존한 은혜적인 것이므로 부득이하다고 해석하고 있다.

학설은 일반적으로 위와 같은 파기환송후의 항소취하를 인정하는 판례의 견해에 찬성한다. 항소취하가 인정된다면 법404조에 의해 부대항소도 실효되는 것으로 해석하는 것이라고 말할 수 있다.

(2) 취하가 가능한 이유

파기환송에 의해 항소심에서는 아무런 종국판결도 내려지지 않은 것이므로, 이 판결이 Y의 항소의 취하를 인정한 것은 타당하다. 파기환송이 X의 상고에 의한 것이지만, 다음에서 보는 부대항소의 존재이유에서 본다면 이것이 X에게 매우 불공평한 것이라고는 할 수 없다. 위에서도 언급했지만 부대항소란 원래 항소인이 항소를 제기하지 않는다면 항소를 제기하지 않는다는 피항소인의 의사를 존중하여 인정된 것이다. 그렇다면 부대항소에 의해 항소의 취하의 가능성을 봉쇄하는 것은 타당하지 않고, 결국 항소가 취하되거나 소각하되면 부대항소도 효력을 상실한다고 해석해야 한다(법404조 본문도 같고 특히 부대항소의 종속성이라고 표현하고 있다).

단, 법404조 단서가 규정하는 부대항소인의 항소제기기간 내에 제기된 부대항소는

183) 단, 원판결에서 재판된 사항에 관한 부대항소의 경우에는 불필요하다는 견해로 김=강, 890면.

독립부대항소로 불려지고 항소로서의 효력을 갖게 되므로, 항소가 취하되거나 각하되어도 실효되지 않는다. 또한 부대항소인도 부대항소를 취하할 수 있고 이 때 상대방의 동의는 불필요하다.[184]

184) 이, 857면; 전, 881면.

101 불이익변경금지

[대판 1983.12.27, 82누491]

사 실

X의 제소에 대해 원심은 소의 이익이 없다는 이유에서 소각하판결을 하였다. 이에 대해 X만이 상고를 제기했는데, X의 청구 자체에 이유가 없는 경우에 상고심은 청구를 기각하는 판결을 내릴 수 있는지 문제되었다.

판결요지

"이 사건 청구가 이유 없는 바에야 X만이 불복 상고한 이 사건에 있어 원심의 소각하판결을 파기하여 청구를 기각함은 X에게 불이익한 결과가 되므로 원심판결을 유지하기로 한다."

해 설

1. 이 판결의 의의

이 판결에서와 같이 소각하 판결에 대해 상고한 경우, 당해 청구 자체에 이유가 없다면, 상고심은 청구기각을 하여도 불이익변경금지의 원칙에 해당하지 않는 것인지 문제된다. 이 판결은 소각하에서 청구기각으로의 변경은 불이익변경에 해당(즉 상고를 기각)한다고 판시한 것이다.

2. 불이익변경금지의 원칙

(1) 의의

불이익변경금지의 원칙이란 상소심의 심판의 원칙으로서 그 심판의 범위가 상소인의 불복의 범위에 한정되고, 따라서 상소인의 입장에서는 상소를 함으로써 상소를 안 한 것보다 불리한 판결을 받지 않는다는 원칙을 말한다(법415조, 431조).[185)]

---

185) 단, 같은 조 단서는 항소심에서 상계의 항변이 받아들여지면 불이익변경금지의 원칙이 적

불이익변경금지의 원칙은 처분권주의와도 일맥상통한 원칙이며, 불복을 하는 상소인의 불이익을 구제한다는 상소의 목적에서 도출되는 원칙이기도 하다. 이 원칙이 적용되려면, 이익 또는 불이익의 여부를 판단해야 하는데, 이는 앞의 항목에서 보았듯이 판결효를 기준으로 판단되므로 판결의 주문에 의한다. 판결의 이유 중의 판단을 기준으로 한 불이익의 여부는 상계의 항변 등 예외적인 경우에만 문제된다.

(2) 일반적인 예

일반적으로는 다음과 같은 예로 설명할 수 있다. 1천만원의 청구에 대해 500만원의 일부인용을 한 경우, 원고가 패소부분 중 400만원의 항소를 제기하면, 항소심의 심판범위는 이 400만원에 국한되고, 1천만원의 청구권이 존재하지 않는다고 판단하여도 1심판결을 취소하여 청구를 기각할 수 없다(항소를 기각함에 그친다). 이것이 불이익변경금지의 원칙이다. 반대로 500만원 전부에 대해 청구권의 존재를 인정하여도 400만원 한도에서 청구를 인용할 수 있다. 이것을 이익변경금지의 원칙이라고 한다. 따라서 불이익변경금지와 이익변경금지라는 양 원칙은 표리의 부분이라고 말할 수 있다. 또한 금전채무불이행의 경우에 발생하는 원본채권과 지연손해금채권은 별개의 소송물이므로, 불이익변경에 해당하는지 여부는 원금과 지연손해금 부분을 각각 따로 비교하여 판단하여야 하고, 별개의 소송물을 합산한 전체 금액을 기준으로 판단하여서는 아니 된다(대판 2009.6.11, 2009다12399).

3. 소각하판결에 대한 상소심에서의 청구기각의 가능성

(1) 판례

판례는 이 판결에서와 같이 불이익변경에 해당한다고 판시하고 있다. 형식적으로 본다면 X의 입장에서는 소각하판결보다는 청구기각판결이 불리한 판결이다. 소각하판결은 기판력으로써 청구권 자체를 부정하는 것이 아니고, 다시 당해 청구권에 기해 제소할 가능성이 남아있기 때문이다. 그렇다면 소각하 판결에 대해 상고심에서 청구기각판결을 하는 것은 상고인에게는 불이익으로 변경하는 것이라고 할 수 있다. 이러한 이 판결의 입장은 그 후의 판례의 선례로 기능하고 있다.

예를 들면 대판 1987.7.7, 선고 86다카2675에서는, "소를 각하한 제1심 판결에 대하여 원고만이 불복상소하였으나 심리한 결과 원고의 청구가 이유가 없다고 인정되는

용되지 않는다고 규정한다. 이 단서는 1963년의 개정 시에 추가된 것인데 그 입법취지나 해석 등에 명확하지 않은 점이 많다. 이와 유사하다고 할 수 있는 독일민사소송법530조2항에서는 원고가 동의하거나 법원이 상당하다고 인정할 때에 한해 항소심에서의 상계의 항변을 인정한다고 규정한다. 우리도 그와 같이 해석해야 하는지 문제가 있고 같은 조 단서의 적용에는 신중을 기해야 한다고 생각한다.

경우 그 제1심 판결을 취소하여 원고의 청구를 기각한다면 오히려 항소인인 원고에게 불이익한 결과로 되어 부당하므로 항소심은 원고의 항소를 기각하여야 한다."라고 판시하고 있다(기타 대판 1989.3.28, 88다카9012; 대판 1992.11.10, 92누374 등 참조).

(2) 학설

이 판결은 청구기각으로 변경하는 것은 불이익변경에 해당하고, 원심판결을 유지하는 상고기각을 하여야 한다는 해석이다. 이러한 판례에 찬성하는 견해 이외에 청구기각으로의 변경은 상소심의 심판범위에서 본다면 반드시 불이익으로 변경한다고는 해석할 수 없다는 입장도 생각해 볼 수 있다. 즉 소각하판결에 대한 불복을 다루는 상소심의 심판범위는 소각하의 당부를 심판하는 것에 국한되는 것이 아니고, 청구에 관한 본안판결을 구하는 상소인의 신청을 심판하는 것도 포함되며, 따라서 청구에 이유가 없다면 청구기각을 하는 것도 가능하다는 주장이다.[186)]

(3) 상소심의 심판범위에 따른 구분

생각건대 소각하판결에 대해 상소인이 요구하는 것은 그 당부에 관한 판단에 의해 파기환송이나 청구인용을 받으려는 점에 있고, 상소심도 필수적 파기환송이나 충분한 심리라는 이유에 따라 청구인용의 여부를 판단한다(법418조). 그렇다면 소각하판결에 대해 상소심에서 청구를 인용하다면 이는 이익변경금지의 예외로 인정된다고 할 수 있으므로(법418조 단서), 이 한도 내에서는 불이익변경금지의 예외도 인정할 수 있고 결국 청구기각을 하는 것도 가능하다고 생각한다.

4. 그 밖의 불이익변경금지 원칙의 적용례

대판 2005.8.19, 2004다8197, 8203에서는, 1심판결이 원고 X는 피고 Y1에게 약 3000만원을 변제하면 Y1이 점유하는 부동산을 명도 받을 수 있고, 피고 Y2에게 약 3000만원을 변제하면 Y2가 점유하는 부동산을 명도받을 수 있다는 것이었다. X가 제기한 항소심에서는, X는 약 3억7000만원을 변제하여야만 Y1과 Y2가 점유하는 부동산을 명도 받을 수 있다는 판결을 내렸다. 이와 같이 항소심이 동시이행의 판결에 있어 반대급부의 내용을 원고에게 불리하게 변경한 경우 불이익변경금지 원칙에 반하는지 문제된 것이다.

이에 대해 이 판례에서는 항소심은 당사자의 불복신청범위 내에서 제1심판결의 당부를 판단할 수 있고, 설사 제1심판결이 부당하다고 인정되는 경우라 하더라도 그 판결을 불복당사자의 불이익으로 변경하는 것은 허용되지 않는다고 판단하였다. 그리고

---

186) 강, 750면; 전, 891면; 정=유, 813면; 호, 642면 이하. 이에 비해 청구의 인용이 인정되는 한도 내에서 청구의 기각이 가능하다는 견해로 이, 869면; 정영, 1118면.

불이익하게 변경된 것인지의 여부에 관하여, 기판력의 범위를 기준으로 판단하나 동시이행의 판결에 있어서는 원고가 그 반대급부를 제공하지 아니하고는 판결에 따른 집행을 할 수 없어, 비록 피고의 반대급부이행청구에 관하여 기판력이 생기지 아니하더라도 반대급부의 내용이 원고에게 불리하게 변경된 경우에는 불이익변경금지 원칙에 반한다고 해석하였다.

불이익변경의 여부는 원심의 판결의 기판력과 상소심의 판결의 기판력을 비교하여 판단한다. 즉 이익 또는 불이익의 여부는 판결효를 기준으로 기판력이 발생하는 판결의 주문에 의한다(반면에 판결이유 중의 판단을 기준으로 한 불이익의 여부는 상계의 항변 등 예외적인 경우에만 문제된다).[187] 판결주문에 의해 형식적으로 판단하는 것인데, 이것은 상소의 이익에서의 형식적불복설과 동일한 구조를 갖는다.

상소의 이익의 여부라는 점에서 반대로 생각한다면, 원고가 피고를 상대로 3000만원의 선이행을 조건으로 등기청구를 구하는 소를 제기하였는데, 판결은 원고가 피고에게 2000만원의 선이행을 조건으로 등기청구를 인용하는 판결을 내린 경우, 원고는 전부승소를 한 것이므로 상소의 이익이 없고, 이러한 점은 이미 대판 1994.11.4, 94다21207에서 판시된 바이다. 따라서 이 판례에서 불이익한 판결을 받았음은 쉽게 이해할 수 있다.

반대로 판례에 의하면 불법행위로 인한 손해배상사건에서 과실상계사유에 관한 사실인정이나 그 비율을 정하는 것은 그것이 형평의 원칙에 비추어 현저히 불합리하다고 인정되지 않는 한 사실심의 전권사항에 속하므로(대판 2007.1.11, 2006다62782 등), 제1심판결에 대하여 쌍방이 불복 · 항소한 경우, 항소심에서 원고의 과실과 관련한 새로운 소송자료가 제출되지 않았다 하더라도, 항소심은 속심이므로 이미 제출된 소송자료를 통하여 과실상계사유에 관한 사실인정이나 그 비율을 제1심과 다르게 정할 수 있다(대판 2008.7.10, 2006다43767). 따라서 불이익변경금지원칙에 반하지 않는다.

187) 피고의 상계항변을 인용한 제1심 판결에 대하여 피고만이 항소하고 원고는 항소를 제기하지 아니하였는데, 항소심이 피고의 상계항변을 판단함에 있어 제1심이 자동채권으로 인정하였던 부분을 인정하지 아니하고 그 부분에 관하여 피고의 상계항변을 배척하였다면, 그와 같이 항소심이 제1심과는 다르게 그 자동채권에 관하여 피고의 상계항변을 배척한 것은 항소인인 피고에게 불이익하게 제1심 판결을 변경한 것에 해당한다(대판 1995.9.29, 94다18911).

102 상고이유 – 이유불비 –

[대판 1995.3.3, 92다55770]

사 실

X는 대한민국 Y를 상대로 부동산 甲의 소유권보존등기말소를 청구하면서, Y가 甲을 취득하게 된 근거법률인 국가보위에 관한 특별조치법 및 징발재산정리에 관한 특별조치법에 대하여 헌법재판소에서 위헌여부를 심리 중에 있다는 이유로, 그 결정이 있은 다음에 재판을 하여 달라면서 변론의 연기를 요청하였다. 그러나 원심은 이를 받아들이지 아니하였고, 이에 X는 변론재개신청을 하면서, 위 징발재산정리에 관한 특별조치법에 대하여 별도의 위헌심판제청신청서를 제출하였다. 원심은 이를 받아들이지 아니한 채, 위 각 특별조치법이 위헌이라는 X의 주장을 명시적으로 설시하지 아니하고, 그 청구를 기각하는 판결을 선고하였다. 이러한 원심의 조치에 대에 X는 이유불비를 상고이유로 하여 상고를 제기할 수 있는지 문제되었다.

판결요지

"민사소송법 제394조 제6호(법424조1항6호) 소정의 절대적 상고이유인 판결에 이유를 명시하지 아니한 경우라 함은 이유를 전혀 기재하지 아니하거나 이유의 일부를 빠뜨리는 경우 또는 이유의 어느 부분이 명확하지 아니하여 법원이 어떻게 사실을 인정하고 법규를 해석, 적용하여 주문에 이르렀는지가 불명확한 경우를 일컫는다 할 것이므로, 원심판결이유에 주문에 이르게 된 경위가 명확히 표시되어 있는 이상 이 사건 각 특별조치법이 위헌이라는 X의 주장을 판단하지 아니하였다는 사정만으로 원심판결에 이유를 명시하지 아니한 위법이 있다고 할 수 없다…원심이 이 사건 각 특별조치법에 기한 행정처분으로 Y가 甲에 대한 소유권을 적법하게 취득하였다고 판단한 내용 가운데에는 위 각 특별조치법이 위헌이어서 그에 기하여 이루어진 소유권이전등기가 무효라는 X의 주장을 배척한다는 취지도 포함되어 있다고 봄이 상당하다."

해 설

1. 이 판결의 의의

이 판결에서는 절대적 상고이유로서의 이유불비(법424조1항6호)란 무엇인지 문제되었다. 이에 대해 이 판결은 위헌제청에 관한 점을 판결이유에서 설시하지 않은 채 판결을 내린 것이 상고이유로서의 이유불비에 해당하지 않는다고 판시하였다.

2. 이유불비와 상고이유

(1) 절대적 상고이유

법424조는 당해 사유와 판결주문과의 인과관계를 필요로 하는 일반적 상고이유(법423조)와는 달리, 무조건이고 절대적으로 상고이유가 되는 절대적 상고이유를 열거한다. 예를 들어 소장 부본부터 공시송달의 방법으로 송달되어 피고가 귀책사유 없이 소나 항소가 제기된 사실조차 모르는 상태에서 피고의 출석 없이 변론기일이 진행된 경우, 법424조1항4호를 유추적용하여 절대적 상고이유가 된다(대판 2011.4.28, 2010다98948).

절대적 상고이유가 있으면 다른 이유에 의해 판결이 정당하다 하더라도 상고를 기각할 수 없는 것이 원칙이지만 '상고심절차에 관한 특례법'에 의한 제한이 있다. 한편 재심사유 중 법424조가 규정하지 않은 사유도 법령위반으로서의 일반적 상고이유가 된다는 것이 판례(대판 1962.8.2, 62다204)·통설인데, 법451조1항4호의 재심사유는 사유의 성격상 절대적 상고이유라고 해석하여야 한다.

(2) 이유불비의 예

아무런 이유도 기재하지 않는 경우만이 아니라, 판결에 영향을 미치는 중요한 사항에 대한 판단을 누락한 경우(대판 1969.6.10, 68다1859)에도 해당한다. 이유가 명확하지 않은 경우에도, 즉 주문의 취지가 명확하지 않거나 주문과 이유가 일치하지 않은 경우에도 이유불비에 해당한다. 이 이외에도 사실인정에서 주문에 이르기까지의 과정이 명확하지 않은 경우, 그 밖에 중요한 사항에 관한 이유가 서로 모순되어 결론이 어떻게 도출되었는지 알 수 없는 이유모순이 있다. 단, 증거의 취사선택에 관한 이유불비는 일반적 상고이유인 채증법칙의 위반의 문제이다.

판례가 인정한 이유모순으로 다음의 사례가 있다. "연대보증인의 연대보증채무에 대한 부담금액이 대출 원금뿐이고 이자는 연대보증인이 기업구조조정 대상기업으로 선정되어 대출은행이 포함된 채권금융기관협의회의 주관은행과 체결한 경영정상화약정의 효력에 의해 모두 면제된 것이라면, 대출은행이 연대보증인으로부터 지급받은 금전 및 주채무자의 파산관재인으로부터 지급받은 금전 중 일부로 연대보증채무의 원금을 모두 변제받은 이상, 그 후 대출은행이 연대보증인으로부터 추가로 지급받아 연대보증채무의 이자의 변제에 충당한 금전은 그 전액이 대출은행이 연대보증인으로부터 초과 변제받은 금액이라고 보아야 함에도, 이와 달리 연대보증인이 대출은행에 지급한 금전의 합계액에서 원금을 뺀 나머지 금액이 초과 변제받은 금액이라고 판단한 원심판결에 민사소송법 제424조 제1항 제6호가 규정하는 이유모순의 위법이 있다." (대판 2010.7.15, 2008다39786).

(3) 위헌제청에 관한 이유를 설시하지 않은 경우

이 판결의 사안은, 이유를 전혀 기재하지 않은 경우에는 해당하지 않고, 또한 판단누락에 해당하는 것은 아니며(이 이유는 X의 위헌주장을 배척하는 내용이 판결이유에 간접적으로 나와 있다는 점을 들고 있다), 결국 판단과정상의 이유불비에 해당할 여지가 있다. 그러나 이 판결은 이에 대해서도 "소유권을 적법하게 취득하였다고 판단한 내용 가운데에는 … X의 주장을 배척한다는 취지도 포함되어 있다"고 판시하고 있다.

3. 판례의 입장

이 판결은 사실인정과 주문에 이르는 판단과정상의 불명확성이 이유불비가 될 수 있다는 점을 명시한 점에 의의가 있다. 단, 그러한 이유에 해당되어 상고이유로 인정된 경우는 이 판결에서도 그렇듯이 아직 실례가 없다. 앞으로의 판례의 집적을 기다려야 할 문제이지만, 이러한 판시에 의해 하급심에게는 보다 신중하게 판결을 작성하게 될 동기를 부여하게 되었다고도 평가할 수 있을 것이다.

아울러 이유불비와 이유모순은 형식적으로 구분되지만, 이 판결에서도 말하는 주문에 이르기까지의 판단과정상의 불명확은 이유모순에도 해당할 수 있다. 그러나 특정 사유를 이유불비·이유모순으로 명확히 구별하여 사용하지 않는 것이 보통이다.

103 파기판결의 효력

[대판(전) 1995.2.14, 93재다27, 34]

사 실

대법원은 파기환송판결을 하였는데, 이에 대해 당사자는, 그 내용이 종전의 대법원 판례와 상반되어 실질적으로 판례를 변경한 것임에도 불구하고, 대법관 전원의 3분의 2 이상의 전원합의체에서 재판하지 않고 대법관 4인으로 구성된 부에서 재판하였으므로, 대법원의 그러한 재판은 법 451조1항1호 소정의 "법률에 의하여 판결법원을 구성하지 아니한 때"에 해당한다고 주장하면서, 당해 파기환송판결을 대상으로 재심의 소를 제기할 수 있는지 문제되었다.

판결요지

(먼저 대법원의 환송판결이 종국판결인지 여부에 관해서는 다음과 같이 판시한다)

"원래 종국판결이라 함은 소 또는 상소에 의하여 계속중인 사건의 전부 또는 일부에 대하여 심판을 마치고 그 심급을 이탈시키는 판결이라고 이해하여야 할 것이다. 대법원의 환송판결도 당해 사건에 대하여 재판을 마치고 그 심급을 이탈시키는 판결인 점에서 당연히 제2심의 환송판결과 같이 종국판결로 보아야 할 것이다. 따라서 위의 견해와는 달리 대법원의 환송판결을 중간판결이라고 판시한 종전의 대법원판결은 이를 변경하기로 한다."

(다음으로 대법원의 환송판결이 재심대상을 규정한 법451조1항 소정의 "확정된 종국판결"인지 여부에 관해서는 다수의견, 별개의견 그리고 반대의견으로 나뉘었다)

다수의견

"재심제도의 본래의 목적에 비추어 볼 때, 재심의 대상이 되는 "확정된 종국판결"이란 당해 사건에 대한 소송절차를 최종적으로 종결시켜 그것에 하자가 있다고 하더라도 다시 통상의 절차로는 더 이상 다툴 수 없는 기판력이나 형성력, 집행력을 갖는 판결을 뜻하는 것이라고 이해하여야 할 것이다. 대법원의 환송판결은 형식적으로 보면

"확정된 종국판결"에 해당하지만, 여기서 종국판결이라고 하는 의미는 당해 심급의 심리를 완결하여 사건을 당해 심급에서 이탈시킨다는 것을 의미하는 것일 뿐이고, 실제로는 환송받은 하급심에서 다시 심리를 계속하게 되므로 소송절차를 최종적으로 종료시키는 판결은 아니며, 또한 환송판결도 동일 절차 내에서는 철회, 취소될 수 없다는 의미에서 기속력이 인정됨은 물론, 법원조직법 제8조, 민사소송법 제406조(436조) 제2항 후문의 규정에 의하여 하급심에 대한 특수한 기속력은 인정되지만 소송물에 관하여 직접적으로 재판하지 아니하고 원심의 재판을 파기하여 다시 심리 판단하여 보라는 종국적 판단을 유보한 재판의 성질상 직접적으로 기판력이나 실체법상 형성력, 집행력이 생기지 아니한다고 하겠으므로 이는 중간판결의 특성을 갖는 판결로서 "실질적으로 확정된 종국판결"이라 할 수 없다. 종국판결은 당해 심급의 심리를 완결하여 심급을 이탈시킨다는 측면에서 상소의 대상이 되는 판결인지 여부를 결정하는 기준이 됨은 분명하지만 종국판결에 해당하는 모든 판결이 바로 재심의 대상이 된다고 이해할 아무런 이유가 없다. 통상의 불복방법인 상소제도와 비상의 불복방법인 재심제도의 본래의 목적상의 차이에 비추어 보더라도 당연하다. 따라서 환송판결은 재심의 대상을 규정한 민사소송법 제422조(451조) 제1항 소정의 "확정된 종국판결"에는 해당하지 아니하는 것으로 보아야 할 것이어서, 환송판결을 대상으로 하여 제기한 이 사건 재심의 소는 부적법하므로 이를 각하하여야 한다."

별개의견

"대법원의 소부에서 종전의 대법원의 법령해석과 배치되는 재판을 하였다 하여 그것이 법원조직법 제7조 제1항 제3호 소정의 "종전에 대법원에서 판시한 헌법, 법률, 명령 또는 규칙의 해석 적용에 관한 의견을 변경할 필요가 있음을 인정한 경우"에 해당한다고 볼 수 없고, 나아가 그것이 민사소송법 제422조(법451조) 제1항 제1호 소정의 "법률에 의하여 판결법원을 구성하지 아니한 때"에 해당한다고 보아서도 아니 된다. 그렇다면 재심대상판결의 판시가 종전의 대법원판례와 상반되어 실질적으로 판례를 변경하는 것인데도 전원합의체가 아닌 소부에서 재판하였다는 것은 적법한 재심사유가 될 수 없으므로 결국 이 사건 재심의 소는 부적법하여 각하될 수밖에 없다."

반대의견

"환송판결의 기속력은 민사소송법 제406조(법436조) 제2항 후문과 법원조직법 제8조에 의하여 하급심은 물론 이를 탓할 수 없는 환송법원 자신에게도 미쳐 결국 대법원 환송판결은 그 사건의 재상고심에서 대법원의 전원합의체에까지 기속력이 미친다는 것이 당원 견해인바, 환송판결은 소송종료를 저지시킬 뿐만 아니라 이와 같이 기속력이 있어 파기당한 당사자에게 그 법률상 이해관계가 막대하므로 이를 실효시키려는 재심이 특별히 부정될 이유가 없는 것이다. 1981.9.8 선고 80다3271 전원합의체 판결로 대법원의 환송판결이 확정된 종국판결에 해당함에는 이론이 있을 수 없게 된 마당에 환송판결의 기속력의 성질에 관하여 당원이 이미 중간판결설을 배척하였음에도 불구하고 다시 환송판결에는 기판력, 집행력, 형성력이 없고 실질적으로 중간판결의 특성을 갖는다는 이유로 여전히 그 재심을 허용하지 않으려는 것은 위 전원합의체판결의 근본취지에 배치될 뿐 만 아니라, 이론적으로도 일관성을 잃고 있다는 것을 지적하지 않을 수 없다. 대법원의 환송판결은 확정된 종국판결로서 재심대상이 되므로 이 사건 재심사유의 존부 및 당부 판단에 나아가 그 결론에 따라 재심의 소의 각하, 기각 또는 인용의 판결을 하여야 할 것이다."

해 설

1. 이 판결의 의의

이 판결의 다수의견은 파기판결이 재심의 소의 대상인 "확정된 종국판결"은 아니라고 하여, 재심의 소를 각하하였다. 그리고 별개의견은 대법원의 파기환송판결도 재심의 소의 대상이 될 수 있으나, 판례의 저촉은 재심사유가 아니므로 재심의 소를 각하하여야 한다는 것이다. 다른 한편 반대의견은 대법원의 파기환송판결은 재심의 소의 대상이므로, 재심사유의 존부 및 당부판단을 하여야 한다는 것으로 요약할 수 있다.

2. 파기판결의 효력

(1) 기속력의 의의

상고심은 상고각하, 상고기각, 그리고 원판결의 파기(취소)를 후술하듯이 종국판결로서 내린다. 원판결 파기의 경우에는, 새로운 사실확정을 위해서는 반드시 환송 또는 이송해야 하고(법436조), 자판하는 것은 예외적인 경우이다(법437조). 파기환송의 경우, 법436조2항 단서에 의해 환송을 받은 법원은, 상고법원이 파기의 이유로 한 법률상 및 사실상의 판단에 기속되어 환송받은 사건을 다시 심판해야 한다. 이러한 효력을 보통 파기판결의 기속력이라고 한다.

(2) 기속력이 인정되는 이유

이러한 효력을 부여하는 이유는 동일한 문제에 관해 하급심과 상급심간에 견해의 차이가 발생하여, 사건의 종결을 기대할 수 없는 사태(상고와 파기환송의 반복)를 방지하기 위해서이다. 법원조직법8조도 이 점을 일반적으로 규정하고 있다. 그렇다면 이러한 파기판결이란 다른 판결과 어떻게 다른지 명확히 이해할 필요가 있고, 이 점이 이 판결에서의 제1차 문제점이다.

3. 파기판결의 법적 성격

(1) 중간판결인가 종국판결인가

파기판결은 중간판결인지 종국판결인지의 문제가 있다. 이에 대해서는 이 판결의 모두에서도 말하고 있듯이 심급을 이탈시킨다는 점에서 종국판결인 점에 이론이 없다. 중간판결은 종국판결이 내려짐을 전제로 내려지는 것이므로, 상고법원이 더 이상 사건을 심리하지 않고 파기환송한다는 점에서 종국판결로 해석해야 하기 때문이다.

(2) 기판력설과 특수효력설

종국판결이라면 그 다음의 문제는 종국판결로서의 파기판결의 기속력은 어떠한 성격의 효력이냐에 관한 점이다 이에 대해서는 기판력이라는 견해와 특수효력이라는 견해[188]가 있다. 이 판결은 이에 대해서는 언급하지 않았고, 이에 관해서는 학설상 다툼이 있다.

양자의 관계에서는 주로 특수효력설이 기판력설의 난점을 공격한다. 즉 기판력설에 의하면 파기판결은 이유 중의 판단에도 기판력이 발생한다(위에서 본 것처럼 파기의 이유로 한 법률상 및 사실상의 판단에 기속력이 발생한다)는 점, 그리고 전소와 후소의 관계가 아닌 동일심급 내의 관계라는 점을 설명할 수 없다고 한다. 따라서 특수효력설은 파기판결의 기속력을 심급제를 유지하기 위해 필요한 특수한 효력이라고 파악하고 있다. 현재는 특수효력설이 통설이라고도 말할 수 있다.

그러나 어느 설에 의하건 직접적으로 해석론에 영향을 미치는 경우가 발생하는 예는 드물고(위와 같은 효력이 발생한다는 점에 차이가 없다), 설명을 위한 이론상의 다툼, 즉 기판력설에 의하면 그러한 효력을 충분히 설명할 수 없다는 논쟁에 불과하다. 따라서 양설의 차이를 과도하게 강조하는 것은 타당한 태도가 아니다.

(3) 파기판결의 의의

위와 같이 해석한다면, 파기판결은 종국판결로서 법436조2항 단서에 의해 하급심법원을 구속하는 효력을 갖는다고 이해하면 충분하다. 또한 동일심급 내의 효력으로서 상급심의 판례의 구속력을 의미하는 것이 아니고, 반대로 상고법원도 스스로 판단한 파기의 이유에 구속된다. 이 점에서 대법원의 소부에서 한 파기판결에 대해서는 대법

188) 강, 764면; 김=강, 930면; 김홍, 1095면; 전, 905면; 정=유, 840면; 정영, 1152면. 호, 664면은 단순히 436조2항에 의한 효력이라고만 하면 된다고 하고, 기판력설에 대해서는 아무런 이유없이 단지 합리성이 없으므로 고려의 가치가 없다고 언급한다.

원도 이에 구속되므로, 대법원의 전원합의체가 판례변경의 방법으로 그와 다른 판단을 하는 것은 허용되지 않을 것이다(대판 1995.5.23, 94재누18). 그런데 파기판결의 내용 자체에 중대한 하자가 있다면, 대법원은 전원합의체로 판례의 변경이라는 방법으로 그 구속력을 받지 않고, 파기판결과는 다른 판단을 내릴 수 있다(대판(전) 2001.3.15, 98두15597[189]).

(4) 기속력이 발생하는 사실상의 판단과 법률상의 판단

아울러 기속력이 발생하는 사실상의 판단이란, 상고심이 파기를 하게 된 절차위반을 판단하면서 인정한 사실을 말하고, 본안인 사실을 포함하지 않는다. 따라서 소송능력 등의 직권조사사항에 관한 판단을 위해 인정한 사실(대판 1977.2.8, 76다2802; 대판 1988.11.22, 88누6), 그 밖에 상고이유로서 재심사유가 주장되면 재심사유를 인정한 경우에만 재심사유에 해당되는 사실에 기속력이 발생한다. 또한 법률상의 판단이란 파기의 사유를 말하고, 원판결의 판단을 부당하다고 판단한 점에 대해서만 기속력이 발생한다. 단, 상고심이 직접 파기의 이유로 한 부정적 판단만이 아니라, 논리상 당연히 그 전제가 되는 간접적 또는 긍정적 판단에도 기속력이 발생한다(대판 1991.10.25, 90누7890). 즉 '상고법원이 파기이유로 한 법률상 판단'에는 상고법원이 명시적으로 설시한 법률상 판단뿐 아니라 명시적으로 설시하지 아니하였더라도 파기이유로 한 부분과 논리적·필연적 관계가 있어서 상고법원이 파기이유의 전제로서 당연히 판단하였다고 볼 수 있는 법률상 판단도 포함되는 것으로 보아야 한다(대판 2012.3.29, 2011다106136).

4. 파기판결에 대한 재심의 소

(1) 판례의 입장

이 판결[190]에서의 파기판결이 재심의 소의 대상이 되는지의 문제에 있어서는, 기본적으로 대법원의 판결은 선고와 동시에 형식적으로 확정되고, 따라서 상소를 통한 불복을 할 수 없으므로, 결국 재심의 소만이 유일한 불복절차가 된다는 점에 주의해야 한다. 재심의 소의 가능성에 관해서 이 판결의 3가지 견해는 각각 약간씩 뉘앙스를 달리 하며 의견을 제시하고 있다.[191]

189) 이 평석으로 김상수, 파기판결의 구속력과 전원합의체, 판례월보369호(2001)7면 이하 참조.

190) 평석으로 윤진수=강용현, 인권과 정의226호65면이 있는데, 이 평석은 논자의 견해가 나타나 있지 않은 점이 아쉽지만, 판례의 배경이나 각 견해의 비교설명에 있어 매우 시사적이다.

191) 명시적으로 다수의견에 찬성하는 견해로는 강, 780면.

(2) 재심을 인정해야 하는 이유

생각건대 재심의 소는 확정된 종국판결에 대해 제기할 수 있다.

① 종국판결이면 가능하므로 본안판결만이 아니라 소송판결의 경우를 포함한다고 해석해야 하고, 기판력이나 실체법상의 집행력이나 형성력이 없어도 가능하다. 따라서 파기판결도 어차피 확정된 종국판결이라고 보아야 하고, 반대의견처럼 재심의 소의 제기를 인정하는 것이 타당하다. 또한 이러한 해석이 논리적이고 명확하며, 단순명료한 해석이 되기 때문이다.

② 확정된 종국판결의 내용에 대해 다수의견에서와 같은 예외를 인정한다면, 기본적으로 그러한 재판은 처음부터 종국판결이 아니라고 인정하는 것이 타당할 것이다. 이것은 한편에서는 종국판결이라 하면서, 다른 한편에서는 원래의 종국판결과는 다르다는 것을 인정하는 것으로, 원래의 종국판결과 다르다면 애당초 종국판결이라고 해석할 필요가 전혀 없다는 것을 반증하는 것이 되기 때문이다.

③ 더 나아가 파기환송판결에 대해 재심의 소가 봉쇄되면, 파기환송판결의 기속력은 결국 모든 법원을 구속하고, 앞서 보았듯이 전원합의체가 판례변경의 방법을 통해서 바꿀 수 있는 길밖에 없게 되어, 당사자의 불복수단으로서 충분하지 않다.

104 재심사유

[대판 1989.10.24, 88다카29658]

사 실

재심원고 X는 재심피고 Y가 재심의 대상이 된 소송사건에서 제출한 증거를 위조하였다는 이유로 Y를 고소하였으나, Y는 그 이전에 출국하여 피소될 당시 국내에 있지 아니하였으므로, 위 고소사건을 수사한 검사가 Y의 소재불명을 이유로 기소중지결정을 하였다. 이 경우 X가 Y의 위조사실을 재심사유로 하는 것은 적법한지 문제되었다.

판결요지

"민사소송법 제422조(법451조) 제2항의 요건은 남소의 폐해를 방지하기 위한 것이므로 같은 법조 제1항 제4호 내지 제7호 소정의 재심사유에 있어서 위 제2항의 요건이 불비되어 있는 때에는 당해 사유를 이유로 한 재심의 소 자체가 부적법한 것이 되므로 위 제4호 내지 제7호 소정의 재심사유 자체에 대하여 그 유무의 판단에 나아갈 것도 없이 각하되어야 하는 것이고 반면에 위 제2항 소정의 요건에 해당하는 사실이 존재하는 경우에는 당해 요건 사실 즉 그 판단들이나 처분 등에 관한 판단내용 자체에 대해서는 그 당부를 따질 것 없이 재심의 소는 적법요건을 갖춘 것으로 보아야 하나 여기에서 나아가 위 제4호 내지 제7호 소정의 재심사유의 존부에 대해서는 위에서 본 판결이나 처분내용에 밝혀진 판단에 구애받음이 없이 독자적으로 심리판단을 할 수 있는 것이다.

그리고 위에서 본 제2항 소정의 적법요건 해당사실은 같은 제1항 제4호 내지 제7호 소정의 재심의 소를 제기한 당사자가 유죄의 확정판결을 받아 그 판결이 확정되었다는 것을 증명하거나 또는 유죄의 확정판결을 받을 가능성이 있었는데 피의자가 사망하거나 공소시효가 완성되었거나 기소유예처분을 받았거나 해서 유죄의 확정판결을 받을 수 없었다는 것을 증명해야 한다.

그런데 피의자의 소재불명을 이유로 검사가 기소중지결정을 한 경우에는 위에서 본 기소유예처분의 경우와는 달리 위에서 본 제2항의 요건에 해당하지 않는다."

해 설

1. 이 판결의 의의

법451조1항4호 내지 7호가 규정하는 유죄의 확정이 요구되는 재심사유의 경우, 법451조2항에 의해 유죄가 확정되지 않은 경우에는 당해 재심의 소를 각하해야 하는지 기각해야 하는지 문제된다. 이 점에 대해 이 판결은 명확히 재심의 소의 적법요건에 해당하므로, 그 흠결 시에는 재심의 소를 각하해야 한다는 점을 명확히 하고 있다.

2. 재심사유

(1) 재심의 소와 재심사유

재심이란, 판결확정 후 당해 판결을 내린 법원에 그 취소를 구하는 비상의 불복절차를 말한다(법451조). 재심은 법적 안정성보다도 구체적 타당성을 위해 확정판결의 취소를 인정한 것이므로, 중요한 하자가 있는 경우에 인정해야 한다. 이 점에서 법은 재심사유를 규정하고 있다(법451조).

재심사유에 관해서는 한정열거적이라는 해석(대판 1990.3.13, 89누6464)도 있지만, 예시열거적이라고 해석해야 한다. 해석에 의한 확대가능성의 예로는, 대리권 흠결이나 사해재심을 생각할 수 있다. 재심사유 중의 법451조1항1-4호는 당해 사유와 판결의 결론의 관계라는 인과관계를 묻지 않는 사유이지만, 나머지는 인과관계가 필요하다. 아울러 당사자는 상소에 의하여 재심사유를 주장하였거나, 이를 알고도 주장하지 아니한 때에는 재심의 소를 제기할 수 없는데(법451조1항 단서), 이를 재심사유의 보충성이라 한다.

(2) 재심사유의 종류

① 법 451조1항1호 내지 3호, 11호

절대적 상고이유에 상당하는 사유이다. 적법한 법원에서 재판받아야 하는 점, 그리고 절차권을 보호해야 한다는 점을 고려한 것이다. 1호 재심사유의 예로는, “법원조직법 제7조 제1항에 의하면 대법원의 심판권은 대법관 전원의 3분의 2 이상의 합의체에서 행하되, 다만 같은 항 각 호의 경우에 해당하는 경우가 아니면 대법관 3인 이상으로 구성된 부에서 사건을 먼저 심리하여 의견이 일치된 경우에 한하여 그 부에서 심판할 수 있도록 하고 있으며, 같은 항 제3호는 ‘종전에 대법원에서 판시한 헌법·법률·명령 또는 규칙의 해석적용에 관한 의견을 변경할 필요가 있음을 인정하는 경우’를 규정하고 있으므로, 재심대상판결에서 판시한 법률 등의 해석적용에 관한 의견이 그 전에 선고된 대법원판결에서 판시한 의견을 변경하는 것임에도 대법관 전원의 3분의 2

에 미달하는 대법관만으로 구성된 부에서 재심대상판결을 심판하였다면 이는 민사소송법 제451조 제1항 제1호의 '법률에 의하여 판결법원을 구성하지 아니한 때'의 재심사유에 해당한다."(대판(전) 2011.7.21, 2011재다199).

그 밖에 우편집배원의 배달착오로 상고이유서를 제출하지 않아 상고가 기각된 경우에도 3호사유에 해당한다(대판 1997.8.29, 95재누91). 단, 무권대리인이 한 소송행위가 판결확정 후에 추인되면 재심사유도 소멸한다(법451조1항3호 단서).

② 법 451조1항 4호 내지 7호

판결의 기초자료에 범죄와 관련된 중대한 하자가 있는 경우를 정한다. 이러한 사유는 각각의 행위에 대해 유죄의 확정이 요구된다(법451조2항). 유죄가 확정되지 않은 경우라면 재심의 소를 각하한다는 것이 이 판결의 입장이다. 단, 유죄가 확정된다 하더라도 이 판결에서도 보듯이 "재심사유의 존부에 대해서는 위에서 본 판결이나 처분내용에 밝혀진 판단에 구애받음이 없이 독자적으로 심리판단을 할 수 있다."고 해석해야 한다.

즉 유죄가 확정되었다고 하여도 재심의 소를 기각할 수 있다. 왜냐 하면 재심법원은 범죄사실의 유무에 대한 실질적 판단에 관해서는 자유로운 입장이기 때문이다. 결국 유죄의 확정을 받지 않는다면 당연히 재심사유가 된다고는 볼 수 없으므로 이 판결의 해석은 타당하다.

③ 법 451조1항 8호 내지 10호

판결의 기초가 된 재판이나 행정처분이 변경된 경우(8호), 직권조사사항인지 변론주의에 따르는 사항인지의 여부에 관계없이 당사자가 제출한 공격방어방법을 판결이유 중에 판단하지 않았다는 판단누락(9호), 그리고 이미 확정한 판결과 저촉하는 경우(10호)가 있다. 그러나 심리불속행 상고기각 판결에 대해 판단누락, 대법원판례위반 등의 사유를 들어 재심청구를 할 수 없다(대판 2009.2.12, 2008재다502). 또한 "민사소송법 제451조 제1항 제10호의 재심사유는 재심대상판결의 기판력과 전에 선고한 확정판결의 기판력과의 충돌을 조정하기 위하여 마련된 것이므로 그 규정의 '재심을 제기할 판결이 전에 선고한 확정판결과 저촉되는 때'란 전에 선고한 확정판결의 효력이 재심대상판결 당사자에게 미치는 경우로서 양 판결이 저촉되는 때를 말하고, 전에 선고한 확정판결이 재심대상판결과 내용이 유사한 사건에 관한 것이라고 하여도 당사자들을 달리하여 판결의 기판력이 재심대상판결의 당사자에게 미치지 아니하는 때에는 위 규정의 재심사유에 해당하는 것으로 볼 수 없다."(대판(전) 2011.7.21, 2011재다199).

3. 유죄의 증명

(1) 유죄의 증명방법

재심원고는 법451조2항에 의해 “재심의 소를 제기한 당사자가 유죄의 확정판결을 받아 그 판결이 확정되었다는 것을 증명하거나 또는 유죄의 확정판결을 받을 가능성이 있었는데 피의자가 사망하거나 공소시효가 완성되었거나 기소유예처분을 받았거나 해서 유죄의 확정판결을 받을 수 없었다는 것”을 증명해야 한다. 전자의 확정유죄판결 이외의 경우란 모두 범죄의 혐의는 충분한데 유죄의 확정판결을 얻을 수 없는 것을 말한다.

(2) 판례의 입장

이 판결과 같이 고소 당시 피고소인이 행방불명인 경우에는, 이미 대판 1959.7.23, 4291민상444에서 “증거흠결 이외의 이유에 인하여 유죄의 확정판결을 얻지 못한 경우 속에는 피의자의 소재불명으로 범죄수사 불능인 경우는 들지 않는다.”라고 판시하고 있었고, 이 판결도 이를 따른 것이다. 소재불명의 경우에는 증거흠결 이외의 이유인지의 여부를 판단하는 것 자체가 곤란하므로, 판례의 입장은 타당한 해석이라고 생각한다.

또한 이미 대판 1964.5.12, 63다859에서도, “민사소송법 제422조(법451조) 제2항에서 말하는 증거흠결 이외의 이유로 유죄의 확정판결을 할 수 없는 때라 함은 피고인의 사망 공소시효의 완성 또는 피고인의 정신착란 등에 의하여 도저히 공소를 제기할 수 없거나 또는 제기한 공소의 심리를 진행할 수 없는 경우와 같은 때를 말함이요, 본건과 같이 검사의 문서 위조의 불기소 이유에 있어 피의자에게는 범죄의 혐의가 없으나 문서가 누군가에 의하여 위조된 것이라는 기재가 있다 하며 이를 가리켜 민사소송법 제422조(법451조) 제2항에서 이른바 증거흠결 이외의 이유로 유죄판결을 할 수 없을 때에 해당된다고 볼 수 없다.” 라고 판시하였다.

나아가 ”허위공문서작성의 피의사건을 들어 민사소송법 제422조(법451조) 제1항 제6호에 의하여 판결에 증거된 문서 기타 물건이 위조나 변조된 것임을 재심사유로 주장하는 재심원고로서는 같은 법조 제2항에 따라 위 피의사건에 대한 검사의 불기소처분이 있었던 사실뿐만 아니라 공소시효가 완성되지 아니 하였다면 그 피의자가 유죄의 확정판결을 받았을 가능성도 증명해야 한다”(대판 1990.8.14, 89다카6812).

판례색인

저자 약력

고려대학교 법과대학 졸업
일본 나고야대학교 대학원 법학과 수료(법학석사)
법학박사(나고야대학교)
나고야대학 법학부 조교수(1993.9-1998.2)
동국대학교 법학과 교수
사법시험위원
행정고등고시위원
입법고등고시위원
변리사시험위원
민법개정위원회 위원
변호사시험 출제위원
현재 서강대학교 법학전문대학원 교수

저서 · 논문
민사소송법
민사집행법
선택형 민사소송법
民事訴訟法概論(제5판 증보판)
日米比較 · 民事訴訟法
韓國民事訴訟法
オーストラリアの民事司法
証券仲裁
위법한 일부판결과 그 구제방법, 판례월보 366호
저당권의 실행과 관련된 민법의 개정, 민사법학 18호

(제4판) 민사소송법판례백선

2007년 8월 30일 초 판 발행
2009년 1월 30일 제2판 발행
2010년 7월 30일 제2판 증보판 발행
2012년 2월 28일 제3판 발행
2014년 2월 25일 제3판 증보판 발행
2015년 8월 25일 제4판 발행

저 자 金 祥 洙
발행인 黃 泳 成
발행처 **법 우 사**
서울특별시 관악구 호암로 593 2층
전화: (02) 876-2261 FAX: (02) 875-2263
E-mail: hys8009@hanmail.net
등록 2001. 4. 30. 제301-10-1747호(倫)

정가 35,000원
ISBN 978-89-97060-39-9 93360